Aus der Arbeit des
Thüringischen Landesamtes
für Denkmalpflege und Archäologie

Aus der Arbeit des
Thüringischen Landesamtes
für Denkmalpflege und Archäologie

Inhaltsverzeichnis

Vorwort   7
Holger Reinhardt

Konservierung und Restaurierung

Die Bedeutung der Authentizität für die Bewertung mittelalterlicher Wandmalerei in Thüringen   10
Uwe Wagner

Der Pyramidenkanzelaltar in Vippachedelhausen   16
Beate Demolt

Die Vollkommenheit der Strahlenkranzmadonna im Ostfenster der evangelischen Kirche St. Leonhardt in Friesau – eine Analyse   24
Susanne Scheibner

Werkstofftechnische Probleme in der Glockendenkmalpflege – Ein Erfahrungsbericht vom Glockensachverständigen der Evangelischen Kirche in Mitteldeutschland (EKM)   37
Marcus Schmidt

Bauforschung und Baugeschichte

Zur Arbeit des Referates Bauforschung   44
Dr. Thomas Nitz

Prämonstratenserstift Mildenfurth – Ergebnisse der Bauforschung an Klausur und Kreuzgang   49
Dr. Barbara Perlich, Dr. Birte Rogacki

Die Kemenate in Volkerode – steinerner Zeitzeuge der ältesten Ortsgeschichte   60
Wolfgang Petzholdt

Fachwerk-Großbauten des 13. und 14. Jahrhunderts in Erfurt   78
Christian Misch

Bau- und Sicherungsarbeiten an der Ruine der Lobdeburg bei Jena-Lobeda nach der Zerstörung 1450   86
Christian Fritzsche

Denkmalpflege und Denkmalerfassung

Der Eiermann-Bau in Apolda als Thema eines studentischen Workshops des Deutschen Nationalkomitees für Denkmalschutz   104
Kirsten Angermann, Eckhard Baier

Die Barfüßerkirche in Erfurt – Variantenuntersuchung zur Bestandssicherung der Ruine des Langhauses   110
Nils Metzler, Franz Bruns, Thomas Zill

Der Schlosspark in Ebersdorf   117
Dr. Martin Baumann

Eine interessante Entdeckung in Kospoda   126
Jean Louis Schlim

Zur Entstehung der Glasmalereien in der evangelisch-lutherischen Kirche in Lauscha (Landkreis Sonneberg)   130
Bertram Lucke

Beispiele historischer Blechblasinstrumente in Thüringer Kirchen – Ein Beitrag zur Erfassung des mobilen kirchenmusikalischen Instrumentariums (II)   153
Albrecht Lobenstein

„Bereinigte Geschichte" – Zur Umwidmung des Kriegerdenkmals von Hans Walther in Schleusingen   165
Monika Kahl

Schmettau und Goethe – Zur Geschichte des Grabmonumentes für Friedrich Wilhelm Carl Graf von Schmettau auf dem Jakobsfriedhof in Weimar   174
Dr. Bettina Seyderhelm

Die „Schenckischen Reliquien" von 1605/1620 – Schmuck aus der Gruft der Schenken von Tautenburg in Frauenprießnitz   184
Christine Nagel, Susanne Ruf

Inhaltsverzeichnis

Sonderthema 2009: Innerdeutsche Grenze und MfS-Bauten – Retrospektive

Der Raum der ehemaligen innerdeutschen Grenze im
Blick der Denkmalpflege   204
Dr. Matthias Schmidt

Schicksale ehemaliger Herrenhäuser im Eichsfeld nach
dem Zweiten Weltkrieg   215
Sabine Ortmann

Der Hanstein – eine Grenzburg in Deutschlands
Mitte – Von Abschottung und Neuerwachen   222
Josef Keppler

Die ehemalige Ausweichführungsstelle der
Bezirksverwaltung Suhl des Ministeriums für
Staatssicherheit (MfS) bei Frauenwald   242
Rocco Curti, Benjamin Rudolph

Das Gefängnisgebäude in der Erfurter Andreasstraße –
Ein Kulturdenkmal als Ort der Geschichtsaufarbeitung   255
Monika Kahl, Christian Misch

Anhang   261
    Literaturverzeichnis   262
    Quellen   269
    Abbildungsnachweis   270
    Abkürzungen   272
    Autorenverzeichnis   272

Vorwort

Der Arbeitsbericht der Bau- und Kunstdenkmalpflege in Thüringen, der alljährlich unter dem Titel „Aus der Arbeit des Thüringischen Landesamtes für Denkmalpflege und Archäologie" vorgelegt wird und zu meiner großen Freude eine bundesweit hohe Reputation genießt, gewährt der Öffentlichkeit Einblicke in die diffizile, kontinuierlich geführte Arbeit der Denkmalfachbehörde.

Diese Kontinuität wurde auch im Jahr 2009 bewahrt, gleichwohl Dr. Stefan Winghart im Frühjahr als Landeskonservator ausschied, um in das Niedersächsische Landesamt für Denkmalpflege zu wechseln. Ich wünsche ihm an dieser Stelle nochmals im Namen aller Kollegen viel Erfolg und Freude in seinem neuen Umfeld. Zugleich möchte ich mich bei allen Mitarbeitern, externen Unterstützern sowie den Denkmaleigentümern für ihr großes Engagement, ihr Vertrauen und die gute Zusammenarbeit, nicht nur in der letzten Zeit, herzlich bedanken.

Unser diesjähriger Jahresbericht reflektiert diese Kooperationen und zeigt in eindrucksvoller Weise einen Querschnitt aus den Schwerpunkten der wissenschaftlichen und praktischen Arbeit der staatlichen Denkmalpflege und ihrer Partner.

So werden aus dem Bereich Konservierung und Restaurierung dem interessierten Leser Kernthemen wie beispielsweise die Bedeutung der Authentizität zur Bewertung mittelalterlicher Wandmalereien, aber auch werkstoffwissenschaftliche Probleme in der Glockendenkmalpflege vorgestellt und erläutert.

Über die Aufgabenfelder des Referates Bauforschung, beginnend mit sanierungsvorbereitenden Untersuchungen über die Denkmalkunde bis hin zu den Bemühungen zur Systematisierung von Abbruchdokumentationen, wird im zweiten Abschnitt berichtet – ein weites Tätigkeitsfeld, das zurzeit mit einer Stelle in unserem Haus besetzt ist und das ohne Mitwirken Externer nicht vollumfänglich umzusetzen wäre. Aus diesem Grund betrachte ich es als besonderen Gewinn, Beiträge zum Prämonstratenserstift Mildenfurth, zur Kemenate in Volkerode und zu den Bau- und Sicherungsarbeiten an der Lobdeburg präsentieren zu können.

Den komplizierten Prozess der Variantenentwicklung und Grundlagenermittlung an Baudenkmalen mit überregionaler Bedeutung belegen die Beiträge der praktischen Denkmalpflege zur Barfüßerkirche in Erfurt und zum Eiermann-Bau in Apolda. In Apolda fand im Jahr 2009 der vierte Studentenworkshop des Deutschen Nationalkomitees für Denkmalschutz, erstmals in Zusammenarbeit mit der Bauhaus-Universität Weimar und dem Bereich Bau- und Kunstdenkmalpflege des Thüringischen Landesamtes für Denkmalpflege und Archäologie, statt. Aus dieser gelungenen Veranstaltung resultieren weiterführende und neue Ideen zum Umgang mit einem der bedeutendsten Bauten des Neuen Bauens in Thüringen, wofür den 19 teilnehmenden Studenten, dem Ausrichter und den Organisatoren herzlich zu danken ist.

Die Inventarisierung von Baudenkmalen ist für eine bewusste Denkmalbehandlung unerlässlich. Dem gegenüber steht jedoch auch die Erfassung ihrer Ausstattung unter anderem von Glasmalereien und Kunstgut sowie von Gedenk- und Grabsteinen. Diese stehen im Fokus des vorliegenden Arbeitsheftes, unter anderem mit der Fortführung der Serie zum mobilen kirchenmusikalischen Instrumentarium.

Neben diesen fortlaufenden Verpflichtungen begleiten die Fachkollegen zusätzlich stetig Sonderthemen. Eine dieser Aufgaben beschäftigt sich mit den Sachzeugnissen der

Vorwort

Hinterlassenschaften der DDR, deren denkmalfachliche Behandlung in diesem Arbeitsheft anlässlich der Öffnung der innerdeutschen Grenze vor 20 Jahren an mehreren Beispielen verdeutlicht wird.

Die Erfüllung dieses breiten Arbeitsspektrums und die zusätzliche Verpflichtung, die gewonnenen Erkenntnisse zu publizieren, erfordern von allen mitschreibenden Autoren bedingungslosen Einsatz, für den ich den beteiligten Kollegen und Partnern sehr danke. Die redaktionelle Betreuung erledigten Sibylle Putzke und Tina Fehlhaber mit vertrauter Sorgfalt. Für die gelungene Gestaltung, Durchsicht und technische Umsetzung ist der E. Reinhold Verlag in Altenburg verantwortlich. Ihnen allen danke ich herzlichst, in freudiger Erwartung weiterer Folgen dieser Publikationsreihe.

Holger Reinhardt
Kommissarischer Landeskonservator

Konservierung und Restaurierung

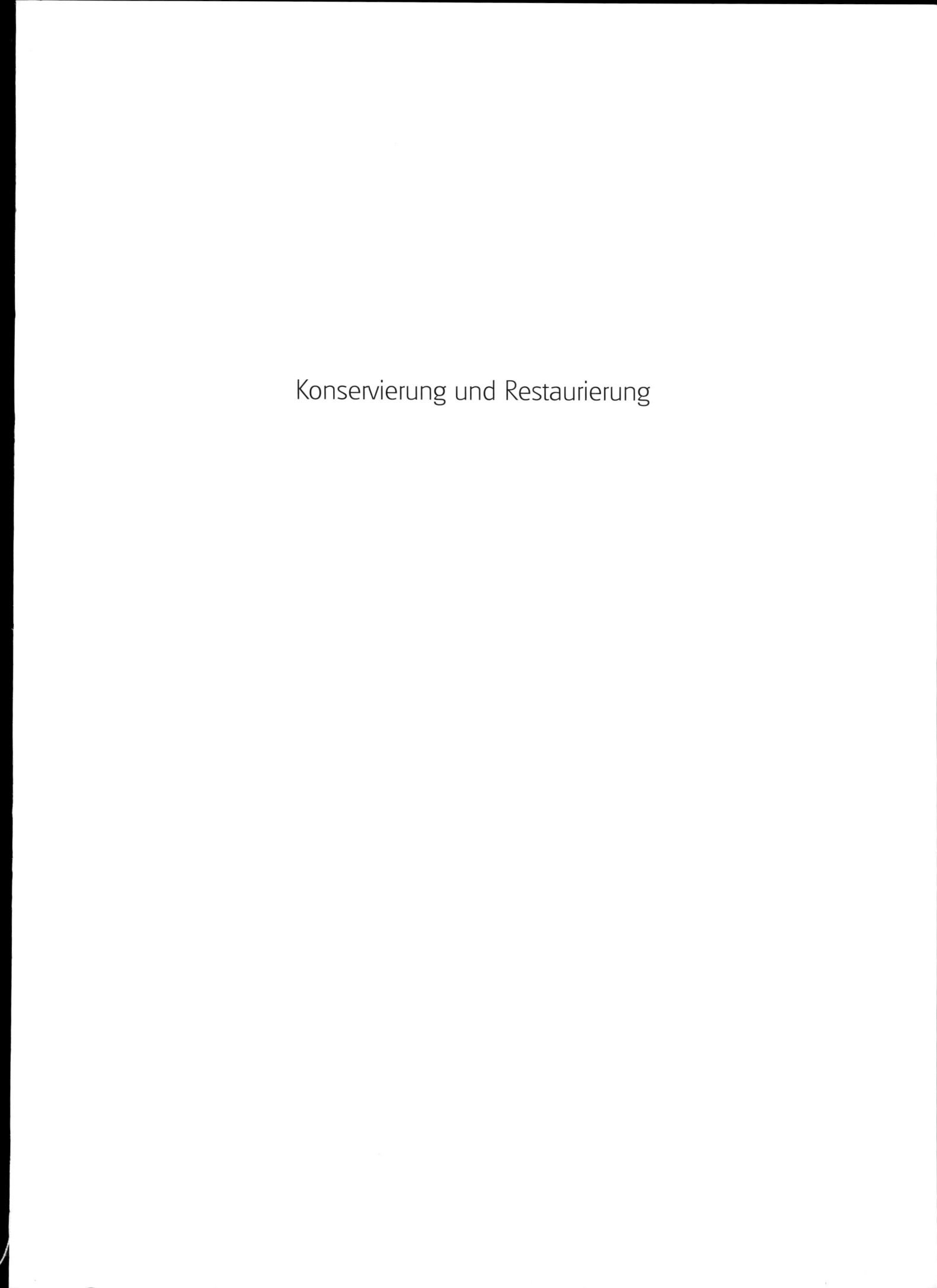

Uwe Wagner

Die Bedeutung der Authentizität für die Bewertung mittelalterlicher Wandmalerei in Thüringen

Im Umgang mit dem im Freistaat Thüringen vorhandenen Bestand mittelalterlicher Wandmalerei tritt immer wieder eine Kernfrage auf. Was macht es Laien und Fachkundigen gleichermaßen so schwer, auf mittelalterliche Wandmalereien in Thüringen aufmerksam werden zu können und sie als Kunstwerke, vielleicht auch als Gegenstand einer kunstwissenschaftlichen Auseinandersetzung zu betrachten? Bevor dieser Frage im Folgenden an Hand mehrer repräsentativer Beispiele nachgegangen werden wird, möchte ich den Begriff „Authentizität" und was damit umschrieben werden soll, für den Leser inhaltlich bestimmen und thematisch eingrenzen. Authentisch ist nach eigener Interpretation die Summe aller Merkmale der ursprünglichen Konditionierung eines Kunstwerkes in seiner Umgebung. Dazu gehören das ikonographische Programm der Darstellungen, das eine bestimmte Zielgruppe für einen besonderen Zweck erreichen sollte, des Weiteren die individuellen Gesamtgestaltungskonzepte von Architektur, Dekoration und Ausmalung, die verwendeten Materialien und Materialkombinationen, der technologische Aufbau von Malereiträger und Malerei mit ihren Lasuren und feinen Schleiern, Lichtern, Schatten, Metallauflagen und Lüsterungen etc. Auch sind wichtige Informationsträger der ursprünglichen Konditionierung des Kunstwerkes die charakteristischen Oberflächenbeschaffenheiten, der Pinselduktus und die unverwechselbare Handschrift des Künstlers sowie dessen künstlerische und handwerkliche Variationsfähigkeiten.

In meinem Beitrag beziehe ich mich ausschließlich auf den authentischen Erstzustand des Kunstwerkes, nicht auf das Kunstwerk mit seinen späteren Veränderungen, was ja wiederum ein ganz eigenständiges Diskussionsthema darstellt.

Nicht unerwähnt sollen das Engagement und die Sorgfalt bei der Pflege und dem Schutz Thüringer Wandmalerei insbesondere in dem Zeitraum der 1950er bis zum Ende der 1980er Jahre bleiben. Der sichtbare vorhandene Bestand wurde seinerzeit vom Institut für Denkmalpflege kontinuierlich betreut, neu entdeckte unter Tünchen oder Putzen verborgene Wandmalereibestände wurden konservatorisch behandelt bzw. erfasst und entsprechend der vorhandenen Möglichkeiten instand gesetzt. Zahlreiche Wandmalereiobjekte konnten zudem vermehrt seit den 1980er Jahren von der Hochschule für Bildende Künste Dresden kontinuierlich von Prof. Roland Möller in Semester- und Diplomarbeiten bearbeitet werden.

In den Leitsätzen zur Denkmalpflege in der Schweiz heißt es zur Materialität des Denkmals: „Die Authentizität des Denkmals, d. h. die Existenz des Denkmals in seiner möglichst vollständigen überlieferten Materie mit all ihren Zeitspuren ist Voraussetzung dafür, dass heutige aber auch spätere Generationen seine Vielschichtigkeit erkennen und interpretieren können. In solcher Erkenntnis und Interpretation liegt die Chance zu einem vertieften und stets neuen Denkmalverständnis. Nur wenn das Denkmal in seiner historisch bedeutsam bewerteten Materialität, seiner Substanz, nicht geschmälert wird, kann es als Ausdruck bestimmter historischer Umstände interpretiert und diese Interpretation überprüft werden. Wird dem Objekt die überlieferte Substanz genommen, verliert es seine Denkmaleigenschaft unwiederbringlich."[1]

Urzustand und Interpretation

In einem nach Abschluss der Bearbeitung eines Wandmalereifragments an der Südwand der Friedhofskirche Vacha (Wartburgkreis) aufgemalten Kommentars eines Künstlers oder Kirchenmalers von 1937 ist zu lesen: „Diese Malerei wurde 1878 freigelegt und übermalt. Im Jahre 1937 wurde nach Entfernung der Übermalung der Urzustand wiederhergestellt" (Abb. 1 und 2).

Abb. 1 Vacha (Wartburgkreis), Friedhofskirche, Kommentar des Kirchenmalers nach der 1937 ausgeführten Überarbeitung, Zustand 2008

Abb. 2 Vacha (Wartburgkreis), Friedhofskirche, Joachim erscheint der Engel und Ankündigung der Geburt Marias, Zustand 2008

Gemäß der Formulierung in den Leitsätzen besitzt das vorliegende Wandbildfragment mit seinen Zeitspuren und Veränderungen eine ganz eigenständige aktuelle Authentizität und hat seine Denkmaleigenschaft noch nicht verloren, auch wenn ihm Teile der ursprünglichen Malschichten abhanden gekommen sind. Jedoch ist es im Bestand reduziert und hat damit seine Ursprünglichkeit, Unversehrtheit und Vielschichtigkeit der authentischen Aussage seines Erstzustandes verloren. Wer sich mit den Technologien historischer Wandmalereien in Thüringen auseinandergesetzt hat, ahnt vielleicht schon, was der Kirchenmaler 1937 wirklich entfernt haben könnte.

Die in Registern angeordneten Bildfolgen aus dem Alten und Neuen Testament erinnern den Betrachter möglicherweise an Darstellungen eines spätmittelalterlichen Buchdruckes. Nimben, einige Attribute, Architekturgliederungen und Bildrahmen sind flächig mit Rot und Ocker eingefärbt. Das gegenwärtig zu sehende Formengut und der schlichte graphische Aufbau der in einem dunklen Grau angelegten Zeichnungen sind eindeutig die Interpretationen des Kirchenmalers oder Künstlers, der den Bildern mit seiner eigenen Handschrift dadurch ein völlig neues Gepräge gab. Dass die in dem Schriftzug von 1937 erwähnte Entfernung von Farbschichten die Abnahme einer Übermalung war, ist denkbar. Möglich ist aber auch, dass es sich um die ursprünglichen Farbaufträge der in Seccotechnik ausgeführten farblich differenzierten authentischen Wandmalereien gehandelt haben könnte und der damalige Bearbeiter der unstrittigen Auffassung war, dass ausschließlich die freskal in den Putz eingebundenen Binnenzeichnungen der Untermalung der, wie er sich ausdrückte, Urzustand sein müssten.

Mittelalterliche Untermalungen

Der Begriff „Fresko" gehört zum allgemeinen Sprachgebrauch in Mitteldeutschland, wenn von Wandmalerei die Rede ist. Eine Differenzierung oder das Eingehen auf die Begriffsvielfalt zur Bezeichnung der technologischen Vielgestaltigkeit[2] der mittelalterlichen Wandmalerei Thüringens konnten sich bisher in der Öffentlichkeit nicht durchsetzen. Viele Wandmalereien wurden mit den nach Abtragen ihrer Seccofarbschichten übrig gebliebenen freskal eingebundenen graphischen Strukturen der verkieselten Binnenzeichnungen und Formflächen der Untermalungen unbewusst zur ikonographischen Botschaft reduziert.

Der für den Betrachter seitdem sichtbare Bestand der freskal in den Putzträger eingebundenen Untermalungen wurde allgemein als der tatsächliche Wandmalereibestand angesehen, der dann auch richtig die Fachbezeichnung Fresko erhielt.

Meist sind durch chemisch-physikalische Prozesse entstandene Schleierbildungen, die unbewusste Beseitigung von Seccofarbschichten sowie interpretierende Zutaten Ursachen der Verschleierung der Authentizität im doppelten Sinne der Wortdeutung, einhergehend mit der Verminderung der Lesbarkeit und der ästhetischen Qualität eines Wandbildes. Unter dem Begriff Verschleierung ist Verkleidung, Verstellung oder Tarnung zu verstehen. In vielen der Einzelfälle handelt es sich um Veränderungen oder Zutaten, die mit dem handwerklichen und künstlerischen Verständnis, mit der Handschrift und dem subjektiven Interpretieren des jeweiligen Bearbeiters sowie den aktuellen Materialien und Technologien entstanden sind.

Das Genre Wandmalerei verlor seit dem ausgehenden 18. Jahrhundert immer mehr an Bedeutung. Historische Wandmalereitechnologien sind weitgehend in Vergessenheit geraten, da sie kaum schriftlich überliefert sind und auch nicht mehr gelehrt wurden, was bei der Entdeckung unter Tünchen verborgener Wandmalereien zu Fehlinterpretationen und in einigen bekannten Fällen zu Verlusten der Seccofarbschichten des Wandmalereibestandes geführt hat, wie das mit der Freilegung der um 1350[3] entstandenen Ausmalungen des Chores der Dorfkirche zu Haufeld (Landkreis Saalfeld-Rudolstadt) geschehen ist[4] (Abb. 3 und 4). Die Wandmalereien sind 1930 entdeckt und in den Jahren

Abb. 3 Haufeld (Landkreis Saalfeld-Rudolstadt), Kirche, Chorausmalungen um 1350, die freigelegten Untermalungen mit Ergänzungen von 1931, Darstellung aus dem Jüngsten Gericht, Zustand 2004

Abb. 4 Haufeld (Landkreis Saalfeld-Rudolstadt), Kirche, Chorausmalungen um 1350, grüne Reste der Seccofarbschichten im Gewand des Engels links im Bild, Zustand 2004

1930/31 freigelegt worden. Auf Grund der Annahme, dass die ursprünglichen Malereien eine Übermalung erhielten, wurden die auf den freskal eingebundenen und damit festen Malereibeständen liegenden Farbschichten von der für diese Arbeiten beauftragten Malerfirma beseitigt. Die Farbaufträge sind als die Darstellungen einer Freskomalerei wiederholende jüngere Ausmalungen interpretiert und deshalb zusammen mit den darüber liegenden Kalktünchen abgetragen worden. Mit Ergänzungen und partiellen Überarbeitungen wurde versucht, die für eine Untermalung nicht ungewöhnliche, fragmentarische und recht große Bildwirkung ästhetisch aufzuwerten. Das seinerzeit an der Entdeckung und Freilegung der übertünchten Malereien beteiligte Fachgremium muss von der Annahme geleitet worden sein, dass mittelalterliche Wandmalerei nur in einer Technik entstanden sein konnte, nämlich in der, die zuerst da war. Das war die in Freskotechnik angelegte Untermalung.

Ursprünglich ist die Vollendung der farblich und gestalterisch stark differenzierten Formenmodellierung mit bindemittelversehenen Farben auf den bereits weitgehend angetrockneten und untermalten Verputz ausgeführt worden. Reste der in Seccotechnik angelegten Formenmodellierung haben sich partiell u. a. in dem Grün des Gewandes einer Engelsdarstellung im Gewölbe erhalten (Abb. 4). Dieses Fragment der Seccofarbschichten konnte sich auf Grund des noch nicht restlos ausgetrockneten Mörtels des Putzträgers freskal einbinden und blieb damit erhalten.

Die Botschaft vom authentischen Bestand

Wie im vorangegangenen Beispiel konnte sich gut erkennbar auch in den spätmittelalterlichen Außenwandmalereien der in Registern angeordneten Darstellungen aus dem Alten und Neuen Testament der Kirche zu Jena-Lichtenhain aus der Zeit um 1505 das technologische Konzept der freskalen Untermalung und der in Seccotechnik angelegten Formenmodellierung fragmentarisch erhalten (Abb. 5). Zu sehen sind einige farbig differenzierte malerische Details u. a. in den beiden Darstellungen der Verkündung des Untergangs Sodoms an Lot und des von seinen Töchtern trunken gemachten Lot. Wenige zusammenhängende Reste der Tempera-Seccofarbschichten von erheblicher Leuchtkraft lassen modellierte Licht- und Schattenpartien eines blauen Gewandes erkennen und geben damit Einblick in authentische technologische und handwerklich-künstlerische Gestaltungszusammenhänge des Bildes.

Die übrigen Darstellungen zeigen nur noch ihre mittels eines roten Pigments vorgezeichneten Umrisse, die nach der Freilegung größtenteils nachgezeichnet worden sein müssen. In dem von der Deutschen Bundesstiftung Umwelt geförderten Projekt der modellhaften Bestandserhaltung stark anthropogen umweltgeschädigter spätmittelalterlicher Außenwandmalereien an der Kirche St. Nicolai in Jena-Lichtenhain wurden auch technologische und materialtechnische Besonderheiten des Malereiaufbaus herausgearbeitet.[5]

Das authentische Kunstwerk

Die im übertragenen und doppelten Sinne verschleierte Authentizität ist ein entscheidendes Kriterium für die Bewertungsfähigkeit historischer Wandmalerei. Bei den besonders wertvollen Wandmalereibefunden, die z. B. über Jahrhunderte hinter einem Ausstattungsgegenstand ruhten und in unserer Zeit bei Demontage des Ausstattungsgegenstandes wieder zu Tage treten können, wird die historische und zeitliche Dimension der Geschichte eines Kunstwerkes deutlich. Staubablagerungen und die in einem Raum mit konstantem Klima ablaufenden chemisch-physikalischen Prozesse verursachen meist nur geringere Schäden an Putz und Farbschichten, so dass sich diese Wandmalereien häufig weitgehend unbeschadet bis in die Gegenwart erhalten

Abb. 5 Jena-Lichtenhain, Kirche, im rechten Bildteil die Reste der Seccofarbschichten eines blauen Gewandes, Zustand 2008

Abb. 6 Erfurt, Allerheiligenkirche, Volto-Santo-Darstellung um 1372, im Bild ist die zentrale Szene mit dem Fiedler, den Füßen des gekreuzigten Jesus, dem goldenen Schuh und dem goldenen Becher auf dem Altartisch zu sehen, Zustand 2007

konnten. Exemplarisch gilt das für ein Fragment des im letzten Drittel des 14. Jahrhunderts in einer mageren Temperatechnik angefertigten Wandbildes mit der Darstellung des Volto Santo[6], des Heiligen Antlitzes, in der Allerheiligenkirche von Erfurt.[7] Das Bild wurde im 18. Jahrhundert mit der Aufstellung eines Hochaltares verdeckt und ruhte seitdem bis zu seiner Wiederentdeckung während der letzten Baumaßnahmen im Jahre 2007 unberührt und geschützt hinter dem Altar. Dadurch blieb das Fragment, abgesehen von Staubablagerungen und einigen aus früheren Zeiten stammenden mechanischen Beschädigungen, nahezu unversehrt in seinem ursprünglichen Zustand erhalten. Das Wandbildfragment mit seiner zentralen Szene lockte nach der Konservierung und Reinigung in der nur wenige Monate andauernden Präsentationszeit zahlreiche Besucher an (Abb. 6). Das einzigartige Bildfragment hinterließ beim Betrachter durch seine Unberührtheit und Authentizität sowie auf Grund der großartigen bildlichen Wirkung der Details mit seinen Figuren und Attributen, dekorativen und farbigen Gestaltungen gleichermaßen und letztlich der auch noch in dem Fragment zu spürenden Monumentalität des Gemäldes einen nachhaltigen Eindruck. In dem Wandmalereifragment der Volto-Santo-Darstellung konnten bis zur Wiederaufstellung des Hochaltares alle Botschaften des bewahrten Ursprünglichen und Unverfälschten betrachtet werden. Die Oberflächenbeschaffenheit der Farbaufträge zeigte noch die Spuren des Künstlers. Schablonenmalereien in den textilen Mustern ließen sich ohne Mühe an den Graten der Ränder ablesen. Reste von Höhen der Lichter und Schattenlasuren gaben die authentische Plastizität der Darstellungen wieder. Sie gehen zu einem erheblichen Teil bei der Freilegung übertünchter Wandmalereien durch den mechanischen Abrieb, der beim Ausüben des Bearbeitungsdruckes mit dem Freilegungswerkzeug entsteht, bzw. durch Haften von Farbschichtteilen der Malerei an der Übertünchung weitgehend verloren, wie das am Beispiel des folgenden Abschnittes deutlich wird.

Störungen im ursprünglichen Wandmalereibestand durch Freilegung und Retusche

Nach der Abnahme einer Tafel an einem Pfeiler des Kirchenschiffes der Predigerkirche Erfurt wurde ein kleines hochrechteckiges Bildfragment völlig unversehrter und in einer fetten Tempera ausgeführten authentischen mittelalterlichen Malerei auf dem Stein eines Pfeilers aus der Zeit um 1370 sichtbar (Abb. 7). Wie im vorangegangenen Abschnitt behandelt, stellen solche Befunde

Abb. 7   Erfurt, Predigerkirche, Wandmalereifragment an einem Pfeiler des Kirchenschiffs, um 1370, unberührter Zustand, 1998

Abb. 8   Erfurt, Predigerkirche, das Wandbildfragment wurde überstrichen, wieder freigelegt und restauriert, Zustand 2009

eine Besonderheit hinsichtlich der Erforschung und Interpretation künstlerisch-handwerklicher Fertigkeiten, der Technologien und Detailgestaltungen, der Farbaufträge und auch der ikonographischen Inhalte mittelalterlicher Wandmalerei dar.

Die in dem Gemälde sichtbare zarte Plastizität wurde durch das Anlegen feiner Lasuren der Lichter und Schatten erreicht, die noch vollständig vorhanden waren. Das Bild erinnert an anspruchsvolle Tafelmalerei und entstand in einer Zeit der kulturellen, wirtschaftlichen und künstlerischen Blüte Erfurts im 14. Jahrhundert. Das Fragment eines Kunstwerkes in ursprünglicher Gestalt zieht den Betrachter durch die mit sparsamen künstlerischen Mitteln erreichten ausdrucksstarken Antlitze der Heiligen, die Lebendigkeit der Formen und Linienführungen und letztlich durch die anrührenden Andachtshaltungen in seinen Bann.

Während der umfassenden Baumaßnahmen zur Wiederherstellung der Kirche wurde das Bild im Jahre 2006 versehentlich von der mit Anstricharbeiten beauftragten Firma überstrichen. Nach einigen Monaten ist das Bild dann wieder freigelegt worden (Abb. 8). Auch bei aller Sorgfalt der Freilegung und dem Entwickeln eines ästhetisch-konservatorischen Prinzips der Fehlstellenintegration konnten der partielle Verlust von kompakten Farbschichten, Störungen in den Farbschichtoberflächen und Lasuren und die damit einhergehende Verflachung der Bildwirkung nicht vermieden werden.

Das Einbringen von Fremdmaterialien der Konservierungsmittel und Retuschen veränderte zusätzlich den Brechungsindex des Bildmaterials und damit die visuelle Wahrnehmung. Die ursprüngliche lichte und warme Farbkomposition veränderte sich im durchschnittlichen Farbwert durch das partielle Sichtbarwerden der Materialfarbigkeit des Sandsteinuntergrundes und das damit einhergehende Überhöhen des Rotanteils auch in den Retuschen zu einer rötlichen, dunkleren und kühleren Grundfarbigkeit. Exemplarisch kann an diesem Beispiel in einem temporären Vergleich der Verwandlungsprozess zwischen dem authentischen unberührten Zustand und der Bildwirkung nach einer Freilegung und konservatorischen Bearbeitung eindrucksvoll vermittelt werden.

Lokalisierung jüngerer Zutaten

Bei einer kunstwissenschaftlichen Analyse einer freigelegten und überarbeiteten Wandmalerei ist neben der meist notwendigen bestandssichernden Konservierung das Lokalisieren des ursprünglichen und authentischen Bestandes und dessen Dokumentation auf maßstabsgerechten Kartierungsgrundlagen zu empfehlen. Auf diese Weise verringert sich das Risiko einer Fehlinterpretation bei kunstwissenschaftlichen Untersuchungen. Gegenstand der kunstwissenschaftlichen Betrachtung ist dann der authentische konservierte Bestand des Befundes.

Im Ergebnis einer interdisziplinären Arbeit an der Darstellung des Marientodes (Abb. 9) aus der Stadtkirche zu Weida (Landkreis Greiz) konnten durch restauratorische Untersuchungen mit einem Operationsmikroskop vor Ort Zutaten entdeckt, lokalisiert und entsprechend kartiert werden.[8] Die in die 1230er Jahre datierten Malereien befanden sich ursprünglich in der Ruine der ehemaligen Wiedenkirche zu Weida. Hier sind sie wahrscheinlich 1932 im Format 1 m x 2,44 m zum Zwecke des Verkaufs der Marientoddarstellung abgenommen worden.

Da sich kein Käufer gefunden hatte, wurde das Bild 1934 auf die Chorsüdwand der Stadtkirche Weida wieder angebracht. Auffällig sind im jetzigen Zustand die zackigen roten Binnenzeichnungen der Untermalungen. Farbschichten der zum ursprünglichen Bestand gehörenden Seccomalereien liegen nur noch in Spuren vor. Sie sind aber wichtige Hinweise auf die vormalige Existenz einer farblich differenzierten Seccomalerei. Somit besteht auch hier der Malereibestand vorwiegend aus den Linienführungen einer freskal in den Putz eingebundenen Vorzeichnung. In seiner Magisterarbeit an der Universität Würzburg analysiert Kilian Grüger den sächsischen Zackenstil.[9] Im Ergebnis der restauratorischen Untersuchungen konnten eindeutig die den Zackenstil expressionistisch überhöhenden Linienführungen der Zutaten und die ursprünglichen Vorzeichnungen voneinander getrennt werden (Abb. 10). Somit wurde es möglich, den tatsächlichen authentischen Bestand zum Gegenstand kunstwissenschaftlicher Untersuchungen zu machen. Die vollständige Lokalisierung

Abb. 9 Weida, Wiedenkirche, Marientod, 1230er Jahre. Das Gemäldefragment wurde 1934 an die Chorsüdwand der Stadtkirche übertragen, Zustand 2003

Abb. 10 Weida, Wiedenkirche, Marientod, Kartierung der Übermalungen, 2003

der Übermalungen wurde insbesondere durch die violettstichige Farbigkeit des damals verwendeten Eisenoxidrots ermöglicht. Dadurch hoben sie sich gut sichtbar von dem warmen erdigen rötlichen Farbton der ursprünglichen Untermalung ab.

Zusammenfassung

An Hand repräsentativer Fallbeispiele mittelalterlicher Wandmalereien Thüringens werden im Beitrag einige Varianten von Ursachen des teilweisen oder völligen Verlustes der Authentizität des Bestandes angesprochen. Meist sind es Schleierbildungen, frei interpretierte Zutaten oder die Beseitigung von Seccofarbschichten, die zur Reduzierung der Lesbarkeit und der ästhetischen Qualität eines Wandbildes beitragen. Unter dem Begriff Verschleierung kann Verkleidung, Verstellung oder Tarnung verstanden werden. In allen bisher freigelegten und mir bekannten mittelalterlichen Wandmalereien sind mehr oder weniger Verluste entstanden, Veränderungen in den Farbgebungen und Linienverläufen vorgenommen und Zutaten eingebracht worden. In jedem der Einzelfälle handelt es sich um Veränderungen oder Zutaten, die mit dem handwerklichen und künstlerischen Verständnis, mit der Handschrift und dem subjektiven Interpretieren des Bearbeiters der jeweiligen Zeit entstanden sind.

In der Öffentlichkeit steht der Begriff Fresko allgemein in Zusammenhang mit der Bezeichnung von mittelalterlicher Wandmalerei. Da meist nur die Untermalungen übrig geblieben sind, werden diese dann als die ursprüngliche Wandmalerei angesehen und als Freskomalerei bezeichnet. Wandmalereien wurden mit den nach Abtragen ihrer Seccofarbschichten übrig gebliebenen freskal eingebundenen graphischen Strukturen der verkieselten Binnenzeichnungen und Formflächen der Untermalungen zur alleinigen ikonographischen Botschaft reduziert.

Neben einer womöglich notwendigen bestandssichernden Konservierung sollte es eine der ersten Aufgaben bei der Bearbeitung einer Wandmalerei sein, den ursprünglichen und authentischen Bestand durch restauratorische Untersuchungen herauszuarbeiten, zu lokalisieren und auf Kartierungsgrundlagen maßstabsgerecht zu dokumentieren. Auf diese Weise verringert sich das Risiko einer Fehlinterpretation bei kunstwissenschaftlichen Untersuchungen. Gegenstand der kunstwissenschaftlichen Betrachtung ist dann der lokalisierte authentische Bestand der Wandmalereien.

Den meisten seit dem letzten Drittel des 19. Jahrhunderts entdeckten, freigelegten und häufig mehrfachen Konservierungen unterzogenen mittelalterlichen Wandmalereien im Freistaat Thüringen ist ein Phänomen gemeinsam: das der progressiven Schleierbildung. Die Folge ist, dass sich im Laufe der Jahre die Erkennbarkeit und Ablesbarkeit der Darstellungen verringerte. Es wird kolportiert, dass sich die Farben der kaum noch erkennbaren, verblassten Wandmalereien auflösen, von mangelhafter Qualität sind und irgendwann endgültig und unwiederbringlich verloren sein werden. Hinzu kommt, dass der unbefriedigende Zustand mittelalterlicher Wandmalerei im Freistaat Thüringen der wesentliche Grund für das geringe Interesse der Kunstwissenschaft ist, sich mit den betreffenden Wandbildern auseinander zu setzen. Bei eingehender Betrachtung werden jedoch unter krepierten Firnissen, Krusten, Schleiern und Staub außergewöhnlich qualitätvolle Wandmalereien sichtbar, von denen die meisten noch auf eine angemessene Behandlung und eine kunstwissenschaftliche Analyse warten.

---

1 Eidgenössische Kommission für Denkmalpflege 2007.
2 Wagner 2007a.
3 Müller 2004.
4 Voigt 1931.
5 Landmann 2009.
6 Müller 2008.
7 Wagner 2007b.
8 Grüger 2005.
9 Grüger 2005.

Beate Demolt

Der Pyramidenkanzelaltar in Vippachedelhausen

Vippachedelhausen im Norden Thüringens ist dem Landkreis Weimar zugeordnet und Teil der Verwaltungsgemeinschaft Berlstedt. Die Ortschaft wurde im Jahre 1328 erstmals erwähnt. Ab 1346 ist eine Pfarrei unter dem Patronat der Grafen von Weimar-Orlamünde verbrieft.[1] Die Gemeinde ist in ihrer Konfession heute evangelisch-lutherisch.

Der Kirchenbau (Abb. 1) stammt in seiner Grundsubstanz aus dem 16. Jahrhundert, jedoch ist seine aktuelle Gestalt im Wesentlichen auf einen barocken Umbau 1715 zurückzuführen. Die ältesten in der Kirche erhaltenen Ausstattungsstücke sind die prunkvolle Herrschaftsloge und der Renaissanceorgelprospekt aus der 2. Hälfte des 17. Jahrhunderts. Der Pyramidenkanzelaltar ist ins Jahr 1716 datiert.

Vorgeschichte

Nach zahlreichen Umbauarbeiten u. a. 1796 und 1890 erfolgte 1911/12 die letzte große Umgestaltung der Kirche im Sinne des Jugendstils. Hierfür wurde das Holztonnengewölbe im Chorraum verputzt und dekorativ ausgemalt. Es wurden farbige Fenster eingesetzt. Außerdem erhielt die gesamte Ausstattung leicht differenziert einen weißen Anstrich mit schlichten Bemalungen in Grün, Ocker und Blau.

Mit einem neuen Klinkerplattenboden auf einem Zementfundament wanderte in den Folgejahren die Feuchtigkeit aus dem Erdboden in die Wände und Holzteile. Dort schädigte sie die Empore und die Loge erheblich! Jahrelanges Versäumen der Instandsetzung und Baufehler führten schließlich dazu, dass die Kirche seit Anfang der 1980er Jahre nicht mehr genutzt werden konnte.

Anfang der 1990er Jahre begannen erste Restaurierungs- und Renovierungsarbeiten. Unter anderem erfolgten die Trockenlegung der Mauern und das Ausschachten des Innenraumes. Das Dach des Kirchenschiffs wurde neu gedeckt. Ab 2006 fanden Innensanierungen wie das Schließen des Tonnengewölbes und das Verputzen des Kirchenschiffes statt.

Schließlich begannen im September 2008, unterstützt mit Fördermitteln des Freistaats Thüringen, die Untersuchungen zur Innenausstattung. Ziel ist die Erfassung des Bestandes im Hinblick auf die ursprüngliche Farbigkeit sowie die Erstellung eines zukünftigen Behandlungskonzeptes.

Der Pyramidenkanzelaltar

Kanzelaltäre – die Kombination aus Altarmensa und Kanzelbau – sind in Thüringen weit verbreitet. Sie gehören zu einem typisch protestantischen Gottesdienst, bei dem die Predigt im Mittelpunkt steht. Ihre Blütezeit begann im 18. Jahrhundert und reichte bis in die Anfänge des 20. Jahrhunderts.

Der Pyramidenkanzelaltar stellt eine besondere Form des Kanzelaltars dar. Kennzeichnend für ihn sind die Palmensäulen als Sinnbild für die wahre Kirche und Glaubensgerechtigkeit sowie die mächtige Pyramide, auch ähnlich dem Obelisken, als Symbol für die Ewigkeit. In Thüringen sind neun Pyramidenkanzelaltäre bekannt.[2]

Der Pyramidenkanzelaltar in Vippachedelhausen (Abb. 2) hat eine Höhe von 9,20 m, eine Breite von 3,40 m und eine Tiefe von 2,50 m. Wie häufig bei Pyramidenaltären, werden Pyramide und Kanzel über einem profilierten Baldachin von vier beschnitzten Palmen getragen. Durch eine Tür in der Sakristei gelangt man in den Kanzelkorb. Die Kanzel besteht aus Korb und Deckel. Auf ihrer Front halten zwei Engel eine Kartusche mit der Inschrift: „Gott zu Ehren hat diesen Predig[- ?] machen lassen auf seine eigene Kosten Philipp Schüler 1716".

Die Kanzel wird zusätzlich von vier großen Schnitzfiguren eingerahmt (Melchior, Moses auf dem Baldachin und zwei Engel auf der Kanzelbrüstung).[3] Desweiteren schmücken Girlanden,

Abb. 1 Vippachedelhausen, Kirche St. Margaretha, 2009

Abb. 2   Vippachedelhausen, Kirche St. Margaretha, Pyramidenkanzelaltar, 1716, Zustand 2008

Fruchtgehänge, Blattbänder und Ehrenkränze den Altar. In und um die Kränze sind auf der Pyramidenfront mehrere Putti sowie eine Auferstehungsszene in Form von Schnitzfiguren positioniert.

Den Abschluss der Pyramide bildet ein halbrunder, profilierter Deckel, auf dem eine vergoldete Sonne befestigt ist.

Historische Einordnung

Der Pyramidenkanzelaltar in Vippachedelhausen lässt in seinem historischen und territorialen Kontext noch viele Fragen offen. So ist beispielsweise, abgesehen von der eben erwähnten Kartusche, weder eine Auftragserteilung zum Bau des Altars bekannt, noch wurden bis dato Rechnungen zur Bemalung oder zu nachfolgenden Maßnahmen gefunden. Dennoch erscheint es wenig verwunderlich, hier einen solchen Altar zu finden, sind Pyramidenkanzelaltäre bisher ausschließlich in den Hoheits- und Einflussgebieten der Herzöge von Sachsen-Weimar und der Fürsten von Waldeck-Hessen festzustellen.[4]

Michael Neumann beleuchtete in seinem Vortrag „Gemeinsame Wege – gemeinsame Räume" u. a. die Bedeutung der Palme an Kanzelaltären im Herrschaftsbereich von Weimar und Waldeck.[5] Er stieß dabei auf den so genannten Palmorden, eine Sprachgesellschaft, gegründet 1617 in Weimar.

Abb. 3   Symbol des Palmordens

Diese „Fruchtbringende Gesellschaft des Palmordens" setzte sich u. a. zum Ziel, die Reinheit der deutschen Sprache zu wahren und Fremdwörter und Mundartausdrücke zu vermeiden. Symbol und Sinnbild des Ordens war die Palme (Abb. 3), ein Baum, an dem alles genutzt werden konnte, der seine Kraft aus dem Boden nahm und unter Lasten noch kräftigere Wurzeln bildete.

Zahlreiche Kanzelaltäre, Baldachin-Altäre und Pyramidenkanzelaltäre in diesem Einzugskreis dienten daher auch der Repräsentation der Palmordenmitglieder, z. B. Jena-Ziegenhain oder Bad Arolsen-Helsen (Abb. 4).[6]

Abb. 4   Bad Arolsen-Helsen (Waldecker Land), Pyramidenkanzelaltar, 1688, undatiert

Abb. 5 Vippachedelhausen, Pyramidenkanzelaltar, 1716, Innenansicht der Pyramide, 2008

Abb. 6 Vippachedelhausen, Pyramidenkanzelaltar, 1716, Pyramidenfläche mit Befund zur grünen Marmormalerei, 2008

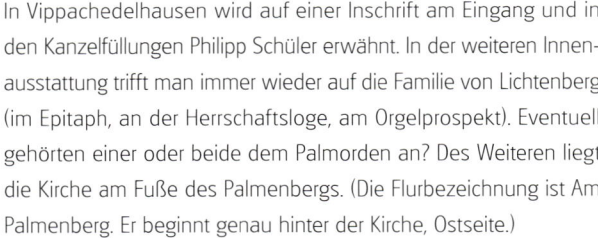

Abb. 7 Vippachedelhausen, Pyramidenkanzelaltar, 1716, linke Kanzelfüllung, Freilegung der Marmormalerei, 2008

In Vippachedelhausen wird auf einer Inschrift am Eingang und in den Kanzelfüllungen Philipp Schüler erwähnt. In der weiteren Innenausstattung trifft man immer wieder auf die Familie von Lichtenberg (im Epitaph, an der Herrschaftsloge, am Orgelprospekt). Eventuell gehörten einer oder beide dem Palmorden an? Des Weiteren liegt die Kirche am Fuße des Palmenbergs. (Die Flurbezeichnung ist Am Palmenberg. Er beginnt genau hinter der Kirche, Ostseite.)

Kunsttechnologische Untersuchungen

Die durchgeführten Untersuchungen ergaben, dass am Altar drei Fassungen nachgewiesen werden können – die barocke Erstfassung und zwei, einander sehr ähnelnde Überfassungen. Außerdem konnte festgestellt werden, dass der Altar, vielleicht in Zusammenhang mit einer Umgestaltung, schon einmal abgebaut oder zumindest in Teilen demontiert wurde.

Konstruktion

Die Pyramide weist im Inneren eine Gerüstkonstruktion aus Holzbalken auf, an der die einzelnen Bretter horizontal und auf Stoß gesetzt sind (Abb. 5). Augenscheinlich wurden Na-delhölzer verwendet. Die Bretter wurden grob zugesägt und nur an der Schauseite gehobelt bzw. geglättet. Alle Profile und der Baldachin sind in ihren Eckverbindungen auf Gehrung gearbeitet. Die Schnitzfiguren und Zierelemente bestehen aus einem Holz mit einer feineren Maserung, vermutlich Linde wie bei Schnitzarbeiten häufig üblich.[7] Die Sakristei und auch die Kirchenstände, die derzeit demontiert sind, entstanden als Rahmenfüllungskonstruktion.

Erstfassung

Die Erstfassung ist in den meisten Bereichen nur noch fragmentarisch erhalten. Dennoch erlauben die Befunde einen relativ umfangreichen Einblick in die barocke Gestaltung. Demnach zeigte die gesamte Rahmenkonstruktion der Sakristei eine Weißfassung mit einer gelben Marmormalerei. Die Kassettenfüllungen, der gewölbte Übergang zwischen Sakristei und Baldachin sowie die gesamte Rücklage der Pyramide waren grün marmoriert (Abb. 6).

Die vier Palmen erschienen in einer intensiven Grünfassung mit Silberauflagen an den oberen Blatträndern. Auch die Palmwedel und die Ehrenkränze hatten eine Grünfassung mit goldfarbenen Metallauflagen an ihren Spitzen.

Abb. 8   Vippachedelhausen, Pyramidenkanzelaltar, 1716, Fruchtgehänge an der Sakristeitür, Freilegung, September 2008

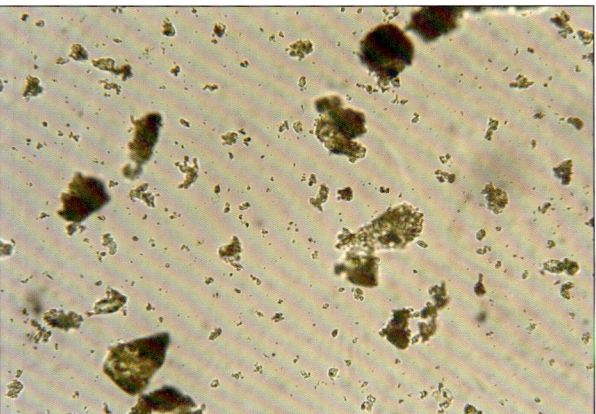

Abb. 9   Vippachedelhausen, Pyramidenkanzelaltar, 1716, grüne Marmormalerei an der Pyramide, Polarisationsmikroskopie Grüne Erde, Oktober 2008

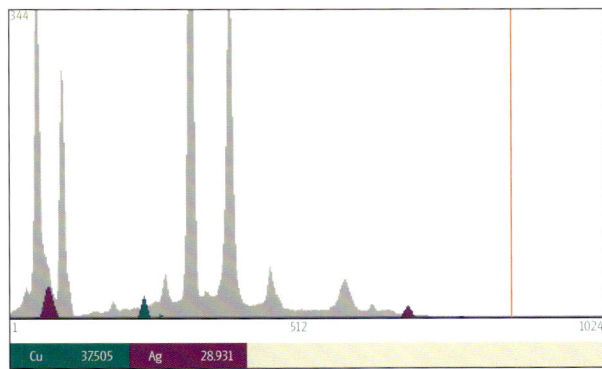

Abb. 10   Vippachedelhausen, Pyramidenkanzelaltar, 1716, Metallauflage an den Palmen, Spektrum einer Silberlegierung nach Röntgenfluoreszenzanalyse, November 2008

Die Kassettenfüllungen an der Kanzel zeigten eine rote Marmormalerei mit goldfarbenen Inschriften[8], ebenso die Kartusche auf der Kanzelfront (Abb. 7). Die glatten Profilflächen an Korb und Deckel waren ohne Inschrift ebenfalls rot marmoriert.

Die Girlanden, Blattbänder und Fruchtgehänge zeigten z.T. sehr unterschiedliche Fassungen. So waren die Blattgehänge rechts und links der Sakristeitür weiß und an ihren Rändern exakt mit einer Goldkante abgesetzt. Die Girlanden und Fruchtornamente um die Kanzel besaßen an den Früchten und Blattspitzen unterschiedliche Metallauflagen, ihre Blattinnenflächen waren mit einem dunkelgrünen Farblack versehen (Abb. 8, 14).

Die Schnitzfiguren (exemplarisch an einem Putto untersucht) zeigten eine sehr dünne Weißfassung mit einem feinen Oberflächenglanz, z.T. mit farbigen Lasuren. Haare, Bärte und Attribute waren mit goldfarbenen Metallauflagen belegt.

Pigmente, Bindemittel, Metallauflagen

Mittels der Polarisationsmikroskopie wurden die Pigmente bestimmt. Dabei konnten bis dato Bleiweiß, gelber Ocker, grüne Erde (Abb. 9), roter Farblack, grüner Farblack und Zinnober bestätigt werden. Da es sich u.a. um Marmormalereien handelt, ist nicht auszuschließen, dass noch weitere Pigmente vorliegen. Löslichkeitstests deuten bei den Metallauflagen auf eine Öltechnik hin. Darüber hinaus zeigten Bindemittelanalysen[9] auch in einer Bleiweißprobe ein ölhaltiges Bindemittel. Die roten Marmorierungen an der Kanzel werden vom Chemiker als so genannter Bernsteinlack bezeichnet. Das heißt, der rote Farblack weist ein Bernsteinbindemittel auf, welches vergleichbar mit einem Harz-Öl-Gemisch ist.

Die Untersuchungen der Metalle mittels der Röntgenfluoreszenzanalyse (RFA)[10] ergaben Gold-, Silber- und Messinglegierungen. Goldfarben erschienen demnach die Sonne und die Profile. Die golden erscheinenden Fruchtgehänge und die Metallauflagen an den Figuren und Ehrenkränzen sind in der Regel Messinglegierungen. Bei den Metallauflagen der Palmen wurden Silberlegierungen nachgewiesen (Abb. 10).

Maltechniken

Um den Metallauflagen ein noch differenzierteres Erscheinungsbild zu geben, wurden glänzende und matte Flächen nebeneinander gesetzt. Überzüge konnten bis dato nicht bestätigt werden.

Abb. 11   Vippachedelhausen, Pyramidenkanzelaltar, 1716, Kanzelprofil Querschliff mit weißer Grundierung, roter Malschicht und rotem Farblack, 2008

Die marmorierten Flächen an Pyramide und Sakristei sind direkt auf dem Holzträger ausgeführt und zeigen keinen Kreidegrund. So ist die erste Malschicht eine dünn aufgetragene Bleiweißschicht, auf der anschließend die Marmormalerei ausgeführt wurde (Abb. 6). Aufgrund der verwendeten Materialien und Bindemittel könnten die Oberflächen leicht poliert worden sein und einen feinen, seidigen Glanz aufgewiesen haben.

In den Kanzelfüllungen ist ein dunkelrot bis schwarz changierendes Flammenbild mit deutlichen Kontrasten erkennbar. Es wurde ebenfalls direkt auf einem Bleiweißgrund ausgeführt. Für die Bemalung wurde der dunkelrote Bernsteinlack unterschiedlich deckend, vermutlich mit einem Marmorierpinsel, aufgetragen (Abb. 7).

An den Kanzelprofilen ist eine weitere Technik der Marmormalerei festzustellen. Hier ist zunächst eine weiße Grundierung angelegt, der ein matter, deckender Rotton folgt. Darüber ist changierend der rote Farblack aufgetragen (Abb. 11).

Die Weißfassung der Schnitzfiguren besteht aus einer dünnen, ölgebundenen Bleiweißschicht direkt auf dem Holzträger. Partiell können in einigen Bereichen changierende Lasuren nachgewiesen werden. Anschließend wurden die Oberflächen, wahrscheinlich mit einem Tuch, poliert, wodurch ein warmer und seidiger Glanz entstand.

Überfassungen

Nach Abnahme einiger Ornamente stellte sich heraus, dass sich hinter den Schnitzereien eine zweite Fassung befindet (Abb. 12). Diese ist weiß, homogen und flächig aufgestrichen. Sie weist in geschützten Bereichen einen feinen Oberflächenglanz auf und ist vermutlich am gesamten Pyramidenkanzelaltar zu finden.[11] Demnach wurden für diese zweite Fassung alle plastischen Verzierungen abgenommen und auch der Altar zumindest zum Teil demontiert.

Eine undatierte Aufnahme zeigt einen Zustand vor 1911/12.[12] Sie zeigt den Altar ohne Marmormalereien, scheinbar flächig

Abb. 12   Vippachedelhausen, Pyramidenkanzelaltar, 1716, Ehrenkranz mit Putti, Weißfassung mit weißer Malkante an den Blatträndern, 16.10.2008

Abb. 13   Vippachedelhausen, Pyramidenkanzelaltar, 1716, undatierte Aufnahme vor 1911/12

Abb. 14 Vippachedelhausen, Pyramidenkanzelaltar, 1716, Fruchtgehänge an der Kanzelfüllung, rechte Seite mit Metallauflagen und orangefarbenem Überzug der Überfassung, Freilegungsfenster zeigt grünes Blattwerk an den Rändern mit Metallauflage der Erstfassung, Oktober 2008

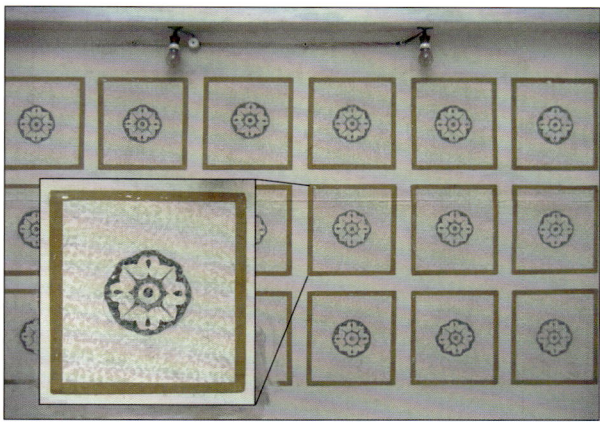

Abb. 15 Vippachedelhausen, Pyramidenkanzelaltar, 1716, Jugendstilbemalung unter dem Baldachin, September 2008

weiß. Auch die Zier- und Schmuckelemente sowie die Skulpturen erscheinen weiß mit nur partiell, fast sparsam aufgebrachten Metallauflagen (Abb. 13, 14). Diese Metallauflagen entsprechen einander in Farbe und Technik. Sie folgen in schlichter Form der Erstfassung. Des Weiteren kann darauf ein inzwischen gedunkelter Überzug festgestellt werden.

An den Palmen und Ehrenkränzen folgt dem weißen Anstrich die heute sichtbare Farbigkeit der Palmen, d. h. ein dezentes Mattgrün ohne jegliche Verzierungen.

1911/12 erfolgte dann die Umgestaltung der Innenausstattung im Jugendstil. Die dazu durchgeführten Maßnahmen sind in den Unterlagen der Kirche (Pfarramt Neumark) beschrieben, geben jedoch keinen Aufschluss über die einzelnen Maßnahmen am Altar. Die Befunde zeigen, dass hier keine umfangreichen Maßnahmen durchgeführt wurden. So erhielt der gesamte Pyramidenkanzelaltar lediglich eine farbige „Auffrischung". Die weißen Flächen bekamen einen neuen weißen Anstrich, sehr wahrscheinlich mit Leimfarbe. Dafür wurden weder die Verzierungen noch die Figuren abgenommen. Die Ehrenkränze und Blattbänder an der Kanzel erhielten einen dunkleren Grünton. Darüber hinaus wurden die Profile an der Kanzel mit Rot (Terrakottafarbton) abgesetzt. Einzig die Decke unter dem Baldachin wurde neu gestaltet (Abb. 15). Diese Decke scheint generell nicht ursprünglich zu sein, da nur die heute sichtbare Fassung nachgewiesen werden konnte. Die Decke setzt sich aus mehreren Brettern zusammen und ist ähnlich der Chordecke mit geometrischen Motiven bemalt. Dabei zeigt sie 15 Quadrate (3 x 5) auf weißem Grund. Diese Quadrate besitzen einen schlichten, ockerfarbenen Rahmen und sind in ihren Mittelfeldern durch eine Stupftechnik zart strukturiert. In jedem Mittelfeld ist das gleiche blaue Blumenornament mit einer Schablonentechnik aufgebracht. Dieses Ornament findet sich auch in der Deckenbemalung des Chors wieder. Sehr wahrscheinlich sind hierfür die gleichen Farben verwendete worden.[13]

Zusammenfassung Erhaltungszustand

In Konstruktion und Stabilität scheint der Pyramidenkanzelaltar noch gut erhalten zu sein. Dennoch haben die Vernachlässigungen der Vergangenheit aber auch die anschließenden Baumaß-

Abb. 16 Vippachedelhausen, Pyramidenkanzelaltar, 1716, linke Pyramidenseite mit Vogelkot, Staub und Bauschutt, September 2008

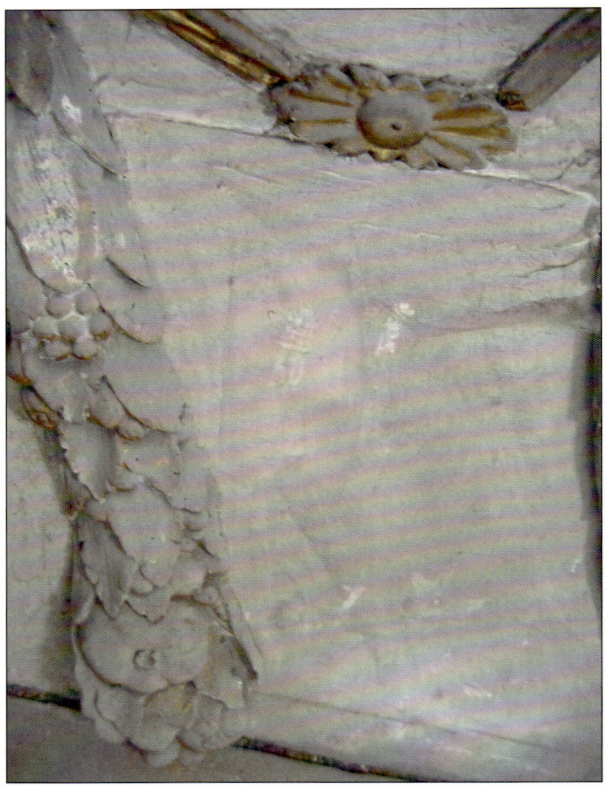

Abb. 17 Vippachedelhausen, Pyramidenkanzelaltar, 1716, eingestaubte Kanzelfläche, September 2008

nahmen ihre Folgen hinterlassen. Der Altar präsentiert sich heute sehr stark verschmutzt. Einige Kleintiere und Vögel haben die Möglichkeit genutzt, in der Kirche Unterschlupf zu finden und auch Nester zu bauen. Umfangreiche Vogelkotablagerungen haben besonders an den Pyramidenseiten zu Verfärbungen geführt, die ein allgegenwärtiges Schadensbild in jeder Fassungsschicht verursacht haben (Abb. 16, 17). Ein vermutlich heute inaktiver Anobienbefall zeigt sich besonders deutlich an den Palmen und Schnitzfiguren.

Abgesehen davon sind zahlreiche Palmwedel und Blätter der Ehrenkränze lose und nur in den Verbund gesteckt. Teilweise fehlen auch einige. Auf Aufsatz und Kanzeldeckel liegen einzelne Zierelemente, die bis dato keine Zuordnung erfahren haben. Über dem Deckel fehlen sowohl der linke Putto als auch das Banner. Darüber hinaus ist anzunehmen, dass unter dem Kanzeldeckel eine geschnitzte Taube befestigt war.

Alle historischen Aufnahmen zeigen außerdem Kirchenstände (Abb. 1, 18). Diese verbanden auf der nördlichen Seite den Altar mit der Herrschaftsloge und auf der südlichen Seite den Altar mit der Empore (evtl. auch mit einem Beichtstuhl?). Heute sind diese Stände demontiert und befinden sich im Kirchenschiff sowohl unter als auch auf der Empore. Ein Element lehnt am Altar.[14]

Die Fassungsuntersuchungen am Altar ergaben, dass ein Großteil der Erstfassung nur noch in sehr fragmentarischen Resten erhalten ist. Dabei sind die umfangreichsten Verluste gerade in den großflächigen Marmormalereien festzustellen. Die heute sichtbare Fassung ist dagegen quantitativ gut erhalten, aber mit optisch deutlichen Schäden wie beispielsweise den Vogelkotflecken. Es gibt einige Farbabplatzungen in den Metallauflagen, die mit Bronzefarbe überstrichen sind. Umfangreiche Abblätterungen in den Farbschichten sind in einem modernen Anstrich am Baldachinprofil festzustellen. Darüber hinaus zeigt sich, dass das Bindemittel der letzten Fassung weitgehend abgebaut ist. An einigen Vergoldungen und an den Inkarnaten hat sich das Krakelee im Gesamtpaket dachförmig geöffnet.

Ausblick

Das mit Fördermitteln des Freistaates Thüringen unterstützte Behandlungskonzept zum Pyramidenkanzelaltar in Vippachedelhausen beinhaltet zunächst konservatorische Maßnahmen wie die Überwachung des Anobienbefalls und ggf. die Behandlung. Des Weiteren soll eine umfassende Oberflächenreinigung erfolgen.

Abb. 18 Vippachedelhausen, Pyramidenkanzelaltar, 1716, Kirchenstände auf der Empore, Dezember 2008

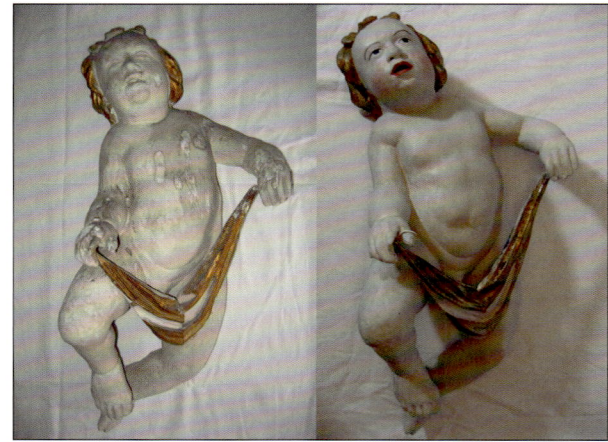

Abb. 19 Vippachedelhausen, Pyramidenkanzelaltar, 1716, Probefreilegung und Restaurierung eines Putto, links Vorzustand, rechts Endzustand, November 2008

Ziel der gesamten Untersuchungen soll jedoch die Wiederherstellung des barocken Erscheinungsbildes sein. Dieses wird sich entsprechend den Untersuchungsergebnissen aus der Präsentation des historischen Bestandes und aus partiellen Neufassungen zusammensetzen.

Hierfür wurden zunächst vier Probeachsen angelegt und exemplarisch ein Putto restauriert (Abb. 19). Dabei zeigte sich, dass an den Skulpturen wahrscheinlich gut erhaltene und freilegbare Weißfassungen vorliegen. Auch die Fassungen an den Kanzelfüllungen, den Palmen und Zierelementen zeigen einen Bestand von durchaus 80 Prozent. Die Marmormalereien an Pyramide und Sakristei sind hingegen zu mehr als 95 Prozent zerstört. Hier kann nur eine Neufassung erfolgen.

Mit diesen Befunden und Erkenntnissen wird derzeit ein detailliertes Konzept zur Gestaltung des Pyramidenkanzelaltars erarbeitet. Da sich beispielsweise Bleiweißfassungen heute nicht mehr realisieren lassen, wird zusammen mit Kirchenmalern und Restauratoren im Handwerk an Alternativen gearbeitet.

---

1 www.zweckverband-wirtschaft.de
2 Wagner, Thüringisches Landesamt für Denkmalpflege und Archäologie, Erfurt 2009.
3 Derzeit abmontiert.
4 Wagner 2009. Die Helser Stadtkirche war bis 1752 die Hofkirche derer zu Waldeck und Pyrmont. Heute erinnern noch das Waldecker Wappen über dem Schalldeckel der Kanzel und der große Kanzelaltar daran.
5 Neumann 1996.
6 Wagner 2009.
7 Es wurde keine Holzartenbestimmung durchgeführt.
8 Auf der rechten Seite steht: „Wahrlich wahrlich ich sage euch, wer mein Wort hört und glaubet, dem der mich gesand hat, der hat das ewige Leben"; auf der linken Seite steht: „Diese Kanzel hat Mst. Philipp Schüler, Metzger und deßen Weib fr. Anna [...] Gott zu Ehren mahlen lassen Anno 1771".
9 Labor für Pigment- und Bindemittelanalysen, Hildesheim, Schulz 2009.
10 Naturwissenschaftliches Labor, Fachhochschule Erfurt, Mucha 2009.
11 Bindemittelanalysen konnten ein proteinisches Bindemittel nachweisen.
12 Kirchenarchiv, Pfarramt Neumark.
13 Material- und Bindemittelanalysen zum Abgleichen wurden nicht durchgeführt.
14 Weitere Informationen zu den Wänden im Untersuchungsbericht.

Susanne Scheibner

Die Vollkommenheit der Strahlenkranzmadonna im Ostfenster der evangelischen Kirche St. Leonhardt in Friesau – eine Analyse

Im Ostfenster der evangelischen Pfarrkirche St. Leonhardt in Friesau im Saale-Orla-Kreis befindet sich hinter dem Altar eine bisher wenig bekannte Glasmalerei. In den Denkmalinventaren fand sie bisher keine Berücksichtigung, so dass mit ihrer Restaurierung in den Jahren 2002/2003 im Kooperationszentrum für Konservierung und Restaurierung von Kunst- und Kulturgut der Fachhochschule Erfurt neben der Bestandserfassung auch die relevanten Daten über geschichtliche und kunsttechnologische Zusammenhänge recherchiert werden mussten.

Abb. 1 Friesau, ev. Kirche St. Leonhardt, Innenansicht des Chorfensters I, 2003

Der Kirchenbau entstand in seiner Gründung als romanische Chorturmkirche mit halbrunder Apsis und rechteckigem Kirchenschiff vermutlich im 12. Jahrhundert. Grundmauerreste und Ausgrabungsfunde lassen auf einen Vorgängerbau an diesem Ort schließen. Der untere Teil des Turmes könnte zu einer bereits um 1000 errichteten Missionskapelle gehört haben.

In den Jahren 1408–1440 erhielt die Kirche ihre heutige Gestalt. Sie wurde um einen rechteckigen Choranbau mit dreiseitigem, polygonalem Abschluss erweitert, das Schiff erhöht und der Turm aufgesetzt. Der Grund für die baulichen Erweiterungen der Kirche kann in ihrer wachsenden Bedeutung als Wallfahrtsort, der seit dem Beginn des 12. Jahrhunderts belegt ist, angenommen werden.[1, 2]

Die unterschiedlichen Formen und Größen der Fenster in der Kirche spiegeln die verschiedenen Bauphasen wider. Sie sind heute, bis auf die in ihrer Art einzigartige glasmalerische Darstellung der Strahlenkranzmadonna im Ostfenster, mit rechteckigen Blankverglasungen in Holzrahmen oder mit Butzenverglasungen geschlossen.

Das einbahnige Rundbogenfenster der Ostwand wird durch eine Mittelsprosse in zwei Glasfelder geteilt. Das obere Kopffeld enthält vor dem Hintergrund einer Butzenverglasung die figürliche Darstellung, das untere Rechteckfeld beinhaltet farblose Butzenscheiben.

Marienbilder werden an heiligen Stätten nicht einfach als Darstellung der Gottesmutter verehrt, sondern immer unter einer besonderen Bedeutung. Diese kann sich auf einen spirituellen Aspekt oder einen Ort beziehen, an dem Gebetserhörungen stattgefunden haben und ihr Gnadenbild daher nun mit einer spezifischen, dauerhaften Wirkkraft verbunden wird. Man kann dabei zwischen zwei Arten unterscheiden, einerseits Bilder, die zur Ausschmückung eines bereits bestehenden Wallfahrtsortes angefertigt wurden, wie wahrscheinlich auch in Friesau, und andererseits Bilder, die aufgrund ihres geheimnisvollen und wundertätigen Wirkens erst zur Errichtung der Wallfahrtsstätte geführt haben.

In dem Glasbild der Friesauer Kirche trägt die junge Maria das Christuskind auf ihrem rechten Arm. Der Knabe wendet sich der Mutter zu und schmiegt seine Wange an die ihrige. Maria tritt mit dem Kind aus dem runden Sonnenkreis hervor und wird von den Strahlen der hinter ihr verborgenen Sonne umleuchtet. Sie steht auf einem nach unten geöffneten, zunehmenden Halbmond mit Gesicht. Die eigenständige Bildform der Strahlenkranzmadonna auf einer Mondsichel stehend entwickelte sich gegen Ende des 14. Jahrhunderts. Während es bei den Darstellungen des 14. Jahrhunderts stets ein Vollmond mit Gesicht war, wurde seit dem frühen 15. Jahrhundert die Mondsichel bevorzugt, in deren innerer Krümmung mitunter ein Gesicht zu finden ist.[3]

In dem roten Himmel über dem gekrönten Haupt der Madonna befinden sich im Bildhintergrund Sterne. Sie sind glas-

Die Vollkommenheit der Strahlenkranzmadonna in Friesau

Abb. 2   Friesau, ev. Kirche St. Leonhardt, Strahlenkranzmadonna im Ostfenster I, 2003

Abb. 3   Friesau, ev. Kirche St. Leonhardt, Detail der Madonna mit Christuskind, 2003

malerisch in den Überzug der roten Gläser geritzt. Ihre genaue Anzahl kann durch den Schaden an den Gläsern nicht eindeutig benannt werden. Zu vermuten wären allerdings die oftmals über dem Haupt Marias angeordneten 12 Sterne als Hinweis auf die 12 Stämme Israels.

Die Darstellung geht somit auf die Vision der apokalyptischen Frau zurück. Die Figurenszene wird von einer Architekturnische umschlossen, deren Fußboden geometrisch gegliedert ist. Etwa zwei Drittel des Hintergrundes werden mit einem blauen Federrankenvorhang bedeckt.

Das Verlangen des Dargestellten, das Lieblich-innig-mütterliche auszudrücken, bestimmt die Bildform und das gewählte Material. Die dem Spätmittelalter zuzurechnende typische Bildkonzeption der Maria mit dem Kind unterscheidet sich von ähnlichen Bildprogrammen, wie eines auch im Hauptaltar der Kirche anzutreffen ist, in geradezu widerstreitender Manier. Zielt die mittelalterliche Plastik, ob gefasst in Holz oder Stein, immer auf die Materialisierung des Gedankens (der Bildaussage), ist daher mit Masse des Materials verbunden und vordergründig, lässt diese kleine Glasmalerei solche Kategorien vollständig hinter sich.

Gold, Silber, Mosaik- und Edelsteine sowie leuchtende Farbtöne werden eingesetzt, um auf Bildflächen die Gottesmutter im himmlischen Licht erscheinen zu lassen. Dagegen trägt Maria im Glasbild ein Kleid aus Licht und Glanz, was ganz und gar nicht stofflich angelegt ist. Einfluss auf die materielle Loslösung der Erscheinung haben aber auch die umgebenden Butzenscheiben. Durch die Lichtführung, die je nach Beleuchtungssituation zu den Tageszeiten unterschiedlich ist, addieren sich die Farb- und Zeichnungswerte im Glasbild derart, dass jede Festigkeit, bezogen auf den Einzelscherben, vermieden wird und das Glasbild dadurch Leichtigkeit, Filigranität und Grazie ausstrahlt. Substanziell erscheint in diesem Zusammenhang der Gedanke der Verehrung des Bildes. Beachtet man dazu die Fensterhöhe im Chorraum, so schwebt die Madonna mit dem Ausdruck der Unsterblichkeit und des ewigen Lebens im Licht über dem Altar.

In der mittelalterlichen Glasmalerei wird ein Anspruch deutlich, welcher sich den heutigen Betrachtern nicht ohne weiteres von selbst erschließt. Der Umgang mit der Glasmalerei seit ihrer Entstehung und die Bestrebungen zu ihrer Erhaltung werden einerseits durch die Anschauung und den Glauben geprägt, d. h. durch die Bedeutung der mit ihr verbundenen Beziehung, und andererseits sind Einflüsse und Umstände einzubeziehen, wie sie beispielsweise eine überaus reiche Ausschmückung des Wallfahrtsortes durch Dankbarkeitsstiftungen mit sich bringt.

Im Hinblick auf die Entstehungszeit des Glasfensters ist das ein wichtiges Kennzeichen, welches vermuten lässt, dass sich das Fenster besonders im Vergleich mit dem großen Marienaltar der Kirche (datiert 1447) schon vor diesem in der Kirche befunden hat und möglicherweise die Altargestaltung maßgeblich beeinflusste.

Abb. 4   Friesau, ev. Kirche St. Leonhardt, Marienaltar, datiert 1447, 2007

Abb. 5   Friesau, ev. Kirche St. Leonhardt, Abendmahlskelch, datiert 1509, 2007

Das Altarretabel ist eine Stiftung eines Nürnberger Patriziers[4], welcher im Thüringer Wald Erzbergbau- und Saigerhüttenbetriebe unterhielt. Im Mittelschrein befinden sich farbig gefasste Schnitzfiguren. Die Strahlenkranzmadonna auf der Mondsichel stehend wird zu ihren Seiten von den beiden Kirchenpatronen St. Nikolaus und St. Leonhardt begleitet.

Durch seine Ausmaße verstellt der Flügelaltar nahezu vollständig die Sicht auf das Ostfenster und wirkt so der historischen Aussage entgegen. Das „Vorstellen" eines Altares vor eine im Fenster befindliche Glasmalerei ist in vielen Kirchen im Verlauf der Geschichte zu beobachten. Dass es jedoch innerhalb relativ kurzer Zeit geschieht und der Altar das gleiche Thema aufgreift, ist selten und zeugt wohl von Reichtum und Attraktivität des Wallfahrtsortes.

Neben den Resten eines ehemals den gesamten Chorraum ausfüllenden Wandmalereizyklus und dem bereits erwähnten Hauptaltar deuten heute noch weitere Ausstattungsstücke auf die überregionale mittelalterliche Bedeutung des Ortes hin. Zu nennen sind hier vor allem die zwei Seitenaltäre (datiert um 1515), zwei von insgesamt drei erhaltenen Bronzeglocken (datiert 2. Hälfte 14. Jh. und 16. Jh.) sowie ein herausragender Abendmahlskelch (datiert 1509).

Der Kelch zählt zu den Meisterwerken der Thüringer Goldschmiedekunst und wurde vom Bürgermeister der Stadt Schleiz Johann Verber, so erzählt die Legende, anlässlich einer erfolgreichen Heilung seiner Tochter gestiftet. Anhand der eingravierten Inschrift kann der Kelch dem Goldschmiedemeister Andreas Eckart aus Schleiz zugeordnet werden. Das Figurenprogramm am Fuß des Kelches gleicht dem des Hauptaltares der Kirche. An dieser Stelle sei erwähnt, dass sich ein Parallelstück des gleichen Meisters, angefertigt bereits 1496 und ebenfalls als Stiftung der Familie Verber, in der Schleizer Stadtkirche befindet.[5]

Aufgrund stilistischer sowie material- und bearbeitungstechnischer Merkmale ist eine Datierung der Glasmalerei um 1430–1440 möglich, ein Zeitraum, der sich darüber hinaus auch in die Baugeschichte der Kirche einfügt, jedoch zum gegenwärtigen Zeitpunkt urkundlich nicht belegbar und auf Grund der wenigen Vergleichsbeispiele in Thüringen nicht näher einzugrenzen ist. Interessant ist, dass sich in der näheren Umgebung von Friesau zwei weitere Glasmalereien erhalten haben, die ebenfalls eine Madonna mit Christuskind zeigen. Eine davon befindet sich in Schleiz, in der am Fuße des Liebfrauenberges gelegenen mittelalterlichen St. Wolfgangskapelle.

Die fragmentarisch erhaltene Scheibe stammt jedoch ursprünglich aus der Bergkirche, die mit der Kapelle über den Gratweg, eine alte, ursprünglich als Stationsweg angelegte Lindenallee verbunden ist. Die Bergkirche entstand im 12. Jahrhundert als eine Kapelle an der Handelsstraße Regensburg – Naumburg. Sie

Die Vollkommenheit der Strahlenkranzmadonna in Friesau

Abb. 6 Schleiz, St. Wolfgangskapelle, Glasmalereifragment im Fenster der Südwand, um 1490, 2008

Abb. 7 Schleiz, St. Wolfgangskapelle, Detail der Madonna mit Christuskind, 2008

wurde vom Deutschen Orden im 14. Jahrhundert zur Marienkirche erhoben und weiter ausgebaut und entwickelte sich Ende des 14. Jahrhunderts zu einem bekannten Marienwallfahrtsort.

Die zweite Glasmalerei befindet sich in der ev. Spitalkirche St. Laurentius in Neustadt an der Orla. Die Darstellung ist zu großen Teilen später ergänzt und weist nur noch wenige originale, mittelalterliche Glasstücke auf.

Unter der Annahme, dass es ursprünglich weitaus mehr Madonnenscheiben gegeben hat, die heute leider verloren sind, zeugen noch diese drei bekannten Glasmalereien von einer intensiven regionalen Auseinandersetzung mit der bildnerischen Tradition der Darstellung in der Glasmalereigattung. Zusammenhänge hinsichtlich einer gemeinsamen Herkunft der Glasbilder aus einer regional ansässigen Werkstatt sind daher nicht auszuschließen und wären durch vergleichende Untersuchungen im Rahmen der restauratorischen Bearbeitung der beiden Scheiben in Schleiz und Neustadt an der Orla zukünftig noch zu überprüfen.

Im mitteldeutschen Raum ist bisher ein einziges glasmalerisches Vergleichsbeispiel bekannt, das der Friesauer Scheibe

Abb. 8 Neustadt an der Orla, ev. Spitalkirche St. Laurentius, Glasmalerei im Fenster sII, um 1450, 2005

Die Vollkommenheit der Strahlenkranzmadonna in Friesau

Abb. 9   Glinde, ev. Kirche St. Matthäus, Strahlenkranzmadonna im Fenster sIV, 2. Viertel 15. Jahrhundert, 2005

in ihrer formalen bildlichen Darstellung und den vorhandenen Schadbildern verblüffend gleicht[6]. In der evangelischen Kirche St. Matthäus in Glinde im Landkreis Schönebeck, Sachsen-Anhalt haben sich zwei Glasmalereischeiben mit den Darstellungen der Strahlenkranzmadonna und des Apostels Andreas erhalten. Sie werden in das 2. Viertel des 15. Jahrhunderts datiert[7]. Die dort erhaltene Strahlenkranzmadonna lässt ebenfalls Verbindungen hinsichtlich der Kartonvorlage und/oder des Glasmalers nach Friesau vermuten.

Einbausituation

Das Fenster befindet sich in der Ostwand der Kirche. Auf der Außenseite ist vor dem Fenster ein schmiedeeisernes Gitter eingeputzt, das durch einen senkrechten Mittelstab und sechs eingesteckte waagerechte Streben gegliedert ist. Zwei weitere senkrechte Stäbe sind offensichtlich später vorgesetzt worden.

Abb. 10   Glinde, ev. Kirche St. Matthäus, Detail der Madonna mit Christuskind, 2005

Abb. 11   Friesau, ev. Kirche St. Leonhardt, Außenansicht des Ostfensters I vor der Restaurierung, 2000

Die Kirche wird aufgrund ihrer sehr wertvollen Schnitzaltäre nicht beheizt. Somit ist auch das Fenster den normalen jahreszeitlichen Temperaturschwankungen ausgesetzt.

Das Mauerwerk des Chores ist zweischalig aufgebaut. Der Raum zwischen der Innen- und Außenschale ist mit einer Geröllschicht ausgefüllt. An der Mauerwerksöffnung kann kein eindeutiger Fensterfalz oder Anschlag für das Fenster festgestellt werden. Die Verglasung ist in einem feststehenden Metallrahmen eingebaut, der von innen in die Fensteröffnung eingesetzt und mit vier Bankeisen befestigt ist. Offene Fugen wurden mit Kalkmörtel verputzt. Als Sohlbank ist eine Eichenschwelle eingesetzt, die aus der Entstehungszeit des Fensters stammen könnte. In diese Schwelle ist der Mittelstab des vorgesetzten Gitters eingelassen.

Weiterhin sind rechts und links des Fensters in der Dämmschicht senkrechte Holzstäbe zu erkennen, die zur Stabilisierung der Fensteröffnung dienen. Da die Kirche erst in den Jahren 1408–1440 durch den Choranbau erweitert wurde, sind sie als Reste eines alten romanischen Rundbogenholzfensters auszuschließen.

Die relativ dicken Kirchenmauern dämpfen starke Klimaschwankungen im Innenraum ab, d. h. Temperatur- und Feuchtigkeitsgefälle zwischen Sommer und Winter werden langsam ausgeglichen. Es ist jedoch nicht auszuschließen, und das vorhandene Schadbild an der Glasmalerei bestätigt dies, dass es bei entsprechend hoher absoluter Luftfeuchte im Inneren und kalten Außentemperaturen ungehindert zur Tauwasserbildung an kalten Oberflächen, in diesem Fall der Innenseite des Fensters, kommt. Im Rahmen der durchgeführten Renovierungsarbeiten 1992–1995 wurde innen am Fenster ein Schwitzwasserkasten angebracht.

Das Fenster erfuhr im Verlauf seiner Geschichte mehrere Überarbeitungen und Reparaturen.

Eindeutig sind mindestens zwei Überarbeitungsphasen erkennbar. Konkrete Jahreszahlen für bestimmte Maßnahmen konnten jedoch für den in Frage kommenden Zeitraum in den Kirchen- und Rechnungsbüchern des Pfarrarchives nicht belegt werden, so dass die Einordnung nur an Hand von Kennzeichen zeittypischer Materialien und Bearbeitungstechniken oder bekannter Restaurierungstraditionen möglich ist.

Nach dem Ausbau des Fensters im Herbst 2002 wurden Bestand und Zustand der einzelnen Bestandteile Glas, Malerei, Verbleiung und Rahmen umfassend untersucht und dokumentiert.

Untersuchungen zu Material und Technik

Glas

Bei den verwendeten Gläsern im Fenster können zwei Grundarten unterschieden werden.

Für die bildliche Darstellung des Kopffeldes ist Tafelglas verwendet worden. Der Hintergrund sowie der untere Teil des Fensters sind mit farblosen Butzengläsern geschlossen.

Die Butzenscheiben des unteren Feldes haben einen Durchmesser von 10 Zentimetern. Die verbindenden Zwickel sind aus Flachglas geschnitten. Bis auf kleine Sprünge in diesen Zwickeln sind keine Schäden zu verzeichnen. Zeitlich können diese Butzengläser in das späte 19. Jahrhundert (eine Überarbeitung des Fensters während der Renovierung der Kirche 1880?) eingeordnet werden und sind somit wesentlich jünger als die des oberen Feldes. Diese sind mit 10,5 Zentimeter Durchmesser etwas größer, haben eine leicht roséfarbene Tönung und sind stark gebläselt. Vier der Butzenscheiben wurden seitenverkehrt eingebleit, d. h. der eigentlich innenseitige Butzen zeigt nach außen. Die Zwickel bestehen ebenfalls aus Butzenglas. Ihre Kanten wurden gekröselt. Das obere Feld enthält weiterhin drei Ergänzungen, welche mit Tellerscheiben ausgeführt wurden. Einige der Scheiben sind gesprungen bzw. es wurden bei einer früheren Maßnahme bereits Sprungbleie eingezogen.

Die mundgeblasenen Hüttengläser der figürlichen Darstellung geben in ihrem Kolorit die Grundfarbkomposition des Bildes an. Für das Glasbild wurden in der Masse gefärbtes und farbloses, leicht grünstichiges Glas sowie ein rotes Überfangglas eingesetzt. Die Gläser haben eine Stärke von ca. 2 bis 3 Millimetern. Die einzelnen Glasstücke wurden mit einem Kröseleisen in ihre Form gebracht.

Im Bereich des Gewandes der Madonna ist ein Ergänzungsstück eingefügt. Im Umgebungsbereich dieser Ergänzung befinden sich mehrere Sprünge. Es ist anzunehmen, dass bedingt durch das Sprungbild Glasstücken/-splitter verloren gingen und zur Fehlstelle führten. Zur Festigung des gesprungenen Bereiches sind mit der Ergänzung Sprungbleie eingefügt worden. Nachteilig war dabei, dass die Halbmonddarstellung unter dem Gewand der Madonna nur noch eingeschränkt ablesbar ist. Das ergänzte Glas ist mit Malerei versehen. Die verwendete Glasmalfarbe wirkt bei Nahsicht etwas grünlicher als die originale und das ausgewählte Glas ist eine Nuance dunkler (siehe Abb. 12). Dennoch fügt sich das Stück gut ein und man kann von einer sensiblen Restaurierung mit großer Rücksicht auf das Original sprechen. Zeitlich ist diese Überarbeitung wahrscheinlich ebenfalls in das 19. Jahrhundert einzuordnen. Im Zuge einer großen Renovierung im Jahre 1910 in der ev. Pfarrkirche Zoppoten, einem direkten Nachbarort von Friesau, erhielt das Ostfenster dieser Kirche ein monumentales Glasgemälde, auf dem ein segnender Christus dargestellt ist. Wie eine Inschrift belegt, wurde diese Glasmalerei durch die Firma Carl de Bouché aus München angefertigt. Die Bedeutung der Werkstatt de Bouchés liegt heute besonders in ihren Restaurierungsarbeiten an den Chorfenstern des Regensburger Domes. Als Restaurator war de Bouché bemüht, den überkommenen Be-

Abb. 12 Friesau, ev. Kirche St. Leonhardt, Strahlenkranzmadonna, Detail: unterer Gewandbereich mit Ergänzungsstück und Darstellung des Halbmondes, Zustand vor der Restaurierung, 2002

Abb. 13 Friesau, ev. Kirche St. Leonhardt, Strahlenkranzmadonna, Detail: unterer Gewandbereich mit Ergänzungsstück und Darstellung des Halbmondes nach Herausnahme der Sprungbleie, 2003

stand möglichst weitgehend zu erhalten. Seine Herangehensweise unterschied sich damit von den damals üblichen Methoden. So wurden beispielsweise gesprungene Glasstücken nicht vollständig erneuert, originale mittelalterliche Bleinetze aufgearbeitet und geschädigte Malerei nicht übermalt und neu eingebrannt.[8] Diese behutsame Vorgehensweise ist auch an der Glasmalerei in Friesau abzulesen. Wenn auch schriftliche Belege fehlen und die zeitlichen Zusammenhänge ungeklärt sind, ist es dennoch vorstellbar, dass Carl de Bouché die Reparatur an der Glasmalerei in Friesau ausführte. Eine diesbezügliche, intensive Recherche in Aktenbeständen zur Firma de Bouché könnte möglicherweise noch Aufschlüsse bringen.

Vor dem Glasschaden stellten das Gewand der Madonna und die Darstellung des Halbmondes, auf dem sie steht, eine einzige Scheibe dar. Das bedeutet, die Tafel, aus der diese Scheibe geschnitten wurde, war mindestens 32 x 32 Zentimeter groß. Die Verwendung solcher Einzelscheiben im Glasbild stellte in der Entstehungszeit dieser Glasmalerei etwas Besonderes und sehr Kostbares dar und unterstreicht die damalige Bedeutung des Fensters.

Die Glasmalerei bietet heute einen zu ihrem ursprünglichen Erscheinungsbild veränderten Zustand. Zu den aufgetretenen mechanisch verursachten Schäden wie Fehlstellen, Glassprünge und Kratzer durch unsachgemäße Reinigungen kommen zusätzlich starke Schäden durch Glaskorrosion und alterungsbedingte Verfallserscheinungen hinzu.

Das gelbe und das farblose Glas zeigen nur geringe Anzeichen von Korrosion, während an den anderen Gläsern auf der Außenseite flächige Korrosionserscheinungen zu beobachten sind und auf der Innenseite Lochfraß im Anfangsstadium auftritt.

Durch die großflächige, geschlossene Korrosionsschicht ist die Lesbarkeit des Bildwerkes erheblich beeinträchtigt, die Lichtdurchlässigkeit der Gläser stark vermindert. Die roten und blauen Gläser wirken in der Durchsicht fast schwarz. Da es sich im Inkarnat um einen besonders aussagekräftigen Bildbereich handelt, ist die Beeinträchtigung besonders störend. Weiterhin kann hier von einer zusätzlichen Verbräunung, d.h. einer Oxidation der enthaltenen Manganbestandteile des Glases ausgegangen werden.

Die teilweise fest aufliegende Korrosionskruste ist weiß, weißgräulich bis weiß-bräunlich gefärbt und durch ein unterschiedliches Niveau der Schichten gekennzeichnet.

Eine wesentliche Ursache der Korrosionsschäden ist in der chemischen Zusammensetzung der Gläser begründet. Dadurch unterliegt das Glasgemälde einem inneren Zerfallprozess.

In der Gotik rationalisierte man das Glasherstellungsverfahren. Um die Glasmasse bei geringeren Temperaturen zu schmelzen, erniedrigte man den Schmelzpunkt durch erhöhte Kalkzugabe. Weiter wurde verstärkt Pflanzenasche als Flussmittel verwendet. In der Folge besitzen die hergestellten Gläser einen hohen Alkaligehalt. Diese Alkali- und Erdalkaliionen sind leicht aus dem Glas auslaugbar und die Gläser dadurch besonders korrosionsanfällig.

In den gelben und farblosen Gläsern ist wahrscheinlich ein hoher Bleioxidanteil enthalten, der die Gläser wesentlich witterungsbeständiger macht.

Der Korrosionsprozess wird, je nach der zusammensetzungsbedingten Beständigkeit des Glases, hauptsächlich von der Art und Dauer der Einwirkung von Umwelteinflüssen (Feuchte, extreme Temperaturen und Luftverunreinigungen) beeinflusst. Die Zerstörungsstellen sind bevorzugt, jedoch nicht ausschließlich, an mechanische Verletzungen (z.B. Kratzer) der Glasoberfläche gebunden, auch Verunreinigungen oder Spannungen im Glas können den Prozess beeinflussen.

Die aufgetretenen Korrosionserscheinungen bedeuten, dass die in dem Glasgemälde verwendeten Gläser in ihrer chemischen Zusammensetzung noch nicht so stabil sind wie die Gläser, die ab dem 16. Jahrhundert auftreten und die kaum Korrosionserscheinungen aufweisen. Sie entsprechen eher dem gängigen Typ von Gläsern des 15. Jahrhunderts.

Malerei

Für die malerische Gestaltung der Gläser wurde nur eine Farbe, ein Graubraunlot, verwendet.

Es wurde sowohl als Überzugs- als auch als Konturfarbe eingesetzt. Die Bemalung erfolgte nur auf der Vorderseite (= Innenseite) der Gläser. Anzeichen für eine korrespondierende rückseitige Malerei konnten bei der Untersuchung nicht festgestellt werden. Die folgend beschriebene, aufbauende Malweise erforderte bestimmte Farbkonsistenzen. Da kein Zwischenbrand erfolgte, mussten die beiden unterschiedlichen Schichten mit wechselndem Bindemittel (wässrig und ölig) aufgebracht werden.

An Hand des Glasbildes lässt sich heute nicht eindeutig feststellen, ob und in welcher Art und Weise eine mögliche Vorlage bzw. der Entwurf für die Malerei auf das Glas übertragen wurde. Zuerst versah der Glasmaler die Vorderseite mit einem halbdurchscheinenden, wässrigen Überzug. Dieser wurde leicht streifig vertrieben. Das Bindemittel war wahrscheinlich Wasser, eventuell mit einem Zusatz von Gummi oder Essig.

Danach sind aus dem Überzug die Höhungen und Lichter mit einem Pinsel ausradiert sowie mit einem harten Borstenpinsel oder gebündelten Drähtchen gestupt worden.

Anschließend erfolgte auf dem Überzug die Anlage der Konturlinien mit vermutlich ölig gebundener Farbe. Die Kontur ist sehr sicher und versiert aufgetragen. Wie an einigen Stellen des Glasbildes zu erkennen ist, sind die einzelnen Gläser auch mit einer Randkontur versehen.

Abschließend wurden Lichtkanten und einzelne Details (z.B. die Quaderung des Fußbodens) mit einem spitzen Hölzchen ausradiert. Diese radierten Linien schneiden sowohl die Kontur als auch den Überzug. Für die rahmende Architektur und die Hintergrundornamente gilt das gleiche Prinzip des Malaufbaus, jedoch wurde es vereinfacht angewendet. Das blaue Ornament ist beispielsweise nur durch einen vorderseitigen Überzug, aus dem die Federranken ausradiert wurden, gestaltet.

In ihrer Wirkung wurde die Malerei durch die umgebenden Umwelteinflüsse stark reduziert. Die dünn aufgetragene Farbe hat eine angegriffene, gealterte und offenporige Struktur. Auf Grund der Porosität und rauen Oberfläche hält sich die Feuchtigkeit länger in diesen Bereichen im Material. Das Einwirken von sauren oder basischen Medien in Verbindung mit Feuchtigkeit ruft so einen Umwandlungsprozess der Glassubstanz innerhalb des Farbkörpers hervor. Die Korrosion der Bemalung ist an Hand des weiß-grauen Erscheinungsbildes im Auflicht erkennbar. Im Bereich der Kontur sind kleinere Fehlstellen und Abplatzungen durch Haftungsverluste zum Träger (Grundglas) und Ausflinsungen an Sprungkanten sowie Kratzspuren durch mechanische Beanspruchung, verursacht durch Reinigung, Neuverkittung etc., sichtbar. So finden sich beispielsweise parallel entlang der Bleistege Kratzer, die höchstwahrscheinlich vom Zustreichen der Bleiwangen nach einer Neuverbleiung stammen. Auch scheint es, dass die Gläser für diese Neuverbleiung teilweise in ihrer Größe beschnitten wurden.

Verbleiung

Das Bleinetz des unteren Rechteckfeldes[5] besteht aus einem 6 Millimeter breiten Profil mit Schnur. Die Verbleiung ist vorder- und rückseitig verzinnt. Auf der Innenseite sind je vier Kupferdrahthaften in zwei waagerechten Reihen aufgelötet, um das Feld an den Windstangen zu befestigen. Außen sind Reste von vier Haften erkennbar, die nicht verwendet wurden.

Linksseitig kam es zu einer Beschneidung des Randbleies (obere Ecke) bzw. zu Aussparungen, weil das Feld beim Einbau nicht exakt in den Metallrahmen passte.

Insgesamt ist der Bleiverband sehr stabil. Es sind keine Brüche oder Bauchungen der Bleistege zu verzeichnen. Die Verkittung ist noch sehr dicht und fest, lediglich an kleineren Stellen fehlt sie.

Das Bleinetz des Kopffeldes[10] enthält aufgrund zeitlich verschiedener Reparaturen und Überarbeitungen unterschiedliche Arten von Bleiruten. Der älteste und überwiegende Teil der Verbleiung besteht aus 3,5 bis 4 Millimeter breiten gegossenen Ruten, die auf der Oberfläche Hobelspuren durch das Beseitigen der Gussnähte aufweisen. Der Kern besitzt eine glatte Kernwand, wie sie typisch für gegossene Bleie ist. Die Rahmung des Feldes (linke und rechte Seite sowie Rundbogen) besteht aus einem verzinnten Doppelbleiprofil mit eingelegter Weidengerte zur Stabilisierung. Am Rundbogen befinden sich Ansätze von abgeschnittenen Bleien. Ein Vergleich ihrer Position mit den im Metallrahmen befindlichen Löchern (siehe Rahmen) zeigte, dass ihre Positionen auffallend übereinstimmten, so dass angenommen wird, dass ursprünglich am Randblei Halterungen angelötet waren, um das Feld am Rahmen zu befestigen (siehe Abb. 15).

Das Bleinetz übernimmt in der Gestaltung die Verbindungsfunktion der farblich voneinander getrennten Gläser. Doch verfolgt es nicht nur konstruktive Gesichtspunkte, sondern ist auch wesentlicher Bestandteil der Binnenzeichnung. Es berücksichtigt gleichzeitig viele künstlerische Gestaltungsaspekte, indem die formgerechte Bleistegführung die Malerei, die Komposition sowie die räumliche Flächenstaffelung unterstützt. Eine Unterscheidung in figürliche oder ornamentale Bereiche durch unterschiedliche Profilbreiten wurde durch den Bleiglaser in diesem Fall aber nicht vorgenommen.

Die Bundstellen der Bleie sind vorder- und rückseitig verlötet. Dabei fallen einige sehr batzige Lötstellen auf. Es scheint, dass die Gläser nicht exakt aneinander passen, in ihrer ursprünglichen Form beschnitten wurden und wieder zusammengefügt sind. Scheiben übergreifende Konturlinien der Malerei (z.B. Architektur oder Hintergrundornament) laufen nicht durch. Zwischen Scherben von Gläsern, die eindeutig zusammengehörten, sind Sprungbleie der gleichen Art und Breite des gesamten Bleinetzes eingezogen.

Durch Passungenauigkeiten der Gläser sowie nicht exaktes Verbleien entstanden Spalten zwischen Glas und Blei, die Licht hindurch ließen. Diese Löcher und kleinere Fehlstellen im Glas wurden zugekittet oder beim Verlöten mit Zinn geschlossen, indem die Lötpunkte über die Öffnungen gezogen wurden. Aus diesen Beobachtungen kann geschlossen werden, dass es sich nicht um die ursprüngliche Verbleiung des Glasbildes handelt. Das bedeutet, es kam zu einer Maßnahme (Reparatur) am Fenster, bei der die Gläser neu verbleit wurden. Der Grund dafür ist nicht mehr nachvollziehbar und macht eine eindeutige Beziehung zwischen Verbleiung, bildlicher Darstellung, Butzenscheiben und Rahmen fraglich. Bildeten sie bereits ursprünglich eine Einheit, oder wurden sie erst mit dieser Maßnahme, zumindest in Teilen, neu zusammengefügt? Handelte es sich bei der Neuverbleiung lediglich um eine turnusmäßige Überarbeitung (periodische Reparatur), um das Fenster wieder handwerklich perfekt zu machen, oder musste schadensbedingt eingegriffen werden?

Mit vier von ehemals sechs Haften, die aus dem gleichen gegossenen Bleiprofil gedreht sind, war das Feld an der oberen Windstange des Rahmens befestigt.

Die heute noch zwischen Blei und Glas vorhandene Kittdichtung könnte zeitlich zur Verbleiung gehören. Eine spätere Neuverkittung bei einer Überarbeitung/Reparatur im 19. Jahrhundert oder zumindest spätere partielle Nachkittungen sind nicht auszuschließen.

Zu weiteren Reparaturen zählt die Sicherung gebrochener Gläser mittels Sprungbleien.

Die nachträglich eingebrachten Sprungbleie (4 Millimeter breite Bleiruten mit Schnur und gleichmäßiger Rädelung am Kern) im unteren Teil der Madonna beeinträchtigen erheblich die Klarheit der Darstellung (siehe Abb. 12). Zum damaligen Zeitpunkt war diese Maßnahme die einzig verfügbare Technik, um gesprungene Gläser zu festigen. Ein Nachteil besteht darin, dass die Scheibe durch das Einbringen der Kernstärke zwischen die Einzelscherben vergrößert wird und es zu Verschiebungen im Bleiriss kommt. Um dieser Verschiebung entgegenzuwirken, wurde mitunter vom Rand der Glasscherben Substanz weggenommen. Eine bessere Methode scheint in diesem Zusammenhang das Aufsetzen von Deckbleien zu sein, wie es bei einer Scheibe der Architekturrahmung von beiden Seiten geschehen ist. Durch die Reparatur der Gewandscheibe wurde an der Unterkante des Feldes ein neues Randblei (7,5 Millimeter breite Bleirute mit Schnur) angelötet. Da derartige Maßnahmen an der Bleiverglasung einen vollständigen Ausbau des Rahmens aus der Fensteröffnung erforderten (siehe Rahmen) und aufwendig waren, ist anzunehmen, dass die zusätzlich auch links und rechts an den Seiten punktuell angelöteten Bleie (9 Millimeter breite Bleiruten mit Schnur), um das Feld breiter und damit passender für die Auflage am Rahmen zu machen, zeitlich gleich zu setzen sind. Jedoch ist festzuhalten, dass die Rädelung am Kern der seitlichen Bleie wesentlich gröber und breiter ist als die des Bleies an der Unterkante (fein und eng), was wiederum nicht zwangsläufig für einen Arbeitsgang spricht.

Das Bleinetz ist insgesamt stabil und nicht durch gravierende Schäden in seiner Funktion geschwächt. Auf der Oberfläche der Bleie hat sich eine dünne, aber sehr dichte Oxidschicht gebildet. Durch die Weichheit des Materials sind die Felder im eingebauten Zustand bis zu einem bestimmten Grad elastisch. Sie ermöglichen eine Bewegung des Feldes bei Druck und Sog und verhindern dadurch Sprünge im Glas. Daraus ergeben sich im Laufe der Zeit bestimmte statische Punkte, an denen sich die Beweglichkeit verstärkt. Das Material wird durch die natürliche Alterung im Laufe der Zeit härter und spröder. An den Bewegungsstellen treten Materialermüdungen auf und es kann, wie vorliegend, zum Bruch der Bleiruten kommen. Vorhandene Verformungen oder Bauchungen im Bleiverbund sind in mechanischen Beschädigungen begründet, die u.a. auch zum Glasverlust geführt haben.

Die Verkittung des Bleinetzes ist zum großen Teil erhalten, jedoch ist der Kitt ausgehärtet, dadurch mürbe, gerissen und an einigen Stellen gelockert oder bereits herausgefallen. An den Fehlstellen kann von außen Feuchtigkeit eindringen und auf der Innenseite die Malerei schädigen. Zusätzlich dringt durch sie aber auch Licht ein, was im Bereich der dunklen Gläser eine leichte Überstrahlung bewirkt. Auf der Außenseite der Bleie befinden sich Schmutzablagerungen durch Umwelteinflüsse, die in Verbindung mit Feuchtigkeit harte Krusten gebildet haben. Des Weiteren haften in den Randzonen Kitt- und Farbreste bedingt durch die Einbausituation und spätere Farb- bzw. Schutzanstriche des Rahmens.

Rahmen

Der Eisenrahmen der Verglasung wurde individuell für die Fensteröffnung angefertigt und ist 147 Zentimeter hoch sowie 60,5 Zentimeter im unteren bzw. 52,5 Zentimeter im oberen Teil breit. Durch seine Konstruktion und Einbauart war es erforderlich, zuerst die Verglasung in den Rahmen einzubauen und diesen anschließend in die Fensteröffnung zu setzen. Durch die äußere Vergitterung musste folglich der Rahmen immer mit ausgebaut werden, wenn umfänglichere Arbeiten an der Bleiverglasung vorgenommen wurden.

Der Rundbogen wurde an den beiden Seitenhöhen feuerverschweißt. Das verwendete Flachmaterial des Rahmens ist 35 Millimeter breit und 4 bis 7 Millimeter stark. In regelmäßigen Abständen weist das Material durchgängige Lochungen bzw.

Abb. 14 Vitromusée Romont, Sammlung Indergand, Rundscheibenfeld in einem Eisenrahmen, 18. Jh., Rahmen älter (?), aus dem Kloster Wettingen, 2009

Abb. 15 Vitromusée Romont, Sammlung Indergand, Detail des Rundscheibenfeldes in einem Eisenrahmen aus dem Kloster Wettingen, 2009

Aussparungen auf, die bereits während des Schmiedeprozesses eingebracht wurden. Es wird angenommen, dass diese Öffnungen zum Befestigen der Bleiverglasung dienen sollten, indem das Feld mittels Blei- oder Blechlaschen darin eingehängt wird.

Ein Beispiel für eine solche Befestigung der Bleiverglasung in einem Eisenrahmen ist ein Fensterflügel aus dem Kloster Wettingen im Schweizer Kanton Aargau, der sich im Schweizerischen Museum für Glasmalerei und Glaskunst in Romont befindet (siehe Abb. 14). Durch längliche Löcher ist das Feld mit Bleilaschen am Rahmen befestigt. Die vier Windstangen sind mit ihren Enden durch zusätzliche runde Löcher gezogen und nach hinten umgebogen.

Auf dem Friesauer Rahmen sind rückseitig für die Seitenhöhen und den Unterschenkel Deckschienen aufgebracht. Der Bereich des Rundbogens ist ausgespart. Die Schienen sind 28 Millimeter breit und 3 Millimeter stark. Sie sind ebenfalls handgeschmiedet und weisen zum äußeren Rand eine Abkantung auf. Aufgrund des Materials und der Bearbeitungstechnik könnten sie bereits ursprünglich zum Rahmen gehört haben. Folglich kann die Befestigung des Bleifeldes unter Verwendung der Löcher im Rahmenprofil eindeutig nur für den Bereich des Rundbogens bestätigt werden. Es ist jedoch auch nicht auszuschließen, dass die Deckschienen durch eine Veränderung der Befestigung der Bleiverglasung, eventuell im Zusammenhang mit der Neuverbleiung (?), nachgerüstet wurden. Die Schienen sind durch Schlossschrauben und Vierkantmuttern am Rahmen befestigt.

Das mittlere Fenstereisen und die dazugehörige Deckschiene sind nicht ursprünglicher Bestandteil des Rahmens. Sie bestehen aus einem anderen Stahl, weisen andere Bearbeitungsspuren auf und sind im Rahmen nur zwischengesteckt. Das Eisen teilt aber das Fenster in zwei Teile, was bedeutet, dass die Verglasung ehemals nur aus einem einzigen großen Feld bestanden hat. Möglicherweise war durch einen Schaden im unteren Bereich des Fensters eine Reparatur notwendig, die den oberen Teil mit der Madonnendarstellung abtrennte, so dass dieses Feld ein neues Randblei an seiner Unterkante erhielt. Durch den großen Schaden wurde der untere Teil der Verglasung vollständig neu angefertigt. Bei dieser Maßnahme wurden alle Schrauben des Rahmens erneuert. Es ist nicht eindeutig zu klären, ob zeitgleich auch die Reparatur an der linken unteren Ecke des Rahmens durchgeführt wurde. Hier ist die Schweißnaht mit einer Überplattung aus Walzstahl nachträglich gesichert worden.

Auf der nach innen gewandten Seite des Rahmens befinden sich insgesamt vier stabilisierende Windstangen – eine im oberen Teil und drei im unteren, wobei von den letztgenannten die oberste nicht zur Befestigung der Verglasung genutzt wurde. Die mittlere des unteren Feldes ist, wie auch das Fenstereisen, nur zwischengesteckt und somit nachträglich dazugekommen, während die anderen drei gekröpft und in den Löchern des Rahmenprofils vernietet sind.

Innenseitig ist der Rahmen mit einer weißen Farbe, die Außenseite mit einem schwarzen Rostschutzanstrich jüngeren

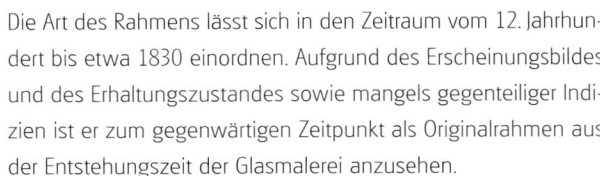

Die Vollkommenheit der Strahlenkranzmadonna in Friesau

Datums versehen. Über eine Erstfassung des Rahmens kann aufgrund fehlender Befunde keine Aussage getroffen werden. Eine Farbfassung unter dem weißen Innenanstrich war nicht nachweisbar, auf der Außenseite infolge des verwitterten Zustandes ebenfalls nicht.

Die Art des Rahmens lässt sich in den Zeitraum vom 12. Jahrhundert bis etwa 1830 einordnen. Aufgrund des Erscheinungsbildes und des Erhaltungszustandes sowie mangels gegenteiliger Indizien ist er zum gegenwärtigen Zeitpunkt als Originalrahmen aus der Entstehungszeit der Glasmalerei anzusehen.

Abb. 16   Friesau, ev. Kirche St. Leonhardt, Kopffeld des Fensters I, Vorderseite, Auflicht, Vorzustand, 2002

Abb. 17   Friesau, ev. Kirche St. Leonhardt, Kopffeld des Fensters I, Rückseite, Auflicht, Vorzustand, 2002

Abb. 18   Friesau, ev. Kirche St. Leonhardt, Kopffeld des Fensters I, Vorderseite, Auflicht, Nachzustand, 2003

Abb. 19   Friesau, ev. Kirche St. Leonhardt, Kopffeld des Fensters I, Rückseite, Auflicht, Nachzustand, 2003

Restaurierungsmaßnahmen 2002/2003

Um das Fenster in seiner Gesamtheit und ehemaligen Gestaltungsabsicht zu bewahren, sollte es, auch in der Funktion als solches, wieder in die Kirche eingebaut werden. Für die Erhaltung der verschiedenen eingesetzten Materialien und nicht zuletzt aufgrund ihrer historischen Bedeutung und inhaltlichen Aussage mussten dafür jedoch dringende konservatorische Maßnahmen ergriffen werden. Diese sollten gleichzeitig im Zusammenhang mit restauratorischen Überlegungen die Aufgabe erfüllen, die noch vorhandene Bildinformation zu fördern. Auf die Glasmalerei als künstlerisch gestalteter Teil war dabei besonderes Augenmerk zu richten.

Einen weiteren Schwerpunkt stellte neben der schadhaften Malerei die empfindliche Glasoberfläche dar, so dass die mittelalterlichen Scheiben für die Konservierung maßgeblich waren.

Die Außenschutzverglasung ist derzeit die wohl beste Möglichkeit, stark gefährdete Substanz vor Umwelteinflüssen zu schützen, indem die Umgebungsbedingungen verbessert werden und die Originalscheibe gleichzeitig in ihrem ursprünglichen architektonischen Zusammenhang belassen werden kann. Eine Außenschutzverglasung bietet geeigneten Schutz vor klimatischen Einflüssen von außen und wirkt schnellen Temperatur- und Feuchteschwankungen als Ursache für die Bildung von Kondenswasser auf der besonders empfindlichen Innenseite der Glasmalerei und den korrosiv betroffenen Gläsern entgegen. Gleichzeitig schützt sie vor mechanischer Beschädigung. Der geforderte Schutz bezog sich dabei vordringlich auf die historische Glasmalerei, so dass sich eine Teilschutzverglasung nur für den oberen Bereich des Fensters anbot.

Es wurde die Möglichkeit genutzt, die Schutzscheibe durch thermische Behandlung der Struktur des historischen Feldes anzupassen. Mit Hilfe der Absenktechnik[11] konnte so der Bleilinienverlauf des Glasbildes und der umrahmenden Butzen in der Außenansicht des Fensters als eingeprägter Abdruck ablesbar bleiben.

Die Restaurierung der Glasmalerei geschah mit dem Ziel, die noch vorhandene Bildinformation zu befördern. Da jede zusätzliche Glasebene hinter dem Original eine Beeinflussung dessen mit sich bringt, besteht für den Restaurator die Möglichkeit, die Schutzglasebene auch als Restaurierungsebene zu gebrauchen. So kann man mit ihrer Hilfe zu einer qualitätvollen, musealen Präsentation am historischen Einbauort gelangen.

Eine erste Überlegung betraf die im Randbereich um die Glasmalerei liegenden Butzenscheiben und die hellen Teilbereiche (farbloses und gelbes Glas) des Glasbildes. Diese führen durch ihre Transparenz und Überstrahlung zum optischen Zurückdrängen der geschädigten Gläser und Glasmalereiteile. Um wieder ein farbliches Gleichgewicht der Gläser wirken zu lassen, wurde die Möglichkeit diskutiert, die Schutzscheibe mit einem flächigen Überzug zu versehen. In der Durchsicht wird dadurch in die hellen Flächen ein Überzug projiziert, welcher die Opazität ein wenig in Richtung der korrodierten Gläser bewegt. Gleichzeitig wird die Bemalung auf den hellen Scheiben in ihrer Wirkung verstärkt. Da sich bei dieser Variante aber der Überzug auch hinter den geschädigten, dunklen Gläsern befindet, wird deren Transparenz zusätzlich gemindert. Man könnte

Abb. 20 Friesau, ev. Kirche St. Leonhardt, Kopffeld des Fensters I, Rückseite, Auflicht, mit hinterlegter Zwischenscheibe, 2003

Abb. 21 Friesau, ev. Kirche St. Leonhardt, Außenansicht des Chorfensters I nach der Restaurierung, 2003

diese Bereiche vom Überzug aussparen, was sich aber durch den Abstand der beiden Ebenen und somit die optische Verschiebung im eingebauten Zustand schwierig gestaltet. Nach Versuchen mit einer ganzflächig überzogenen Schutzscheibe wurde erkannt, dass mit dieser Maßnahme die Lichtführung (Transparenz und Struktur der Butzengläser) so stark gestört würde, dass man nicht mehr von einem historischen Zustand sprechen kann. Es war letztendlich neben dem Schutzglas eine zusätzliche Scheibe nur in der Größe der Glasmalereidarstellung notwendig. Diese trägt nur in den transparenten, hellen Bereichen einen grau-grünen Überzug, die Bereiche der geschädigten Gläser sind ausgespart. Die Zwischenscheibe wurde rückseitig mittels Bleiklammern und unter Berücksichtigung eines ausreichenden Abstandes zur Hinterlüftung am Originalfeld befestigt.

Zur Sicherung des materiellen Fortbestandes der Glasmalerei waren außerdem zusätzliche Festigungs- und Reinigungsmaßnahmen erforderlich. Für die Blankgläser wurde ein einheitlicher Grad der Reinigung angestrebt. Verschmutzungen wurden nach Möglichkeit entfernt, um die Oberflächenstruktur der Gläser (Schlieren, Blasen) wieder erlebbar zu machen. Eine Feuchtreinigung der Gläser war vertretbar.

Die Reinigung der Glasmalerei war aufgrund deren Empfindlichkeit nur trocken mit einem weichen Pinsel vorzunehmen. Harte Auflagerungen wie Krusten oder Kitt konnten mit dem Skalpell schichtweise abgetragen werden. Die rückseitige Wettersteinkruste auf den Gläsern wurde aufgrund des Feuchtespeicherpotentials und damit fortschreitender Korrosion sowie zur Verbesserung der Ablesbarkeit der Gläser ausgedünnt. Durch den sparsamen Einsatz von mechanischen Reinigungswerkzeugen wie (Borsten-)Pinsel und Skalpell erfolgte eine kontrollierte Ausdünnung der Schicht. Diese Maßnahme brachte aus der Nahsicht einen Erfolg für die Transparenz der Gläser, jedoch nicht für die Betrachtung aus weitem Abstand.

Weiterhin gehörten zu den Maßnahmen das Kleben von Glasbrüchen mit einem Zwei-Komponenten-Epoxidharz, Stabilisierungen durch Neuverlötungen gebrochener Lötstellen sowie die Rückführung der Wölbung des Bleinetzes im Bereich der Glasfehlstellen durch Auflegen von Bleigewichten während der Restaurierung. Die Reinigung der Bleie ist mit Wattestäbchen und destilliertem Wasser ausgeführt worden. An harten Auflagerungen wie Kitt, Krusten oder Farbresten kamen Skalpell und Borstenpinsel sowie Lösungsmittel (Ethylalkohol, Aceton) zum Einsatz.

Darüber hinaus war zu prüfen, ob die Sprungbleie im Bereich der Mondsichel herausgenommen werden können, um eine Klärung und damit bessere Ablesbarkeit des Bildbereiches zu erreichen, nicht zuletzt auch, um die Besonderheit der Scheibengröße wieder zur Geltung zu bringen. Um den Bereich zu öffnen und die Bleie zu entfernen, war es erforderlich, das untere Randblei abzutrennen. Die Kanten der Glasscherben ließen sich wieder gut zusammenfügen. Das historische Glasergänzungsstück wurde belassen. Es sollte sich dennoch optisch dezent aber klar von der Originalscheibe abgrenzen. Dies wurde durch eine Anbindung mittels Kupferfolie erreicht.

Durch die Herausnahme der Sprungbleie ist die geklebte Scheibe etwas kleiner als vorher, so dass sie nicht mehr exakt in das vorgegebene Bleinetz passt. Diese Maßveränderung ist durch eine vorder- und rückseitig angelötete Bleilasche im rechten unteren Bereich ausgeglichen worden. Wegen starker Deformation des alten Randbleies wurde dieses nicht wieder verwendet und durch ein neues U-Profilblei ersetzt.

Für das Schließen der Fehlstellen im Hintergrund der Glasmalerei (Entgegenwirken der Beeinträchtigung durch den stärkeren Lichteinfall) wurde mundgeblasenes Echt-Antikglas entsprechender Färbung und Struktur zugeschnitten, anschließend glasmalerisch angepasst und in den Verband eingefügt. Die Retuschen der Malerei an Ausflinsungen und geklebten Sprüngen sind mit Acrylfarben ausgeführt worden. Neue Lötstellen und Bleistücken wurden patiniert und partielle Nachkittungen ausgeführt.

Ziel der metallrestauratorischen Bearbeitung war es, den Rahmen als historisches Zeugnis und untrennbaren Bestandteil des Fensters zu bewahren. Einer Integration stand nach seiner Aufarbeitung und Konservierung nichts entgegen.

Die drei vernieteten Windeisen waren nicht zuletzt aus rahmenstatischen Gründen zu erhalten.

Alle Schlossschrauben inklusive ihrer Vierkantmuttern sind originalgetreu ersetzt worden.

Das untere Butzenfeld sowie die Schutzscheibe wurden anschließend in den Rahmen eingesetzt, mit Leinölkitt abgedichtet und die Deckschienen aufgeschraubt. Die mit einem Messing-U-Profil gerahmte Glasmalereidarstellung wurde von innen mit geringem Abstand durch U-Halterungen am Originalrahmen festgeschraubt. Die Lochungen im Rahmenprofil konnten für die Befestigung der Haltekonstruktion genutzt werden, ohne dass neue Bohrungen erforderlich waren oder ein Haltesystem mit Klammern notwendig war.

---

1 Dehio 1998, S. 422–423.
2 Broschüre zur Evangelisch-Lutherischen Kirche „St. Leonhardt" in Friesau 1995, S. 3f.
3 Sachs/Badstübner/Neumann 1973, S. 256.
4 Broschüre zur Evangelisch-Lutherischen Kirche „St. Leonhardt" in Friesau 1995, S. 5.
5 Siehe auch Kühlke 1962, S. 70–85 und Broschüre zur Evangelisch-Lutherischen Kirche „St. Leonhardt" in Friesau 1995, S. 15.
6 Hinweis von Ulrich Gaßmann (TLDA) mit Verweis auf das Faltblatt zum Festprogramm „100 Jahre Kirche St. Matthaei – 21. September 1986".
7 Aman 2003, S. 149–150.
8 Vaassen 1997, S. 258.
9 Das Maß des Rechteckfeldes beträgt 51 x 64,5 Zentimeter.
10 Das Maß des Kopffeldes beträgt 52 x 78 Zentimeter.
11 Dieses Verfahren „Vorrichtung zum Schutz von Glasmalereien" wurde in der Fachhochschule Erfurt entwickelt und im deutschsprachigen Raum patentiert.

Marcus Schmidt

Werkstofftechnische Probleme in der Glockendenkmalpflege
Ein Erfahrungsbericht vom Glockensachverständigen der Evangelischen Kirche in Mitteldeutschland (EKM)[1]

1. Vorbemerkung

Im Zuständigkeitsbereich des Autors, im Raum der ehemaligen Evangelisch-Lutherischen Kirche in Thüringen (Thüringer Landeskirche), wissen wir um einen Bestand von rund 1.550 denkmalgeschützten Kirchengebäuden, darunter sehr viele aus dem Mittelalter, also romanische und gotische Bauwerke. Mit diesen Sakralbauten ist auch die Verantwortung für einen Bestand von rund 3.700 Glocken auf unsere heutige Generation überkommen. Die Mehrzahl der Glocken ist aufgrund ihres Alters, ihrer Klangschönheit, ihrer einzigartigen künstlerischen Verzierungen oder als Bestandteil eines unter Denkmalschutz stehenden Kirchengebäudes denkmalpflegerisch schützenswert.

Die originäre Funktion der Kirchenglocken ist es, die Christen zum Gebet und zum Gottesdienst zu rufen. Sie werden zu den verschiedensten liturgischen Handlungen, wie Gottesdienst, Taufe, Eheschließung und Beerdigung geläutet. Glocken werden somit zu Stimmen der sie beherbergenden Sakralarchitektur und der Kirchgemeinde. Der Unterausschuss „Liturgie und Glocke" des Ökumenischen Beratungsausschusses für das Deutsche Glockenwesen hat in seinen Richtlinien sehr zutreffend beschrieben: „Das Geläut der Glocken gehört zur Gestalt und Form der christlichen Kirche wie die Kirchenordnung, die Gestalt der Gebäude, des Kirchenraumes, der Gottesdienste, wie der Gemeindegesang, die Rhetorik, die Orgelmusik etc."[2]

2. Kurzer geschichtlicher Überblick

Die Geschichte der Kirchenglocken lässt sich nach gesicherten Überlieferungen bis in das 5. Jahrhundert zurückverfolgen. Iroschottische Wandermönche und Missionare hatten bereits lange vor Bonifatius mit der Christianisierung im westeuropäischen Raum begonnen und erste Glocken eingeführt.

Mit der Gründung des Bistums Erfurt durch Bonifatius im Jahre 743 wurde die Christianisierung in Thüringen vorangetrieben. Aus historischen Überlieferungen[3] geht hervor, dass vor dem Jahre 783 ein Benediktiner-Nonnenkloster in Milz (bei Römhild) gegründet wurde. Die Äbtissin Emhild ließ den Besitz und die Ausstattung aufzeichnen. Als das Kloster im Jahre 800 an das Kloster Fulda übergeben wurde, befanden sich unter dem Kirchenschatz auch vier Glocken und eine Schelle. Man kann somit unbedenklich Rückschlüsse ziehen, dass bereits gegen Ende des 8. Jahrhunderts Glocken und Glockenläuten zu liturgischen Handlungen im südwestlichen Teil des heutigen Freistaates Thüringen eingeführt waren. Somit ist Thüringen als eine sehr alte Glockenlandschaft anzusehen.

Glocken sind ihrer Wesensart nach Idiophone[4], also selbstklingende Musikinstrumente. Ihr musikalisches Klangbild, ihre Gestalt und ihr Dekor waren über alle kunstgeschichtlichen Epochen Veränderungen unterworfen. Über viele Entwicklungsstufen und Formen, von Bienenkorb- über Zuckerhutglocken (Abb. 1), erreichten die Glocken zur Zeit der Gotik (14./15. Jahrhundert) die uns heute bekannte Proportion und Klangstruktur.

Unsere Vorfahren ließen in den nachfolgenden Jahrhunderten die Glocken zu Symbolen der Verkündigung des Evangeliums werden. Schließlich wird mit dem Glockengebrauch heute eine vor vielen Jahrhunderten begonnene Tradition fortgesetzt, nämlich uns Menschen in unserem christlichen Glaubensbekenntnis durch das Kirchenjahr und durch unser Leben zu begleiten. Der individuelle Klang der Glocken, auch ganzer Geläute, prägt somit für eine lange Zeit das Orts- oder Stadtbild.

Abb. 1 Daasdorf am Berge, ev. Dorfkirche, Zuckerhutglocke, um 1250. Es dürfte sich hierbei wohl um eine der dienstältesten Glocken auf dem Gebiet der ehemaligen Thüringer Landeskirche handeln. 2007

Glocken sind schützenswerte Kunst-, Kultur-, vor allem aber Musikdenkmäler. Sie sind ein Abbild ihrer Zeit. Als Zeugnisse des Bronzegusskunsthandwerks erzählen Glocken viel über ihre Auftraggeber und Gießer.

Kirchengeläute sind stets in der Einheit von Glocken, deren Ausrüstung, wie z.B. Joche, Klöppel, Lager, elektrische Läutemaschinen und Glockentragwerk zu betrachten. Diese stehen immer baulich mit dem Kirchengebäude in enger Wechselwirkung.

Aus diesem Grunde bedürfen jegliche Restaurierungsmaßnahmen an Läuteanlagen sowie Neuanschaffungen von Glocken grundsätzlich einer neutralen und unabhängigen Beratung der Kirchengemeinden durch die landeskirchlich bestellten Glockensachverständigen. Diese formulieren auch die denkmalpflegerischen Zielstellungen.

3. Problembereiche in der Glockendenkmalpflege

Gerade das vergangene 20. Jahrhundert mit seinen zwei Weltkriegen führte zu großen Glockenverlusten. Es wurden zwei flächendeckende Glockenerfassungen zu Kriegszwecken, 1917 und Anfang der 1940er Jahre, durchgeführt. Aufgrund dieser Erfassung weiß man heute, dass ca. 44 %[5] aller abgelieferten Kirchenglocken 1917 vernichtet wurden. Der Zweite Weltkrieg hatte noch verheerendere Folgen. Im Jahre 1940 erließ die Hitler-Regierung den Befehl „zur Sicherung der Metallreserven für eine Kriegsführung auf lange Sicht", wonach sämtliche Kirchenglocken der Rüstungsindustrie zur Verfügung gestellt werden mussten. Die Glocken wurden bis auf wenige Ausnahmen, die so genannte D-Liste, requiriert, zerschlagen und verhüttet. Nach Äußerung Görings, dem damaligen Beauftragten für den Vierjahresplan, sollten in Deutschland nur noch 10 bis 12 Glocken erhalten bleiben[6]. Allein auf dem Gebiet der ehemaligen Thüringer Landeskirche wurden nach Aktenlage[7] des Landeskirchenamtes 2.584 Glocken aus den Kirchtürmen entfernt. Davon betroffen waren vor allem Glocken aus dem 16.–20. Jahrhundert, wovon im Jahre 1949 rund 400 Glocken von den Glockenlagern in Ilsenburg, Hettstedt und Hamburg (Abb. 2) wieder zurückkehrten.

Insgesamt wurden im 20. Jahrhundert ca. 80 % des gesamten Glockenbestandes katholischer und evangelischer Kirchengemeinden verhüttet oder auch durch Bomben zerstört. Man rechnet mit fast 90.000 verloren gegangenen Glocken, darunter sehr viele historisch wertvolle Stücke.

Viele der heutigen Praxisprobleme in der Glockendenkmalpflege wurzeln in den zuvor dargestellten historischen Ereignissen.

Der Autor möchte an Hand von Beispielen und Fotos Probleme in der täglichen Glockendenkmalpflege nachfolgend darstellen.

Abb. 2 Hamburger Glockenfriedhof, Abb. aus: Ausschuss für die Rückführung der Glocken 1952

3.1 Glocken aus Ersatzwerkstoffen

Gerade nach den beiden Kriegen des 20. Jahrhunderts wurden für Kirchengemeinden der ehemaligen Thüringer Landeskirche sehr viele Glocken aus Eisenhartguss von den Glockengießereien Schilling & Lattermann (Apolda-Morgenröthe) sowie Ulrich & Weule (Apolda-Bockenem/Harz) geliefert. Dabei wurde Eisenhartguss als preiswerter Ersatz für die seit Jahrhunderten gebräuchliche Glockenbronze, eine Legierung aus ca. 78 % Kupfer und ca. 22 % Zinn, angeboten. Die Eisenhartgussglocken sollten solange als „Provisorium" dienen, bis die Kirchengemeinden nach den harten Kriegsjahren finanziell in der Lage sein würden, sich wieder bronzene Geläute anzuschaffen. Das 20. Jahrhundert setzt eine in der zweiten Hälfte des 19. Jahrhunderts begonnene Entwicklung fort und wurde damit zum Jahrhundert der Ersatzwerkstoffe für Glocken. Auf Basis des aktuellen Glockenerfassungsstandes handelt es sich nach Schätzung des Autors bei gut der Hälfte des gesamten Glockenbestandes der ehemaligen Thüringer Landeskirche um solche Eisenhartgussglocken.

3.1.1 Material
Das verwandte Material ist eine Eisen-Kohlenstoff-Legierung mit einem Kohlenstoffanteil um 3,5 Gew.-%. Aus klanglichen Gründen ist eine Porosität im Material gewollt. Jede Pore wirkt jedoch wie eine Kerbe mit allen mechanischen Folgen.

Weiterführender Hinweis: Diese Eisenhartgussglocken werden vielfach fälschlich als „Stahl-" oder „Klangstahlglocken" bezeichnet. Gussstahlglocken hingegen wurden vom Bochumer Verein für Gussstahlfabrikation (1851–1970) oder auch in Lauchhammer gegossen. Solche Gussstahlglocken sind gegenüber Eisenhartgussglocken langlebiger und robuster.

3.1.2 Problemanzeige
Die Materialeigenschaften des historischen Gusseisens und seine porige Innenstruktur (Abb. 3) bedingen ein unaufhaltsames Ros-

ten, welches auch mit Schutzanstrichen nur bedingt verzögert werden kann. In den ausgeschlagenen Klöppelanschlagsstellen am Schlagring dieser Glocken tritt vielfach nach Jahren des Gebrauchs offene Porosität zu Tage. Mit der Korrosion geht eine Volumenzunahme innerhalb der Glockenrippe einher, bis es infolge der dadurch entstehenden Materialspannungen zum partiellen Bersten, zu Abplatzungen oder Ausbrüchen – und das meist beim Läuten der Glocke – kommt. Somit ist mit diesen Glocken auch ein sicherheitsrelevanter Aspekt gegeben.

Eisenhartgussglocken haben gegenüber Bronzeglocken eine wesentlich schlechtere Klangentfaltung und Resonanz. Dies spiegelt sich z.B. in der Länge der Abklingdauer der Teiltöne, in der Singfreudigkeit der Glocken und in ihrer Lautstärke wider. Bis auf wenige dem Autor bekannte Exemplare reichen solche Eisenhartgussglocken musikalisch nicht an Bronzeglocken heran.

Eine einmal gesprungene oder zerborstene Eisenhartgussglocke kann zudem nicht mehr restauriert, d.h. geschweißt werden. Bei dem heute technologisch angewandten Restaurierungsverfahren für historische Bronzeglocken, wie z.B. im Glockenschweißwerk Lachenmeyer, Nördlingen, werden die Gusskörper einer gleichmäßig definierten Wärmebehandlung unterhalb der Verformungsfestigkeit (< 400°C) ausgesetzt[8,9]. Das Warmschweißen über 300°C ist wegen Versprödungsgefahr bei Gusseisen hingegen nicht zulässig.

Da Eisenhartgussgeläute im Vergleich zum Vorkriegs-Bronzeglockenbestand der jeweiligen Kirchen meist wesentlich größer und schwerer ausgeliefert wurden, sind auch die historischen Holzglockenstühle unfachgerecht verändert worden. Es gibt Beispiele, bei denen man Kirchtürme regelrecht „überfrachtete".

Da man bei Eisenhartgussglocken im Vergleich zu Bronzeglocken von einer wesentlich kürzeren technischen Lebensdauer (ca. 90 Jahre) ausgehen muss, sind gerade die nach dem Ersten Weltkrieg gelieferten Eisenhartgussgeläute, je nach Zustand, mittelfristig als abgängig zu beurteilen. Die Kirchengemeinden stehen somit vor der immensen finanziellen Aufgabe, komplette Eisenhartgussgeläute gegen neue Bronzegeläute auszutauschen. In diesem Zusammenhang müssen meist auch gleich die historischen Holzglockenstühle restauriert, statisch ertüchtigt oder durch neue eichene Holzglockenstühle ersetzt werden.

3.2 Umhängung historischer Bronzeglocken an gekröpfte Stahljoche

Im Verlauf des 20. Jahrhunderts wurden sehr viele historische Bronzeglocken von ihren originalen Holzjochen auf gestelzte und genietete Stahljoche umgehangen. Neben der damit verbundenen denkmalwidrigen Veränderung des glockenmusikalischen Klangbildes historischer Einzelglocken oder auch ganzer historischer Geläuteensembles ergeben sich in diesem Zusammenhang auch eine Reihe technischer Probleme, denen man sich in der Glockendenkmalpflege stellen muss.

3.2.1 Problemanzeige aus Sicht der Denkmalpflege

Bei dieser aus heutiger Sicht denkmalwidrigen Umhängung der zumeist wertvollen Glocken wurden die Glockenhauben zur Befestigung der Gegengewichtsklöppel mehrfach durchbohrt, die originalen Klöppelhangeisen entfernt, die Mittelösen der Kronen abgetrennt und die Glocken um 90° gedreht. Mit jeder Durchbohrung des Gusskörpers wird dabei eine Glocke empfindlich in der Substanz ihrer künstlerischen und klanglichen Einheit geschädigt. Zu nennen wären hier zahlreiche Beispiele, darunter auch die sehr wertvollen Geläute der Stadtkirchen St. Johannis zu Neustadt an der Orla und St. Margarethen zu Kahla, wo mittelalterliche Glocken mit der zuvor beschriebenen Prozedur beschädigt wurden. Beide Geläute mussten im Jahr 2007 mit Unterstützung der staatlichen Denkmalpflege und der Städtebauförderung komplett restauriert werden.

Abb. 3   Bruchstück einer Eisenhartgussglocke, 2008

3.2.2 Problemanzeige aus tragwerksplanerischer Sicht
Glockenjoche sind hohen dynamischen Kräften (z. B. Schwellbelastungen) beim Läutevorgang ausgesetzt, welche den verwendeten Stahl mit zunehmender Zeit ermüden lassen. Schweißnähte, Durchbohrungen für Nietverbindungen oder sonstige Schwächungen stellen zudem Kerben dar, an denen Spannungsspitzen auftreten, die in Kombination mit Materialermüdung und Treibrost zu einem plötzlichen Versagen führen können. Dabei stellen besonders die Nietverbindungen „tickende Zeitbomben" dar.

Abb. 4   Hirschberg, ev. Kirche, Risse im gestelzten Stahljoch, 2006

In der Literatur[10] wird neben der Materialermüdung insbesondere auch auf die Gefahr der Spaltkorrosion verwiesen, die zum Absprengen der Nietköpfe führen kann. Gefährdet sind dabei vor allem alte Stahljoche. Hier kann es zur Rissbildung (Abb. 4), zum Bruch der Joche, Nieten und im schlimmsten Fall zum Glockenabsturz kommen. Gegenwärtig und zukünftig werden auch bezüglich dieser Problematik erhebliche Kosten für Rückhängungen der historischen Glocken an gerade Holzjoche, die sehr oft auch mit flankierenden Restaurierungsarbeiten an den Gusskörpern der Glocken verbunden sind, auf die Kirchengemeinden zukommen.

3.3 Drehen von Glocken, Einfluss der Läuteparameter und Klöppelhärten
Beim Läuten der Glocken verursacht jeder Klöppelanschlag eine dynamische Beanspruchung während des Aufpralls auf die Glockenrippe und damit mikrostrukturelle Veränderungen im Aufprallbereich. Dies wird bei der Betrachtung der langen Lebensdauer von Kirchenglocken (mehrere 100 Jahre!) relevant. Der Glockensachverständige, der für den Schutz dieser wertvollen Kulturgüter mit Verantwortung trägt, steht häufig vor der Aufgabe, Entscheidungen bezüglich einer Restaurierung des bronzenen Gusskörpers (z. B. Aufschweißen der geschädigten Klöppelanschlagsstellen) zu treffen. Dabei ist in jedem Fall zu bedenken, dass auch jeder Schweißvorgang einen Eingriff in die Denkmalsubstanz der Glocke darstellt.

In den letzten Jahren wurde hierzu umfangreiche Grundlagenforschung durchgeführt. Es wird insbesondere auf die von den Verbänden Deutscher Gießereifachleute (VDG) und Deutscher Glockengießereien in Auftrag gegebene Forschungsarbeit[11] beim Fraunhofer-Institut für Betriebsfestigkeit verwiesen, die auch den Zusammenhang zwischen Läutewinkel, Intensität des Impulses bei der Berührung der Glockenrippe im Schlagringbereich und Schädigung der Glocke untersucht hat. Es wird eindeutig belegt, dass ein niedriger Läutewinkel wesentlich zur Schonung und Verlängerung der technischen Lebensdauer der Glocke beiträgt.

Desweiteren wurden auch Aussagen zur Drehung von Glocken und damit etwaiger Entlastungen sichtbar geschädigter Bereiche der alten Klöppelanschlagsstellen getroffen:

Beim Klöppelanschlag werden nicht nur die Anschlagsstellen, sondern auch die übrigen Bereiche des Glockenkörpers beansprucht. Die Ursache hierfür sind umlaufende Biegewellen. Maxima treten in den jeweils gegenüberliegenden Anschlagsstellen und weniger ausgeprägt bei 90° auf. Ein Drehen der Glocke sorgt für eine gleichmäßigere Beanspruchung. Bei einem Vielfachen von rund 30° kann die Schädigung um den Faktor 3 reduziert werden. Für die Praxis kann man somit, unter Vorbehalt weiterführender wissenschaftlicher Untersuchungen, Schlussfolgerungen ziehen. Historische Glocken, welche durch Drehung neue Anschlagspunkte erhalten, indem die vorgeschädigten alten Klöppelanschlagsstellen um ca. 30° in Zonen geringerer mechanischer Beanspruchung gedreht werden, können länger läuten. Somit lassen sich aufwendige Schlagringrestaurierungen zumindest hinauszögern.

Auch im Rahmen des europaweiten Forschungsprojektes „ProBell – Maintenance and Protection of Bells", welches am 1. Oktober 2005 gestartet wurde, erhofften sich Glockengießer, Denkmalpfleger und Glockensachverständige anhand von Spannungsmessungen und Dauerläuten alter und neuer Bronzeglocken wichtige Aussagen über das schonende Läuten von Glocken bei optimalem Klang. Die Europäische Union förderte dieses Projekt mit insgesamt 1,6 Millionen Euro.

Das musikalische Klangbild einer Glocke ist auch das Abbild der Geometrie der Glockenrippe und der physikalischen Spannungsvorgänge beim Läuten. Dabei ist der Glockenklöppel eine wichtige Komponente für die Klangentfaltung der Glocke. Vielfach wurden in der Vergangenheit Klöppel mit einer zu hohen Materialhärte eingebaut. Aus Erfahrung und aus jüngsten Untersuchungen wissen wir heute, dass sich fliehende, freiformgeschmiedete Stahlklöppel mit einem Kugelballen bewährt haben. Aus Gründen der Schonung und Haltbarkeit der Glocken sowie aus Gründen einer wärmeren Klangentfaltung sollte die Materialhärte des Klöppels auf eine Härte (Brinell) von 120 HB begrenzt werden. Als Material kommt Stahl, z. B. St. 37-2 oder TStE 285 nach DIN 17103 (Zustand vergütet und allseitig bearbeitet) zum Einsatz.

Auch werden oft unzulässige Reparaturschweißungen an Klöppeln vorgenommen. Klöppel dürfen zur Vermeidung von metallurgischen Kerben und Spannungen nicht geschweißt werden. In einem TÜV-Bericht[12] wird hierzu eindeutig ausgeführt, dass wesentliche Bruchursachen bei Klöppeln in Reparaturschweißungen begründet liegen.

3.4 Historische Stahlglockenstühle

Ein Glockenstuhl ist das Bindeglied zwischen den Musikinstrumenten Glocken und dem Kirchenbauwerk. Er hat die Aufgabe, die ankommenden dynamischen Lastspiele definiert an statisch richtiger Stelle in das Turmbauwerk einzuleiten und Rüttelbewegungen weitestgehend zu absorbieren. Hierfür ist Holz besser geeignet als Stahl (Stichwort: Schwingungsdämpfungsvermögen, Korrosion, Lebensdauer, Klangentfaltung).

Zum Ende des 19. sowie zu Beginn des 20. Jahrhunderts wurden sehr oft Glockenstühle aus Stahl bei der Errichtung von Kirchen in die Türme eingebaut. Beispiele sind u. a. in der Brüderkirche Altenburg oder in der Lutherkirche Apolda zu finden. Damit sind solche Konstruktionen aber auch beeindruckende Zeugnisse ingenieurtechnischer Baukunst und stehen somit unter Denkmalschutz. Da auch ein Glockenstuhl Wechselbeanspruchungen beim Läuten der schweren Glocken ausgesetzt ist, können diese auch dort zu einem materialtechnischen Ermüden der Konstruktion führen.

Die technische Restnutzungsdauer solcher alten Stahlkonstruktionen ist meist sehr schwer abzuschätzen, ebenso wie eine Prognose zum Versagenszeitpunkt der Konstruktion.

Abb. 5 Mönchpfiffel, ev. Kirche, ein durch Korrosionsfraß stark zerstörter Knotenpunkt des Stahlglockenstuhls, 2005

Abb. 6 Rudolstadt, ev. Lutherkirche, Stahlglockenstuhl, Detail: ein durch Korrosion geschädigtes Knotenblech, 2004

Nach Erfahrung des Autors sind Stahlkonstruktionen aus der Zeit der vorletzten Jahrhundertwende häufig überdimensioniert. Ungeachtet dessen stellen bei alten oder ungewarteten Konstruktionen die Knotenpunkte (Nieten, Schrauben) allgemeine Schwachstellen dar.

Die gesamten Konstruktionsgefüge sind einem Alterungs- und Ermüdungsprozess unterworfen und vielfach muss unter Abwägung aller denkmalpflegerischen Belange letztlich ein Belassen im Turm als unwirtschaftlich eingestuft werden.

Darüber hinaus wurden nach den beiden Weltkriegen des 20. Jahrhunderts, meist im Zusammenhang mit der Ersatzanschaffung von Eisenhartgussgeläuten (Pkt. 3.1), die alten historischen Holzglockenstühle gegen sparsam dimensionierte Stahlglockenstühle ersetzt. Viele Kirchengemeinden sehen sich heute vor die Aufgabe gestellt, diese wieder gegen Holzkonstruktionen auszutauschen, da der Pflege- und Wartungsaufwand (Abb. 5, 6) ein wesentlich höherer als bei traditionell errichteten Eichenholzglockenstühlen ist.

Der positive Einfluss eines hölzernen Glockentragwerkes auf das Klang- und ästhetische Erscheinungsbild der gesamten Glockenläuteanlage soll an dieser Stelle nicht weiter beleuchtet werden.

4. Zusammenfassung

Zwar ist nicht immer alles Wünschenswerte machbar, aber der Autor staunt dennoch, wozu Kirchengemeinden in der Lage sind, wenn es um *ihre* Glocken bzw. *ihr* Geläute geht. Denn eine verstärkte Wahrnehmung und Sensibilität für die Geläute kann gerade aus einem fehlenden Glockenklang heraus entstehen: nämlich aus der plötzlichen Stille im Dorf oder in der Stadt, wenn zum Beispiel ganze Geläute aufgrund gravierender technischer oder baulicher Mängel im und am Kirchturm stillgelegt werden müssen. Erst in diesem Moment reflektiert man, dass Glocken und ihr Klang seit alters her zu unserer Kulturlandschaft gehören.

In Thüringen ist eine reiche Glockenlandschaft vorhanden. Sehr viele Glockengießerfamilien waren über fast ein Jahrtausend auf dem Gebiet des heutigen Freistaates Thüringen beheimatet und haben hier ihre Werke geschaffen.

Glocken sind Zeugnisse christlichen Lebens und christlich-abendländischer Tradition, welche Mitteldeutschland entscheidend kulturell geprägt hat.

Der Schutz und die Bewahrung dieser akustischen Kunst- und Kulturdenkmäler nimmt einen wichtigen Stellenwert innerhalb der staatlichen und kirchlichen Bau- und Kunstdenkmalpflege ein.

---

1   Erstveröffentlichung: Schmidt 2008.
2   Landesdenkmalamt Baden-Württemberg 2004, S. 127.
3   Bergner 1899, S. 134.
4   Schad 1996, S. 27.
5   Ausschuss für die Rückführung der Glocken 1952, S. 3.
6   Ebenda.
7   Landeskirchenarchiv Eisenach 1966.
8   Lachenmeyer Nördlingen o.J.
9   Eiselen 1991.
10 Wenzel/Kleinmanns 2001, S. 97.
11 Rupp/Flade 1999.
12 Hosfeld/Schumacher 2003, S. 9.

Bauforschung und Baugeschichte

Thomas Nitz

Zur Arbeit des Referates Bauforschung

Eine der wesentlichen Aufgaben der Denkmalpflege ist es, Bauten als anschauliche, auch in der Zukunft befragbare Quellen zur Kulturgeschichte an ihrem historischen Ort zu bewahren. Daher sind Kenntnisse über die Bauten in Text, Bild und Zeichnung die unerlässliche Grundlage für einen verantwortlichen Umgang mit Denkmalen. Die Erarbeitung und die regelmäßige Anwendung dieser Kenntnisse sind das „täglich Brot" der Fachreferenten in der Denkmalerfassung und in der praktischen Denkmalpflege.

Für solche Denkmale, deren Baugeschichte aufgrund des hohen Alters oder besonders vieler historischer Veränderungen und Umbauten über das normale Maß hinaus kompliziert ist, wird die Erarbeitung der genannten Grundlagen durch die Bauforschung geleistet.

Die Bauforschung in der Denkmalpflege verhält sich grundsätzlich pragmatisch, d. h. maßnahmenorientiert. In der Regel wird sie von aktuellen Bauvorhaben bestimmt und richtet ihren Einsatz sowie den Umfang der Untersuchung nach den beabsichtigten Eingriffen oder Veränderungen der Bausubstanz.

Hier kommt das Referat Bauforschung ins Spiel, das in Zusammenarbeit mit den für das Denkmal zuständigen Partnern die für das jeweilige Objekt angemessene Aufgabenstellung einer sanierungsvorbereitenden bauhistorischen Untersuchung „maßschneidert", die dann in der Regel von freiberuflichen Bauforschungsbüros umgesetzt wird.

Zur Qualitätssicherung und Vergleichbarkeit der Ergebnisse in der Bauforschung wurden Standards und Richtlinien entwickelt, deren Einhaltung durch das Referat Bauforschung im TLDA eingefordert und kontrolliert wird. Die wichtigsten in Thüringen gültigen Standards sind die im Jahr 2002 publizierten „Anforderungen an eine Bestandsdokumentation in der Baudenkmalpflege"[1] und die 2008 verabschiedeten „Mindestanforderungen für dendrochronologische Untersuchungen in der historischen Bauforschung"[2].

Die grundlegende Vorgehensweise der Bauforschung lässt sich wie folgt verallgemeinern:

Stets wird zunächst die materielle Beschaffenheit des Baudenkmals möglichst genau und systematisch erfasst. Diese Analyse der Bausubstanz umfasst immer die zeichnerische Aufnahme in Form eines wirklichkeitsgetreuen Aufmaßes, bei dessen Erstellung zugleich historisch-bautechnische Aspekte untersucht werden.

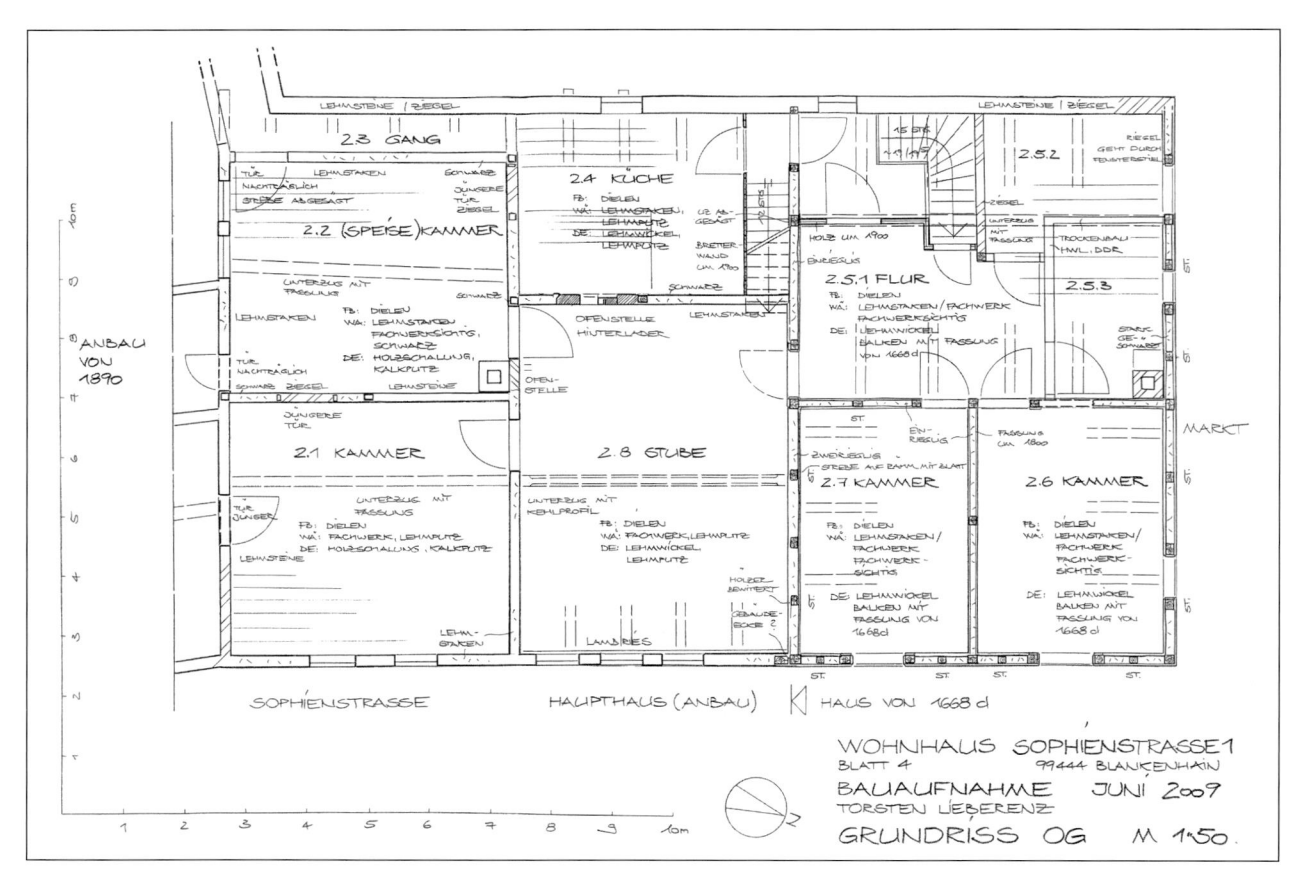

Abb. 1 Blankenhain, Sophienstraße 1, Aufmaßzeichnung Grundriss 1. Obergeschoss, Torsten Lieberenz 2009

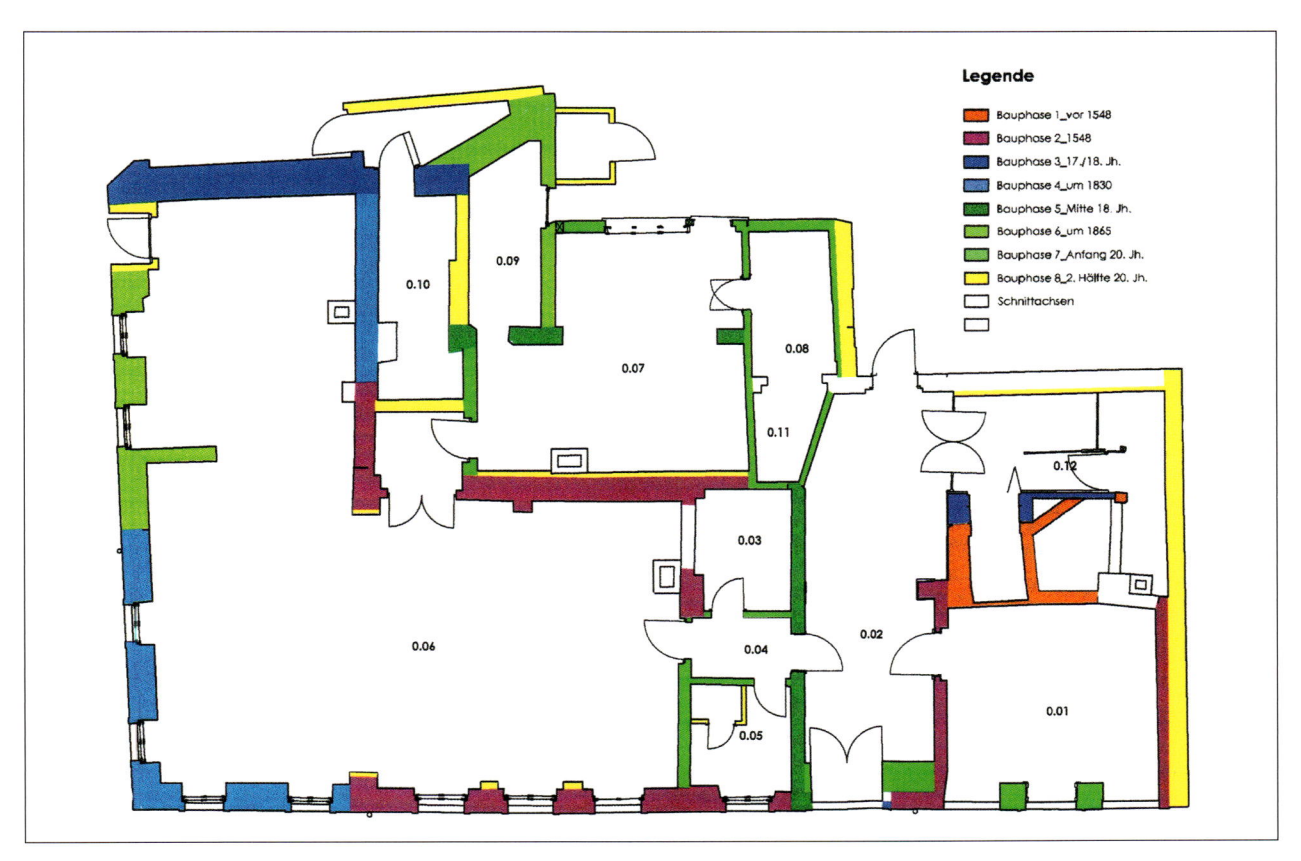

Abb. 2 Altenburg, Johannisstraße 5/6, Baualtersplan Erdgeschoss, Geller & Bornschlögl 2009

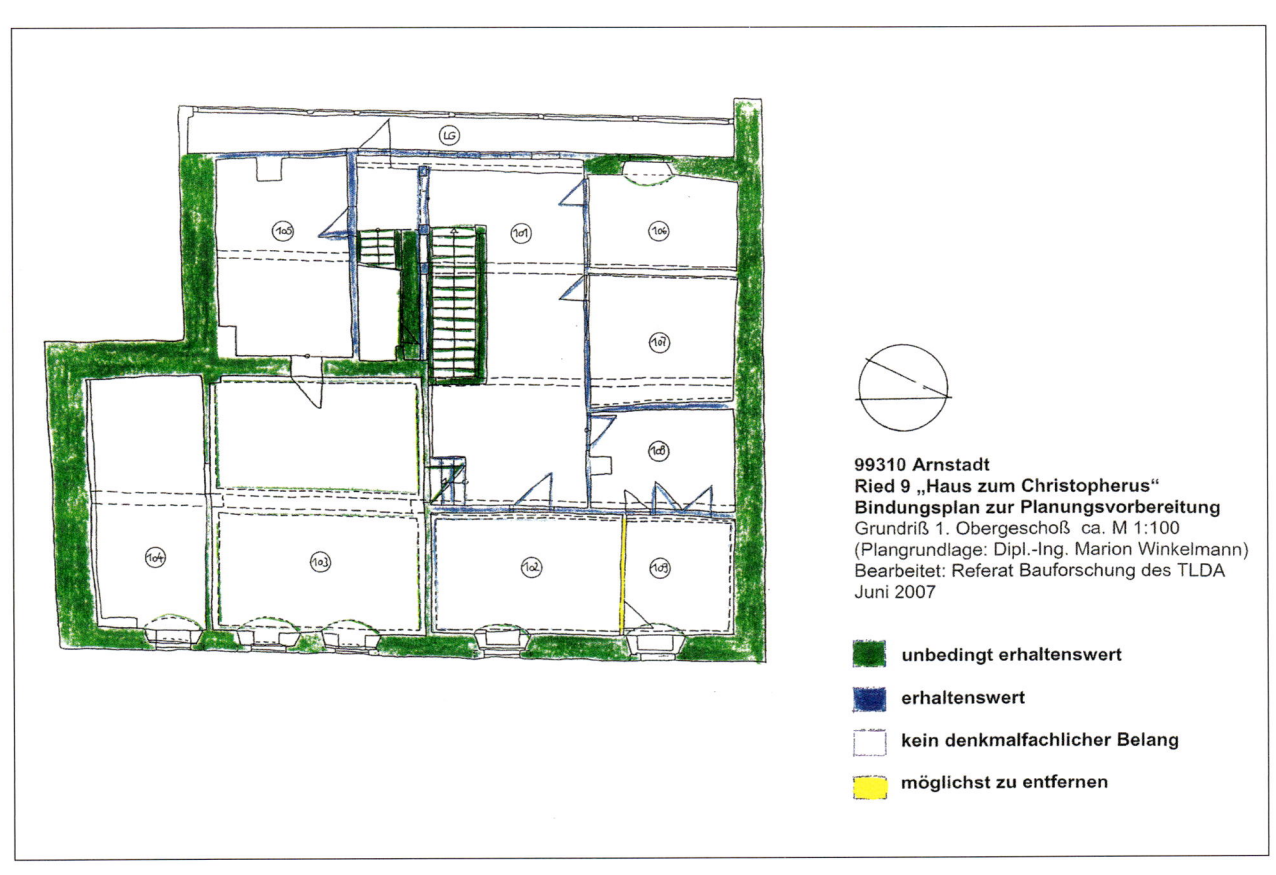

Abb. 3 Arnstadt, Ried 9, Bindungsplan 1. Obergeschoss, Referat Bauforschung des TLDA 2007

Weiterhin werden in der Regel historische und archivalische Recherchen, Interpretation überlieferter Bildquellen und je nach Bedarf naturwissenschaftliche Untersuchungen einbezogen. Finden am Objekt auch Bodeneingriffe statt, arbeiten Bauforschung und Archäologie eng zusammen. Ist das Baudenkmal mit wertvollen Fassungen ausgestattet, wird zur Erfassung dieser Schichten ein Restaurator[3] zugezogen.

Die Erkenntnisse müssen systematisch dokumentiert, ausgewertet und verständlich dargestellt werden. Häufig werden als ein Ergebnis farbige Baualterspläne erarbeitet, denen zu entnehmen ist, aus welcher Zeit die verschiedenen Bauteile stammen.

Als sehr sinnvoll hat sich auch die Zusammenfassung der Erkenntnisse aus der Voruntersuchung in Form von „Bindungsplänen" erwiesen, in denen dargestellt ist, welche Bereiche im Bestand erhalten werden sollen und welche Bereiche ggf. verändert werden können oder sollen.

Die Ergebnisse einer solchen bauhistorischen Untersuchung sind nicht nur für die unmittelbar anstehenden Veränderungen und Baumaßnahmen wichtig, sondern sie müssen auch für die Zukunft archiviert werden. In der Regel kommt ein Exemplar des Untersuchungsberichtes in archivfähiger Form in das Archiv des TLDA.

Bauforschung wird in der Denkmalpflege in drei Bereichen eingesetzt:

Erster Bereich

A   Sanierungsvorbereitende bauhistorische Untersuchungen
zur Ermittlung der Grundlagen, die für eine Planung zur Sanierung oder Umbau notwendig sind. („Ärztliche Akutbehandlung mit Anamnese, Diagnose und Therapieempfehlung.") Die Ergebnisse der historischen Bauforschung führen zu einer Präzisierung der Denkmalbewertung und ermöglichen denkmalgerechte Umbauplanungen. Wirtschaftliche und nachhaltige Baumaßnahmen an Baudenkmälern fußen stets auf einer qualifizierten Bauforschung. Die Bauforschung dient also vorwiegend den Architekten und Bauherrn als Planungsgrundlage.

- Typische Fragen wie die nach dem für den Bau verträglichsten Standort eines Aufzuges lassen sich auf solcher Grundlage in der Regel eindeutig beantworten.
- Häufig werden historische Raumstrukturen erst durch bauhistorische Untersuchungen wieder erkannt und machen dadurch auch statisch-konstruktive Besonderheiten erklärlich.
- Historische Umbauten, Bauschäden und Reparaturen werden in der Regel nur durch sanierungsvorbereitende bauhistorische Untersuchungen erkannt und können dann aufgrund dieser

Kenntnis in der Planung bedacht werden. („Plötzlich auftretende Probleme am Baudenkmal" sind zu 80 % Ausdruck mangelhafter Grundlagenermittlung.)

Die Beratung und Begutachtung bei Umbauprojekten an Kulturdenkmalen aller Art ist die Kernaufgabe des Referates Bauforschung, wobei die Spannbreite der Tätigkeit von der Einschätzung des Baualters einzelner Bauteile auf Grundlage von Bauanträgen und Fotos bis hin zum Ortstermin mit vollständiger Begehung eines Baudenkmals zur Erarbeitung einer „maßgeschneiderten" Aufgabenstellung für eine notwendige sanierungsvorbereitende bauhistorische Untersuchung reicht.

Zweiter Bereich

B   Bauforschung im Dienste der Denkmalkunde.
(„Grundlagenforschung zur Verbesserung der vorbeugenden Maßnahmen und zur Optimierung der Therapien.") Durch gezielte Untersuchungen wird die wissenschaftliche Bewertung einzelner Denkmale oder Denkmalgruppen unterstützt. In diesem Bereich der Denkmalkunde unterstützt das Referat Bauforschung die Denkmalerfassung. Dies ist besonders im Bereich der anonymen Architektur – z.B. Bürgerhäuser und Bauernhäuser – wichtig, wo klassische kunstwissenschaftliche Methoden in der Regel nicht anwendbar sind.

- In den zurückliegenden Jahren konnten durch systematische Bearbeitung vor allem für den Bereich historischer Kelleranlagen wertvolle Grundlagen gewonnen werden. Schwerpunkte waren hier die Orte Erfurt, Bad Langensalza, Jena und Weida. Für die genannten Orte konnten aufgrund der flächenhaften Erfassung ganzer Quartiere wertvolle Informationen zur historischen Stadtstruktur gewonnen werden. Darüber hinaus ermöglichen die nun vorliegenden Vergleichsdaten die genauere Einordnung bestimmter Datierungselemente, wie z.B. der Pfortenformen. Dies ist für die tägliche denkmalfachliche Arbeit eine große Hilfe, da die Frage der Schutzwürdigkeit von Kelleranlagen häufig auftritt.
- Durch mehrere Dissertationen, die durch das TLDA gefördert und teilweise auch publiziert wurden, liegen für Thüringen inzwischen sehr gute Überblicksdarstellungen zu mittelalterlichen Dorfkirchen, zum städtischen Wohnhausbau und zu historischen Dachkonstruktionen vor. Dabei noch vorhandene Lücken werden durch gezielte Aufgabenstellungen, die das Referat Bauforschung gemeinsam mit der Denkmalerfassung beauftragt, zu schließen versucht. Ein Projekt ist hierbei die Nachbearbeitung ländlicher Dachkonstruktionen in Ostthüringen als Ergänzung zu den vorwiegend an städtischen Kirchen erarbeiteten Grundlagen.

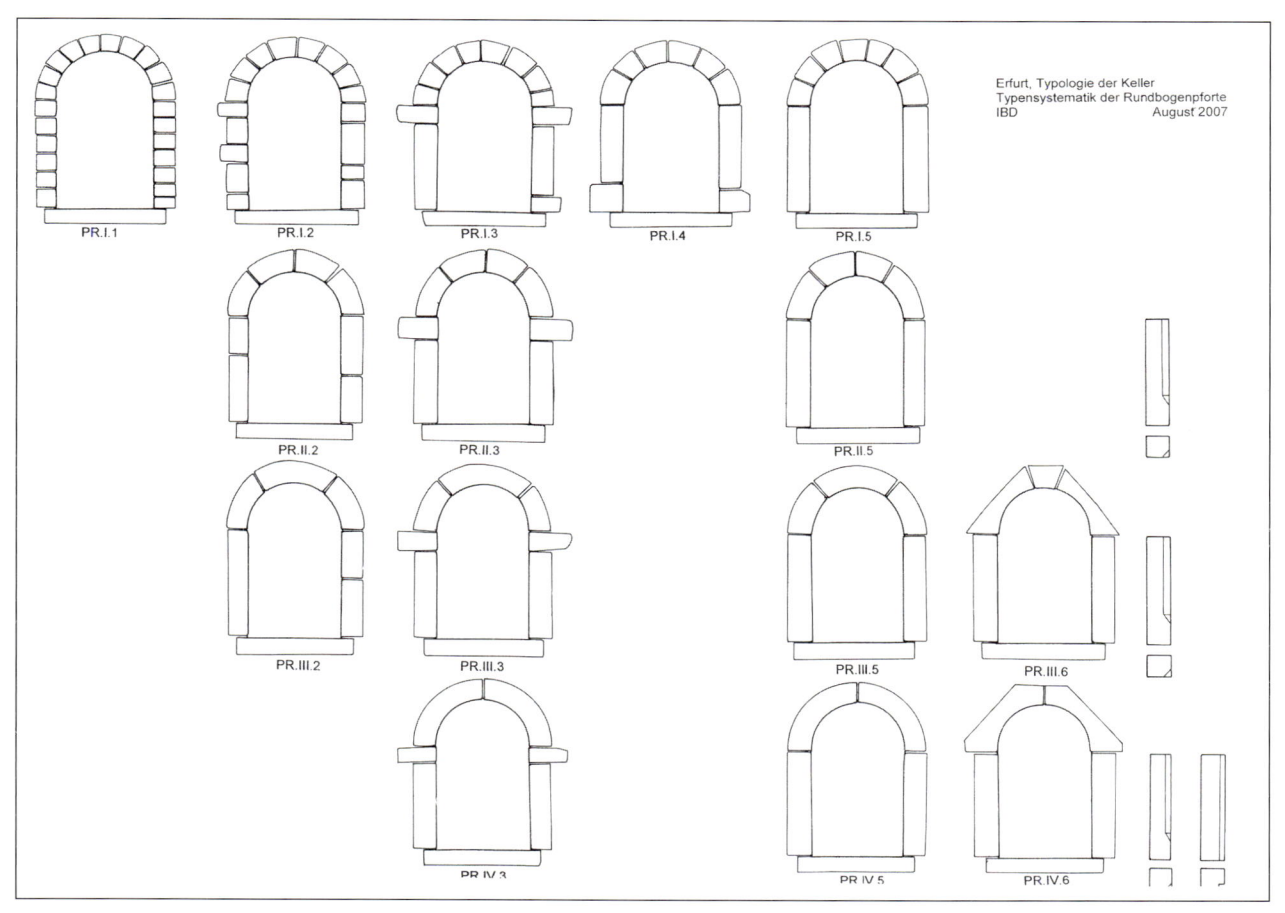

Abb. 4 Erfurt, Kellerkataster, Typensystematik der Rundbogenpforten, Elmar Altwasser 2007

- Für die Bearbeitung bedeutender Denkmalensembles wurden an drei Thüringer Beispielen („Gesamtstadt Weida", „Erfurt-Johannesstraße" und „Spätmittelalterliche Bebauung in Pößneck und Neustadt/Orla") systematische Erfassungsmodelle erprobt, die im wesentlichen auf Methoden der Bauforschung basieren.
- Zur besseren Bewertung des ländlichen Hausbaus wurde begonnen, systematische Bearbeitungen bestimmter Hausbauregionen durch dendrochronologische Datierung und Dokumentation ausgewählter Bauten durchzuführen. Erste Arbeitskampagnen zu Nordthüringen werden im Herbst 2009 durchgeführt.
- Ein weites Feld ist die noch zu leistende systematische Auswertung der seit den frühen 1990er Jahren in unterschiedlichster Qualität beim TLDA archivierten Dokumentationen bauhistorischer Untersuchungen. Eine erste Auswertung der Dokumentationen zu Bauten des 15. Jahrhunderts konnte inzwischen durchgeführt werden, wobei sich die national herausragende Bedeutung des thüringischen Denkmalbestandes allein in diesem kleinen Bereich bereits deutlich abzeichnet.

Ein weiterer Arbeitsschwerpunkt des Referates Bauforschung ist die Koordination der Zusammenarbeit an den Schnittpunkten zwischen Bau- und Kunstdenkmalpflege und der Archäologie.

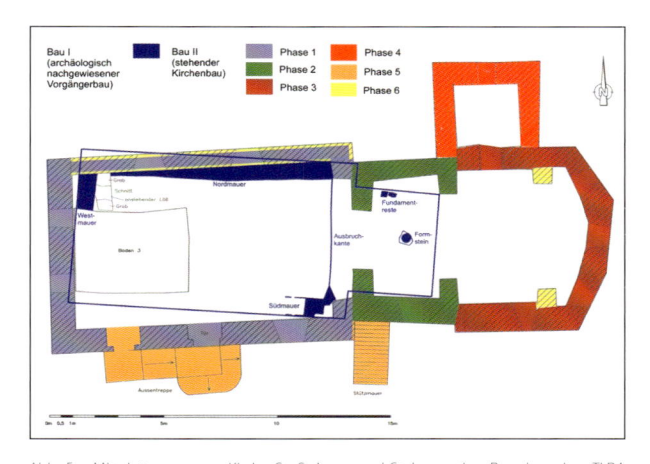

Abb. 5 Mittelsömmern, ev. Kirche St. Cyriacus und St. Laurentius, Baualtersplan, TLDA 2007

- In diesem Bereich konnten durch die gute Zusammenarbeit in den letzen Jahren große Fortschritte gemacht werden, die sich häufig an Kirchenbauten manifestieren (Kloster Vessra, Kirchen Mittelsömmern, Dorna und Sünna, Stiftskirche Nägelstädt, Kloster Göllingen, Rote Spitzen in Altenburg etc.).

Die Ergebnisse dieser guten Zusammenarbeit flossen auch in der im März 2009 veranstalteten gemeinsamen Weimarer Tagung

"Archäologische und bauhistorische Untersuchungen an und in Kirchen in Thüringen" ein, deren Ergebnisse auch gedruckt erscheinen werden.

Dritter Bereich

C Bauhistorische Dokumentationen von Denkmalen vor deren Abbruch.

("Pathologische Untersuchungen zur Verbreiterung der wissenschaftlichen Grundlagen des Faches.") Wenn es aus welchen Gründen auch immer zum Abbruch eines Kulturdenkmals kommt, ist vor Abbruch stets eine bauhistorisch fundierte Dokumentation anzufertigen und zu archivieren. Solche Dokumentationen sind als Vergleichsbasis für denkmalkundliche Bewertungen noch erhaltener Bauten wichtig.

Die Aufgabe des Referates Bauforschung besteht bei Abbruchdokumentationen zum einen in der Erstellung wiederum "maßgeschneiderter" Aufgabenstellungen für die jeweiligen Objekte und zum anderen in der Prüfung der entsprechenden Dokumentationen. Die fachliche Bestätigung der Richtigkeit der Dokumentation ist jeweils die Voraussetzung für den Vollzug des Abrisses. Dies ist wichtig, da eventuell notwendige Korrekturen an der Dokumentation später nicht mehr möglich sind.

Künftigen Generationen kann so in Form von Dokumentationen übermittelt werden, was uns noch vor Augen steht, aber absehbar im Bestand vollständig verschwinden wird, wie z.B. Innenausstattungen ländlicher Wohnhäuser aus dem 17.–19. Jahrhundert, die derzeit durch Abbruch und Umbau rasant dezimiert werden.

Nicht zuletzt ist es eine wichtige Aufgabe des Referates Bauforschung, die im Rahmen der drei vorgenannten Teilbereiche gewonnenen Erkenntnisse systematisch aufzuarbeiten und in Form von Vorträgen, Führungen, Aufsätzen oder Erläuterungstafeln vor Ort der interessierten Öffentlichkeit vorzustellen und zu erläutern. Denn nur was man kennt und dadurch schätzen gelernt hat, schützt man auch.

Abb. 6 Friedrichsthal, Dorfstraße 19 (Dokumentation vor Abbruch), Fachwerkgefüge und Detail der Stockwerksvorkragung von 1714 (d), 2009

Abb. 7 Friedrichsthal, Dorfstraße 19 (Dokumentation vor Abbruch), Mittelflur im 1. Obergeschoss in der Struktur der Bauzeit um 1714 (d) mit veränderter Treppe von ca. 1830, Aufnahme Juli 2009

---

1   Anforderungen 2002.
2   Erhältlich unter: http://www.denkmalpflege-forum.de/Download/Nr.28.pdf (21.09.2009).
3   Bzw. Restauratorin – die weibliche Bezeichnung ist bei allen Nennungen gleichzusetzen.

Barbara Perlich, Birte Rogacki

Prämonstratenserstift Mildenfurth
Ergebnisse der Bauforschung an Klausur und Kreuzgang

Das im thüringischen Mildenfurth gelegene Prämonstratenserstift wurde im Jahr 1193 von Heinrich II. von Weida gegründet. Wohl um 1200 wurde mit dem Bau der Klosterkirche begonnen und dieser bereits um 1240 vollendet. Nach der Aufhebung des Stiftes im Jahr 1543 wurde die Kirche seit 1556 zu einem prächtigen Renaissanceschloss umgebaut.[1]

Schloss und Kirche sind seit dem 19. Jahrhundert Gegenstand zahlreicher kunsthistorischer und historischer Betrachtungen und Forschungen gewesen,[2] die Klausuranlage im Süden der Kirche war von diesen Untersuchungen jedoch meist ausgenommen. Bis zur vorliegenden Untersuchung fehlten verlässliche Angaben zum Alter und zur Genese der erhaltenen Reste der Klausur und des Kreuzgangs.

Im Rahmen eines Forschungsprojektes der Technischen Universität Berlin[3] im Auftrag des Thüringischen Landesamtes für Denkmalpflege und Archäologie konnten im Sommer 2008 der Südflügel der Klausur (das so genannte Refektorium) und der davorliegende Kreuzgangsüdflügel näher untersucht werden. Die Bauforschung ergab, dass an dieser Stelle noch wesentliche Teile einer Bebauung aus romanischer Zeit und einer ersten gotischen Umformung erhalten sind, das heutige Aussehen der Klausur jedoch im wesentlichen auf eine großangelegte Modernisierung im frühen 16. Jahrhundert zurückgeht (siehe Bauphasenpläne, Abb. 1–3).

Die Bauten der ersten Phase (romanisch, Anfang 13. Jahrhundert)

Von der Klausur- und Kreuzganganlage der ersten Bauphase sind durch spätere Umbauten und den Einsturz größerer Gebäudeteile nur noch Reste erhalten. Diese beschränken sich ausschließlich auf den südlichen Bereich der Klausur. Aus diesen Resten lässt sich jedoch schließen, dass bereits in romanischer Zeit ein Kreuzgang und ein südliches Klausurgebäude errichtet wurden, die in etwa die Ausdehnung des erhaltenen Bestands hatten (Abb. 4).

Die Gestalt des südlichen Kreuzgangs ist heute vor allem durch die Veränderungen in der Gotik bestimmt. Dennoch stammt ein großer Teil der Bausubstanz bereits aus der ersten Bauphase im frühen 13. Jahrhundert. Die Arkadenwand zum Kreuzhof zeigt in

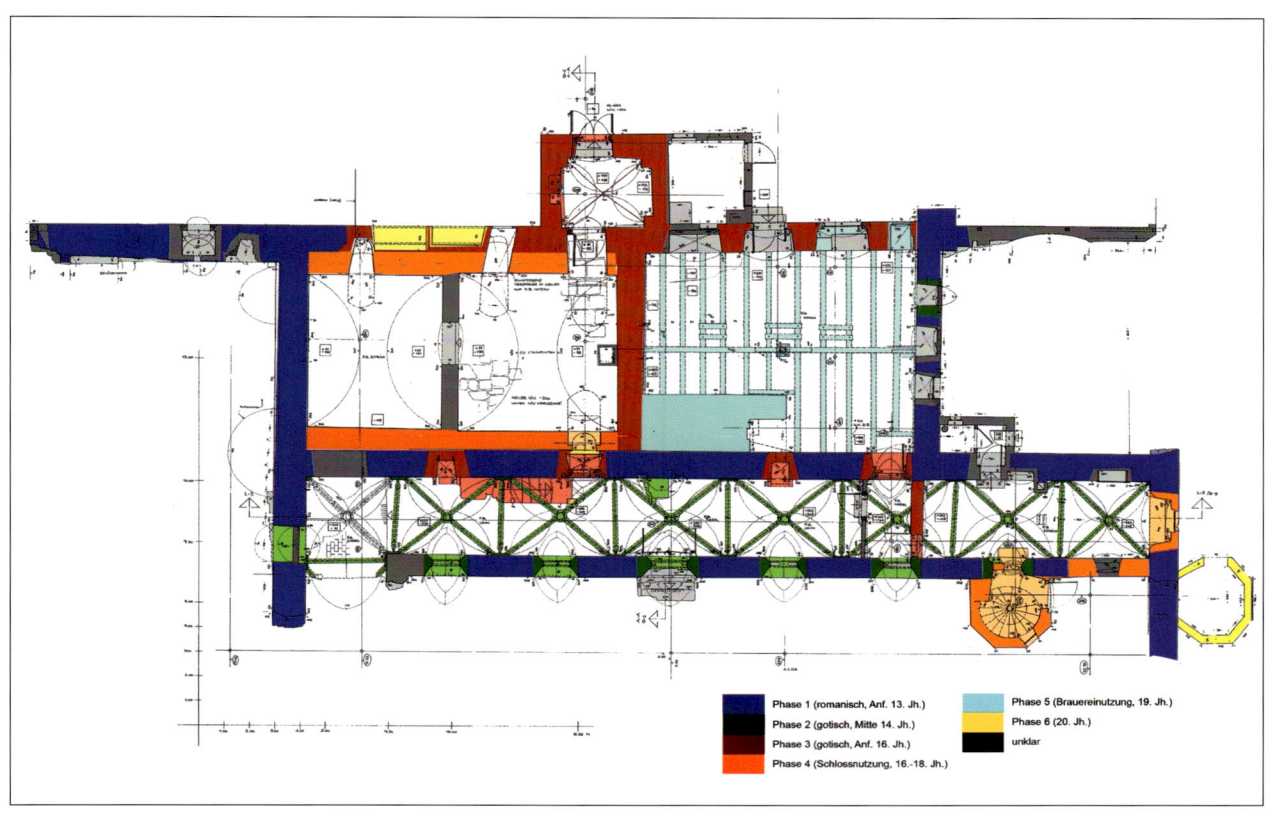

Abb. 1 Mildenfurth, Prämonstratenserstift, Bauphasenplan des Erdgeschosses, 1993, überarbeitet 2008

Abb. 2 Mildenfurth, Prämonstratenserstift, Bauphasenplan des Zwischengeschosses, 1993, überarbeitet 2008

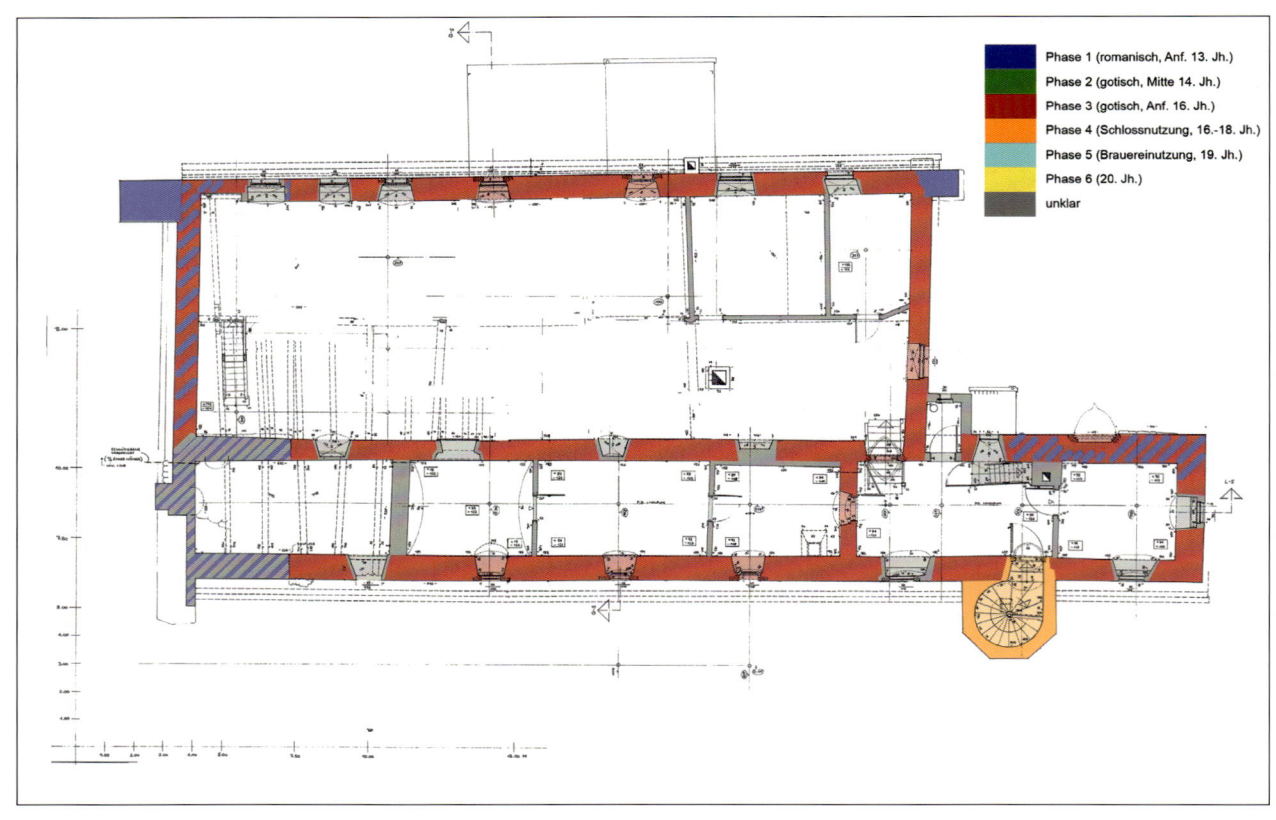

Abb. 3 Mildenfurth, Prämonstratenserstift, Bauphasenplan des Obergeschosses, 1992, überarbeitet 2008

Abb. 4　Mildenfurth, Prämonstratenserstift, Blick in den Kreuzgang, Sommer 2008

Abb. 5　Mildenfurth, Prämonstratenserstift, romanisches Portal mit späterer Zusetzung, Sommer 2008

den unteren zwei Metern ein sehr dunkles, lagenhaftes Bruchsteinmauerwerk ohne Ziegelbeimischung. Der Ansatz des zugehörigen Fußbodenniveaus ist im Bereich über der Fundamentverbreiterung der Mauer noch deutlich an einer Mörtelkante zu erkennen. Ob der im westlichen Bereich des Kreuzgangs noch vorhandene Backsteinbelag aus dieser ersten Bauphase stammt, lässt sich nicht mit Sicherheit bestimmen.

Dass es sich bei diesem dunklen, lagerhaften Bruchsteinmauerwerk um das Mauerwerk der ersten (romanischen) Bauphase handelt, zeigt sich daran, dass die gotischen Elemente des Kreuzgangs – Maßwerkarkaden, Gewölbe – in dieses Mauerwerk eingebrochen bzw. eingesetzt wurden. Die Datierung des ersten Mauerwerks in eine frühe, noch romanische Phase ergibt sich aus einem Portal in der der Arkadenwand gegenüberliegenden Nordwand des Klausurgebäudes (Abb. 5). Dieses rundbogige, aus sorgfältig gearbeiteten Sandsteinwerksteinen gearbeitete Portal bindet ohne Störung in das umgebende Mauerwerk ein. Das Portal bildete den Zugang vom Kreuzgang in das dahinterliegende südliche Klausurgebäude, in dem wahrscheinlich das Refektorium untergebracht war.[4] Anstelle der heute hier zu findenden zahlreichen Räume auf unterschiedlichen Niveaus führte das Portal im frühen 13. Jahrhundert vom Kreuzgang aus etwa mittig in einen einzelnen, etwa 8 x 24 m großen Raum (siehe Abb. 1). Von der Ausstattung des Raums, Fenstern an seiner Südseite und möglichen weiteren Zugängen an der Süd- oder Ostseite sind keine Spuren erhalten bzw. in den späteren Veränderungen aufgegangen. Lediglich die Umfassungswände des Refektoriums sind in Teilen bis in eine Höhe von ca. 7,50 m erhalten. Im Bereich der Refektoriumssüdwand wird dieses am westlichen und am östlichen Ende deutlich: Im östlichen Bereich stößt das spätere, gotische Mauerwerk mit seinen durchlaufenden Gerüstlöchern stumpf auf eine ältere, weiter nach Osten verlaufende Mauer. Im Westen reicht die ältere Mauer ebenfalls über die Grenzen des Refektoriums hinaus, Reste der weiterlaufenden Mauer sind heute in einen Schuppenanbau einbezogen.

Dass die Südwand in der ersten Phase über die Seitenwände des Refektoriums hinausreichte, beweist, dass es sowohl im Osten als auch im Westen außer dem heutigen Bestand weitere Gebäudeteile gegeben haben muss. Im Osten war bis zu seinem Einsturz[5] im Jahr 1974 ein kurzer Klausurostflügel vorhanden, der in älteren Bestandsaufnahmen verzeichnet wird. Es handelte sich um ein Gebäude mit etwa 11,50 x 22 m Seitenlänge, das mehrere Räume umfasste. Wohl in der Ostwand dieses Gebäudes befand sich ein romanisches Biforium, das von Gerstenhauer im Jahr 1943/44 gezeichnet und von Eichhorn als Fotografie abgebildet wurde. Demnach wurde der Ostflügel wohl zumindest in Teilen ebenfalls in der ersten Bauphase der Klausur zu Beginn des 13. Jahrhunderts errichtet.

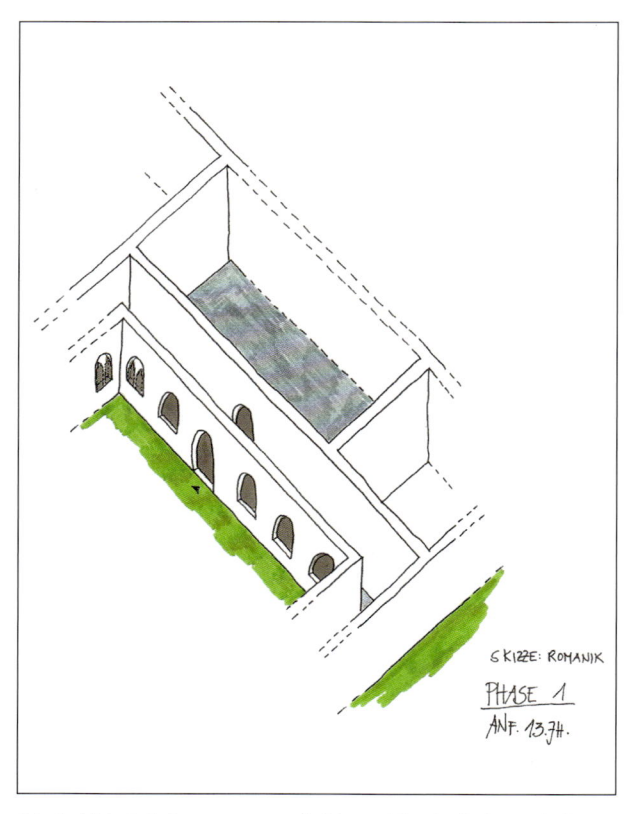

Abb. 6   Mildenfurth, Prämonstratenserstift, Rekonstruktion des Baukörpers in der ersten Bauphase Anfang des 13. Jahrhunderts, 2008

Die Gestalt des romanischen Kreuzgangs lässt sich nur noch in den Grundzügen erschließen. Die Breite ist durch die erhaltene Nordwand des Refektoriums sowie die Arkadenwand zum Kreuzhof mit 3 m eindeutig bestimmbar. Die Ost- und die Westwand des Kreuzgangs stammen ausweislich des Mauerwerks ebenfalls noch aus der romanischen Bauphase, die Länge des Kreuzgangsüdflügels betrug demnach etwa 33 m. Befunde für die Höhe sowie den oberen Abschluss des romanischen Kreuzgangs sind mit den späteren Umbauten verschwunden. Wir dürfen wohl davon ausgehen, dass der Kreuzgang um einiges niedriger war, als er sich heute präsentiert; wegen der etwas tieferen Lage der romanischen Arkadenöffnungen sowie der sicherlich etwas gedrückteren Form der Öffnungen könnte eine Decke etwa 1 m tiefer als die späteren gotischen Gewölbekappen gelegen haben. Mögliche Balkenlöcher oder Gewölbeanfänger des romanischen Abschlusses sind hinter den gotischen Gewölben verschwunden.

Ob an diesen Südflügel ein Ost- und ein Westflügel anschlossen, lässt sich aus dem obertägig erhaltenen Mauerwerk nicht mit Sicherheit sagen. Grabungen im Anschluss an die Südwand der Stiftskirche liefern jedoch einige Hinweise auf einen dreiflügeligen Kreuzgang.[6]

Zum Kreuzhof war auch schon der romanische Kreuzgang mit großen Arkaden geöffnet. Diese saßen etwa 40 cm tiefer als die heute vorhandenen gotischen Öffnungen, für die die älteren Öffnungen aufgefüllt wurden. In der Breite entsprachen die romanischen Arkaden wohl etwa den späteren gotischen; die gotischen Gewändesteine wurden in die ältere Öffnung ohne seitliche Einbindung eingestellt. Über die Profile und Innengliederung (z. B. Mittelsäule) der romanischen Arkadenöffnungen wissen wir nichts, da die gotischen Elemente die romanischen vollständig ersetzt haben.

Ausmittig in der Arkadenwand, etwas nach Osten versetzt, befand sich auch zu romanischer Zeit bereits ein großes Portal als Zugang zum Kreuzgang vom Kreuzhof aus. Die Ausmittigkeit ergab sich dadurch, dass das Portal in der Arkadenwand in der Achse des Portals vom Kreuzgang in das Refektorium lag, welches sich wiederum annähernd auf die Mitte des dahinterliegenden Refektoriums bezog (siehe Abb. 1). Die Symmetrie im Refektorium hatte also Vorrang vor der des Kreuzhofes.

Das Portal zwischen Kreuzhof und Kreuzgang wurde in der zweiten Bauphase fast vollständig durch eines in gotischen Formen ersetzt. Erhalten vom romanischen Portal sind das innere östliche Gewände sowie die westliche obere Ecke einer segmentbogigen Portalnische. Die Form eines solchen romanischen Portals mit innenliegender großer Portalnische und nach außen in die Öffnung eingestelltem Portalgewände lässt sich in Mildenfurth u. a. am großen Westportal der Kirche nachvollziehen.[7] Vom eigentlichen romanischen Portalgewände auf der Kreuzhofseite ist durch die spätere Überformung nichts erhalten (Abb. 6).

Der erste gotische Umbau (Mitte 14. Jahrhundert, 1352 (d)?)

In der Mitte des 14. Jahrhunderts erfuhr die Klausur größere Modernisierungsmaßnahmen. Diese bezogen sich vor allem auf das Aussehen, weniger auf die Funktion des Kreuzgangs und des dahinterliegenden Refektoriums.

Der Kreuzgang wurde nun in den aktuellen gotischen Formen umgebaut. Ein Kreuzrippengewölbe mit breiten gekehlten Rippen und wappenschildförmigen Schlusssteinen wurde auf der gesamten Länge des Südflügels sowie im Ost- und im Westflügel eingezogen. Durch die Gewölbe wurde der Kreuzgang wohl um knapp einen Meter erhöht (siehe oben) und erhielt dadurch etwas gestrecktere Proportionen von 2 : 3.

Die einzelnen Gewölbejoche sind auffällig unterschiedlich breit, die Breite schwankt zwischen 3,30 m und 4,20 m. Diese Unterschiede ergaben sich dadurch, dass die beiden äußeren Joche – das östliche und das westliche – auf den hier anschließenden Ost- bzw. Westflügel des Kreuzgangs Rücksicht nehmen mussten und daher annähernd quadratisch ausgebildet wurden. Die Zwischenjoche hingegen wurden so angeordnet, dass die Mittelachse des Jochs nahezu mit der Portalachse vom Kreuzhof in den Kreuzgang und weiter in das Refektorium übereinstimmte.

Wie erwähnt wurde, vermittelten die äußersten Joche des südlichen Kreuzgangflügels zu den Flügeln im Osten und im Westen. Spätestens jetzt wurden hier Flügel errichtet.[8] Von diesen Flügeln sind im Osten noch die Ansätze der Arkadenwand sowie eine Eck- und eine Wandkonsole der Gewölbe erhalten, im Westen eine Eckkonsole sowie als Baufuge die innere Ecke des abknickenden Westflügels.

Die Kreuzgangarkaden wurden in dieser Phase ebenfalls modernisiert. Die alten Gewände wurden restlos entfernt, an ihre Stelle wurden aus Backstein gebildete Schielungen gesetzt. Überhaupt ist die Verwendung von Backsteinen und von Ziegelzwickungen für diese erste gotische Erneuerungsphase charakteristisch; auch für die Höhersetzung der Arkadensohlbank wurden Backsteine verwendet. Die Arkaden selbst wurden nun spitzbogig ausgebildet und mit einer Maßwerkfüllung versehen. Die Maßwerke, die anders als die Gewände aus Sandstein gefertigt wurden, sind weitgehend zerstört; es lässt sich jedoch noch ablesen, dass wohl jede Öffnung eine andere Maßwerkverzierung besaß.

Auf den verputzten Gewänden sowie auf den Maßwerken sind Reste einer farbigen Fassung erhalten. Sie zeigen eine Quadermalerei in verschiedenen Farben (rot, blau?, gelb?). Inwieweit diese Fassungen noch einer mittelalterlichen Bauphase zuzuordnen sind bzw. eine frühere Fassung wieder aufnehmen, werden erst restauratorische Untersuchungen ergeben.

Größere Veränderungen im Refektorium scheint es in dieser Phase nicht gegeben zu haben. Der große Raum blieb wohl ungeteilt, zumindest blieb das ältere romanische Portal weiterhin der einzige Zugang vom Kreuzgang in das Refektorium. Offenbar änderte sich aber das Bodenniveau im Refektorium um mindestens 25 cm, möglicherweise durch das Auflegen eines neuen Bodenbelags oder – wahrscheinlicher – den Einbau einer Heizanlage. Zwei auf der Kreuzgangseite vor das romanische Portal gesetzte Stufen vermittelten zu diesem neuen, höheren Niveau. In der Südwand des Refektoriums ist knapp über dem heutigen Fußboden eine etwa 80 cm hohe Öffnung zu finden. Die gängigen Funktionen einer Öffnung – Tür, Fenster – kommen aufgrund der Lage und der Größe nicht infrage. Eine Möglichkeit wäre, dass es sich um die Feuerungsöffnung einer Fußbodenheizung (Hypokausten- oder Steinofen-Luftheizung[9]) handelte. Dazu würde auch die Erhöhung des Fußbodens im Refektorium passen; die zwei Stufen, die dafür auf der Kreuzgangseite vor das romanische Portal gesetzt wurden, wären demnach nur der kleinere Teil der Erhöhung.

Im westlich an das Refektorium anschließenden, heute nicht mehr vorhandenen Gebäudeteil scheint es in dieser Zeit Veränderungen gegeben zu haben. Zumindest wurde ein neuer Zugang vom Refektorium in diesen Gebäudeteil geschaffen. Dieser

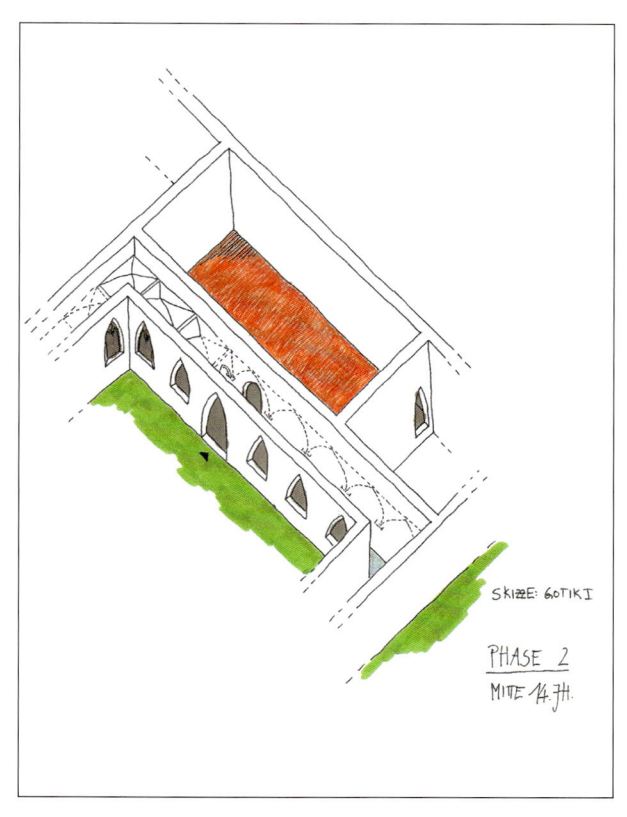

Abb. 7 Mildenfurth, Prämonstratenserstift, Rekonstruktion des Baukörpers nach den Veränderungen der ersten gotischen Umbauphase Mitte des 14. Jahrhunderts, 2008. Der Kreuzgang erhielt ein modernes Aussehen mit spitzbogigen Arkadenöffnungen und einer Kreuzrippenwölbung, in das Refektorium wurde wohl eine Steinofen-Luftheizung eingebaut

Zugang, von dem heute die vermauerten spitzbogigen Gewände in der Refektoriumswestwand erhalten sind, befand sich etwa 1,20 m oberhalb des Fußbodens. Von einer Treppenanlage sind zunächst keine Befunde sichtbar; vielleicht haben wir mit dieser Tür auch die Angabe für die Erhöhung des Fußbodens im Refektorium vor uns. In diesem Falle dürfte man wohl wirklich eher von der Einrichtung einer Fußbodenheizung wie durch die mögliche Feuerungsöffnung vorgeschlagen ausgehen als von einer schlichten Erneuerung des Bodenbelags.

Diese in den erhaltenen Teilen recht kleine, vor allem für das Erscheinungsbild des Kreuzgangs bedeutende Bauphase lässt sich aufgrund der Formen des Kreuzrippengewölbes sowie der erhaltenen Maßwerkreste etwa in die Mitte des 14. Jahrhunderts datieren. Möglicherweise handelt es sich um die gleiche Bauphase, für die im Jahr 1352 (d) mindestens drei Hölzer geschlagen wurden (Abb. 7).[10]

Der zweite gotische Umbau (Anfang 16. Jahrhundert, 1509 (d)?)

Zu Beginn des 16. Jahrhunderts erfuhr der Klausurbereich des Stiftes eine umfassende Neugestaltung und Umstrukturierung,

Abb. 8   Mildenfurth, Prämonstratenserstift, Veränderungen der zweiten gotischen Umbaumaßnahme Anfang des 16. Jahrhunderts, 2008. Das Klausurgebäude wurde geteilt und erhielt nach Süden neue große Fenster in modernen Vorhangbogenformen

Abb. 9   Mildenfurth, Prämonstratenserstift, Fenster der Südseite, Sommer 2008. Trotz der späteren Veränderungen und Zerstörungen ist die Form des Fensters noch gut zu erkennen.

die den Südflügel bis heute prägt. In dieser Phase war vor allem das Refektorium betroffen, während der Kreuzgang im Erdgeschossbereich weitgehend unverändert blieb.

Die größte Veränderung bedeutete sicherlich die Teilung des ehemals durchgehenden großen Refektoriums in zwei unterschiedliche Raumgruppen. Es wurde eine Querwand etwa in der Mitte des Raums eingezogen, die vom Keller – der neu angelegt wurde – bis ins Obergeschoss reichte, welches wohl ebenfalls erst jetzt eingerichtet wurde (siehe Abb. 1).

Die beiden durch diese vertikale Trennung entstandenen Gebäudeteile wurden außerdem horizontal unterteilt, wobei sich die beiden Hälften jedoch deutlich voneinander unterscheiden. Der *westliche* Teil des Südflügels wurde durch eine Balkendecke in ein hohes Erd- sowie ein ebenfalls hohes Obergeschoss geteilt. Der Erdgeschossraum, welcher vielleicht nach wie vor als Refektorium genutzt wurde, erhielt einen neuen Zugang, da der alte romanische Zugang von der eingestellten Wand z. T. überschnitten wurde. Der Zugang vom Kreuzgang wurde an die äußerste westliche Ecke des Raums verlegt und als reiches Spitzbogenportal mit Stabwerkprofilierung ausgeführt (Abb. 8). Belichtet wurde der Raum durch drei große, 2,50 m hohe Vorhangbogenfenster in der Südwand, die im Zuge der Baumaßnahmen nahezu vollständig neu aufgeführt wurde (Abb. 9). Die Fenster wurden durch reich profilierte Kämpfer und Steinstöcke in vier Felder geteilt. Große Teile der Profilierung sowie ganze Teile der Gewände sind bei späteren Umnutzungen verloren gegangen.

Wie Vergleichsbeispiele zeigen, ist wohl eine farbige Fassung des Raumes zu erwarten. Tatsächlich findet sich an der oberen östlichen Ecke des östlichen Fensters noch der Rest einer solchen Fassung. Da der Raum jedoch seit dem späten Mittelalter mehrfach umgenutzt, neu strukturiert und vor allem gestrichen wurde, lässt sich zu diesem Zeitpunkt nicht mit Sicherheit sagen, dass es sich bei diesen wenigen Strichen um den Rest einer spätgotischen Fassung handelt.[11]

Die wohl in der vorangegangenen ersten gotischen Bauphase eingerichtete Heizungsanlage (Steinofen-Luftheizung) wurde im 16. Jahrhundert aufgegeben. Ein Grund dafür könnte gewesen sein, dass das ehemals große Refektorium nun geteilt wurde und beide Teile unterschiedliche Fußbodenniveaus erhielten (siehe unten). Anstelle der mutmaßlichen Steinofen-Luftheizung wurde in das verkleinerte Refektorium ein Ofen gesetzt. Dieser konnte vom Kreuzgang aus befeuert werden; die zugehörige Feuerungsöffnung sowie der Abdruck des dafür nötigen Schlotes (der durch das Gewölbe des Kreuzgangs gebrochen wurde) sind heute noch gut zu erkennen.

Abb. 10 Mildenfurth, Prämonstratenserstift. Stabwerkportal im Obergeschoss. Sommer 2008

Abb. 11 Mildenfurth, Prämonstratenserstift, Veränderungen der zweiten gotischen Umbauphase im frühen 16. Jahrhundert, östlicher Teil des Klausurgebäudes und des Kreuzgangs, 2008. Oberhalb des Kreuzgangs wurde ein Wohngeschoss eingebaut; das Klausurgebäude erhielt eine Dreiteilung in flach gedeckten Keller, Kapitelsaal (?) und (Wohn-) Obergeschoss

Das wohl erst zu diesem Zeitpunkt errichtete Obergeschoss besaß die gleiche Grundfläche wie das darunterliegende Refektorium. Es war zum östlichen Gebäudeteil des Südflügels mit einer massiven Mauer abgetrennt, von der Abbruchspuren an der Südwand erhalten sind. Inwieweit Teile der Fachwerkwände, die Ende des 20. Jahrhunderts noch vorhanden waren, inzwischen aber abgebrochen sind, noch zu einer Raumgliederung der Spätgotik gehörten, kann heute nicht mehr festgestellt werden. Das Obergeschoss wurde wahrscheinlich als Wohngeschoss genutzt; dafür spricht ein Aborterker im westlichen Wandabschnitt der Südwand. Die rundbogige Öffnung des Aborterkers sowie zwei Konsolsteine sind in der Außenansicht der Fassade deutlich zu erkennen.

Die Belichtung des Obergeschosses erfolgte über drei Fenster in der Südwand. Die einfachen Rechteckfenster aus Sandstein mit Fase und Anlauf auf der Außenseite saßen gegenüber der Fußbodenhöhe des Obergeschosses in diesem westlichen Gebäudeteil recht hoch; sie bezogen sich auf die Fenster im anschließenden östlichen Gebäudeteil, wo der Fußboden wesentlich höher lag.

Vom Obergeschossraum führte ein Portal in ein anschließendes, heute nicht mehr vorhandenes westliches Gebäude.[12] Dieses Portal gleicht dem Erdgeschossportal, dem Zugang in das Refektorium. Es handelt sich ebenfalls um ein Spitzbogenportal mit Stabwerkprofilierung (Abb. 10).

Ein weiteres Portal – ebenfalls ein Spitzbogenportal mit Stabwerkprofilierung – führte aus dem Obergeschossraum in eine Erschließungszone oberhalb des Kreuzgangs. Direkt oberhalb dieses Portals befindet sich eines von drei Fenstern in der Nordwand des Obergeschossraumes. Diese besaßen die gleiche Form und Größe wie die Fenster in der Südwand; bei zwei Fenstern sind zudem Steinmetzzeichen erhalten. Diese Fenster liegen sehr hoch, so dass ein Herausschauen nicht möglich war. Die hohe Lage der Fenster ist jedoch notwendig, da direkt unter ihnen das Pultdach über den Räumen oberhalb des Kreuzganges anschlug.

Der *östliche* Teil des Südflügels wurde in drei Geschosse geteilt (Abb. 11). Unter dem Erdgeschoss wurde ein Keller eingetieft, der eine hölzerne Flachdecke besaß. Von dieser Decke hat sich der Abdruck des Mittelunterzugs in der westlichen Stirnwand erhalten. Der Keller konnte von der Südseite des Gebäudes durch einen neu hinzugefügten Anbau betreten werden. Dieser kleine Bau besaß im Inneren zum eigentlichen Kellerraum sowie nach außen jeweils ein Spitzbogenportal. Der Anbau selbst ist kreuzgratgewölbt und enthält zahlreiche Nischen und Wandvorsprünge.

Der Kellerraum ist nicht vollständig eingetieft, sondern ragt knapp 1,50 m über das Fußbodenniveau des Kreuzgangs hinaus. Dadurch wird auch das darüberliegende Erdgeschoss angehoben.

Diese herausgehobene Stellung des Erdgeschossraumes könnte zugleich seine Funktion widerspiegeln. Möglicherweise handelte es sich um den Kapitelsaal, wofür die – wenn auch nur noch rudimentär erhaltene – aufwendige Ausstattung spricht.

Ähnlich dem Refektorium erhielt auch der mutmaßliche Kapitelsaal ein Spitzbogenportal mit Stabwerkprofilierung als Zugang vom Kreuzgang. Wegen der erhöhten Lage des Kapitelsaals liegt dieses Portal etwa 1,80 m über dem Fußbodenniveau des Kreuzgangs und konnte von diesem über eine an der Wand entlanglaufende Treppenanlage erreicht werden. Das Portal, das wie auch schon beim benachbarten Refektorium in der äußersten westlichen Ecke des Raumes liegt, schneidet auf der Kreuzgangseite in das frühere gotische Kreuzrippengewölbe ein. Offensichtlich war auch hier die Lage des Portals aus der Sicht des Raumes und nicht aus der Sicht des Kreuzganges bestimmt.

Der Kapitelsaal wurde durch drei große Vorhangbogenfenster in der Südwand des Raumes belichtet. Diese Fenster ähneln einander und denen des Refektoriums in ihrer Profilierung, allerdings ist das mittlere besonders ausgezeichnet: Anstelle der einfachen Rundstäbe sind hier auf der Außenseite Taustäbe zu finden. Auf der Innenseite war das Fenster als Sitznischenfenster ausgebildet und damit dieser Platz im Raum herausgehoben. Dieser Befund ist es auch, der auf die Funktion als Kapitelsaal hinweisen könnte, denn solcherart besonders ausgezeichnete Mittelzonen finden wir auch in anderen Kapitelsälen wie beispielsweise im Erfurter Predigerkloster.

Auch der mutmaßliche Kapitelsaal erhielt in dieser Phase eine Ofenheizung. Wie im westlichen Gebäudeteil wurden auf der Kreuzgangseite eine Feuerungsöffnung und ein Schlot eingebaut. Diese Feuerungsöffnung liegt wegen des gegenüber dem Kreuzgang erhöhten Fußbodenniveaus des Kapitelsaals recht hoch und konnte sicher nur von einem Podest aus bedient werden.

Oberhalb des Kapitelsaals befand sich wohl ebenfalls ein Schlaf- oder Wohnraum, wie auch über dem benachbarten Refektorium. Auch das Obergeschoss über dem Kapitelsaal besaß einen Aborterker, von dem die Wandausbrüche der Konsolen sowie die zugesetzte Erkeröffnung noch erhalten sind. Dass der Erker und damit der Fallschacht direkt neben dem herausgehobenen Fenster und möglicherweise Sitzplatz des Abtes im Kapitelsaal platziert waren, störte offenbar nicht.

Knapp oberhalb des Fußbodens im Obergeschoss über dem Kapitelsaal findet sich in der Nordwand der obere Teil eines zugesetzten Durchgangs. Dieser Zugang führte in die Räume oberhalb des Kreuzganges und bezog sich auf das Niveau dieser Räume. Sowohl das Fußbodenniveau des Kapitelsaals als auch das des Obergeschosses führen das Niveau des Durchgangs nicht fort, sodass der Durchgang nur auf eine Treppenanlage geführt haben kann. Wahrscheinlich führte diese Treppenanlage auch noch weiter und ermöglichte so den Zugang in das Obergeschoss über dem Kapitelsaal.

Wie auch das Obergeschoss oberhalb des Refektoriums besitzt das Obergeschoss über dem Kapitelsaal Rechteckfenster in der Nordwand.

Wie erwähnt wurde in dieser spätgotischen Phase über dem Kreuzgang ein weiteres Geschoss errichtet (siehe Abb. 11). Die mit 2,00 m recht niedrigen Räume dieses Geschosses sind ebenso breit wie der Kreuzgang und werden vom Kreuzhof durch ebensolche Rechteckfenster belichtet, wie sie sich auch in der Nord- und in der Südwand der großen Obergeschossräume des Südflügels finden. In den östlichen der Räume wurde nachträglich ein Tonnengewölbe eingezogen, zuvor war der Raum wie auch die benachbarten flach gedeckt. Eine Anlaufkante von Putz und Farbe hat sich im Zwickelbereich oberhalb der Tonne erhalten.

Die Trennung der Räume besteht aus Fachwerkwänden, lediglich die Wand zum Zugangsbereich ist massiv ausgeführt. Der Durchgang zur Raumflucht von diesem Zugangs- oder Flurbereich aus ist ein steinernes Rechteckportal mit Türanschlag; ein ähnliches Portalgewände befindet sich im Erdgeschoss, ebenfalls an der Grenze zum Flurbereich.

Der gesamte westliche Bereich des südlichen Kreuzgangflügels wurde in dieser Phase als Flur- und Verkehrsfläche abgetrennt. Im Obergeschoss wurde die massive Steinwand zur Raumflucht oberhalb des Kreuzgangs schon erwähnt. Auch im Erdgeschoss wurde eine solche Wand eingezogen, sie verschneidet eines der früheren Kreuzrippengewölbe. Diese beiden Wände liegen nicht übereinander: Im Erdgeschoss befindet sich die Wand westlich des Portals in das Refektorium, im Obergeschoss liegt die Trennung genau östlich neben dem Portal – dessen Achse wiederum mit der des Portals darunter übereinstimmt – in das Obergeschoss über dem Refektorium. Im Erdgeschoss wurde das Portal also dem Kreuzgangbereich zugeschlagen, im Obergeschoss der Verkehrsfläche.

Im Obergeschoss weist die ausgewiesene Verkehrsfläche auf eine stärkere Separierung in dieser spätgotischen Zeit hin. Von der Flurzone aus konnten sowohl die bescheidenen Kammern über dem Kreuzgang erreicht werden als auch der hohe Obergeschossraum mit Abort über dem Refektorium. Dieser Obergeschossraum war zur Verkehrsfläche hin gegenüber den Kammern über dem Kreuzgang durch das aufwendige und prächtige Stabwerkportal herausgehoben. Herausgehoben im Wortsinne war das Portal auch dadurch, dass es gegenüber dem Laufniveau der Flurzone wie auch dem Rechteckportal in die Kammern fast einen Meter höhergesetzt war – dieser Höhenunterschied ergab sich aus der Höhe des Refektoriums. Die Treppenanlage, die zum Stabwerkportal emporführte, ist durch eine spätere Holztreppe ersetzt.

Auf der gleichen Höhe wie das Stabwerkportal in den Obergeschossraum über dem Refektorium ist – heute zugesetzt, aber dennoch auch innen klar erkennbar – ein weiteres prächtiges Stabwerkportal zu finden. Dieses ging ebenfalls von der Flurzone ab und führte ganz an ihrem westlichen Ende[13] in einen Raum westlich des Refektoriums, der heute nicht mehr vorhanden ist. In den gleichen Raum oder Gebäudeteil führte auch das Stabwerkportal in der Westwand des Obergeschossraums über dem Refektorium (siehe oben). Auffällig ist die Ausrichtung der drei Stabwerkportale des Obergeschosses: Das Portal von der Erschließungszone in den Obergeschossraum über dem Refektorium weist mit der profilierten Seite zur Verkehrsfläche, wie wir es auch schon beim Stabwerkportal im Erdgeschoss in das Refektorium sehen. Hier wird dem Eintretenden demnach von außen die Bedeutung des Raums angekündigt. Das Portal in der Westwand des Obergeschossraums in den verlorenen Gebäudeteil hat ebenfalls seine schlichte Gestaltung auf der Rauminnenseite und die Profilierung auf der Außenseite. Hier könnte demnach ebenfalls der Obergeschossraum über dem Refektorium gegenüber dem verlorenen Gebäudeteil herausgehoben gewesen sein. Genau entgegengesetzt jedoch verhält es sich mit dem zweiten Stabwerkportal in den verlorenen Raum, das ganz am westlichen Ende der Verkehrsfläche liegt: Seine profilierte Seite weist nicht zum Eintretenden von der Verkehrsfläche, sondern in den verlorenen Raum – es ist schwer vorstellbar, dass die schmale und schlecht belichtete Verkehrsfläche gegenüber irgendeinem Raum bevorzugt gewesen sein kann! Daraus lässt sich nur schließen, dass der verlorene Raum bzw. Gebäudeteil so bedeutend war, dass es wichtiger erschien, den Portalschmuck im Raum zu haben denn als bloße Ankündigung von außen. Dieses könnte dann auch für das Portal in der Westwand des Obergeschossraums über dem Refektorium gelten. Eine mögliche Nutzung, die eine solche Bevorzugung erklären könnte, ist die Anlage einer Abtswohnung an dieser Stelle.

Die Datierung dieser spätgotischen Bauphase ist anhand der Einzelformen gut möglich. Die Vorhangbogenfenster wie auch die Stabwerkprofile der Portale weisen in die Zeit um 1500. Hierzu passt, dass im Jahr 1509 große Mengen Holz für Umbaumaßnahmen geschlagen wurden; unter anderem wurde wohl das Dach über dem Südflügel in diesem Jahr errichtet. Zwar ist es in seiner heutigen Form in das 18. Jahrhundert zu datieren, allerdings wurden bei dem Umbau im Jahr 1778 (d) zahlreiche Hölzer des frühen 16. Jahrhunderts zweitverwendet.

Der neuzeitliche Umbau (nach 1556? 1617? 18. Jahrhundert?)

Nachdem im Jahr 1543 das Kloster säkularisiert worden war, ging die Anlage in den nächsten Jahren durch die Hände mehrerer Eigentümer. 1556 soll mit dem Umbau der Kirche zu einem Schloss begonnen worden sein, bereits 1617 änderten sich jedoch erneut die Besitzverhältnisse und Mildenfurth wurde Kammergut.[14] Die Umnutzungen und baulichen Änderungen am Südflügel der Klausur fallen in diese Umbruchzeit, wobei die Formen eher auf Umbauten des 17. Jahrhunderts, möglicherweise sogar erst des 18. Jahrhunderts weisen.

Erneut wurden die Niveaus und horizontalen Teilungen im südlichen Klausurflügel verändert. Im westlichen Teil, dem bis zur Säkularisierung mutmaßlich als Refektorium genutzten Raums wurde eine weitere Ebene eingezogen (Abb. 12). Zu diesem Zweck wurde die Decke zwischen dem spätgotischen Refektorium und dem darüberliegenden Obergeschossraum herausgerissen und nach oben versetzt. Diese neue Ebene führte das Obergeschossniveau des östlichen Obergeschosses (über dem mutmaßlichen ehemaligen Kapitelsaal) fort, so dass frühestens jetzt die massive Trennwand zwischen den beiden Obergeschossen herausgebrochen worden sein kann. Eine weitere Deckenebene wurde etwa 2,50 m unterhalb der versetzten Obergeschossdecke eingezogen. Die untere neue Deckenebene verschnitt dabei die Oberlichter der großen Vorhangbogenfenster in der Südwand, die daher zugesetzt wurden.

Abb. 12 Mildenfurth, Prämonstratenserstift, nachmittelalterliche Veränderungen: Wölbung des Kellers, Teilung der Obergeschosse in zwei Ebenen, 2008

Das neue Zwischengeschoss erhielt zur Belichtung drei neue Fenster in der Südwand. Diese recht kleinen, hochrechteckigen Öffnungen wurden mit Backsteinen in das Bruchsteinmauerwerk der Südwand gesetzt. Von einem Zugang in das Zwischengeschoss sind keine Reste erhalten.

Auch im östlichen Bereich des Klausursüdflügels wurde eine zusätzliche Ebene eingezogen. Hier waren seit spätgotischer Zeit ohnehin bereits drei Ebenen vorhanden – Keller, Kapitelsaal, Obergeschoss. Der Kapitelsaal wurde etwa in halber Höhe durch den Einzug einer neuen Decke genau auf der Kämpferhöhe der Vorhangbogenfenster geteilt. Die Belichtung des unteren Bereichs, des ehemaligen Kapitelsaals, erfolgte durch die unteren Fensterfelder, die des neuen Zwischengeschosses durch die Oberlichter der Vorhangbogenfenster. Diese lagen dabei unter Kniehöhe, so dass das zudem sehr niedrige Zwischengeschoss kaum für etwas anderes als zu Lagerungszwecken oder als nachgeordnete Kammern genutzt worden sein kann. Der Zugang zum Zwischengeschoss erfolgte wohl durch eine Öffnung[15] in der Nordwand des Raums, die auf den Bereich oberhalb der Kammern über dem Kreuzgang führte.

Der untere Teil des ehemaligen Kapitelsaals wurde wohl ebenfalls in dieser Phase mit mehreren steinernen Kappen überwölbt, die zueinander mit großen Segmentbögen geöffnet waren.

Der Kellerraum erhielt in dieser Phase einen neuen Zugang vom Kreuzgang aus. Unterhalb des Stabwerkportals in den ehemaligen Kapitelsaal, das weiterhin als Zugang diente, wurde ein rundbogiges, niedriges Portal eingebrochen. Über mehrere Stufen erreichte man den Kellerboden. Der Kellerraum selbst wurde mit einer steinernen Tonne überwölbt und durch eine Querwand geteilt.

Offenbar wurden in dieser Bauphase größere Teile der klösterlichen Anlage abgebrochen. Baumaterial, das bei dem Abbruch anfiel, wurde u. a. in einem neuen Zugang in das Obergeschoss des Klausursüdflügels verwendet. Anstelle der spätgotischen, wohl hölzernen Außentreppe wurde ein massiver, verdrückt sechseckiger Treppenturm errichtet (Abb. 13). Er nutzt die untere, bereits in der Spätgotik durch eine Kreuzgangarkade gebrochene

Abb. 13 Mildenfurth, Prämonstratenserstift, Treppenturm. Sommer 2008

Öffnung weiter, wenn auch etwa um die Hälfte verschmälert. Im Obergeschoss wurde in der gleichen Achse eine neue Türöffnung eingebrochen und die zuvor als Zugang genutzte Öffnung bis auf eine Fensteröffnung zugesetzt. In einer der oberen Stufen des Treppenturms sind sorgfältig Initialen (die des Baumeisters?) eingeritzt.

Spätere Veränderungen des 19.–20. Jahrhunderts

Spätere Anpassungen änderten nur wenig an den Raumstrukturen. Im ehemaligen Refektorium, also dem westlichen Teil des Südflügels, wurde das Zwischengeschoss herausgebrochen. Stattdessen wurde wohl für die Nutzung als Brauerei eine neue Zwischendecke mit Eisenstützen und -profilen eingezogen, die nur wenig unter der älteren Zwischendecke lag.

Verschiedentlich wurden neue Öffnungen eingebrochen (u. a. Westwand Kreuzgang, Ostwand Kreuzgang) und wieder zugesetzt, die jedoch ebenso wie zahllose kleinere Reparaturen kaum noch nachvollziehbar oder zeitlich exakt einzuordnen wären. Zum Zeitpunkt der Untersuchung im Spätsommer 2008 waren sämtliche Zwischenwände in den Obergeschossräumen entfernt, die vielleicht noch einen Hinweis auf frühere Raumteilungen hätten geben können.

---

1   Eichhorn 2002, S. 52.
2   Literatur weitgehend bei Eichhorn a. a. O.; zuletzt Werner 2008.
3   Forschungsprojekt „Romanische Klausuranlagen in Thüringen"; Mildenfurth: Barbara Perlich, Birte Rogacki.
4   Für die Funktion des Refektoriums gibt es keinerlei bauliche Hinweise. Wegen der in zahlreichen Vergleichsbeispielen für diese Lage in der Klausur nachgewiesenen Funktion des Speisesaals wird auch für Mildenfurth an dieser Stelle das Refektorium angenommen. Im weiteren Text wird der Raum daher der Einfachheit halber als Refektorium bezeichnet.
5   Nach Auskunft eines Anwohners sollten in den Ostflügel mehrere Wohnungen eingebaut werden. Infolge der Umbaumaßnahmen stürzte das Gebäude ein und wurde später völlig abgeräumt.
6   Laut Eichhorn soll es auch im Norden, anschließend an den Kirchenbau, einen Kreuzgangflügel gegeben haben. Eichhorn 2002, S. 58, S. 122.
7   Ein ähnliches, kleineres Portal bildet den Durchgang durch die Klostermauer (?). Abgebildet bei Eichhorn 2002, S. 63.
8   Zur Möglichkeit eines romanischen Kreuzgangost- und -westflügels siehe oben.
9   Solche Steinofen-Luftheizungen sind u. a. nachgewiesen für Kloster Kappel (Sennhauser 1990), Augustinerkloster Erfurt (Palmowski 1986), im Rathaus Stadtilm (Dreißig 2003). Diese seit der Romanik verwendete Heiztechnik fand z. T. bis ins 15. Jahrhundert Anwendung (Hoffmann/Geupel 1994).
10 Die dem TLDA vorliegende dendrochronologische Untersuchung ist nur als mangelhaft zu bezeichnen. Die Entnahmestellen der Proben lassen sich nicht nachvollziehen, zudem wurden die Ergebnisse der allein im Refektorium genommenen 43

Proben nicht im Zusammenhang mit dem Bestand ausgewertet. Die dendrochronologisch ermittelten Daten können daher ausschließlich als Hinweis auf unbestimmte Baumaßnahmen in diesen Jahren gewertet werden. Die auf 1352 datierten Hölzer befinden sich lt. Bearbeiter im „Refektorium – Kreuzgangseite, Sparren", im „Refektorium – Kreuzgangseite, Sparren" sowie im „Refektorium, liegendes Kopfband/Strebe". Eine Liste der dendrochronologisch ermittelten Daten befindet sich im Archiv des Thüringischen Landesamtes für Denkmalpflege und Archäologie, Erfurt.

11 Dieser – wenn auch winzige – Fassungsbefund macht jedoch Hoffnung, dass eine restauratorische Untersuchung hier noch mehr Ergebnisse bringen könnte.

12 Möglicherweise handelt es sich um das Gebäude, das bereits in der ersten gotischen Phase vorhanden war und einen Zugang vom Refektorium aus erhielt (siehe oben).

13 Auch dieses westliche Portal liegt gegenüber dem heutigen Fußbodenniveau deutlich erhöht. Möglicherweise führte wenigstens in der Südhälfte der Flurzone eine Fußbodenerhöhung zu diesem hohen Niveau: Unter der wesentlich späteren Holzstiege in den (ebenfalls späteren) Dachraum hat sich in eben der Höhe der Portalschwellen eine massive, gemauerte Erhöhung erhalten, die nach dem ersten Augenschein mit einem feinen Gipsestrich überzogen ist.

14 Eichhorn 2002, S. 18.

15 Die Nordwand wurde unlängst mehrere Zentimeter stark verputzt, so dass der bauzeitliche Zusammenhang mit dem frühneuzeitlichen Umbau nicht zweifelsfrei nachzuweisen ist.

Abb. 1   Volkerode, Gesamtansicht des Schlossareals von Südwesten, 2008

Wolfgang Petzholdt

Die Kemenate in Volkerode – steinerner Zeitzeuge der ältesten Ortsgeschichte
Von der Kemenate zum befestigten mittelalterlichen Adelssitz

Fragt man Wanderer oder andere Ortsbesucher nach einem Schloß oder einer Kemenate in Volkerode (Landkreis Eichsfeld), so wird man wenig Erfreuliches erfahren. Schloss? Gibt es dort nicht! Kemenate? ... nicht gesehen. Aber die Gobart ist schön! Herrliche Aussichten über das umgebende Bergland!

Als ich das erste Mal mit Dr. Thomas Nitz Volkerode besuchte, erging es uns nicht anders. In der Ortsmitte haltend begaben wir uns auf den Weg, Schloss und Kemenate zu finden. In der Nähe der Kirche sollten sich beide Objekte befinden. An beschriebener Stelle fanden wir einen schlecht modernisierten Bauernhof, ein kleines verfallenes Fachwerkhäuschen, marode Stützmauern,

eine riesige Linde, viel Gestrüpp, eine mit einem desolaten Bauzaun abgesperrten Treppe sowie ein weiteres leer stehendes, unspektakuläres Fachwerkhaus, dessen Dach bereits einzustürzen drohte, aber kein Bauwerk, welches den Begriff Schloss oder Kemenate gerechtfertigt hätte.

Abb. 2   Volkerode, Blick vom Steinweg auf die Kemenate, Gesamtansicht von Westen, links das Backhaus, dahinter die Kemenate mit Schlitz- und Vorhangbogenfenster, 2008

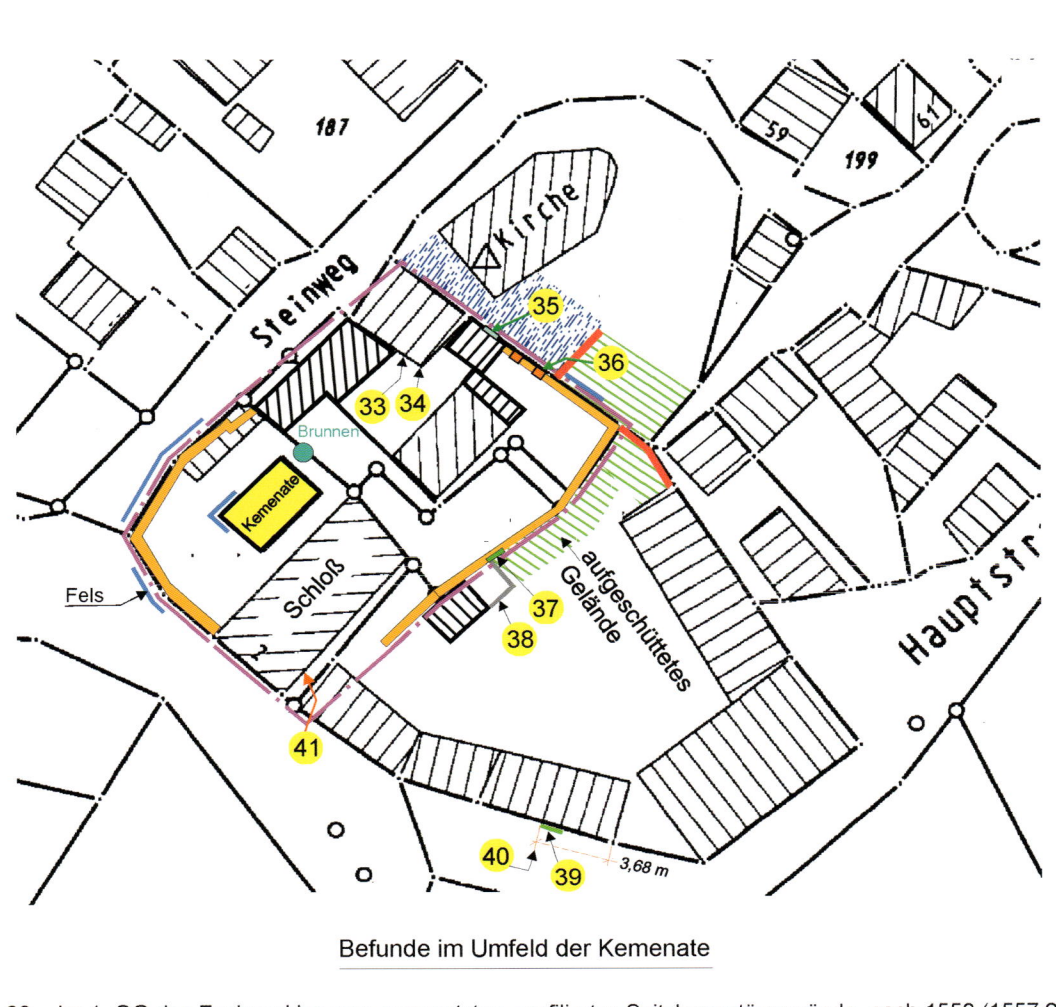

Die Kemenate in Volkerode – steinerner Zeitzeuge der ältesten Ortsgeschichte

Befunde im Umfeld der Kemenate

33 - Im 1. OG des Fachwerkhauses zugesetztes, profiliertes Spitzbogentürgewände, nach 1550 (1557 ?)

34 - Figürliche Plastik an der Ecke des Erdgeschoßes

35 - Relieftafel mit den Wappen derer von Hanstein und von Hardenberg / zwi. 1547 u. 1577 entstanden

36 - Versatzstücke eines Rundbogens mit gotischen Schriftzeichen

37 - Relieftafel, zum Teil vom aufgeschütteten Erdreich bedeckt, Sinngehalt in diesem Zustand nicht zu bestimmen, die obere Ornamentik könnte Hörner o. Rankenwerk (wie Wappentafel Bef. 35) darstellen

38 - Sekundäre, stumpf angesetzte Mauer

39 - In einen Sockelquader eingehauene Datierung, die flache abgesetzte Schrift ist zum Teil stark verwittert das Datum gut lesbar, Errichtet ? 1787

40 - Vertikale Baunaht im Sockelmauerwerk, grenzt direkt an den datierten Quader

41 - Datiierung im Fenstersturz 1557, Aussage von Herrn G. Gallinger (Volkerode)

— Umfassungsmauern, teilweise Stützmauern, bis zu 2m über dem Bodenniveau

– · – Größe des Adelssitzes im 16. Jahrhundert

Aufgeschüttetes, asphaltiertes Gelände

Aufgeschüttetes Wiesengelände

Terrassenmauer

Abb. 3   Volkerode, Übersicht der Befunde im Umfeld der Kemenate, 2008

Nach mehrmaligem Hin-und-her begegnete uns ein älterer Anwohner in Schlosserjacke.

Schloss?? Dort steht die Ruine! Er wies in Richtung Linde und Treppe und ging sofort weiter.

Wir ignorierten den Bauzaun und das Gestrüpp und standen vor einem exakt gefügten, turmartigen, bereits ruinösen Steinbau in Quaderbauweise.

An der ebenerdigen mit Bruchsteinen vermauerten, nordwestlichen Eingangspforte mit profiliertem Spitzbogengewände fanden wir die Datierung 15…7, die dritte Ziffer ist durch Verwitterung verloren gegangen. Der sekundäre Pforteneinbau ist an den sehr kleinteiligen Bruchsteinen mit denen der Bereich zwischen Quadermauerwerk und Spitzbogengewände ausgefüttert wurde erkennbar. An der Qualität des Quadermauerwerks und dem sekundären Einbau der vorhandenen datierten und undatierten Werksteingewände erkannten wir, dass dieses Bauwerk nicht wie bisher in schriftlichen Quellen erwähnt aus dem 16. Jahrhundert stammt, sondern sehr viel früher einzuordnen ist.

Diese erste Begegnung mit der „Kemenate" und der Umstand, dass das Objekt den Besitzer wechseln sollte, war der Auslöser für eine erste bauhistorische Untersuchung der Kemenate.

Das Schloss wurde nur soweit es die Bauphasen der Kemenate tangiert in die Untersuchung einbezogen.

Historische Objektbeschreibung von Walther Rassow

„Beschreibende Darstellung der ältesten Kunstdenkmäler des Kreises Heiligenstadt" S. 349 (1909)

„Im Dorfe finden sich die Reste eines Schlosses, die jetzt von mehreren Bauernfamilien umgebaut und bewohnt sind. Das frühere Herrenhaus war sorgfältig mit Eckquadern aufgeführt, die um gespitzte Flächen schraffierte Ränder aufweisen. Über einem Gardinenbogenfenster ist die Jahreszahl 1558 zu lesen, eine Spitzbogentür dabei ist jetzt vermauert."

Ein zierliches Schlitzfenster wird in Abb. 339 wiedergegeben.

Vom Turme sind zwei Obergeschosse jetzt abgetragen. In der heutigen Kirchhofsmauer ist noch ein verwittertes Doppelwappen zu sehen: links von Hardenberg(?) (nach oben gerichtete Gabel und zwei abnehmende Monde), rechts von Hanstein. An der Ecke eines Wirtschaftsgebäudes ist eine liegende menschenähnliche Figur, die einen runden Gegenstand in der Hand hält, in den Stein gehauen. Dies soll die Darstellung eines so genannten Wolfsmenschen sein.

Am Fachwerk des heutigen Gutshauses steht die Jahreszahl 1800.

Beschreibung des rezenten Bestandes

Schloss

Als Schloss wird das auf terrassiertem Hang zwischen Steinweg und Hauptstraße befindliche einstöckige Fachwerkhaus mit Satteldach bezeichnet. Das Kellergeschoss in Quaderbauweise wurde vermutlich im 16. Jahrhundert aus zweitverwendeten Quadersteinen errichtet. Die Südostfassade des Kellergeschosses liegt über dem Erdbodenniveau, der nordwestliche Kellerbereich ist in den Hang gebaut.

Die Räume des Kellergeschosses entstanden in unterschiedlichen Bauphasen. Ein kleines nicht vollständig erhaltenes Tonnengewölbe im nordwestlichen Bereich des Kellergeschosses ist ein Relikt eines vermutlich gleichzeitig mit der Kemenate errichteten Gebäudes. Es entstand im 12. oder Anfang des 13. Jahrhunderts.

Um 1800 wurde das Kellergeschoss stark verändert, der rezente Haupteingang an der Südostfassade eingebaut. Die Fachwerkkonstruktion weist konstruktive und gestalterische Merkmale des späten 17. Jahrhunderts auf. Das in jüngerer Zeit stark veränderte Fachwerkgefüge besteht aus Pferdefußstreben, Leiterfachwerk und gebogenen genasten, konvergierenden Brüstungsstreben. Die Geschosse des ehemaligen Zwerchhauses des Mansarddaches standen über (Abb. 4).

Im nur 10 km entfernten Eschwege, sind 17 Fachwerkhäuser mit diesen stilistisch-konstruktiven Attributen vorhanden. Sieben Häuser davon weisen inschriftliche Datierungen auf. Die Datierungen reichen von 1660 bis 1767. Auf Grund des ursprünglich zu der Fachwerkkonstruktion gehörigen hohen Mansarddaches kann die Bauzeit des rezenten Schlossgebäudes stilistisch der 1. Hälfte des 18. Jahrhunderts zugeordnet werden. Im unteren Schlosshof befinden sich mehrere Wirtschaftsgebäude. Das nordwestliche wurde um 1900 an das Schlossgebäude angeschlossen.

Abb. 4 Volkerode, Schloss Volkerode, historisches, undatiertes Foto von der östlichen Hofseite des Schlosses (nach 1850), Fachwerkaufsatz und Mansarddach entstanden Anfang des 18. Jahrhunderts

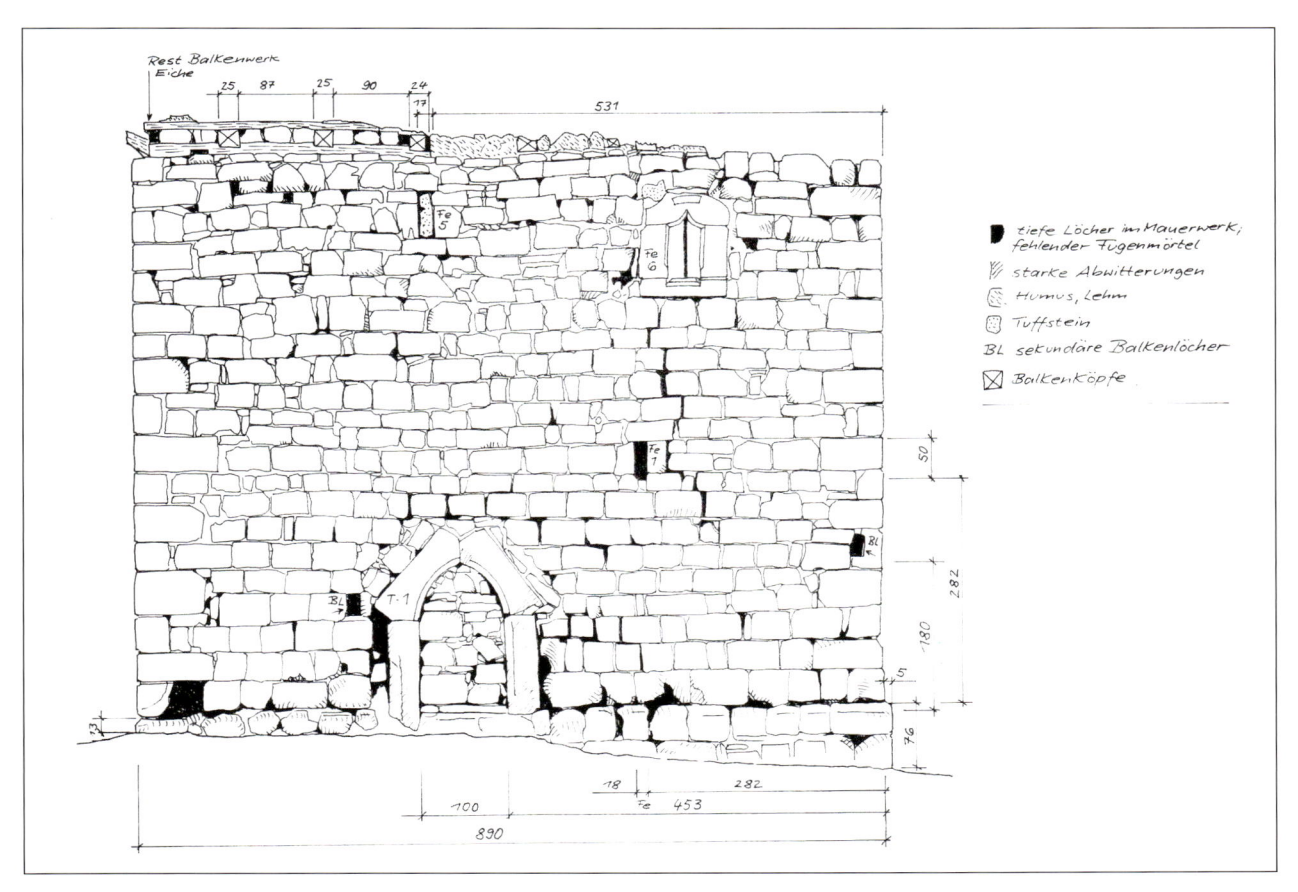

Die Kemenate in Volkerode – steinerner Zeitzeuge der ältesten Ortsgeschichte

Abb. 5 Volkerode, Kemenate, steingerechte Zeichnung der Nordwestfassade, 2008

Abb. 6 Volkerode, Kemenate, Gesamtansicht der Südwestfassade, 2008

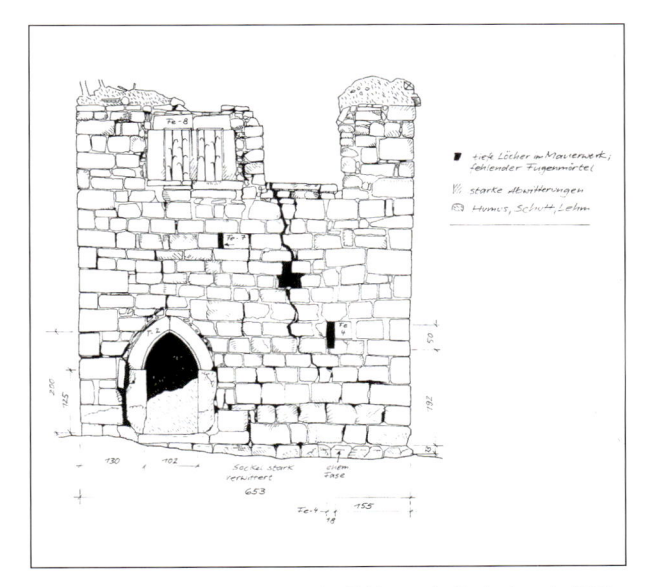

Abb. 7 Volkerode, Kemenate, steingerechte Zeichnung der Nordostfassade, 2008

Kemenate

Der bisher als Kemenate bezeichnete Baukörper befindet sich annähernd parallel (mit ca. 1,30 m Abstand) nördlich der nordwestlichen Traufseite des Schlosses auf einem kleinen Felsenhügel.

Der ruinöse, turmartige Baukörper besitzt einen rechteckigen Grundriss mit meterstarkem zweischaligem Mauerwerk. Der gefaste Sockelbereich steht ca. 5 cm über. Das Fassadenmauerwerk besteht aus fugengerecht gesetzten Werksteinquadern mit sehr sauber gearbeiteten Eckabbindungen (Lang- und Kurzwerk).

Im Erdgeschoss der Nordwestfassade befindet sich eine zugesetzte, datierte Spitzbogenpforte, im Obergeschoss ein datier-

Abb. 8 Volkerode, Kemenate, Gesamtansicht der Nordostfassade, 2008

tes Vorhangbogenfenster und ein mit Tuffsteinen zugesetztes primäres Schlitzfenster. Zwischen Erd- und Obergeschoss ist ein weiteres Schlitzfenster vorhanden.

Die Südwestfassade wird von der zugesetzten Rundbogenpforte des Obergeschosses geprägt. Das knapp unterhalb der Türschwelle beginnende, in der Mittelachse der Südwestfassade liegende Schlitzfenster gehört zum primären Bestand des Baukörpers.

Die Südostfassade enthält den sekundären stark gestörten Erdgeschosszugang ohne Türgewände, ein Schlitzfenster und im Obergeschoss eine sekundäre rechteckige Türöffnung mit Eichenholzzarge. An der Nordostfassade befinden sich im Erdgeschoss eine sekundäre Spitzbogenpforte und ein etwas größeres, sekundäres Schlitzfenster. Im bereits stark gestörten Obergeschoss ist ein Zwillingsfenster mit Werksteingewänden vorhanden. Das zweite Zwillingsfenster ist nur noch an den vertikalen Restwandscheiben erkennbar. Zwischen Erdgeschoss und Obergeschoss, unterhalb des noch intakten Zwillingsfensters, befindet sich ein kleines, zum primären Bestand gehörendes Schlitzfenster.

Das Dach fehlt, es wurde bei einem Unwetter in den 1980er Jahren stark geschädigt und stürzte in der Folgezeit ein.

Die bauhistorische Untersuchung der Kemenate

Die Sichtung der historischen Dokumente und Urkunden ergab für Kemenate und Schloss folgende Besitzerchronologie:

vor **1227** Besitzungen des Ritters **Heinrich von Berckenfeld**

1227 Ersterwähnung des Dorfes Volkerode, das Heiligenstädter Martinsstift erwarb 1227 Güter in Volkerode (in der Urkunde als Vockerot bezeichnet), die vorher der Ritter Heinrich von Berckenfeld besessen hatte. Das Dorf gehörte den Rittern von Volkerode, die Burgleute von Gleichenstein und Greifenstein waren.

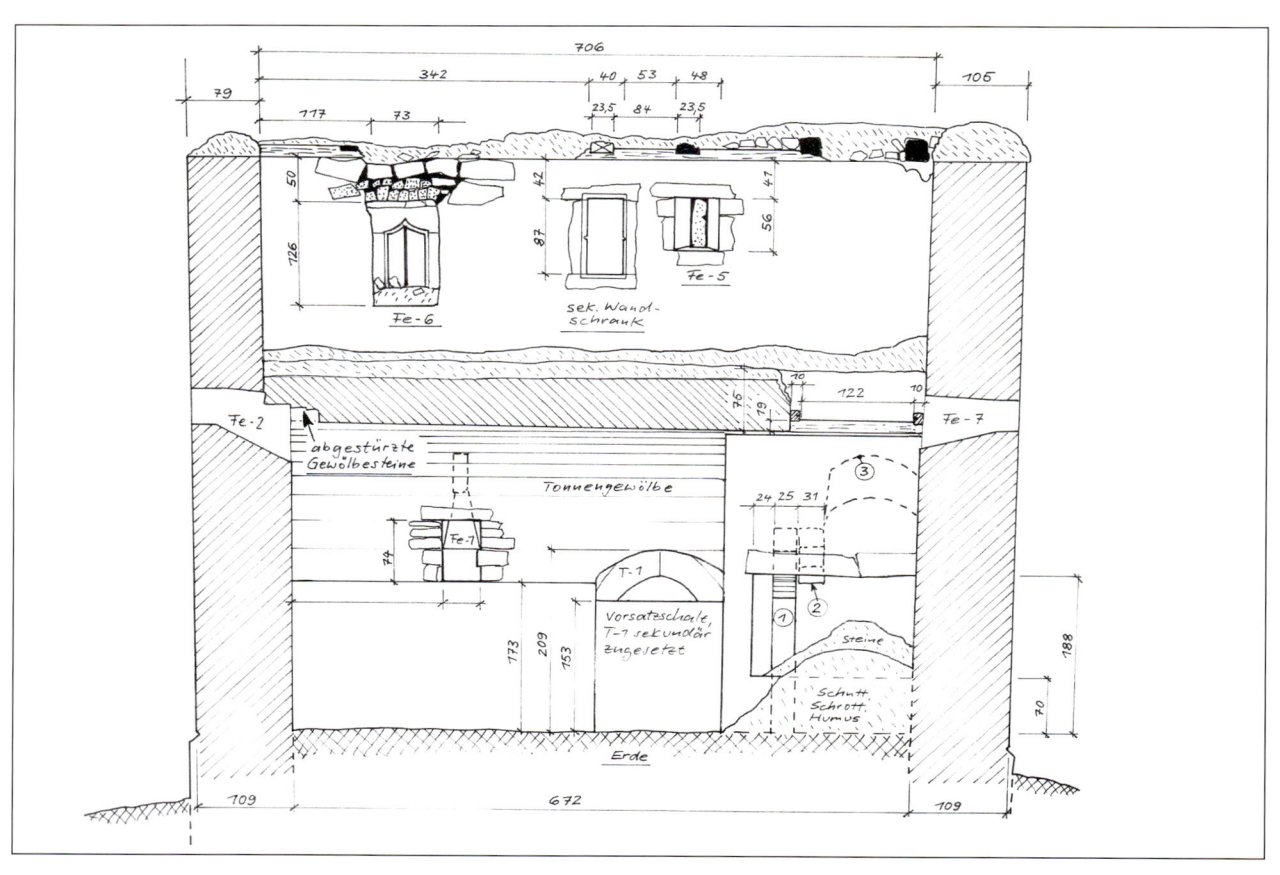

Abb. 9 Volkerode, Kemenate, Längsschnitt, Blick Richtung Nordwesten, 2008

Die Kemenate in Volkerode – steinerner Zeitzeuge der ältesten Ortsgeschichte

1256 Frühester Eintrag in den Registern der Kopiare.

1320 Ritter **Bertold von Volkolderode**

1326 kaufte der Erzbischof von Mainz durch einen in Heiligenstadt geschlossenen Vertrag Burg und Stadt Stein mit der Grafschaft und Zubehör. Seitdem waren die Ritter von Volkerode (sie waren Burgleute des Schlosses Stein) Lehensleute des Kurfürsten von Mainz.

1376 Hans, Bertold und Konrad von Volkerode, Tile von Volkerode.

1380 Kurt von Volkerode veräußerte ein Gut in Wolkramshausen, um sich aus Gefangenschaft zu lösen.

1461 Volkerode wird als adliges Gerichtsdorf erwähnt.

1547 Von 1547 bis 1577 besaßen der kaiserliche Kriegsrat und Obrist **Konrad von Hanstein** und seine Gattin Margarethe, geborene von Hardenberg, das Gut Volkerode (Doppelwappen an der Umfassungsmauer der Schlossanlage, an der Kirchgasse, Befund 35, Abb. 3).

1577 Nach dem Tod von Konrad von Hanstein, seines Sohnes und seines Bruders fiel das Lehen 1577 an Kurmainz zurück.

1587 wird **Philipp von Volkerode** erwähnt. Der protestantische Adlige leistete Widerstand gegen die katholischen Priester.

1631 Im 30-jährigen Krieg überfielen Schweden und Hessen das Eichsfeld. 1631 drangen vier hessische Kompanien in Volkerode ein und raubten Philipp von Volkerode sämtliches Vieh. Bis Mitte des 17. Jahrhunderts besaß **Hans von Volkerode**, Philipps Sohn, das Gut.

1661 Nach dem Aussterben der Volkeroder Linie belehnte der Kurfürst von Mainz die Familie **von Harstall** mit dem Besitz. Nach dem Aussterben derer von Harstall belehnte der Kurfürst von Mainz die **von Weihers** mit dem Gut.

19. Jh. Als auch von denen von Weihers der männliche Stamm verloschen war, erhielt um 1820 **Graf Keller** von der Krone Preußens als Entschädigung für die Forderungen, die er an den preußischen Staat hatte, die Güter und die Gerichtsbarkeit.

1824 kaufte **Peter Wehr** das Rittergut.

1876 verkaufte **Ferdinand Wehr** in Folge einer zu großen Schuldenlast das Gut an die Juden **Rünzheim und Hammerschlag**, die es zerteilten und das Land an die Landwirte des Dorfes verkauften.

Aus dieser Besitzerchronologie wurden Bezüge und Rückschlüsse zu den erforschten Bauphasen hergestellt.

Ergebnisse der bauhistorischen Untersuchung

Nach detaillierter Untersuchung der Bauzusammenhänge, Bewertung der Baunähte und Mauerwerksstrukturen, der Einordnung der unterschiedlichen Setzmörtel, Gesteinsarten, Putz- und Fassungsbefunde, der Werksteingewände sowie der bauhistorischen Befunde der engeren Umgebung der Kemenate konnte bewiesen werden, dass es sich hier um den ältesten Zeugen der Ortsgeschichte, den Rest eines mittelalterlichen, befestigten Adelssitzes handelt.

Der rezente, wehrhafte, turmartige Restbaukörper dieser Anlage war ursprünglich zwei Geschosse höher und wurde vermutlich als Wohnturm genutzt.

Von den Gebäuden, welche später an den Wohnturm angeschlossen wurden, sind Mauerreste und Balkenlöcher vorhanden. Von einem zeitgleich neben dem Wohnturm errichteten Gebäude hat ein Tonnengewölbe die Veränderungen der Jahrhunderte als Bestandteil des Schlosskellers überstanden.

Ring- oder Begrenzungsmauerreste mit einem vom aufgeschütteten Erdboden zum Teil verdeckten Wappenstein verweisen auf die geringe Größe der älteren Wehranlage.

Seit der verdienstvolle Königliche Baurat Walther Rassow 1909 die Kemenate dem 16. Jahrhundert zugeschrieben hatte, wurde diese Datierung ungeprüft von Generation zu Generation weitergegeben. Ungeachtet des sekundären Einbaus der datierten Gewände blieb diese Bewertung bis heute bestehen.

Zum besseren Verständnis der Bauzusammenhänge werden die baulichen Veränderungen, welche zeitgleich- oder innerhalb eines Bauabschnittes entstanden, als vorläufige Bauphasen bezeichnet. Vorläufig deshalb, weil alle Untersuchungsmethoden nur einen begrenzten Einblick in die Bauzusammenhänge ermöglichen. Notwendige Gefügeveränderungen im Rahmen von Sanierungsmaßnahmen bringen oft zusätzliche Informationen, welche die vorläufigen Befunde untermauern oder negieren.

Die Bauphase 1 (12. Jahrhundert)

Einordnung der Bauphase: Nach stilistischen Befunden und Bauzusammenhängen
Der romanische Baukörper besteht aus fugengerecht gesetzten, ursprünglich exakt behauenen, rezent zum Teil stark verwitterten Buntsandsteinquadern. Der turmartige, ursprünglich frei stehen-

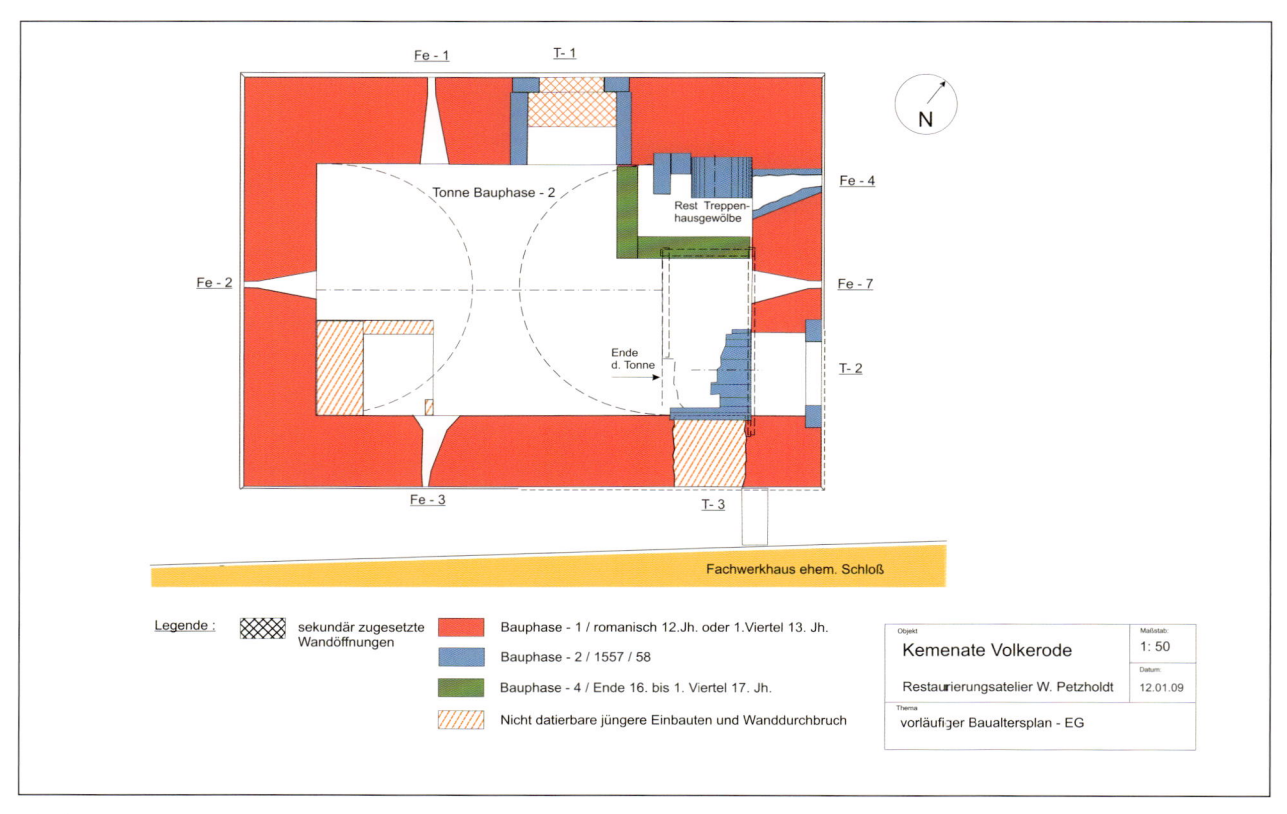

Die Kemenate in Volkerode – steinerner Zeitzeuge der ältesten Ortsgeschichte

Abb. 10 Volkerode, Kemenate, Bauphasenkartierung Erdgeschoss, 2009

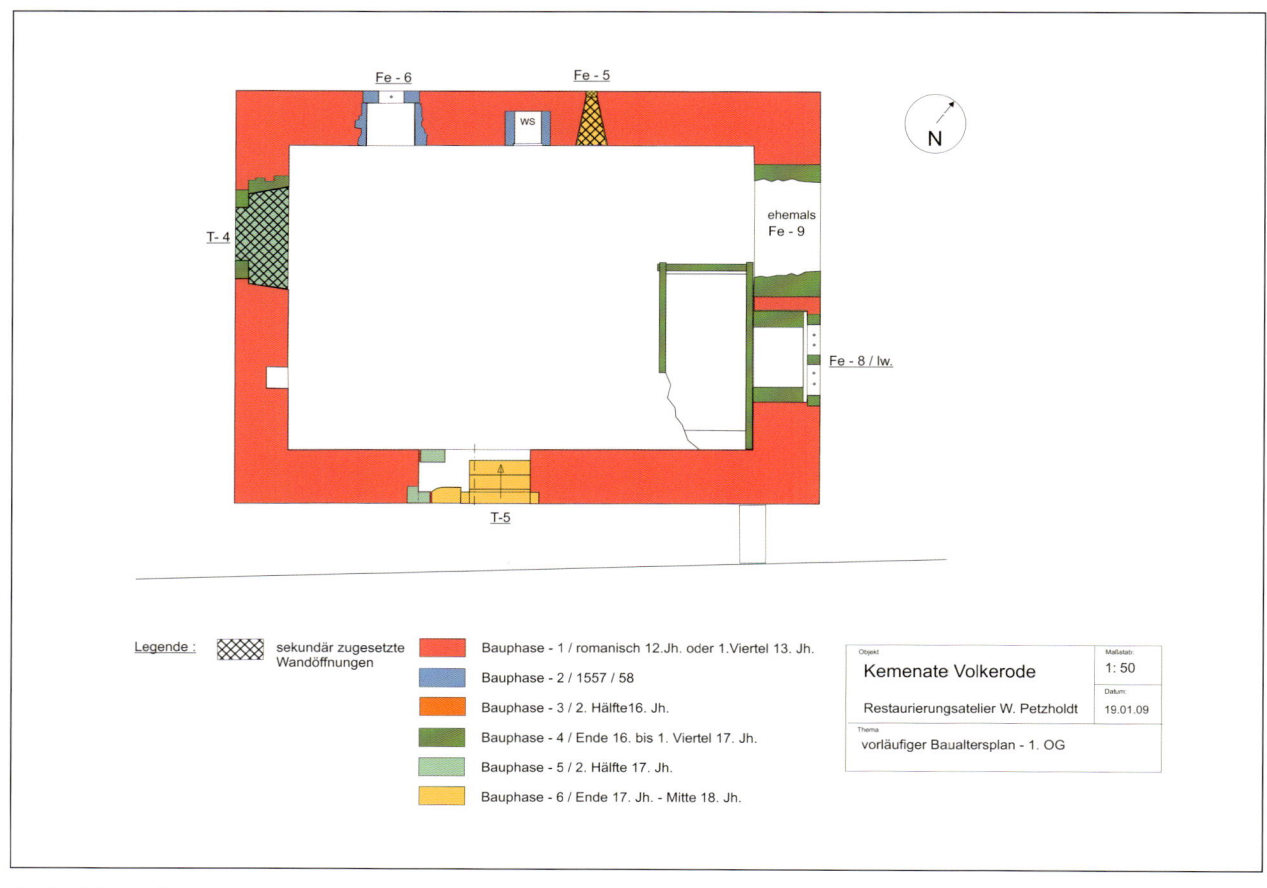

Abb. 11 Volkerode, Kemenate, Bauphasenkartierung Obergeschoss, 2009

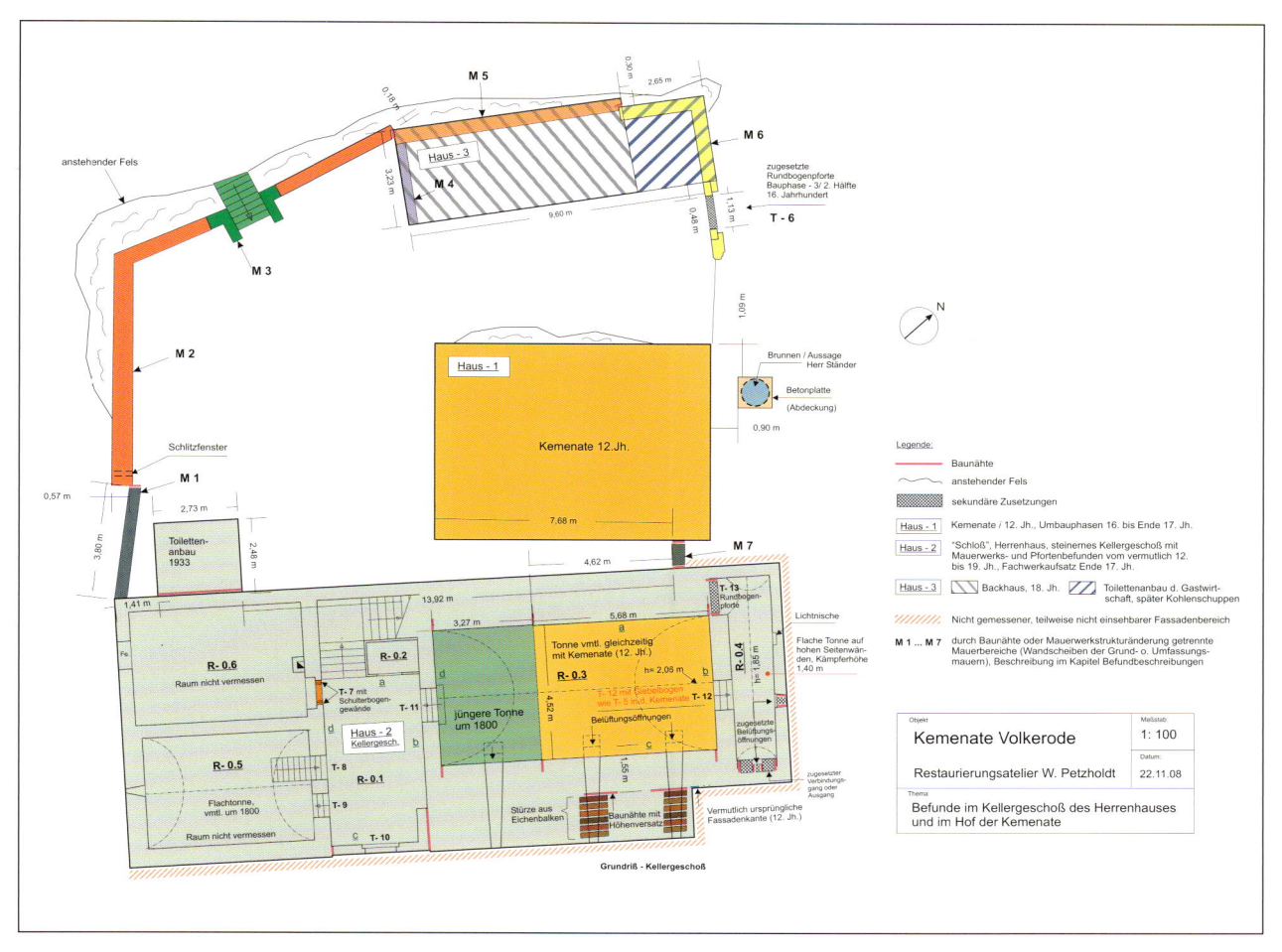

Die Kemenate in Volkerode – steinerner Zeitzeuge der ältesten Ortsgeschichte

Abb. 12 Volkerode, Kemenate, Schlossareal, Bauphasen und Befunde in der näheren Umgebung der Kemenate, 2008

de Baukörper auf angefastem Sockel besitzt einen rechteckigen Grundriss. Er wurde durch den Hocheinstieg Tür-5 (siehe Baualtersplan 1. Obergeschoss, Abb. 11) erschlossen und durch wenige schmale Schlitzfenster von vier Seiten belichtet und belüftet. Die Schlitzfenster (Fe-2; -7; -5, möglicherweise auch Fe-1 und -3) sind homogen in das Fassadenmauerwerk integriert. Das dickwandige Erdgeschoss mit Schlitzfenstern sowie der Hocheinstieg verweisen auf den wehrhaften Charakter der Anlage.

Die Decke des Obergeschosses lag höher als die bis in die 1980er Jahre erhaltene Holzbalkendecke. Die ursprünglich höhere Lage der Schwelle des Hocheinstieges (Befunde an T-5) und der besonders an Nordwestfassade und Südostfassade vorhandene unregelmäßige, plattige Abschluss der Mauerkrone, weisen auf eine Höhennivellierung eines ursprünglich nicht auf dieser Höhe endenden Mauerabschlusses hin.

Die Befunde 12 und 15 im Obergeschoss, die hohe Qualität des Quadermauerwerks der Fassaden, das Fehlen grob gespitzter Randbereiche an Eck- und Gewändequadern belegen, dass die Oberflächen der Wandscheiben steinsichtig waren.

Da bislang keine entstehungszeitlichen Urkunden oder Zeichnungen bezüglich der primären Nutzung und Gestaltung des Adelssitzes bekannt sind, kann hier nur auf Grund der gebauten Form angenommen werden, dass es sich um einen Wehrturm oder wehrhaften Wohnturm einer Wehranlage des in der Besitzerchronologie bereits erwähnten Ritters Heinrich von Berckenfeld handelt, welcher vor 1227 Besitzungen im jetzigen Volkerode besaß. Auf Grund des größeren rechteckigen Grundrisses des Turmes ist hier eher an einen Wohnturm zu denken. Die erhöht auf einen Felsenhügel gebaute Anlage lässt vermuten, dass es ursprünglich auch Wall und Graben gab. An mehreren Stellen sind ältere Ring- und Stützmauerreste vorhanden. Das umliegende Gelände ist aufgeschüttet und terrassiert (siehe Befunde im Umfeld der Kemenate, Abb. 3). Sogar ein Bachlauf, Königsborn, der zur Füllung eines Wassergrabens hätte dienen können, wird nur wenige Meter von der Südwestecke der Umfassungsmauer entfernt kanalisiert und fließt jetzt unter der Hauptstraße entlang der südlichen Grundstücksgrenze.

Urkundlich belegt ist der Verkauf der Volkeroder Besitzungen des Ritters Heinrich von Berckenfeld im Jahr 1227. Zu diesem Zeitpunkt muss das Bauwerk bereits bestanden haben. Das als Käufer genannte Martinsstift aus Heiligenstadt wird vermutlich keine wehrhafte Anlage benötigt haben.

Abb. 13 Volkerode, Kemenate, Gesamtansicht der später zugesetzten Spitzbogenpforte T-1, 2008

Das nördliche Tonnengewölbe des Schlosskellers, Haus 2, ist auf Grund stilistischer Befunde der gleichen Bauphase zuzuordnen wie der Wohnturm. Es verweist auf ein weiteres kleines Gebäude mit zumindest festem Kellergeschoss.

Vor der Nordostfassade des Wehrturms befindet sich eine Betonplatte, unter der sich nach Aussage des Hofbesitzers, Herrn Ständer, ein Brunnen befinden soll.

Geländestruktur und Lage des Turms lassen vermuten, dass es sich bei der Befestigung um eine kleine Wehranlage vom Motte-Typ gehandelt haben könnte.

Ein ähnlicher Turm wie in Volkerode befindet sich in Palterndorf in Niederösterreich. Der Turm wurde 2007–2008 restauriert, der Dachstuhl geringfügig erhöht und mit einer der jetzigen Nutzung dienlichen Aussichtsplattform versehen.

Der mächtige, im Zentrum Palterndorfs stehende Wehrturm war Teil einer ehemals mit Wall und Graben umgebenen Wehranlage. Seine Ursprünge reichen wohl ins 12. Jahrhundert zurück, ab Mitte des 13. Jahrhunderts gelangte er zu seiner heutigen Erscheinung. Er wurde im Liechtensteiner Urbar von 1414 erstmals urkundlich erwähnt („so ist daselb ein hof, do der turm inlegt") und gehörte zu dieser Zeit den Liechtensteinern.

Die Bauphase 2 (1557–1558)

Einordnung der Bauphase: Nach Datierungen in den Stürzen der Spitzbogentür T-1 und des Vorhangbogenfensters Fe-6 sowie nach Bauzusammenhängen

In dieser Bauphase wurden die Erdgeschosswände durchbrochen und die Spitzbogenpforten T-1 und T-2 eingebaut.

Die romanische Raumgestaltung wurde zurückgebaut, ein separates Treppenhaus mit gerader, einläufiger, steiler Steintreppe eingebaut. An die Trennwand des Treppenhauses wurde das rezent vorhandene Tonnengewölbe angefügt. Das erste Obergeschoss wurde seitdem nicht mehr vom schmalen dem Wetter ausgesetzten Hocheinstieg sondern vom Erdgeschoss aus erschlossen. Vermutlich wurde der Hocheinstieg (T-5) des Wohnturmes in dieser Bauphase zugesetzt. Der Eingang zum Treppenhaus erfolgte im Erdgeschoss durch eine schmale Spitzbogenpforte (Befund 1). Zur Belichtung des Treppenhauses wurde das Schlitzfenster Fe-4 eingebaut. Im ersten Obergeschoss wurde das im Sturz mit 1558 datierte Vorhangbogenfenster sowie der Wandschrank eingebaut.

Die Veränderungen in dieser Bauphase betrafen auch die Gestaltung der Innenräume. Die bis dahin steinsichtigen Innenraumwände wurden mit weißem berapptem Kalk-Kellenputz überzogen (Putzbefunde 12 und 16). Fassungsbefunde aus dieser Bauphase konnten auf den nur geringfügig vorhandenen Putzfragmenten nicht sondiert werden. Putzbefunde sind nur noch im Innenraumbereich des ersten Obergeschosses vorhanden, es ist aber anzunehmen, dass auch die Fassadenflächen, das Treppenhaus und der Erdgeschossraum zeitgemäß mit steinbegleitendem Flächenputz, welcher zur Betonung der architektonischen Form die Eckquaderungen und Werksteingewände frei ließ, überzogen wurden.

Auf Grund der in Bauphase 4 großflächig das Mauerwerk unterbrechenden Zwillingsfenster Fe-8 und -9 lässt sich über diesen Wandbereich keine Aussage zur früheren Gestaltung treffen. Es ist jedoch nicht auszuschließen, dass sich bereits in dieser Bauphase an der geschützten Hofseite Fenster, möglicherweise ebenfalls Vorhangbogenfenster befanden.

Die über dem ersten Obergeschoss liegenden Geschosse wurden vermutlich in dieser Bauphase abgetragen. Das Obergeschoss bekam die an den Balkenfragmenten noch erkennbare Holzbalkendecke mit Mittelunterzug. Die fragmentarisch erhaltenen Deckenbalkenreste stehen über die Mauerkrone über, sie könnten ein Fachwerkgeschoss oder einen Dachstuhl getragen haben. Zeitgemäß könnte der gekürzte Turm ein hohes, mehrgeschossiges Sattel- oder Walmdach besessen haben. Der First dieses Daches lag in Längsrichtung des Grundrisses (Nordost-Südwest-Ausrichtung). Diese Ausrichtung ist an der Laufrichtung der Deckenbalken (Bundbalken) erkennbar. Das letzte, bis in die 1980er Jahre noch vorhandene Satteldach aus dem 19. Jahrhundert war, die ältere Konstruktion ignorierend, in Nordwest-Südost-Ausrichtung aufgesetzt worden.

Die Bauphase 2 fällt in die Zeit, in der die Familie von Hanstein das Anwesen besaß. Konrad von Hanstein und seine Gemahlin Margarethe von Hardenberg (Doppelwappen Kirchgasse) werden von 1547 bis 1577 als Besitzer genannt (Chronologie). Die späten

Spitzbogenpforten und der massive Wandschrank im 1. Obergeschoss kommen in dieser Form auch auf ihrer Stammburg, Burg Hanstein, vor.

Um einen wohnlicheren, besser erreichbaren Wohnort zu schaffen, wurden ab dem 14. Jahrhundert die zur Verteidigung nicht mehr notwendigen Obergeschosse der Wohn- und Wehrtürme oft abgetragen. Das Steinmaterial wurde bei anderen, für den Besitzer wichtigeren Objekten zweitverwendet oder verkauft.

Heinrich Klotz schreibt dazu in „Geschichte der deutschen Kunst", München 1998, Artikel „Das 12. Jahrhundert": „Ende des 14. und zu Beginn des 15. Jahrhunderts sind die oberen Geschosse der Turmhäuser meist abgetragen worden und die Türme dadurch aus dem Stadtbild weitgehend verschwunden. Als Wohnort des Bürgers behauptete sich das zivilere Giebelhaus."

Auch hier wurde, wenn auch fast hundert Jahre später, aus dem Turm- oder Turmhaus ein kleineres festes Giebelhaus, eine Kemenate.

Die größeren Umgestaltungen und der Hofausbau betrafen in dieser Bauphase auch das Haus 2 und die Zehntscheune Befund 33 und 34.

Abb. 14   Volkerode, Kemenate, Detailansicht der Spitzbogentür T-2, 2008

Abb. 15   Volkerode, Kemenate, Erdgeschoss, Gesamtansicht des rezenten Erdgeschossraumes, Blick Richtung Nordost, 2008

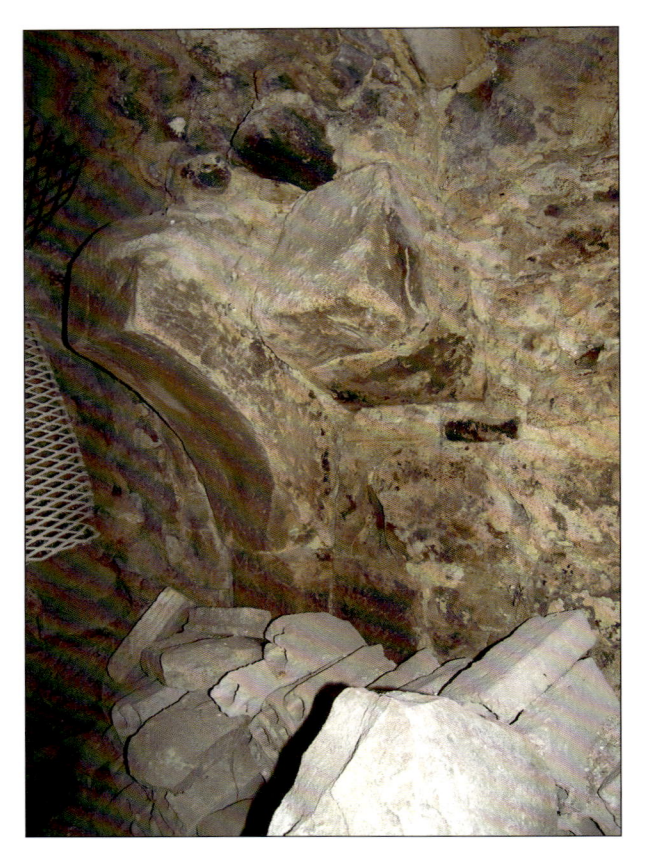

Die Kemenate in Volkerode – steinerner Zeitzeuge der ältesten Ortsgeschichte

Abb. 16 Volkerode, Kemenate, Erdgeschoss, Detailansicht des Spitzbogengewändefragments Befund 1 der Treppenhaus-Pforte, Bauphase 2, 1557–58, 2008

Abb. 17 Volkerode, Kemenate, Detailansicht des Treppenhausgewölbefragments, Bauphase 2, 1557–58, 2008

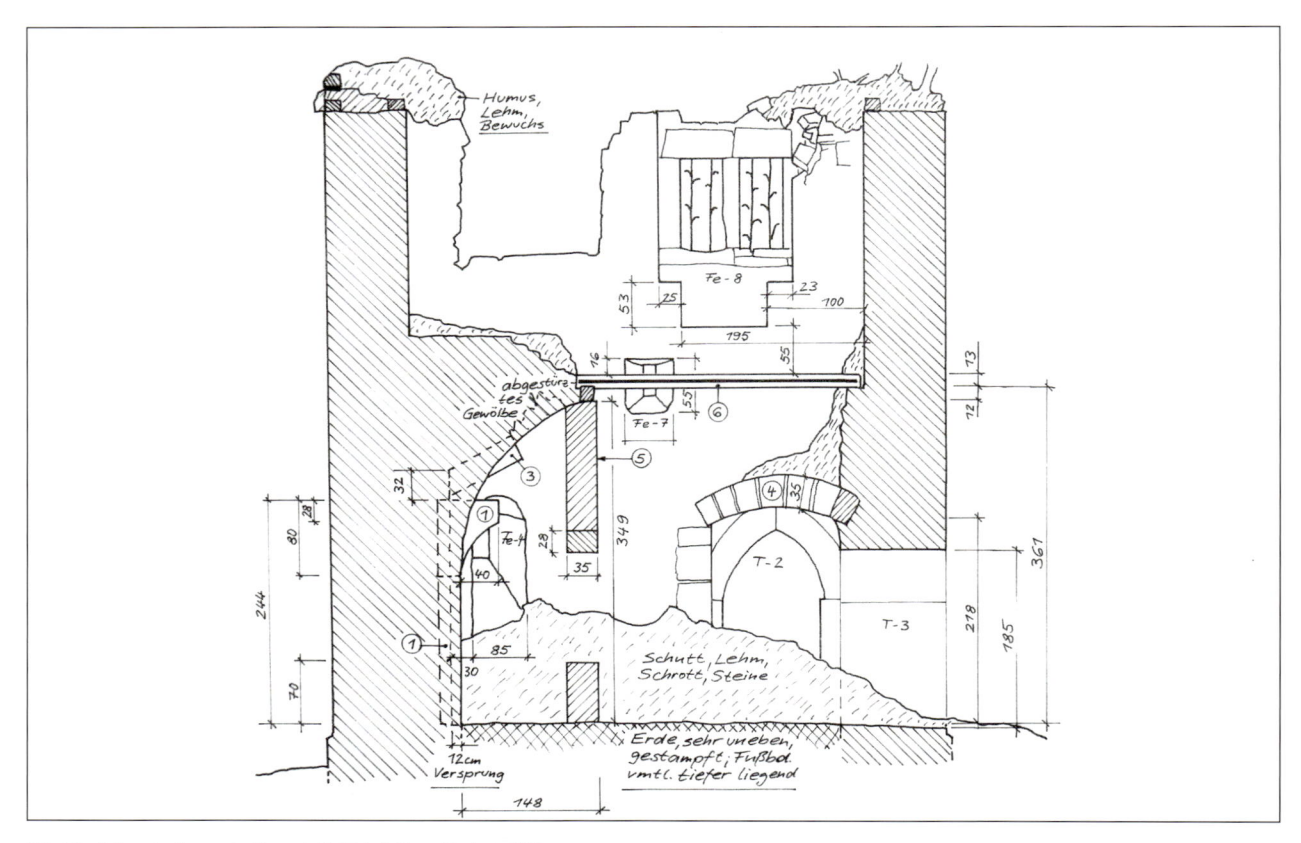

Abb. 18 Volkerode, Kemenate, Querschnitt, Blick Richtung Nordost, 2008

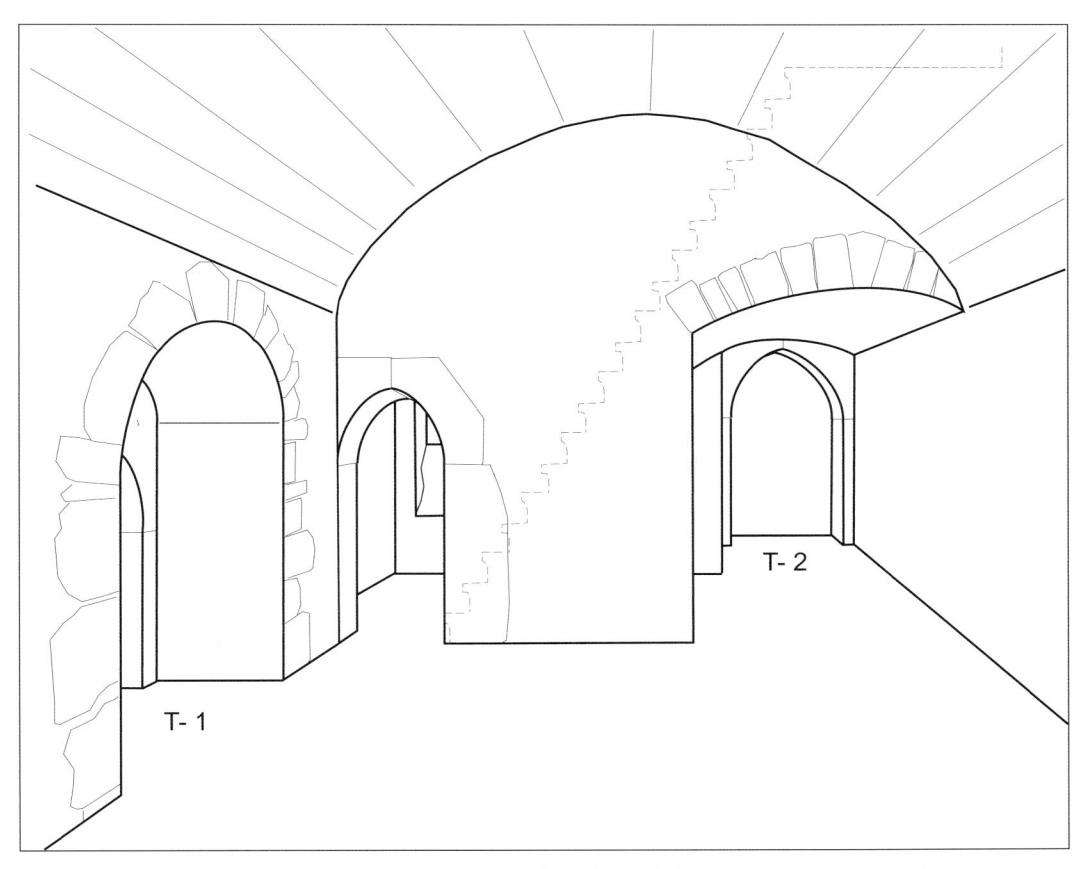

Die Kemenate in Volkerode – steinerner Zeitzeuge der ältesten Ortsgeschichte

Rekonstruktion der Raumgestaltung des nordöstlichen Erdgeschoßes nach Befunden. Bauphase - 2, 1557/58.

Die Spitzbogenpforte zum Treppenhaus wurde schmaler als die Pforten T-1 und T-2 gehalten, lichte Weite 216 x 80 cm, um den Einbau der steilen, einläufigen Treppe zu ermöglichen.

Rekonstruktion des Treppenhauses zwischen EG und 1. OG, Bauphase - 2, 1557 / 58

Blick von der Treppe zum EG Erschließungsbereich.

Objekt	Maßstab:
Kemenate Volkerode	
Restaurierungsatelier W. Petzholdt	Datum: 10.01.09
Thema	
Rekonstruktionszeichnungen nach Befund	

Abb. 19 Volkerode, Kemenate, Rekonstruktion des Erdgeschossraumes und des Treppenhauses, 2009

Die Kemenate in Volkerode – steinerner Zeitzeuge der ältesten Ortsgeschichte

Putzaufbau 1. OG, Befund Nr. 12

Die Putzschalenabfolge im sekundär zugesetzten Fenster beweist, dass der rezente Gebäuderest ursprünglich (12. / Anfang 13. Jh.) nur durch Schlitzfenster belichtet wurde.

Lage Befund Nr. 12 / Wand -a 1. OG

Ursprüngliche Fensterform

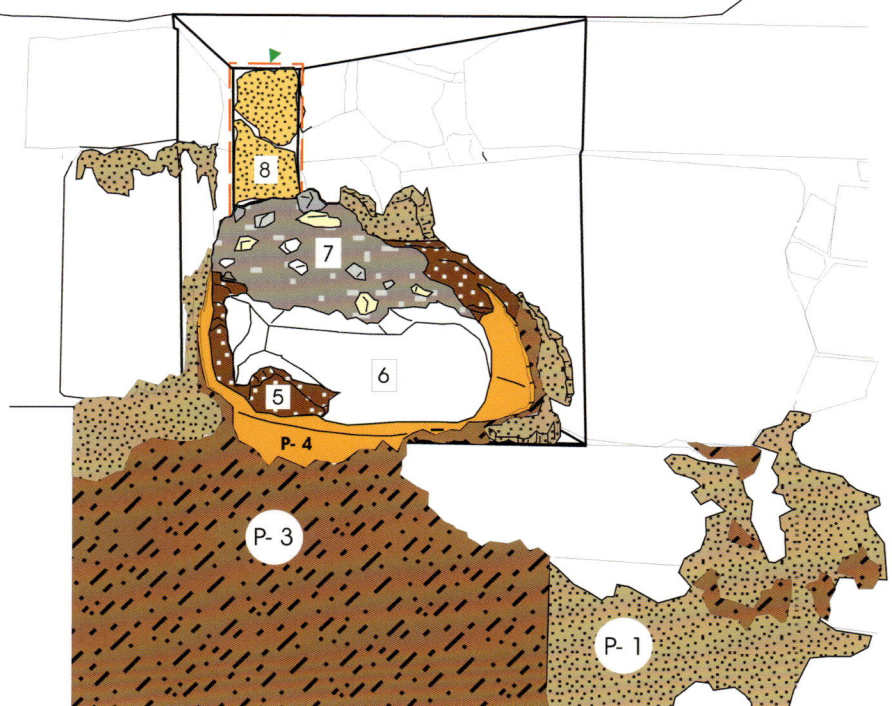

P- 1 erster Putz auf dem Quadermauerwerk / Primärputz, weißer Sumpfkalkmörtel mit Kalkspatzen, Kellenwurfputz berappt; Bauphase - 2, 1557 / 58

P- 3 Lehmputz mit geringem Häcksel- und Strohanteil, Ausgleichsputz für P- 4; Bauphase - 5

P- 4 Kalkmörtelputz mit geglätteter Oberfläche, Sumpfkalkmörtel mit Kalkspatzen und feinem Häcksel, 3 ... 5 mm dick, Fassungsreste einer ockrigen Kalkfarbenfassung, P- 3 u. P- 4 gehören zur Bauphase- 5, vorl. Einordnung 2. Hälfte 17. Jh.

5 Setzmörtel der Fenstervermauerung, Lehm- Kalkmörtel mit Kalkspatzen
6 Bruchstein, Fenstervermauerung
7 Abbruch, Putzreste, Steinbruch, Lehm - Kalkmörtel
8 Tuffsteine, sekundäre Fenstervermauerung (Primärmauerwerk aus Sandstein)

Abb. 20 Volkerode, Kemenate, Obergeschoss, Darstellung der Putz- und Fassungsbefunde am primären Schlitzfenster Fe-5, 2008

Nach mündlicher Überlieferung von Günther Gallinger befindet sich am Fenstersturz des Herrenhauses, im Bereich der Scheune, die Datierung 1557 (Befund 41). Die Lage der Datierung und die Schulterbogenpforte T-7 im Keller des Herrenhauses (Haus 2) belegen die Vergrößerung des Herrenhauses in Bauphase 2. Das später als Scheune (nach Herrn Ständer Zehntscheune) genutzte Fachwerkhaus nördlich der Kemenate wurde, nach stilistischen und gefügekundlichen Merkmalen, ebenfalls in dieser Bauphase errichtet. Auf Grund der Bauplastik (Befund 34), der profilierten Spitzbogentür (Befund 33) und der aufwendigen Eckquadergestaltungen ist es wohl eher als ein repräsentatives, herrschaftliches Wohnhaus errichtet worden.

Die Befunde sprechen dafür, dass die von Hanstein begannen, die mittelalterliche Wehranlage zum Schloss auszubauen.

Die Bauphase 3 (zweite Hälfte 16. Jahrhundert)

Einordnung der Bauphase: Nach stilistischen Befunden an den Rundbogenpforten T-6 und T-13 und den Bauzusammenhängen

Im Hof der Kemenate befindet sich die Rundbogenpforte T-6, im Keller des Herrenhauses (Haus-2) die Rundbogenpforte T-13. Beide Pforten sind stilistisch der Renaissance zuzuordnen, sie entstanden nach den Spitzbogenpforten. Die Pfortengewände bestehen aus vier Werksteinen und weisen breite Fasen auf. Die Werksteine sind nur an den bogenförmigen Öffnungen exakt bearbeitet. Sie entstanden nicht gleichzeitig mit der Rundbogenpforte 4, welche eine schmalere Fase und allseitig bearbeitete Gewändesteine aufweist. Auch der Fasenauslauf ist hier anders gestaltet.

Die im Hof zwischen Kemenate und rezentem Backhaus befindliche Pforte 6 ist in Restmauerwerk aus Quadersteinen eingebettet. Hier stellt sich die Frage, ob es ein Gebäuderest mit Eingangspforte oder eine Hofmauer mit Durchgang war. An den Befunden im Herrenhauskeller T-13, Raum 0.4, Raum 0.3 Wand b und dem Durchgang mit Giebelbogen T-12 wird eine nördliche Gebäudeerweiterung erkennbar. Die baulichen Veränderungen betrafen auch die oberen Stockwerke des Herrenhauses. Vom Obergeschoss des Herrenhauses wurde zum 1. OG der Kemenate eine Verbindung geschaffen. Dazu wurde der primäre Hocheinstieg des Wohnturmes wieder geöffnet und mit einem Giebelbogen überwölbt (Befund 27). Auf Grund des bis an die Fassadenfläche durchlaufenden Mauerwerks des Giebelbogens war dort kein Platz für ein Pfortengewände und die Anbringung eines Türblattes. Es handelte sich dabei also um einen eingehausten Durchgang zum Herrenhaus.

Abb. 21 Volkerode, Kemenate, Blick in den Hof zwischen Backhaus und „Kemenate", links Backhaus, rechts Nordwestfassade der Kemenate, im Hintergrund Rundbogenpforte T-6, 2008

Die Bauphase 4 (Ende 16. Jahrhundert – erstes Viertel 17. Jahrhundert)

Einordnung der Bauphase: Nach stilistischen Befunden an den Rundbogenpforten T-4 und dem Zwillingsfenster Fe-8, Putzbefunden und Bauzusammenhängen

In dieser Bauphase wurde vor die Südwestfassade der Kemenate ein größeres Gebäude gesetzt oder ein bestehendes an die Kemenate angeschlossen. Von der Existenz dieses Gebäudes zeugen die Balkenauflagenbefunde an der Südwestfassade und am Eckmauerwerk der Südecke der Nordwestfassade sowie das zugesetzte Kellerfenster (Schlitzfenster) in der südwestlichen Grundstücksmauer M-2. Auf Grund der Befunde ist von einem Fachwerkhaus mit festem Kellergeschoss, möglicherweise auch festem Erdgeschoss, auszugehen. Die Rundbogenpforte T-4 im 1. OG der Kemenate wurde als Verbindungstür zu diesem Gebäude eingebaut. Sie besitzt ein schlankes allseitig bearbeitetes Gewände mit schmaler Faszierung. Der Fußboden des ersten Obergeschosses des Anbaues lag etwas unterhalb der Schwelle der Rundbogenpforte T-4. Vom Anbau aus führte der Erschließungsweg vermutlich über eine kleine zweistufige Holztreppe in das 1. OG der Kemenate.

Ebenfalls in dieser Bauphase wurden die Treppe zwischen EG und 1. OG zurückgebaut, der Fußboden an der Treppendurchführung geschlossen, die Zwillingsfenster mit Sitznischen T-8 und T-9 an der Nordostfassade der Kemenate eingebaut. Die schmale Faszierung der Fenstergewände, die geraden Stürze und die gleichen Erstputzbefunde in der Fensternische von Fe-8 (Befund 30) wie in der Türnische von T-4 bezeugen den zeitgleichen Einbau von Rundbogentür und Zwillingsfenstern.

Möglicherweise wurde der kaminartige Einbau im EG (Befund 5) zum Abfangen des über der ehemaligen Treppe befindlichen Gewölbes eingebaut, nachdem die tragende Trennwand des Treppenhauses beim Rückbau der Treppe entfernt wurde. Der auf der kaminartigen Konstruktion aufliegende Eichenholzrahmen mit Einschubnuten, Befund 6, diente der Schließung der Treppenöffnung nach Rückbau der Treppe.

Die Bauphase 4 fällt in die Zeit, als Philipp von Volkerode das Anwesen besaß. Die umfangreichen Baumaßnahmen dienten dem Ausbau seines Adelssitzes und zeugen von einer wohlhabenden Adelsfamilie. Theoretisch und stilistisch könnten die Baumaßnahmen dieser Bauphase nach dem 30-jährigen Krieg entstanden sein, da Rundbogenpforten und Sitznischen bis in

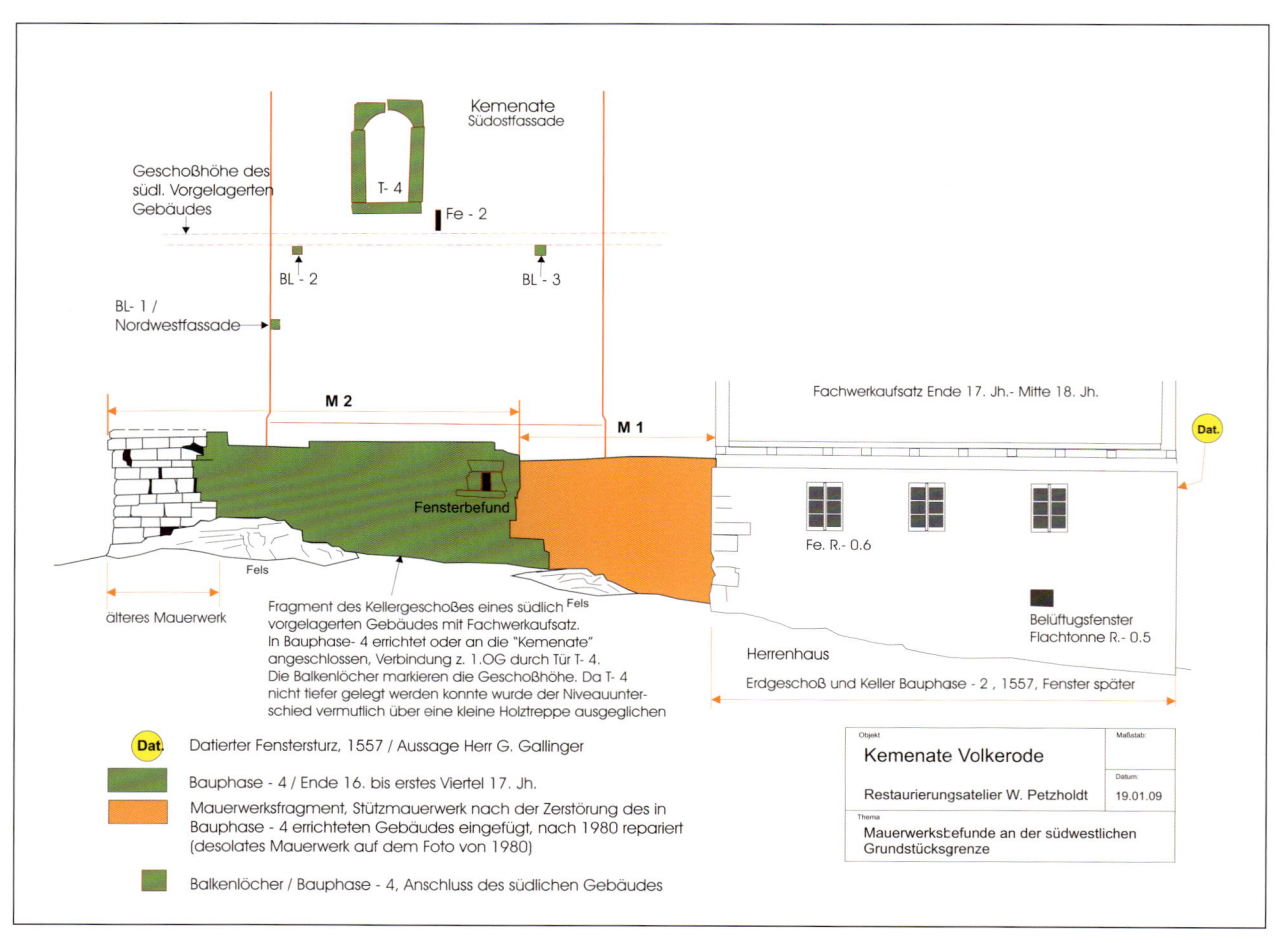

Abb. 22   Volkerode, Kemenate und Schloss, Befunde und Bauzusammenhänge Bauphase 4, Ende 16. bis 1. Viertel 17. Jahrhundert, 2009

das späte 17. Jahrhundert gebaut wurden. Auf Grund der auch in Volkerode zu spürenden Kriegsauswirkungen und Hungersnöte während des 30-jährigen Krieges wird diese Bauphase aber eher vor dem 30-jährigen Krieg anzusetzen sein.

1631 wurde Volkerode von vier hessischen Kompanien geplündert. Philipp von Volkerode wurde dabei sämtliches Vieh geraubt (siehe Besitzerchronik). Die relativ frühe Aufgabe der Rundbogentür T-4 in Bauphase 5 könnte ein Hinweis auf die Zerstörung oder Teilzerstörung des an der südlichen Peripherie des Anwesens vorgelagerten Baukörpers im 30-jährigen Krieg sein.

Allgemein bekannt ist, dass die Kriegshorden raubend und brandschatzend durch die Lande zogen.

Die Bauphase 5 (zweite Hälfte 17. Jahrhundert)

Einordnung der Bauphase: Nach Putzbefunden und Bauzusammenhängen

Nach Aufgabe oder Zerstörung des südwestlichen Anbaus wurde die Rundbogenpforte T-4 zugesetzt und der Durchgang an der Tür T-5 verkleinert. Das gesamte Obergeschoss wurde mit einem Ausgleichsputz, dem Lehmputz P-3, und dem dünnen Kalkmörtelputz P-4 überzogen. Auf dem geglätteten Kalkmörtelputz wurde die einzige nachweisbare, monochrome, ockrige Kalkfassung aufgetragen. Die sehr gewissenhaft aufgetragenen, große Unebenheiten vermeidenden Putze sowie die Wand- und möglicherweise auch Deckenfassung zeugen von der Wohnnutzung des Obergeschosses.

Das Obergeschoss war zu dieser Zeit nur durch die Tür T-5 erschließbar.

Für diese Bauphase ist nur die Wiederherstellung des Obergeschosses der Kemenate zu Wohnzwecken nachweisbar. Da großflächig unter dem Putz P-3 und P-4 sehr oft die besonders festen Vorgängerputze P-2 und P-1 fehlen, kann hier von einem Dachschaden, verursacht durch den 30-jährigen Krieg, und folgendem längerem Leerstand des Obergeschosses ausgegangen werden. Die Ausbauarbeiten erfolgten vermutlich, nachdem die Familie von Harstall mit dem Anwesen belehnt worden war. Ab 1661 saßen die von Harstall in Volkerode.

Die Bauphase 6 (Ende 17. bis Mitte 18. Jahrhundert)

Einordnung der Bauphase: Nach Putzbefunden und Bauzusammenhängen

In dieser Bauphase wurde die Kemenate nur geringfügig verändert, jedoch das Herrenhaus (Bauteil 2) komplex umgestaltet. Es erhielt einen einstöckigen Fachwerkaufsatz mit Mansarddach und Zwerchhausgiebel.

Bezüglich des auf die Geschosshöhe des neu errichteten Fachwerkaufsatzes des Mansarddaches des Herrenhauses ausgerichteten Türeinbaues im 1. Obergeschoss der Kemenate (T-5), kann die Bauphase 6 der Kemenate frühestens mit der Erstellung des Fachwerkaufsatzes des Herrenhauses datiert werden.

Markant ist für diese Bauphase, dass alle Reparaturen und Umbauten in der Kemenate mit Tuffsteinen ausgeführt wurden. In der Kemenate wurde im Obergeschoss das Schlitzfenster Fe-5 (Befund 12) mit Tuffsteinen verschlossen und überputzt. Das abgängige Gewölbe der Fensternische des Vorhangbogenfensters Fe-6 wurde mit Tuffsteinen (Befund 15) repariert, die Erschließungstür des Obergeschosses, T-5, wurde verkleinert und tiefer gelegt. Die Schwellenhöhe dieser Tür wurde der Geschosshöhe des Obergeschosses des neu erstellten Herrenhauses angeglichen.

Der Niveauunterschied zwischen Herrenhausgeschoss und Kemenatenfußboden im ersten Obergeschoss wurde mit drei, möglicherweise auch vier Blockstufen aus Eichenholz ausgeglichen. Drei Blockstufen sind noch vorhanden, aber das originale Fußbodenniveau ist nicht erkennbar, da es von aufgetürmtem Schutt verdeckt wird. Die neue Tür erhielt eine Eichenholzzarge (Befund 28), welche mit Tuffsteinen ausgefacht und an das Quadermauerwerk mit Tuffsteinen angeschlossen wurde. Bei allen Mauerwerksergänzungen dieser Bauphase wurde Lehm als Setzmörtel verwendet. Auf dem Tuffsteinmauerwerk im Bereich der Tür T-5 befindet sich stark häckselhaltiger Lehmputz, darauf befinden sich Reste eines weißen, stark verwitterten Kalkputzes. Vermutlich handelt es sich dabei um Fragmente des Oberflächenputzes dieser Bauphase.

Als Verbindung zwischen Kemenate und Herrenhaus ist eine eingehauste Verbindungsbrücke denkbar.

Das Fachwerkgefüge des Herrenhauses besteht aus Pferdefußstreben, Leiterfachwerk und gebogenen genasten, konvergierenden Brüstungsstreben. Es wurde bereits bei der Objektbeschreibung des Schlosses beschrieben und datiert. Auf Grund der Baugleichheit mit inschriftlich datierten Häusern im nur 10 km entfernten Eschwege ist anzunehmen, dass Mansarddach und Fachwerkaufsatz zwischen dem Ende des 17. Jahrhunderts und der Mitte des 18. Jahrhunderts entstanden.

Vermutlich wurde dieser Umbau noch unter der Ägide der Familie von Harstall ausgeführt. Da aber nicht bekannt ist, wann genau die Familie von Weihers mit dem Gut belehnt wurde, muss auch dieses Geschlecht in Betracht gezogen werden.

Die Kemenate in Volkerode – steinerner Zeitzeuge der ältesten Ortsgeschichte

Putzaufbau, Mauerwerksbefunde 1. OG, Befunde 24 bis 28 / Tür - 5

Lage der Befundstellen an T- 5, Wand - c 1. OG

- **Verkleinerung der Türöffnung,** auf Grund des unmittelbar aufliegenden P- 4 zur Bauphase - 5 gehörig
- **Mauerwerk Bauphase - 6,** letzter, tieferer liegender Erschließungsweg, vmtl. Ende 17. Jh.- Mitte 18. Jh. gleichzeitig mit dem Fachwerkaufsatz d. Herrenhauses
- **Tuffstein, Bauphase - 6**
- **Gewände Bauphase - 1, 12. Jh.**
- **Schwellenhöhe Bauphase - 1, 12. Jh.**

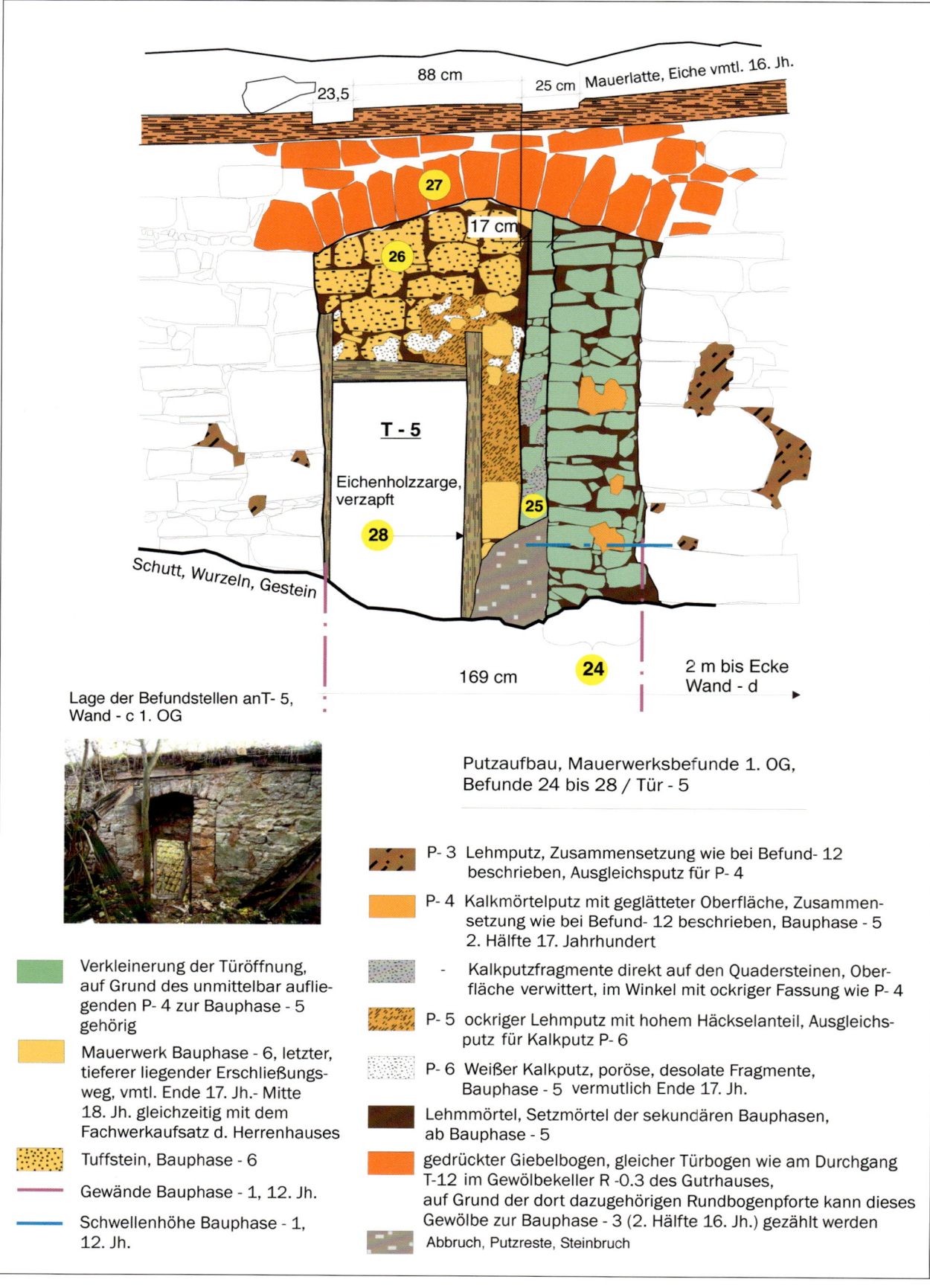

- **P- 3** Lehmputz, Zusammensetzung wie bei Befund- 12 beschrieben, Ausgleichsputz für P- 4
- **P- 4** Kalkmörtelputz mit geglätteter Oberfläche, Zusammensetzung wie bei Befund- 12 beschrieben, Bauphase - 5 2. Hälfte 17. Jahrhundert
- **-** Kalkputzfragmente direkt auf den Quadersteinen, Oberfläche verwittert, im Winkel mit ockriger Fassung wie P- 4
- **P- 5** ockriger Lehmputz mit hohem Häckselanteil, Ausgleichsputz für Kalkputz P- 6
- **P- 6** Weißer Kalkputz, poröse, desolate Fragmente, Bauphase - 5 vermutlich Ende 17. Jh.
- Lehmmörtel, Setzmörtel der sekundären Bauphasen, ab Bauphase - 5
- gedrückter Giebelbogen, gleicher Türbogen wie am Durchgang T-12 im Gewölbekeller R -0.3 des Gutshauses, auf Grund der dort dazugehörigen Rundbogenpforte kann dieses Gewölbe zur Bauphase - 3 (2. Hälfte 16. Jh.) gezählt werden
- Abbruch, Putzreste, Steinbruch

Abb. 23   Volkerode, Kemenate, Obergeschoss, zeichnerische Darstellung der Befunde im Bereich der Tür T-5, 2008

Letzte größere bauliche Veränderungen (vermutlich erste Hälfte des 19. Jahrhunderts)

Einordnung der Umbauten: Nach Dachwerkbefunden und Besitzerwechsel

Spätestens die letzten festen Besitzer, Peter Wehr und Ferdinand Wehr, sie besaßen das Rittergut von 1824 bis 1876, müssen die letzten größeren Veränderungen an Herrenhaus und Kemenate vorgenommen haben.

Vermutlich in der ersten Hälfte des 19. Jahrhunderts, zwischen 1824 und 1850 wurde das Dachgeschoss der Kemenate in die Querachse gedreht. Die Dachhaut bestand, wie am Herrenhaus und Backhaus noch heute sichtbar ist, aus handgestrichenen Kremperziegeln. Das schlichte Satteldach besaß keine Gauben, die Fachwerkgiebel lagen über den längeren Nordwest- und Südostfassaden und bestanden aus rein konstruktivem, dünnem Balkenwerk (siehe historisches Foto Abb. 24).

Auch der Rückbau des mächtigen Mansarddaches des Herrenhauses und die Errichtung des niedrigeren, schlichteren Satteldaches wurden vermutlich in dieser Zeit ausgeführt.

Der dabei wegfallende Zugang zur Kemenate wurde durch eine hölzerne, eingehauste Treppe, welche von der Südecke der Südostfassade der Kemenate in das Obergeschoss führte (T-5),

Abb. 24 Volkerode, Kemenate, undatiertes historisches Foto der Kemenate, Blick aus nördlicher Richtung, im Hintergrund das Mansarddach des Herrenhauses und ein nicht mehr vorhandenes kleines Nebengebäude. Der rezente, beschädigte EG-Zugang T-3 war mit Mauerwerk und Satteldach direkt an das Herrenhaus angeschlossen, nach 1850

ersetzt. Die Schwellensteine der Treppe und die Balkenlöcher sind noch vorhanden. Günther Gallinger kennt diesen Zugang noch aus seiner Jugendzeit, in der er die alte Dame, welche das Obergeschoss bewohnte und mit der er verwandt war, besuchte. Nach seiner Aussage besaß das Obergeschoss eine herrliche, ausgemalte Holzbalkendecke.

Seit einem Sturmschaden in den 1980er Jahren, bei dem das Dach zerstört wurde, ist die Kemenate ruinös.

Christian Misch

Fachwerk-Großbauten des 13. und 14. Jahrhunderts in Erfurt

Die Erfurter Altstadt ist im Wesentlichen durch Renaissance- und jüngere Fassaden geprägt. Bauhistorische Untersuchungen haben in den letzten Jahren aber gezeigt, dass zahlreiche Bauten in Teilen noch wesentlich älter sind. Die ältesten datieren bereits aus der Zeit um 1100, mehrere Steinbauten des 12. Jahrhunderts sind wenigstens teilweise erhalten, die Überlieferung von Fachwerkbauten setzt dann am Ende des 13. Jahrhunderts ein.

Bereits diese ältesten Fachwerkbauten gehören zu einem besonders großen und auffälligen Bautyp, der im Folgenden vorgestellt werden soll. Bei der Untersuchung dieser Bauten bildete das älteste datierte Objekt in der Regierungsstraße 3 aufgrund seiner – gemäß dem Alter und den Umständen – doch recht vollständigen Erhaltung den Schlüssel zum besseren Verständnis einer ganzen Reihe von Häusern, die nur noch fragmentarisch erhalten oder sogar nur durch Pläne und Fotos bekannt sind. Erst mit der genauen Kenntnis dieses „Prototyps" können jetzt mit größerer Sicherheit auch die anderen Gebäude als Vertreter dieser spezifischen Bautengruppe beschrieben werden.

Erschwert wurde die Analyse durch den schlechten Dokumentationsstand. Das gilt leider nicht nur für die bereits in der 1. Hälfte des 20. Jahrhunderts abgebrochenen, sondern eingeschränkt auch für die in den letzten 20 Jahren sanierten Gebäude. Zu Dank verpflichtet bin ich deshalb vor allem Volker Düsterdick, ehrenamtlicher Denkmalpfleger in Erfurt, ohne dessen Zeichnungen und Fotos die folgende Betrachtung nicht in diesem Umfang möglich gewesen wäre.

Regierungsstraße 3, Haus „Zum großen Schweinskopf"

Dieses Gebäude (Abb. 1) war von Volker Düsterdick schon lange als mittelalterlicher Ständerbau erkannt worden. Dass es aber das älteste Thüringer Fachwerkhaus ist, stellte sich erst anhand der dendrochronologischen Altersbestimmung im Rahmen der bauhistorischen Untersuchung[1] während der Baumaßnahmen im Jahre 2004 heraus. Die Hölzer dieses mehrfach umgebauten Ständerbaues wurden 1292–95 geschlagen. Der traufständige, ursprünglich zweigeschossige Bau von 19,75 m Länge, 9,70 m Tiefe und 8,70 m Höhe umfasst 10 Gebinde, also Ständerpaare, die durch Decken- und Dachbalken verbunden sind. (Abb. 2) Die Ständer treten innen deutlich vor die Wandebene vor, soweit sie nicht nachträglich abgearbeitet wurden. Eine Riegellage befindet sich in der Mitte des ca. 5 m hohen ursprünglichen Erdgeschosses, eine zweite trägt die zwischen den Ständern liegenden Deckenbalken des Obergeschosses. Die ohne Überstand durch die Ständer gezapften Deckenbalken werden durch doppelte Kopfbänder unterstützt. Erhalten sind nur die Kopfbänder, die innerhalb von (jüngeren) Wänden liegen, die anderen wurden wohl in der Barockzeit im Innenraum als störend empfunden und entfernt. (Abb. 3)

Abb. 1 Erfurt, Regierungsstraße 3, 1995

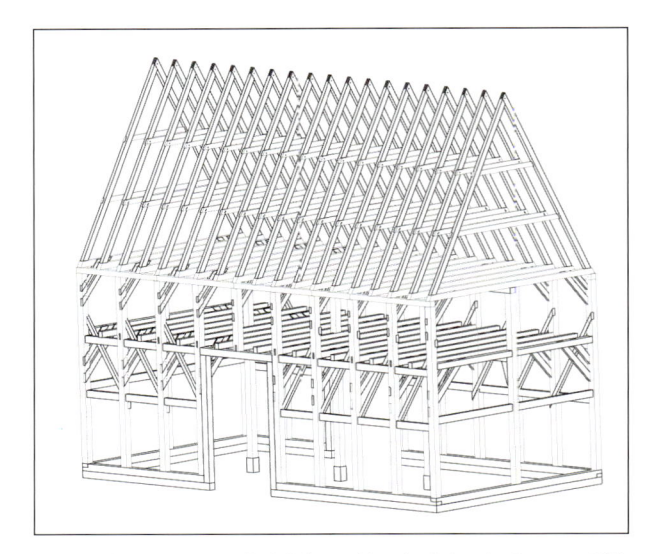

Abb. 2 Erfurt, Regierungsstraße 3, Rekonstruktion des Fachwerkgefüges von 1295, 2005

Abb. 3 Erfurt, Regierungsstraße 3, Kopfbänder im 1. OG, 2005

Abb. 4 Erfurt, Regierungsstraße 3, Untersicht eines Riegels, 2005

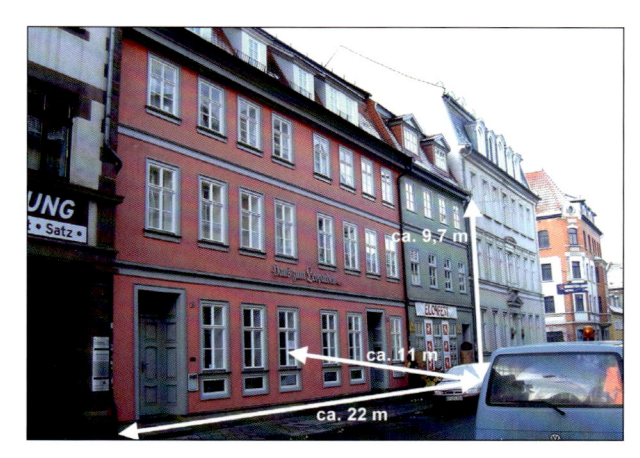

Abb. 5 Erfurt, Michaelisstraße 19–21, 2005

In der Mittellängsachse wurde jede Decke noch von einem Unterzug auf drei Stützen getragen. Als Längsversteifung dienten regelmäßig an der Innenseite der Außenwände angeordnete Schwertungen. Das Dachwerk besteht aus Sparren und zwei Kehlbalken. Die Riegel waren an ihrer Unterseite genutet, was darauf schließen lässt, dass die Gefache lediglich durch eine Verbretterung geschlossen waren. (Abb. 4) Das Gebäude wurde wohl ohne Keller erbaut, der heute vorhandene ist jünger als das Haus.

Frühestens im 16. Jahrhundert wurde die hohe Erdgeschosshalle in zwei Geschosse unterteilt, wie sie noch heute bestehen. Danach folgten weitere Veränderungen, wie gegen Ende des 19. Jahrhundert der Ausbau des Dachgeschosses.

Der Ursprungsbau von 1295 (d) besaß nach den Befunden keine inneren Wände und auch keine Hinweise auf eine Feuerstelle oder ähnliches, so dass es sich wohl um einen reinen Speicherbau handelte. Straßenseitig konnte ein Tor nachgewiesen werden, auf der Hofseite kann an der Stelle des jüngeren Treppenhauses ebenfalls ein Tor gewesen sein. Damit war das Erdgeschoss be- oder sogar durchfahrbar.

Michaelisstraße 19–21, Haus „Zum Leoparden"

Während der Sanierung der dreigeschossigen Wohnhäuser Michaelisstraße 19 und 20 um 1992 zeigte sich, dass hinter den Fassaden und unter den Mansarddächern des 18. Jahrhunderts (Abb. 5) die wesentlichen Konstruktionselemente eines Fachwerkbaues von 1301 (d) das Hausgerüst bilden. Für eine Erstreckung des mittelalterlichen Gebäudes bis auf die heutige Nr. 21 sprechen sowohl der schriftliche Beleg der Dreiteilung eines früheren Großgrundstückes[2] als auch die an der heutigen Hausgrenze nachträglich abgetrennten Unterzüge[3].

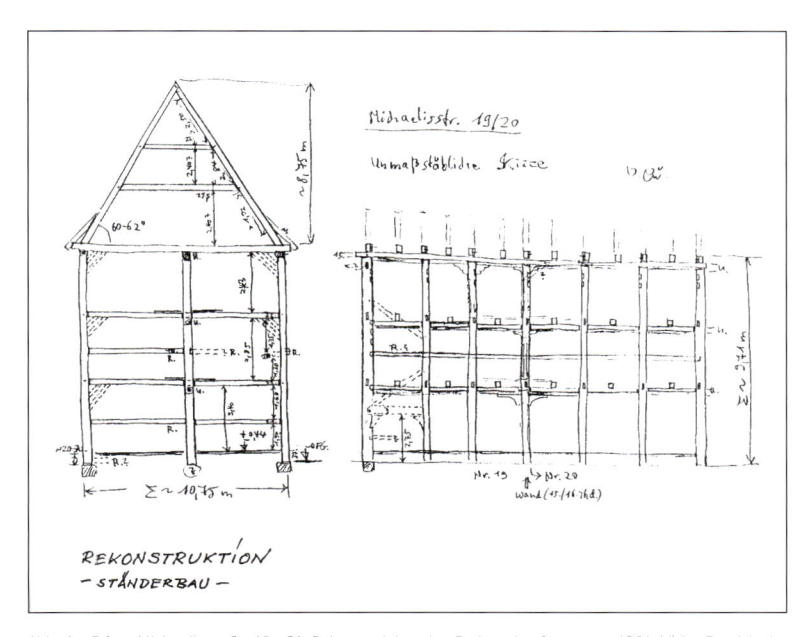

Abb. 6 Erfurt, Michaelisstraße 19–21, Rekonstruktion des Fachwerkgefüges von 1301 (d) im Bereich der Nr. 19 und 20, 1995

Abb. 7 Erfurt, Michaelisstraße 19–21, Ansicht mit letztem Wandständer von 1301 (d), 1994

Der traufständige dreigeschossige Bau besaß ursprünglich ausschließlich wandhohe Ständer. Die Deckenbalken waren abwechselnd in die Ständer gezapft und auf die Geschossriegel aufgelegt, am mittleren Geschoss befand sich nach dem Befund am letzten erhaltenen Wandständer ein außen aufgeblatteter Brüstungsriegel. (Abb. 6, 7) Die Deckenbalken liegen auf Mittelunterzügen, diese auf Stützen mit Sattelhölzern. Doppelte Kopfbänder zwischen Wandständern und Deckenbalken bildeten die Queraussteifung. Für eine Binnenteilung gab es keine Anhaltspunkte. Aus einzelnen im heutigen Dachwerk zweitverwendeten Hölzern von 1301 (d) konnte ein ursprüngliches Kehlbalkendach mit einer Neigung von ca. 60° rekonstruiert werden.

Der gewölbte Keller bezieht sich in seinem Grundriss nicht auf den Fachwerkbau, sondern reicht bis unter den Seitenflügel. Nach der Mauertechnik dürfte er älter als das Haus sein und gehört somit nicht zum Baugefüge von 1301 (d).

Der ursprüngliche Ständerbau ist in den ungefähren Ausmaßen von 22 m Länge, 11 m Tiefe und 9,7 m Traufhöhe zu rekonstruieren.

Johannesstraße 164, Haus „Zum Lilienfass"

Die bau- und stadtgeschichtlich hoch bedeutenden Bauten auf diesem Grundstück sind nur noch archivalisch fassbar. 1995 wurde hier nach Abbruch der immer noch vorhandenen mittelalterlichen Keller hinter der Fassade des Alhambra-Kinos aus den 1920er Jahren ein neues Geschäftshaus errichtet. Bereits für dieses Kino wurden allerdings die hier zu beschreibenden Gebäude abgebrochen. Fotografien vom Abbruch (Abb. 8, 9) lassen den Bauhistoriker aufmerken: Aus dem halb in Schutt versunkenen Erdgeschoss ragen an den ehemaligen Traufseiten zwei Reihen mehrere Geschosse hoher Holzbalken gen Himmel – eindeutig die Reste eines Ständerbaues. Ein weiteres Foto zeigt eine beträchtliche Menge von ca. 8–10 m langen Hölzern mit Sassen wohlgeordnet auf dem abgeräumten Bauplatz.

Die glücklicherweise vor und während des Abbruchs aufgenommenen Fotografien sowie die Pläne des „Königl. [preußischen – C.M.] Domainen Rentamtes" von 1876[4] geben uns genauere Informationen zur Bebauung vor 1920. An der Johannesstraße erstreckte sich ein voluminöses, dreigeschossiges traufständiges Gebäude. (Abb. 10) Am linken Drittelpunkt der Fassade war anhand der Fenster ein Versprung der Geschosshöhen ablesbar, der Bauteil rechts davon war ein traufständiger Fachwerkbau. Der links daran ansetzende Bauteil besaß ungefähr gleiche Dimensionen, war aber quer zur Straße in die Grundstückstiefe entlang der Gasse ausgerichtet.[5]

An diesen schloss sich wiederum nach hinten ein zweigeschossiger Steinbau an, eine der auch in Erfurt in der Regel im rückwärtigen Grundstücksbereich gelegenen hochmittelalterlichen so genannten Kemenaten.[6]

Auskunft über die Bauart der beiden straßenseitigen Fachwerkbauten geben uns neben den Abbruchbildern auch die Grundrisse von 1876. Beim ersten und zweiten Obergeschoss (Abb. 11) sind hier regelmäßig nach innen vortretende Wandvorlagen dargestellt. Diese müssen auffällig und von einer nicht zu vernachlässigenden Dimension gewesen sein, dass sie Eingang in die doch nur begrenzt genauen Pläne des 19. Jahrhunderts gefunden haben. Mit Kenntnis der Fotografien und anhand von Vergleichsbeispielen[7] können diese Wandvorlagen als Wandständer eines Ständerbaues identifiziert werden, die aufgrund ihrer beträchtlichen Durchmesser nach innen vortraten.

Aus den Archivalien können die wichtigsten Konstruktionsmerkmale erschlossen werden. Es handelte sich auch hier um einen reinen Ständerbau. Die Länge von 13 Gebinden ent-

Abb. 8 Erfurt, Johannesstraße 164, Hofansicht beim Abbruch um 1922

Abb. 9 Erfurt, Johannesstraße 164, Hofansicht beim Abbruch um 1922

spricht hier ca. 22 m. Die Deckenbalken waren in die Ständer gezapft, beide Hölzer durch Kopfbänder verbunden. Das Rähm hatte man auf die Ständer aufgezapft. An der Hofseite war während des Abbruchs noch ein gezapfter Riegel sichtbar, neben mehreren darauf hinweisenden Sassen auch noch eine der über mehrere Ständer laufenden Schwertungen, die von außen aufgeblattet waren (Abb. 8). Für die ursprüngliche Anzahl der Geschosse gibt es dagegen keine Belege mehr, Zapfenlöcher der Deckenbalken waren nur für das unter dem Dach liegende Geschoss auf den Fotografien sichtbar. Der Schnitt von 1892 zeigt drei Geschosse mit Höhen von ca. 2,80 m im EG, ca. 3,40 m im 1. OG und ca. 2,50 m im 2. OG. Gegenüber den Erdgeschosshöhen der Regierungsstraße 3 (zweigeschossig) mit ca. 5 m und der Michaelisstraße 19–21 (dreigeschossig) mit 3,40 m wäre das Erdgeschoss dieses Großbaues mit 2,80 m erstaunlich niedrig. Wahrscheinlich wurde hier wie in der Regierungsstraße 3 die EG-Halle nachträglich in zwei Geschosse geteilt. Damit wäre auch Johannesstraße 164 als ein ursprünglich zweigeschossiges Gebäude mit einem ca. 6,40 m hohen Erdgeschoss zu rekonstruieren. Diese stattliche Höhe der Halle erscheint bei ihrer Grundfläche von ca. 22 x 11 m durchaus als angemessen.

Abb. 10 Erfurt, Johannesstraße 164, Straßenansicht um 1920

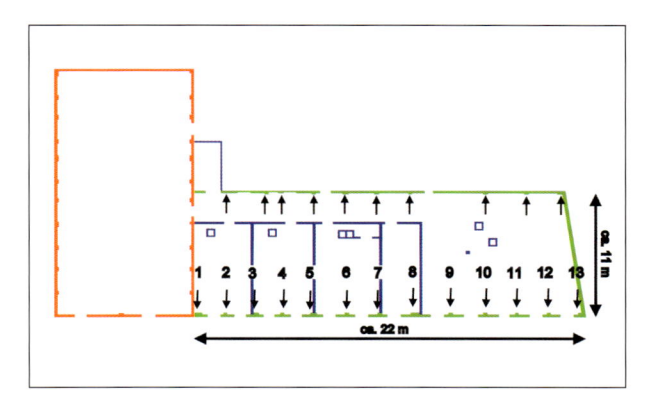

Abb. 11 Erfurt, Johannesstraße 164, Grundriss des 2. OG, Umzeichnung eines Planes von 1876 (Grafik: Fabian Misch, nach Original im ThStA Gotha)

Der Grundriss von 1892 mit den in das sonst leere 2. Obergeschoss vermutlich nachträglich eingestellten vier Zimmern deutet auf ursprünglich nicht unterteilte Geschosse. Das Dachwerk war aus Sparren und zwei aufgeblatteten Kehlbalken konstruiert. Zwei lediglich im Grundriss überlieferte und damit nicht mehr zu datierende Gewölbekeller liegen teils unter dem Haus, teils unter dem Hof und lassen keinen eindeutigen Bezug zum Gebäude erkennen.

Aufgrund der großen konstruktiven Übereinstimmungen dieses Baues mit jenem in der Regierungsstraße 3 ist es wahrscheinlich, dass der traufständige Ständerbau Johannesstraße 164 ebenfalls gegen Ende des 13. Jahrhunderts entstand.

Allerheiligenstraße 20, Haus „Zur Engelsburg"

Das Grundstück „Zur Engelsburg" mit einem der ältesten erhaltenen Profanbauten Erfurts (Steinbau von 1156 [d]) liegt im Kern der Altstadt. Sowohl baugeschichtlich als auch stadtgeschichtlich verdichten sich hier verschiedene Stränge zu einem eng gewebten Netz, weshalb es zu den historisch interessantesten Anwesen der Stadt gehört.[8]

Das Gebäude „Engelsburg-Nord" wurde 1952 abgebrochen. Glücklicherweise hat man es kurz vorher in einigen Fotos (Abb. 12) dokumentiert und bereits 1937 Aufmaße (von geringer Qualität) angefertigt.

Aus diesen Archivalien lässt sich erschließen, dass das als ein Bauwerk erscheinende Haus erst in der 1. Hälfte des 17. Jahrhunderts mittels eines großen einheitlichen Dachwerks aus drei Einzelbauten zusammengefasst wurde. Vorher standen hier neben einem Steinbau zwei Fachwerkbauten, die parallel hintereinander und traufseitig zur Straße standen. (Abb. 13, 14)

Das hofseitige Haus ist mit seinen durch die Ständer gezapften Deckenbalken zweifelsfrei als Ständerbau zu identifizieren,

Abb. 12 Erfurt, Allerheiligenstraße 20, Engelsburg-Nord, 1952

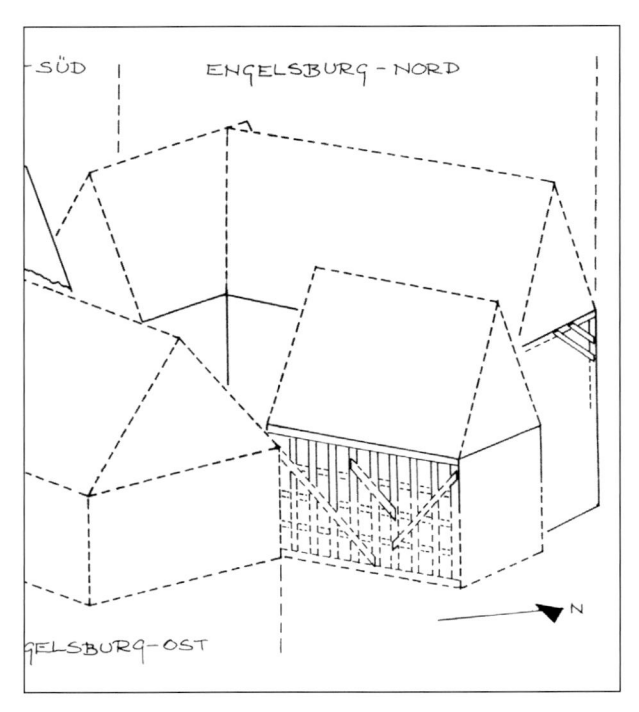

Abb. 13 Erfurt, Allerheiligenstraße 20, Engelsburg-Nord, Rekonstruktion der Hofansicht 2. Hälfte 15. Jahrhundert, 2002

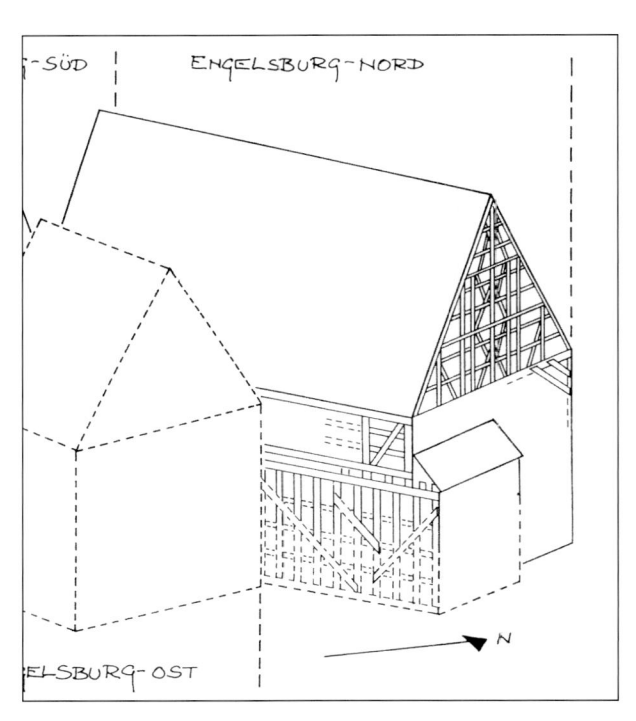

Abb. 14 Erfurt, Allerheiligenstraße 20, Engelsburg-Nord, Rekonstruktion der Hofansicht 1. Hälfte 17. Jahrhundert, 2002

soll aber wegen seiner geringen Dimensionen hier nicht betrachtet werden. Beim straßenseitigen Bau ist ein solch eindeutiger Befund leider nicht belegt, die Synthese aller überlieferten Merkmale lässt aber auch hier mit großer Sicherheit auf einen Ständerbau schließen. Erstes Indiz ist die fehlende Auskragung des einige Zeit vor 1600 errichteten Gebäudes. Am freistehenden Giebel sind als charakteristisches Merkmal sehr lange doppelte Kopfbänder zwischen Ständer und Dachbalken fotografisch dokumentiert.

Nach dem Aufmaß von 1937 waren im ungeteilten zweiten Obergeschoss innen regelmäßig vor die Wand tretende Vorlagen vorhanden. (Abb. 15, Raum EN 3.2) Diese dürfen mit der Kenntnis mehrerer Vergleichsbauten (siehe oben) als die innen sichtbaren Wandständer gedeutet werden.

Dieser Ständerbau mit neun Gebinden sowie den ungefähren Maßen von 13,5 m (Länge), 6 m (Breite) und 9 m (Höhe) wurde wohl als zweigeschossiger Bau mit einer Erdgeschosshalle mit 5,20 m Höhe und einem immer noch 3,55 m hohen Obergeschoss erbaut. Dieses existierte noch 1937 ohne Binnenteilung. (Abb. 15, Raum EN 3.2) In das Erdgeschoss wurde vermutlich im 16. oder 17. Jahrhundert die in Berichten überlieferte getäfelte Stube eingebaut, darüber verblieb ein sehr niedriger und dennoch als Wohnung genutzter Raum. Der Rest der Halle verwandelte sich in zwei ungefähr gleich hohe Geschosse.

Der Fachwerkbau bezieht sich mit seiner unregelmäßigen Grundfläche auf einen schon vorher vorhandenen Steinbau der 1. Hälfte des 13. Jahrhunderts, die Bauzeit des Ständerbaues darf

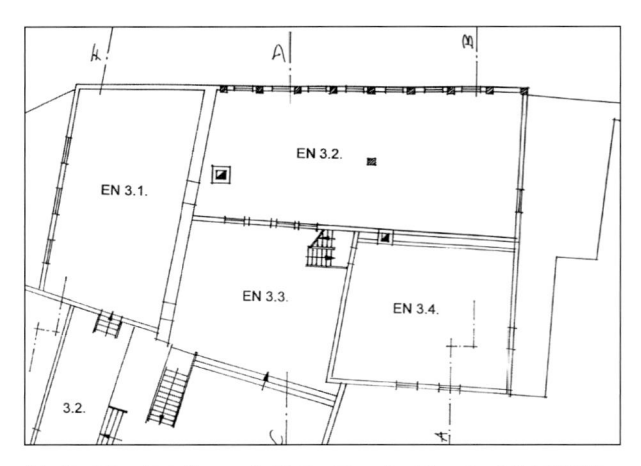

Abb. 15 Erfurt, Allerheiligenstraße 20 Engelsburg-Nord, Grundriss 2. OG, 1937 (Umzeichnung: Christian Misch, nach Original im Stadtarchiv Erfurt)

man daher in den folgenden Jahrzehnten bis Ende des 13. Jahrhunderts annehmen. Die gegenüber den oben beschriebenen Bauten geringere Grundfläche bei gleicher Höhe ist vielleicht auf die bereits vorhandene dichte Bebauung des Grundstücks zurückzuführen, schließlich gab es auf dem Anwesen „Zur Engelsburg" im 13. Jahrhundert schon drei (!) Steinbauten. Gleichzeitig verfügte das Haus „Engelsburg-Nord" über das höchste Obergeschoss der hier betrachteten Bauten.

Die bis heute erhaltenen Keller haben keine Bezüge zum Grundriss des ehemaligen Hauses. Stilistisch sind sie in das 15. Jahrhundert zu datieren und wurden somit erst nachträglich unter dem Gebäude angelegt.

An der Stadtmünze 4, Haus „Zum großen Handfass"

Hinter dem Rathaus, nahe an der Gera, steht ein schmales, aber drei Geschosse hohes verputztes Haus. (Abb. 16) Bauhistorische Untersuchungen während Bauarbeiten 1988 und 1998[9] führten zum Ergebnis, dass dieses Haus ein Ständerbau von 1356 (d) ist. Trotz zahlreicher Umbauten konnte die ursprüngliche Konstruktion anhand der Befunde noch weitgehend ermittelt werden. (Abb. 17) Die wandhohen Ständer des dreigeschossig errichteten Baues sind in Schwelle und Rähm eingezapft. Die Deckenbalken sind wieder abwechselnd ohne Überstand durch die Ständer gezapft bzw. auf die Geschossriegel aufgelegt, einfache Kopfbänder versteifen zwischen Ständern und Deckenbalken. Lange Schwertungen liefen, von außen aufgeblattet, über vier bis fünf Ständer. Auffällig sind die hier noch nachweisbaren Brüstungsbohlen, die in allen Geschossen über die gesamte Hausbreite reichten und ebenfalls von außen aufgeblattet, an ihren Enden aber in einer Nut der Ständer verriegelt waren. Das heutige Dachwerk ist zwar nachträglich, aber teilweise unter Verwendung der ursprünglichen Hölzer aufgesetzt worden. Neben einigen Sparren wurde eine der Brüstungsbohlen jetzt als Windrispe eingebaut. Die Ursprungskonstruktion dürfte ein doppeltes Kehlbalkendach mit ca. 60° Neigung gewesen sein.

Zahlreiche Befunde haben gezeigt, dass die vorhandenen fünf Gebinde nur noch ein Fragment eines einst wesentlich längeren Gebäudes sind. Die Sassen der Schwertungen und Brüstungsriegel belegen, dass diese ursprünglich über die heutigen Baugrenzen hinausliefen, eine der Schwellen tut das noch. Ein zweitverwendeter Sparren trägt das Abbundzeichen „11". Selbst die Giebelwände sind nachträglich in das bis dahin – an diesen Stellen – offene Fachwerkgerüst eingestellt.

Das Gebäude grenzt mit dem Ostgiebel an die 1840 erbaute Synagoge, die die Bauflucht des Ständerbaues genau fortsetzt und bis an das Ufer der Gera reicht. (Abb. 18) Es ist nahe lie-

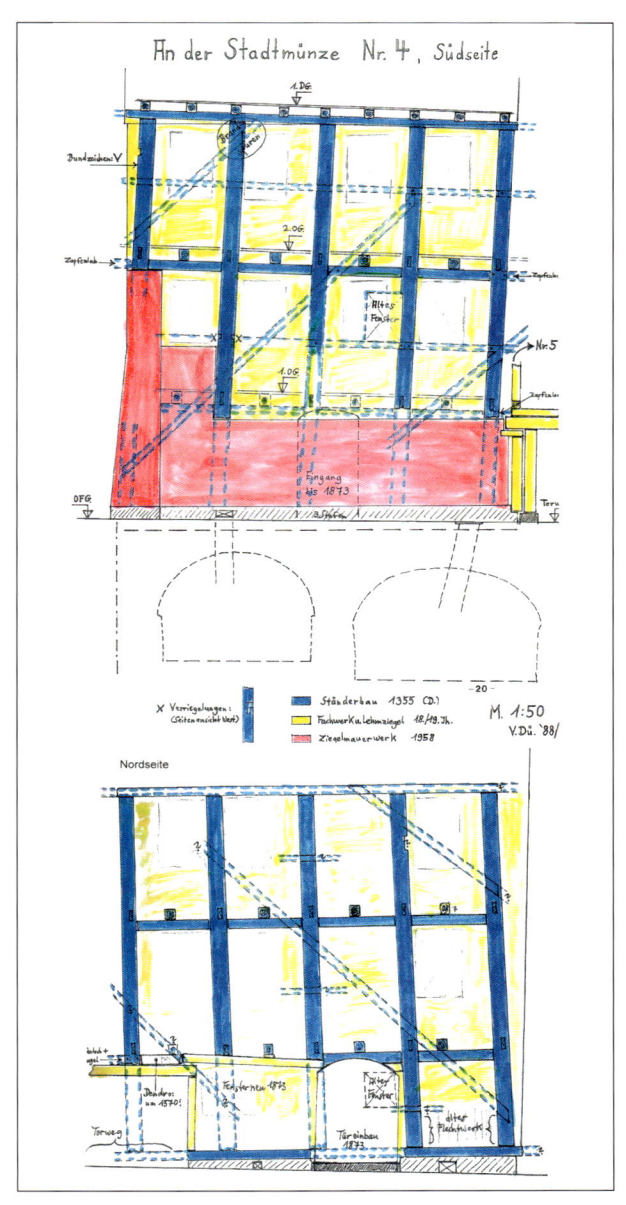

Abb. 17   Erfurt, An der Stadtmünze 4, Befund und Rekonstruktion der Traufseiten, 1988

Abb. 16   Erfurt, An der Stadtmünze 4, 2005

Abb. 18   Erfurt, An der Stadtmünze 4 und 5, 2007

gend, dass der Bau von 1356 in seiner ursprünglichen Erstreckung den Platz der Synagoge mit einnahm. Ein „Eck"ständer des Westgiebels ist mit „5" bezeichnet, so dass man auf dieser Seite von vier fehlenden Gebinden ausgehen könnte. Das würde zu einer Gesamtlänge des Gebäudes von ca. 28 m bei einer Breite und einer Höhe von jeweils ca. 8 m führen, was angesichts der anderen vorgestellten Großbauten nicht abwegig ist.

Diese Annahme wird auch durch die archivalischen Quellen gestützt. Wenige Jahre nach dem Pogrom von 1349 durften einige der mittlerweile enteigneten Juden wieder nach Erfurt zurückkehren. Der Stadtrat ließ ihnen in den Jahren 1355/56 mehrere Häuser hinter dem Rathaus bauen, in denen sie sich dann einmieten konnten. Es handelte sich wohl um eine Art Reihenhäuser, von denen sicherlich in dem Ständerbau An der Stadtmünze 4 ein Fragment erhalten blieb.[10] Standort und Datierung stimmen vollkommen überein. Die vorgesehene Nutzung als Wohnhaus würde auch die ungewöhnliche gleiche und geringe Höhe aller Geschosse erklären. Die sonst nicht bekannte Ausstattung aller Gefache mit Brüstungsbohlen könnte mit einer umfangreichen Durchfensterung korrespondieren.

Die zwei mittelalterlichen Gewölbekeller des Hauses ragen zwar über die – nicht ursprünglichen – Giebelwände hinaus, beziehen sich aber auf die Traufwände. Somit könnten sie zum Bau von 1356 (d) gehören. Einer davon besaß aber ursprünglich eine Balkendecke und wurde erst nachträglich gewölbt, was eher für ein höheres Alter spricht.

Ergebnisse

Die fünf vorgestellten Häuser bilden eine relativ einheitliche Gruppe von großen traufständigen Fachwerkbauten.

Die dendrochronologisch datierten Objekte stecken mit 1295, 1301 und 1356 ungefähr den zeitlichen Rahmen ab, in den auch die nicht mehr existierenden Gebäude einzuordnen sind. Gemeinsam ist allen die Konstruktion als reiner Ständerbau ohne jegliche Stockwerkselemente. Es gibt nur wenige Riegellagen. Die notwendige Aussteifung wird durch einfache oder doppelte Kopfbänder sowie Schwertungen gewährleistet. Die Deckenbalken waren abwechselnd ohne Überstand durch die Ständer gezapft und auf die Geschossriegel aufgelegt, in der Mittelachse durch Unterzüge auf Stützen getragen. Die Dachwerke bestanden lediglich aus Sparren und Kehlbalken.

Soweit handelt es sich um bauliche Merkmale, die für das späte 13. oder das frühe 14. Jahrhundert durchaus üblich sind. Auffällig ist aber die generelle Traufstellung der Gebäude bei gleichzeitig außergewöhnlichen und beeindruckenden Dimensionen mit nachgewiesenen Längen um 20 – 22 m und entsprechenden Gebäude- und Geschosshöhen. Bei den recht großen Ständerabständen wurden hierfür bis zu 13 Gebinde benötigt.

Die in der Mehrzahl wohl zweigeschossigen Bauten verfügten über beeindruckende Erdgeschosshallen mit nachgewiesenen Höhen bis ca. 5 m, rekonstruierten Höhen bis ca. 6,40 m. Bei dem einen Vertreter, dessen Außenwände noch untersucht werden konnten, wurde anhand eines Tores die Be- oder Durchfahrbarkeit des Erdgeschosses festgestellt (Regierungsstraße 3). In den erhaltenen Bauten waren keine Binnenteilungen feststellbar. Die Gebäude wurden ohne Keller erbaut, teilweise überdeckten sie geringfügig ältere Keller (Michaelisstraße 19 – 21), meistens wurden erst nachträglich Kellergewölbe eingebaut (Regierungsstraße 3, Allerheiligenstraße 20). Die Ausnahme bildet hier möglicherweise An der Stadtmünze 4. Bei nur einem Haus konnte die ursprüngliche Füllung der Gefache bestimmt werden, es handelte sich um eine Verbretterung (Regierungsstraße 3).

Schmuckelemente waren nicht feststellbar, falls man nicht die Brüstungsbohlen beim Haus An der Stadtmünze 4 als solche werten möchte.

Diese Merkmale deuten darauf hin, dass es sich um reine Speicherbauten in schmuckloser funktionaler Konstruktion handelte. Deshalb verfügten sie weder über abgetrennte Räume, Kochstellen, Keller noch eine temperierende Gefachfüllung. Zum Wohnen, Kochen und auch Lagern besonders wertvoller Gegenstände in brandsicheren Räumen dienten wohl andere Gebäude.

Beim Haus An der Stadtmünze 4 wurde dieser Bautyp aber offensichtlich als Wohnhaus verwendet. Als Mietshäuser für die Juden ließ der Stadtrat Gebäude mit gleichhohen Geschossen, mit mehr Fenstern als in den Speichern und wohl auch mit Kellern errichten. Ob die Wohnnutzung eines derartigen Ständerbaues die Ausnahme oder genauso häufig war wie die Speichernutzung, ist anhand der wenigen erhaltenen Bauten nicht mehr feststellbar.

Das Haus mit Mietwohnungen lag in dem vom Stadtrat den Juden im 14. Jahrhundert zugewiesenen Areal hinter dem Rathaus. Die anderen vier beschriebenen Häuser standen oder stehen über das gesamte Stadtgebiet des mittelalterlichen Erfurt verteilt und an Straßen, an denen die reichen Handelsbürger ihre Stadthöfe hatten und durch die der Verkehr zu den Märkten oder den Toren floss. Besitzer der Häuser waren – soweit nachvollziehbar – reiche, Handel treibende Stadtbürger.

Der Umstand, dass ca. 700 Jahre nach ihrer Erbauung noch fünf dieser Großbauten in Erfurt nachweisbar sind, lässt auf einen einst wesentlich größeren Bestand schließen. Nach Kenntnis des Verfassers sind derartige Fachwerk-Großbauten anderen Orts bisher nicht aufgefunden worden, was die besondere Bedeutung Erfurts im Mittelalter unterstreicht. Ende des 13. und im 14. Jahrhundert war Erfurt auf dem Höhepunkt seiner wirtschaftlichen und politischen Macht, was sich auch in den Bauten dieser Zeit widerspiegelt.

1 Nitz 2004.
2 Rollert 1959.
3 COREON 1994.
4 ThStA Gotha, Akten Regierung Erfurt Nr. 22322.
5 Dieser ähnliche Ständerbau soll wegen der noch schlechteren Quellenlage und seiner giebelständigen Ausrichtung hier nicht betrachtet werden.
6 Zusammenfassend dazu Nitz 2005, S. 180–186.
7 Erfurt, Regierungsstraße 3 (in diesem Artikel beschrieben), Erfurt, Johannesstraße 9, vgl. Fuchs/Misch 2003.
8 Hierzu ausführlich Misch 2003.
9 Volker Düsterdick dokumentierte während der Bauarbeiten 1988. Ergänzt durch Keßler 1998.
10 Nitz 2005, S. 88.

Christian Fritzsche

Bau- und Sicherungsarbeiten an der Ruine der Lobdeburg bei Jena-Lobeda nach der Zerstörung 1450

Vorbemerkung[1]

Zur Zeit der Zerstörung der Lobdeburg im thüringisch-sächsischen Bruderkrieg durch Feuer waren die Puster von den Landgrafen von Thüringen mit der Anlage und dem zugehörigen Wirtschaftshof Drackendorf belehnt. Mit einer Unterbrechung von 13 Jahren, von 1468–1481, waren sie bis 1591 im Besitz des Vorwerkes und der Burg. 1591 erwarb der Weimarer Kanzler Dr. Marcus Gerstenberg das ehemals Pustersche Lehen. Er starb 1613, danach erbte sein Sohn, der zugleich Amtmann auf der Leuchtenburg war, den Besitz. Nach dessen Tod 1634 übernahm sein Sohn, der aber schon 1637 minderjährig starb, den Besitz. So fiel das Vorwerk mit der Ruine an die Tochter Sophia Elisabeth bzw. an die Schwester des minderjährig verstorbenen Enkels des Dr. Marcus Gerstenberg. Sie heiratete später den Hofrat Dr. Sebastian Beer, der 1659 starb. Da aus dieser Ehe anscheinend kein männlicher Nachkomme hervorging, erbte ihre Tochter Elisabeth Sophia den Besitz. Sie heiratete den sächsischen Hauptmann Rudolph von Schönfeldt, der das Vorwerk mit der Ruine der Lobdeburg an beider Sohn weitervererbte. Dieser verkaufte es 1699 an den Hofrat von Brand zu (Schön-)Gleina. Am 04.02.1716 verkaufte es derselbe weiter an den Hofrat August von Griesheim. Nach dessen Tod am 17.09.1734 erbte seine Tochter Christiane, geb. am 29.05.1722, den Besitz, da offenbar kein männlicher Erbe existierte. Sie heiratete 1746 den Geheimen Rat Freiherrn von Ziegesar. Fortan verblieb das Vorwerk mit der Ruine der Lobdeburg für drei Generationen bei der Familie von Ziegesar. Nach Anton von Ziegesar (1783–1843), dem Bruder der Sylvie von Ziegesar, kam der Besitz wegen eines fehlenden männlichen Erben durch die Heirat seiner Tochter Klara von Ziegesar (1813–1876) mit dem Weimarer Kammerherrn Ferdinand von Helldorf (1807–1853) an die Familie von Helldorf. Dem folgten Georg H. von Helldorf (1838–1907) und Anna M. H. von Helldorf. Durch Heirat der Erbin kam der Besitz dann an die Familien Perponcher und von der Lanken. Bei der Bodenreform 1946 wurde der Besitz enteignet. Die Ruine der Lobdeburg kam an den Kreis Jena-Land, nach der Eingemeindung Drackendorfs nach Jena an die Stadt Jena. Die Darstellung der Bau- und Sicherungsarbeiten endet in den 20er Jahren des 20. Jahrhunderts, da seitdem keine Erhaltungsmaßnahmen mehr erfolgten. Hinweise zu den jüngsten Sicherungsarbeiten sind den Dokumentationen (Vor- und Verlaufsdokumentation) der Stadtverwaltung Jena zu entnehmen.

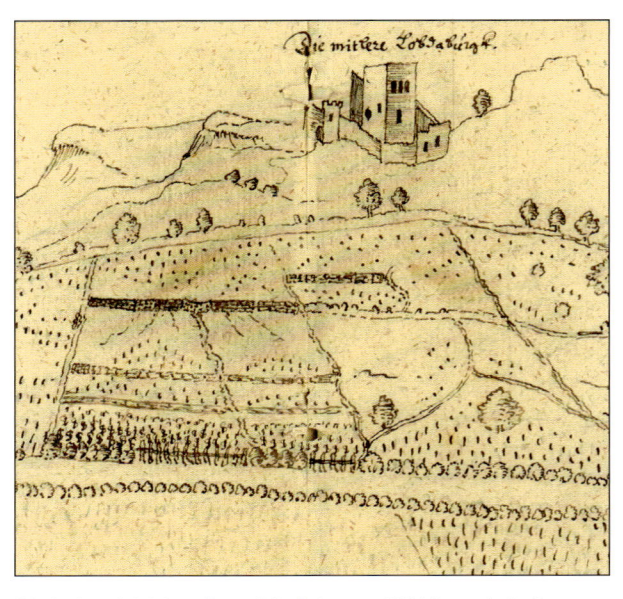

Abb. 1 Jena, Lobdeburg, Zustand der Ruine etwa 200 Jahre nach der Zerstörung 1450, Friedrich Hortleder, 1. Hälfte des 17. Jh. Die Mauerbresche im Erdgeschoss (Rep.-St. 4) und die Öffnungen im Obergeschoss (Rep.-St. 5, 15 und 16) auf der Südwestseite des Wohnbaues sind bereits geschlossen dargestellt.

Ältere Darstellungen

Von der Ruine der Lobdeburg sind eine Reihe meist illustrativer Darstellungen, beeinflusst vom jeweiligen Zeitgeschmack mit unterschiedlichem Aussagewert, erhalten. Das Gros der Darstellungen zeigt die Burg vom nahezu gleichen Standpunkt, von Süden, und hat so gleichen Aussagewert. Die älteste bekannte, einigermaßen realistische Abbildung von Südosten aus der ersten Hälfte des 17. Jahrhunderts[2] (Abb. 1) zeigt nur grob die bauliche Gliederung der Lobdeburg mit wenigen Details, aber einigen wesentlichen Merkmalen des damaligen Bauzustandes. Erst ausgangs des 18. Jahrhunderts und im 19. Jahrhundert erhöht sich die Qualität der Darstellungen, aber mehr künstlerisch frei im Zeitgeschmack, weniger dokumentarisch, wobei der tatsächliche Bestand teilweise unproportioniert und teilweise auch unvollständig wiedergegeben wird. Diese Abbildungen (Abb. 2–5) lassen nur bedingt Rückschlüsse auf frühere Zustände zu. Erst mit der wachsenden Bedeutung der Denkmalpflege in der zweiten Hälfte des 19. Jahrhunderts erhöht sich auch der dokumentarische Wert bei einem Teil der Darstellungen. Verlässliche Darstellungen für die bauliche Dokumentation erbrachte erst die Einführung der Fotografie. Für die Ruine der Lobdeburg liegen aus der Anfangszeit der Fotografie bedauerlicherweise nur wenige Aufnahmen vor. Die frühesten Fotos sind nur noch in wenigen Abzügen vorhanden. In gedruckter Form veröffentlichte Aufnahmen sind stark verkleinert und haben meist keine gute Druckqualität. Negative bzw. Platten der Aufnahmen sind kaum noch auffindbar.

Abb. 2   Jena, Lobdeburg, Ruine des Wohnbaues von Südwesten, G. H. Tychbein, 1779. Auf der Darstellung ist bereits die Abgleichung des Giebels über dem Kapellenerker (Rep.-St. 22) erfolgt. Auch das Fenster im Obergeschoss nach der Südwestseite (Rep.-St. 16), die Tür im Obergeschoss (Rep.-St. 15) und die Fehlstelle des Gewändeschaftes (Rep.-St. 14) sind auf dieser Abbildung bereits zugesetzt. Die in der Südwestwand in Höhe des Erdgeschosses (Rep.-St. 4) und die unter dem Kapellenerker (Rep.-St. 8) dargestellten Mauerbreschen haben bereits eine beachtliche Größe, was auf eine schon längere Verwahrlosung der Ruine hinweist.

Abb. 3   Jena, Lobdeburg, Gesamtansicht der Ruine von Süden, M. Krause, Ende 18. Jh. In der Südwestwand des Wohnbaues ist in Höhe des Erdgeschosses die Mauerbresche (Rep.-St. 4) deutlich erkennbar. Auch ist hier die Mauerkrone der Nordostwand über dem Kapellenerker abgeglichen dargestellt. Am Zisternenturm ist die auf Veranlassung der Familie von Ziegesar 1797 geschaffene Öffnung noch nicht vorhanden bzw. wegen des Bildwinkels nicht darstellbar.

Erste Bautätigkeiten nach der Zerstörung

Die Zerstörung der Lobdeburg fällt in einen Zeitraum, in dem die traditionellen Burgen der sich entwickelnden Belagerungstechnik, besonders den Feuerwaffen, immer weniger gewachsen waren. Auch dürfte der auf der Lobdeburg vorhandene Wohnkomfort den inzwischen veränderten, gewachsenen Ansprüchen nicht mehr genügt haben, die auch bei dem begrenzten Platzangebot auf dem Bergsporn und der ungünstigen Zufahrt sowie einer damit verbundenen schwierigen Versorgung kaum zu befriedigen waren. An den wenigen Resten der Bebauung sind keine eindeutigen Spuren laufender Modernisierungen ablesbar. Einige bauliche Arbeiten, wie die Abgleichung der Mauerkronen, sind eindeutig nach dem Brand erfolgt. Sie sind bereits auf den bisher ältesten bekannten Abbildungen vorhanden und lassen sich nicht mit einer statisch-konstruktiven Sicherung in Verbindung bringen. Sie können als Versuch zu einem Wiederaufbau nach dem Brand in veränderter Form gedeutet werden. Dabei sollten anscheinend die verschiedenen Gebäudeteile des Wohnbaues nicht wieder mit unterschiedlichen Dachformen und unterschied-

Abb. 4   Jena, Lobdeburg, Gesamtansicht der Ruine, nach Art der Darstellung vermutlich 1. Hälfte 19. Jh. (ohne Angabe des Zeichners und des Entstehungsjahres). In dieser Zeichnung ist bereits die 1797 im Zisternenturm geschaffene Öffnung sichtbar. In der Südwestwand des Wohnbaues ist die Bresche (Rep.-St. 4) in Höhe des Erdgeschosses erfasst und die Tür in Höhe des Obergeschosses (Rep.-St. 15), die ehemalige Fensteröffnung (Rep.-St. 16) geschlossen dargestellt. Auf der Südostseite des Wohnbaues ist der große, von der Mauerkrone bis zum Erdgeschoss reichende, senkrechte Riss (Rep.-St. 23) erkennbar. Die Ausbruchstelle der aus Südwesten anstoßenden, abgetragenen Anschlussmauer ist geschlossen dargestellt. Über der Kapellenwand sind die Zwickel beiderseits des Giebels (Rep.-St. 22) aufgemauert.

Abb. 5   Jena, Lobdeburg, Nordostwand des Wohnbaues, Heinrich Hess, 1854. Die Zeichnung zeigt die wichtigsten Architekturelemente der Nordostwand, jedoch nicht in den richtigen Größenverhältnissen und auch nicht in der richtigen baulichen Zuordnung. Der auf dieser Abbildung dargestellte Ausbruch (Rep.-St. 6) an der Nordecke der Nordostwand ist am Objekt wegen des weitgehend ungestörten Mauergefüges in diesem Bereich zumindest in der dargestellten Größe nicht nachvollziehbar. Auch ist der Ausbruch auf einer späteren Abbildung Bodo Ebhardts um 1900 (Abb. 8) nicht erfasst. Die Reparatur müsste dann, was wenig wahrscheinlich ist, bei der Sicherung 1869 erfolgt sein. Möglicherweise handelt es sich hier um eine Fehldarstellung (Bewuchs) oder um eine Zugabe des Zeichners. Auch weitere Darstellungen des gleichen Urhebers sind trotz scheinbarer Akribie mit deutlichen Mängeln behaftet, die nicht als künstlerische Freiheit gewertet werden können.

lichen Dachkonstruktionen aufgebaut, sondern unter einem einheitlichen Dach zusammengefasst werden. Wegen der ungünstigen Voraussetzungen auf dem Bergsporn und des hohen wirtschaftlichen Aufwandes eines Wiederaufbaues der Burg wurde dieser Gedanke anscheinend bald wieder aufgegeben. Zur Vorbereitung dieser Bauarbeiten dürfte wohl auch eine zumindest teilweise Beräumung der Brandruine erfolgt sein. Mit ersten Abbrüchen zur Gewinnung von Baumaterial wurde in den 80er Jahren des 15. Jahrhunderts im Zusammenhang mit dem Bau der massiven Brücke zwischen Burgau und Lobeda begonnen. Weitere Abbrüche erfolgten für den Bau des Chores der Kirche sowie für Bauarbeiten am Unteren Schloss in Lobeda. Nach der Zerstörung der Lobdeburg 1450 bis zu den ersten Abbrüchen war also ein Zeitraum von ungefähr 30 Jahren verstrichen, in dem Burgen sich endgültig als überlebt erwiesen. Nach Abrissarbeiten zur Materialgewinnung scheint es mit der Abgleichung der Mauerkronen und der Schließung von Öffnungen in der Südwestwand des Wohnbaues noch einmal Bauarbeiten an diesem gegeben zu haben, die möglicherweise als Versuch eines Wiederaufbaues bzw. eines Ausbaues der Ruine gedeutet werden können. Erst 1797 erschien über die Ruine der Lobdeburg wieder eine Nachricht, als die Familie von Ziegesar im Zisternenturm eine Öffnung als Zu- bzw. Ausgang schaffen ließ, damit sich in dem Turm keine unvorsichtigen Besucher versteigen konnten. Mit ersten Erhaltungs- und Sicherungsarbeiten an der Ruine im denkmalpflegerischen Sinne wurde wohl frühestens in der Mitte des 19. Jahrhunderts begonnen.

Abb. 6   Jena, Lobdeburg, Wohnbau von Osten, veröffentlicht 1860. Die geschönte Abbildung zeigt unter dem Kapellenerker die äußere Öffnung (Rep.-St. 8), über dem Kapellenerker und der Tür im Obergeschoss die Abgleichung der Mauerkroner (Rep.-St. 22 u. 25) sowie die Ausmauerung der Balkenlöcher zwischen Kragsteinen und Mauerkrone (Rep.-St. 24).

Bisherige Sicherungen

Erste Bemühungen um die Erhaltung und Sicherung der Ruine der Lobdeburg gehen in das 19. Jahrhundert zurück, anscheinend durch einen Artikel in der Zeitschrift für das Bauwesen 1860[3] angeregt (Abb. 6). Gemäß einer verwitterten Bauinschrift B. K. G. (oder B. K. C.) und der Jahreszahl 1869 [? Anm. Verf.] unter der Fensterarkade auf der Südostseite des Wohnbaues scheint es 1869 zu einer ersten Sicherung, veranlasst durch Klara von Helldorf, gekommen zu sein. Hinweise, welche Bauteile wie und in welchem Umfang gesichert wurden, liegen nicht vor und sind am heutigen Bestand nicht ablesbar. Auch ein Vergleich älterer Abbildungen des 19. Jahrhunderts gibt dazu keinen Aufschluss. Der Umfang der Arbeiten dürfte aber nur gering gewesen sein, da die nach 1869 entstandene Abbildung der Lobdeburg bei Lehfeldt[4] (Abb. 7), abgesehen von der Vergrößerung der Schadbereiche, die gleichen Schäden mit unwesentlichen Veränderungen gegenüber dem ursprünglichen, wohl auf den Wiederaufbauversuch zurückgehenden Bauzustand – wie auf den ältesten bekannten Abbildungen aus dem 1. Viertel des 17. Jahrhunderts und von 1779 – zeigt. Von Interesse ist bei Lehfeldt bezüglich des Kapel-

Abb. 7   Jena, Lobdeburg, Wohnbau von Südwesten, veröffentlicht 1888. Die Abbildung zeigt die große Mauerbresche (Rep.-St. 4) im Erdgeschoss, die geschlossenen Öffnungen (Rep.-St. 13, 14, 15 und 16), die ausgemauerte Verzahnung (Rep.-St. 5) einer sich einstmals nach Südwesten anschließenden Mauer sowie die aufgemauerten Zwickel (Rep.-St. 22) beiderseits des Giebels über dem Kapellenerker.

Quader gehenden Beilhiebes auf. Der Sinn dieser Arbeiten ist heute nicht mehr erkennbar, zumal offenbar keiner der damals schon vorhandenen erheblichen Schäden beseitigt wurde. Nach einem Artikel von Bodo Ebhardt in der Zeitschrift „Der Burgwart" von 1907[6] mit einer Darstellung der Lobdeburg (Abb. 8) und einigen Fotos und Sicherungsvorschlägen kam es dann im Auftrag der freiherrlichen Gutsverwaltung von Drackendorf, unterstützt vom Thüringer-Wald-Verein, von 1909 bis 1912 schrittweise zu einer Sicherung der Ruine durch die Lobedaer Baufirma Trübscher. Dabei wurden die Reparaturstellen dem umgebenden Mauerwerk angeglichen, sodass sie im Nachhinein schwer abgrenzbar und nur unscharf an Fugenbild, Farbe des Materials oder vor- bzw. zurückstehenden Oberflächen im Streiflicht erkennbar sind. Unterlagen über diese Sicherung sind nicht mehr vorhanden, sodass die Reparaturstellen nur vor Ort und durch Vergleich mit älteren Abbildungen und wenigen Presseberichten fassbar werden. Das sind vor allem die Unterfangung der Südostwand des Wohnbaues, die Ausmauerung mehrerer großer Mauerbreschen in der nordöstlichen Außenwand des Wohnbaues unterhalb des Kapellenerkers und in der südwestlichen Außenwand des Wohnbaues in Höhe des Erdgeschosses, die Herstellung einer Betonabdeckung über dem Gewölbe des Kapellenerkers, die Vermörtelung und teilweise Neuaufmauerung der Mauerkronen mit Zementmörtel und, entgegen den Empfehlungen Bodo Ebhardts, das Einziehen von zwei Zugankern in Höhe der Fußbodenebene des südöstlichen Raumes des Obergeschosses. Dabei wurde auf der Mauerkrone der Südwestwand eine vermutlich bronzene,

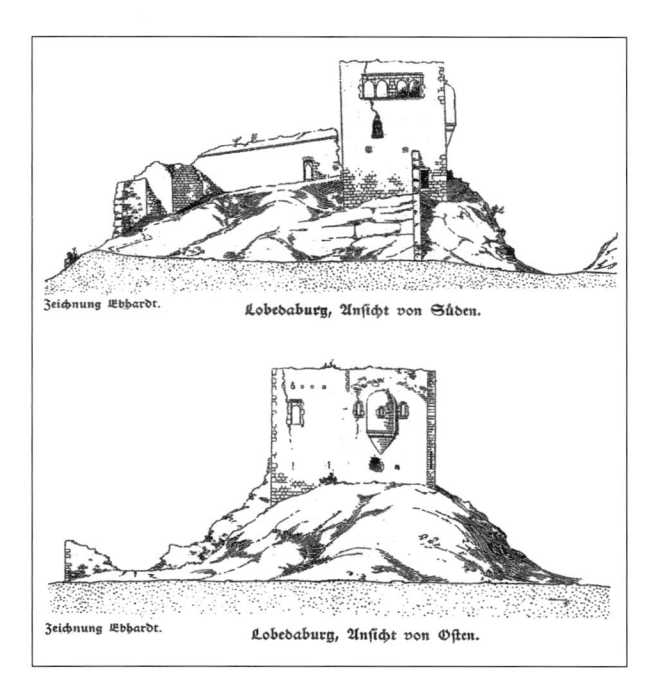

Abb. 8 Jena, Lobdeburg, Ansicht von Südosten und Nordosten, Bodo Ebhardt, veröffentlicht 1907. Die Zeichnungen zeigen die wesentlichen, von älteren Abbildungen bekannten Schäden am Mauerwerk der Burg, die erst bei den Instandsetzungen 1909–1912 behoben wurden.

lenerkers die Bemerkung „[…] der Erker ruht auf einem Consol, welches bei der letzten Restauration etwas glatter gemacht ist".[5] Das deutet auf Arbeiten an dem Kapellenerker bei der Sicherung 1869 hin. Tatsächlich weisen einige Quader der Konsole in den Schichten mit radialen Stoßfugen Spuren eines über mehrere

Abb. 9 Jena, Lobdeburg, Doppelarkade im Obergeschoss des Wohnbaues, Innenansicht, Handskizze Bodo Ebhardt, 1898. An dem Pfeiler zwischen den Fensterarkaden in der Südostwand ist deutlich das Fehlen der zweiten eingestellten Freisäule (Rep.-St. 17) erkennbar, wie auch schon bei Lehfeldt dargestellt.

heute nicht mehr vorhandene Gedenktafel mit Verweis auf die Sicherung in das Mörtelbett eingelassen. Zunehmende Schäden, ausgelöst durch Witterungseinflüsse, aber auch zum Teil durch mangelnde Erfahrungen bei den 1909–1912 durchgeführten Arbeiten, veranlassten die Gesellschaft für Denkmalpflege beim Kulturbund der DDR 1983, sich für eine Sicherung der Ruine einzusetzen. Dabei wurden jedoch anfangs die technischen Probleme einer Ruinensicherung und auch der Leistungsumfang seitens der Stadt Jena weit unterschätzt. Auch fehlten weitgehend die technischen Voraussetzungen für eine qualitätsvolle denkmalgerechte Sicherung. Nach Vorstellungen der Stadt Jena sollte die Ausführung der Sicherungsarbeiten von der Lobdeburggemeinde 1912 übernommen werden, die, bei aller Bereitschaft und allem Engagement für die Ruine der Lobdeburg, mit dem erforderlichen Leistungsumfang und den technischen Anforderungen völlig überfordert gewesen wäre. Für einen so kleinen Verein wäre dies eine kaum lösbare Aufgabe gewesen. Inzwischen nahmen die Schäden – deutliche Lockerungen im Gefüge des Mauerwerks, Mörtelverluste besonders auf den Mauerkronen, Überlastung der 1912 eingebauten Zuganker, erste Risse am Kapellenerker und starke Verwitterungsschäden an einigen Architekturelementen – zu. Gegenwärtig wird das Erscheinungsbild der Ruine des Wohnbaues durch eine 2004 angebrachte provisorische Notsicherung geprägt. Mehrere Artikel in der lokalen Presse, ausgelöst von einer Bürgerinitiative und dem Heimatverein Lobdeburggemeinde 1912 e.V., veranlassten die Stadt Jena 1997, einen Rahmenplan zur statisch-konstruktiven Sicherung der Ruine und ein Konzept in Vorbereitung einer denkmalpflegerischen Zielstellung in Auftrag zu geben. Zwei Jahre später begannen erste Grabungen im Bereich der Vorburg, die 2009 die beachtliche Fläche von ca. 12 x 25 m erreicht hatten. Sicherungsarbeiten wurden bis 2003 nur an einigen gut zugänglichen Mauerzügen und am Zisternenturm vorgenommen, wobei der Zisternenturm teilweise bis heute noch unverfugt ist. Am wichtigsten Bauteil, dem Wohnbau, wurde 2004 lediglich eine bereits oben erwähnte, provisorische Sicherung angebracht, die ein Versagen der Zuganker von 1912 bzw. der zu schwach bemessenen Ankerplatten verhindern soll. Der schleppende Fortgang der Arbeiten zur Sicherung der Ruine spiegelt deutlich das Verhältnis der Stadtverwaltung zur Stadtgeschichte wider, vor allem wenn man andere zügige und großzügige Mittelvergaben in Betracht zieht.[7]

Nachrichten über Sicherungsarbeiten

Zeitschrift „Der Burgwart", Rubrik Verschiedenes und Burgenschau, IX. Jahrgang, Nr. 6, 1907, S. 129–130.
Lobdaburg (Abb. 10, 11)
„Der Thüringerwald-Verein bewilligte in seiner 28. Hauptversammlung in Koburg unter anderem dem Zweigvereine Jena 400 Mark

Abb. 10   Jena, Lobdeburg, Kapellenwand des Wohnbaues, Bodo Ebhardt, 1898. Das Foto zeigt die große, von der Südwestseite zur Nordostseite durchgehende Mauerbresche unter dem Kapellenerker vor dem Ausmauern.

Abb. 11   Jena, Lobdeburg, Ansicht von Nordwesten, Bodo Ebhardt, 1898. Das Foto zeigt den Kapellenerker noch ohne die zur Sicherung aufgebrachte Betonabdeckung (Rep.-St. 21), den Riss neben der Außentür im Obergeschoss (Rep.-St. 23) und das mit kleinformatigem Steinmaterial hergestellte Mauerwerk zur Abgleichung der Mauerkronen (Rep.-St. 22).

Beihilfe zur Erhaltung der Ruine Lobdaburg; die Begründung lautet: Von den beiden Jena zunächst liegenden Burgenresten am Mittellauf der Saale ist die Ruine Lobdaburg von bei weitem größerem Umfang. Ihr Hauptteil, der baulich hochbedeutsame Pallas droht einzustürzen. Mächtige Sprünge, die sich in dem altehrwürdigen, aus dem 12. Jahrhundert stammenden Bauwerk eingestellt

Bau- und Sicherungsarbeiten an der Ruine der Lobdeburg bei Jena-Lobeda

haben, nehmen an Zahl und Breite zu. Alle Naturfreunde, Kunstkenner und Geschichtsforscher bezeichnen die Erhaltung der Lobdaburg in ihrem jetzigen Zustand als höchst wünschenswert. Durch die in Aussicht stehenden Zuwendungen verschiedener Körperschaften, auch des Zweigvereins Jena, ist der Beginn der auf etwas über 4 000 Mark veranschlagten Erhaltungsarbeiten demnächst zu erwarten. Der Eigentümer der Ruine trägt zu den Kosten mit bei. Der ‚Burgwart' wird in seiner nächsten Nummer der Burg auf Grund eines vom Architekten Bodo Ebhardt erstatteten Gutachten einen besonderen Artikel widmen."

Halle-Saale Zeitung vom 04.02.1908,
Hallesche Allgemeine Zeitung vom 04.02.1908,
Leipziger Tageblatt vom 05.02.1908, Texte identisch.
„Jena, 1. Febr. (Die Erhaltung der Lobedaburgruine) haben sich sowohl der Besitzer, Herr von Helldorf, wie gemeinnützig tätige Korporationen – Thüringerwald-Verein (Hauptverein und Zweigverein Jena), Fuchsturmgesellschaft, Verschönerungsverein u. a. – zur Aufgabe gemacht. Herr von Helldorf auf Drackendorf hatte sich schon mit dem bekannten Architekten Bodo Ebhardt wegen eines Kostenanschlages in Verbindung gesetzt und die Angelegenheit schien im besten Fahrwasser, als ein frühzeitiger Tod dem Wirken des ehemaligen altenburgischen Staatsministers ein Ziel setzte. Bodo Ebhardt schätzt die Kosten, ausschließlich des Steinmaterials und notwendigen Gerüstbaues, auf 5 000 Mk. Man darf hoffen, dass Frau von Helldorf im Sinne ihres Gemahls dem bestehenden Projekt zur Ausführung verhelfen und so eine bedeutsame Burgruine, die eine Zierde des Saaletals ist, vor dem gänzlichen Verfall bewahren wird."

Zeitschrift „Der Burgwart", Rubrik Verschiedenes und Burgenschau, XI. Jahrgang, Nr. 7, 1910, S. 142.
Lobedaburg
„An der Lobedaburg (siehe auch Burgwart IX. Jahrg., Nr. 2) werden Erhaltungsarbeiten ausgeführt, um drohenden Verfall vorzubeugen. Die im Vorjahre zum Schutz der Südseite begonnene Futtermauer wurde fertiggestellt; auch der Erker, der durch Ausbrechen von Steinen gefährdet, wurde gesichert."

Altes und Neues aus der Heimat, Beilage zum Jenaer Volksblatt, Jahrgang 1910, Nr. 23, S. 4, Abschnitt.
Die Lobdeburg
„Wie im vorigen Jahre, so ist auch heuer wieder manches ausgebessert worden. So hat man an der Südseite die im Vorjahr begonnene Futtermauer fertig aufgeführt, um den Einsturz der Südwand mit den großartigen Fensterbögen zu verhüten, der in absehbarer Zeit zu erwarten stand. Auch den schönen Erker, den der Verfasser des oben genannten Aufsatzes (Altes und Neues aus der Heimat, Nr. 17 + 18, Beitrag ‚Auf den Bergen die Burgen')

als Kanzel anspricht, hat man vor dem drohenden Herunterstürzen bewahrt, indem man die früher unter ihm befindliche Bresche, wahrscheinlich einst beim Holen der Steine für das ‚Haus Lobeda' [die Untere Lobdeburg, Anm. Verf.] oder die Burgauer Brücke gebrochen, in überaus geschickter Weise vermauert hat."

Altes und Neues aus der Heimat, Beilage zum Jenaer Volksblatt, Jahrgang 1910, Nr. 29, S. 2 – 3.
Jahresbericht der Ortsgruppe Jena des Bundes Heimatschutz, erstattet in der Hauptversammlung vom 26. November 1910.
„Wir haben im vergangenen Jahr noch einen nachträglichen Erfolg unserer Bemühungen zu verzeichnen, nämlich die im heimatschutzlichen Sinne vorgenommenen Erhaltungsarbeiten an der Ruine Lobedaburg. Die geborstenen Mauern sind von unten her durch Untermauerung kräftig gestützt worden, und in die Ruine selbst hat man einige sehr nötige Eisenstützen [gemeint sind wohl die Zuganker, Anm. Verf.] eingezogen. Der Besitzerin der Burg, Frau von Helldorf auf Drackendorf, gebührt der öffentliche Dank dafür, dass sie die erheblichen Kosten dieser Arbeiten ganz allein übernommen hat."

Zeitschrift „Der Burgwart", Rubrik Verschiedenes und Burgenschau, XIII. Jahrgang, Nr. 6, 1912, S. 133 – 134. Wiederherstellungsarbeiten.
Lobedaburg
„An der Lobedaburg bei Jena werden gegenwärtig umfassende Ausbesserungsarbeiten unternommen. Die Mittel dazu hat die Freiherr von Helldorfsche Gutsverwaltung zu Drakendorf, in deren Besitz die einst bedeutende Burganlage sich befindet, in dankenswerter Weise zur Verfügung gestellt. Zurzeit werden die Mauerkronen des Pallas und der Kapelle befestigt. Die Burg war lange in den Händen der Herren von Leuchtenburg. Wir verweisen auf unsere Arbeit über diese Burg in Bd. IX Nr. 2."

Altes und Neues aus der Heimat, Beilage zum Jenaer Volksblatt, Jahrgang 1912, Nr. 7, S. 2 – 3.
Das Wiedererwachen der Lobdeburg
„Das oben freiliegende, vom Wetter stark zersetzte Mauerwerk soll mit Zement ausgegossen werden, auf das die beiden schönen rundbogigen Fensterpaare im Obergeschoss (dem Rittersaal) erhalten bleiben. Der gewundene Schaft der Stützsäule und die sechspassförmige Rosettenöffnung in dem Rundbogenfeld über je zweien der Fenster lässt nach dem Bausachverständigen Lehfeldt auf das Ende des 12. Jahrhunderts als Bauzeit dieser Anlage schließen."

Altes und Neues aus der Heimat, Beilage zum Jenaer Volksblatt, Jahrgang 1912, Nr. 9, S. 3 – 4.
Auf den Ruinen der Lobdeburg
„Die Löcher für die mächtigen eichenen Balken, die dereinst den Fußboden trugen, dienen auch jetzt dazu, um mit Hilfe von

Baumstämmen als Träger der Bretter eine sichere Rüstung für die Hantierungen herzustellen. Der innere Bogen des rechten Fensters, der dem Einstürzen nahe war, ist mittels Winden gehoben und die rechte der beiden Mittelsäulen durch eine neue ersetzt mit neuem Kapitäl. Die morsche Brüstung der Fenster ist durch reichlichen Zementauftrag vor weiterer Verwitterung gesichert."

„In dem Rauchrohr des unteren Kamins fanden sich bei Freilegung desselben eine Anzahl tadellos erhaltener Dachziegel eines sogenannten Mönch-Nonnendaches, einer Deckungsweise, die unstrittig den Gesamteindruck des Schlosses in wirkungsvoller Weise gehoben hat, während das Schloß in Burgau nach gefundenen Ziegeln durch Herrn Maurermeister Trübscher sen. mit sogenannter römischer Deckung ausgestattet war. Diese Dachziegel vom unteren Schloß [? Anm. Verf.] sind aufbewahrt."

„Bei den Arbeiten vor fünf Jahren wurden noch die Reste mächtiger Eichenbalken entfernt, die auskragten und an der Außenseite der Ostmauer die Stützen eines Balkons [? Anm. Verf.] dargestellt haben. In dem romanischen Zugang zu jenem Balkon befindet sich heute noch ein kräftiger eichener Querriegel."

Zeitschrift „Der Burgwart", Rubrik Verschiedenes und Burgenschau, XX. Jahrgang, Nr. 6, 1919, S. 60. Gefährdet.
Lobdeburg (Lobedaburg) bei Jena

„Bei dieser bekannten, herrlich gelegenen Burgruine zeigen sich angeblich bedenkliche Zeichen fortschreitender Zerstörung. Bei dem von Südwest nach Nordost gerichteten Pallas der Burg gewähren die Fenster vom dereinstigen Rittersaal einen herrlichen Blick ins Roda- und Saaletal und auf die Leuchtenburg bei Kahla. Die Doppelbogenfenster weisen unterhalb der Rosetten eine große Anzahl schwächerer und stärkerer Risse und Löcher auf, die von den Rosetten bis auf die Kapitäle der romanischen Fenstersäulen aus Sandstein hinabreichen. Mit geringen Mitteln ließe sich da dem drohenden Verfall vorbeugen, ehe der kommende Winter mit seiner Nässe und seinem Frost sein Zerstörungswerk vollendet, den Einsturz herbeiführt und damit die schönen Fenstersäulen gefährdet. Überhaupt ist dieser, den einstigen Rittersaal enthaltende Teil der ziemlich kleinen Ruine, der wohl den ganzen Pallas darstellt, wert einer gründlichen Fürsorge. Noch stehen die vier Wände aufrecht, wenngleich die nach Nordwest gerichtete Wand, von welcher aus die Verbindung mit den teils verschwundenen Nebengebäuden zu denken war, in ihren oberen Teilen streckenweise schon arg zerklüftet ist. Siehe die genaue Aufmessung der Burg von Bodo Ebhardt im Jahrg. 1907, S. 21ff des Burgwart. Aber abgesehen hiervon dürften in den übrigen drei Wänden einige Sicherungen des Mauerwerks, welches sonst noch gut erhalten ist, genügen, um die Festigkeit wiederherzustellen. Würde ein Notdach auf den Pallas gesetzt und die herrlichen Fenster kunstgerecht verglast, im Innern des Pallas Läden angebracht und Dielen gezogen, so

Abb. 12 Jena, Lobdeburg, Wohnbau von Südwesten, Klaus G. Beyer, um 1965. Das Foto, im partiellen Streiflicht aufgenommen, zeigt die Kontur der Einbindung eines über zwei Geschosse gehenden, nicht sauber geschlossenen Maueranschlusses in der Südwestwand (Rep.-St. 5) und die Ausmauerung der Mauerbresche im Erdgeschoss (Rep.-St. 4).

wäre die dauernde Erhaltung der Ruine und die etwaige Benutzung des Pallas gewährleistet. Die Ruine ist klein, also dürften die Kosten nicht so hoch sein; die untere, im Städtchen Lobeda befindliche Lobedaburg, jetzt im Besitz des dortigen Bürgermeisters, ist wieder wohnlich hergestellt. Sollten sich für die obere, ältere Burg in dem volkreichen und kunstsinnigen Jena trotz der herrschenden, der deutschen Vergangenheit feindlichen Mächte nicht Gönner und Freunde finden, die für die Burg etwas tun könnten? Sind doch die Herren der Lobedaburg urkundlich die Gründer der Stadt Jena!"

Einzelne Bau- und Sicherungsmaßnahmen (Blatt 1–12)

1 Unterstützung der Südostwand des Wohnbaues. Bei der konstruktiven Sicherung der Ruine von 1909 bis 1912 wurde die Südostwand des Wohnbaues 1909 als erste Maßnahme mit einer Stützmauer unterfangen. Diese ersetzte eine früher vorhandene, aus witterungsbeständigem Terebratelkalk bestehende Futtermauer, die ihrerseits den anfälligen Wellenkalk, auf dem der Wohnbau gegründet war, schützte. Bei der Grabung in diesem Bereich zeigte sich, dass diese Stützmauer auf den örtlich vorhandenen Bauschutt gegründet

Bau- und Sicherungsarbeiten an der Ruine der Lobdeburg bei Jena-Lobeda

Abb. 13 Jena, Lobdeburg, Wohnbau, Südostseite, 2001. Ausmauerung einer Bresche unter der Tür im Untergeschoss (Rep.-St. 2). Das Mauerwerksgefüge weicht mit seinen Steinformaten, dem Fugenbild und einer leichten Dossierung von dem umgebenden Mauerwerk ab. Die Bresche könnte bei dem Abbruch von Teilen einer vermutlichen Torbefestigung entstanden sein.

war und nachträglich unterfahren werden musste. Weiterhin wurden in diesem Bereich auch Reste einer ursprünglichen Futtermauer gefunden.

2 Ausmauerung einer Mauerbresche unter der Tür im Untergeschoss des Wohnbaues. Die Mauerbresche war möglicherweise durch Abbruch einer denkbaren Vorbefestigung des Tores entstanden und wurde vermutlich 1869 oder 1912 geschlossen. Die Ausmauerung mit vom umgebenden Mauerwerk abweichendem Gefüge steht mit einer leichten Dossierung gegenüber der umgebenden Maueroberfläche vor. Auf keiner der älteren Abbildungen ist die ursprüngliche Schadstelle erkennbar.

3 Ausmauerung einer im Bereich vor der Tormauer liegenden Tür mit Natursteinmauerwerk. Die Tür führte vermutlich zu einer Torbefestigung und war ursprünglich mit einem Riegelbalken verschließbar. Die wohl schon 1865 oder noch früher erfolgte Ausmauerung sollte vermutlich ein Betreten des Untergeschosses durch Besucher verhindern und so vor herabfallenden Steinen schützen, aber auch das Nachrutschen des innen angehäuften Bauschuttes vermeiden.

4 Ausmauerung einer größeren Mauerbresche in der Südwestwand des Wohnbaues in Höhe des Erdgeschosses. Die Kontur der Bresche ist durch teilweisen Putz und sorgfältige Ausmauerung unter Berücksichtigung der Schichten des Mauerwerks nur sehr vage fassbar. Die Mauerbresche ist bereits auf vielen älteren Darstellungen der Lobdeburg seit der 1. Hälfte des 17. Jahrhunderts (Hortleder) und letztmalig auf einer Abbildung bei Lehfeldt[8] 1888 vorhanden. Sie kann erst bei der Sicherung 1909–1912 geschlossen worden sein.

Dabei wurde vermutlich auch die teilweise noch vorhandene, jedoch desolate Innenschale des Mauerwerks aufgenommen und wieder neu aufgemauert. Möglicherweise ging die Mauerbresche auf eine frühere Türöffnung zurück. Die Ausmauerung ist heute noch in einem guten Zustand.

5 Ausmauerung einer Ausbruchstelle bzw. Verzahnung am Wohnbau, in die eine von Nordost nach Südwest verlaufende Wand eingebunden war. Auf der Abbildung von G. H. Tychbein von 1779[9] ist die Verzahnung bereits geschlossen. Auf einem 1965 veröffentlichten Foto von Klaus G. Beyer[10] ist die Kontur der geschlossenen Verzahnung im Streiflicht gut erkennbar. Möglicherweise geht die Schließung der Ausbruchstelle auf einen Versuch zum Wiederaufbau nach der Zerstörung von 1450 zurück.

6 Ausmauerung eines Ausbruchs an der Nordecke der Nordostwand des Wohnbaues. Der Ausbruch ist nur auf einer Freihandzeichnung von Heinrich Hess von 1854 fassbar; er könnte mit dem Abbruch einer sich dort anschließenden Mauer mit einer Pforte zu dem nordöstlich vorgelagerten Verteidigungsabschnitt zusammenhängen. Für eine bauliche Maßnahme an dieser Stelle sprechen ein Wechsel der Eckquaderung an zwei Lagen und die geringere Verwitterung der Steinoberflächen an der Nordostseite. Hinweise gegen eine nachträgliche Ausmauerung an dieser Stelle sind die durchgängig verhältnismäßig dünnen Lagerfugen des Eckverbandes, das ungestörte Mauergefüge auf der Nordseite und die unsichere Kontur der Ausmauerung. Auch die Größe der Ausmauerung ist wegen der Missverhältnisse in der Darstellung der entsprechenden Zeichnung (Abb. 5) unsicher.

7 Ausmauerung eines Ausbruches der Mauerschale auf der Südostseite der Mittelwand unter der Tür im Erdgeschoss. Bei der Ausmauerung wurden die ursprünglich vorhandenen Balkenlöcher nicht wieder hergestellt. In der Ausmauerung fällt ein Stein mit einer Riegelfalle auf. Nach dem guten Erhaltungszustand des Mauerwerks dürfte die Ausmauerung bei der Sicherung 1912 erfolgt sein.

8 Ausmauerung der großen Mauerbresche in der Nordostwand des Wohnbaues unter dem Kapellenerker. Die Mauerbresche ist bereits auf der Abbildung von 1779 in geringerer Größe vorhanden, wurde aber, gemäß einer Notiz in der Beilage des Jenaer Volksblattes[11], erst 1909 geschlossen. Die Mauerbresche mit einem großen Ausbruch auf der Südwestseite und einem kleinen Ausbruch auf der Nordostseite ging durch die ganze Wand. Bei der Schließung der Bresche wurden die beiden kleinen Fensterchen im Erdgeschoss wahrscheinlich

nach Ermessen des Auftraggebers oder der Baufirma unter Verwendung vorhandenen Materials hergestellt. Die Ausmauerung der Bresche hat sich bewährt, sie ist heute noch rein äußerlich in einem guten Zustand.

9   Ausmauerung einer Mauerbresche auf der Nordwestseite der Mittelwand unter der Tür im Obergeschoss. Die Ausmauerung wurde vermutlich bei der Sicherung 1909–1912 unter Berücksichtigung des Gefüges des umgebenden Mauerwerks unauffällig eingefügt und wird nur durch die zugesetzten Balkenlöcher und im Streiflicht durch eine geringe Vorwölbung deutlich. Gegenwärtig ist die Reparaturstelle noch in einem guten Zustand.

10 Ausmauerung von Balkenlöchern auf der Nordostseite der Mittelwand. Die Ausmauerung erfolgte wahrscheinlich während der Sicherung 1909–1912 und war an einem Balkenloch Voraussetzung für die dort angebrachte Ankerplatte des Zugankers.

11 Eine der Ankerplatten der Zuganker in Höhe der Fußbodenebene des Obergeschosses des Wohnbaues, bei der Sicherung 1909–1912 eingezogen. Die falsch konstruierten Ankerplatten sind zu klein und aus zu dünnem Material hergestellt. Wegen fehlender Steifen haben sie sich unter der Dauerbelastung schüsselförmig verformt, was zu einer punktförmigen Belastung des Mauerwerks unter den Ankerplatten führte, wodurch das umgebende Mauerwerk unter den Ankerplatten an einigen Stellen brüchig wurde.

12 Ausmauerung unter der Tür im Obergeschoss, auf der Südostseite der Mittelwand. Vermutlich wurde diese Schadstelle im Zusammenhang mit der Bresche auf der gegenüberliegenden Nordwestseite der Mittelwand 1912 geschlossen. Dabei wurde das einstmals vorhandene Balkenloch unter der Türschwelle nicht wieder hergestellt. Die Ausmauerung ist noch in einem guten Zustand.

13 Ausmauerung einer schmalen rechteckigen Maueröffnung in der Südwestwand des Wohnbaues (außen). Vermutlich Fehlstelle eines Kragsteins. Zeitlich lässt sich die Ausmauerung nicht fassen, scheint aber sehr früh, mit den unter Nr. 14 und 15 beschriebenen Arbeiten erfolgt zu sein. Das verwendete Steinmaterial ist stark verwittert, war offenbar für den ungeschützten Einbau auf der Wetterseite ungeeignet. Möglicherweise wurde die Öffnung bereits vor 1779 geschlossen, da sie auf der Abbildung aus diesem Jahr nicht dargestellt ist.

Abb. 14 Jena, Lobdeburg, Wohnbau, Nordwestseite der Mittelwand, 1998. Unter der Verbindungstür im Obergeschoss ist die Reparaturstelle 9 am abweichenden Gefüge und einer nur im Streiflicht sichtbaren Vorwölbung des Mauerwerks erkennbar. Die Reparaturzeit ist nicht bekannt.

Abb. 15 Jena, Lobdeburg, Wohnbau, Nordwestseite der Mittelwand, 1997. Ankerplatte eines Zugankers über der Deckenebene Erdgeschoss (Rep.-St. 11). Die falsch konstruierte Ankerplatte hat sich unter der Dauerbelastung schüsselartig verformt und kann die Belastung nicht mehr flächig abtragen, was zu einer ungünstigen punktuellen Lastabtragung führt.

14 Ausmauerung einer Fehlstelle eines romanischen Türgewändes im Obergeschoss. Für die Ausmauerung der Fehlstelle eines Gewändeschaftes im Obergeschoss wurde ungeeignetes Material, alte Dachziegel einer Priependeckung

und nicht witterungsbeständiges Steinmaterial, verwendet. Vermutlich sollte die Reparaturstelle später einen Putz erhalten. Auf der Abbildung von 1779 ist die Ausmauerung nicht sichtbar, sie scheint bereits früher, mit der unter Nr. 15 beschriebenen Ausmauerung, erfolgt zu sein. Als statisch-konstruktive Sicherung ist diese Ausmauerung vordergründig nicht deutbar, jedoch ist ein verbesserter Witterungsschutz und eine Kaschierung im Zusammenhang mit einem Wiederaufbau der Burg denkbar.

15 Ausmauerung einer romanischen Tür auf der Südwestseite des Wohnbaues im Obergeschoss. Die Ausmauerung mit nicht witterungsbeständigem Steinmaterial und einem Schlitzfenster ist stark verwittert. Wegen des minderwertigen Steinmaterials war vermutlich ein Putz für die Ausmauerung vorgesehen. Auf den Abbildungen von Hortleder[12] (1. Hälfte 17. Jh.) und Tychbein[13] (1779) ist die Tür bereits zugesetzt. Ein Zusammenhang mit einer statisch-konstruktiven Sicherung ist nicht erkennbar. Die Tür dürfte nach der Zerstörung, spätestens im 16. Jahrhundert, zugesetzt worden sein und könnte als Versuch zu einem Wiederaufbau gedeutet werden.

16 Ausmauerung einer durch die ganze Wanddicke gehenden Öffnung in der Südwestwand des Wohnbaues in Höhe des Obergeschosses. Die Öffnung, die bis in die Südostwand reicht, geht auf eine Kontur eines fehlenden Gewändes einer Fensteröffnung auf der Innenseite der Wand zurück. Während die Öffnung außen mit Natursteinquadermauerwerk zugesetzt wurde, ist die Öffnung innen mit Ziegelmau-

Abb. 16 Jena, Lobdeburg, Wohnbau, Südwestwand, 1998. Ausmauerung einer beim Teilabbruch der Südwestwand entstandenen Fehlstelle eines Türgewändes im Obergeschoss (Rep.-St. 14). Die Ausmauerung zeigt die Kontur des fehlenden Gewändeschaftes mit einer im Vergleich zu dem umgebenden Mauerwerk stärkeren Verwitterung infolge mangelhafter Materialauswahl.

Abb. 17 Jena, Lobdeburg, Wohnbau, Südwestwand, 1998. Die Abbildung zeigt die Reparaturstellen im Obergeschoss, links die ausgemauerte Fehlstelle des Gewändeschaftes einer rundbogigen Tür, rechts daneben eine ausgemauerte rundbogige Tür (Rep.-St. 14 + 15). Die starke Verwitterung der Ausmauerung lässt auf mangelhafte Materialauswahl schließen. Rechts angeschnitten zeichnet sich die Ausmauerung (Rep.-St. 16) der ehemaligen Fensteröffnung ab. Unter dem Gewände der ausgemauerten rundbogigen Tür lässt sich die Ausmauerung eines ausgebrochenen Kragsteines erkennen.

Abb. 18 Jena, Lobdeburg, Wohnbau, 2004. Im Obergeschoss zeichnet sich innen in der Südwestecke deutlich die Übermauerung eines fehlenden Bogengewändes ab (Rep.-St. 16). Außen ist die Öffnung mit witterungsbeständigen Kalksteinquadern zugesetzt, innen ist das Mauerwerk mit Ziegeln im Kreuzverband ausgeführt und dünn verputzt.

erwerk im Kreuzverband geschlossen. Auf allen bekannten Abbildungen der Lobdeburg ist diese Öffnung bereits geschlossen. Die sorgfältige Ausführung des Mauerwerks mit Quadern aus witterungsbeständigem Steinmaterial lässt an eine frühzeitige Schließung wegen Zugerscheinungen bereits zu Zeiten der Lobdeburger oder nach dem Brand 1450 denken. Rückschlüsse auf die Datierung der Ausmauerung auf der Innenseite der Südwestwand sind gegebenenfalls über die Ziegelformate möglich.

17 Ergänzung der fehlenden rechten der beiden eingestellten Freisäulen auf der Innenseite des Fensterpfeilers zwischen den beiden Doppelarkaden der Südostwand des Wohnbauobergeschosses. Auf der Abbildung der Doppelarkaden bei Lehfeldt[14] und einer Zeichnung Bodo Ebhardts von 1898[15] ist diese Säule noch als fehlend dargestellt. Die Säule kann nur bei der Sicherung 1909–1912 ergänzt worden sein. Dabei wurde eine nachgearbeitete Säule unter das erhaltene Doppelkapitell auf die erhaltene, stark verwitterte Basis eingesetzt. Das Material der Säule ist nicht bekannt, vermutlich handelt es sich um einen kristallinen Sandstein.

18 Sicherung der Brüstung der Fensterarkade mit „reichlichem Zementauftrag".[16]

19 Sicherung des inneren Bogens des südwestlichen Fensters, der dem Einsturz nahe gewesen sein soll. Wie in einem Beitrag von 1912 dargestellt, soll dabei der Bogen mittels Winden [? Anm. Verf.] gehoben worden sein.[17] Dabei konnte der Bogen offenbar nicht wieder in die ursprüngliche Rundung gedrückt werden, was die sichtbare leichte Abweichung von der Kreisform erklärt.

20 Nachträgliche Bearbeitung der Oberfläche der Konsole des Kapellenerkers. Ein Hinweis dazu findet sich bei Lehfeldt: Der „[…] mit Kuppeldach bedeckte Erker (Rest der Kapelle) ruht auf einem Konsol, welches bei der letzten Restauration etwas glatter gemacht ist".[18] Die Überarbeitung zeigt sich an einem partiell ausgeführten, über mehrere Schichten verlaufenden Beilhieb. Dabei kann es sich wohl nicht um eine Sicherungsmaßnahme gehandelt haben, sondern nur um eine Verschönerung.

21 Betonabdeckung des Gewölbes des Kapellenerkers auf der Nordostwand. Die Abdeckung ist auf den 1906 von Bodo Ebhardt angefertigten Fotos noch nicht vorhanden, sie wird bei der Sicherung 1909–1912 hergestellt worden sein. Die konstruktive Gestaltung der Abdeckung ist mangelhaft, da das Niederschlagswasser nicht nach außen, sondern in das

Abb. 19 Jena, Lobdeburg, Wohnbau, Südostwand von innen, 1998. Das Foto zeigt die beiden eingestellten Freisäulen am Mittelpfeiler zwischen den beiden Fensterarkaden im Obergeschoss. Die bei der Sicherung 1909–1912 ersetzte rechte Freisäule unterscheidet sich farblich deutlich von der linken originalen Säule (Rep.-St. 17).

Schaftmauerwerk des Kapellenerkers abgeleitet wird. Außerdem ist die Abdeckung heute nicht mehr dicht und brüchig.

22 Aufmauerung der Wandfelder beiderseits des Giebeldreiecks über dem Kapellenerker auf eine einheitliche Höhe mit dem südöstlichen Teil des Wohnbaues. Im Gegensatz zu den umgebenden Wandflächen sind die Innenseiten dieser Wandflächen nicht vom Brand gerötet und können deshalb nur nach dem Brand hergestellt worden sein. Ein Zusammenhang mit einer statisch-konstruktiven Sicherung ist nicht erkennbar. Auch ist die Aufmauerung bereits auf allen bekannten Abbildungen der Lobdeburg dargestellt. Das spricht neben der Ausmauerung einer Tür auf der Südwestseite (Nr. 15) und der unter Nr. 23 dargestellten Abgleichung der Mauerkrone für einen frühen Versuch eines Wiederaufbaues nach dem Brand 1450.

23 Auf älteren Abbildungen (Julius Fleischmann 1848[19], Friedrich Sprenger 1860[20], Bodo Ebhardt 1907[21]) und auch auf den Messbildern von 1984[22] erkennbarer Spannungsriss auf der Südostseite des Wohnbaues, der von der Mauerkrone bis zum Erdgeschoss reicht, aber anscheinend nicht bis nach

Abb. 20 Jena, Lobdeburg, Wohnbau, Südostseite, 1998. Das Foto zeigt den vom Erdgeschoss bis zur Mauerkrone durchgehenden Riss unterhalb der Fensterarkaden (Rep.-St. 23). Bei der Sicherung 1909–1912 wurde der Riss nur oberflächlich, anscheinend mit Zementmörtel, geschlossen. Der Versprung der äußeren Mauerschale auf der rechten Seite des Risses zeigt, dass sich hier die äußere Mauerschale vom Mauerkern gelöst hat. Durch thermische Spannungen und Bewegungen hat sich der Riss wieder geöffnet.

Abb. 21 Jena, Lobdeburg, Wohnbau, Südostseite, 1998. Das Foto zeigt den am Sturz der Blendnische über den Fensterarkaden bis zur Mauerkrone durchgehenden Riss (Rep.-St. 23). Bei der Sicherung 1909–1912 wurde der Riss nur oberflächlich geschlossen, der vorhandene Versprung des Schuppenfrieses über der Blendnische durch eine verbindende Schräge angeglichen.

Abb. 22 Jena, Lobdeburg, Wohnbau, Nordostwand, 1998. Die bei der Sicherung 1909–1912 hergestellte Betonabdeckung des Kapellenerkers hat sich nur bedingt bewährt (Rep.-St. 21). Die Gestaltung der Abdeckung mit einer ungünstigen Ableitung von Niederschlagswasser und ungenügender Wasserdichtigkeit hat einerseits das Gewölbe des Kapellenerkers vor dem Einsturz bewahrt, andererseits entwickelt sich in den Schwind- und Spannungsrissen der Abdeckung inzwischen zunehmend Bewuchs.

Abb. 23 Jena, Lobdeburg, Wohnbau, Nordostwand, 1999. Zu sehen sind die Aufmauerungen der Zwickel beiderseits des Giebels über dem Kapellenerker (Rep.-St. 22), die auf der Innenseite keine Rotfärbung wie das darunter liegende Mauerwerk haben. Sie können nur nach dem Brand 1450 hergestellt worden sein. Mit anderem Steinmaterial ausgeführt dienten sie der Abgleichung der Mauerkronen, möglicherweise in Vorbereitung eines Wiederaufbaues mit einer anderen Dachform.

Abb. 24 Jena, Lobdeburg, Wohnbau, Nordostwand, 1999. (Rep.-St. 24 und 25) Über den Kragsteinen sind die zugesetzten Balkenlöcher, vermutlich eines Wehrganges, erkennbar. Darüber ist am Wechsel des Mauerwerksgefüges die nachträgliche Ausmauerung des Zuganges zu diesem Gang, zur Abgleichung der Mauerkronen, möglicherweise in Vorbereitung eines Wiederaufbaues in anderer Form, ersichtlich.

innen durchgeht. Der Riss wurde nur oberflächlich mit Mörtel ausgedrückt und damit nicht dauerhaft geschlossen. Auf der rechten Seite des heute wieder offenen Risses springt die Oberfläche einseitig vor, was hier auf Schalenbildung hinweisen könnte. Über dem Blendfeld, in dem die Fensterarkaden gefasst sind, hat das abschließende Schuppenprofil bei der Sicherung 1909–1912 an dem durch den Riss hervorgerufenen Versprung eine verbindende Abwinkelung erhalten. Ein weiterer Riss auf der Nordostseite, neben der Tür, reicht nur von der Mauerkrone bis etwa zur Höhe der Türschwelle und ist auf dem Messbild von 1984 außen nur schwach erkennbar, aber in der Zeichnung Bodo Ebhardts von 1907 erfasst. Bei der Sicherung 1909–1912 wurde auch dieser Riss nur oberflächlich geschlossen und ist heute wie-

Abb. 25   Jena, Lobdeburg, Wohnbau, Mauerkrone der Südwestwand, 1984. Der 1912 im Zuge der Sanierung aufgebrachte Zementmörtel (Rep.-St. 26) scheint zu dieser Zeit noch verhältnismäßig fest, der Verbund zwischen Stein und Mörtel ist allerdings gelockert. In den Fugen entwickelt sich bereits Bewuchs.

Abb. 26   Jena, Lobdeburg, Wohnbau, Mauerkrone der Nordostwand, 1984. Das Schadensbild entspricht der Beschreibung von Abb. 25.

der offen. Für eine sichere Schließung der Risse fehlten damals die technischen Voraussetzungen.

24 Ausmauerung der auf der Nordostseite unterhalb der Mauerkrone über den Kragsteinen vorhandenen, nach innen durchgehenden Balkenlöcher eines zu vermutenden Wehrganges. Diese erfolgte vermutlich im Zusammenhang mit der Abgleichung der Mauerkrone.

25 Ausmauerung eines in der Breite des Wehrganges tiefer liegenden Mauerabschnittes mit kleinformatigem Steinmaterial, ähnlich wie über dem Kapellenerker (Nr. 20). Diese Maßnahme diente vorrangig der Abgleichung der Mauerkrone und nicht einer statisch-konstruktiven Sicherung. Die Abgleichung der Mauerkrone könnte als vorbereitende Maßnahme für die Errichtung eines über den gesamten Wohnbau gehenden einheitlichen Daches gedeutet werden.

26 Die Sicherung der Mauerkrone des Wohnbaues war vermutlich eine der letzten Arbeiten bei den Maßnahmen 1909 – 1912. Dabei wurde für die obersten Schichten anscheinend Zementmörtel verwendet, wobei die Abdeckung

Abb. 27   Jena, Lobdeburg, Wohnbau, Mauerkrone der Nordostwand, südöstlicher Teil, 1984. Das Schadensbild entspricht der Beschreibung von Abb. 25.

Abb. 28   Jena, Lobdeburg, Wohnbau, Mauerkrone der Mittelwand, 1984. Das Schadensbild entspricht der Beschreibung von Abb. 25.

eine Neigung erhielt, um Staunässe zu vermeiden. Bei einer Begehung der Mauerkrone 1984 war der Mörtel noch in einem verhältnismäßig guten Zustand, jedoch von beginnendem Bewuchs durchsetzt. Zum Abschluss der Sicherung wurde auf der Südwestmauer des Wohnbaues eine ca. 40 x 60 cm große, heute nicht mehr vorhandene Platte befestigt, die wohl auf die Sicherung verwies.

27 Am Zisternenturm wurde 1797 auf Veranlassung der Familie von Ziegesar in Bodenhöhe eine Öffnung geschaffen – wenn man der gängigen Begründung glauben darf, zur Sicherheit der Besucher, die sich in dem Zisternenturm versteigen könnten. Offenbar wurde die Ruine schon damals als Abenteuerspielplatz genutzt.

28 Untermauerung des unteren Teiles der sich südlich an den Zisternenturm anschließenden Mauer. Diese Mauer ist auf den anstehenden, nicht witterungsbeständigen Wellenkalk gegründet, der seit langem frei liegt und zerbröckelt. Zur Stabilisierung wurde der freiliegende Fels wohl 1912 teilweise mit einer Futtermauer ummantelt.

29 Unterstützung der sich südlich an den Zisternenturm anschließenden, durch Verwitterung des lockeren, freiliegenden Felsens geneigten Mauer durch einen Wandpfeiler, um einem Umstürzen der Mauer vorzubeugen. Vermutlich wurde diese Pfeilervorlage bei der Sicherung 1912 hergestellt.

Kartenteil – Zusammenstellung früherer Bau- und Sicherungsarbeiten

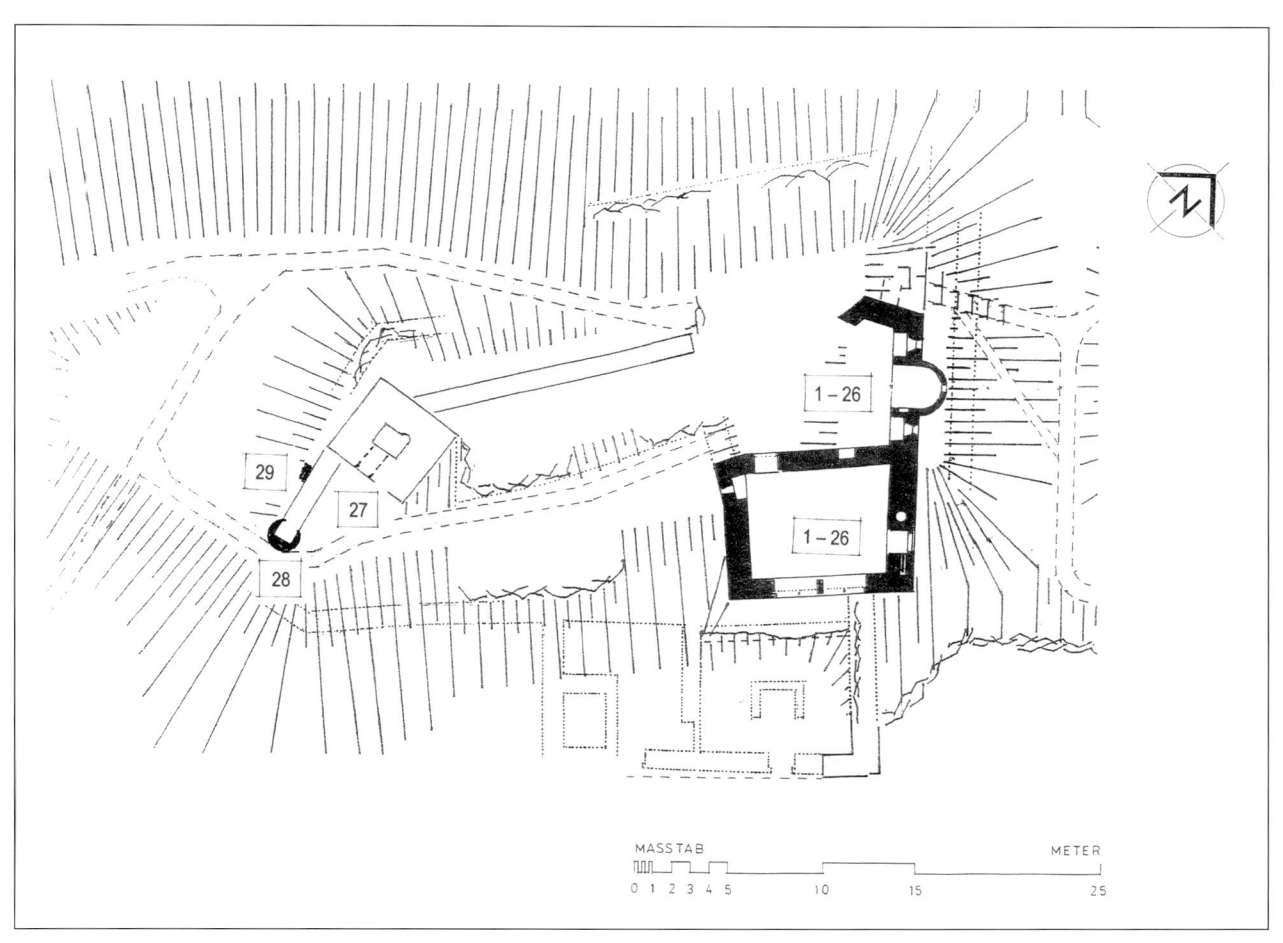

Blatt 1 Jena, Lobdeburg, Gesamtanlage, Übersicht der Reparaturstellen, 2009

Bau- und Sicherungsarbeiten an der Ruine der Lobdeburg bei Jena-Lobeda

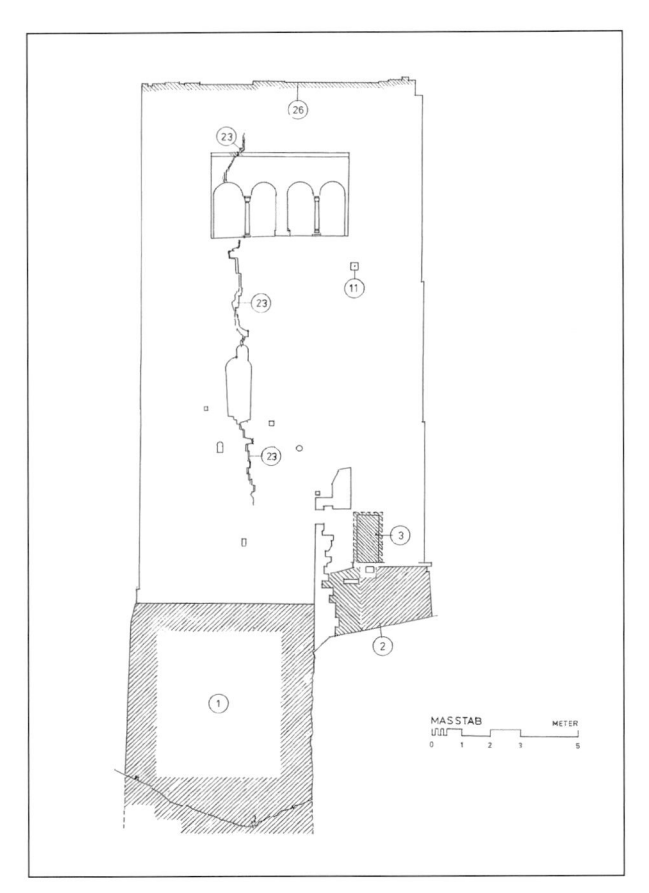

Blatt 2   Jena, Lobdeburg, Wohnbau, Südostansicht, Reparaturstellen, 2009

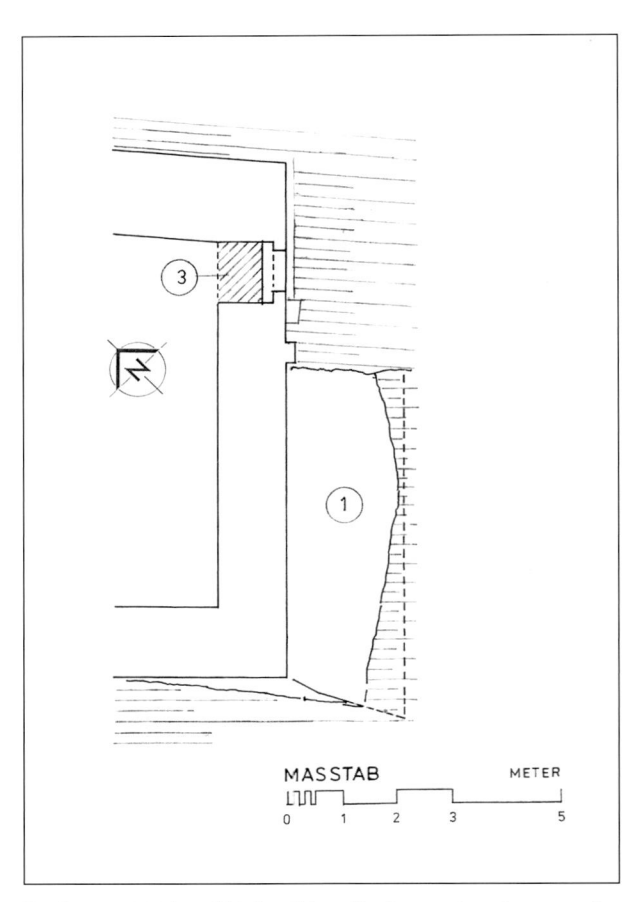

Blatt 3   Jena, Lobdeburg, Wohnbau, Teilgrundriss Untergeschoss, Reparaturstellen, 2009

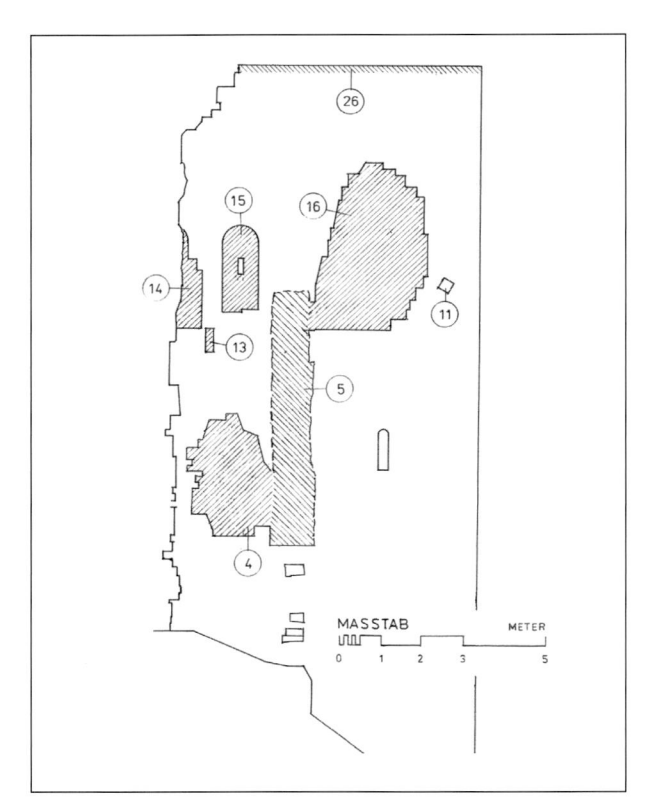

Blatt 4   Jena, Lobdeburg, Wohnbau, Südwestansicht, Reparaturstellen, 2009

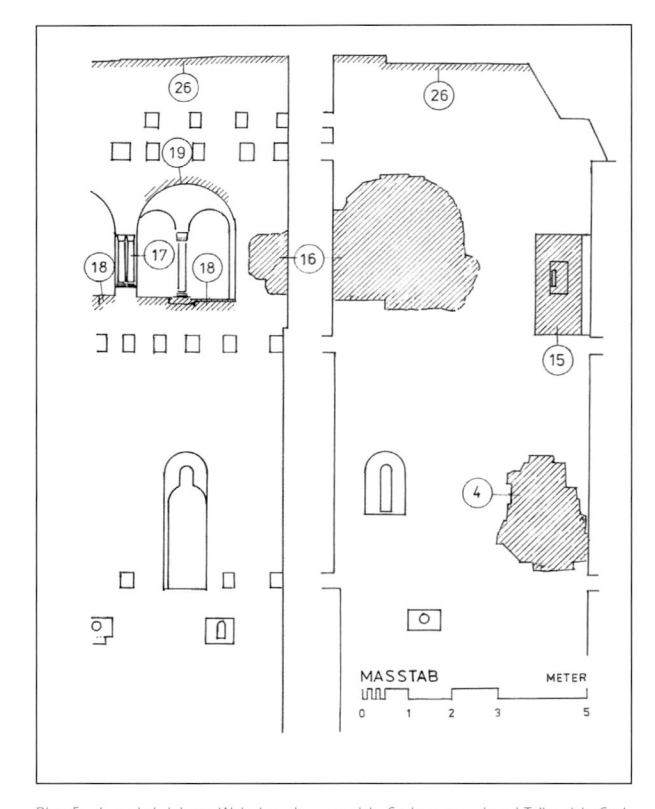

Blatt 5   Jena, Lobdeburg, Wohnbau, Innenansicht Südwestwand und Teilansicht Südostwand, Reparaturstellen, 2009

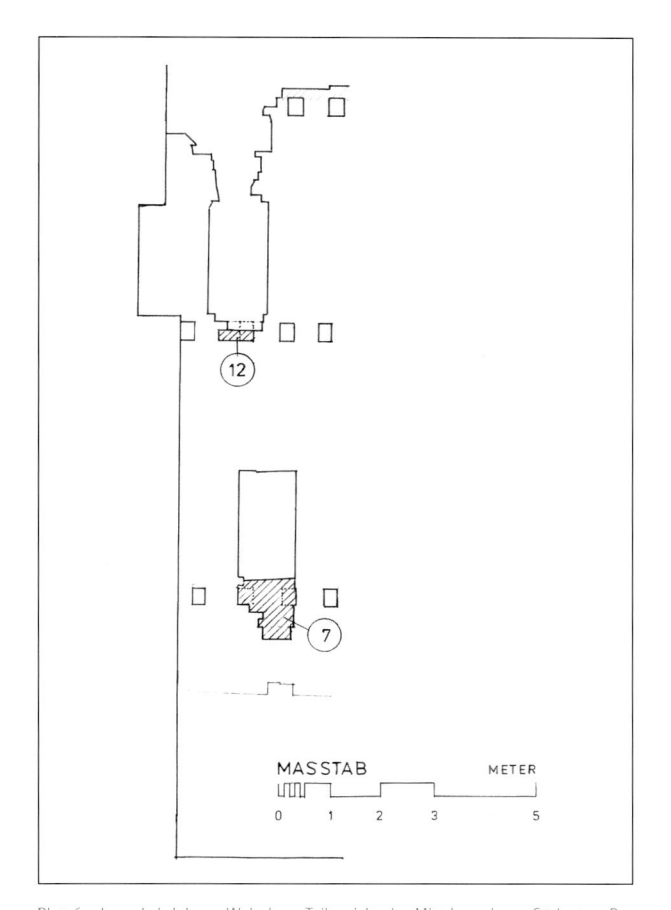

Bau- und Sicherungsarbeiten an der Ruine der Lobdeburg bei Jena-Lobeda

Blatt 6   Jena, Lobdeburg, Wohnbau, Teilansicht der Mittelwand von Südosten, Reparaturstellen, 2009

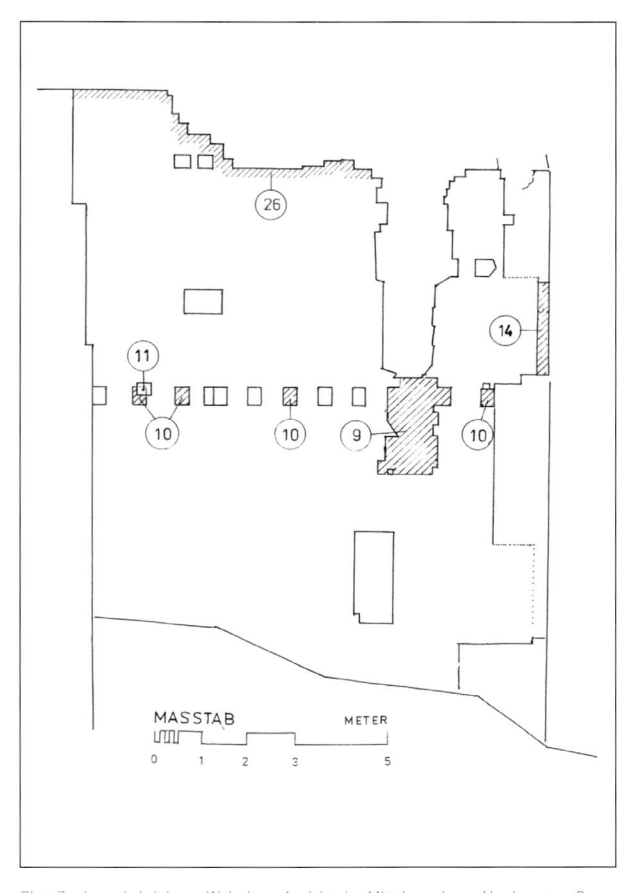

Blatt 7   Jena, Lobdeburg, Wohnbau, Ansicht der Mittelwand von Nordwesten, Reparaturstellen, 2009

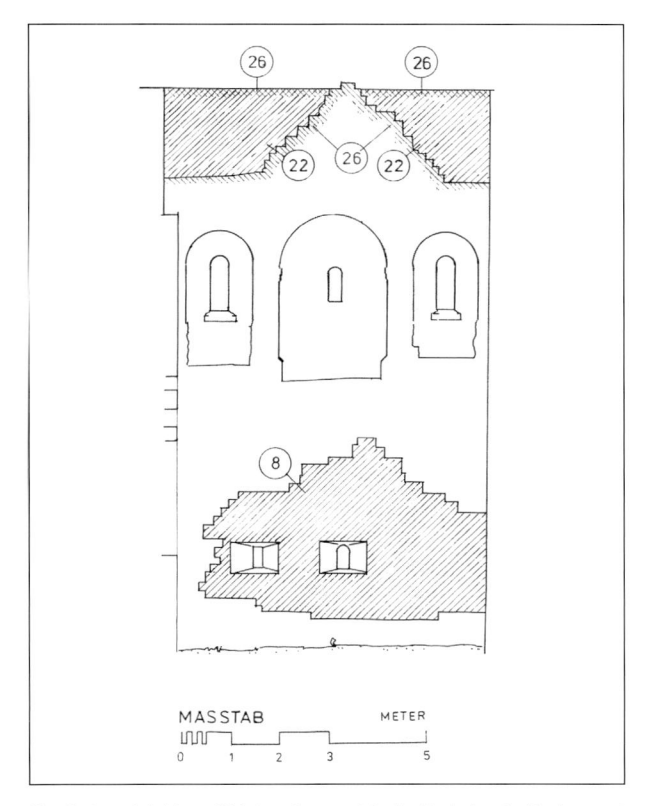

Blatt 8   Jena, Lobdeburg, Wohnbau, Innenansicht des Nordteiles der Nordostwand, Reparaturstellen, 2009

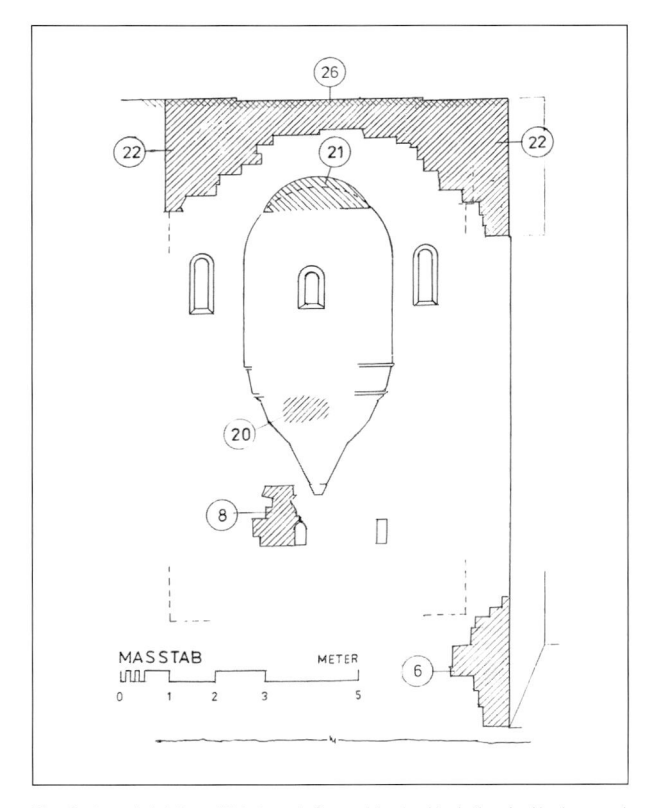

Blatt 9   Jena, Lobdeburg, Wohnbau, Außenansicht des Nordteiles der Nordostwand, Reparaturstellen, 2009

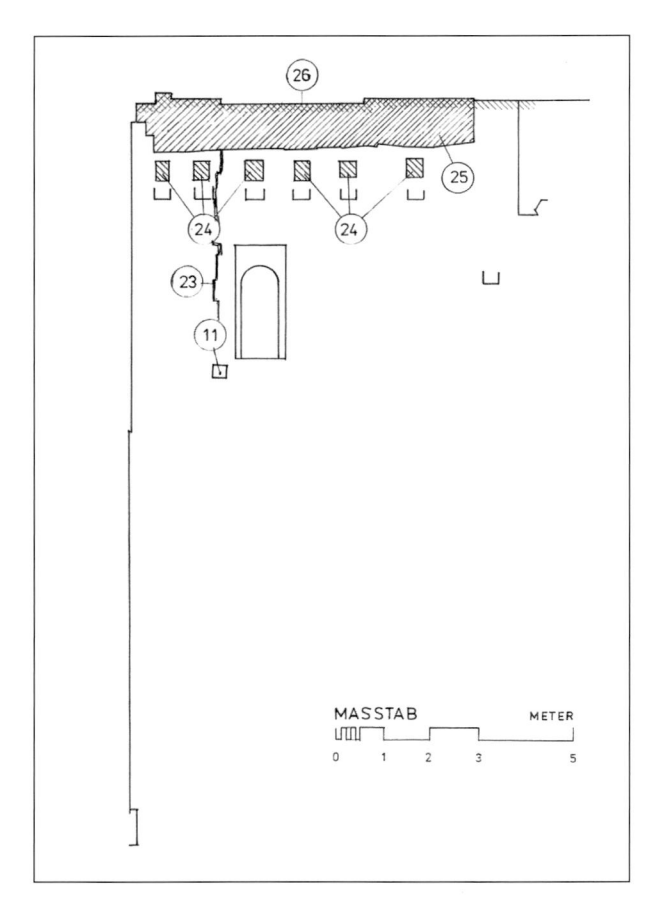

Blatt 10   Jena, Lobdeburg, Wohnbau, Außenansicht des Südteiles der Nordostwand, Reparaturstellen, 2009

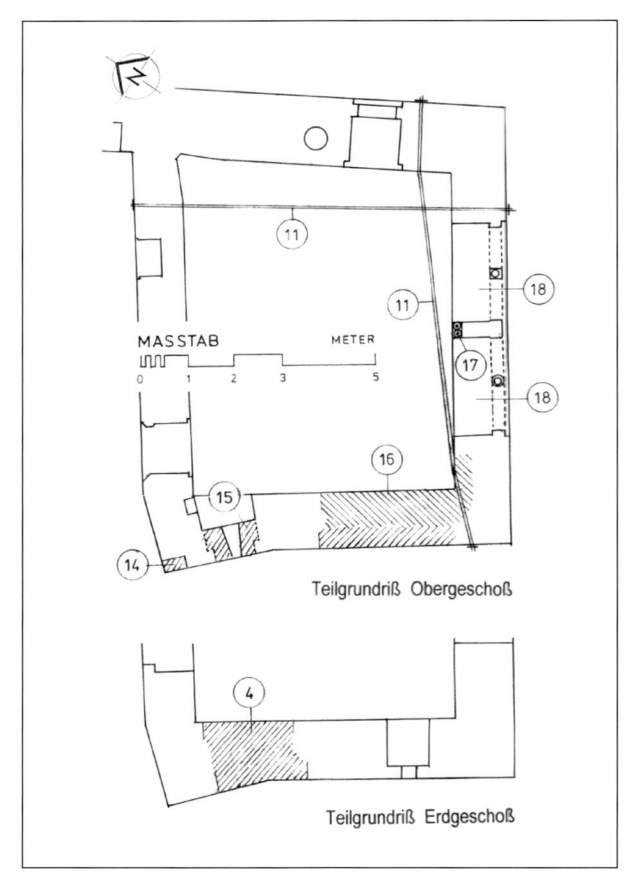

Blatt 11   Jena, Lobdeburg, Wohnbau, Teilgrundrisse Obergeschoss und Erdgeschoss des Südostteiles, Reparaturstellen, 2009

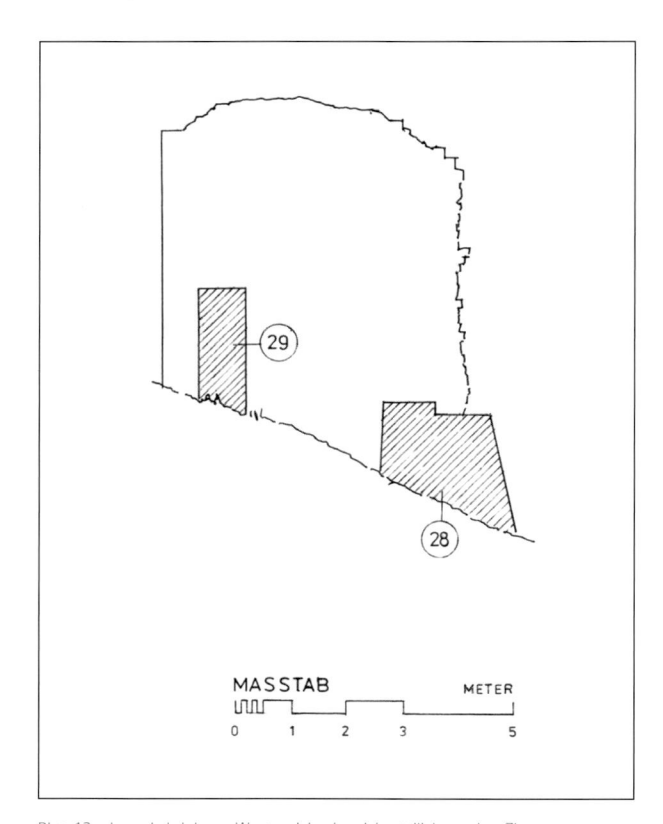

Blatt 12   Jena, Lobdeburg, Westansicht der sich südlich an den Zisternenturm anschließenden Mauer, Reparaturstellen, 2009

1   Zusammenstellung nach Schmid 1840. Lebens- und Sterbedaten nach 1840 gemäß Erbbegräbnissen auf dem Friedhof zu Drackendorf.
2   ThHStA Weimar, Nachlass Hortleder, Nr. 42, Bl. 91.
3   Sprenger 1860, S. 520–523 und Tafel 56.
4   Lehfeldt 1888, S. 9–12.
5   Ebenda, S. 10.
6   Ebhardt 1907, S. 21–27.
7   Vgl. Rudolph 2003, S. 179; Rudolph 2004, S. 66; Fritzsche 2007b, S. 60.
8   Lehfeldt 1888, S. 12.
9   Schmid 1779.
10 Mrusek 1965.
11 Lobdeburg 1910a, S. 4.
12 ThHStA Weimar, Nachlass Hortleder, Nr. 42, Bl. 91.
13 Schmid 1779.
14 Lehfeldt 1888, S. 11.
15 Jost 1997, S. 15.
16 Auf den Ruinen 1912, S. 3.
17 Ebenda.
18 Lehfeldt 1888, S. 14.
19 Arldt/Fleischmann 1848.
20 Sprenger 1860, Tafel 56.
21 Ebhardt 1907, S. 21–27.
22 Archiv Verfasser.

Denkmalpflege und Denkmalerfassung

Kirsten Angermann, Eckhard Baier

Der Eiermann-Bau in Apolda als Thema eines studentischen Workshops des Deutschen Nationalkomitees für Denkmalschutz

Das immer noch wenig bekannte Fabrikgebäude der ehemaligen Total KG Foerstner & Co. in Apolda, im allgemeinen Sprachgebrauch Eiermann-Bau genannt, gilt in Fachkreisen mittlerweile als Meilenstein in der Geschichte des modernen Industriebaus der dreißiger Jahre in Deutschland und wird inzwischen hinsichtlich seiner Bedeutung für die deutsche Industriearchitektur der Moderne in der Fachwelt mit dem von Walter Gropius und Adolf Meyer geschaffenen Fagus-Werk in Alsfeld gleichgesetzt. Die überregionale architekturgeschichtliche Bedeutung des Bauwerks, das in seiner Grundsubstanz gut erhalten ist, liegt in seiner gelungenen Synthese eines älteren traditionellen Industriebaus mit der modernen Erweiterung von Egon Eiermann, die dieser streng im Geist des Neuen Bauens konzipierte.

Die Baugeschichte beginnt mit dem 1906/07 entstandenen neunachsigen, dreieinhalbgeschossigen Wobereigebäude des Apoldaer Architekten Hermann Schneider, das bereits als Stahlbetonskelettbau angelegt war, jedoch in seinen Klinkerausfachungen noch kleinteilige Fenster der Jahrhundertwende aufnahm. Nach dem Verkauf der Fabrik Mitte der dreißiger Jahre an das Berliner Feuerlöschgerätewerk Total erhielt Egon Eiermann den Auftrag zu Um- und Erweiterungsbauten, die er 1938/39 realisierte. Dieser Anbau vergrößerte die Gebäudelänge des Ursprungsbaus auf mehr als das Doppelte und übernahm sowohl die Stahlbetonskelettkonstruktion mit seiner Tragkonstruktion (von mittig in Reihe gestellten paarweisen Pfeilern) als auch das Fassadenraster. In den Feldern der Fassade wiederholte er zwar den Brüstungsriegel in Material und Höhe, setzte dann aber mit den die ganze Restfläche füllenden großzügig geteilten Fenstern deutlich moderne, den Bau prägende Akzente. Zu diesen kommen die Ausbildung des dritten Obergeschosses als Vollgeschoss und die den Anbau bekrönende markante Dachterrasse hinzu. Im niedrigen Abschlussgeschoss des Schneider-Baus etablierte Eiermann Nebenfunktionen wie Umkleide- und Waschräume, den stützenlosen Saalraum der anschließenden Geschossebene seines Anbaus schuf er für Kantinennutzung, Belegschaftsversammlungen als auch für festliche Veranstaltungen.

Die vom Saal erreichbare große Dachterrasse erinnert in ihrer Ausformung bis hin zu einer Reling und der Gestaltung eines Schornsteins an das Deck eines Luxusdampfers. Ihre Nutzung

Abb. 1   Apolda, Eiermann-Bau, Ansicht des Alt- und Neubaus, 1939

als Dachgarten wurde durch die zusätzliche Inszenierung von Grünpflanzen und die Aufstellung von entsprechendem Gestühl unterstützt. Hier konnten sich die Fabrikarbeiter in den Pausen erholen. Prinzipiell entsprachen ein derartiges Angebot, der Gemeinschaftsraum und die großzügig gestalteten Räume des Anbaus durchaus den nationalsozialistischen Maßgaben und Vorstellungen: Von licht- und luftdurchfluteten Arbeitsstätten versprach man sich eine leistungssteigernde Wirkung auf die Belegschaft. Damit kommen zu der bisher beschriebenen architekturgeschichtlichen Bedeutung des Eiermann-Baus wichtige sozialgeschichtliche Aspekte hinzu. Der Architekt erprobte bei seinem Anbau zudem bereits Gestaltungselemente, die er später bei seinen Nachkriegsbauten wieder aufgriff, wie das angefügte Treppenhaus, die Treppengeländer, die großflächigen Stahlfenster und die Sichtbarkeit der Konstruktion, sein gestalterisches Ziel der Verschmelzung von Technik und Kunst stets im Auge behaltend.

Außer dem eben beschriebenen Hauptgebäude sind von dem Ensemble der Total-Werke lediglich ein Wohnhaus und ein Verwaltungsgebäude vorhanden, die zeitlich parallel zum Schneider-Bau entstanden waren. Sämtliche Gebäude stehen seit 1980 unter Denkmalschutz. Unmittelbar zum Hof hin anschließende Shedhallen und weitere Produktionsgebäude auf dem heute freien Areal mussten Ende der 90er Jahre vor allem wegen schlechter Bauzustände aufgegeben werden.

Die Nutzungsgeschichte der Total-Werke ist hier nur kurz darstellbar. Von 1939 bis 1945 wurden vorwiegend Feuerlöschgeräte, jedoch auch Flammenwerfer hergestellt. Nach dem Krieg kam es wegen der Rüstungsbeteiligung zur Enteignung, später zur Zwangsverwaltung, dann sukzessive zur Wiederaufnahme der Produktion und Umwandlung zu einem Volkseigenen Betrieb. Dieser wurde nach der politischen Wende in eine Kapitalgesellschaft überführt, die von 1992 bis 1994 existierte und nur noch eine reduzierte Produktpalette abdeckte. Danach erfolgte der komplette Leerzug, womit der Verfall der Bauten begann. In Reaktion darauf gründete sich 1999 der „Verein der Freunde des Eiermann-Baus Apolda e.V.", der sich seitdem engagiert und erfolgreich um die Erhaltung, Sanierung und Nutzung der Gebäude bemüht.

Der Eiermann-Bau ist in der praktischen Behandlung als denkmalpflegerischer Problemfall zu sehen. Zwar ist die gegenwärtige Interimsnutzung unbedingt zu begrüßen, doch wird die Erarbeitung einer dringend erforderlichen denkmalpflegerischen Zielstellung durch Unklarheiten über zukünftige Nutzungen erschwert. Hinzu kommt die Unvollständigkeit der notwendigen Voruntersuchungen sowohl in bauhistorischer als auch in restauratorischer Hinsicht.

Abb. 2   Apolda, Eiermann-Bau, Dachterrasse, Blick nach Osten, 2009

Der Eiermann-Bau in Apolda als Thema eines studentischen Workshops

Eine kontinuierliche Betreuung durch ein im Umgang mit Denkmalen erfahrenes Büro war bislang nicht möglich. So konnten lediglich für die Dachsanierung und für ein Brandschutzgutachten ein Ingenieur- bzw. ein Architekturbüro beauftragt werden. Ansonsten übernahmen allein die beiden unmittelbar zuständigen Denkmalbehörden die denkmalpflegerische Begleitung von Maßnahmen, wodurch die Probleme des Baus eher punktuell gelöst werden konnten. Neben den dringend notwendigen Arbeiten am Flachdach und der zugehörigen Terrasse waren so auch die Fenstersanierung, Rückbauten, Putz- und Malerarbeiten und die Rekonstruktion des Fußbodens im Saal möglich, die unter anderem innerhalb von Arbeitsbeschaffungs- bzw. Strukturanpassungsmaßnahmen (ABM/SAM) ausgeführt wurden. Dadurch konnten das Denkmal insgesamt erhalten und seine Nutzungsmöglichkeiten laufend verbessert werden. Das Thüringische Landesamt für Denkmalpflege und Archäologie (TLDA) begleitet dies durch Beratung und durch möglichst kontinuierliche Beihilfe im Sinne der Pflege von Substanz und Erscheinungsbild. Bei all den vorhandenen Problemen sind das Engagement und die Leistungen des Fördervereins hoch anzuerkennen – doch die oben genannten Defizite bleiben.

In dieser Situation wurde man seitens des Deutschen Nationalkomitees für Denkmalschutz (DNK) auf den Eiermann-Bau als geeignetes Thema für einen studentischen Workshop aufmerksam. Dieser wird seit vier Jahren vom DNK in einem der deutschen Bundesländer veranstaltet. Während der Arbeit an einem ausgewählten Objekt soll dabei Studierenden verschiedener Fachrichtungen die Möglichkeit gegeben werden, sich intensiv mit Themen der Denkmalpflege zu befassen. Der Workshop zu den ehemaligen Total-Werken fand vom 13. bis 19. September 2009 statt und wurde in Kooperation mit dem TLDA und der Bauhaus-Universität Weimar, Professur Denkmalpflege und Baugeschichte, organisiert und durchgeführt. Die 19 Teilnehmer setzten sich zu fast gleichen Teilen aus Studierenden der Kunstgeschichte und der Architektur zusammen, zudem nahmen drei Landschaftsarchitekturstudenten und eine Industriearchäologin teil. Zu den betreuenden Mitarbeitern des Landesamtes und der Universität konnten Verantwortliche vor Ort wie der Vorsitzende des Vereins sowie Vertreter der Eigentümergesellschaft und der Stadt als Ansprechpartner gewonnen werden. Zusammen mit allen Beteiligten erfolgte die Diskussion von Themen für die Workshoparbeit.

Dabei wurden die kunsthistorische Bedeutung, die städtebauliche Situation des Gebäudes, mögliche Nutzungskonzepte, deren Umsetzung im Detail und Möglichkeiten der Denkmalvermittlung als Arbeitsfelder aufgegriffen und zu Aufgabenstellungen ausformuliert. Auf die vorgeschlagene Ausarbeitung einer denkmalpflegerischen Zielstellung wurde in Anbetracht der kurzen Zeit verzichtet, jedoch können einige Ergebnisse durchaus als wichtige Bausteine für eine zukünftige Zielstellung herangezogen werden.

Abb. 3   Apolda, Eiermann-Bau, Saal, Blick nach Westen während des Workshops, 2009

Der Eiermann-Bau in Apolda als Thema eines studentischen Workshops

Die Arbeitsgrundlage für die Teilnehmer lieferte die Dokumentation eines im Hinblick auf den DNK-Workshop stattgefundenen Seminars an der Bauhaus-Universität, in der Recherchen und Analysen zum Gebäude, zum zeitgeschichtlichen Kontext und zum Architekten enthalten sind. Neben der Arbeit am und im Eiermann-Bau fanden im Rahmen der Workshopwoche Führungen durch Weimar und Apolda statt. In Weimar wurde dabei der Schwerpunkt auf Bauten der Moderne wie das Musterhaus am Horn gelegt, in Apolda im Besonderen auf die Entwicklung der Stadt als Industriestandort und die heutigen, vor allem demographischen Probleme.

Fachliche Hintergründe zur Denkmalpflege der Moderne erhielten die Studierenden durch drei Vorträge externer Referenten. So informierte die Restauratorin Bianka Witte-Schäfer über Farbuntersuchungen im Eiermann-Bau. Dr. Andreas Schwarting von der TU Dresden sprach zum Thema „Was ist modern? Überlegungen zum Umgang mit Objekten des Neuen Bauens" und der Berliner Architekt Winfried Brenne lieferte einen Werkbericht zur Sanierung der ehemaligen Bundesgewerkschaftsschule in Bernau von Hannes Meyer. Die Woche endete mit einer öffentlichen Abschlusspräsentation, zu der die Studierenden die Ergebnisse ihrer Arbeiten im Eiermann-Bau vorstellen und diskutieren konnten. Bezeichnenderweise waren weder interessierte Bürger Apoldas noch die eingeladene Presse hierzu anwesend.

Dagegen sind die Ergebnisse für den weiteren Umgang mit dem Eiermann-Bau durchaus relevant: Die Bearbeiter erkannten schnell die derzeitigen Missstände wie die mangelnde Anbindung des Eiermann-Baus an die Stadt. Hier wären unter anderem Verbesserungen in der Wegeführung, aber auch in der Wahrnehmung aus der Ferne und in der Annäherung an das Gebäude wünschenswert. Sehr bald wurde das scheinbare Desinteresse der Bevölkerung, aber auch der Kommune offenbar und von den Studierenden dringend angeregt, das Umfeld des Denkmals einschließlich des rückwärtigen brachliegenden Geländes in die Planung für die Bewerbung zur Landesgartenschau einzubeziehen. Dass in Zukunft das große Flächenangebot des Ensembles wohl keiner monofunktionalen Nutzung zugeführt werden kann, sahen die Studierenden als gegeben an. Besonders problematisch stellt sich die Lage des Eiermann-Baus in einer schrumpfenden Stadt dar, die viele in Großstädten umgesetzte Konzepte für leer stehende Industriebauten unmöglich macht. Dennoch wurden auch Potentiale des Gebäudes erfasst. So ist der Bau seit dem Engagement des Vereins und des neuen Eigentümers nicht mehr vom Verfall bedroht und erhält durch regelmäßige Veranstaltungen und die Eiermannausstellung überregionalen Zulauf. Eine Etablierung längerfristiger Nutzungen kann dennoch nur schrittweise erfolgen; deshalb wurden Konzepte erarbeitet, die eine modulare Aufteilung vorschlagen und in denen das Gebäude in Kalt- und Warmzonen unterteilt werden kann. Damit ließen sich auch permanente und temporäre Nutzungen besser zuordnen. Die vorhandene offene Raumstruktur wird als vorteilhaft für einen denkmalgerechten Umbau angesehen, da sie auch reversible Eingriffe durch eingestellte Leichtbauwände oder Haus-in-Haus-Lösungen erlaubt. Generell sind die Nutzungsmöglichkeiten vielfältig. So könnten neben Ausstellungen auch Gewerbe oder Handwerk untergebracht werden. Während des Workshops wurde der Eiermann-Bau wiederholt als Schul- oder Hochschulstandort vorgeschlagen und auch die Unterbringung eines Wohnheims oder einer Herberge für denkbar gehalten.

Abb. 4 Apolda, Eiermann-Bau, Besprechungsrunde während des Workshops, 2009

Abb. 5 Weimar, Hauptgebäude der Bauhaus-Universität, Besprechungsrunde während des Workshops, 2009

Gleichzeitig betonten die Teilnehmer, dass der öffentliche Zugang vor allem zu Festsaal und Terrasse immer gewährleistet bleiben sollte. Besondere Aufmerksamkeit wurde der bislang vernachlässigten Eingangssituation gewidmet. Von den Studierenden konnte der ursprünglich von Eiermann geplante Eingang zum Anbau belegt werden, der ehemals jedoch von einem mit weiteren Fabrikgebäuden umstellten Innenhof aus ins Gebäude führte und somit eher der internen als der externen Erschließung diente. Diese Erkenntnis wird wohl zu einer prinzipiellen Auseinandersetzung mit den Zugängen zum Gebäude führen, dessen jetzige Eingangssituation nicht befriedigen kann. Allen baulichen Maßnahmen voraus gehen sollte, so das Plädoyer der Studierenden, jedoch eine Vermittlungskampagne für das eher unbequeme Denkmal. Diese müsste das Ansehen des Eiermann-Baus insbesondere bei den Bürgern Apoldas aufwerten und darüber hinaus mögliche zukünftige Nutzer anziehen. Mit konkreten Vorschlägen machten die Studierenden deutlich, wie einfach Verbesserungen in der Imagepflege möglich sein könnten. So wäre für die überregionale Präsentation die Einstellung und Aktualisierung von Informationen zum Denkmal auf den Webseiten der Stadt ebenso wünschenswert wie eine Verlinkung zur schon bestehenden Webseite des Vereins. Die Pflege dieser Internetpräsenz durch Schüler des Apoldaer Berggymnasiums im Rahmen des Informatikunterrichts ist dabei durchaus vorstellbar. Des Weiteren schlugen die Studierenden vor, den Eiermann-Bau als Station in die Stadtführung aufzunehmen. Werbemittel wie Informationsflyer, Postkarten und ein Logo als Vorstufe zu einer Corporate Identity könnten als mögliche Projektarbeit der Fakultät Gestaltung der Bauhaus-Universität entstehen. Erklärte Ziele all dieser Maßnahmen sollten immer die Etablierung der „Marke Eiermann-Bau" und die Sensibilisierung für den Wert des Denkmals sein.

Die vorgestellten Ergebnisse zeigten wieder einmal die Bedeutung derartiger Workshops, in denen mit dem unbefangenen unverstellten Blick von außen und aus verschiedenen Blickwinkeln eine konzentrierte Bearbeitung eines Objektes mit seinen Problemen erfolgt, was zum Teil erstaunliche Ergebnisse erbringt. Dies widerspiegelten auch die zur Abschlusspräsentation geäußerten Statements der Veranstalter und Betreuer und besonders der Agierenden vor Ort, was dazu führte, dass die Eigentümervertreter und die Leiterin des Stadtplanungsamtes sogleich beschlossen, möglichst bald zusammen mit einer Sprecherin der Studentengruppe den Kontakt mit der Stadtverwaltung Apolda zu suchen, um eventuell einige der Ergebnisse bzw. Anregungen in die Praxis zu überführen. Von nicht geringer Bedeutung dürfte auch das nochmals vorgebrachte eindeutige Bekenntnis des Eigentümers zu diesem besonderen Denkmal sein und seine Zusage großzügiger Finanzmittel, die z. B. für die Fertigstellung der Fenstersanierung benötigt werden. Das DNK als Veranstalter wird die Arbeitsergebnisse der Studenten in einer kleinen Publikation würdigen. Als ein letztes Fazit des Workshops soll die gelungene Zusammenarbeit von Bauhaus-Universität (Professur Denkmalpflege und Baugeschichte) und TLDA nicht unerwähnt bleiben.

Abb. 6   Apolda, Eiermann-Bau, Detail Haupttreppe, 2009

Der Eiermann-Bau in Apolda als Thema eines studentischen Workshops

Abb. 7 Apolda, Eiermann-Bau, Blick aus der ehemaligen Essensausgabe zur Nebentreppe, 2009

Nils Metzler

Die Barfüßerkirche in Erfurt
Variantenuntersuchung zur Bestandssicherung der Ruine des Langhauses

Abb. 1   Erfurt, Barfüßerkirche, Ansicht von Süden, 2009

Die Erfurter Barfüßerkirche, im Kern der Altstadt, unweit der Krämerbrücke gelegen, ist eines der bedeutsamsten Zeugnisse mittelalterlicher Bettelordensarchitektur in Deutschland. Die Klosterkirche der Franziskanermönche wurde im 14. Jahrhundert am Geraufer, gegenüber dem Dominikanerkloster errichtet. Im Zuge der Reformation in Thüringen wurde die Kirche bereits 1525 der evangelischen Stadtgemeinde übergeben. Bedeutung erlangte die Barfüßerkirche außerdem durch die Reformationspredigt von Martin Luther am 11. Oktober 1529 zu den evangelischen Bürgern von Erfurt.

Der Luftangriff auf die Stadt Erfurt im Zweiten Weltkrieg am 26. November 1944 wurde für die Barfüßerkirche zur Tragödie. Durch eine Luftmine wurde das gesamte Kirchendach, das gotische Deckengewölbe des Langhauses sowie große Teile der südlichen Außenwand zerstört und angrenzende Teile der Kirche erheblich beschädigt.

Nur am Hohen Chor wurden die eingetretenen Kriegsschäden am Dachstuhl, am Deckengewölbe, an den Außenwänden sowie an den Maßwerkfenstern umfassend behoben.

Das Langhaus wurde durch die Errichtung einer Vermauerung an der Chorwand abgetrennt und nach Sicherung der Mauerkronen und Trümmerberäumung im ruinösen Zustand belassen.

Zwangsläufig breiteten sich im Laufe der Jahrzehnte durch ungehindert einwirkende Witterung umfassende Schäden vor allem am Mauerwerk der nun frei stehenden Außenwände aus. Abtropfendes Regenwasser von den Abdeckungen der Mauerkronen verursachte große Schäden an vorstehenden Gesimsteilen und in den Sockelbereichen der erhalten gebliebenen Pfeiler und Wandscheiben.

Das in den gesamten Fußboden des Langhauses ungehindert eindringende Niederschlagswasser sowie Frost in den Wintermonaten führten nicht nur zu aufsteigender Feuchtigkeit im Natursteinmauerwerk, zu Salzausblühungen und umfangreichen Absandungen am profilierten Naturstein, sondern ebenso zu regelrechten Materialzermürbungen. Erhebliche Putz- und Steinabplatzungen sind gleichfalls in der Umgebung der gotischen Maßwerkfenster des ehemaligen Kirchenschiffes zu verzeichnen.

Ein weiteres Schadbild entwickelte sich auf Grund der jahrelangen Feuchtigkeitseinwirkung auf das gipshaltige Natursteinmauerwerk durch offene und defekte Fugen, vor allem am frei stehenden Obergaden der Nordwand und am Westgiebel des ehemaligen Kirchenschiffes. Hierdurch haben sich in Folge einer Auflockerung des Mauerwerkgefüges Verformungen einzelner Wandabschnitten eingestellt.

Bedingt durch die thermischen Belastungen der sommerlichen Sonneneinstrahlung an den Wandbereichen der ehemaligen Innenwände, die ohne erforderliche Auflast oder Einspannung dem täglichen Temperaturwechsel ungehindert ausgesetzt sind, treten außerdem erhebliche Mauerwerksbewegungen auf, die Rissbildungen und Verformungen am Natursteinmauerwerk unterstützen.

Ein statisches Problemfeld besteht am Ruinenteil der Barfüßerkirche, nach dem Verlust des gesamten Dachstuhles und der Gewölbedecke über dem Langhaus, in der veränderten konstruktiven Gesamtsituation der frei stehenden Mauerwerksscheiben des Westgiebels und des nördlichen Obergaden.

Das ehemals vorhandene Deckengewölbe und die Auflast der Dachkonstruktion stellten bis zum Eintritt der Kriegsbeschädigungen für die hohen Außenwände des gotischen Langhauses die stabilisierende Auflast und eine rahmenartige Aussteifung dar. Die schlagartige Aufhebung dieses statischen Systems, welches mit der Erbauung des Gebäudes geschaffen war, stellt für die Standsicherheit der verbliebenen Bauteile eine völlig andere Situation dar.

Entsprechend statischer Nachweisführung konnte zunächst eine ausreichende Standfestigkeit nur unter Hinzuziehung eines absolut intakten Zustandes des Natursteinmauerwerks und einer ausreichenden Stabilität der in den 50er Jahren angebrachten Stahlbetonbalken, insbesondere bei starker Windbelastung am Giebeldreieck, nachgewiesen werden. Ein defektes Fugenbild und Rissbildungen stellen diesbezüglich bereits Einschränkungen dar. Aus diesem Grund sind kontinuierliche Kontrolle und Instandsetzung des Mauerwerkes insbesondere im Bereich der frei stehenden Mauerwerksabschnitte des Langhauses dringend erforderlich.

Abb. 2   Erfurt, Barfüßerkirche, Innenansicht der Ostwand des südlichen Seitenschiffs, 2009

Abb. 3   Erfurt, Barfüßerkirche, Säulenfuß des nördlichen Seitenschiffs, 2009

Im Rahmen einer Studie erfolgte in Zusammenarbeit zwischen dem Thüringischen Landesamt für Denkmalpflege und Archäologie, Architekten und Fachplanern sowie der Stadt Erfurt eine Variantenuntersuchung zur Feststellung von geeigneten Möglichkeiten zur Sicherung des vorhandenen Gesamtbestandes der Barfüßerkirche in Erfurt.

Die entwickelten Varianten zeigen grundsätzliche Möglichkeiten zum Umgang mit den bis heute erhaltenen Teilen des ruinösen Langhauses, insbesondere in Hinblick auf eine wirksame Verhinderung weiterer Substanzverluste an den wertvollen historischen Bauteilen.

Wie die Untersuchung zeigt, gibt es sehr verschiedene Möglichkeiten zum Umgang mit den kriegsbedingt eingetretenen Schäden an der Barfüßerkirche, von denen zunächst fünf exemplarische Varianten entwickelt, geprüft und grundsätzlich verglichen wurden.

Im Verlauf der Variantendiskussion stellte sich heraus, dass der Umgang mit dem Ruinenteil der Barfüßerkirche sich als Prozess darstellt, der insbesondere auch durch Art und Umfang der Nutzung zu betrachten ist. Bei der Variantenuntersuchung wurde deutlich, dass eine weitere Konkretisierung der Planungsstudie sehr stark von der Fortschreibung des vorhandenen Nutzungskonzeptes für die Barfüßerkirche abhängig ist.

Die notwendige Maßnahmenplanung einer zuverlässigen Bestandssicherung und Bestandserhaltung an der Barfüßerkirche muss sich deshalb beim derzeitigen Stand der Untersuchungen, Auswertung und Betrachtung zunächst vorrangig auf eine konservatorische Vorgehensweise konzentrieren. Der Schwerpunkt ist hierbei jedoch auf die Kontinuität der pflegeintensiven Maßnahmen zu legen.

Nach dem Vorliegen eines überarbeiteten und erweiterten Nutzungs- und Betreiberkonzeptes für die gesamte Barfüßerkirche, die gegenwärtig durch die Stadt Erfurt nur teilweise als Museum und zeitweise als Sommertheater genutzt wird, muss die Vorgehensweise und Methodik zum gewissenhaften Schutz des Gesamtbestandes, in seiner gesamten Komplexität weiterentwickelt werden. Es ist dringend erforderlich, dass diese Zielplanung in besonderer Weise dem Status der Barfüßerkirche als Denkmal mit nationaler Bedeutung und dem authentischen Zeugniswert dieser Kirche in der Reformationsbewegung gerecht wird.

Die nachfolgend dargestellten Varianten zeigen differenzierte Möglichkeiten des Umganges mit dem historischen Bestand und den damit verbundenen Veränderungen des Erscheinungsbildes. Zum Schutz des Gesamtbestandes sind behutsame Eingriffe in die Substanz der Barfüßerkirche erforderlich, die im Einzelnen abzuwägen sind. Gleichzeitig werden dabei die Ansprüche der aufgestellten Schutzziele in unterschiedlichem Umfang erfüllt. Die untersuchten Varianten der betrachteten Schutzbauwerke im Bereich des Langhauses stehen im Zusammenhang mit der historischen Kubatur und den vom Bestand ablesbaren Baulinien von Traufe und First der Barfüßerkirche.

Die Betrachtung des städtebaulichen Raumes ist im Zusammenhang mit der umliegenden Bebauung und der Erlebbarkeit des historischen Umfeldes der Erfurter Altstadt in die weitere Planungsentwicklung gesondert einzubeziehen.

Franz Bruns, Thomas Zill

Variantenuntersuchung

Variante 1

Ohne Dach, Schutz bedürftiger Bauteile

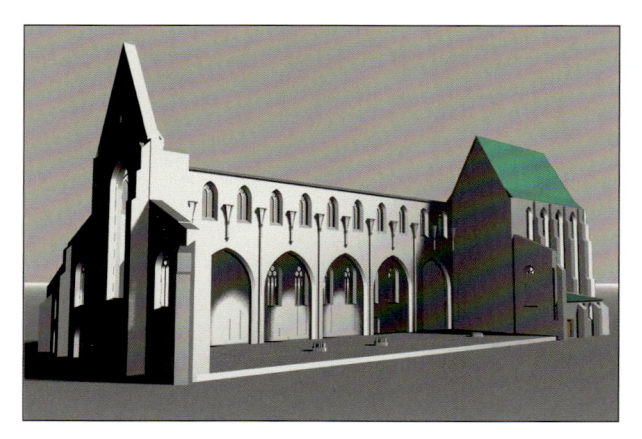

Abb. 4   Erfurt, Barfüßerkirche, Ansicht von der Barfüßerstraße, 2008

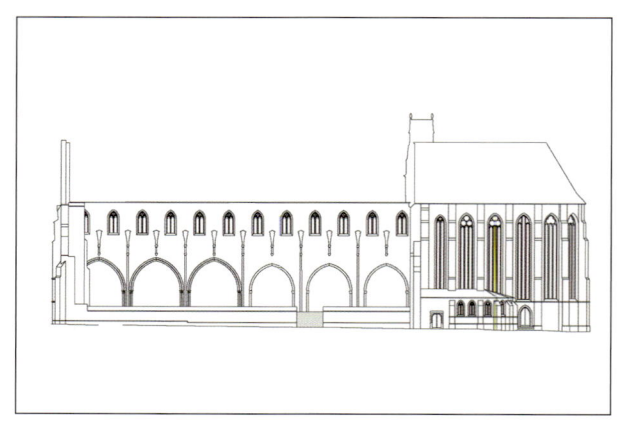

Abb. 7   Erfurt, Barfüßerkirche, zeichnerische Darstellung mit Begrenzungsmauer, 2008

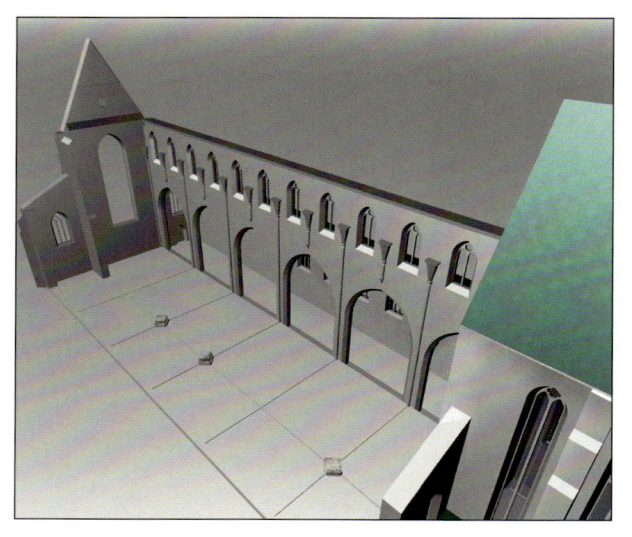

Abb. 5   Erfurt, Barfüßerkirche, Hofsituation nach Fertigstellung, 2008

Da das Mittelschiff und das südliche Seitenschiff kein neues Dach erhalten, trägt die Realisierung dieser Variante nur eingeschränkt zum dauerhaften Schutz von Mittelschiff, West- und Chorinnenwand bei. Sie bedingt vielmehr kontinuierliche und kostenintensive Konservierungsmaßnahmen an den der Witterung auch weiterhin ausgesetzten Bauteilen. Zusätzlich ist ein konservatorischer Verschluss der Fußbodenzone mittels Bodenabdichtung notwendig, um den unter der Kiesaufschüttung befindlichen Kirchenboden vor weiterem Feuchtigkeitseintrag und Verfall zu schützen. Der Westgiebel wird statisch nicht ertüchtigt.

Die Lösung entspricht den Anforderungen durch die gegenwärtige Nutzung an das Gebäude. Die Wirkung der Kirchenruine als Mahnmal bleibt uneingeschränkt erhalten. Mit Ausnahme der für Maßnahmen des Witterungsschutzes erforderlichen Bauteile wie Blechabdeckungen sind keine weiteren baulichen Zutaten zu realisieren. Ein wirksamer Schutz vor weiterer Versalzung der Sockelzone ist mit dieser Variante allerdings ebenso wenig möglich wie eine langfristig wirksame Stabilisierung des Westgiebels.

Abb. 6   Erfurt, Barfüßerkirche, Abdeckung der Gewölbestümpfe, 2008

Variante 2

Pultdach mit Gefälle nach Süden

Abb. 8   Erfurt, Barfüßerkirche, Ansicht von der Barfüßerstraße, 2008

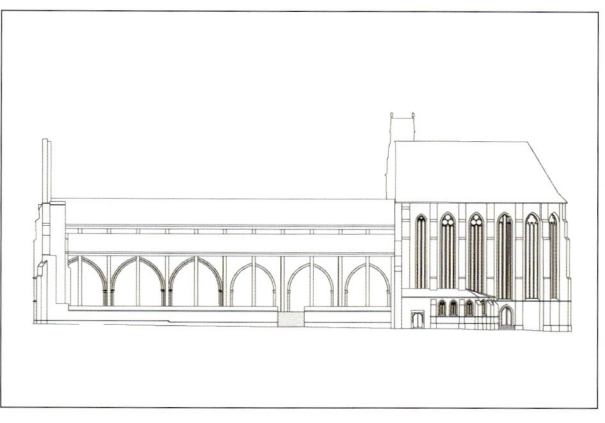

Abb. 11   Erfurt, Barfüßerkirche, zeichnerische Darstellung mit Begrenzungsmauer, 2008

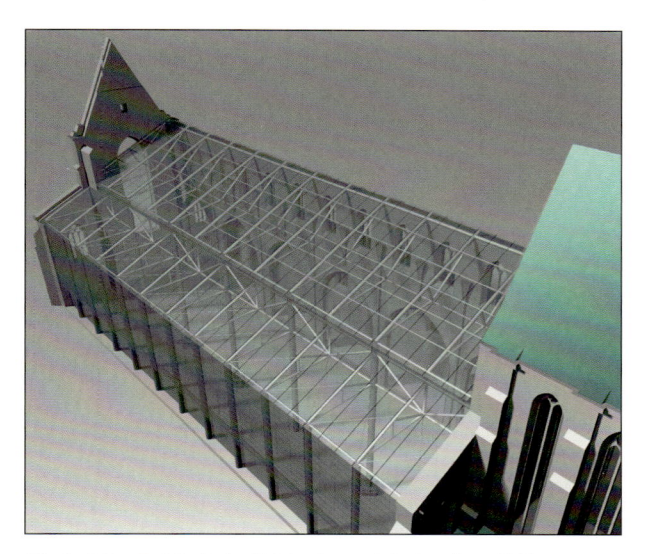

Abb. 9   Erfurt, Barfüßerkirche, Hofsituation nach Fertigstellung, 2008

Abb. 10   Erfurt, Barfüßerkirche, Abdeckung der Gewölbestümpfe, 2008

Das Mittelschiff und das südliche Seitenschiff werden mit einem Pultdach als offene Stahlkonstruktion überdeckt. Die Dacheindeckung soll aus Gründen der Belichtung als flächige Verglasung hergestellt werden. Infolge dessen ist eine Verschattungsanlage erforderlich, um solare Wärmeeinträge begrenzen zu können.

Aus statischer Sicht ist eine Ausführung in dieser Form vorteilhaft, da die Obergadenwand des Langhauses keine zusätzlichen Lasten aufnehmen kann. Bei einer Dachform wie dargestellt sind die abzuleitenden Windkräfte geringer als in allen anderen dargestellten Überdachungsvarianten.

Beeinträchtigt wird diese Lösung durch die erkennbaren gestalterischen Defizite insbesondere in der stadträumlichen Außenwirkung. Die klare städtebauliche Form des historischen Daches wird nicht wieder hergestellt und bleibt Fragment.

Als nachteilig ist bei dieser Variante zusätzlich der fehlende Schutz der Innenseite des oberen Teils von Westgiebel und Chorinnenwand zu bewerten, da sich dadurch auch künftig kontinuierliche Instandhaltungsaufwendungen ergeben.

Variante 3

Stahlgerüst mit flachem Satteldach

Abb. 12   Erfurt, Barfüßerkirche, Ansicht von der Barfüßerstraße, 2008

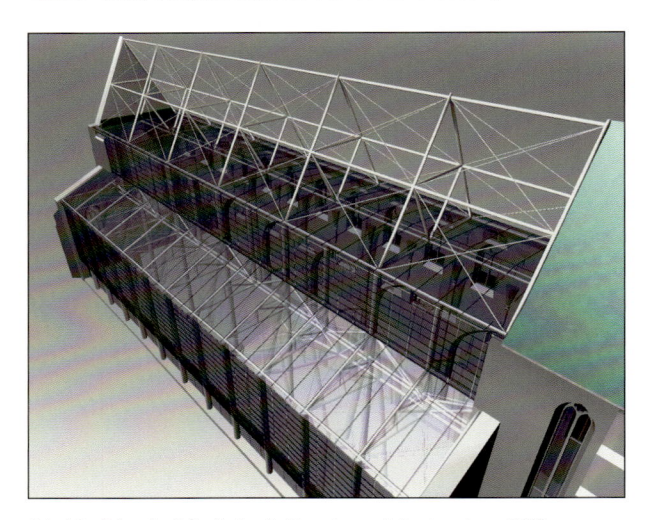

Abb. 13   Erfurt, Barfüßerkirche, Hofsituation nach Fertigstellung, 2008

Abb. 14   Erfurt, Barfüßerkirche, Abdeckung der Gewölbestümpfe, 2008

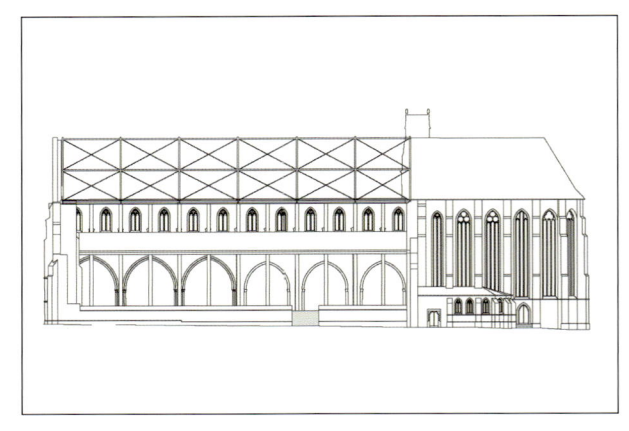

Abb. 15   Erfurt, Barfüßerkirche, zeichnerische Darstellung mit Begrenzungsmauer, 2008

Das Ziel, die historische Bauform wieder erlebbar zu machen und dennoch auf die Kirchenruine hinzuweisen, führte zu dieser kontrastierenden Variante. Materialität und Konstruktion der bestehenden Bausubstanz und von neu hinzukommenden Bauteilen sind mit hohem Kontrast geplant. Dem geschlossenen Dach des Chores wird eine offene Stahlkonstruktion über dem Langhaus auf sehr schlanken Stützen gegenübergestellt. Durch Aufnahme der historische Achsen und Raumkanten für die Tragstruktur der neuen Dachkonstruktion wird der Bezug zum Bestand hergestellt.

Die Aussteifung des Langhausdaches erfolgt mit Zugbändern durch Auskreuzung. Die Materialität der Dachebene ist sowohl transparent/transluzent als auch geschlossen ausführbar. Infolge der Südausrichtung und den sich dadurch ergebenden hohen sommerlichen Wärmelasten ist eine Verglasung der Dachebene allerdings bauphysikalisch und konstruktiv problematisch. Der dargestellte Vorschlag einer verglasten Dachausführung über der Ebene des Untergurtes führt zu einer hohen gestalterischen Qualität und verstärkt den Charakter der Barfüßerruine als Kriegsmahnmal im Stadtbild. Die weithin sichtbare offene Stahlkonstruktion – das hohe Dach ist im Stadtbild z.B. vom Petersberg sehr präsent – verleiht der Barfüßerruine ein neues Image mit hohem Identifikationspotenzial. Die Variante hat konstruktive Vorteile, da infolge der offenen Dachstruktur geringere Windangriffsflächen vorliegen als bei einem geschlossenen Dach und sich dadurch die abzuleitenden Horizontallasten beträchtlich verringern. Aus diesen Gründen ist die Variante mit offener Stahlkonstruktion die Vorzugsvariante aus statischer Sicht.

Variante 4

Dachform nach historischem Vorbild

Abb. 16 Erfurt, Barfüßerkirche, Ansicht von der Barfüßerstraße, 2008

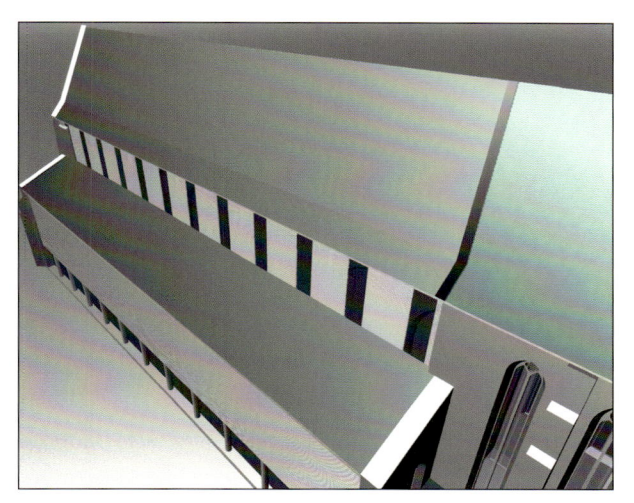

Abb. 17 Erfurt, Barfüßerkirche, Hofsituation nach Fertigstellung, 2008

Abb. 18 Erfurt, Barfüßerkirche, Abdeckung der Gewölbestümpfe, 2008

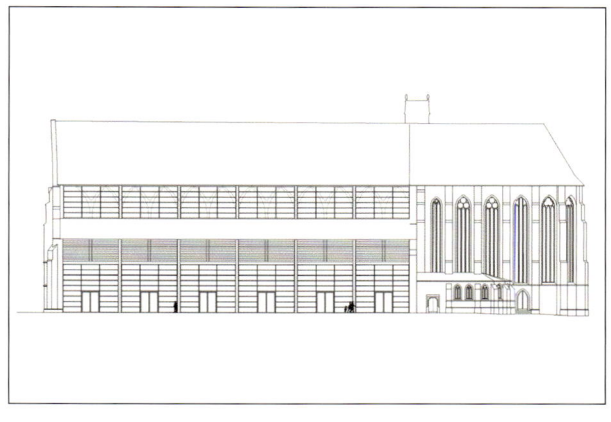

Abb. 19 Erfurt, Barfüßerkirche, zeichnerische Darstellung mit Begrenzungsmauer, 2008

Zum Schutz der bestehenden Bausubstanz wird bei dieser Variante ein neues Dach über dem Langhaus und dem südlichem Seitenschiff errichtet. Die Dachkonstruktion wird in Holz aus vorgefertigten Bindern mit Vollschalung und Kupferdeckung hergestellt. Alternativ könnte die Tragstruktur auch aus vorgefertigten Holzsandwichbindern hergestellt werden. Die Ausführung des Daches wird in seiner historischen Kubatur einschließlich der „Rekonstruktion" des Erscheinungsbildes vom Chor abgeleitet. Alle zu schützenden Oberflächen, auch Westgiebel und Chorinnenwand, sind nach Realisierung vor direkter Bewitterung dauerhaft geschützt.

Der Aufwand aus statischer Sicht ist allerdings beträchtlich. Die horizontalen Windlasten müssen über die geplante Konstruktion abgeleitet werden, da die bestehende nördliche Mittelschiffswand keine zusätzlichen Lasten aufnehmen kann. Zusätzlich müssen infolge des hohen und geschlossenen Daches bei dieser Lösung die größten horizontalen Windkräfte abgeleitet werden. Dafür sind Verbände in Deckenebene des Daches und im südlichen Seitenschiff herzustellen. Die Außenstützen sind in die Fundamente einzuspannen. Für die Ableitung der Vertikallasten in den Boden ist der Einsatz von Bohrpfählen im Gründungsbereich erforderlich.

Vorteilhaft sind bei dieser Lösung die Flexibilität im Innern und daraus folgend die vielen Möglichkeiten einer späteren Nutzung, sowohl in Mittel- und Seitenschiffen als auch im Dachgeschoss. Aus der Realisierung der Maßnahme in einzelnen Bauabschnitten, dem großen räumlichen Volumen und der Wiederherstellung der Verbindung zwischen Langhaus und Hohem Chor sowie dem gemeinsamen Nutzungspotenzial wird diese Variante zur funktionalen Vorzugsvariante.

Variante 5

Ohne Dach, Westgiebel gesichert

Abb. 20 Erfurt, Barfüßerkirche, Ansicht von der Barfüßerstraße, 2008

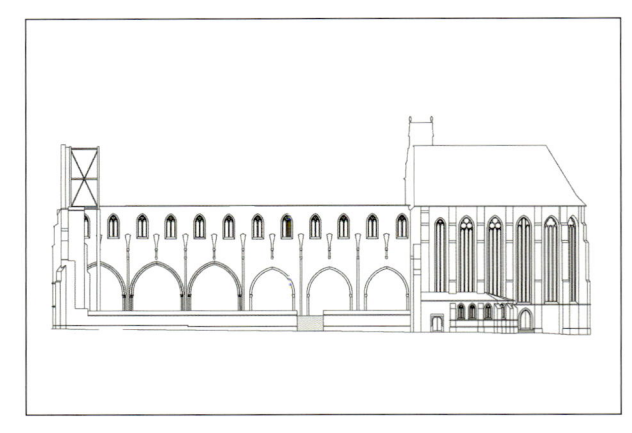

Abb. 23 Erfurt, Barfüßerkirche, zeichnerische Darstellung mit Begrenzungsmauer, 2008

Abb. 21 Erfurt, Barfüßerkirche, Hofsituation nach Fertigstellung, 2008

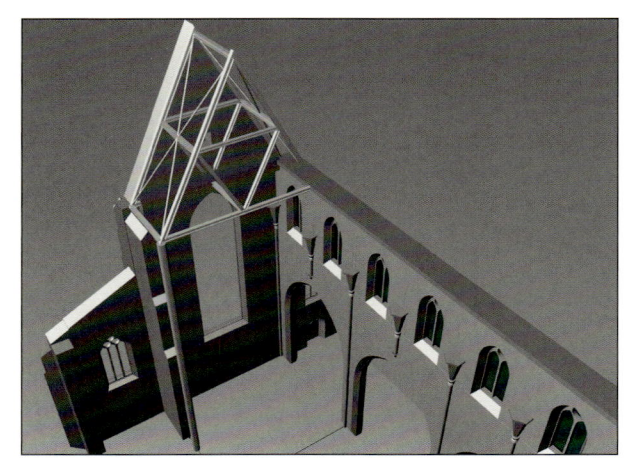

Abb. 22 Erfurt, Barfüßerkirche, Abdeckung der Gewölbestümpfe, 2008

Diese Variante entspricht in den wesentlichen durchzuführenden Maßnahmen der Variante 1. Zusätzlich wird der Westgiebel mit einem stabilisierenden Gerüst statisch langfristig ertüchtigt. Das Gerüst ist als Stahlkonstruktion konzipiert und fest im Untergrund verankert. Dabei unvermeidliche Eingriffe im zu schützenden Kirchenboden werden punktuell durchgeführt und damit auf ein Minimum beschränkt. Die Nutzbarkeit des offenen Innenraumes wird kaum beeinträchtigt. Infolge der klaren Abgrenzung des Gerüsts in Materialität und Form von der vorhandenen Bausubstanz wird die Wirkung des Ensembles als Kriegsmahnmal nicht beeinträchtigt. Die Andeutung der First- und Trauflinie verstärkt den Eindruck der Bauform und weist auf das Fehlen des Daches hin.

Die Lösung entspricht den Anforderungen durch die gegenwärtige Nutzung an das Gebäude. Die Beeinträchtigung der Nutzbarkeit durch das Gerüst kann vernachlässigt werden.

Martin Baumann

Der Schlosspark in Ebersdorf

Abb. 1 Ebersdorf, Blick in den Park, 2009

In Ostthüringen im Saale-Orla-Kreis, nur wenige Kilometer von der Stadt Bad Lobenstein entfernt, liegt Ebersdorf, heute zugehörig zur Stadt Saalburg-Ebersdorf. Dort befindet sich, „weitab von der Landstraße [...] der herrliche fürstliche Park mit seinen lauschigen Plätzen, seinen Ruhesitzen, seinen Gruppen himmelanstrebender Bäume, prächtigen Alleen, weiten Wiesen- und Teichflächen, ein Anziehungspunkt der lieblichen Sommerfrische Ebersdorf, der besonders im Herbstschmucke, wenn er in leuchtendsten Farben prangt, von bezaubernder Schönheit ist"[1]. So schwärmte der Heimatforscher Robert Hänsel 1937 in der Schleizer Zeitung von der Parkanlage.

Ebersdorf war von 1678 bis 1848 Residenz der Grafen, seit 1806 Fürsten, Reuß-Ebersdorf, einer Nebenlinie des Hauses Reuß Jüngere Linie. 1678 war die Grafschaft durch Teilung der Grafschaft Reuß-Lobenstein entstanden, welche ihrerseits zuvor, 1647 durch eine weitere Teilung aus der jüngeren Linie hervorgegangen war.

1682 kam Ebersdorf, das damals noch ein einfaches Gut mit einer Wasserburg war, in den Besitz von Graf Heinrich X., welcher 1690–93 anstelle der Wasserburg das heutige Schloss erbauen ließ. Heinrich LXXII. war der letzte Fürst von Reuß-Ebersdorf. In Folge der Revolution 1848 verzichtete er auf den Thron, so dass Schloss und Park der Schleizer Linie zufielen, wodurch nach 201 Jahren der Teilung erstmals wieder das gesamte Territorium der Familie Reuß Jüngere Linie vereint war. Auch nach 1918 verblieben Schloss und Park bis 1945 im Eigentum der Familie Reuß. Erst mit dem am 11.12.1948 im Thüringer Landtag verabschiedeten Gesetz über die Enteignung der ehemaligen Fürsten (Bodenreform) gingen die fürstlichen Liegenschaften rückwirkend zum 8.5.1945 als Volkseigentum in das Eigentum der Kommune über. Der Park ist öffentlich zugänglich.

Die früheste Erwähnung[2] eines zum Schloss gehörigen Gartens findet sich 1710 in dem Rapport eines Ebersdorfer Hofbeamten an

Abb. 2 Ebersdorf, Ansicht des Schlosses von Südwesten, 1890

Abb. 3 Ebersdorf, Ansicht des Schlosses von Südwesten, 2009

Abb. 4 Ebersdorf, Ansicht des Schlosses von Südosten, um 1900

Abb. 5 Ebersdorf, Ansicht des Schlosses von Südosten, 2009

Heinrich X., worin beschrieben wird, dass in der Zeit vom 7.8. bis 23.9. des Jahres 1710 mit Hilfe von etlichen Taglöhnern und anderen Arbeitskräften der Bau eines Gartens begonnen und dass „wegen des neuen Gartenbaues [...] vor 14 Tagen der Schloßgraben gezogen" worden sei.[3] Da Gärten, sei es zur Versorgung des Hofes mit Lebensmitteln, sei es zu Repräsentationszwecken, obligatorische Bestandteile jedes Adelssitzes waren, dürfte es jedoch bereits im Zusammenhang mit dem Vorgängerbau, der Wasserburg, ältere Gartenanlagen gegeben haben, die vermutlich mit einbezogen oder als Obst- und Gemüsegärten weitergenutzt worden sind.

Bei dem 1710 erwähnten „Gartenbau" handelte es sich um eine vor allem der Repräsentation dienende, regelmäßig gestaltete Anlage, die sich auf der heutigen Gartenseite des Schlosses, vor dem Südwestflügel befand, welcher 1788 die heutige Säulenfront erhielt. Noch auf der 1939 gefertigten „Spezialkarte vom Park Ebersdorf" wird dieser Bereich, der sich entlang der heutigen Parkstraße bis hin zum quer zur Parkstraße verlaufenden „Weg der Jugend" erstreckt, als der „Alte Garten" bezeichnet.

Nach der Beschreibung des Heimatforschers Robert Hänsel von 1937, der noch die originalen Archivalien einsehen konnte, bevor sie im Zweiten Weltkrieg verbrannten oder verloren gingen, war der damals als „herrschaftlicher Lustgarten" bezeichnete barocke Garten[4] nach den geometrischen Gestaltungsprinzipien des frühen 18. Jahrhunderts angelegt. Es handelte sich um eine langgezogene rechteckige Anlage, die von einem regelmäßigen Wegenetz symmetrisch in mehrere quadratische Felder gegliedert wurde. In diesen Feldern befanden sich Springbrunnen, zierliche Pavillons und Laubengänge. Außerdem wurden dort 1731 eine Grotte und eine Lusthausbrücke[5] errichtet. Die einzelnen Gartenbereiche waren mit Hecken und die Wege mit Alleepflanzungen betont. In der Bestallung des Hofgärtners wird diesem ausdrücklich zur Pflicht gemacht, „für Hecken und Alleen zu sorgen, damit selbige im gehörigen Stande erhalten, und wo es nötig, ver- und ausgebessert werden"[6]. Das gesamte Areal des Gartens wurde später von einer Mauer umgeben.

Schon sehr früh wurde im „herrschaftlichen Lustgarten" auch eine erste Orangerie oder ein Glashaus errichtet, denn im Inventar wurde bereits 1718 eine umfangreiche Sammlung an Orangen, Zitronen-, Feigen- und Lorbeerbäumen aufgeführt.[7] 1749 wurde an der Gartenseite des Schlosshauptflügels ein neues Orangenhaus, unterteilt in ein Glashaus und ein Treibhaus errichtet.[8] Dieser Bau wurde 1788 wieder abgerissen und durch einen Neubau, das noch heute bestehende Gebäude im Bereich des ehemaligen Vorwerksgartens ersetzt. Neben dem Lustgarten befand sich der Küchengarten, der zum Teil auch einige Beete und Quartiere des Lustgartens umfasste. 1749 wurde die Lindenallee über den Schlossgraben hinaus fortgesetzt und es wurden „neue Wege, Plätze und Gänge, Hecken und Baumgruppen angelegt", wofür 600 Buchen und 250 Linden und Ahornbäume gepflanzt wurden.[9] Eine heute noch vorhandene Lindenallee im südlichen Parkbereich und die geometrische Wegeführung in diesem Bereich sind vermutlich Fragmente der barocken Gartengestaltung dieses „Alten Gartens"[10].

Der Landschaftspark Ebersdorf zwischen 1800 und 1945

In der zweiten Hälfte des 18. Jahrhunderts begann sich von England ausgehend der landschaftliche Gartenstil in Deutschland durchzusetzen. Die 1768 entstandene Parkanlage in Dessau-Wörlitz gilt als einer der frühesten und bedeutendsten Landschaftsgärten, nicht nur in Deutschland, sondern auf dem europäischen Festland. Doch entstanden auch in Thüringen im selben Zeitraum erste große Parkanlagen, wie beispielsweise 1766 bis 1769 in Gotha und ab 1778 in Weimar. 1788, und damit in Deutschland immer noch sehr früh, wurde auch in Ebersdorf mit der Anlage eines Landschaftsparks begonnen.

Anlass hierfür waren die 1788 bis 1791 unter Leitung des Dresdner Baumeisters Christian Friedrich Schuricht (1753–1832) durchgeführten erheblichen Umbauten und Erweiterungsarbeiten am Schloss. Diese waren Ende des 18. Jahrhunderts durch das Anwachsen des Hofstaats und den gestiegenen Bedarf an Repräsentations- und Wohnräumen notwendig geworden. In dieser Zeit erfolgte auch der Anbau der Säulenfront an der Gartenseite des Hauptgebäudes, wodurch eine Neugestaltung der davorliegenden Lustgartenanlage erforderlich wurde. Hänsel schreibt von einem neuen Garten in „französischem Stil", also wieder einer geometrischen Anlage, welche nach Schurichts Planung die Säulenfront des Ostflügels „in die Mittelperspektive des Gartens stellte und Haus und Garten eng verband"[11]. Erst 1825/26 wurde der bis dahin den Lustgarten vom Park trennende Wassergraben verfüllt und der Gartenbereich schließlich unmittelbar in die Parkkonzeption mit einbezogen. Dabei wurde zwar dessen strenge Geometrie aufgegeben, doch blieb er mit seinen ihn rahmenden, regelmäßigen Baumpflanzungen gestalterisch immer eng auf den Säulenportikus des Schlosses bezogen.

Zeitgleich mit Schurichts Arbeiten am Schloss wurde auch damit begonnen, jenseits des Wassergrabens, welcher den Lustgarten damals noch begrenzte, größere Gartenflächen neu anzulegen und Bäume zu pflanzen. Sukzessive wurde im Laufe der folgenden Jahrzehnte, ausgehend vom alten Schlossgarten, der sich nördlich daran anschließende Landschaftsraum als Park angelegt. Vor allem in den Jahren 1801 bis 1807 wurden dort große Flächen nach den malerischen Prinzipien des Landschaftsgartens neu bepflanzt. Das unmittelbar an den „Alten Garten" nördlich angrenzende Areal wurde nach der Bepflanzung als „Plantagenacker" bezeichnet.

Eine besondere Rolle in der Gestaltung nahm das kleine Tal mit dem Bach Friesau und den umgebenden Wiesenauen ein, das überaus geschickt in die künstlerische Konzeption mit einbezogen wurde.[12] So wurden entlang des Bachlaufes und auf den angrenzenden, ehemaligen Feldern und Wiesen, ebenso an

Abb. 6   Ebersdorf, Blick in den Park, 2009

Abb. 7   Ebersdorf, Blick in den Park, 2009

Wegen und Wegekreuzungen, nach pittoresken Gesichtspunkten Baumsolitäre oder Baumgruppen angepflanzt, um Bilder einer idealen Landschaft zu inszenieren.

Offensichtlich wurden bei der Anlage des Parks nur wenige bereits vorhandene Waldbereiche in die Parkgestaltung mit integriert, sondern stattdessen großflächig Gehölzpartien vollkommen neu angepflanzt. Eine Vorstellung vom gewaltigen Ausmaß dieser Pflanzarbeiten vermittelt die Anzahl der in den einzelnen Jahren gepflanzten Bäume. So wurden im Jahre 1801 etwa 5.300 Bäume hinter dem Küchengarten gepflanzt, 1803 wurden 5.200 Weymouthkiefern, Birken und andere Laubbäume oberhalb des neu angelegten Pfotenteichs und 1804 nochmals fast 40.000 Bäume „in die neuen Partien am Pfotenteich"[13] angepflanzt, davon allein fast 1 000 Weymouthkiefern. Weitere Baumarten waren „italienische und kanadische Pappeln, Akazien, welsche Nußbäume, Eichen […] und eine große Anzahl an Obstbäumen"[14].

Nach Hänsel entstanden im Park „neue Wege […], die sich an den Kreuzpunkten zu kreisförmigen, längs- oder querovalen Plätzen erweiterten. Zwischen den beiden, die Längsfront des Schlosses fortsetzenden Alleen werden die Felder durch Wege und verschieden geformte Plätze kunstvoll gegliedert. Auf den Feldern und Wiesen, die zum Teil in Privatbesitz, z. T. durch Ankauf und Tausch nach und nach in den Besitz des Landesherrn gekommen sind, entstanden Baumanlagen; Plätze und Wege, neuer Rasen und kleine Hecken gestalteten die Flächen kunstvoll. Eine neue Brücke wurde über den Friesaubach errichtet, der

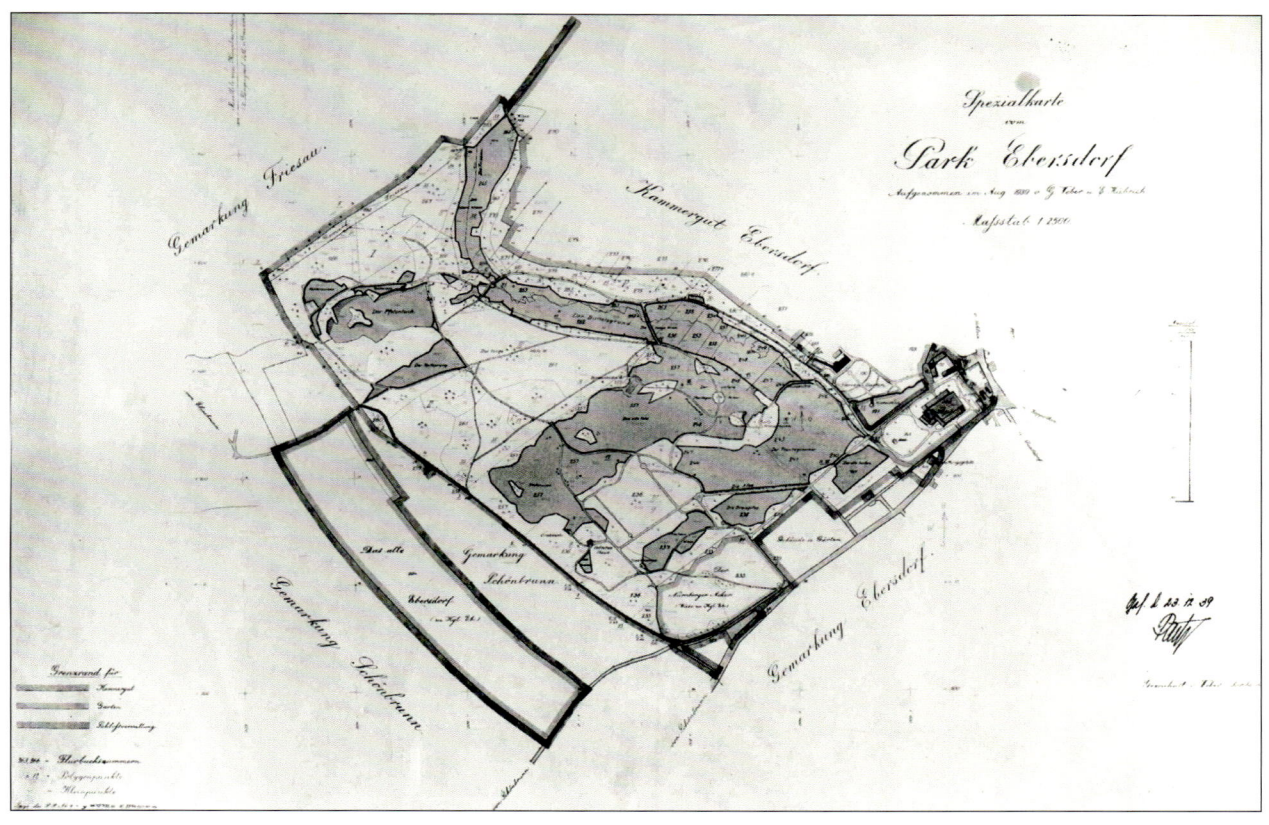

Abb. 8   Ebersdorf, Spezialkarte vom Park Ebersdorf, aufgenommen im August 1939 von G. Weber und E. Kübrich

Durchzug zum Küchenteich verlegt, die große Hecke, die sich von der Hauptallee nach dem heutigen Hofgarten erstreckte, ausgerodet."[15] In den folgenden Jahrzehnten wurde der Park mehrere Male erweitert, bis er 1878 eine Größe von etwa 50 Hektar besaß, welche bis 1945 Bestand hatte.

Die Gestaltung der Parkanlage

Die Parkanlage wird erstmals in einem „croquis" von 1853, einer Flurkarte im Maßstab 1:4000 dargestellt. Vor allem in dieser zweiten Hälfte des 19. Jahrhunderts entwickelte sich mit dem Wachstum der Bäume die für einen Landschaftspark typische Raumbildung und erhielt der Park sein heutiges Erscheinungsbild. So entstand unter geschickter Ausnutzung der vorhandenen Topografie eine weitläufige und großzügige Parkanlage. Die „Spezialkarte vom Park Ebersdorf" von 1939 zeigt den Park in seiner noch heute nachvollziehbaren Raumgliederung und Ausdehnung.

Ausgangspunkt der Anlage ist das unmittelbar am Orte gelegene Schloss. Nördlich davon liegt der sogenannte Herrengarten oder Orangeriegarten mit der 1788 auf einer Anhöhe errichteten Orangerie. Auf den vor der Orangerie liegenden drei Terrassenstufen wurden im Sommer Kübelpflanzen aufgestellt. Davor befindet sich der heute teilweise zugeschüttete Küchenteich, ein aufgestauter Wasserlauf mit geradlinigen Ufern und mit einer kleinen Insel, durch welche der malerische Aspekt betont werden soll.

Dahinter schließt sich, räumlich abgetrennt, der Küchengartenbereich an, der als fürstlicher Hofgarten bezeichnet wurde. In einer Beschreibung von 1908 heißt es: „Letzterer dient vorwiegend wirtschaftlichen Zwecken, der Obst-, Gemüse- und Blumenzucht, enthält Spaliermauern und eine Orangerie, Gewächshäuser, unter denen eine besonders saubere Ananastreiberei sich sehr vorteilhaft auszeichnet, endlich ein Rosarium, welches der besonderen Gunst und eifrigem Studium der Fürstin sich erfreut."[16]

Westlich des Schlosses, vor dem Säulenportikus, liegt der „Alte Garten", welcher ausschließlich der fürstlichen Familie vorbehalten war. Daran schließt sich der eigentliche Landschaftspark an, der seit 1848 auch öffentlich zugänglich war. So trat man von der Gartenseite des Schlosses „über eine kleine Terrasse in einen anscheinend unbegrenzten Park ein. Wald, Wiese, Felder, Domänen lehnen sich dem eigentlichen, wohl nur 60 Hektar umfassenden Park in ungezwungener Weise an"[17].

Das Bild der Parkanlage wird vor allem von einem langgezogenen, den gesamten Park von Südosten nach Norden durchziehenden Wiesenraum geprägt, der in mehrere größere Wiesenbereiche ausläuft. Diese Bereiche sind jeweils von dichtgepflanzten waldartigen Gehölzpartien eingefasst, so dass sie abgeschlossene Parkräu-

Abb. 9 Ebersdorf, Erlenpflanzungen entlang des Friesaubaches, 2009

Abb. 11 Ebersdorf, Teichhäuschen am Pfotenteich, ca. 1940

Abb. 10 Ebersdorf, Erlenpflanzungen entlang des Friesaubaches, 2009

Abb. 12 Ebersdorf, Teichhäuschen am Pfotenteich, 2009

me bilden. Der südliche Teil dieses Tals wird als „Die lange Wiese" bezeichnet, der nördliche Teil als „Der Buttelsgrund". Entlang des gesamten Wiesentals mäandriert der Bach Friesau, dessen Verlauf prägnant und malerisch durch diverse Baumpflanzungen betont wird.

Von besonderer Bedeutung für die Konzeption des Parks ist die nordwestlich gelegene Partie mit dem Pfotenteich. Wie auch beim Küchenteich handelt es sich um einen künstlich angelegten, zu einem Teich aufgestauten Wasserlauf. Der Teichablauf ist mit Natursteinen wasserfallartig verbaut. Der Gartenarchitekt Karl Koopmann beschrieb diese Partie mit dem Teich 1908, 120 Jahre nach der Anlage, in der Wochenschrift „Die Gartenwelt". „Ueber eine Terrainwelle gelangen wir an den Pfotenteich, einen künstlichen See in großartiger Waldumgebung mit luftigem Lusthäuschen. Der See ist angestaudet, sehr geschickt beufert, und besteht ganz unabhängig von der Friesau, ergießt über kleine Kaskaden den Wasserüberfluß seiner Fluten in den Bach [...]. Durchblicke aus dichtem Forstbestande auf den See erhöhen die Reize der ganzen Anlage. Der Pfotenteich ist reich mit Wasserpflanzen besetzt. Herrlich gedeihen hier neben den heimischen Wasserpflanzen die Nymphaea Marliacae rosea und sphaerocarpa [Seerosenarten, Anm. d. Verf.]."[18] Der Teich war mit Karpfen und mit Goldorfen voll besetzt.

Abb. 13 Ebersdorf, Orangerie mit den davor befindlichen Terrassen, dem so genannten „Herrengarten" und dem Küchenteich, 2009

Abb. 14 Ebersdorf, die Glasfront der Orangerie wird von 16 Säulen mit Palmenkapitellen gegliedert, 2009

Über die Gestaltung der gesamten Parkanlage urteilte Koopmann, sie sei „einfach, wahr und schön, alles ungekünstelt, eine wirklich der Natur abgelauschte Anlage, die nur von feinem Verständnis für das Schöne zeugt"[19]. Sie hat „[...] nichts von spielerigen Anlagen und phantastischer Manier nach damaligen Vorbildern, nur ideale Nachahmung und Ausgestaltung der Natur ist einzig und allein maßgebend gewesen"[20].

Parkarchitekturen

Im Zusammenhang mit der Anlage des Landschaftsparks wurden auch diverse Parkarchitekturen aufgestellt. Bereits 1750 war am Nordufer des Pfotenteichs an Stelle einer Fischerhütte ein pavillonartiges kleines Lusthäuschen errichtet worden, das heutige Teichhäuschen, ein nach allen Seiten offener, reich verzierter Holzbau. Das Original wurde 1945 zerstört und 1955 nach historischem Vorbild rekonstruiert[21].

Heute verschwunden ist das ab 1787 bildlich belegte „Gotische Häuschen". Das vermutlich schon vor 1787 aufgestellte kleine Gebäude hatte eine kapellenartige Gestaltung. 1945 wurde das Häuschen von Ortsbewohnern abgetragen. In der Nähe befand sich ursprünglich die 1839 erwähnte Fasanerie[22], die ebenfalls verschwunden ist.

1788 wurde die zuvor, 1749 im „Alten Garten" errichtete Orangerie abgebaut und statt dessen 1788 bis 1792 im ehemaligen Vorwerksgarten, ebenfalls nach Plänen von Schuricht, die heutige noch existierende, im Park gelegene Orangerie errichtet. Bei dem in Natursteinmauerwerk errichteten Gebäude handelt sich um einen eingeschossigen Rechteckbau, bestehend aus Orangerie und Treibhaus. Die ca. 35 Meter lange Vorderfront wird durch die zwölf großflächigen Fensteröffnungen des Hauptraumes und von 16 Säulen, deren Palmenkapitelle auf den exotischen Pflanzenbestand der Orangerie hinweisen sollen, gegliedert. 1937 wurde das Gebäude grundlegend renoviert und dabei im Inneren geringfügig baulich verändert. In den 1950er Jahren kam es zu weiteren baulichen Änderungen, um den Saal für gastronomische Zwecke nutzen zu können. Doch hat sich die äußere Form des Gebäudes im Wesentlichen bis heute erhalten.

Am Südwestrand des Parks steht auf einer leichten Anhöhe noch heute das Teehäuschen, ein einfacher hölzerner achteckiger Pavillon. Dieser steht vor dem Baumbestand, oberhalb einer leicht geneigten, von Bäumen eingefassten Wiese. Ursprünglich war die davorliegende Terrasse von einem Knüppelgeländer und einer niedrigen Hainbuchenhecke eingefasst. Beide Elemente fehlen heute.

Es gab noch weitere Parkarchitekturen und Ausstattungselemente, die heute verschwunden sind, wie die geschwungene Brücke, die sich im Bereich des Küchenteiches befand, und ein Gedenkstein für das Lieblingspferd eines Fürsten[23]. In dem Be-

Abb. 15 Ebersdorf, Grabstätte Reuß, 2009

Abb. 17 Ebersdorf, Blick in den Park, 2009

Abb. 16 Ebersdorf, Grabstätte Reuß, Detail trauernde Frauenfigur, 2009

Abb. 18 Ebersdorf, Schulgebäude, 2009

reich der heutigen Schule stand ein Spielhaus für Kinder, das als „Prinzenhaus" bezeichnet wurde. Außerdem werden im Jahre 1908 ein Kegelhäuschen und eine Lustkegelbahn[24] genannt.

Eine besondere Bedeutung erhält der Park durch das Kunstwerk von Ernst Barlach.[25] Heinrich XLI., Erbprinz von Reuß, hatte Ende 1929 Ernst Barlach mit dem Entwurf eines Grabmals für seine Eltern, den 1928 verstorbenen letzten regierenden Fürsten Reuß, Heinrich XXVII., die Fürstin Elise und seine zwei Brüder beauftragt. 1931 war die Grabanlage im südwestlichen Randbereich des Parks fertiggestellt und wurden die Beisetzungen vorgenommen. Entlang einer niedrigen Mauer sind vier Steinsärge angeordnet. Dominiert wird die Anlage von einem in der Mitte befindlichen, hohen stilisierten Kreuz, an dem beidseitig zwei verhüllte Trauerfiguren angebracht sind. Die beiden Frauenfiguren des Denkmals, im Barlachschen Werkverzeichnis als Trauernde bezeichnet, wurden auch in seiner Güstrower Werkstatt gefertigt. Das beeindruckende Grabmal ist die einzige Freilandplastik Barlachs im Thüringer Raum.

Bis 1848 war der Park nur für das Fürstenhaus zugänglich, eine „Warnungssäule" hielt jeden Fremden vor dem Eintritt zurück. Erst nachdem das Fürstentum Reuß-Ebersdorf 1848 an Reuß-Schleiz gefallen und das Schloss nicht mehr Residenz war, wurde der Park öffentlich zugänglich.[26] Er blieb in seinen Grundzügen bis heute erhalten. 1949 bis 1952 erfolgte im Südbereich der Bau eines Schulgebäudes, der ehemals Polytechnischen Oberschule „Friedrich Wolff", heute Grundschule Ebersdorf, und einer dahin führenden Zufahrtstraße. Dieser Bau in einem der Wiesenräume im Kernbereich des Parks war der schwerwiegendste, weil nicht mehr korrigierbare Eingriff in das Parkgefüge und in die gartenkünstlerische Konzeption des Landschaftsparks, auch wenn der Architekt sich deutlich bemüht hatte, den eingeschossigen Baukörper mit dem schiefergedeckten Satteldach und Natursteinsockel gestalterisch in die Parkanlage zu integrieren.

Abb. 19   Schönbrunn bei Ebersdorf, Bellevue, o. J. (1910)[28]

Abb. 20   Schönbrunn bei Ebersdorf, Bellevue, o. J. (1910)[29]

Abb. 21   Schönbrunn bei Ebersdorf, Bellevue, 2009

Abb. 22   Schönbrunn bei Ebersdorf, Reste der Allee zum Lusthaus Bellevue, 2009

Zusammenfassend ist festzuhalten, dass der schon um 1800 entstandene Park Ebersdorf neben den Anlagen in Gotha, Weimar, Meiningen und Altenstein zu den frühesten und bedeutendsten Landschaftsparkanlagen und auch aufgrund seiner Gestaltung zu den herausragenden Denkmalen der Gartenkunst in Thüringen gehört. „Nicht nur der Ebersdorfer, sondern jeder Oberländer liebt den Park und weiß, welches Kleinod der zu hüten hat […] Und mit Stolz wird jedem Gast von auswärts gern dieses Kleinod gezeigt"[27], schrieb der Heimatforscher Hänsel 1937 über den Wert der Parkanlage.

Bellevue

Zu den Zeugnissen fürstlicher Residenzkultur in Ebersdorf gehört auch das kleine Lusthaus Bellevue, das auf halber Strecke nach Schönbrunn errichtet wurde. Es liegt am höchsten Punkt der heutigen Lobensteiner Straße und dient als Point-de-vue, als gestalterischer Abschluss der Zufahrt zur Residenz. 1783 ließ Graf Heinrich XXXV. Reuß-Lobenstein (1738–1805) die Chaussee erbauen und mit einer Lindenallee bepflanzen. Das einfache Lusthaus entstand nach Plänen des Leipziger Baumeisters Johann Karl Friedrich Dauth. Dabei handelt es sich um einen achteckigen Kuppelbau mit zwei quadratischen Seitenflügeln. Die Stirnseiten der Flügel sind je mit einem viersäuligen Portikus verziert. Der aus Bruchsteinmauerwerk errichtete Pavillon steht inmitten eines kreisrunden Rasenplatzes und war ursprünglich lediglich von einer schmalen umlaufenden Kiesfläche umgeben. Die Straße führt einspurig um den Bau herum. Die Lindenallee ist heute nicht mehr vollständig und die Leitplanken, welche das Lusthaus umgeben, sind eine erhebliche optische Beeinträchtigung für das ehemals herrschaftliche Lusthaus. Der Pavillon diente nur bis 1839 als Lusthaus und ab der zweiten Hälfte des 19. Jahrhun-

Abb. 23   Ebersdorf, Zinzendorfplatz (1761 angelegt), 2009

Abb. 24 Ebersdorf, Gemeinhaus mit dem Kirchsaal im 1. Stock (Weihe 1746), 2009

Abb. 25 Ebersdorf, Witwenhaus (1783 erbaut), 2009

Abb. 26 Ebersdorf, Schwesternhaus (1746/47 erbaut), 2009

Abb. 27 Ebersdorf, Eingangsportal des Herrnhuter Friedhofs, 2008

Abb. 28 Ebersdorf, Grabfläche des Herrnhuter Friedhofs, 2009

derts als Abstellraum[30]. Wegen seiner exponierten Lage hat man vom Bellevue aus eine weite Fernsicht, bis hin zu den Höhen des Fichtelgebirges und des Frankenwaldes, während das Gebäude selbst weithin in der Landschaft sichtbar ist.

Ein fast baugleiches Lusthaus wurde, ebenfalls Ende des 18. Jahrhunderts, im Frankenwald, in Jägersruh, zwischen Neundorf und Titschendorf als Bestandteil eines Gebäudeensembles errichtet[31]. Die malerische Anlage wurde jedoch während der Zeit der DDR wegen ihrer als grenznah eingestuften Lage im Sperrgebiet eingeebnet.

Herrnhuter Gemeine

Bereits Anfang des 18. Jahrhunderts hatte sich in Ebersdorf, gefördert vom Fürstenhaus, eine pietistische Brüdergemeine nach dem Vorbild der Herrnhuter Gemeinschaft entwickelt, aus der ein eigener Ortsteil mit den städtebaulich und architektonisch typischen Gebäudeensembles der Herrnhuter Gemeinen hervorging. Ab 1722 kamen durch die Heirat von Erdmuth Dorothea Gräfin Reuß-Ebersdorf mit dem Grafen Zinzendorf, dem Begründer der Herrnhuter Gemeine, die ersten Brüder und Schwestern aus Herrnhut als Bedienstete in das Ebersdorfer Schloss und wurden von der Gräfin-Mutter in die rasch wachsende pietistische Schlossgemeinde aufgenommen. Sie arbeiteten in dem von der Gräfin gestifteten Waisenhaus und in der Schule, sie waren Handwerker oder Bedienstete im Schloss. Mit landesherrlichem Dekret vom 24.8.1745 erhielt die bis dahin bereits auf 400 Brüder und Schwestern angewachsene Gemeine verwaltungsrechtlich ihre Selbständigkeit, 1746 folgte die „förmliche Vereinigung der Ebersdorfer Gemeinde mit Herrnhut"[32].

Die Selbständigkeit hatte auch die räumliche Trennung der Gemeine vom Schloss zur Folge und damit die Gründung und den Aufbau eines eigenen Ortsteils. In der Folge entstand beiderseits der Straße nach Lobenstein und entlang der Parkstraße ein neuer, auf den städtebaulichen und architektonischen Prinzipien des Herrnhuter Vorbildes basierender Ortsteil. Dazu gehören das Gemeinehaus mit dem davorliegenden Zinzendorfplatz, eigene Chorhäuser und ein eigener Gottesacker. Das in der zweiten Hälfte des 18. Jahrhunderts entstandene bauliche Ensemble ist heute noch gut erhalten und die baulichen Prinzipien der Herrnhuter sind gut nachvollziehbar. Noch bis 1920 bildete die Brüdergemeine einen rechtlich von der Ortsgemeinde getrennten Ortsteil.

1740 war von den Herrnhuter Gemeinen beschlossen worden, dass jede Ortsgemeine einen eigenen Gottesacker haben müsse. Noch im selben Jahr legte auch die Brüdergemeine in Ebersdorf außerhalb des Ortes, am Pohligweg, einen solchen Gottesacker an. Die Anlage erfolgte streng nach den Gestaltungsprinzipien und dem Vorbild des 1730 begonnenen und bis 1755 fertig gestellten „Gottesackers am Hutberge zu Herrnhut", das heißt nach klaren, einheitlichen Gestaltungsprinzipien. Wesentliche Merkmale der Herrnhuter Friedhöfe sind die Geschlechtertrennung beziehungsweise das Fehlen von Ehe- und Familiengräbern, weil dem Glauben nach die Gemeine insgesamt als Familie anzusehen war, die Bepflanzung mit Hecken und Linden und das Eingangstor mit zwei Sprüchen.

Demgemäß hat der kleine Friedhof in Ebersdorf einen streng geometrischen Grundriss und wird von Hecken und Lindenalleen eingefasst und gegliedert. Er ist in eine „Schwesternseite", in der nur die Frauen, und eine „Brüderseite", in der entsprechend nur Männer beigesetzt werden, geteilt. Ursprünglich waren die Grabfelder innerhalb der Brüder- oder Schwesternseite zudem nach Chorzugehörigkeit unterteilt, was 1797 aufgegeben wurde.

Die Grabfelder sind alle, typisch für die Vorgaben aus Herrnhut, schlicht und gleich gestaltet. Die Anordnung der Grabstellen und Grabfelder erfolgte symmetrisch in Reihen mit einförmigen, flachen Kissengrabsteinen, die in Material und Maß identisch waren. Auf weitere gestalterische Zutaten wurde verzichtet. So gibt es keinen Grabschmuck und keine weitere Bepflanzung mit Sträuchern oder Blumen. Mit dem Anspruch, alle Gräber gleich zu gestalten, soll der Glaube an die Gleichheit vor Gott ausgedrückt werden. Den Eingang zum Friedhof markiert ein Tor mit einem geschwungenen Torbogen. Darauf stehen die Sprüche „ich lebe", den man bei Betreten des Friedhofs liest, und „ihr sollt auch leben", den man beim Verlassen, auf der Innenseite des Torbogens liest. Die Verstorbenen werden hier bis heute nach dem Herrnhuter Vorbild beigesetzt.

Zusammenfassung

Die Besonderheit des Ortes Ebersdorf ist die Dichte an erhaltenen Zeugnissen fürstlicher Residenzkultur aus dem 18. Jahrhundert, mit dem Schloss und dem Landschaftspark mit seiner Orangerie, dem kleinen Lusthaus Bellevue und der darauf zuführenden Allee.

Außergewöhnlich ist jedoch die enge räumliche Verbindung der Residenzkultur mit den baulichen Zeugnissen der Herrnhuter Brüdergemeine, die den Kern des Ortes Ebersdorf bilden und sowohl städtebaulich als auch entwicklungsgeschichtlich eng mit der Geschichte des Fürstenhauses und des Ortes Ebersdorf verwoben sind. Ebenso wie beim Fürstenhaus stammen auch bei der Gemeine noch heute zahlreiche Bauten, der Platz und der Friedhof aus dem 18. Jahrhundert. Nirgendwo in Thüringen waren Fürstenhaus und Pietismus so eng miteinander verbunden wie in Ebersdorf und nirgendwo sind heute die Zeugnisse des Städtebaus, der Architektur und der Gartenarchitektur von beiden so dicht nebeneinander und noch so authentisch erlebbar, wenn auch nicht alle diese Zeugnisse einen guten Erhaltungszustand aufweisen.

---

1 Hänsel 1937, S. 53.
2 Zur Geschichte des Schlossparks in Ebersdorf vgl. Budina et al 1985, Hänsel 1937 und Seifert 1999.
3 Hänsel 1937, S. 53.
4 Hänsel 1937, S. 53.
5 Hänsel 1937, S. 53.
6 Hänsel 1937, S. 53.
7 Vgl. Hänsel 1937, S. 53.
8 Hänsel 1937, S. 54.
9 Hänsel 1937, S. 54.
10 Vgl. Thimm 2004, S. 155.
11 Hänsel 1937, S. 54.
12 Vgl. Budina et al 1985, S. 47.
13 Hänsel 1937, S. 54.
14 Hänsel 1937, S. 54.
15 Hänsel 1937, S. 54.
16 Koopmann 1908, S. 734.
17 Koopmann 1908, S. 734.
18 Koopmann 1908, S. 735.
19 Koopmann 1908, S. 735.
20 Koopmann 1908, S. 734.
21 Budina et al 1985, S. 58.
22 Budina et al 1985, S. 59.
23 Budina et al 1985, S. 63.
24 Budina et al 1985, S. 63.
25 Vgl. Budina et al 1985, S. 64–69.
26 Hänsel 1937, S. 54.
27 Hänsel 1937, S. 53.
28 Schultze-Naumburg 1910, S. 77.
29 Schultze-Naumburg 1910, S. 78.
30 Vgl. Löffler 2000, S. 323–324.
31 Vgl. Löffler 2000, S. 326–327.
32 Vollprecht 1997, S. 121.

Jean Louis Schlim

Eine interessante Entdeckung in Kospoda
Der Entwurf für den Turm des Herrenhauses in Kospoda (Saale-Orla-Kreis) stammt von einem Münchner Architekten

2006 erschien im Rahmen der vom Herausgeber publizierten Arbeitshefte ein Aufsatz über jenes halbe Jahrhundert (1894–1946) des Rittergutes in Kospoda, in dem dieses im Eigentum der Geraer Fabrikantenfamilie Hirsch stand.[1] Anhand der verfügbaren Quellen und Literatur war seinerzeit bekannt und mitgeteilt worden, dass die an den Gebäuden und im Park erfolgten grundlegenden Umbau-, Neubau- und Neugestaltungsmaßnahmen nach Entwürfen des Architekten Rudolf Schmidt (Gera) und des Gartenarchitekten Friedrich Heiler (Kempten im Allgäu) ausgeführt wurden und mehrere Arbeiten des Bildhauers Fritz Behn (München) im Park Aufstellung fanden.

Architektenseitig ist bezüglich des Herrenhaus-Turmes, des wohl markantesten Bauwerks der Gesamtanlage, nunmehr eine Ergänzung bzw. Korrektur erforderlich, die auf einer im vergangenen Jahr von Jean Louis Schlim in München gemachten Entdeckung beruht. Der Bitte des Herausgebers folgend war Herr Schlim dankenswerterweise so freundlich, den nachstehenden Kurzbericht zu verfassen.

Im München des späten 19. Jahrhunderts nahm die Entwicklung der Architektur eine eigene Formgebung an, die sich elementar vom Gründerzeitstil anderer deutscher Städte unterscheidet. Unter dem starken Einfluss des Malers Franz von Lenbach und des Architekten Gabriel von Seidl, die beide die wichtigen Kunstgebiete der Architektur und der Malerei, der Dekoration und des Kunstgewerbes vertraten, ist durch ihre enge Zusammenarbeit eine dekorative Einheit der Künste entstanden, wie wir sie weder in Wien noch in Berlin finden können. Sie wird zum wesentlich unterscheidenden Merkmal der Münchner Kunst. In München allein, bei Seidl und Lenbach haben sämtliche Künste aufeinander Rücksicht genommen: Seidl schuf die Räume, in denen Lenbachs Bilder nicht nur vorzüglich aussahen, sondern dekorativ kaum entbehrlich waren. Seidl errichtete Bauten, die wie Antiquitäten in der Straße stehen und die man auch innen gerne mit antikem Mobiliar ausgestattet hat. Aus dem Zusammenwirken der beiden gingen zwei stolze Werke hervor, die soweit Kollektivprodukt sind, dass man die Hand des einen Künstlers von der des anderen nicht mehr unterscheiden kann: das Lenbachhaus und das Künstlerhaus. Eine vollständige Erneuerung der Münchner Dekoration und des Kunsthandwerks nahm von diesen beiden Stil machenden Schöpfungen ihren Ausgang.

Zu dieser Zeit trat ein junger Münchner, Max Ostenrieder, seinen Dienst im Stadtbauamt München an. Seine fachliche Ausbildung hatte er auf der Industrieschule und der Technischen Hochschule München erworben. Von klein auf interessierte er sich für Architektur, ohne diese später spezifisch zu studieren. Mehr aus Leidenschaft schuf er seine ersten Entwürfe, darunter jene 1896/97 entstandenen für sein fünfgeschossiges Wohn- und Geschäftshaus am Marienplatz in München. Alle Innenräume hatte er in verschiedenen Stilen eingerichtet, so dass sich der jeweilige Bauherr in den Räumen Ostenrieders für sein zu bauendes Haus inspirieren lassen konnte. Bereits früh war Gabriel von Seidl auf den jungen Ostenrieder im Stadtbauamt aufmerksam geworden. Er wurde in den Folgejahren zu seinem engsten Freund und Förderer. Max Ostenrieder brachte Elemente der Südtiroler Architektur in seine Entwürfe ein, was eine wunderbare Symbiose mit den Bauten Seidls ergab. Vor allem aber verstand es Ostenrieder, sich auf die Wünsche seiner Auftraggeber einzulassen. Ihm war es nicht wichtig, sich mit seinen Bauten als großartiger Architekt zu verwirklichen – weshalb er wohl auch als Freund neben einem Seidl bestehen konnte –, sondern seine Auftraggeber zufrieden zu stellen.

Einer dieser Auftraggeber war Theodor Freiherr von Cramer-Klett jr., der die Burganlage in Hohenaschau und das nie vollen-

Abb. 1   Kospoda, Rittergut, Blick von Nordosten, 2006

Abb. 2   Colmar-Berg, Schloss Berg, Blick von Osten, 2009

Abb. 3   Kospoda, Rittergut, Herrenhaus, Blick von Nordwesten, 1994

Abb. 5   Kospoda, Rittergut, Herrenhaus, Turm, Nordfassade, Konsolfigur mit Architektenmonogramm, 2009

Abb. 4   Kospoda, Rittergut, Kirche, Herrenhaus und Wirtschaftshof nach Abschluss der 1894 begonnenen ersten Umbauphase, Blick von Norden, historische Postkarte („Photographie und Verlag W. Tschirpe, Buchhdlg. Neustadt-Orla"), um 1905

dete Kloster Ettal erworben hatte. Mit großer Bravour schaffte es Ostenrieder, die Burganlage in modernster Weise so herzurichten, dass alle Neubauten wie mit der alten Substanz gewachsen zusammenpassten und die Burg heute als großartige Einheit dasteht. In Ettal war er sich – ganz im Sinne des Denkmalschutzes – nicht zu schade, auf die Verwirklichung der eigenen Ideen zu verzichten und stattdessen, dem Wunsche Cramer-Kletts folgend, das Kloster auf der Grundlage der Originalpläne im Sinne des kurbayerischen Hofbaumeisters Henrico Zuccalli aus dem 18. Jahrhundert zu vollenden.

Abb. 6 Colmar-Berg, Schloss Berg, Portal zum Garten, Relief mit Architektenmonogramm, 2009

Abb. 8 Colmar-Berg, Schloss Berg, Teilansicht mit Hauptturm, Blick von Osten, 2009

Abb. 7 Colmar-Berg, Schloss Berg, Blick von Nordosten, um 1912

Durch diese Bauten muss auch der in seiner Sommerresidenz im oberbayerischen Hohenburg lebende Großherzog Wilhelm IV. von Luxemburg auf Ostenrieder aufmerksam geworden sein. Er beauftragte ihn, in Luxemburg das um 1840 in neugotischem Stil erbaute Schloss Berg zu restaurieren und zu einem Repräsentationsbau zu ergänzen. Leider ergaben die Untersuchungen der Bausubstanz, dass es wohl besser sei, einen kompletten Neubau zu errichten, was vom Großherzog genehmigt wurde.

Als gebürtiger Luxemburger lebe ich seit mehr als 30 Jahren in München, wo ich als Archivar und als Autor von Aufsätzen und Büchern zu historischen Themen tätig bin. Ganz besonders liegen mir Themen am Herzen, die mit den beiden Ländern Bayern und Luxemburg in engerem Zusammenhang stehen. Verständlich also, dass mich die Geschichte eines Münchner Architekten, der dem Großherzog von Luxemburg ein Schloss baut, äußerst interessierte. Nachdem sich herausgestellt hatte, dass es über Max Ostenrieder, der leider bereits 1917 im Alter von nur 47 Jahren starb, heute kaum noch Dokumente gibt, reifte in mir der Gedanke, ihn und sein Werk mit einem Buch zu würdigen. Beim Sichten der spärlich vorhandenen Literatur fand sich in seinem Nachlass allerdings noch eine Liste all seiner Bauten; somit war sein Werk rekonstruierbar. Als ein ungeheurer Glücksgriff für mich erwies sich dann wenig später die Gelegenheit zum Ankauf einer großen Sammlung Münchner Architekturblätter, in denen sich die meisten Bauten Ostenrieders – viele wurden im Zweiten Weltkrieg zerstört – auf gestochen scharfen Abbildungen befinden.

In dieser Übersichtsliste zu den Bauten Ostenrieders steht auch der Name Kospoda. Keine weiteren Angaben. Übers Internet fand ich heraus, dass in Thüringen ein kleiner Ort gleichen Namens liegt, und bei der Kontaktaufnahme über die zuständige Gemeinde erhielt ich die Auskunft, dass hier auch ein Schlösschen gleichen Namens steht, das aus dem letzten Jahrhundert stammen müsste. Näheres könne mir das Thüringische Landesamt für Denkmalpflege und Archäologie in Erfurt darüber sagen. Umgehend nahm ich Kontakt auf, aber die Enttäuschung war groß zu erfahren, dass die Angaben über das Schlösschen sehr wohl stimmten, der Architekt aber nachweislich Rudolf Schmidt aus Gera sei. Auch in der ausführlichen Geschichte des Rittergutes Kospoda, die Ernst Paul Kretschmer aus Gera im Auftrag des Besitzers von Schloss Kospoda, Kommerzienrat Georg Hirsch, erstellt hatte, sei kein Hinweis auf einen Architekten aus München zu finden.[2] Auf meine Bitte hin sandte mir das Amt einige Bilder der Anlage, die mich in ungläubiges Staunen versetzten: Das also ist Kospoda – für mich sah es im ersten Augenblick eher aus wie eine verkleinerte Ausgabe von Schloss Berg in Luxemburg. Sicher, die Fassaden sind anders, aber der Turm! Vergleiche der Bilder von Kospoda und Berg ergaben eine derartige Übereinstimmung, dass ich erneut Kontakt mit dem Amt aufnahm und diese Entdeckung kund tat. Auch wenn es keinerlei Hinweise auf Ostenrieder in Kospoda gab, war man im Amt doch bereit, sich der Angelegenheit noch einmal anzunehmen, vor allem, als ich dort versicherte, dass Ostenrieder alle seine Bauten irgendwo an der Fassade mit seinem Monogramm versehen hatte und so auch am Turm von Kospoda irgendwo ein solches zu

Abb. 9   Colmar-Berg, Schloss Berg, Durchfahrt zum Schlosshof, Konsole mit Porträt Max Ostenrieder, 2009

finden sein müsste. Das war der entscheidende Hinweis. Wenig später erhielt ich den Anruf, man habe auf einer älteren Fotografie eine heute mit Efeu zugewachsene Konsole gefunden in Gestalt eines zwischen zwei Kragsteinen sitzenden Zwergs, der in seinen Händen ein Wappenschild mit dem Monogramm „MO" hält – ganz so, wie ich es beschrieben hatte. Damit war die Frage nach der Autorschaft des Turmes von Kospoda geklärt, sein Architekt war Max Ostenrieder aus München. Nun wurde auch klar, warum von Kommerzienrat Hirsch viele Einkäufe für den Bau über Münchner Firmen abgewickelt wurden, denn es waren die Vertragsfirmen, mit denen Ostenrieder zusammen arbeitete.[3]

Der Turm von Kospoda jedenfalls musste Max Ostenrieder oder auch dem Großherzog von Luxemburg so gut gefallen haben, dass er 1907 Pate stand für den Turmbau von Schloss Berg in Luxemburg, etwas nüchterner in der Dekoration zwar als jener in Kospoda, aber da hielt sich Ostenrieder wohl wieder an die Vorgaben des Großherzogs, der ein Schloss wollte, das einerseits architektonische Anleihen des Schlosses seiner Vorfahren in Weilburg trägt, zugleich aber stilistisch eigenständig ist. Ein schlichter und dennoch repräsentativer Bau sollte Schloss Berg sein, was Max Ostenrieder sehr wohl gelungen ist.

---

1   Lucke/Schwalbe 2006.
2   Kretschmer 1934.

3   Auch das im unter Anm. 1 genannten Aufsatz auf S. 66 verwendete Zitat aus der Ortschronik bestätigt dies: „Steinmetze aus München stellten die Verzierungen und den ornamentalen Schmuck her, die innere Einrichtung soll aus München stammen."

Zur Entstehung der Glasmalereien in der evangelisch-lutherischen Kirche in Lauscha

Abb. 1   Lauscha, evangelisch-lutherische Kirche, Der Auferstandene (Fenster WI), Stifter: Familie Eduard Steiner, 2009

Bertram Lucke

Zur Entstehung der Glasmalereien in der evangelisch-lutherischen Kirche in Lauscha
(Landkreis Sonneberg)

Die Glasmalereien in der 1910/11 errichteten Lauschaer Kirche stellen aus künstlerischer Sicht eine Besonderheit und Einmaligkeit innerhalb der in diesen Jahren entstandenen Sakralbau-Verglasungen in Thüringen dar.[1] Vom Jugendstil kommend und vom Art déco kündend, seitens des Landesherrn schwer kritisiert und auch in der Auftraggeberschaft nicht unumstritten, sind diese Fenster als das wesentliche Element der sonst schlichten Ausstattung von prägender Wirkung für den Kirchenraum, dessen Modernität ob der ihn umgebenden Heimatschutzarchitektur überrascht. Ein Leipziger Architekt und ein Dresdener Kunstmaler schufen die Entwürfe zu diesem bedeutenden Bauwerk und heutigen Kulturdenkmal, das die waldumsäumte Bebauung der berühmten Glasbläserstadt bekrönend überragt.

Ohne hier näher auf die Baugeschichte eingehen zu können, ist doch vorauszuschicken, dass die Lauschaer Kirchgemeinde mit einem hohen Anspruch an das Vorhaben ging und in Gestalt der Kirche erklärtermaßen etwas Neues entstehen zu lassen gedachte.[2] Pfarrer Karl Michael schrieb diesbezüglich im Namen des Kirchenvorstands am 9. Juli 1909 an Herzog Georg II. von Sachsen-Meiningen, dem seit 1866 regierenden, inzwischen im 84. Lebensjahr stehenden Landes- und obersten Kirchenherrn: „Trotzdem glauben wir damit ein Gotteshaus zu erhalten, das nicht nur würdig u. schön genannt werden kann, sondern auch eigenartig genug ist, um sich von den Kirchen der Umgegend deutlich abzuheben."[3] Vorausgegangen war die Mitteilung, von allen vorliegenden Bauprojekten nun das billigste zu wählen, also – vom Herzog mehrfach angeraten – weitaus stärker als bisher auf die Kosten zu achten. In Lauscha hoffte man wohl auf eine ebenso großzügige landesherrliche Unterstützung, wie sie dem nach Entwurf von Franz Schwechten 1898/99 errichteten Kirchenneubau im Nachbarort Steinach zuteil geworden war.[4] Georg II. resümierte gegenüber den zuständigen Abteilungen des Staatsministeriums: „Pfarrer Michael in Lauscha schürt das Feuer, das die dortigen Einwohner erwärmen soll zur Inangriffnahme des Bau's einer neuen Kirche und hat meines Erachten's diese Sache insofern verkehrt angefangen, als er mit ganz unnöthigen Kosten von mehreren Baumeistern hat kostspielige Pläne aufstellen lassen, welche wahrscheinlich schon 1000 Mark werden verschlungen haben u als er ferner sich darauf versteift hat, die Kirche gehöre an neuen Platz, wo sie sich allerdings gut präsentieren wird, wo aber der Steilheit des Ort's wegen ein hoher Prozentsatz der Baukosten in den Unterbau verschwinden wird. Es ist mir nicht zweifelhaft, daß Michael angenommen haben dürfte, ebenso gut wie ich den größten Theil der Bausumme für die Kirche im benachbarten Steinach gezahlt hätte, ebenso gut würde ich auch für die Kirche in Lauscha die Hauptlast tragen. Damals war aber der Nobilitirungsfond noch gespickt und dieser nicht meine Schatulle hatte herzuhalten. Mehr als 12000 M werde ich nicht zahlen. Staatskasse u Schatulle werden 24000 M beisteuern, es bleiben daher noch 96000 M zu beschaffen.
Wenn es richtig ist, daß Lauscha 712,714 M 48 Pf Schulden hat und Wasserleitungserweiterung 150,000 M Bahnbau 130,000 M u Straßenbauten 25,000 M kosten werden, dürfte denn doch genügende Veranlassung vorliegen, um noch einmal zu erwägen, ob ein neues Gotteshaus unumgänglich nöthig ist, event. ob eine Erweiterung desselben möglich u. ob, wenn neu gebaut werden muß, das nicht in anspruchsloser Art und auf anderem Platze geschehen kann.
Wohlfeil ist ein Leipziger Baumeister auch nicht!"[5]

Ihr bedenklicher Bauzustand und insbesondere ihre geringe Platzkapazität besiegelten das Schicksal der bestehenden, in den Jahren 1730 bis 1732 errichteten Kirche[6], der Neubauwunsch war allgemein anerkannt[7]. In einem eingeschränkten Wettbewerb hatte der Lauschaer Kirchenvorstand im Jahr 1907 vier Architekten gebeten, gegen Honorar Entwürfe einzureichen. Aufforderungen ergingen an den Herzoglichen Hofbaumeister Karl Behlert (1870–1946)[8] in der Residenzstadt Meiningen, an den Herzoglichen Baurat Karl Rommel (1850–1929)[9] in Saalfeld/Saale (Herzogtum Sachsen-Meiningen), an den Königlichen Professor Albert Schmidt (1841–1913)[10] in München und an den Königlichen Baurat Julius Zeißig (1855–1930)[11] in Leipzig.[12] Schmidt war in Sonneberg (Herzogtum Sachsen-Meiningen) gebürtig, betrieb außer dem Unternehmen in München auch in seinem Geburtsort ein florierendes Baugeschäft und schuf dort neben nahezu allen Villen der ansässigen Kaufleute und Spielzeugfabrikanten u. a. auch das prächtige Gebäude des Deutschen Spielzeugmuseums (1899–1901 als Industrieschule der Stadt Sonneberg errichtet). Grundsätzlich „neu" war nur Zeißig, der aus dem am 18. Juni 1907 verfassten Brief des Kirchenvorstands die Veranlassung erfuhr, warum man ihn zu diesem Wettbewerb einlud: „Auf Ihr Werk ‚Muster für kleine Kirchenbauten'[13] aufmerksam gemacht, haben wir in demselben eine Reihe von so ansprechenden Entwürfen gefunden, daß wir Sie bitten möchten, auch uns Ihre Kunst zur Verfügung zu stellen und uns eine Skizze auszuarbeiten, damit wir für unser weiteres Vorgehen Grundlagen gewinnen."[14]

Das ausführliche Schreiben, das Pfarrer Michael im Auftrag des Lauschaer Kirchenvorstands am 23. September 1908 an den Herzog richtete, beinhaltet auch eine Schilderung des Ergebnisses des Architektenwettbewerbs: „Von diesen Herren hat Herr

Zur Entstehung der Glasmalereien in der evangelisch-lutherischen Kirche in Lauscha

Abb. 2   Lauscha, evangelisch-lutherische Kirche, Blick nach Nordosten, 2009

Baurat Rommel mit Rücksicht auf s.[eine] sonstigen Geschäfte es abgelehnt, sich an dem Wettbewerb zu beteiligen. Herr Hofbaumeister Behlert, der selber hier war u. den Bauplatz in Augenschein nahm, ist in der Folge ebenfalls, wahrscheinlich in der Hauptsache durch den Neubau des Hoftheaters Ew. Hoheit veranlaßt, zurückgetreten, wenigstens ist von ihm bis heute keine Arbeit eingegangen, so daß er für uns wohl nicht mehr in Betracht kommen kann. Die beiden anderen Herren aber haben schon vor längerer Zeit ihre Arbeiten eingesandt und zwar nicht jeder nur eine Skizze, sondern unaufgefordert Herr Prof. Schmidt deren zwei und Herr Baurat Zeißig sogar vier." Das „Projekt I" von Julius Zeißig bekam die meisten Stimmen, auf den Plätzen 2 und 3 folgten die beiden Entwürfe von Albert Schmidt. Georg II. erhielt alle sechs Projekte zugesandt „mit der gehorsamsten Bitte, Ew. Hoheit, deren Interesse für die Kunst im allg. und für die Baukunst im besonderen ja auch uns bekannt ist, möchten die Zeichnungen einer eingehenden Prüfg unterziehen und es den K.V. [Kirchenvorstand] wissen lassen, ob die vorläufige Wahl, die er getroffen hat, den Beifall Ew. Hoheit findet."[15]

In der Tat blieb Karl Behlert nach dem am 5. März 1908 geschehenen Brand des Meininger Hoftheaters zunächst keine Zeit mehr für weitere Vorhaben. Am 4. Oktober 1908 teilte er Pfarrer Michael diesbezüglich mit: „Das neue Hoftheater hatte mich seither so völlig beschäftigt, daß ich zu keinem anderen Projektgedanken kommen konnte." Der Hofbaumeister fragte an, „ob es noch einen Zweck haben kann, wenn ich den für Ihren Kirchbau begonnenen Plan fertig mache" und führte abschließend aus: „Seine Hoheit der Herzog sagte, die Lauschaer sollten

Zur Entstehung der Glasmalereien in der evangelisch-lutherischen Kirche in Lauscha

Abb. 3   Lauscha, evangelisch-lutherische Kirche, Blick von Südosten, 1911. Diese Fotografie sowie zwei weitere Außenaufnahmen wurden Herzog Georg II. von Sachsen-Meiningen vom Oberkirchenrat mit Schreiben vom 14. September 1911 zur Ansicht vorgelegt.(ThStA Meiningen, Staatsministerium, Abteilung IV Kirchen- und Schulensachen, Nr. 3204, pag. 119 r und 120 [Fotografie])

am besten bis zum nächsten Jahr mit ihrem Kirchenprojekt warten, bis ich mehr Zeit verfüglich hätte. Ich sage Ihnen dies nur, da ich annehme, daß es für Sie von Interesse ist, es soll selbstverständl. nicht im Geringsten von Einfluß auf Ihre Plan- und Bauentscheidung sein."[16] Bereits am Folgetag erhielt Pfarrer Michael vom „Cabinet Seiner Hoheit des Herzogs von Sachsen Meiningen." dahingehend Mitteilung, dass auch Georg II. unter den vorliegenden Plänen das „Projekt I" am meisten zusage.[17] Am 17. Januar 1909 bekam Behlert Antwort aus Lauscha, in der es u.a. heißt: „Der K.V. [Kirchenvorstand] beklagt Ihre Nichtbeteiligung umsomehr, als er sich nach der lebhaften Anteilnahme, die Sie bei Ihrem Hiersein der Kirchbaufrage widmeten, gerade von Ihnen eine besonders förderliche Mitarbeit versprochen hatte."[18] Noch weitaus mehr Einsatz wurde dem Meininger Architekten beim Hoftheater-Neubau abverlangt, dessen Einweihung am 17. Dezember 1909 erfolgte. Bei Karl Behlert eventuell bestandenes Bedauern über entgangene Projekte wie das des Kirchenneubaus in Lauscha war spätestens mit diesem für die Theaterwelt so bedeutsamen und denkwürdigen Ereignis auch persönlich passé, denn Herzog Georg II. von Sachsen-Meiningen ernannte ihn an besagtem Tag zum Hofbaurat. Genau genommen aber war die eigentliche Ehrung bereits mit der Auftragsvergabe an Behlert erfolgt, denn welche noch anspruchsvollere Herausforderung hätte es landesweit in diesen Jahren für einen Architekten geben können, als in der Residenz ein neues Bauwerk für den Landesherrn und prominenten Theaterreformer zu schaffen, das zugleich dessen Ensemble zur Spielstätte und demselben zum Denkmal zu dienen vermochte?

133

Am 16. August 1910 erfolgte die Grundsteinlegung, am 17. September 1911 die Weihe der neuen Lauschaer Kirche, deren Fassaden natursteinverkleidet und deren Dächer schiefergedeckt sind. Den nach Südwesten gerichteten Turm mit Portal und darüberliegendem Hauptfenster flankieren Treppentürme, mittels derer man auf die umlaufende Empore gelangt (Abb. 3). Im Nordosten sind der Kanzelaltar und die dahinter liegende Taufkapelle angeordnet, darüber erhebt sich die Orgelempore, eine Kassettendecke schließt das Kirchenschiff ab (Abb. 2). Die Baugeschichte ist anhand des im Archiv des evangelisch-lutherischen Pfarramts Lauscha (im Folgenden: Pfarrarchiv Lauscha) aufbewahrten Materials und weiterhin durch Bestände im Thüringischen Staatsarchiv Meiningen[19] und im Landeskirchenarchiv Eisenach der Evangelischen Kirche in Mitteldeutschland[20] nachvollziehbar.[21]

Die hier näher darzustellende Entstehungsgeschichte der Glasmalereien wird vorrangig durch den im Pfarrarchiv Lauscha aufbewahrten Schriftverkehr belegt, aufschlussreich sind insbesondere die Briefe von Julius Zeißig an Pfarrer Walther Oberländer – Pfarrer Michael war Anfang des Jahres 1910 an die Stadtkirche Hildburghausen gewechselt[22] –, in denen der Architekt eingangs über den aktuellen Planungsstand des Bildprogramms berichtete und mit denen er später die künstlerische Umsetzung desselben verteidigte. Der das ausgeführte Bildprogramm bestimmende Grundgedanke wird in der unten zu zitierenden Gedenkschrift dargelegt, so dass in der Summe ein recht vollständiges Bild davon entsteht, was die Lauschaer Kirchgemeinde bzw. deren Vorstand im Bezug auf die Glasmalerei-Ausstattung ihrer neuen Kirche bewogen hatte und bewegen sollte.

Noch im Jahr 1910 war man mit der Thüringer Glas-Malerei, Mosaik- und Kunstverglasungs-Anstalt Knoch & Lysek in Coburg in Verbindung getreten, deren Angebotsschreiben auf den 9. November 1910 datiert ist. Diese erst 1902 gegründete Werkstatt lag hinsichtlich ihres Standorts vergleichsweise nahe bei Lauscha, was vielleicht den Anlass für die Kontaktaufnahme geboten hatte, aber keinen Vorteil bedeuten sollte, denn letztendlich übertrug man dem jungen Unternehmen nur einen drei kleine Fenster umfassenden Auftrag (Abb. 27 bis 29). Besagtes Schreiben von Knoch & Lysek ist aber aufgrund der hier genannten Motive von Interesse: „1.) Das grosse Giebelfenster mit den Gründern der Glasindustrie, Allegorisch Dargestellt [...] 2.) Ein grosses Schifffenster mit Bordüre u. Einzelfigur [...] 3.) Ein kleines Schifffenster mit gemalter Bordüre".[23] Position 1 meinte das zugleich als Fond der Südwestempore dienende Hauptfenster (Abb. 1), die Positionen 2 und 3 bezogen sich auf die je in einer Achse liegenden Fensterpaare ober- und unterhalb der Empore, von denen es pro Kirchenschiff-Langseite vier gibt (Abb. 3).

Bereits das erste der erhaltenen Zeißig-Schreiben zur Glasmalerei-Thematik, am 16. Januar 1911 in Leipzig verfasst, ist außerordentlich informativ:
„Prof. Goller hat wegen Mangel an Zeit abgelehnt, dafür habe ich, auf seine Empfehlung hin, Herrn Kunstmaler Karl Schulz in Dresden für diese Arbeit gewonnen. Ich habe Sonnabend 3 Stunden mit demselben die Sache beraten u. sehe mir nächsten Sonntag Aus[ge]führte Arbeiten von demselben an. Schulz hatte den Staatspreiß u. ist wiederholt vom akademischen Rat in Dresden mit Arbeiten beauftragt worden. Ebenso gratulierte mir der Stadtbaurat Prof. Erlwein[24] in Dresden zur Wahl von Schulz.
Die oberen Fenster 1 – 9 habe ich wie anliegendes Programm zeigt zunächst besprochen und dafür würde die erste Stiftung von 3000 + 1000 Mark zu rechnen sein. Die Darstellungen bestehen in der Hauptsache aus 2 Personen. Der Gekreuzigte würde ohne Nebenfiguren zur Darstellung kommen. Die Bergpredigt giebt ein besseres Mittelbild als nur der Einzug [Christi in Jerusalem].
Für die Fenster im Schiff (10 bis 17 unten) ist ein gleichmäßiges Ornament beraten. Die Eckfenster 10, 13, 14, 17, könnten noch ein Medaillon mit einer Darstellung erhalten. Von den Geisteshelden u. ihren Beschützern ist abgesehen, da alle Fenster dann zu gleichmäßigen Eindruck machen und nicht genug Wechselwirkung zu den oberen, großen Fenstern geben.
In den Medaillon[s] könnte[n] aber Herzog Casimir, Glasindustrie, Vater u. Großvater Elias Greiner zur Darstellung kommen. (Letztere würden zwar keine Porträts aber etwas Ähnlichkeit erhalten) Die Fenster 18 u. 19 können Ornament oder Taufe, bez. Luther etc. erhalten. Luther würde auch in den Confirmanden-Raum passen. Die unteren Fenster 10 bis 17, wie oben gesagt, werden circa 1500 Mark kosten. Ob sich Fenster 4 u. 8 noch für Medaillon-Schmuck mit Seb. Bach u. Paul Gerhardt eignen werden, muß erst der weitere Entwurf zeigen und die Kosten dafür würden extra aufzustellen sein.
[...]
Wegen der Fenster setze ich mich auch mit der Firma Franke in Verbindung."[25]

Es ist anzunehmen, dass dem Architekten bezüglich der Wahl des die Glasmalereien bzw. die Entwürfe zu denselben schaffenden Künstlers freie Hand gelassen wurde, andernfalls hätte er vor der Beauftragung von Karl Schulz (1874 – 1950) hierüber mit Pfarrer Oberländer Rücksprache nehmen müssen. Julius Zeißig hatte am Ende seiner zuvor in Zittau, Wien und Leipzig genossenen Ausbildung fünf Semester an der Dresdener Kunstakademie studiert und besaß, wenngleich seit 1882 in Leipzig selbständig niedergelassen, weiterhin entsprechende Kontakte in der königlichen Residenzstadt, wie u. a. die Erwähnung von Hans Erlwein belegt. Dies und die Tatsache, dass der Leipziger Architekt vorrangig auf dem Gebiet des Kirchenbaus tätig war und hier zur Zeit der Auftragsvergabe aus Lauscha bereits auf

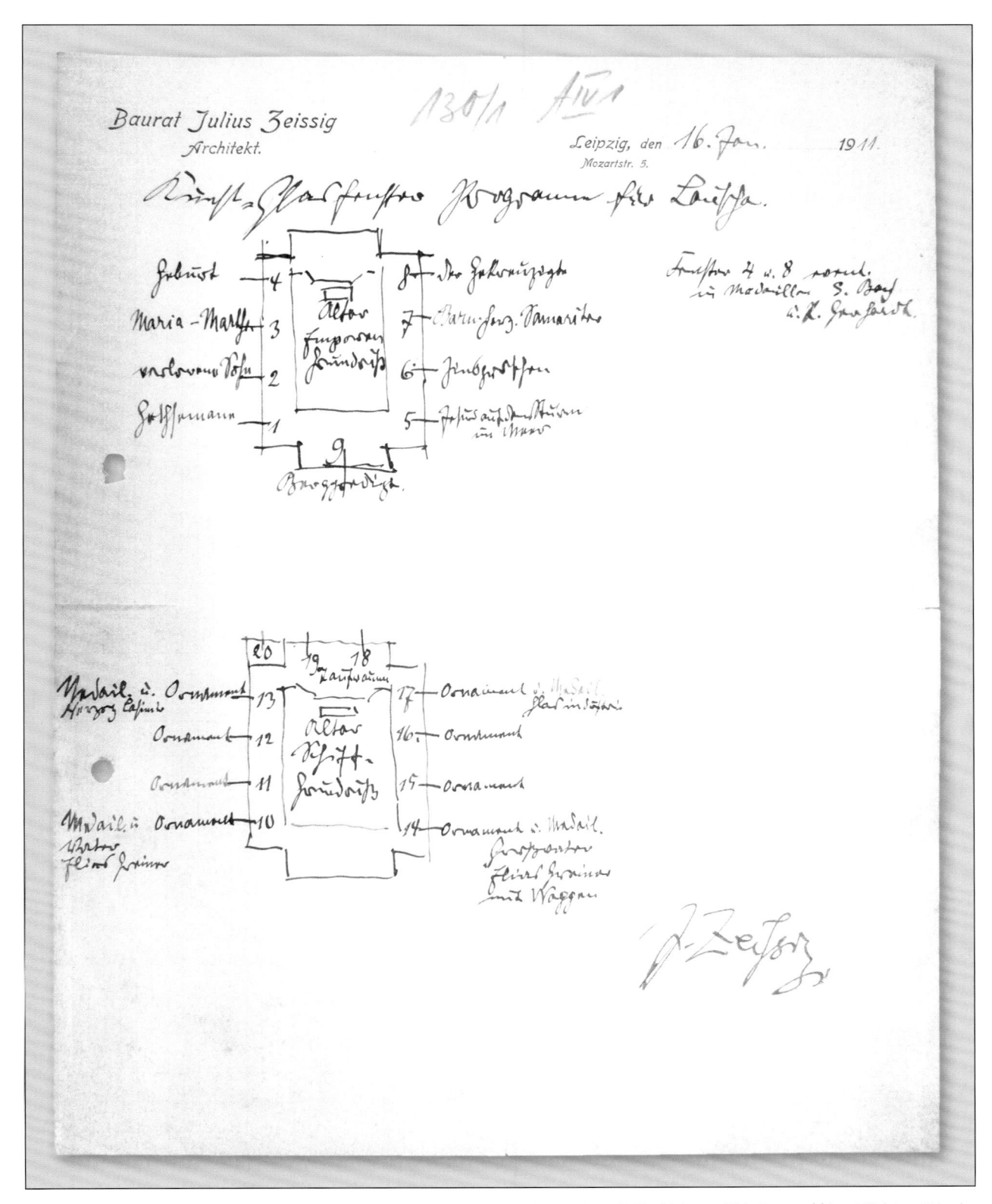

Abb. 4 Lauscha, evangelisch-lutherische Kirche, „Kunst-Glasfenster Programm für Lauscha." von Julius Zeißig, 16. Januar 1911; „Emporen[-]Grundriß" (obere Skizze) – 1: „Gethsemane", 2: „verlorener Sohn", 3: „Maria - Martha", 4: „Geburt", 5: „Jesus auf dem Sturm im Meer", 6: „Zinsgroschen", 7: „Barmherz.[iger] Samariter", 8: „der Gekreuzigte", 9: „Bergpredigt.", Anmerkung rechts: „Fenster 4 u. 8 event.[uell] in Medaillon S. Bach u. P. Gerhardt."; „Schiff-Grundriß" (untere Skizze) – 10: „Medail. [lon] Vater Elias Greiner u. Ornament", 11: „Ornament", 12: „Ornament", 13: „Medail.[lon] Herzog Casimir u. Ornament", 14: „Ornament u. Medail.[lon] Großvater Elias Greiner mit Wappen", 15: „Ornament", 16: „Ornament", 17: „Ornament u. Medail.[lon] Glasindustrie", 18 und 19: „Taufraum", 20: Sakristei

Zur Entstehung der Glasmalereien in der evangelisch-lutherischen Kirche in Lauscha

ein bedeutendes Œuvre blicken konnte, ließen Zeißig auch mit der Glasmalerei seiner Zeit vertraut sein, zu deren namhaften Vertretern Josef Goller (1868–1947) zählte. In Dachau gebürtig hatte Goller bei der Franz Mayer'schen Hofkunstanstalt in München eine Glasmalerlehre absolviert und war anschließend in der Königlich Sächsischen Hofglasmalerei Christian Ludwig Türcke in Zittau tätig. Im Zuge seiner 1890 erfolgten Übersiedlung nach Dresden übernahm er in dem dort ansässigen, 1884 gegründeten Atelier für Glasmalerei und Kunstverglasung Bruno Urban die künstlerische Leitung, 1899 bis 1901 firmierte das Unternehmen unter Urban & Goller.[26] Josef Goller wurde 1907/08 Professor und Leiter der neu gegründeten Abteilung für Glas- und Porzellanmalerei an der Kunstgewerbeschule Dresden.[27] Aufgrund bislang fehlender Informationen zum künstlerischen Werdegang von Karl Schulz[28] lässt sich nicht exakt sagen, aufgrund welcher Konstellation Goller den Dresdener Kunstmaler empfahl, eine sicher anzunehmende Kontaktstelle war die Glasmalerei-Werkstatt Urban, die auch den Lauschaer Auftrag ausführte. Die von Zeißig genannte, bereits 1859 gegründete Anstalt für Glasmalerei und Kunstverglasung Wilhelm Franke in Naumburg/Saale, Hauptlieferant von Sakralbau-Verglasungen in den Thüringer Staaten[29], kam hier nicht zum Zug, auch ist ein betreffendes Angebotsschreiben bisher nicht bekannt. Vielleicht erübrigte sich die Anfrage bei Franke dadurch, dass Karl Schulz die Glasmalerei-Werkstatt Urban zur Umsetzung seiner Entwürfe bestimmt hatte. Eine weitere von Schulz und Urban gemeinsam ausgeführte Verglasung war 1907/08 für die evangelisch-lutherische Kirche in Bernsdorf (Landkreis Zwickau, Sachsen) entstanden, zu deren Stiftern Fürst Otto Viktor II. von Schönburg-Waldenburg zählte.[30] Für dessen in den Jahren 1909 bis 1912 umgebautes Schloss in Waldenburg schuf wiederum Josef Goller Glasmalereien.[31] Das Beziehungsgeflecht war dicht gewebt.

Man darf annehmen, dass Julius Zeißig bereits mit Pfarrer Walther Oberländer über das Bildprogramm der Verglasung gesprochen hatte, bevor er diesbezüglich mit Karl Schulz in Beratung trat. Seinem vorstehend zitierten Schreiben hatte der Architekt ein Blatt beigelegt, das mit „Kunst-Glasfenster Programm für Lauscha." tituliert ist (Abb. 4). Mehrere der hier genannten Darstellungen wurden im weiteren Verlauf durch andere ersetzt, bezeichnend ist, dass bereits dieses Konzept die Abbildungen – „keine Porträts aber etwas Ähnlichkeit" – zweier Angehöriger der Familie Greiner Vetters Sohn beinhaltet.[32] Hermann Greiner Vetters Sohn, Eigentümer der 1853 gegründeten Glashütte Elias Greiner Vetters Sohn, genannt Seppenhütte und heute in der Farbglashütte Lauscha fortbestehend, stiftete im Namen von Familienangehörigen und im eigenen Namen insgesamt zehn Fenster. Seine diesbezügliche Zusage lag wahrscheinlich sehr zeitig vor und bildete dadurch eine wesentliche Grundlage für den Entschluss über Art und Umfang der Glasmalerei-Ausstattung der Lauschaer Kirche. Dennoch musste Hermann Greiner Vetters Sohn nach langen Auseinandersetzungen von seinem Wunsch Abstand nehmen, Porträtmedaillons seines Vaters und seines Großvaters in Fenstern unter der Empore bzw. in der Taufkapelle einfügen zu lassen (s. u.).

Am 25. Februar 1911 bat Zeißig Pfarrer Oberländer um verschiedene die Inschriften betreffenden Angaben, außerdem ist nun, offenbar das „Glasindustrie"-Medaillon ersetzend, von einem Porträt von Johann Hinrich Wichern die Rede.[33] Anderthalb Wochen später erhielt der Lauschaer Pfarrer weitere Änderungsmitteilungen aus Leipzig: „Herr Kunstmaler C. Schulz teilt mit, daß er wegen der Combination der Fenster, abweichend zwei Figuren nebeneinander und voreinander für das Fenster V Christus auf dem Meere [und] für das Fenster VI Christus und Nicodemus stellen will und bittet um Genehmigung dafür. Ich halte es für notwendig, dem Künstler seinen Wunsch zu erfüllen wenn er bei seinem Entwurf eine andere Lösung nicht besser darstellen kann. Für das Fenster 10 u. 11 sollen nun die Taufe und Christus als Kinderfreund (,Lasset die Kindlein zu mir kommen'[)] zur Ausführung gelangen. Ich bitte um Bestätigung obiger Mitteilung sowie Antwort auf meine Fragen v. 25. Februar d.[ieses] J.[ahres]"[34] Anhand der Angabe zu Fenster 6, für das nun die Darstellung von „Christus und Nicodemus" genannt wird, während das „Kunst-Glasfenster Programm für Lauscha." hier den „Zinsgroschen" vermerkt, wird deutlich, dass es neben der Korrespondenz auch mündlich vereinbarte Änderungen gab, die im Rahmen der Baustellenbesuche des Architekten erfolgten.

Gemäß „Verdingungs-Vertrag." vom 9. März 1911 stand Karl Schulz in der Pflicht zur Abgabe der „Kunstverglasungs-Arbeiten" bis zum 29. Juli 1911, wobei sich der Termin offensichtlich auf die fertig ausgeführten Fenster bezog und eine Bezahlung in zwei Raten – „2/3 aller Arbeiten nach Einsetzung der Fenster[,] 1/3 nach Übergabe der Kirche" – vereinbart wurde.[35]

Der Bildinhalt des Hauptfensters war noch immer nicht definitiv festgelegt. Nach der ersten bekannten Idee „mit den Gründern der Glasindustrie, Allegorisch Dargestellt", sowie dem Einzug Christi in Jerusalem und der Bergpredigt stand nun ein anderes Sujet in Rede: „Für das große Fenster habe ich dem Künstler folgende neue Gesichtspunkte gegeben und ersuche um Ihren gefälligen umgehenden Bescheid, ob Sie die Sache so gut finden, damit mit dieser neuen Skizze endgültiger Beschluß für die Ausführung gefaßt werden kann.
1, Christus auf dunklen Hintergrund mit hellen Gewand
2, rechts und links 2 kniende Gestalten
   a, rechts Maria, der zuversichtliche Glaube
   b, links Jonas, der vom Zweifel bekehrte Glaube (betend staunend)
   beide Figuren nach Christus blickend.

Abb. 5   Lauscha, evangelisch-lutherische Kirche, Der Auferstandene (Fenster WI), Karton von Karl Schulz, um 1985/86

Abb. 6   Lauscha, evangelisch-lutherische Kirche, Der Auferstandene (Fenster WI), Ausschnitt aus Abb. 1, 2009

Nach dieser Lösung würden wir ganz weg kommen von den Wächtern obwohl ich auch diese Lösung nicht realistisch finde."[36]

Dieses und das folgende Zitat zeigen, wie stark der Architekt an der Bildfindung – zumindest im Bezug auf das Hauptfenster – beteiligt war. Die Glasmalereien betreffende Entwürfe von Schreiben, die Pfarrer Oberländer an Zeißig sandte, sind zum gegenwärtigen Stand nur in einem, allerdings mehr praktische als inhaltliche Belange betreffenden Exemplar greifbar, die nachstehende Textpassage und die Gedenkschrift (s. u.) belegen aber, dass sich der Geistliche damit intensiv befasste: „Bezüglich des großen Fensters wird versucht werden in einer neuen Skizze Ihren Wünschen nach zu kommen u. schreibt Herr Schulz, nachdem ich mich schon vor Ihrer Äußerung in ähnlichem Sinne an ihn gewandt hatte, daß er in der Auffassung nicht anders werden kann als die anderen Fenster. Die Felsengrotte oder so etwas geht einfach nicht, das kann man auf einem gemalten Bilde darstellen aber nicht im Fenster, übrigens würde die Sache dann mindestens realistischer resp. naturalistischer als seine erste Skizze."[37] Die schließlich ausgeführte Darstellung des Auferstandenen entbehrt allem Anekdotischen, neben dem Bild des Gekreuzigten wurde es das einzige weitere einfigurige Emporenfenster (Abb. 1, 5 und 6).

Nicht ohne Stolz schrieb Julius Zeißig zudem am 7. Juni 1911 nach Lauscha: „Am 22. Mai habe ich auch noch Herrn Baurat Rommel in Saalfeld, sämmtliche Zeichnungen, die von dem Kirchenvorstand genehmigt waren, zur Einsicht vorgelegt u. er hat sich sehr zustimmend zur Sache geäußert. Ebenso haben in Leipzig Prof. Dr. Graul[38], Direktor des Gewerbemuseums und der Direktor vom Stadtgeschichtlichen Museum Dr. Kurzwelly[39], Altar, Kanzel, Glasfenster (großes Fenster) und die Innen-Prospektion mit der Malerei gesehen u. waren sehr erfreut über diese Gesammtplanung u. genehmigte Ausführung u. bedauerten, daß nicht in Leipzig eine gleiche Kirchenausführung bevorstehe."[40]

Vermutlich bedingt durch den langen Entwurfsprozess verzögerte sich die Fertigstellung der Fenster. Am 26. Juli 1911, drei Tage vor dem mit Karl Schulz vereinbarten Lieferdatum, berichtete Zeißig an Pfarrer Oberländer, dass nunmehr die Ausführung der Glasmalereien erfolge: „In Sache der Glasfenster teile ich ergebenst mit, daß dieselben auf Grund der von dem geehrten Kirchenvorstande genehmigten Skizzen 1 : 10 und eines Cartons in natürlicher Größe, also Ausführungsgröße, in Auftrag gegeben wurden. Die Einsätze der oberen Schiffenster sind ohne Schrift circa 1,50 – 1,60 Meter groß, mit der Schrift fast 30 cm größer, also im ganzen 1,80 bis 1,90 Meter groß, wie der Gekreuzigte mit Kreuz und Ornament. Lebensgroß sind die Figuren nicht ganz, aber das macht man in einer solchen Kirche in dieser Größe auch nicht, dadurch würden die Verhältnisse verdorben, die Details sind dann zu groß zum Kirchenraum und lassen denselben als solchen nicht wirken, ebenso würde die intime Wirkung der Fenster verloren gehen."[41] Um ein wohl von Pfarrer Oberländer mitgeteiltes Missverständnis auszuräumen, ergänzte der Architekt anschließend: „Von Herrn Lorenz bin ich wohl nicht recht verstanden worden. Gesprächsweise werde ich geäußert haben, daß die Glasfenster nicht gleich jeden zusagen werden, aber je öfter man diese Ausführung studirt, desto mehr wird man sich in diese zeitgemäße Kunstauffassung einleben." Schließlich nennt dieser Brief die Kosten, die der Dresdener Kunstmaler für den Entwurf der Raumfassung veranschlagte: „Der Preis für Skizzen u. Malproben in natürlicher Größe für Ausmalung der Kirche beträgt 380 Mark."

Die Glasmalerei-Werkstatt Bruno Urban vermeldete auf einer am 15. August 1911 gestempelten Briefkarte, „heute 7 Kisten – die Fenster für den Kirchenneubau enthaltend – nach dort" gesandt zu haben und bat, „dieselben nach deren Eintreffen gut aufzubewahren".[42] Ein das Einsetzen der Fenster erledigender Monteur wurde für den 23. August 1911, einen Mittwoch, angekündigt. Der Messestädter und der Residenzstädter ließen nicht lange auf sich warten, wie Pfarrer Oberländer durch Nachricht aus Leipzig alsbald erfuhr: „Ich werde nächsten Sonntag mit Herrn Schulz nach dort kommen um Montag die Kirche zu besichtigen […] Nach Vertragsabschluß erhält Herr Schulz nach einsetzen der Fenster von Greiner Vetters-Sohn 2200 Mark[,] Karl Kühnert 700 Mark[,] F. A. Müller Söhne 530 Mark[,] Frau Steinert 630 Mark und den Rest nach Uebergabe der Kirche. Ich weiß nicht ob Sie von den Stiftern schon die gestifteten Beträge erhalten haben."[43] Julius Zeißig und Karl Schulz trafen am 27. August 1911 in Lauscha ein, der tags darauf vom gegenwärtigen Stand ihrer gemeinsamen Kunstschöpfung gewonnene Eindruck bot keinen Anlass zur Freude. Der Architekt schrieb nach seiner Heimkehr am 30. August 1911 an den Kirchenvorstand und dessen Vorsitzenden: „Die Besichtigung des Innern der Kirche zu Lauscha hat mit den bis jetzt zur Durchführung gebrachten Malerarbeiten ergeben, daß der Gesammteindruck nur ein Stückwerk ist von der von Herrn Kunstmaler Schulz entworfenen Ausmalung. Die Schiffdecke mit den hellen Deckenfeldern und ausgesparten Ornament, steht nicht mehr im künstlerischen Zusammenhang mit der Kunstverglasung der Schiffenster. In dieser Durchführung lehne ich mit Herrn Schulz jede Verantwortung über das künstlerische Gepräge des Innern der Kirche ab, in Bezug auf die Ausmalung, die für den Gesammteindruck, und gerade mit der geplanten Decke, von hoher Bedeutung war."[44] Dem Schreiben waren ursprünglich ein Vertrag, zwei Rechnungen und eine auf den 1. September 1911 datierte Zahlungsanweisung beigefügt, wovon letztgenanntes Dokument verblieben ist. Es weist als Ratenzahlung für die gelieferten Fenster einen Betrag von 4180 Mark aus. Eine Woche später erinnerte Zeißig die Auftraggeber: „Herr Schulz ersucht wiederholt darum, daß ihm die fälligen 2/3 der Rechnung gesendet werden laut Contraktabschluß mit dem Kirchenvorstand."[45]

Während der Dresdener Kunstmaler und in der Folge die Glasmalerei-Werkstatt Urban auf ihre Bezahlung wartete, entwickelte sich mit dem Hauptstifter der Fenster ein zweites Konfliktfeld. Seitens Hermann Greiner Vetters Sohn bestand unverändert die Absicht, „Reliefs" – gemeint waren Porträtmedaillons – von seinem Vater und seinem Großvater sowohl im Kirchenraum anbringen als auch „naturgetreu" ausführen zu lassen. Der Glasfabrikant und Exportgeschäft-Inhaber ließ Pfarrer Oberländer mit Schreiben vom 29. August 1911 eine Reihe betreffender Angaben zukommen und bat den Geistlichen um Prüfung der Richtigkeit des Geburtsjahres seines Großvaters (Abb. 7).[46] Den auf diesem Schriftstück vorgenommenen Vermerken von Pfarrer Oberländer (Mitte rechts und unten links) und Julius Zeißig (Mitte links) ist zu entnehmen, dass speziell diese Glasmalereien im Rahmen der Kirchenvorstandssitzung am 4. September 1911 thematisiert würden und dass das Beratungsergebnis abzuwarten sei, bevor Karl Schulz Änderungen vornehme. Die Arbeiten existierten demgemäß bereits und sollten modifiziert werden, was dem Kirchenvorstand nicht gefiel und dem Stifter am 6. September 1911 durch den Leipziger Architekten zur Kenntnis gegeben wurde: „Herrn Greiner habe ich gestern geschrieben im Sinne des Kirchenvorstandsbeschlusses."[47] Am 12. September 1911 antwortete Otto Greiner Vetters Sohn im Auftrag seines Vaters, der „schon seit 14 Tagen im Bad ist, woher die Verzögerung in der Beantwortung kommt. Gestern telephonirte er mir nun in beregter Angelegenheit u. soll ich Ihnen mitteilen, dass er die Stiftung nur unter den folgenden Bedingungen gemacht hat:

Die Porträts des Elias u. Septimius Greiner Vetters Sohn müssen möglichst naturgetreu – ähnlich mit dem vollen Text, den [ich] Ihnen seiner Zeit schon schriftlich aufgegeben habe, aber nicht wie zuerst geliefert, in den unteren Kirchenfenstern erscheinen u. ist die Stiftung damals auch von dem Kirchenvorstand resp. dessen Vorsitzenden, Herrn Pfarrer Oberländer zu diesen Bedingungen angenommen worden.

Sollte der Kirchenvorstand nun anders beschlossen haben, so ist dies für mich Grund genug von meiner Schenkung eventuell überhaupt zurückzutreten."[48]

Am Sonntag, dem 17. September 1911, wurde das Bauwerk seiner Bestimmung übergeben. „Seine Hoheit der Herzog freuen sich sehr, daß die Kirche so weit sei, um die Weihe zu erhalten. Höchstderselbe bedauern jedoch in Anbetracht Höchstseines Alters der Feier nicht beiwohnen zu können."[49] Diese am

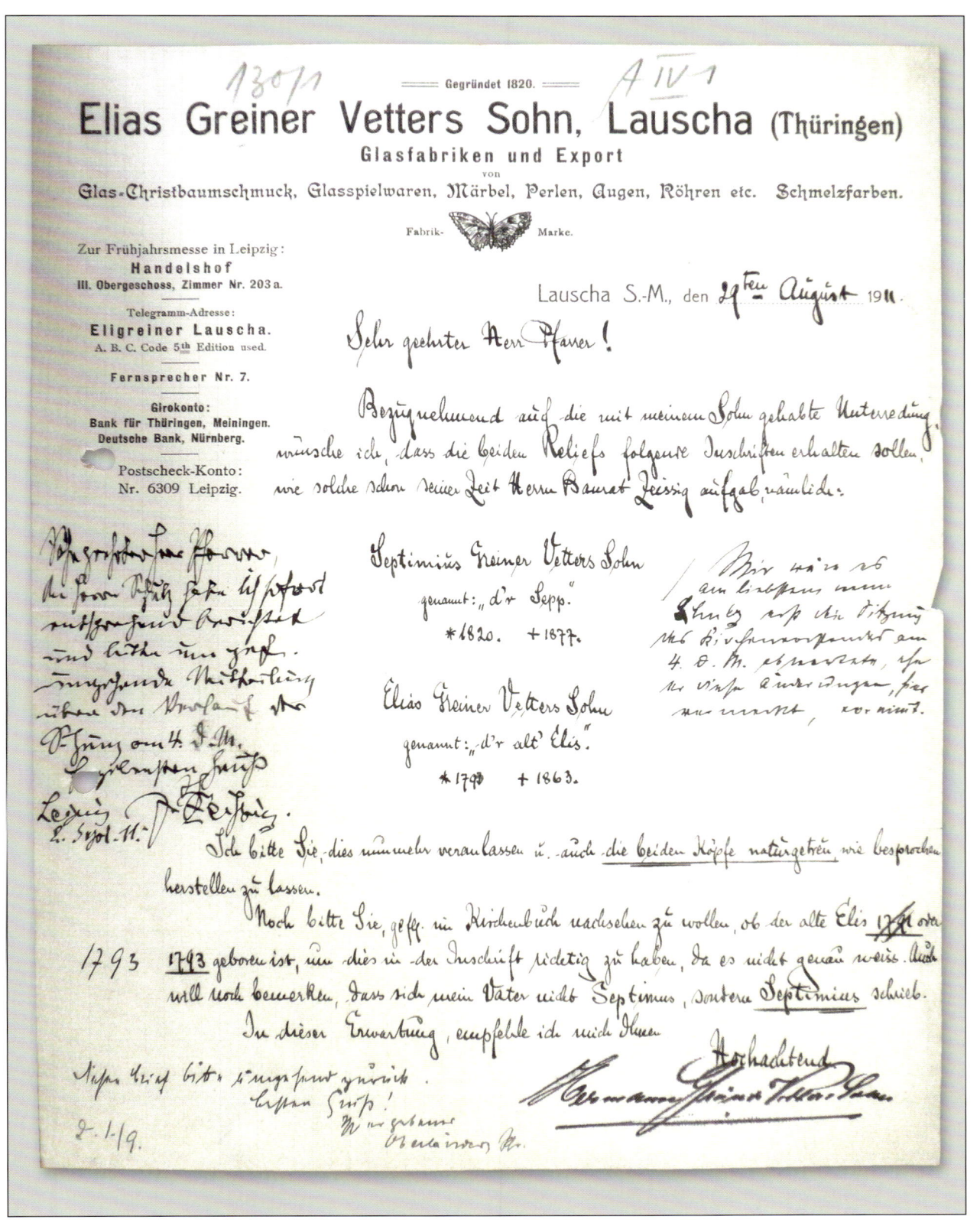

Abb. 7   Lauscha, evangelisch-lutherische Kirche, Brief von Hermann Greiner Vetters Sohn an Pfarrer Walther Oberländer, Lauscha, 29. August 1911; mit Vermerken von Pfarrer Oberländer (Mitte rechts und unten links) und Julius Zeißig (Mitte links)

11. September 1911 auf Schloss Altenstein (bei Bad Liebenstein, Wartburgkreis) verfasste Nachricht von Rittmeister Thiel, „Flügeladjutant Seiner Hoheit des Herzogs von Sachsen Meiningen.", war an Pfarrer Oberländer adressiert. Eingedenk der folgenden Ausführungen, die Georg II. wenige Tage darauf an das Staatsministerium, Abt. für Kirchen- und Schulensachen, richtete, ist es wohl für alle Beteiligten gut gewesen, dass der Herzog nicht persönlich in Lauscha erschienen war:

„Baurath Zeissig in Leipzig hat mir die zur Ansicht hier mitfolgenden Blätter gesandt, da Kirchenrath Köhler ihm anläßl. der Einweihung der Lauschaer Kirche bemerkt hat, ich interessire mich für dieses Bauwerk. Ich kann dem Inneren der Lauschaer Kirche nach vorliegendem Blatte keinen Reiz abgewinnen, vielleicht, leider aber nicht wahrscheinlich, sieht das Innere in Natur nicht besser aus als im Bilde, wo es erstaunlich nüchtern sich präsentirt. Noch viel schlimmer aber erscheinen mir die Cartons für die Glasfenster. Sind diese von der Bausumme mit bestritten worden oder sind sie etwa gestiftet? In beiden Fällen wäre es wünschenswerth gewesen, daß sie nicht angebracht worden wären: Nach der Erbärmlichkeit und Ungeschicklichkeit ihrer Composition zu urtheilen, ist es kaum anders möglich, als daß sie eine Schande für Lauscha sind, wo in Folge der Beschäftigung so mancher Einwohner mit der Porzellanmalerei einiger künstlerischer Geschmack, so sollte man meinen, herrschen dürfte. Man bestrebt sich heutigen Tag's allgemein, das Schöne in der Natur und in der Kunst zu erhalten, läßt es aber zu, daß eine Kirche durch solche Schmarrn verhunzt wird! Bis jetzt existirt kein Organ, durch das es möglich ist, die Anbringung solcher künstlerischer Entgleisungen an öffentlichen Gebäuden zu verhindern, und doch wäre es sehr wünschenswerth, daß ein solches geschaffen würde. Man könnte an ein ‚Kunstcomité' mit vom Herzog zu ernennenden Mitgliedern denken, welchem die Kunstgegenstände behufs Erlaubnißertheilung vorzulegen wären, die man in oder an öffentl[ichen] Gebäuden anzubringen gedenkt.
Was meint M[inisterial]Abthlg IV dazu?"[50]

Dr. Friedrich Trinks, Vorstand dieser Ministerialabteilung, zugleich u.a. auch Vorsitzender des Oberkirchenrats, antwortete dem Herzog speziell zu den Glasmalereien:
„Wenn Inneres der neuen Kirche und besonders die Fenster sich in Herstellung und Ausführung nicht besser, d.h. schöner und anziehender, dem Beschauer darstellen sollten, als nach den Kartons anzunehmen ist, so wäre dies allerdings bedauerlich.
Kirchenrat Köhler, der der Einweihung als Beauftragter des Oberkirchenrats beiwohnte, war sehr eingenommen von dem Geschaffenen, ohne indeß näheres mitzuteilen.
Die Fenster sind durchweg gestiftet.
Beiliegende Gedenkschrift gibt Auskunft in den blau angestrichenen Stellen über Stifter und dort herrschende Auffassung."[51]
Dieses Gedenkschrift-Exemplar ist im betreffenden Aktenkonvolut nach dem vorstehend auszugsweise zitierten Brief eingeheftet worden.[52] Trinks hatte alle die Glasmalereien betreffenden Passagen markiert, deren vollständige Wiedergabe hier erfolgt:
„Die Sakristei ziert als besonders sinniger Schmuck ein Fenster, welches Jesus in Gethsemane darstellt. Dieses Fenster, das in Glas geätzt ist, ist ein Geschenk des von Lauscha stammenden Herrn Photographen Elias Hirsch in Großlichterfelde und von ihm auch selbst ausgeführt [Abb. 26]. Ueberhaupt bilden die bunten Fenster, die wir in unserer neuen Kirche haben, einen ganz hervorragenden Schmuck unseres Gotteshauses. Im Gegensatz zu den sonst üblichen, dunklen Glasfenstern sind unsere Fenster in ziemlich hellen Farben ausgeführt und so gehalten, daß die dargestellten Bilder nicht das ganze Fenster einnehmen, damit die Lichtwirkung im Innern nicht beeinträchtigt wird. Dank der reichen Stiftungen, die gerade für die Fenster einliefen und über die die umstehend folgende Spenderliste nähere Auskunft gibt, war es uns möglich, Herrn Kunstmaler Schulz-Dresden mit den Entwürfen für die Fenster zu betrauen. Der Kirchenvorstand sprach dabei den Wunsch aus, man möge bei den Darstellungen auf den Fenstern von den sonst gewöhnlich üblichen Bildern von Aposteln und Männern des Alten Testaments absehen und an deren Stelle Darstellungen aus dem Neuen Testament bringen, die nicht nur dem Auge des Beschauers etwas sind, sondern die auch lebendig zu seinem Herzen sprechen. Auf Vorschlag von Herrn Pfarrer Oberländer wählte der Kirchenvorstand die Anordnung, daß, von der Kanzel aus gesehen, die großen Fenster auf der rechten Seite das darstellen, was Gott an uns tut, und die auf der linken Seite, was wir tun sollen. So sehen wir denn zunächst auf der rechten Seite die Geburt Christi mit der Unterschrift: ‚Also hat Gott die Welt geliebt' [Fenster NII, Abb. 16]. Die drei nun folgenden Bilder künden uns den Zweck der Sendung Jesu: ‚Jesus ist gekommen in die Welt zu suchen und selig zu machen, was verloren ist', so lautet das Wort auf dem zweiten Fenster, das uns eine Darstellung des verlorenen Sohnes gibt [Fenster NIII, Abb. 14]; das dritte Bild zeigt uns ‚Jesus als Arzt': ‚Er heilet die zerschlagenen Herzens sind' [Fenster NIV, Abb. 12]; das vierte endlich stellt den Gekreuzigten dar und fordert in seinem Wort die Besucher des Gotteshauses auf: ‚Lasset Euch versöhnen mit Gott!' [Fenster NV, Abb. 10] Beim Anblick dieser vier Fenster und besonders des letzteren kommt dem Beschauer unwillkürlich der Ausspruch des Grafen von Zinsendorf [sic!] in Erinnerung: ‚Das tat ich für dich, was tust du für mich?'
Und wie der Dank des Menschen für diese empfangenen Segnungen sich äußern soll, das wollen uns die Darstellungen der gegenüberliegenden Fenster sagen. Das ganze Leben eines evangelischen Christen soll ein fortgesetztes Suchen und Streben nach der Wahrheit sein. Denn ‚Wer die Wahrheit tut, der kommt an das Licht', so sagt uns das erste Bild, das uns Jesus im Gespräch mit Nikodemus vor Augen führt [Fenster SII, Abb. 18]. Wer

Abb. 8   Lauscha, evangelisch-lutherische Kirche, Die Taufe Christi (Taufkapelle, linkes Fenster), Stifter: Hermann Greiner Vetters Sohn, 2009

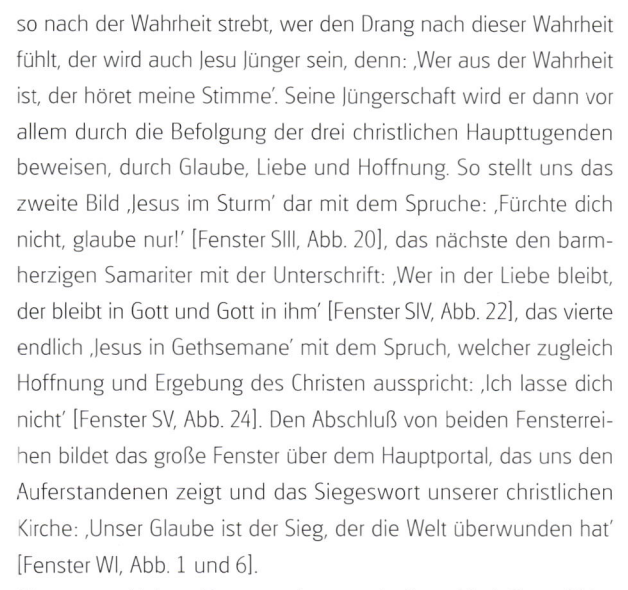

Abb. 9   Lauscha, evangelisch-lutherische Kirche, Christus als Kinderfreund (Taufkapelle, rechtes Fenster), Stifter: Hermann Greiner Vetters Sohn, 2009

so nach der Wahrheit strebt, wer den Drang nach dieser Wahrheit fühlt, der wird auch Jesu Jünger sein, denn: ‚Wer aus der Wahrheit ist, der höret meine Stimme'. Seine Jüngerschaft wird er dann vor allem durch die Befolgung der drei christlichen Haupttugenden beweisen, durch Glaube, Liebe und Hoffnung. So stellt uns das zweite Bild ‚Jesus im Sturm' dar mit dem Spruche: ‚Fürchte dich nicht, glaube nur!' [Fenster SIII, Abb. 20], das nächste den barmherzigen Samariter mit der Unterschrift: ‚Wer in der Liebe bleibt, der bleibt in Gott und Gott in ihm' [Fenster SIV, Abb. 22], das vierte endlich ‚Jesus in Gethsemane' mit dem Spruch, welcher zugleich Hoffnung und Ergebung des Christen ausspricht: ‚Ich lasse dich nicht' [Fenster SV, Abb. 24]. Den Abschluß von beiden Fensterreihen bildet das große Fenster über dem Hauptportal, das uns den Auferstandenen zeigt und das Siegeswort unserer christlichen Kirche: ‚Unser Glaube ist der Sieg, der die Welt überwunden hat' [Fenster WI, Abb. 1 und 6].

Die unteren kleinen Fenster zeigen uns in ihren Medaillons Bilder von Männern aus der Kultur- und Kirchengeschichte. Besonders fallen uns da auf Herzog Kasimir, als der eigentliche Begründer von Lauscha, der den ersten Lauschaer Glasmeistern die Ansiedlung in Lauscha gestattete und ihnen noch bedeutende Gerechtsame verlieh [Fenster nV, Abb. 11]. Unter der Darstellung von der Geburt Jesu sehen wir das Portrait von Paul Gerhardt, der gerade die Geburt Jesu so oft und so schön besungen hat [Fenster nII, Abb. 17], ihm gegenüber das Bild von Joh. Seb. Bach, der durch seine Compositionen das Wort Gottes den Herzen der Menschen so nahe gebracht hat [Fenster sII, Abb. 19]. Unter dem Bild von dem barmherzigen Samariter sehen wir das Medaillon von Wichern, dem Begründer des rauhen Hauses in Hamburg, der so viel für praktische Nächstenliebe geleistet hat [Fenster sIV, Abb. 23]. Die beiden Bilder in der Taufkapelle führen uns die Taufe Jesu vor Augen [Abb. 8], und die Segnung der Kinder durch Jesus mit dem Spruche: ‚Lasset die Kindlein zu mir kommen' [Abb. 9].

[…]

In der Turmvorhalle sehen wir das Bild unseres alten Kirchleins [Abb. 27] und im Treppenhaus das der alten Glashütte [Abb. 29], zwei alte Wahrzeichen unseres Ortes, die so in sinniger Weise Zeugnis ablegen von der Pietät ihrer Stifter. Außerdem ist uns in den letzten Tagen noch ein buntes Fenster, das Innere der alten Kirche darstellend, in Aussicht gestellt worden [Abb. 28].

[…]

Stiftungen.

[…]

Das große Portalfenster (Auferstehung Jesu) von Familie Steiner.

2 große Fenster (Der Gekreuzigte und Jesus in Gethsemane): Herren F. A. Müller, Wiesbaden.[53]

6 große Fenster durch Herrn Hermann Greiner Vetters Sohn für seine Familie.

4 kleine Fenster von Hermann Greiner V.[etters] S.[ohn]

6 kleine Fenster von Herrn Karl Kühnert.

1 geäztes Glasfenster: Herr Elias Hirsch, Großlichterfelde.

1 Fenster (Die alte Kirche) von Herrn Pfarrer Michael, Hildburghausen.

1 Fenster (Die alte Dorfhütte) von Herrn Otto Müller Pathle.

1 Fenster (Das Innere der alten Kirche) von Herrn Wilhelm Kühnert.

(Die beiden zuletzt genannten Fenster werden von der Firma Knoch und Lysek ausgeführt.)"[54]

Zur Entstehung der Glasmalereien in der evangelisch-lutherischen Kirche in Lauscha

Abb. 10 Lauscha, evangelisch-lutherische Kirche, Der Gekreuzigte (Fenster NV), Stifter: F. H. Müller-Söhne, Wiesbaden, 2009

Abb. 12 Lauscha, evangelisch-lutherische Kirche, Christus, ein Kind heilend (Fenster NIV), Stifter: Otto Greiner Vetters Sohn, 2009

Abb. 11 Lauscha, evangelisch-lutherische Kirche, Herzog Johann Casimir von Sachsen-Coburg (Fenster nV), Stifter: Hermann Greiner Vetters Sohn, 2009

Abb. 13 Lauscha, evangelisch-lutherische Kirche, Philipp Melanchthon (Fenster nIV), Stifter: Familie Karl Kühnert, 2009

Abb. 14　Lauscha, evangelisch-lutherische Kirche, Heimkehr des verlorenen Sohnes (Fenster NIII), Stifter: Katharina Greiner Vetters Sohn, 2009

Abb. 16　Lauscha, evangelisch-lutherische Kirche, Die Heilige Familie mit einem Engel (Fenster NII), Stifter: Hermann Greiner Vetters Sohn, 2009

Abb. 15　Lauscha, evangelisch-lutherische Kirche, Martin Luther (Fenster nIII), Stifter: Familie Karl Kühnert, 2009

Abb. 17　Lauscha, evangelisch-lutherische Kirche, Paul Gerhardt (Fenster nII), Stifter: Familie Karl Kühnert, 2009

Zur Entstehung der Glasmalereien in der evangelisch-lutherischen Kirche in Lauscha

Abb. 18 Lauscha, evangelisch-lutherische Kirche, Christus und Nikodemus (Fenster sII), Stifter: Erich Greiner Vetters Sohn, 2009

Abb. 20 Lauscha, evangelisch-lutherische Kirche, Errettung Petri (Fenster sIII), Stifter: Wanda Klett geb. Greiner Vetters Sohn, 2009

Abb. 19 Lauscha, evangelisch-lutherische Kirche, Johann Sebastian Bach (Fenster sII), Stifter: Familie Karl Kühnert, 2009

Abb. 21 Lauscha, evangelisch-lutherische Kirche, König Gustav II. Adolf von Schweden (Fenster sIII), Stifter: Familie Karl Kühnert, 2009

Abb. 22 Lauscha, evangelisch-lutherische Kirche, Der barmherzige Samariter (Fenster SIV), Stifter: Elias Greiner Vetters Sohn, 2009

Abb. 24 Lauscha, evangelisch-lutherische Kirche, Christus am Ölberg (Fenster SV), Stifter: F. H. Müller, Wiesbaden, 2009

Abb. 23 Lauscha, evangelisch-lutherische Kirche, Johann Hinrich Wichern (Fenster sIV), Stifter: Familie Karl Kühnert, 2009

Abb. 25 Lauscha, evangelisch-lutherische Kirche, Herzog Georg II. von Sachsen-Meiningen (Fenster sV), Stifter: Hermann Greiner Vetters Sohn, 2009

Zur Entstehung der Glasmalereien in der evangelisch-lutherischen Kirche in Lauscha

Bei den die Medaillonfenster und die Fenster in der Turmvorhalle und in den Treppentürmen betreffenden Textpassagen vermerkte Georg II.: „Nach meiner Meinung Unpassend". Dass diese Darstellungen nichtbiblischen Inhalts in einem Sakralbau unangebracht seien, spiegelt die grundsätzliche Auffassung des Herzogs wider. Zwei Jahrzehnte zuvor hatte sich Georg II. gegenüber der evangelischen Kirchgemeinde Sonneberg veranlasst gesehen, seine mit dem Amt des landesherrlichen Kirchenregiments verbundene Kompetenz auf das Äußerste anzuwenden, indem er die Ausführung eines die deutschen Kaiser Wilhelm I. und Friedrich III. verherrlichenden Fensters nicht genehmigte. Der Herzog stiftete für die dortige, 1845 geweihte neugotische Kirche die drei zentralen Chorfenster, als Pendant zu einem bereits bauzeitlich gestifteten Fenster wollte die Kirchgemeinde besagtes Kaiserfenster ausführen lassen.[55] Georg II. erklärte hierzu gegenüber dem Oberkirchenrat u.a.: „Die Ungereimtheit, das Unpaßende etc etc dieser kirchlichen Darstellung, mit welcher ein Werk geschaffen würde, das die Sonneberger für so lange, als es bestände, compromittiren würde, leuchtet hoffentl. Jedem ein, [der] je von Ferne mit kirchl. [Kunst] Etwas zu thun gehabt hat. [Die] beiden Kaiser würden die Letzten gewesen sein, um neben Christus, Aposteln und Joh. d. Täufer paradiren zu wollen und würden herzl. gelacht haben, [hätten] sie bei Lebzeiten von der verschrobenen [Idee] gehört, sie als Heilige in eine Kirche zu stellen. Sie haben ebensowenig wie jeder profane Mensch in einer Kirche als Hauptfiguren angebracht zu werden; nur als Donatoren wäre dies statthaft. Sie haben aber der sonneberger Kirche bekanntlich kein Bild geschenkt, auf welchem sie sich hätten anbringen laßen können."[56] In demselben Zusammenhang schrieb der Herzog die grundsätzlichen Worte: „In der Kirche soll man an Gott u. Göttliches, nicht an Politisches denken."[57]

Die Kritik des Landesherrn an den Lauschaer Glasmalereien, die auf der Kenntnis der Kartons von Karl Schulz (Abb. 5) basierte, wäre wohl nicht gänzlich ausgeblieben, aber vermutlich entschieden milder ausgefallen, wenn Georg II. die ausgeführten Fenster gesehen hätte, die sich – mit Trinks gesprochen – dem „Beschauer" tatsächlich weitaus „schöner und anziehender" präsentieren, „als nach den Kartons anzunehmen ist".

Gemäß oben genanntem „Verdingungs-Vertrag." war dem Dresdener Kunstmaler „nach Übergabe der Kirche" das verbliebene Drittel des Honorars zu zahlen, was nicht erfolgte. Stattdessen wandte sich Schulz nun – sechs Wochen nach der Kirchweihe – direkt an Pfarrer Oberländer:

„Darf ich Sie hierdurch bitten doch die Fensterangelegenheit baldigst zu erledigen. Sollten Sie mit der Regelung noch Schwierigkeiten haben, so bitte ich Sie doch zu veranlassen daß man mir die schon vor 4 Wochen fällige Restsumme umgehend auszahlt. Denn es geht doch nicht daß ich wegen Auseinandersetzungen innerhalb Ihrer Gemeinde auf die Auszahlung warten muß. Ich hab doch die Arbeiten rechtzeitig und gut geliefert und bin an der an sich belanglosen Beanstandung fast schuldlos, meines Erachtens können Sie doch wohl nur ein paar Hundert Mark bis zur entgültigen Regelung zurückbehalten aber doch nicht eine solche Summe.
Ich würde Ihnen sehr verbunden sein wenn Sie für eine umgehende Regelung sorgen wollten."[58]

Der Geistliche antwortete diesbezüglich nicht Schulz, sondern schrieb am 2. November 1911 an Zeißig. Der Originaltext ist mangels greifbarem Entwurf nicht bekannt, da der Architekt den Kunstmaler aber per Abschrift in Kenntnis setzte, gibt dessen grundlegende Erklärung auch Aufschluss über den Inhalt des Briefes aus Lauscha. Schulz antwortete am 5. November 1911 nach Leipzig:

„An Händen der Abschrift, die Sie mir von einem Briefe des Herrn Pfarrer Oberländer gesandt haben will ich Ihnen einmal den Stand der Sache klarlegen.
Wenn Herr Pfarrer Oberländer schreibt, daß ich Beanstandetes erst in Ordnung bringen soll, so frag ich höflichst verwundert was? Als ich mit Ihnen in Lauscha war sind die Fenster mit Ausnahme der fraglichen 2 Köpfe ohne jeden Einspruch abgenommen worden. Die angezogenen Mängel sind mir niemals mitgeteilt worden, wenn die Namen der Stifter falsch geschrieben worden sind, so ist durchaus noch nicht gesagt daß ich Schuld daran hab, man müsste mir doch die richtige Schreibart mitteilen, damit ich sie mit den mir gegebenen Unterlagen vergleichen kann. Das ist heute 8 Wochen nach Übergabe noch nicht geschehen, ja ich kann hinzufügen daß als sich der Name des Stifters im Auferstehungsfenster als falsch geschrieben erweiß, die Herren alle Namen kontrolliert haben und als richtig anerkannt haben. Weiter kann ich mitteilen daß mir dieser Name Steiner tatsächlich als Steinert in der Unterlage angegeben ist, so daß ich in dem Falle also gar nicht schuld war und ich darf wohl annehmen daß auch die übrigen Namen richtig wie mir angegeben geschrieben worden sind.
Wenn das Wort Wahrheit wie ich auf der Photographie ersehe tatsächlich ohne h geschrieben ist so hätte doch wirklich eine Mitteilung genügt um diese Nichtigkeit, die doch wirklich keinen Einfluß auf die Wirkung des Fensters hat, zu korrigieren. Aber mir nichts schreiben 8 Wochen lang und wenn ich um Erfüllung meiner Rechnung bitte mit solchen Beanstandungen, die in Wirklichkeit keine sind, zu kommen, das ist mir mehr wie wunderlich.
Ich lehne jetzt jede Änderung ab und bitte Sie die Herren darauf aufmerksam zu machen daß ich wenn die Herren auf Ihren Standpunkt beharren, ich ab 12. d.[ieses] M.[onats] 4 % Verzugszinsen in Rechnung bringen müßte.
Nun zu den fraglichen 2 Fenstern mit den Köpfen der Herrn Greiner. So einfach wie der Herr Pfarrer schreibt ist die Sache nicht.

> Zur Entstehung der Glasmalereien in der evangelisch-lutherischen Kirche in Lauscha

Ich hab mich bereit erklärt den fraglichen Kopf zu ändern und den andern auf seine Ähnlichkeit nochmals zu prüfen, von einem zur Verfügung stellen der Fenster kann garkeine Rede sein. Am 6. Sept. d.[ieses] J.[ahres] ist mir von Ihnen Herr Baurat eine Karte zugegangen mit dem Bescheid, daß ich an den fraglichen Fenstern nicht eher etwas tun solle als bis ich neuerlichen Bescheid hätte, der ist mir nun bis heute noch nicht zugegangen.

Wenn jetzt andere Köpfe hinein kommen sollen so beanspruche ich die volle Summe meiner Rechnung. Die neuen Köpfe würde ich pro Stück für 35 Mark anfertigen. Billiger werden die Fenster nicht, auch wenn die Köpfe von einem andern Geschäft ausgeführt werden, wogegen ich aber sehr energisch Verwahrung einlege, da ich die übrigen Köpfe einwandfrei geliefert hab und mir durch die Arbeit anderer, der Eindruck der Fenster zerstört würde.

Weiter schreibt Herr Pfarrer Oberländer, daß die Fenster Taufe und Lasset die Kindlein zu mir kommen zu teuer seien, das sind sie nicht und ich bin nicht im Stande jetzt auch nur eine Mark herunter zu gehen, ich muß den Herren überlassen zu tun was sie für richtig halten.

Ein Fenster von diesen beiden ist Original das andere ist auch nur teilweise von einem früheren verkleinert.

Nun zur Malerei. Ich muß sehr dagegen protestieren, wenn Herr Pfarrer Oberländer schreibt der Preis sei ohne dies viel zu hoch. Der Herr Pfarrer hat jedenfalls kein Urteil über die Menge und Güte der Arbeit sonst würde er wohl kaum eine derartige Äußerung über den Preis derselben tun.

Geringer wird die Summe gewiß nicht, ich hätte eher Lust auch die nachträglich für die Taufkapelle gelieferten Kleinigkeiten besonders zu berechnen.

Wie die Malerei verrechnet wird ist mir gleich, aber kürzen laß ich mir meine Rechnung um keinen Pfennig.

Sowie ich eine entgültige bestimmte Antwort wegen der Fenster hab ob die andern Köpfe gemalt werden sollen oder nicht sende ich die mir von Herrn Greiner zur Verfügung gestellten Unterlagen sofort an ihn zurück, vorläufig muß ich sie noch wegen der ev.[entuellen] Änderung resp. Erneuerung der Köpfe zurückbehalten.

Zum Schluß fordere ich nochmals höflichst auf mir meine Rechnung umgehend zu begleichen, ich bin höchsten[s] damit einverstanden daß bis die 2 Köpfe entgültig erledigt sind 200 M. zurückbehalten werden. Ich würde, falls bis zum 12. d.[ieses] M.[onats] nicht bezahlt ist, leider, wie bereits bemerkt gezwungen sein 4 % Verzugszinsen zu berechnen."[59]

Für seinen Verfasser wird dieses Schreiben befreiend gewirkt haben, für den Leser ist es außerordentlich informativ.

Obwohl mit Hermann Greiner Vetters Sohn, der die Glasmalereien zeitweilig offensichtlich einer Begutachtung zu unterziehen gedachte, noch keine Klärung darüber erfolgt war, dass man trotz anfänglicher Zusage im Kirchenraum doch keine Porträts von Elias und Septimius Greiner Vetters Sohn wünschte, standen bereits für die beiden Medaillons neue „Bilder von Männern aus der Kultur- und Kirchengeschichte" in Rede. Julius Zeißig schrieb am 7. November 1911 an Pfarrer Oberländer, teilte eingangs mit, dessen fünf Tage zuvor verfassten Brief Schulz zur Kenntnis gegeben zu haben, vermerkte, das vorstehend zitierte Schreiben des Kunstmalers beizufügen, und fuhr fort:

„Nach Lage der Sache empfehle ich Herrn Schulz die Restzahlung bis zum 12[.] November einzusenden da seine Forderung zu Recht besteht.

Mit Herrn Greiner Vetters Sohn habe ich für seine 10 Fenster in Summe 3370 Mark vereinbart, dabei habe ich die Taufkapellen-Fenster mit á 310 Mark genannt. Es ist noch zur Sprache gekommen, daß wenn er diese Fenster für letzteren Preis nicht übernehmen wolle, dieselben aus den anderen vorhandenen Stiftungen gedeckt werden könnten. (Ich dachte dabei an die Stiftung Müller-Söhne[.]) Herr Greiner genehmigte aber die Gesammtsumme von 3370 Mark und darauf hin habe ich die Bestellung bei Herrn Schulz ausgeführt.

Damit nun die 2 unteren Fenster fertig gestellt werden können, empfehle ich Entscheidung zu treffen für Melancht[h]on und Ihren Herzog Georg und Schulz damit zu beauftragen.

Herrn Schulz seine Gesammtfenster sind bei dieser Ausführungsart durchaus preißwert. Im gleichen Verhältniß stehen die Taufkapellenfenster mit den vielen Figuren. Und wenn Prinz Ernst von Sachs.[en-]Meiningen[60] sich sehr anerkennend bei der Besichtigung der Kirche ausgesprochen hat, was mich sehr freut, so gehören wohl zu diesem Lob auch die Fenster. Diese Fenster sind Kunstleistungen und müssen auch als solche gewürdigt und bezahlt werden und nur Künstler von Ruf in der Glasmalerei werden diese Fenster als Sachverständige taxieren können. Gegebenenfalls würden nicht allein Sachverständige von Seiten des Stifters sondern auch von Herrn Schulz zu ernennen sein u. dann ein Obmann über die Sache entscheiden.

Bei meinen vielen ausgeführten Kirchen habe ich schon mit den besten Künstlern in der Glasmalerei zu tun gehabt und weiß, daß dabei Fenster geliefert wurden, kleiner aber noch höher im Preis als wie die hier in Frage stehenden Taufkapellenfenster. Und Herr Schulz wird als Künstler in der Glasmalerei vom Akademischen Rat in Dresden hoch geschätzt und hat durch denselben schon wiederholt Aufträge erhalten, die besser bezahlt wurden als wie die Fenster in Lauscha.

Herr Schulz hat mir schon bei Bestellung der Fenster gesagt, daß er für solche Preise noch nicht abgeschlossen hat und nur damit rechnet, daß er in späterer Geschäftsverbindung mit mir bleibt. Wie aus beifolgender Aufstellung zu ersehen ist, bleiben zur event.[uellen] Deckung für Malscizzen, Details und Farbenproben 350 Mark aus den Stiftungen übrig.

Zur Entstehung der Glasmalereien in der evangelisch-lutherischen Kirche in Lauscha

Abb. 26 Lauscha, evangelisch-lutherische Kirche, Christus am Ölberg (Sakristei), Werk und Geschenk von Elias Hirsch, Groß-Lichterfelde, 2009

Abb. 27 Lauscha, evangelisch-lutherische Kirche, alte Lauschaer Kirche (Turmvorhalle, Südostseite), Stifter: Pfarrer Karl Michael, Hildburghausen, 2009

Die neuen Köpfe würde Herr Schulz pro Stück für 35 Mark anfertigen. (Melanchthon u. Herzog Georg)
Auf meiner Karte vom 25[.] Febr. 1911[61] an Ihre Adresse, sehr geehrter Herr Pfarrer, habe ich die Stifterin Frau Steinert genannt und darauf hin auch keine Correktur erhalten u. wahrscheinlich dem entsprechend bei Herrn Schulz die Widmung in Auftrag gegeben."[62]

Dem Empfänger war es, wie dessen undatierter, offensichtlich eilig niedergeschriebener und mit zahlreichen Einarbeitungen versehener Antwortentwurf zeigt, nicht recht, „daß Sie meinen Brief Herrn Schulz ohne Weiteres vorgelegt haben, mit dem der Kirchenvorstand zunächst nichts zu tun hat". Der Geistliche kritisierte die mangelnde Unterstützung des Architekten im Bezug auf die Vertretung der Interessen der Bauherrnschaft gegenüber dem Kunstmaler, forderte, „daß Sie die Änderung etc falscher Unterschriften pp. unverzüglich in die Wege leiten" und resümierte: „Ich habe keine Lust mit Schulz zu verhandeln, nachdem er solche Briefe schreibt."[63]

Pfarrer Walther Oberländer hatte zugegebenermaßen hier keine leichte Aufgabe zu erfüllen. Nicht nur, dass fünfeinhalb Monate nach seinem Amtsantritt die Grundsteinlegung zum Lauschaer Kirchenneubau erfolgte, sondern auch, weil der – allerdings auf eigenen Wunsch[64] – aus dem nahegelegenen Judenbach hierher gewechselte Geistliche zwischen die Fronten geraten war: „Pfarrer Oberländer in Lauscha hat mich durch den Prinzen Ernst fragen lassen, ob ich eine Deputation aus diesem Orte in Altenstein annehmen würde, welche um einen Zuschuß für das Innere der neu zu erbauenden Kirche (Orgel ist bereits bei Kirchenfreunden untergebracht) Kanzel, Beleuchtung, Glocken, zu petitionieren gedächte. Dabei ist meinem Sohne beiliegender Zettel übergeben worden, welcher zeigen soll, in welch' finanzieller Beklemmung die Orte Lauscha, Igelshieb u. Ernstthal sich befinden. Ich bitte mir kurz aufschreiben zu lassen, wie es in Wirklichkeit mit diesen Zahlen steht."[65] Herzog Georg II. hatte diese Zeilen am 4. Juni 1910 aus Bad Gastein geschrieben, Dr. Friedrich Trinks, der Vorsitzende des Oberkirchenrats, antwortete in Form einer ausführlichen Berichterstattung und mit der Feststellung, dass die „Beklemmung" weniger dramatisch sei als geschildert.[66] Der Herzog, inzwischen in seinem Sommerhaus auf der zwischen Königssee und Obersee gelegenen Saletalm weilend, schrieb darauf: „Die Aktion des Pfarrer's Oberländer war unpassend. Sollte er aber um den Inhalt des Zettel's gewußt haben, leichtsinnig (zum mindesten.) Ohne sich genau zu orientieren, hätte er meinem Sohne für mich Angaben über die finanziellen Verhältnisse der 3 Orte, die er pastorirt, gemacht, welche nicht stimmen, die aber mir zur Grundlage einer Entschließung dienen sollten.

Abb. 28 Lauscha, evangelisch-lutherische Kirche, alte Lauschaer Kirche (südöstlicher Treppenturm), Stifter: Wilhelm Kühnert, 2009

Abb. 29 Lauscha, evangelisch-lutherische Kirche, Dorfglashütte (nordwestlicher Treppenturm), Stifter: Otto Müller Pathle, 2009

Ich bin der Ansicht, daß dem Pfarrer Oberländer eine Zurechtweisung zuzugehen hat."

Mit dem Geistlichen wurde dennoch gnädig verfahren, Trinks berichtete Georg II.: „Der Oberkirchenrat, dem in gestriger Sitzung die Angelegenheit vorgetragen worden ist, glaubt in dem Umstande, daß Pfarrer Walther Oberländer erst am 1. März d.[ieses] J.[ahres] von Eurer Hoheit zum Pfarrer von Lauscha ernannt und zudem noch ein junger Mann von 33 Jahren ist, für das Verhalten des Genannten eine gewisse Entschuldigung finden zu dürfen: es hat ihm wohl an der nötigen Beurteilung der Verhältnisse gefehlt. Der Oberkirchenrat bittet dieserhalb, es bei der Verhandlung des Kirchenamtes, obwohl sie mehr auf eine Belehrung und Instruktion als auf die von Eurer Hoheit befohlene Zurechtweisung hinauslaufen dürfte, bewenden lassen zu dürfen." Der Herzog sanktionierte diese salomonische Lösung auf demselben Briefbogen: „Einverstanden. G.[eorg] A.[ltenstein] 27.7.10."[67]

Der Oberkirchenrat in Meiningen, das Kirchenamt in Sonneberg und – wenngleich nicht ohne Aktie an der vorstehend geschilderten Angelegenheit – der Lauschaer Kirchenvorstand hatten wohl ein waches Auge auf Pfarrer Oberländer; hinzu kamen diverse Schwierigkeiten im Bauverlauf, namentlich auch jene mit Hermann Greiner Vetters Sohn, dem Hauptstifter der Glasmalereien. Vielleicht bot dem Geistlichen die Person des nur wenige Jahre älteren Dresdener Kunstmalers Gelegenheit, aus der Defensivposition zu gelangen, indem er sich die von anderer Seite geäußerte Kritik an Preisen und Kunstleistung annahm und offensiv vertrat. In dieser Situation hing viel vom Verhandlungsgeschick des im sechsten Lebensjahrzehnt stehenden Leipziger Architekten ab, dessen Erfahrung und Diplomatie das Werk schließlich zu einem guten Ende führen sollte. Julius Zeißig schrieb Pfarrer Oberländer am 13. November 1911 u.a.:

„Bei meinem dortsein in Lauscha mit Herrn Schulz waren die Fenster bis auf die beiden Greiner-Medaillons-Fenster abgenommen als gut und damit war die Auszahlung bis auf die beiden Medaillon-Fenster fällig, laut Contract.

Die Inschriften sollten mit geändert werden beim ändern der Medaillon-Fenster. Das Wort ‚Wahrheit' ist erst nachträglich entdeckt worden und wird selbstverständlich mit geändert.

Den Preis über die Taufkapellenfenster habe ich bei meinem dortsein in Lauscha mitgeteilt. Ebenso hat Herr Greiner genau gewußt, daß er 3370 Mark bewilligt hat für seine Fenster und für die ersten bewilligten Fenster, für ein großes Fenster 400 Mark u. für ein Medaillon-Fenster 175 Mark in Ansatz gebracht waren und dem zufolge ein Taufkapellenfenster 310 Mark kostet.

Wenn Herr Greiner diese Fenster nicht bewilligt hätte, so würde ich zunächst mit Ihnen sehr geehrter Herr Pfarrer über die Müller-Stiftung oder über einfachere Ausführungsart und andere Motive für die Fenster gesprochen haben.

Die großen Finger Jesu auf Bild 2 der Taufkapelle ist eine Eigenart von dem Künstler. Ich habe schon Glasfenster gehabt von dem Professor Geiges[68] und Professor Schaper[69], beide haben für den Kaiser in der K.[aiser-]W.[ilhelm-]Gedächtniskirche und in der Marienburg gearbeitet, aber die Finger sind da nicht weniger lang und vielleicht noch länger wie die in obiger Taufkapelle.

Ich habe nun heute Herrn Schulz geschrieben, daß Sie die beiden neuen Medaillons bei ihm machen lassen für 35 Mark pro Stück und ersuche hierdurch um gefällige Zusendung von einem

Porträt von Herzog Georg und allen Text den Sie wünschen. Wollen Sie auch über Melancht[h]on Unterlagen geben so hätte ich dieselben beizufügen.

Die Schreibweise von Herrn Schulz ist mit darauf zurück zu führen, daß Herr Greiner bei meinem u. Herrn Schulz seinem Besuch aufgetreten ist als wenn er einen gewöhnlichen Glasarbeiter vor sich hätte in der Person des Herrn Schulz. Künstler lassen sich das nicht sagen und Herr Schulz kann stolz sein, nicht auf Gut und Gold, aber auf seine Erfolge die er bis jetzt gehabt hat."[70]

Noch versöhnlicher klang es im zwei Tage darauf folgenden Schreiben aus Leipzig nach Lauscha: „[…] Herr Schulz bedauert, wenn er zu scharf geschrieben hat, aber er hat sich auch darüber geärgert, daß man ihm das Geld vorenthält ohne Grund. […] Herr Schulz teilt mit, daß er 2000 Mark erhalten hat und ersucht hierdurch um weitere 1000 Mark Abschlagszahlung und den Rest nach dem Einsetzen der neuen Medaillons und hofft, daß mit Vorstehende[m] eine beiderseitige befriedigende Erledigung ermöglicht ist."[71]

Nun stand noch die Einigung mit Hermann Greiner Vetters Sohn bezüglich der Porträts seines Vaters und seines Großvaters aus. Im letzten bekannten der die Glasmalereien betreffenden Briefe von Zeißig an Pfarrer Oberländer vom 22. November 1911 ging es erneut um die Genauigkeit der Abbilder, der Architekt hatte noch einmal versucht, dem Stifter verständlich zu machen, dass diese Porträts „nicht wie Photographien wirken sondern in der Glastechnik sich dem Ganzen einheitlich einfügen müssen". Schließlich muss man sich praktisch auf eine der beiden von Zeißig beschriebenen Alternativen verständigt haben, die da lautete: „Herr Greiner hat Mark 40 für die von dem Kirchenvorstand nicht angenommenen 2 Portraits [an Karl Schulz] zu zahlen und die 2 Fenster mit den neuen Portraits Herzog Georg u. Melanchthon kosten á 175 Mark zusammen 350 Mark." Dies bedeutete, dass Hermann Greiner Vetters Sohn die beiden bereits ausgeführten Porträts an sich nahm und der Kirchenvorstand nunmehr für die Kosten der kompletten Fenster mit den neuen Porträts von Philipp Melanchthon und Herzog Georg II. von Sachsen-Meiningen einspringen musste – oder hätte müssen. Der Leipziger Architekt machte abschließend ein überraschendes Angebot: „Die Kosten für eines dieser Fenster ‚Herzog Georg' würde ich als Stiftung übernehmen."[72] Noch großzügiger – und souverän – erwies sich Hermann Greiner Vetters Sohn: Er stiftete dennoch zwei der Medaillon-Fenster, nämlich jene sich gegenüberliegenden mit den Herzogsporträts, die dort ihre Plätze fanden, wo ursprünglich „d'r alt' Elis" und „d'r Sepp" zu sehen sein sollten (Abb. 4 und 7). Mit Bezug auf seine oben im Zusammenhang mit der Sonneberger Stadtkirche zitierten Grundsätze hätte Georg II. einer Darstellung seiner Person, wie sie in Lauscha erfolgt war, keinesfalls zugestimmt. Ganz zu schweigen davon, dass man auch noch eine Porträtfotografie zur Vorlage gewählt hatte, die den Herzog in Generalsuniform zeigte.[73]

Falko Bornschein und Ulrich Gaßmann fanden in ihrem Inventarband zur Glasmalerei des 19. Jahrhunderts in den Thüringer Kirchen eine treffende Charakterisierung: „In den Lauschaer Glasmalereien der Werkstatt Urban verbinden sich formale Rückgriffe auf den Jugendstil mit expressiven Formen und relativ düsteren Farben. Sie verweisen damit schon auf Entwicklungen der nächsten Jahre und Jahrzehnte. Die in vegetabil-ornamentale Formen eingebetteten figürlichen Darstellungen sind in klarer, eindringlicher Komposition und in zeichnerischer, skizzenhaft verknappter Formgebung ausgeführt."[74] Im bis zum Beginn des Ersten Weltkriegs reichenden Untersuchungszeitraum dieses Inventarbandes ist kein weiteres Werk von Karl Schulz verzeichnet. Hingegen wird auf vergleichbare Arbeiten in Sachsen verwiesen, so auf die oben genannte Kirche in Bernsdorf, wo die Taufszene (Abb. 8) bereits 1907/08 ausgeführt worden war, wie der Kunstmaler in seinem oben zitierten Brief vom 5. November 1911 geschrieben hatte.[75] Ein weiteres gemeinsames, gleichzeitig zu Lauscha bestehendes Projekt von Julius Zeißig und Karl Schulz war der Neubau der evangelisch-lutherischen Kirche in Schönberg (Gemeinde Bad Brambach, Vogtlandkreis, Sachsen). Dort wurden die Darstellungen der Heiligen Familie (Abb. 16) und des Gekreuzigten (Abb. 10) wiederholt – oder zuerst ausgeführt?[76]

Der Architekt Alfred Wanckel, 1855 in Leipzig gebürtig, Absolvent der Technischen Hochschule Dresden, von 1891 bis 1918 höchster Baubeamter im Herzogtum Sachsen-Altenburg und später bis zu seinem Tod 1925 erster Bau- und Kunstwart der 1920 gegründeten Evangelischen Landeskirche Thüringen[77], hatte 1914 ein „Handbuch für Geistliche, Kirchenvorstände und Architekten" mit dem Titel „Der deutsche evangelische Kirchenbau zu Beginn des 20. Jahrhunderts" herausgegeben[78]. Eine der vier der Glasmalerei-Thematik zugeordneten Abbildungen dieses Buches zeigt ein heute nicht erhaltenes Werk von Karl Schulz, das dieser für die 1905 bis 1908 erbaute Lutherkirche in Chemnitz entworfen hatte.[79] Wanckels Text gleicht einer Beschreibung der Stilistik von Schulz: „Die Technik der Glasmalerei hat in neuester Zeit sehr erfreuliche Fortschritte gemacht, und auch in der künstlerischen Formgebung hat sich der selbständige Gegenwartstil Bahn gebrochen. Auch hierbei ist die Einzelform dem Material angepaßt worden. Das rücksichtslose Durchschneiden von Figuren durch die nach innen immer als dicke schwarze Striche auftretenden Bleilinien, welches die Glasbilder aller früheren Zeiten zerstückelt, wird jetzt möglichst vermieden. Man gestaltet die sämtlichen Umrisse der Zeichnung durch die Verbleiung selbst, und das früher vielfach übliche architektonische Beiwerk im Glasbilde, welches das Durchschneiden mit Bleilinien noch weniger vertragen kann, bleibt gänzlich weg. Freistehende Figuren in einer sonst ungeschmückten, teppichartig mit Bleilinien geteilten Glasfläche, sind das Ergebnis der neuen Kunstgedanken. Die Glasbilder dieser Art sind von ebenso ruhiger wie hervorragend monumentaler Wirkung."[80]

Die Nachfahren des Dresdener Kunstmalers bewahren dessen Nachlass auf. Die Hebung dieses Schatzes wäre eine sehr verdienstvolle Arbeit, die – so ist zu hoffen – nicht mehr allzu lange auf sich warten lässt. Auch in Unkenntnis des Œuvres von Karl Schulz sind die Arbeiten für die Lauschaer Kirche zweifellos als ein bedeutender Auftrag zu bezeichnen. Julius Zeißig hatte Recht mit seiner oben zitierten, an Pfarrer Oberländer gerichteten Feststellung: „Gesprächsweise werde ich geäußert haben, daß die Glasfenster nicht gleich jeden zusagen werden, aber je öfter man diese Ausführung studirt, desto mehr wird man sich in diese zeitgemäße Kunstauffassung einleben." Dass eines der Fenster mit Herzog Georg II. von Sachsen-Meiningen (Abb. 25) ausgerechnet einen entschiedenen Kritiker der von Karl Schulz vertretenen Kunstauffassung zeigt, ist eine Ironie der Entstehungsgeschichte dieser Glasmalereien. Zu Lebzeiten des Herzogs, der wie der Fensterstifter Hermann Greiner Vetters Sohn im Jahr 1914 starb, scheint die Kunde von diesem Porträt nicht nach Meiningen gedrungen zu sein – ein Wunder, denn andernfalls hätte diese Darstellung sicher entfernt werden müssen.

---

1 Zur Glasmalerei-Ausstattung der Lauschaer Kirche siehe Bornschein/Gaßmann 2006, S. 427–431, hier werden u. a. auch alle Inschriften genannt; siehe auch Voigt 2001, S. 12–15.
2 Zu Lauscha eingepfarrt waren seinerzeit die Orte Igelshieb und Ernstthal.
3 Pfarrarchiv Lauscha, III a 1, Acta des Gemeinde-Vorstands Lauscha, betreffend Kirchen-Neubau. Bd. I. Allgemeines., pag. 6 r, Kirchenvorstand Lauscha/Pfarrer Michael an Herzog Georg II. von Sachsen-Meiningen (Briefentwurf), Lauscha, 9. Juli 1909.
4 Siehe Kienel/Laqua/Kunz 1999; siehe auch Schwämmlein 2005, S. 71–75 und 523–526.
5 Thüringisches Staatsarchiv Meiningen, Staatsministerium, Abteilung IV Kirchen- und Schulensachen, Nr. 3204, pag. 47 r – 47 v, Herzog Georg II. von Sachsen-Meiningen an die Abteilungen II (Inneres) und IV des Staatsministeriums (auf der vom Lauschaer Kirchenvorstand am 9. Juli 1909 [siehe Anm. 3] verfassten Brief geschrieben), Schloss Altenstein, 12. Juli 1909.
6 Siehe Lehfeldt 1899, S. 41 f.
7 Thüringisches Staatsarchiv Meiningen, Staatsministerium, Abteilung IV Kirchen- und Schulensachen, Nr. 3204, pag. 50 r – 51 v, Staatsministerium, Abteilung II (Inneres) und IV an Herzog Georg II. von Sachsen-Meiningen, Meiningen, 13. Juli 1909, auf pag. 50: „Die Notwendigkeit eines Neubaus der Lauschaer Kirche dürfte an und für sich nicht zu bezweifeln sein […] Es würde wohl auch schwierig sein, einen anderen geeigneten Bauplatz zu gewinnen […]".
8 Siehe Sonderheft Karl Behlert 1996, Allgemeines Künstlerlexikon, Bd. 8 (1994), S. 298 f.
9 Siehe Werner 1997, S. 152.
10 Siehe Schmitt 2003; siehe auch Schwämmlein 2005, S. 92–95.
11 Siehe Thieme/Becker, Bd. 36 (1947), S. 440 f.
12 Die Briefentwürfe der betreffenden Anschreiben an die Architekten sind bis auf jenen an Karl Rommel vorhanden in: Pfarrarchiv Lauscha, III a 1, Acta des Gemeinde-Vorstands Lauscha, betreffend Kirchen-Neubau. Bd. I. Allgemeines. (Der Erfurter Architekt Max Brockert hatte um Teilnahme am Wettbewerb gebeten und seinem Brief ein Empfehlungsschreiben von Alfred Messel, Berlin, beigelegt [ebenda].)
13 Muster 1902. In diesem Band werden 19 Projekte bzw. Bauwerke vorgestellt, darunter 6 Arbeiten von Zeißig.
14 Pfarrarchiv Lauscha, III a 1, Acta des Gemeinde-Vorstands Lauscha, betreffend Kirchen-Neubau. Bd. I. Allgemeines., pag. 6 r, Kirchenvorstand Lauscha/Pfarrer Michael an Zeißig (Briefentwurf), Lauscha, 18. Juni 1907.
15 Ebenda, pag. 48 r, Kirchenvorstand Lauscha/Pfarrer Michael an Herzog Georg II. von Sachsen-Meiningen (Briefentwurf), Lauscha, 23. September 1908.
16 Ebenda, pag. 51 r – 51 v, Behlert an Pfarrer Michael, Meiningen, 4. Oktober 1908.
17 Ebenda, pag. 52 r, „Cabinet [. . .]"/Heyl an Pfarrer Michael, Meiningen, 5. Oktober 1908.
18 Ebenda, pag. 56 r, Pfarrer Michael an Behlert, Lauscha, 17. Januar 1909.
19 Thüringisches Staatsarchiv Meiningen, Staatsministerium, Abteilung IV Kirchen- und Schulensachen, Nr. 3204.
20 Evangelische Kirche in Mitteldeutschland, Landeskirchenarchiv Eisenach, Kircheninspektion Sonneberg, Pfarrei Lauscha, Nr. 18 und 27.

21 Der Verfasser dankt Frau Pastorin Polster und dem Gemeindekirchenrat der evangelisch-lutherischen Kirchgemeinde Lauscha für ihr die Recherchen wesentlich unterstützendes Entgegenkommen. Der Dank für Informationen geht an Pastorin Ulrike Polster, Herrn Günter Schlüter, Leiter des Museums für Glaskunst der Stadt Lauscha, an Herrn Rene Seifferth, Prokurist der Farbglashütte Lauscha, und an Frau Barbara Müller, Erfurt, Nachfahrin von Hermann Greiner Vetters Sohn. Herrn Diplomrestaurator Markus Schulz, Dresden, Enkel von Kunstmaler Karl Schulz, gilt der Dank für Informationen und die Bereitstellung der Vorlage zu Abb. 5.
22 Siehe hierzu u. a. Thüringisches Staatsarchiv Meiningen, Staatsministerium, Abteilung IV Kirchen- und Schulensachen, Nr. 3204, pag. 55 r – 56 r, Brief von Pfarrer Michael vom 9. Januar 1910 an den Vorsitzenden des Oberkirchenrats Trinks, in dem u. a. Pfarrer Oberländer als Nachfolger empfohlen wird.
23 Pfarrarchiv Lauscha, III a 18, Bausachen, Akten vom Kirchen-Neubau 1910/11, ohne pag., Knoch & Lysek an Langemann (u. a. mit der Bauleitung vor Ort beauftragter Architekt), Coburg, 9. November 1910.
24 Hans Erlwein (1872–1914), Architekt, 1904 Stadtbaurat, seit 1905 auch Leiter des Hochbauamts in Dresden, siehe Allgemeines Künstlerlexikon, Bd. 34 (2002), S. 406–410.
25 Pfarrarchiv Lauscha, III a 18, Bausachen, Akten vom Kirchen-Neubau 1910/11, ohne pag., Zeißig an Pfarrer Oberländer, Leipzig, 16. Januar 1911.
26 Angaben aus Hörig 2004, S. 16 f.; siehe auch Nagel 2001.
27 Siehe Allgemeines Künstlerlexikon, Bd. 57 (2008), S. 371 f.
28 In den Künstlerlexika Thieme/Becker und Vollmer ist Karl Schulz nicht verzeichnet, der betreffende Band des Allgemeinen Künstlerlexikons liegt noch nicht vor.
29 Siehe Bornschein/Gaßmann 2006, S. 28 und 814–816.
30 Hörig 2004, S. 62 f.
31 Siehe Kegel/Teumer 1996, S. 9 und 21 f.
32 Die Formulierung „Das grosse Giebelfenster mit den Gründern der Glasindustrie, Allegorisch Dargestellt" im oben zitierten Schreiben von Knoch & Lysek (siehe Anm. 23) wird sich zumindest auch, wenn nicht alleinig auf Elias und Septimius Greiner Vetters Sohn bezogen haben.
33 Pfarrarchiv Lauscha, III a 18, Bausachen, Akten vom Kirchen-Neubau 1910/11, ohne pag., Zeißig an Pfarrer Oberländer, Leipzig, 25. Februar 1911.
34 Ebenda, Zeißig an Pfarrer Oberländer, Leipzig, 6. März 1911.
35 Ebenda, „Verdingungs-Vertrag.", 9. März 1911.
36 Ebenda, Zeißig an Pfarrer Oberländer, Leipzig, 30. Mai 1911.
37 Ebenda, Zeißig an Pfarrer Oberländer, Leipzig, 7. Juni 1911.
38 Richard Graul (1862–1944), Kunsthistoriker, 1896 bis 1929 Direktor des Kunstgewerbemuseums Leipzig, siehe Riedel 2005, S. 196 f.
39 Albrecht Kurzwelly (1868–1917), erster Direktor des 1909 gegründeten Stadtgeschichtlichen Museums Leipzig (im Alten Rathaus), siehe Riedel 2005, S. 563.
40 Pfarrarchiv Lauscha, III a 18, Bausachen, Akten vom Kirchen-Neubau 1910/11, ohne pag., Zeißig an Pfarrer Oberländer, Leipzig, 7. Juni 1911.
41 Ebenda, Zeißig an Pfarrer Oberländer, Leipzig, 26. Juli 1911.
42 Ebenda, Urban an „Bauleitung des Kirchenneubaues zu Lauscha S.[achsen] M.[einingen]", Dresden, 15. August 1911.
43 Ebenda, Zeißig an Pfarrer Oberländer, Leipzig, 23. August 1911.

44   Ebenda, Zeißig an Kirchenvorstand/Pfarrer Oberländer, Leipzig, 30. August 1911.
45   Ebenda, Zeißig an Kirchenvorstand/Pfarrer Oberländer, Leipzig, 7. September 1911.
46   Ebenda, Hermann Greiner Vetters Sohn an Pfarrer Oberländer, Lauscha, 29. August 1911. Nach Hoffmann 1993, S. 25 und 194 starb Elias Greiner Vetters Sohn 1864.
47   Ebenda, Zeißig an Kirchenvorstand/Pfarrer Oberländer, Leipzig, 7. September 1911.
48   Ebenda, Otto Greiner Vetters Sohn an Zeißig, Lauscha, 12. September 1911.
49   Pfarrarchiv Lauscha, III a 11, Kirchneubauakten, Grundsteinlegung und Einweihung, pag. 22 r, „Flügeladjutant [...]"/Thiel an Pfarrer Oberländer, Schloss Altenstein, 11. September 1911.
50   Thüringisches Staatsarchiv Meiningen, Staatsministerium, Abt. für Kirchen- und Schulensachen, Nr. 3204, pag. 114 r – 115 r, Herzog Georg II. von Sachsen-Meiningen an Staatsministerium, Abt. für Kirchen- und Schulensachen, wohl Meiningen, wohl 25. September 1911.
51   Ebenda, pag. 116 r – 116 v, Staatsministerium, Abt. für Kirchen- und Schulensachen/Trinks an Herzog Georg II. von Sachsen-Meiningen, Meiningen, 26. September 1911.
52   Ebenda, pag. 118, „Gedenkschrift zur Einweihungsfeier der neuen Kirche zu Lauscha am 17. September 1911." Es ist anzunehmen, dass Pfarrer Walther Oberländer den Text verfasste.
53   Gemäß Fensterinschriften in SV und NV: F. H. Müller.
54   Dass das Fenster mit der Darstellung der alten Kirche (Abb. 27) ebenfalls von Knoch & Lysek stammt, ist zwar naheliegend, aber nicht zweifelsfrei belegbar. Zur Darstellung der Dorfglashütte schrieb die Glasmalerei-Werkstatt am 15. September 1911 an den bauleitenden Architekten Langemann: „Bei der alten Hütte haben wir rechts, der dekorativen Wirkung wegen, einen Baum angebracht, sollte dieser nicht gewünscht werden, so kann er ja auch fortbleiben, aber die Fläche würde dann etwas monoton wirken.", in: Pfarrarchiv Lauscha, III a 18, Bausachen, Akten vom Kirchen-Neubau 1910/11, ohne pag.
55   Siehe hierzu Mai 1980, S. 22 f., Oberender 2005, Schwämmlein 2005, S. 76 und 402 f., Bornschein/Gaßmann 2006, S. 663 – 665.
56   Thüringisches Staatsarchiv Meiningen, Staatsministerium, Abt. für Kirchen- und Schulensachen, Nr. 14802, pag. 212 v, Herzog Georg II. von Sachsen-Meiningen an Oberkirchenrat (auf den vom Sonneberger Kirchenvorstand am 30. August 1890 an den Oberkirchenrat verfassten Brief geschrieben), ohne Ort, 5. September 1890 (Textergänzungen aufgrund von Fehlstellen).
57   Ebenda, pag. 216 r, Herzog Georg II. von Sachsen-Meiningen an Oberkirchenrat (auf den vom Sonneberger Kirchenvorstand am 6. Oktober 1890 an den Oberkirchenrat verfassten Brief geschrieben), ohne Ort, 15. Oktober 1890.
58   Pfarrarchiv Lauscha, III a 18, Bausachen, Akten vom Kirchen-Neubau 1910/11, ohne pag., Schulz an Pfarrer Oberländer, Dresden, 28. Oktober 1911.
59   Ebenda, Schulz an Zeißig, Dresden, 5. November 1911.
60   Prinz Ernst von Sachsen-Meiningen (1859 – 1941), Sohn von Herzog Georg II., als Maler in München und Florenz lebend, seit 1928 Chef des Hauses Sachsen-Meiningen; siehe Erck/Schneider 1997, u. a. S. 139 und 141.
61   Vorhanden in: Pfarrarchiv Lauscha, III a 18, Bausachen, Akten vom Kirchen-Neubau 1910/11, ohne pag.
62   Ebenda, Zeißig an Pfarrer Oberländer, Leipzig, 7. November 1911.
63   Ebenda, Pfarrer Oberländer an Zeißig (Briefentwurf), wohl Lauscha, Antwort auf das Schreiben von Zeißig an Pfarrer Oberländer vom 7. November 1911.
64   Siehe hierzu u. a. Thüringisches Staatsarchiv Meiningen, Staatsministerium, Abteilung IV Kirchen- und Schulensachen, Nr. 3204, pag. 57 r – 57 v, Brief von Pfarrer Oberländer, zu dieser Zeit noch in Judenbach tätig, vom 19. Januar 1910 an den Vorsitzenden des Oberkirchenrats Trinks, in dem er die Absicht mitteilt, sich für die frei werdende Stelle in Lauscha zu bewerben.
65   Ebenda, pag. 80 r – 80 v, Text von Herzog Georg II. von Sachsen-Meiningen ohne Adressat, Bad Gastein, 4. Juni 1910; der betreffende Zettel ebenda, pag. 78.
66   Ebenda, pag. 85 r – 87 r, Oberkirchenrat/Trinks an Herzog Georg II. von Sachsen-Meiningen, Meiningen, 25. Juni 1910, mit Antwort Herzog Georg II. auf pag. 85 r, „Salett.", 28. Juni 1910.
67   Ebenda, pag. 88 r – 89 r, Oberkirchenrat/Trinks an Herzog Georg II. von Sachsen-Meiningen, Meiningen, 27. Juli 1910, mit Antwort Herzog Georg II. auf pag. 89 r, Schloss Altenstein, 27. Juli 1910.
68   Fritz Geiges (1853 – 1935), Glas- und Monumentalmaler in Freiburg im Breisgau.
69   Hermann Schaper (1853 – 1911), Maler, Kartonzeichner und Innenarchitekt in Hannover.
70   Pfarrarchiv Lauscha, III a 18, Bausachen, Akten vom Kirchen-Neubau 1910/11, ohne pag., Zeißig an Pfarrer Oberländer, Leipzig, 13. November 1911.
71   Ebenda, Zeißig an Pfarrer Oberländer, Leipzig, 15. November 1911.
72   Ebenda, Zeißig an Pfarrer Oberländer, Leipzig, 22. November 1911.
73   Zum Bestand des Bildarchivs Preußischer Kulturbesitz, Berlin, zählt eine Porträtfotografie des in Generaluniform auf einem Stuhl sitzenden Herzogs Georg II. von Sachsen-Meiningen, die den Glasmaler als Vorlage gedient haben wird (Fotograf: Erwin Rupp, Dresden).
74   Bornschein/Gaßmann 2006, S. 430.
75   Ebenda und Hörig 2004, S. 62 f.
76   Bornschein/Gaßmann 2006, S. 430 und Hörig 2004, S. 482.
77   Angaben aus dem Nekrolog Alfred Wanckel in: Sachsen-Altenburgischer vaterländischer Geschichts- u. Hauskalender 1926, S. 151 – 153.
78   Wanckel 1914.
79   Wanckel 1914, S. 184; bei Hörig 2004, S. 92, nicht genannt; Kartons zu diesem Fenster im Nachlass Karl Schulz vorhanden.
80   Wanckel 1914, S. 182.

Albrecht Lobenstein

Beispiele historischer Blechblasinstrumente in Thüringer Kirchen
Ein Beitrag zur Erfassung des mobilen kirchenmusikalischen Instrumentariums (II)

Einführung

Die Bestände an historischen Musikinstrumenten in den Kirchen Thüringens sind noch unermesslich. Die landesweite Erfassung historischer Pauken, die noch keinen Anspruch auf Vollständigkeit erhebt, zählt gegenwärtig 62 historische Paare aus dem 17. bis 19. Jahrhundert, von denen ein Teil, auf den Befund in den Kirchen der Stadt Erfurt und des Landkreises Sömmerda beispielhaft beschränkt, schon vorgestellt werden konnte.[1]

In den Katalogen der Museen findet man nur vereinzelt Musikinstrumente thüringischer Provenienz. Die Geradtrompete des Schlossmuseums in Sondershausen, die um 1500 datiert wird, ist das älteste Sachzeugnis des Metallblasinstrumentenbaus in der Region.[2] Zu Trompeten und Hörnern, die vor ihrem sozial- und musikgeschichtlichen Hintergrund in einer engen Beziehung zu Pauken gestanden haben und wie diese spätestens nach dem Dreißigjährigen Krieg auch in den Stadt- und Dorfkirchen zunehmend vorhanden waren, liegen kaum Erkenntnisse vor. Die vielseitigen seriellen Produktionen leistungsstarker thüringischer Firmen im 19. und 20. Jahrhundert sind ebenfalls nicht dokumentiert.

Für eine angemessene Würdigung der Geschichte des Musikinstrumentenbaus innerhalb der heutigen Landesgrenzen Thüringens sind die Sammlungen der Museen nicht repräsentativ. Diese These wird von der laufenden Erfassung der Pauken in den Kirchen gestützt und in diesem Beitrag in Bezug auf die Blechblasinstrumente bestätigt.

Zu den Beständen

Besondere Beachtung verdient der Instrumentenschatz in der Lutherstube der Georgskirche in Schmalkalden. Er umfasst drei Posaunen thüringischen Ursprungs aus dem 17. und 18. Jahrhundert, von denen zwei eingehender beschrieben werden, und ein Klappenhorn unbekannter Herkunft, das aus dem 19. Jahrhundert datiert. Das Klappenhorn und eine Posaune mit der Herstellersignatur „ANDREAS DIDERICH MACHT IN OBERMEHLER" auf dem Schallstück und der Datierung „1745" auf dem Steg[3] konnten noch nicht instrumentenkundlich erfasst werden. Herbert Heyde erwähnte 1985 eine Posaune von Michael Nagel aus Nürnberg, die sich in Schmalkalden befunden haben soll,[4] deren Existenz sich jedoch nicht mehr nachweisen lässt.

Abb. 1 Neudietendorf, Kirche der Brüdergemeine, Mundstücksammlung, 2009

Ein bedeutender Fund gelang einem Kreiskantor mit der Entdeckung eines Hörner-Paares im Untergehäuse der Orgel in der Nägelstedter Stiftskirche, die 1811, sehr wahrscheinlich zusammen mit dem ebenfalls erhaltenen Paukenpaar angeschafft worden sind.

An Ventilhörnern, Ventiltrompeten und Posaunen des Typs der „Deutschen Posaune" oder des „Leipziger Modells" und ihren Ausformungen existieren noch mehrere Bestände. Deshalb musste eine Wahl getroffen werden, die auf die Sammlungen zweier Dorf- und zweier Kleinstadtgemeinden im mittleren thüringischen Raum fiel, wo Instrumente lagern, die für die Darstellung eines repräsentativen Querschnitts des gesamten Potentials, in dem der Feldforscher noch gleichermaßen Entdeckungen erwarten kann, als geeignet erschienen. Jedes der beschriebenen Objekte muss nach gegenwärtigem Wissensstand als das letzte Zeugnis seiner Art aus dem individualtypischen Schaffen einer bestimmten Werkstatt gelten. Oft besitzen die ausgewählten Objekte darüber hinaus noch einen anderen außerordentlichen kulturhistorischen Aussagewert, wie es auf die beiden Posaunen in Bad Tennstedt zutrifft, die nach der Auflösung eines Regiments und seiner Militärkapelle in die Nutzung der Kirchgemeinde übergegangen sind. Vielleicht stammen auch das Mühlberger Kornett und die Basstrompete aus militärischen Ausrüstungen. Der weitgehend homogene Bestand an original erhaltenen, für den kirchlichen Posaunenchor erworbenen, jedoch nicht mehr genutzten Instrumenten in der Kirche der Brüdergemeine in Neudietendorf, der eine Trompete, zwei Flügelhörner, vier Tenor-Hörner in verschiedenen Formen, zwei Kontrabass-Tuben und eine Posaune umfasst, wird in den Einzelbeschreibungen vollständig berücksichtigt. Hier sind auch einige Stimm- und Inventionsbögen sowie zwanzig zusätzliche Mundstücke gesammelt worden, unter denen sich auch barocke Typen mit flachem Rand, kantigem Übergang vom Kessel in die Seele und relativ enger Bohrung befinden. In Bad Langensalza blieb ein Quartett aus Flügelhörnern (darunter ein Kuhlo-Horn), einem Tenor-Horn und einem Helikon erhalten – einer Besetzung, wie sie von Johannes

Kuhlo (1856 – 1941) empfohlen worden war,[5] spätestens nach den Weltkriegen als überlebt galt und inzwischen schon historisches Interesse erregt.

Einzelbeschreibungen

Schema, Abkürzungen und Symbole

vorangestellt: laufende Nummer des Objekts in diesem Beitrag
1) Bezeichnung des Instruments, Gattung, Stimmung, Datierung[6]
2) Fundort, Ort der Lagerung
3) Hersteller-, Händler-, Besitzer-, Stiftersignatur, Zeichen, Inschriften, Verzierungen auf Kränzen
4) Teile des Tonrohres; Auffälligkeiten an Stürzenrand, Stegen, Zwingen usw., Kämme oder Kappen
5) Standhöhe ohne Mundstück (StH); Länge des Tonrohres ohne Ventilschleifen und bei eingeschobenen Zügen (LT); Innendurchmesser des Mundrohres (ØMR); Durchmesser des Stürzenrandes (ØStR); Innendurchmesser des Schallstücks bei einem Abstand von $1/4$ des Stürzenranddurchmessers (ØSSt$^{1/4}$); Innendurchmesser des Schallstücks bei einem Abstand von $1/2$ des Stürzenranddurchmessers (ØSSt$^{1/2}$); Abstand der gegenüberliegenden Rohre des Oberstücks (ARO); Abstand der gegenüberliegenden Rohre des Zuges (ARZ); Gewicht (G), (Längeneinheit: Millimeter, Gewichtseinheit: Gramm)
6) Ventile und Druckwerke, Kennzeichnungen, Besonderheiten
7) Zubehör
8) Angaben zur Provenienz, Hinweise auf den historischen Wert
9) Auditiver Eindruck[7]

Posaunen

Nr. 1
1) Alt-Posaune, vermutlich in Es, vermutlich Chorton, 1660.
2) Schmalkalden, Georgskirche, Lutherstube.
3) Stürzenkranz mit Zackenrand, Punzen, umlaufende Inschrift: „BALTHASAR+REVTER+MVI60G+M+Z+S+KALDEN+", mögliche Auflösung: Balthasar Reuter 1660 gemacht zu Schmalkalden.
4) Mundrohr-Zug-Rohrstück-Oberstück mit Stimmbogen-Schallstück; Nürnberger Rand mit gegossenem Bord, Blattquersteg mit Scharnierverbindung am Oberstück, ziseliert.
5) StH: 820; LT: 1975; ØMR: 11; ØStR: 91; ØSSt$^{1/4}$: 68; ØSSt$^{1/2}$: 53; ARO: 75; ARZ: 75; G: 590.
8) Balthasar (Baltzer) Reuter (1604 – 1661) wurde am 1. Dezember 1604 in Schmalkalden getauft. In den Stadtrechnungen von Schmalkalden ist er 1634 als Bewohner des Schmiedhofes, 1637 der Steingasse und 1646 der Hoffnung geführt. Liborius Reuter, der 1640 – 1642 ebenfalls auf dem Schmiedhof und 1646 – 1647 in der Hoffnung nachgewiesen ist, könnte ein Bruder oder Sohn des Balthasar gewesen sein.[8] Die Posaune ist nicht nur die einzige erhaltene Arbeit des Balthasar Reuter, sondern auch das einzige Zeugnis eines hochwertigen Metallinstrumentenbaus im 17. Jahrhundert innerhalb der heutigen Landesgrenzen Thüringens.

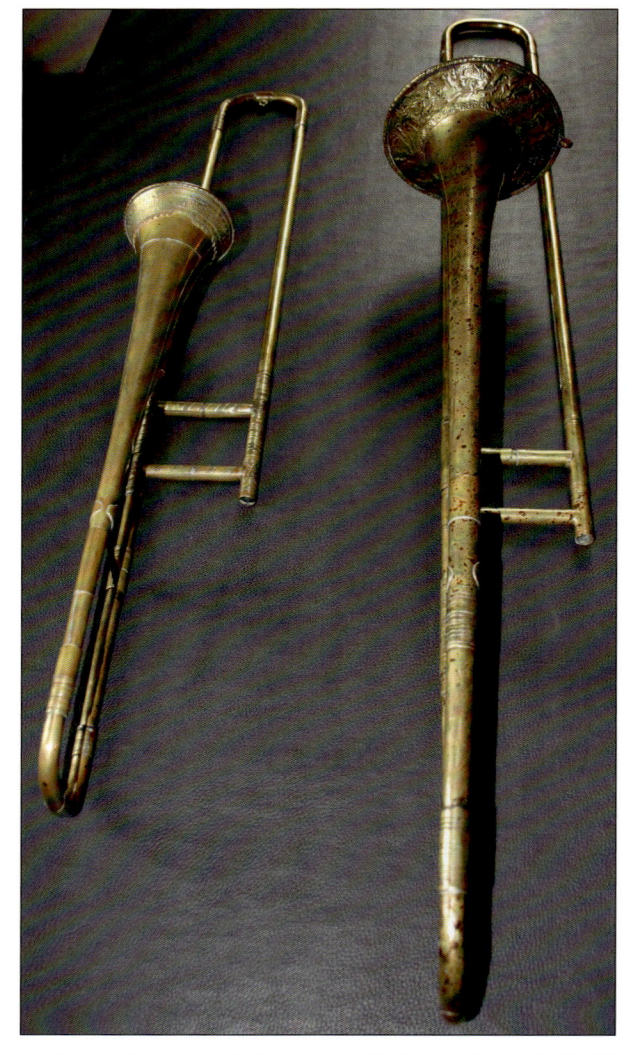

Abb. 2 Schmalkalden, Georgskirche, Alt-Posaune (Nr. 1) & Tenor-Posaune (Nr. 2), 2009

Abb. 3 Schmalkalden, Georgskirche, Alt-Posaune (Nr. 1), Stürzenkranz, 2009

Abb. 4 Schmalkalden, Georgskirche, Tenor-Posaune (Nr. 2), Stürzenkranz, 2009

Abb. 5 Gräfenroda, ev. Kirche, Alt-Posaune (Nr. 3), 2009

Nr. 2

1) Tenor-Posaune, vermutlich in B, vermutlich Chorton, 1768, Zug jünger.
2) Schmalkalden, Georgskirche, Lutherstube.
3) Stürzenkranz mit Jagdszene über umlaufendem Blattfries, geprägte Inschrift: „IOHANSIEG [/] MVNDGRAF [/] INOPERNEV [/] PRVN 1768", Auflösung: Johann Siegmund Graf in Oberneubrunn 1768.
4) Mundrohr-Zug (nicht ursprünglich)-Rohrstück-Oberstück mit Stimmbogen-Schallstück; Nürnberger Rand mit gegossenem Bord, Blattquersteg mit Scharnier am Oberstück, gepunzt.
5) StH: 1095; LT: 2680; ØMR: 11,1; ØStR: 150; ØSSt$^{1}/_{4}$: 66; ØSSt$^{1}/_{2}$: 50; ARO: 77–90; ARZ: 93; G: 990.
8) Von Johann Siegmund Graf sind keine Lebensdaten und keine weiteren Arbeiten bekannt. Die Posaune ist eines der sehr seltenen Sachzeugnisse des Metallblasinstrumentenbaus im 18. Jahrhundert auf thüringischem Gebiet.

Nr. 3

1) Alt-Posaune in Es, vor 1857.
2) Gräfenroda, ev. Kirche.
3) Eigentümerplakette auf Schallstück: „Der Kirche [/] zu Friesau [/] gehörig [/] 1857", breiter Stürzenkranz aus Neusilber mit Eichenlaubgravur.
4) Mundrohr unter Spritzkapsel-Zug-Oberstück mit Stimmbogen-Schallstück; Sächsischer Rand, Rohrquerstege, dünnwandig, leicht.
5) StH: 860; LT: 2001; ØMR: 11,5; ØStR: 119; ØSSt$^{1}/_{4}$: 58; ØSSt$^{1}/_{2}$: 46.
7) Kleines Kesselmundstück, Koffer.
8) Kostbares, in einem sehr guten Zustand erhaltenes Original, unbekannter, vermutlich aber vogtländischer Herkunft.
9) Heller, farbiger, singender Ton.

Nr. 4

1) Tenor-Posaune in B, um 1900.
2) Bad Tennstedt, Pfarrhaus der ev. Kirchgemeinde.
3) Händler- oder Herstellerplakette auf Schallstück: „MEINEL & HEROLD [/] M [G-Notenschlüssel] H [/] KLINGENTHAL i. S.".
4) Mundrohrstück-Zug-Oberstück mit Stimmbogen-Schallstück; Spritzkapsel, Zwingen und Rohrstege aus Neusilber, Schlangenkämme am Bogen und am Zug.
5) StH: 1130; LT: 2705; ØMR: 12; ØStR: 238; ØSSt$^{1}/_{4}$: 78; ØSSt$^{1}/_{2}$: 55; ARO: 130; ARZ: 97.
8) Die Klingenthaler Firma Meinel & Herold wurde gegen Ende des 19. Jahrhunderts gegründet. Sie stellte zeitweise Metallblasinstrumente, Gitarren und Schlaginstrumente her, war aber vorrangig ein Handelsunternehmen.

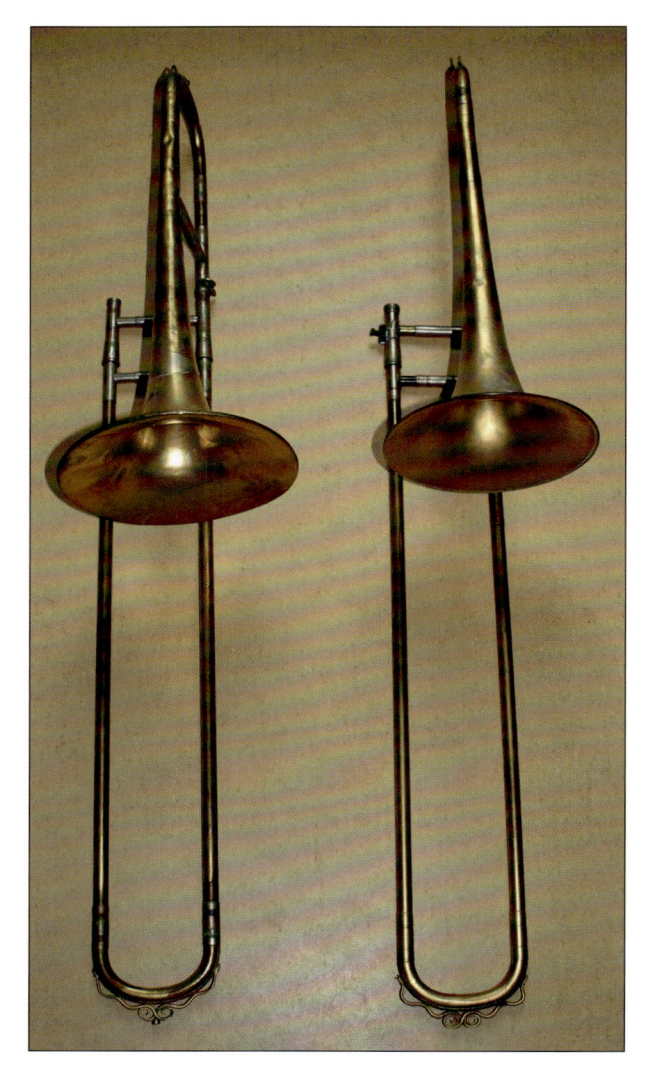

Abb. 6   Bad Tennstedt, Pfarrhaus der ev. Kirchgemeinde, Tenor-Posaune (Nr. 4) und Tenor-Posaune (Nr. 5), 2009

Nr. 5
1) Tenor-Posaune in B, um 1900.
2) Bad Tennstedt, Pfarrhaus der ev. Kirchgemeinde.
3) Herstellersignatur auf Stürzenkranz: „C. W. Moritz [/] Hoflieferant [/] Berlin W.", auf dem Stürzenkranz gegenüber die Besitzersignatur: „Landwehr Infant. Regt. Nr. 4. [/] N:1", Eichenfrüchte und Eichenlaub.
4) Spritzkapsel-Zug-Oberstück mit Stimmbogen-Schallstück; Spritzkapsel, Zwingen aus Neusilber, Schlangenkämme am Bogen und am Zug.
5) StH: 1180; LT: 2735; ØMR: 13,1; ØStR: 223; ØSSt^{1}/$_{4}$: 85; ØSSt^{1}/$_{2}$: 56; ARO: 125; ARZ: 100.
8) 1808 gründete Johann Gottfried Moritz (1777 – 1840) in Berlin eine Werkstatt. Sein Sohn, Carl Wilhelm Moritz (1811 – 1855), übernahm 1835 die Leitung. Seitdem firmierte der Betrieb unter dessen Namen. Drei Generationen der Familie trugen den Titel „königlicher Hofinstrumentenmacher". 1955 wurde das Geschäft geschlossen. Dem Unternehmen wird eine Reihe von Erfindungen und Entwicklungen zugeschrieben, darunter auch die Erweiterung der Rohr- und Stürzenmensur der Tenor- und Bassposaune.[9]

Nr. 6
1) Tenor-Posaune in B, um 1900.
2) Mühlberg, Pfarrhaus der ev. Kirchgemeinde.
3) Gestempelte Schutzmarke: Krone mit Kreuz, darunter ineinander verschlungene Initialen S und C und das et-Zeichen (&) sowie die Inschrift: „SÄCHS. MUSIK-[/] INSTRUMENTEN-[/] MANUFACTUR [/] Schuster & Co. [/] MARKNEUKIRCHEN".
4) Spritzkapsel-Zug-Oberstück mit Stimmbogen-Schallstück; Spritzkapsel, Zwingen und Rohrstege aus Neusilber, Schlangenkämme am Bogen und am Zug.
5) StH: 1150; LT: 2735; ØMR: 12,2; ØStR: 224; ØSSt^{1}/$_{4}$: 94; ØSSt^{1}/$_{2}$: 65; ARO: 125; ARZ: 94.
7) Mundstück, Koffer.
8) Die 1862 von einem Konsortium in Markneukirchen gegründete Firma „Paulus, Bauer et Comp." wurde 1864 in „Paulus & Schuster" und 1884 in „Schuster & Co." umbenannt. Unter dem Namen „Sächsische Musikinstrumentenmanufactur Schuster & Co. Markneukirchen" firmierte der Betrieb ab 1898 bis zu seiner Schließung 1948. Das Haus stellte Metallblasinstrumente und Metallblasinstrumententeile her und handelte mit Musikinstrumenten. Zeitweise waren bis zu 100 Mitarbeiter beschäftigt.

Abb. 7   Mühlberg, Pfarrhaus der ev. Kirchgemeinde, Tenor-Posaune (Nr. 6), Herstellersignatur, 2009

Die Krone ist 1879 als Schutzmarke für die Ausweisung der so genannten „Kronen-Instrumente" eingeführt worden.[10] Die Posaune stammt aus einer umfangreichen Produktpalette der ehemaligen leistungsstarken und renommierten Firma.

Nr. 7
1) Tenor-Posaune in B, nach 1900.
2) Neudietendorf, Kirche der Brüdergemeine, Orgelempore.
3) Unsigniert.
4) Spritzkapsel-Zug-Oberstück mit Stimmbogen-Schallstück; Rohrstege, Spritzkapsel, Zwingen aus Neusilber, schmaler Stürzenkranz aus Neusilber, Schlangenkämme am Bogen und am Zug, dünnwandig ausgehämmertes Schallstück, leicht, kaum Korrosion.
5) StH: 1140; LT: 2750; ØMR: 12,3; ØStR: 235; ØSSt^{1}/$_{4}$: 78; ØSSt^{1}/$_{2}$: 50; ARO: 127.
7) Relativ enges Kesselmundstück.
8) Hochwertige Posaune unbekannter Herkunft.

Nr. 8
1) Tenor-Posaune in B, um 1930.
2) Bad Langensalza, Bonifatiuskirche (Marktkirche).
3) Herstellersignatur auf Schallstück: „Johann Egerter [/] Markneukirchen".
4) Spritzkapsel-Zug-Oberstück mit Stimmbogen-Schallstück; nach außen gebördelter Rand, Rohrstege, Zwingen aus Neusilber, Kamm.
5) StH: 1170; LT: 2790; ØMR: 13; ØStR: 240; ØSSt^{1}/$_{4}$: 95; ØSSt^{1}/$_{2}$: 65; ARO: 130; ARZ: 90.
7) Koffer.
8) Johann Nepomuk Egerter (1870 – 1955) stammte aus dem Dorf Berg im Egerland. Er ließ sich als Metallblasinstrumentenmacher in Markneukirchen nieder.[11] Seine Posaunen fanden wohl weitere Verbreitung. In der Sömmerdaer Bonifatiuskirche hat sich ein weiteres Exemplar desselben Modells aus seiner Werkstatt erhalten.

Naturhörner

Nr. 9
1) Inventions-Waldhorn in C, 1811.
2) Privat. Ehemals Nägelstedt, Stiftskirche.
3) Herstellersignatur auf Stürzenkranz: „*C*GOTTLOB*ESCHENBACH* [/]*IN*NEUKIRCHEN*1811*".
4) (Aufsteckbogen-)Mundrohr-eine Rohrwindung-Inventionsbogen-eine Rohrwindung-Schallstück; Blattquersteg gestempelt: „C", Blattquersteg des verfügbaren Inventionsbogens ebenfalls mit „C" gestempelt, Aufsteckbogen G gestempelt: „G.F.".
5) StH: 385; LT: 3485 (mit Inventionsbogen C und Aufsteckbogen G); ØMR: 11,7 (Aufsteckbogen G: 6,4); ØStR: 273; ØSSt^{1}/$_{4}$: 105; ØSSt^{1}/$_{2}$: 67.
7) Aufsteck- und Inventionsbögen.
8) Christian Gottlob Eschenbach (1767 – 1858) gehörte einer verzweigten sächsischen Instrumentenbauer-Familie an, deren Wirken mit Johann Isaak Eschenbach (1735 – 1762), dem ersten vogtländischen Metallblasinstrumentenmacher, begann. Eine eigene Werkstatt gründete er wohl erst nach dem Tod des Vaters Johann Georg I (1740 – 1797). Neben seinen Brüdern Carl Friedrich I (1765 – 1851) und Johann Georg II (1769 – nach 1821) vertritt er die zweite Generation der Waldhornmacher der Familie. In Museumsbeständen können zwar noch einzelne wenige Zeugnisse der Werkstatt nachgewiesen werden,[12] in Nägelstedt scheint sich jedoch das einzige Hörner-Paar erhalten zu haben. Es lagerte noch vor wenigen Jahren im Untergehäuse der Orgel in der Stiftskirche, befindet sich jetzt aber in Privathand. Siehe auch unter Nr. 10.

Nr. 10
1) Inventions-Waldhorn in C, 1811.
2) Privat. Ehemals Nägelstedt, Stiftskirche.
8) Teil eines Paares mit Nr. 9.

Abb. 8   Privat, ehemals Nägelstedt, Stiftskirche, Inventions-Waldhorn (Nr. 9), 2009

Abb. 9   Privat, ehemals Nägelstedt, Stiftskirche, Inventions-Waldhorn (Nr. 9), Herstellersignatur auf dem Stürzenkranz, 2009

Abb. 10 Mühlberg, Pfarrhaus der ev. Kirchgemeinde, Kornett (Nr. 11), 2009

Abb. 11 Neudietendorf, Kirche der Brüdergemeine, Flügelhorn (Nr. 13), Herstellersignatur, 2009

Kornetts und Flügelhörner

Nr. 11

1) Kornett in B, um 1880.
2) Mühlberg, Pfarrhaus der ev. Kirchgemeinde.
3) Händler- oder Herstellersignatur auf Schallstück graviert: „BONNEL [/] A RENNES".
4) Ausziehbares Mundrohr-Anstoß-Stimmzugrohr-Stimmzugbogen-Stimmzugrohr-Verbindungsrohr-Ventile-Schallstück; Zwingen aus Messing.
5) StH: 323; LT: 1370; ØMR: 11; ØStR: 123; ØSSt^{1}/$_{4}$: 45; ØSSt^{1}/$_{2}$: 35.
6) Drei Périnet-Pistons, auf Ventil- und Druckwerksteilen: „82", „83", „84".
8) Typischer, aber inzwischen auch seltener Vertreter eines französischen Kornetts.[13]

Nr. 12

1) Flügelhorn („Kuhlo-Horn") in B, Stimmton a'=435 Hz, nach 1909.
2) Bad Langensalza, Bonifatiuskirche (Marktkirche).
3) Signatur auf Schallstück: „Rep. [/] Jul. Rudolph [/] Gotha.".
4) Mundrohr-Ventile-Stimmzugrohr-Stimmzugbogen-Stimmzugrohr-konischer Anstoß, nach etwa 2/3 der Länge geschäftet-Schallstück; Neusilber-Rand, Stützen aus Messing, Stützenplatten aus Neusilber, einige Zwingen aus Messing, andere aus Neusilber.
5) StH: 320; LT: 1320; ØMR: 11; ØStR: 147; ØSSt^{1}/$_{4}$: 70; ØSSt^{1}/$_{2}$: 55.
6) Drei Drehzylinderventile, auf den Schubstangen: „·3", „··3", „3", auch auf weiteren Druckwerkteilen eine „3", eckige Federtrommeln, tropfenförmige Drückerplatten, Ganztonschleife nicht gekröpft.
7) Koffer.
8) Charakteristisches Kuhlo-Horn aus unbekannter Werkstatt. Zur Firma Rudolph, von der die Signatur stammt, siehe unter Nr. 19.

Nr. 13

1) Flügelhorn in B, um 1910.

Abb. 12 Neudietendorf, Kirche der ev. Brüdergemeine, Flügelhorn (Nr. 13), 2009

2) Neudietendorf, Kirche der Brüdergemeine.
3) Herstellersignatur auf Schallstück: „Ed. Kruspe [/] Erfurt".
4) Kluppenzug-Ventile-konischer Anstoß-Schallstück; schmaler Neusilber-Kranz.
5) StH: 435; LT: 1340; ØMR: 12; ØStR: 147; ØSSt$^{1}/_{4}$: 70; ØSSt$^{1}/_{2}$: 58.
6) Drei Drehzylinderventile, auf den Schubstangen: „3", „3··", „3·", Ganztonschleife gekröpft, Blattfederspannvorrichtung.
7) Mundstück.
8) Carl Kruspe gründete 1829 in Mühlhausen eine Werkstatt für Holzblasinstrumentenbau. 1836 siedelte er nach Erfurt über, wohl um den Betrieb des Karl Zielsdorf zu übernehmen. 1861 übergab er das Geschäft (C. Kruspe) seinem jüngeren Sohn Friedrich Wilhelm (1838–1912),[14] den er zum Holzblasinstrumentenbauer ausgebildet hatte. Der ältere Sohn, Eduard, führte in Erfurt einen eigenen Betrieb (E. Kruspe) für die Herstellung von Blechblasinstrumenten. Ihre Produkte, die aufgrund zahlreicher grundlegender Entwicklungen, der Materialwahl und der präzisen Verarbeitung herausragendes Ansehen genossen, wurden auf Industrie- und Gewebeausstellungen präsentiert.[15] Holzblasinstrumente waren auch auf der Weltausstellung in Chicago erfolgreich vertreten.[16] Kruspe-Posaunen, wie das Modell „Weschke", wurden ihres charakteristischen Klanges wegen in ausgezeichneten Orchestern bevorzugt. Instrumentenbauer kopieren Kruspe-Mensuren und die dünnwandige Ausformung des „Kruspe-Metalls". Das Flügelhorn stammt aus einem vielseitigen Spektrum an Produkten des Eduard Kruspe.

Nr. 14
1) Flügelhorn in B, um 1910.
2) Neudietendorf, Kirche der Brüdergemeine.
3) Hersteller- oder Händlersignatur auf Schallstück: „Rob. Oswald Adler [/] ROA [/] MARKNEUKIRCHEN".
4) Mundrohr mit Kluppenzug-Ventile-konischer Anstoß-Schallstück.
5) StH: 441; LT: 1320; ØMR: 11,4; ØStR: 156; ØSSt$^{1}/_{4}$: 78; ØSSt$^{1}/_{2}$: 61.
6) Drei Drehzylinderventile, auf den Schubstangen: „4", „5", „6", Ganztonschleife gekröpft.
8) Robert Oswald Adler (1865–1946) war Holzblasinstrumentenmacher in längerer Familientradition nach seinem Vater Johann Gottlob (1825–1900), bei dem er gelernt hatte. 1891 gründete er einen Betrieb für Holzblasinstrumentenbau unter eigenem Namen, der nach seinem Tod wohl noch als Versandhandel und später auch wieder als Werkstatt fortgeführt wurde.[17] Ob die Firma auch Blechblasinstrumente herstellte oder diese nur vertrieb, ist nicht bekannt.

Nr. 15
1) Flügelhorn in B, um 1920.
2) Bad Langensalza, Bonifatiuskirche (Marktkirche).
3) Unsigniert.
4) Kluppenzug-Ventile-konischer Anstoß-Schallstück; nach außen gebördelter Rand mit Drahteinlage, beschädigt, zwei verschiedene Stützenformen aus Neusilber.
5) StH: 434; LT: 1314; ØMR: 10; ØStR: 155; ØSSt$^{1}/_{4}$: 70; ØSSt$^{1}/_{2}$: 55.
6) Drei Drehzylinderventile, auf den Schubstangen: „8·", „8··", „8", auch auf anderen Druckwerkteilen eine „8", ovale Drückerplatten, runde Federtrommeln, Ganztonschleife nicht gekröpft.
7) Koffer.
8) Charakteristisches Flügelhorn unbekannter Herkunft.

Nr. 16
1) Flügelhorn in B, um 1950.
2) Bad Langensalza, Pfarrhaus der ev. Kirchgemeinde.
3) Hersteller- oder Händlersignatur auf Schallstück: „C.A. Wunderlich [/] Siebenbrunn, Vgtl.".
4) Kluppenzug-Ventile-konischer Anstoß-Schallstück; nach außen gebördelter Rand mit Drahteinlage.
5) StH: 450; LT: 1360; ØMR: 10; ØStR: 155; ØSSt$^{1}/_{4}$: 78; ØSSt$^{1}/_{2}$: 59.
6) Drei Drehzylinderventile, auf den Schubstangen: „1·", „1··", „1", auch auf weiteren Druckwerkteilen eine „1", Ganztonschleife nicht gekröpft.
7) Bechermundstück, Koffer.
8) Carl August Wunderlich (1826–1911) eröffnete 1854 im vogtländischen Siebenbrunn eine Werkstatt für Metallblasinstrumente, die er selbst auch vertrieb. Das Unternehmen bestand über mehrere Generationen bis 1966 in Siebenbrunn.[18]
9) Das Flügelhorn hat einen weichen Klang und spricht gut an.

Tenor-Hörner

Nr. 17
1) Tenor-Bügelhorn in Tubaform („Saxhorn") in B, um 1880.
2) Bad Langensalza, Bonifatiuskirche (Marktkirche).
3) Herstellersignatur auf Schallstück: „Margueritat [/] Paris" und die Schutzmarke, zweite Signatur auf Schallstück: „Rep. [/] Jul. Rudolph [/] Gotha."[19]
4) Mundrohr-Verbindungsrohr-Stimmzugrohr-Stimmzugbogen-Stimmzugrohr-Verbindungsrohr-Ventile-Anstoß-konischer Anstoß-konischer Anstoß/Bügel-Schallstück; nach außen gebördelter Rand (Französischer Rand), Bügelkappe, Stützen und ursprüngliche Stützenplatten aus Messing.
5) StH: 618; LT: 2870; ØMR: 10; ØStR: 216; ØSSt$^{1}/_{4}$: 90; ØSSt$^{1}/_{2}$: 75; G: etwa 2000.
6) Drei Périnet-Pistons, Ventilteile fortlaufend nummeriert: „1", „2", „3", auf dem Büchsenmantel des zweiten Ventils unter der „2" ein „G"; Wirkung der Ventile: 1.: Ganzton tiefer, 2.: Halbton tiefer, 3.: kleine Terz tiefer.

Abb. 13 Bad Langensalza, Marktkirche, Tenor-Horn (Nr. 17), 2009

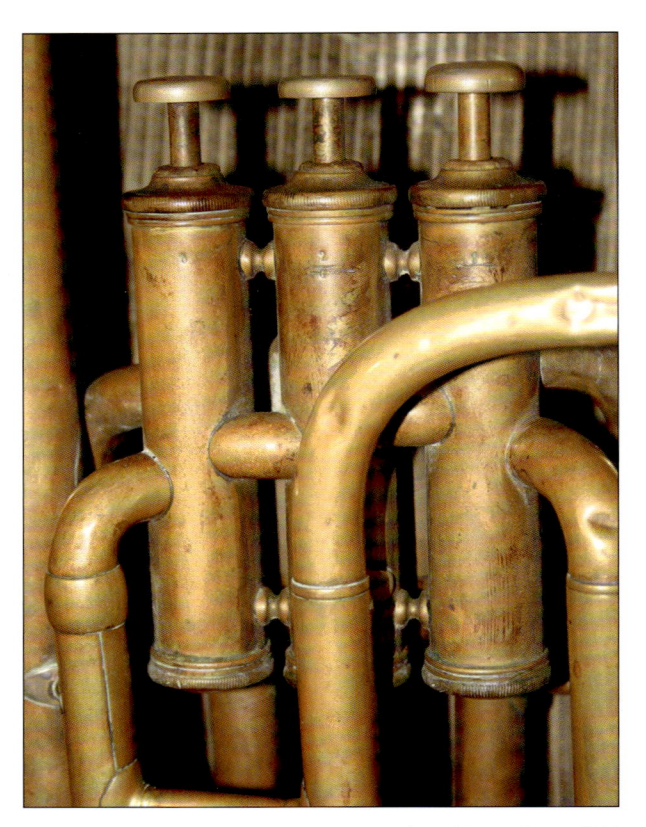

Abb. 14 Bad Langensalza, Marktkirche, Tenor-Horn (Nr. 17), Périnet-Pistons, 2009

8) Produkt der wohl ehemals leistungsstarken Firma in Paris. Zur Firma Rudolph, von der die zweite Signatur stammt, siehe unter Nr. 19.

Nr. 18
1) Tenor-Horn in Trompetenform („Basstrompete") in B, um 1900.
2) Neudietendorf, Kirche der Brüdergemeine.
3) Händler-Plakette auf Schallstück: „Edmund Paulus [/] Markneukirchen [/] Sachsen".
4) Mundrohr-Ventile-Stimmzugrohr-Stimmzugbogen-Stimmzugrohr-Verbindungsrohr-konischer Anstoß-konischer Anstoß-Schallstück; Zwingen, Querstege, Stützen aus Neusilber.

Abb. 15 Neudietendorf, Kirche der Brüdergemeine, Tenor-Horn (Nr. 18), 2009

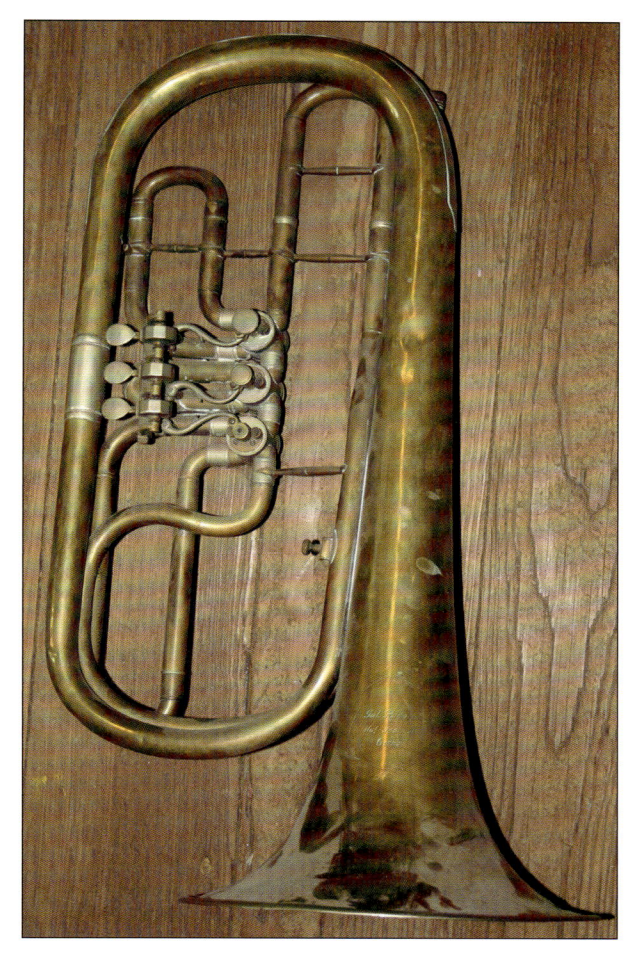

Abb. 16 Mühlberg, Pfarrhaus der ev. Kirchgemeinde, Tenor-Horn (Nr. 19), 2009

Abb. 17 Mühlberg, Pfarrhaus der ev. Kirchgemeinde, Tenor-Horn (Nr. 19), Herstellersignatur, 2009

5) StH: 487; LT: 2805; ØMR: 12; ØStR: 199; ØSSt$^{1/4}$: 98; ØSSt$^{1/2}$: 74.
6) Drei Drehzylinderventile, auf den Schubstangen: „2", „ 2··", „2·".
8) Der Vater des Ernst Edmund Paulus (1837 – 1917), Ernst Ferdinand Paulus (1809 – 1874), war Mitbegründer des Konsortiums „Paulus, Bauer et Comp." in Markneukirchen. Später firmierte das Unternehmen unter „Paulus & Schuster". Nach dem Tod des Vaters sind dessen Anteile offenbar auf den Sohn übergegangen, der sie 1881 veräußerte und das Geschäft verließ.[20] Ernst Edmund Paulus muss auch einen Betrieb auf eigenen Namen geführt haben, von dem die Basstrompete und das Tenor-Horn Nr. 20 stammen. Basstrompeten findet man in den modernen Posaunenchören nicht mehr. Sie sind auch nur noch selten in den Depots anzutreffen. Vgl. auch mit Nr. 19.

Nr. 19
1) Tenor-Horn in Trompetenform („Basstrompete") in B, um 1910.
2) Mühlberg, Pfarrhaus der ev. Kirchgemeinde.
3) Herstellersignatur auf Schallstück: „Jul. Rudolph [/] Hof-Instr. M. [/] Gotha".
4) Mundrohr-Ventile-Stimmzugrohr-Stimmzugbogen-Stimmzugrohr-konischer Anstoß-Schallstück; Neusilberrand, Zwingen und Kappe aus Neusilber, Stützen aus Messing.
5) StH: 555; LT: 2805; ØMR: 12,2; ØStR: 241; ØSSt$^{1/4}$: 98; ØSSt$^{1/2}$: 74.
6) Drei Drehzylinderventile, tropfenförmige Drückerplatten, eckige Federtrommeln.
8) Julius Rudolph († um 1945) führte nach seinem gleichnamigen Großvater (1844 – 1900) und seinem Vater Gotthard (1882 – 1938) in der dritten Generation eine Musikinstrumentenwerkstatt in Gotha.[21] Zeitweise wurden hier Metall-, Holzblas- und Streichinstrumente hergestellt. Sogar Schallstücke, Beschläge, Ventile und Mundstücke fertigte der Gothaer Betrieb selbst an. Ein Kessel-Mundstück hat sich in der Neudietendorfer Sammlung erhalten. Julius Rudolph d. J. signierte das Kuhlo-Horn Nr. 12 und das Saxhorn Nr. 17 nach Reparaturen. Die Basstrompete ist auffallend leicht. Das harte Blech ist dünnwandig ausgeformt worden. Vgl. auch mit Nr. 18.

Nr. 20
1) Tenor-Horn in Ovalform in B, um 1910.
2) Neudietendorf, Kirche der Brüdergemeine.
3) Händler-Plakette auf Schallstück: „Edmund Paulus [/] Markneukirchen [/] Sachsen".
4) Mundrohr-Ventile-Verbindungsrohr-Stimmzugrohr-Stimmzugbogen-Stimmzugrohr-Verbindungsrohr-konischer Anstoß-konischer Anstoß-Schallstück; Neusilber-Kranz.
5) StH: 620; LT: 2715; ØMR: 12; ØStR: 219; ØSSt$^{1/4}$: 121; ØSSt$^{1/2}$: 98.
6) Drei Drehzylinderventile, auf den Schubstangen: „8", „ 8··", „8·".

8) Älterer Vertreter eines bis in die Gegenwart gebauten und in den Posaunenchören beliebten Instrumententyps. Vgl. auch das Tenor-Horn Nr. 22. Zu Edmund Paulus siehe unter Nr. 18.

Nr. 21

1) Tenor-Horn in Tubaform in B, um 1910.
2) Neudietendorf, Kirche der Brüdergemeine.
3) Herstellersignatur auf Schallstück: „Robert Piering [/] Adorf i/S.".
4) Mundrohr-Ventile-Stimmzugrohr-Stimmzugbogen-Stimmzugrohr-Verbindungsstück-konischer Anstoß-konischer Anstoß-Schallstück.
5) StH: 745; LT: 2725; ØMR: 11,8; ØStR: 244; ØSSt$^{1/4}$: 118; ØSSt$^{1/2}$: 93.
6) Drei Drehzylinderventile, auf den Schubstangen: „17", „17··", „17·", auch auf weiteren Druckwerk- und Ventilteilen eine „17", Blattfederspannvorrichtung, runde Drückerplatten, runde Federtrommeln, Halbrundschrauben in den Ventilhebeln.
8) Anton Robert Piering (1857–1942) führte seit 1882 eine eigene Werkstatt für Metallblasinstrumentenbau in Adorf,[22] in der Trompeten, Posaunen, Waldhörner, Alt- und Tenor-Hörner, Tuben und andere Blechblasinstrumente in hochwertiger Ausführung hergestellt wurden. Piering vertrieb seine Instrumente zum Teil selbst. Er warb für seine Posaunen und Waldhörner in Zeitschriften[23] und auf Ausstellungen[24]. Die Firma erlosch wohl während des Zweiten Weltkriegs. Bis auf die Maschinenteile ähnelt das Tenorhorn der entsprechenden Abbildung im Firmenkatalog, der nach 1912 herausgegeben worden sein muss.[25]

Nr. 22

1) Tenor-Horn in Ovalform in B, um 1910.
2) Neudietendorf, Kirche der Brüdergemeine.
3) Händlersignatur auf Schallstück gestempelt: „AUG. CLEMENS GLIER [/] MUSIKINSTRUMENTEN [/] MANUFAKTUR [/] MARKNEUKIRCHEN i. S." und Adler als Schutzmarke.
4) Mundrohr-Ventile-Verbindungsrohr-Stimmzugrohr-Stimmzugbogen-Stimmzugrohr-Verbindungsrohr-konischer Anstoß-konischer Anstoß-Schallstück.
5) StH: 660; LT: 2805; ØMR: 11,7; ØStR: 243; ØSSt$^{1/4}$: 121; ØSSt$^{1/2}$: 93.
6) Drei Drehzylinderventile, auf den Schubstangen: „9", „9··", „9·", auch auf anderen Druckwerk- und Ventilteilen eine „9".
8) August Clemens Glier (1846–1897) gehörte einer Instrumentenbauerfamilie an, die schon über mehrere Generationen in Markneukirchen tätig gewesen war. 1878 gründete er eine Saitenfabrik auf seinen Namen und handelte mit Musikinstrumenten.[26] Der Betrieb ist von seinen Söhnen Otto Clemens Glier (1879–1914) und Albert Paul Glier (1882–1977) bis 1961 vorrangig als Handelsunternehmen fortgeführt worden. Das charakteristische ovalförmige Tenor-Horn sowie das Helikon Nr. 23 sind von dieser Firma vertrieben worden. Vgl. mit Tenor-Horn Nr. 20.

Abb. 18 Neudietendorf, Kirche der Brüdergemeine, Tenor-Horn (Nr. 20), 2009

Helikons und Tuben

Nr. 23

1) Helikon in B, um 1900.
2) Bad Langensalza, Bonifatiuskirche (Marktkirche).
3) Händler-Plakette auf Schallstück: „Aug. Clemens Glier [/] Markneukirchen i/S. [/] [...][27]" mit Adler als Schutzmarke.
4) Mundrohr-Stimmzugrohr-Stimmzugbogen-Stimmzugrohr-Verbindungsstück-Ventile-konischer Anstoß-konischer Anstoß-konischer Anstoß-konischer Anstoß-Schallstück; Neusilber-Rand, Kamm.
5) StH: 850; LT: 5475; ØMR: 16; ØStR: 362; ØSSt$^{1/4}$: 205; ØSSt$^{1/2}$: 85; G: etwa 6000.

Abb. 19 Bad Langensalza, Marktkirche, Helikon (Nr. 23), 2009

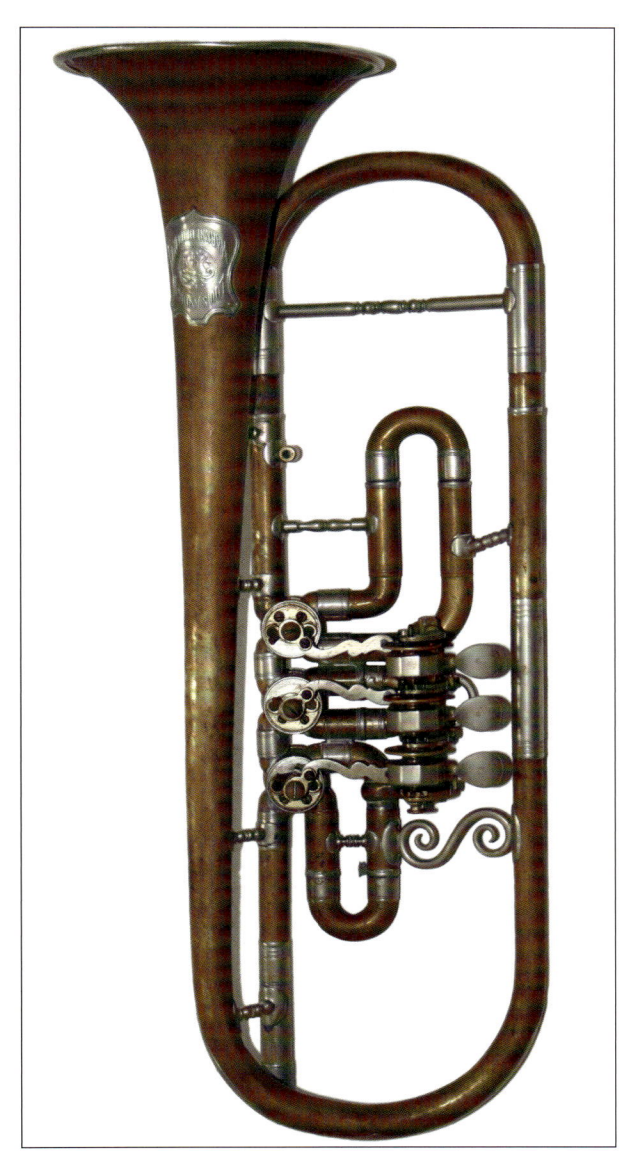

Abb. 20 Neudietendorf, Kirche der Brüdergemeine, Trompete (Nr. 27), 2009

6) Drei Drehzylinderventile, eckige Federtrommeln, tropfenförmige Drückerplatten.
8) Helikons waren die Marsch-Tuben der Militärkapellen und die Bassinstrumente des Hörnerquartetts. Johannes Kuhlo (1856–1941) hat im Rahmen seiner Vorstellung von der idealen Besetzung kirchlicher Chöre für Helikons mit vier Ventilen geworben.[28] Helikons aus dieser Zeit, mit drei oder vier Ventilen, sind inzwischen nur noch vereinzelt zu finden. Zur Firma Glier siehe unter Nr. 22.

Nr. 24
1) Kontrabass-Tuba, um 1900.
2) Neudietendorf, Kirche der Brüdergemeine.
3) Unsigniert.
4) Mundrohr-Ventile-gewundenes Rohrstück mit Bögen-konischer Anstoß-konischer Anstoß-konischer Anstoß-konischer Anstoß-Schallstück.
5) StH: 855; LT: 5645; ØMR: 13,7; ØStR: 304; ØSSt$^{1/4}$: 175; ØSSt$^{1/2}$: 151; G: etwa 5500.
6) Drei Drehzylinderventile, auf den Schubstangen: „·", „··", Schubstange des dritten Druckwerks ohne Kennzeichnung.
8) Vertreterin einer älteren, kompakt gewundenen Kontrabass-Tuba.

Nr. 25
1) Kontrabass-Tuba, nach 1905.
2) Bad Tennstedt, Pfarrhaus der ev. Kirchgemeinde.
3) Herstellersignatur auf Schallstück: „W. Leonhardt [/] Instrumentenmacher [/] Erfurt"
4) Mundrohr-Ventile-Rohrstück-Stimmzugrohr-Stimmzugbogen-Stimmzugrohr-konisches Rohrstück-konischer Anstoß-konischer Anstoß-konischer Anstoß-konischer Anstoß-Schallstück.
5) StH: 1080; LT: 5745; ØMR: 13,4; ØStR: 420; ØSSt$^{1/4}$: 260; ØSSt$^{1/2}$: 210.
6) Drei Drehzylinderventile.
8) Willy Leonhardt war Geselle bei Eduard Kruspe und anderen Metallblasinstrumentenherstellern gewesen, bevor er Anfang des 20. Jahrhunderts in Erfurt eine eigene Werkstatt eröffnete.

Nr. 26
1) Kontrabass-Tuba, um 1950.
2) Neudietendorf, Kirche der Brüdergemeine.
3) Unsigniert.
4) Mundrohr-Ventile-gewundenes Rohrstück mit Stimmzugbogen-konischer Anstoß-konischer Anstoß-konischer Anstoß-konischer Anstoß-Schallstück.
5) StH: 1026; LT: 5715; ØMR: 13,6; ØStR: 390; ØSSt$^{1/4}$: 178; ØSSt$^{1/2}$: 154.
6) Drei Drehzylinderventile, auf den Schubstangen: „11", „11··", „11·".
8) Geläufiges Modell einer Kontrabass-Tuba mit drei Ventilen.

Trompeten

Nr. 27

1) Trompete in B, um 1900.
2) Neudietendorf, Kirche der Brüdergemeine.
3) Hersteller- oder Händler-Plakette auf Schallstück: „LOUIS A. VOIGT [/] MARKNEUKIRCHEN" um Wappenschild mit Waldhorn.
4) Mundrohr-Ventile-Stimmzugrohr-Stimmzugbogen-Stimmzugrohr-Schallstück; Stützen, Querstege, Zwingen aus Neusilber.
5) StH: 433; LT: 1330; ØMR: 10; ØStR: 124; ØSSt$^{1/4}$: 53; ØSSt$^{1/2}$: 38.
6) Drei Drehzylinderventile, auf den Schubstangen: „4·", „4··", „4", Blattfederspannvorrichtung.
8) Louis Adolf Voigt (1847–1920) war Instrumentenbauer in Markneukirchen,[29] starb aber in Merseburg, wohin er seine Werkstatt zuvor verlegt haben könnte. Instrumente aus seiner Hand werden in der Literatur nicht geführt.

Schluss

Die landeskirchlichen Inventuren können die fachgerechte Bestandsaufnahme nicht ersetzen. Sie geben auch nur vereinzelt Hinweise auf die Bestände. Stichproben haben gezeigt, dass Musikinstrumente bei der letzten Kunst- und Kulturguterfassung vernachlässigt oder sogar gänzlich unberücksichtigt geblieben sind. Die Posaunen von Balthasar Reuter, Andreas Diderich und Johann Siegmund Graf, die Basstrompete von Julius Rudolph, das Flügelhorn von Eduard Kruspe und die Tuba von Willy Leonhardt sind Sachzeugnisse eines hochwertigen Metallblasinstrumentenbaus auf dem Gebiet innerhalb der heutigen Landesgrenzen, der die entsprechende Beachtung verdient. Daneben haben sich seltene, wenn nicht sogar einzigartige Instrumente vogtländischer und französischer Herkunft erhalten. Eine gültige Beurteilung ihres Aussagewerts setzte die systematische, fundierte und genaue Erfassung der erhaltenen Instrumente voraus.

---

1 Lobenstein 2007.
2 Wenke 2004, S. 82.
3 Nach dem 1991 im Auftrag der Landeskirche Kurhessen-Waldeck und der Kirchgemeinde von Dagmar Günther erstellten kunsthistorischen Inventar.
4 Heyde 1985, S. 170.
5 Vgl. Kuhlo/Kuhlo 1904, Anzeige auf den letzten beiden Seiten des Buches, wo der Bielefelder Musikinstrumentenfabrikant Ernst David in einer Anzeige die von Kuhlo geforderten Besetzungen referiert und für seine Produkte wirbt.
6 Geschätzte Datierungen basieren auf Vergleichen mit in der Literatur beschriebenen und abgebildeten Instrumenten oder ergeben sich aus der Geschichte der bestimmten Werkstatt.
7 Ein auditiver Eindruck konnte nur in den seltenen Fällen beschrieben werden, in denen ein Mundstück einem Instrument eindeutig zuzuordnen war.
8 Die biographischen Angaben verdanke ich der Leiterin des Stadt- und Kreisarchivs Schmalkalden, Ute Simon.
9 Altenburg 1907–08.
10 Zfl 3; Zfl 32(II); Weller 2004, S. 114–115, 243–244.
11 Weller 2004, S. 139.
12 Weller 2004, S. 180.
13 Vgl. Zfl 4, S. 196.
14 Zfl 32(I), S. 153.
15 Zfl 14, S. 824–825; Zfl 17(I), S. 819–820; Zfl 17(II), S. 846–847.
16 Hartmann 1893–1894, S. 26.
17 Weller 2004, S. 168–169.
18 Weller 2004, S. 263–264.
19 Abbildung der Signaturen in Lobenstein 2008, S. 108.
20 Weller 2004, S. 114, 243.
21 Keilwerth 1992.
22 Weller 2004, S. 233–234.
23 Anzeige in der Zeitschrift für Instrumentenbau, Bd. 15, Leipzig 1894–1895, S. 214.
24 Zfl 17(II), S. 848.
25 Piering o. J., S. 10.
26 Heyde 1980, S. 207.
27 Nicht mehr lesbar.
28 Wie Anm. 5.
29 Weller 2004, S. 161.

Monika Kahl

„Bereinigte Geschichte"
Zur Umwidmung des Kriegerdenkmals von Hans Walther in Schleusingen

Wohl kaum eine andere Denkmalgattung reflektiert den Wandel gesellschaftspolitischer Verhältnisse so deutlich wie die Gefallenen- bzw. Kriegerdenkmäler. Sie sind Ausdruck der Trauer für die in Kriegen gefallenen Soldaten und stehen in nahezu jeder Stadt und Gemeinde. Die meisten Denkmäler spiegeln in ihrer Formgestaltung und mit ihren Inschriften die ihnen zugrunde gelegte Ideologie und die Einstellung der Auftraggeber zu den jeweiligen Kriegsgeschehnissen, auf die sie bezogen sind, wider.

Der Umgang mit Kriegerdenkmalen unter wechselnden politischen Systemen reflektiert in hohem Maße das Geschichtsbewusstsein und damit die entsprechenden herrschenden Ideale und Normen einer bestimmten Epoche.

Bei jedem Wechsel politischer Machtstrukturen und Ideologien fällt daher eine Vielzahl von Denkmälern „Bilderstürmereien" zum Opfer oder ist, in manchen Fällen wiederholt, mehr oder weniger gravierenden Umgestaltungen oder Umwidmungen ausgesetzt.

Oftmals geht im Gefolge von ideologischen Auseinandersetzungen bei derartigen Aktionen der Verlust von Informationen über die Entstehungsgeschichte, die ursprüngliche Gestaltung, den Autor des Entwurfs und/oder den ausführenden Handwerker einher. Die Gründe hierfür sind unterschiedlich. Sie können von den neuen Machthabern bewusst veranlasst worden sein, um missliebige künstlerische Strömungen und Künstler auszugrenzen oder zu diffamieren, aber auch durch bloßes Verschweigen von Vorgängen zum Vergessen von Zusammenhängen führen. Diese Informationsverluste können dazu führen, dass späteren Generationen die Geschichte eines Denkmals überhaupt nicht oder nur lückenhaft bekannt ist und damit sein Aussagewert erheblich reduziert wird.

Wegen der hohen Zahl von Kriegerdenkmälern in Deutschland[1] und des sehr vielfältigen Gestaltungsspektrums ist der Umgang mit diesen Objekten für die Denkmalpflege kompliziert und zeitaufwendig. Die Beurteilung des Denkmalwertes erfordert in erster Linie die Einschätzung der künstlerischen Qualität, die typologische Zuordnung und gestalterische Einbindung in das Umfeld, aber auch Recherchen zum historischen Hintergrund eines jeden Denkmals. Hierzu sind die Kenntnis der Gestaltungskriterien der jeweiligen Entstehungszeit sowie ein möglichst guter Überblick über den Bestand in der Region erforderlich. Über diesen Weg lassen sich nicht nur wesentliche Fakten für die Bewertung ermitteln, die Recherchen ermöglichen auch, Widersprüche und Brüche aufzuspüren und durch Verknüpfung separater Detailkenntnisse Kenntnislücken zu schließen.

Das nachfolgend beschriebene Beispiel für die Umgestaltung und Umwidmung eines Kriegerdenkmals steht exemplarisch für viele der oben genannten, auf ähnliche Weise unter den Be-

Abb. 1   Schleusingen, Schmuckplatz, OdF-Ehrenmal, Aufnahme 2008

dingungen wechselnder gesellschaftspolitischer Hintergründe und Machtstrukturen allzeit sich wiederholenden Vorgänge. Die Ergebnisse der Recherchen zu dem vom Erfurter Bildhauer Hans Walther (1888–1961) geschaffenen Kunstwerk spiegeln die Vielschichtigkeit der Thematik wider.

Sie haben dazu beigetragen, den Wandel dieses Denkmals vom Kriegerdenkmal zum OdF (Opfer des Faschismus)-Ehrenmal zu dokumentieren und zugleich eine Lücke in den Kenntnissen über das Lebenswerk von Hans Walther zu schließen.

Vom Kriegerdenkmal zum OdF-Ehrenmal

Am nordöstlichen Stadtrand der Kleinstadt Schleusingen im Landkreis Hildburghausen befindet sich unweit des städtischen Friedhofs auf dem vom Heinrich-Heine-Ring tangierten Schmuckplatz eine kleine Grünanlage, in der zwei Denkmäler errichtet wurden: Im westlichen Teil der Anlage erinnert ein 1910/11 aufgestellter Findling an den ehemaligen langjährigen Schleusinger Bürgermeister Ludwig Baecker und im östlichen Teil wird durch eine auf einem hoch aufgerichteten Monument angebrachte Inschrift der Opfer von Krieg und Gewaltherrschaft gedacht.

Die in roter Farbe ausgeführte Inschrift ist in eine Platte eingraviert, die vor dem Mittelteil einer in drei Teile gegliederten, aus polygonal geformten Sandsteinplatten (Seeberger Sandstein) zusammengefügten, aufrecht stehenden Wand angebracht ist, welche auf einem treppenförmigen Sockel aus Sandsteinstufen steht. Der mittlere rechteckige Teil wird beidseitig von stumpfwinklig abgeschrägten „Seitenflügeln" flankiert.

Wegen seiner markanten, expressiv erscheinenden Gliederung zieht das ansonsten schmucklose Denkmal die Aufmerksamkeit des Betrachters auf sich und regt zum Hinterfragen seiner Entstehungsgeschichte und nach dem Autor des Entwurfs an.

Das Monument war seit 1977 in der Kreisdenkmalliste des Kreises Suhl-Land[2] als Ehrenmal für die Opfer des Faschismus unter der Kategorie Geschichtsdenkmale („Denkmale zu historischen und kulturellen Ereignissen der Politik, Kunst und Wissenschaft") erfasst. Unter dieser Bezeichnung wird es auch in mehreren einschlägigen Publikationen erwähnt.[3] Außer der Benennung des Denkmals und der Wiedergabe des Inschrifttextes werden dort keinerlei weitere Angaben gemacht. Wohl unter Zugrundelegung dieser spärlichen Informationen wurde das „OdF (Opfer des Faschismus)-Ehrenmal" im Zuge der Überprüfung der DDR-Denkmallisten und der Neuerfassung von Kulturdenkmalen nach den Kriterien des 1992 verabschiedeten neuen Denkmalschutzgesetzes[4] mit Wirkung vom 17. September 1993 als Einzelkulturdenkmal aus geschichtlichen und volkskundlichen Gründen in das Denkmalbuch des Freistaats Thüringen eingetragen.[5] Seine Errichtung wurde auf die Zeit „nach dem 2. Weltkrieg" datiert. Auch hier fehlen weiterführende Informationen wie auch jeg-

Abb. 2 Meldebogen zur Erfassung des Schleusinger Kriegerdenkmals, Vorderseite, 1946

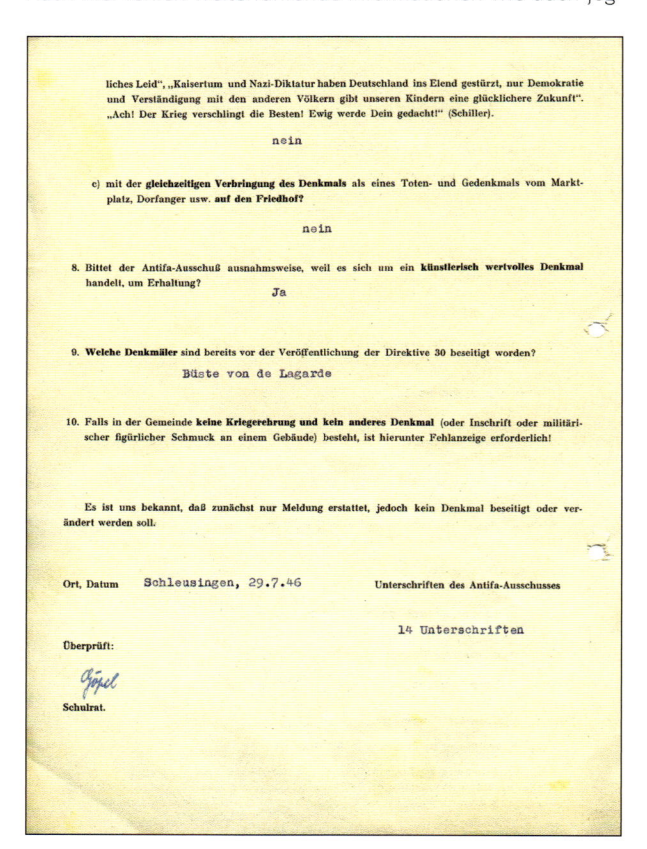

Abb. 3 Meldebogen zur Erfassung des Schleusinger Kriegerdenkmals, Rückseite, 1946

liche Hinweise auf die ursprüngliche Gestaltung und Funktion des Denkmals. Deshalb stützte sich auch die Verfasserin auf die zum damaligen Zeitpunkt verfügbaren Angaben und erwähnte das Denkmal in dem 1999 von der Bundeszentrale für politische Bildung herausgegebenen Band über Gedenkstätten für die Opfer des Nationalsozialismus in den neuen Bundesländern[6] unter dem beschriebenen Aspekt.

Auch heute lassen sich vor Ort kaum Hinweise auf eine frühere Fassung oder Spuren von gravierenden Veränderungen am Denkmal erkennen.

Lediglich die dem Mittelteil neu vorgeblendete Tafel ist wegen ihres Kontrasts zu dem aus Sandstein bestehenden Hintergrund als Fremdkörper wahrnehmbar. Eine den Erfassungsunterlagen beigefügte fotografische Aufnahme von 1993 lässt erkennen, dass sich an ihrer Stelle zuvor eine in Material und Gestaltung weitaus besser angepasste Platte befand, die die vorgenommene Umgestaltung nicht vermuten ließ.

Da die markante Formgebung des Ehrenmals einen hohen Wiedererkennungswert besitzt, erinnerte sich die Verfasserin nach dem Auffinden eines etwa 1945/46 entstandenen Fotos von einem Kriegerdenkmal in Schleusingen an die Gestalt des heutigen Mahnmals.

Die daraufhin vorgenommenen Recherchen in den im Archiv des Thüringischen Landesamtes für Denkmalpflege und Archäologie vorhandenen Unterlagen zum Bestand an Kriegerdenkmälern im Land Thüringen ergaben, dass es sich bei dem Schleusinger Denkmal auf dem Schmuckplatz um die ursprüngliche Ausführung des noch an gleicher Stelle befindlichen heutigen OdF-Ehrenmals handeln musste.

Der Aktenbestand umfasst sämtliche, im Zusammenhang der vom Alliierten Kontrollrat am 13. Mai 1946 erlassenen Direktive Nr. 30 („Liquidation der deutschen militärischen und nazistischen Denkmäler und Museen") angeforderte Auflistungen von vorhandenen Kriegerdenkmälern in Thüringen sowie den darauf Bezug nehmenden Schriftverkehr der Gemeinden, des Volksbildungsministeriums und des Amtes für Denkmalschutz.

Bereits unmittelbar nach dem Ende des Zweiten Weltkrieges hatte das Landesamt für Volksbildung auf Weisung der SMA (Sowjetische Militäradministration) die Überprüfung aller Kriegerdenkmäler in Thüringen veranlasst. Mit einem Rundschreiben vom 22. September 1945 an die Landräte und Oberbürgermeister wurden alle Gemeinden angewiesen, von sämtlichen infrage kommenden Objekten in ihrem Zuständigkeitsbereich Fotos zuzusenden, eine inhaltliche Prüfung der Inschriften vorzunehmen und zu kontrollieren, ob diese dem „neuen Zeitgeist" entsprächen.[7] Nachfolgend wurden alle Gemeinden verpflichtet, die geforderten Angaben in vorgedruckte Meldebögen einzutragen und vor deren Abgabe die Antworten mit den örtlichen Antifa-Ausschüssen abzustimmen. Hierzu wurden vom Landesamt für

Abb. 4   Schleusingen, Ludwig-Baecker-Platz (auch Schmuckplatz; heute Heinrich-Heine-Ring), Kriegerdenkmal, Aufnahme um 1926

Abb. 5 Entwurfsskizze Hans Walthers für das Schleusinger Kriegerdenkmal, Bleistiftzeichnung auf Transparentpapier, 47,5 x 35 cm., o. J., Inv. Nr. XI 435/1

Abb. 6 Detailfoto vom Relief des Kriegerdenkmals, Aufnahme: Bissinger, wahrscheinlich 1925

Volksbildung Richtlinien und Hinweise zum Vorgehen bei der Beurteilung der Denkmäler übermittelt.[8]

Zum Kriegerdenkmal auf dem Schleusinger Schmuckplatz (damals: Ludwig-Baecker-Platz) wurde im Meldebogen vermerkt, dass es zum Gedenken für die Gefallenen des Ersten Weltkrieges 1926–1928 aus behauenem Sandstein in monumentaler Art mit der Inschrift „Unseren Helden 1914–1918" errichtet worden sei und „Sterbende und tote Krieger" darstelle. Als Künstler wurde der Bildhauer Hans Walther benannt. Die Fragen nach einer erforderlichen Beseitigung oder Umsetzung des Denkmals sowie von nazistischen und militaristischen Symbolen wurden verneint. Veränderungen seien nicht vorgesehen, da es sich bei dem Denkmal um eine künstlerisch wertvolle Arbeit handele. Ein dem Meldebogen beigefügtes Foto lässt das Denkmal in seiner ursprünglichen Fassung erkennen.

Mit der Unterschrift von 14 Mitgliedern stimmte der Antifa-Ausschuss diesen Ausführungen zu.[9] Somit blieb das Denkmal zunächst unangetastet.

Zur Entstehungsgeschichte des Kriegerdenkmals

Einem zu Rate gezogenen Werkverzeichnis des Künstlers Hans Walther[10] war die Aussage zu entnehmen, der Entwurf stamme aus dem Jahre 1929. Neben der bereits bekannten fotografischen Aufnahme befindet sich im Bildteil des Werkverzeichnisses die Abbildung einer Entwurfsskizze, die sich in dem 1983 von Hans-Dieter Fachmann bearbeiteten Nachlass des Künstlers befand.[11] Da der Autor offensichtlich versäumte, vor Ort Nachforschungen anzustellen, gelangte er zu der fälschlichen Auffassung: „Gesichert ist, daß das Denkmal nie in der Stadt Schleusingen/Thüringen gestanden hat. Diese Plastik ist nur durch eine Postkarte belegt. Der Aufstellungsort wird auf ihr mit Kirchspiel Schleusingen angegeben. Scheinbar gibt es eine weitere kleine Gemeinde mit dem gleichen Namen."[12] Diese Aussage wurde von den Verfassern nachfolgender Publikationen übernommen.

Die im Kreisarchiv Hildburghausen zum Vorgang um die Errichtung des Kriegerdenkmals archivierten Unterlagen belegen jedoch, dass das Denkmal auf dem damaligen Ludwig-Baecker-Platz bereits 1926 errichtet wurde. Der Ausführung der Arbeit waren langwierige Verhandlungen vorausgegangen.

Nach dem Ende des Ersten Weltkrieges hatte die Stadtverwaltung Schleusingen als Reaktion auf die Anregung der drei örtlichen Kriegervereine den Beschluss gefasst, am Fuße des Schlossberges ein Kriegerdenkmal zu errichten. Wegen der schwierigen Wirtschaftslage während der Inflationszeit konnte mit der Ausführung des Plans erst 1925 begonnen werden. Im Januar 1925 erteilte der Magistrat dem Bildhauer Hans Walther aus Erfurt den Auftrag, ein Denkmal für die im Ersten Weltkrieg gefallenen „Mitbürger und Kameraden" zu entwerfen und auszuführen. Vereinbart wurde zunächst, dass das Denkmal „in einem Figurenrelief unbekleideter Krieger" bestehen sollte. Der Künstler verpflichtete sich, zuvor ein maßstäbliches Modell zu liefern, das von den Stadtverordneten und dem Denkmalausschuss begutachtet und den Einwohnern der Stadt durch seine Ausstellung im Schaufenster einer Buchhandlung vorgestellt werden sollte. Mehrfache Änderungswünsche seitens der Stadtverwaltung – so u. a. die Forderung, die Krieger bekleidet darzustellen –, Diskussionen um einen anderen als den vereinbarten Standort[13], Differenzen um Honorarzahlungen und Geldmangel führten zu weiteren Zeitverzögerungen. Die Mitteilung Hans Walthers, er habe im Dezember 1925 mit der Steinausführung des Denkmals begonnen, und die Einigung über den neuen Standort auf dem Ludwig-Baecker-Platz (Schmuckplatz)[14] veranlasste die Stadtväter, mittels eines Flugblatts die Einwohner der Stadt zu Spenden für die Ausführung der Arbeiten aufzurufen.[15] Nach mehrfacher Verschiebung fand die Einweihung am 7. November 1926 mit großem Festprogramm in Anwesenheit von Vertretern der Landesregierung, der Stadtverwaltung, Parteien und zahlreichen Bürgern der Stadt statt. Da die Gestaltung der Einweihungsfeier offensichtlich von nationalistischem und konservativem Charakter geprägt war, verzichteten mehrere Vertreter linksgerichteter Parteien auf ihre Anwesenheit. Vermutlich aus demselben Grund sagte auch Hans Walther seine Teilnahme ab.[16]

Da nur eine historische Aufnahme vom Denkmal vorliegt, ist seine Beschreibung lediglich anhand dieser Abbildung möglich. Erkennbar ist, dass es sich bei dem heutigen OdF-Ehrenmal auf dem Schmuckplatz zweifelsfrei um eine veränderte Version des ursprünglich von Hans Walther geschaffenen Kriegerdenkmals handelt. Das belegt der in seiner ursprünglichen Form überlieferte Aufbau des Monuments. Statt der heutigen Inschrifttafel trug der Mittelteil, wie auch die heute schmucklosen Seitenteile, eine Reliefplastik. Sie stellt vom Kampf ermattete und verwundete Soldaten in einer Haltung dar, die statt Heldenverehrung Trauer und Leiden zum Ausdruck bringt. Auf das für die meisten zeitgenössischen Kriegerdenkmale typische Pathos sowie die Heroisierung der Soldaten und die Idealisierung ihrer „Tugenden" hat der Künstler wie auch bei weiteren von ihm geschaffenen Kriegerdenkmälern verzichtet.

Das Schleusinger Denkmal wurde im Gegensatz zu den vollplastischen Denkmälern von Jena (Entwurf 1921, Arbeit nicht ausgeführt), Straußfurt (1923), Hameln (Entwurf 1924, Arbeit nicht ausgeführt)[17] und Erfurt (1924) als Reliefplastik ausgeführt.[18]

Bei dem Denkmal auf dem Schleusinger Schmuckplatz kam in der künstlerischen Gestaltung und der beabsichtigten Bot-

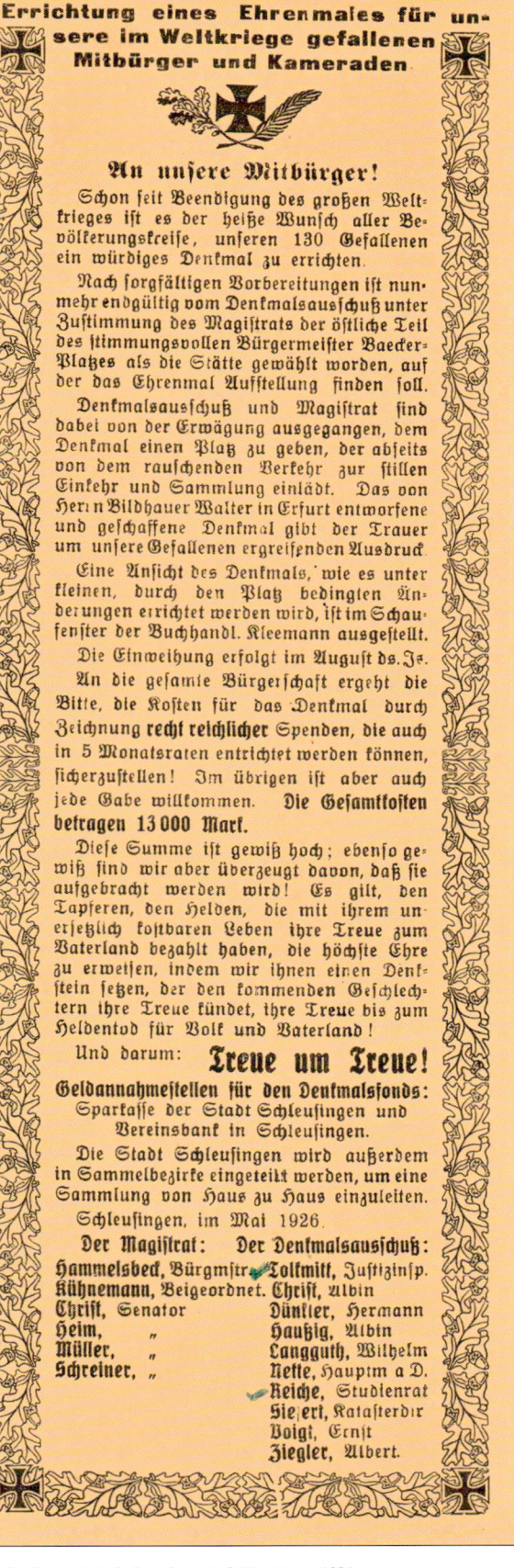

Abb. 7   Flugblatt, Aufruf zur Spende, Schleusingen 1926

Abb. 8 Entwurf zur Umgestaltung des Kriegerdenkmals, vermutl. 1951, o. Sign.

Abb. 9 Schleusingen, Heinrich-Heine-Ring (ehemals Schmuckplatz), Denkmal für Opfer des Faschismus, Aufnahme 1993

schaft an den Betrachter der sich seit etwa Mitte der 1920er Jahre vollziehende Wandel im Schaffensprozess des Künstlers zum Ausdruck. Die in den Reliefplastiken dargestellten Soldaten sind weniger expressiv ausgeprägt gearbeitet und lassen die für die frühen Werke charakteristische Abstrahierung vermissen. Bereits Ende der 1920er Jahre begannen die zuvor eindeutig pazifistisch geprägten Werke Hans Walthers zunehmend auch nationalistische Züge anzunehmen, ohne diese zunächst vordergründig zu betonen. Die Interpretation der in Schleusingen dargestellten Szene lässt unterschiedliche Deutungen zu: „[…] die Gebärde eines allein gegenüber den anderen Figuren noch aufrecht Vorwärtsschreitenden kann als Aufforderung zum Weiterstürmen, aber auch als Einhalt gebietend gedeutet werden".[19] Da das Denkmal jedoch in seiner Gesamtwirkung den Eindruck eines Trauer- oder Opfermals vermittelt, ist wohl eher von einem Einhaltgebieten auszugehen. Das Denkmal ist zu den bemerkenswerten Arbeiten des Künstlers zu zählen, weshalb der spätere Verlust der Reliefplastik zu bedauern ist.

Die Umgestaltung und Umwidmung

Nicht mit Sicherheit zu ermitteln ist der genaue Zeitpunkt, wann die Reliefplastiken entfernt wurden. Hierzu gibt es in den Quellen widersprüchliche Aussagen.

1946 hatte die Stadtverwaltung auf die Frage nach vorgesehenen Veränderungen mitgeteilt, dass das Denkmal wegen seines künstlerischen Wertes unangetastet bleiben werde.[20] Dagegen wird in einem Schreiben der Stadt an das Kreisbildungsamt vom 4. März 1948 mitgeteilt, dass das Denkmal nicht beseitigt, aber die Plastiken entfernt worden seien.[21] Weitere konkrete Hinweise zum Vorgang konnten nicht ermittelt werden.

Die Absicht einer gänzlichen Umgestaltung verlautbart erstmals das Protokoll der Sitzung der Gemeindevertretung vom 12. Juni 1951. Demzufolge war unter Tagesordnungspunkt Nr. 4 auf Antrag der SED-Fraktion ein „Bericht über die Errichtung des Mahnmales für den Frieden auf dem Schmuckplatz" vorgesehen. Laut Protokoll wurde die Gemeindevertretung von einem vorliegenden Entwurf für die Neugestaltung in ein Friedensmahnmal in Kenntnis gesetzt. Die anfallenden Kosten für die Ausführung wurden mit 1.000 RM beziffert. Der Gemeindevertreter Hermann Löffler schlug vor, das Denkmal auf den Schlossplatz zu versetzen und diesen in „Platz des Friedens" umzubenennen. Obwohl der Vorschlag die Zustimmung aller Fraktionen fand, wurde nach eingehender Diskussion zu Fragen der Eigentumsverhältnisse und Finanzierbarkeit des Projekts einstimmig beschlossen, dass das Mahnmal an seinem alten Platz verbleiben solle. Der Stadtrat wurde beauftragt, „das Projekt dem zuständigen Ministerium zur Genehmigung zu unterbreiten. Weiter sollten die notwendigen Mittel vom Stadtrat zur Verfügung gestellt werden."[22] Mit der Umgestaltung wurde zugleich auch eine Umwidmung des Denkmals vorgesehen. Nicht mehr das Gedenken an die im Ersten Weltkrieg gefallenen Söhne und Väter der Stadt Schleusingen sollte zum Ausdruck gebracht werden, sondern mit der neuen Inschrift: „Den Opfern des Faschismus/Getreu ihrem Vermächtnis/Gemeinsam für den Frieden der Welt" die Ehrung der anonymen Opfergruppe der Antifaschisten sowie der Kampf um den Frieden im Mittelpunkt stehen.[23]

Mit Schreiben vom 27. Juni 1951 informierte der Bürgermeister Schleusingens das Amt für Denkmalpflege und Naturschutz von dem Vorhaben und bat um Genehmigung der geplanten Maßnahmen. Dieser Brief enthält u.a. auch die Information, dass das ehemalige Kriegerdenkmal 1945 „auf Anordnung der SMA […] zum Teil demontiert" worden sei. Es ist zu vermuten, dass damit die Entfernung der Reliefplastik gemeint war und sich die Neugestaltungspläne auf das verbliebene Relikt bezogen.[24] Der Landeskonservator erhob grundsätzlich keine Einwände gegen die Umgestaltungspläne, übte jedoch Kritik am Entwurf der Beschriftung, deren Gestaltung abzulehnen sei. Er forderte, die Aufgabe des Entwurfs „einem wirklich guten Graphiker zu überlassen".[25] Bei der im Bildarchiv des TLDA bewahrten undatierten und nicht signierten Skizze handelt es sich vermutlich um diesen kritisierten Entwurf. Der Schriftwechsel zwischen der Stadtverwaltung und dem Landeskonservator besagt, dass die Ausführung von Text und Inschrift nochmals beraten und abgestimmt wurde. Die Realisierung des Umgestaltungsplans erfolgte wegen personeller Veränderungen in der Stadtverwaltung erst im Folgejahr 1952.[26] Die Maßnahmen umfassten den Austausch der Mittelplatte des Kriegerdenkmals durch eine aus gleichem Material (Sandstein) gefertigte, die mit einer neuen Inschrift in erhabenen Buchstaben und der Darstellung eines Dreiecks mit lodernden Flammen[27] versehen wurde. Die beiden Seitenplatten wurden so bearbeitet, dass keinerlei Spuren von der Reliefplastik mehr sichtbar blieben.

Bei dieser Aktion ging vermutlich auch die im Meldebogen erwähnte Signatur Hans Walthers verloren.

In dieser Gestalt verblieb das Mahnmal bis zu seiner nochmaligen Veränderung nach der Wende von 1989. Die Aufarbeitung des Geschichtsbildes unter den neuen politischen Verhältnissen bot Anlass, den Text der Inschrift neu zu formulieren. In diesem Zusammenhang wurde die bereits oben erwähnte neue Inschrifttafel, leider ohne Abstimmung mit dem Denkmalschutz, angebracht und mit einer stereotypen Textformel versehen, wie sie auf zahlreichen anderen Denkmälern nach 1989 angebracht wurde: „Zum Gedenken/an die Toten/und Opfer der/Weltkriege, der Heimatver-/treibung und der/Gewaltherrschaften". Durch diese neuerlichen Maßnahmen wurde die noch immer imposante Gesamtwirkung des Denkmals erheblich beeinträchtigt.

Zum Autor des Gestaltungsentwurfs Hans Walther

Der Bildhauer Hans Walther (1888 – 1961) zählte zu den bemerkenswertesten zeitgenössischen Künstlern in der ersten Hälfte des 20. Jahrhunderts in Thüringen. Besonders seine frühen, vom Expressionismus beeinflussten Arbeiten erlangten auch überregionale Anerkennung.

Die Vita und das Oeuvre des in Apolda geborenen und seit 1892 in Erfurt beheimateten Bildhauers wurden in Personalausstellungen und Publikationen gewürdigt.

Der umfangreiche Bestand seines Nachlasses wurde bisher zwar größtenteils erfasst, jedoch nur punktuell wissenschaftlich aufgearbeitet.[28]

Der vermutlich größte Teil seines Nachlasses wird im Erfurter Angermuseum bewahrt, plastische Werke befinden sich in Privatbesitz, in den Sammlungen von Thüringer Museen und noch heute sind seine bildhauerische Arbeiten an den Fassaden von Wohn- und Geschäftsbauten im Straßenbild Erfurts präsent. Außerdem befinden sich zahlreiche charakteristisch gestaltete Grabmale auf den Friedhöfen der Stadt Erfurt.[29]

Abb. 10, 11, l.   Jena, Denkmal für die im Ersten Weltkrieg gefallenen Studenten der Universität Jena, nicht ausgeführtes Gipsmodell, Aufnahme 1921.
Abb. 12, r.   Hameln, Denkmal für die im Ersten Weltkrieg gefallenen Angestellten der Stadt Hameln, nicht ausgeführtes Gipsmodell, Aufnahme 1924.

Neben der Ausführung zahlreicher Porträtbüsten, figürlicher Plastiken und bauplastischer Fassadendekorationen umfasste der Entwurf von Grabmalen und Kriegerdenkmalen einen wesentlichen Teil seines Schaffens. Zu deren bemerkenswertesten Arbeiten zählen die vom Expressionismus geprägten Entwürfe der Denkmäler für die Gefallenen des Ersten Weltkrieges: ein 1921 in Bronze ausgeführter, wegen Geldmangels in den Inflationsjahren nicht realisierter Modellentwurf für die Universität in Jena, das 1923 geschaffene Kriegerdenkmal „Empor" in Straußfurt und das 1924 in der Erfurter Bahnhofstraße vor der Reglerkirche in Sandstein errichtete „Reiterdenkmal".[30] Die in der frühen Schaffensperiode von Hans Walther entworfenen Kriegerdenkmäler sind, entgegen der in jenen Jahren vorherrschenden Darstellung von heroischen Szenen, Heldentum, Kampfes- und Siegeswillen, eher als „Trauermale" zu bezeichnen. Die dargestellten Szenen, der Symbolgehalt und deren künstlerische Umsetzung zeugen von der Antikriegshaltung des Künstlers, die seine Werke bis um die Mitte der 1920er Jahre prägten. Seine späteren Arbeiten verloren sowohl an künstlerischer Qualität als auch an progressiver inhaltlicher Aussagekraft.

Die drei oben genannten Kriegerdenkmäler wurden bereits in ihrer Entstehungsphase heftig von konservativen Kreisen angefeindet. Nationalistisch gesinnte Bürger kommentierten die Errichtung des Erfurter Reiterdenkmals als „[...] freche Herausforderung des normalen Kunst- und Volksempfindens"[31], und 1939 äußerte ein staatskonformer Oberstleutnant a. D. im Vorfeld des geplanten Abrisses, das Denkmal könne „[...] man eigentlich nur als eine Kulturschande bezeichnen, es gehört meiner Ansicht nach in die hier vor kurzem zur Schau gestellte Ausstellung für entartete Kunst"[32].

Der Jenaer Modellentwurf wurde nach 1933 beschlagnahmt und eingeschmolzen, das Erfurter Reiterdenkmal 1939 abgebrochen.[33] Als sich in den Krisenjahren der 1920er Jahre die Zahl seiner Aufträge verringerte, gelang es Hans Walther, vor allem von der Erfurter Stadtverwaltung eine Reihe von Aufträgen für bildhauerische Arbeiten an öffentlichen Gebäuden, für Denkmäler, Gedenktafeln sowie für private Grabmale übertragen zu bekommen.[34]

Schon bald nach dem Machtantritt der Nationalsozialisten 1933 entzog das NS-Regime dem Künstler die Möglichkeit, seine frühere, an modernen, progressiven Kunstauffassungen orientierte Arbeit fortzusetzen. Um seinen Lebensunterhalt zu bestreiten, versuchte Hans Walther, sich mit den neuen Machthabern zeitweilig zu arrangieren, indem er Aufträge übernahm, bei deren Ausführung er sich trotz seiner humanistischen Gesinnung nicht deutlich vom Gedankengut der nationalsozialistischen Kunstdoktrin abgrenzte.[35] Jedoch schützte ihn dies und selbst die kurzzeitige Mitgliedschaft in der NSDAP auf Dauer nicht vor weiteren Diffamierungen und Ausgrenzungen. Bereits 1936 wegen kritischer Äußerungen denunziert und 1937 aus der NSDAP ausgeschlossen, blieben auf Anordnung des Erfurter Oberbürgermeisters Kießling weitere Aufträge aus.[36] Ein Teil seiner frühen Arbeiten wurde im Zusammenhang mit der „Aktion Entartete Kunst" beschlagnahmt und aus den Museen entfernt. 1942 wurde Hans Walther zum Kriegsdienst eingezogen. Nach seiner Rückkehr aus Krieg und Gefangenschaft gelang es ihm in seinem weiteren Schaffen nicht, an die frühen Erfolge anzuknüpfen. Für sein Gesamtkunstwerk noch zu Lebzeiten geehrt, verstarb der Künstler 1961 in Erfurt.

Durch die Verknüpfung von überlieferten Detailinformationen über das Schleusinger Denkmal erschloss sich seine komplette Geschichte. Durch die beschriebenen gezielten Recherchen konnte die Autorin sowohl das Vorhandensein des Denkmals als auch seine Zuschreibung zum Werk des Bildhauers Hans Walther belegen.

Zugleich widerspiegelt das vorgestellte Beispiel exemplarisch die Vielschichtigkeit des oben beschriebenen symptomatischen Umgangs mit Kriegerdenkmälern unter den Bedingungen wechselnder gesellschaftspolitischer Hintergründe und Machtstrukturen.

1   Laut Aussagen einschlägiger Publikationen sollen in Deutschland weitaus mehr als 100 000 Kriegerdenkmäler mit Bezug auf die Kriege 1870/71, den Ersten und Zweiten Weltkrieg existieren. Vgl. u. a. Lurz 1985–1987.
2   Vgl. Kreisdenkmalliste Suhl-Land, 1977 und 1982, archiviert in den Objektakten des TLDA.
3   Siehe u. a. Gedenk- und Erinnerungsstätten 1979, S. 15; Miethe 1974, S. 387.
4   Thüringer Denkmalschutzgesetz in der Fassung vom 07. Januar 1992.
5   Benachrichtigungsschreiben an den Eigentümer vom 17. September 1993.
6   Kahl, Monika u. a.; Kapitel Thüringen in: Gedenkstätten 1999, S. 876.
7   Aktenbestand im TLDA: Erfassung der Kriegerdenkmäler im Land Thüringen 1945–1948.
8   Ebenda, Anlage zu einem Schreiben der Deutschen Zentralverwaltung für Volksbildung in der sowjetischen Besatzungszone vom 05. Mai 1946, Richtlinien für die Beseitigung faschistischer und militaristischer Denkmäler. Darin hieß es u. a.: „Zu beseitigen sind: 1. Alle Denkmäler, Inschriften und Darstellungen im öffentlichen Bild oder einer Landschaft, die Personen oder Daten des Faschismus verherrlichen oder überliefern. [...] 2. Denkmäler, Inschriften und Darstellungen im Bild eines Ortes oder einer Landschaft, die Verherrlichungen des Chauvinismus, Militarismus und Imperialismus bedeuten, sind ebenfalls zu beseitigen [...] Sonderklasse der Kriegerdenkmäler: [...] Zu beseitigen sind auch hier all jene Denkmäler bzw. die Aufforderung zur Rache, zum erneuten Kriegseinsatz, Verherrlichungen des Krieges usw. erhalten [...]. Kriegerdenkmäler nach 1918: sind [...] in breiter Masse wertlos. Zu beseitigen durch Vernichtung sind Revanchedenkmäler, wenn nicht ausnahmsweise ein ganz besonderer künstlerischer Wert vorliegt [...]. Zahlreiche Denkmäler dieser Gattung können wieder durch Beseitigung einer Inschrift ihres militärischen Charakters entkleidet bzw. durch neue Inschriften zur Anklage gegen die Schuldigen am Krieg werden. Sie verbleiben dann als einfache oder anklagende Totenmale [...] Die Säuberungsaktion soll als Willensausdruck breiter Schichten des Volkes vorgenommen werden [...] Sie soll getragen werden von den antifaschistisch-demokratischen Kräften [...] Der Antifa-Ausschuß [...] meldet seine Vorschläge zur Beseitigung an den Landes- bzw. Provinzialkonservator für Bau- und Kulturdenkmäler. Durch diesen sind sie der Landesverwaltung zu unterbreiten. [...] (Die) Listen werden [...] der Obersten S.M.A. zur Entscheidung zugeleitet. [...] Örtliche Aktionen sollen einstweilen unterbleiben, damit nicht bedauerliche oder gar politische Schäden auftreten."
9   Aktenbestand im TLDA: Erfassung der Kriegerdenkmäler im Land Thüringen 1945–1948, Liste der erfassten Kriegerdenkmäler im Kreis Suhl-Land.
10 Fachmann 1983.
11 Ein großer Teil des Nachlasses befindet sich im Erfurter Museum, Sign. o. Nr. Hans Walther, Nachlass Zeichnungen/Entwürfe, Mappe I: 330 Blatt Zeichnungen/Entwürfe, 43 Fotos, Plastik/Reliefs usw., Mappe II: 445 Blatt, Skizzen/Zeichnungen u. Entwürfe.
12 Fachmann 1983, S. 60.
13 Zit. nach Unterlagen im Kreisarchiv Hildburghausen, Schriftwechsel zwischen Stadtverwaltung und Hans Walther, in: Sammelmappe „Denkmäler und Merkwürdigkeiten 1925–1944", Sign. 694/4, ohne Seitenangaben.
14 Ebenda: Schreiben Hans Walthers vom 16. Februar 1926.
15 Ebenda: Flugschrift „An unsere Mitbürger!"
16 Ebenda: Telegramm Hans Walthers vom 06. November 1926, H. W. sagt darin seine Teilnahme an der Einweihungsfeier aus „geschäftlichen Gründen" ab und wünscht der Feier „einen würdigen Verlauf".
17 Für den 1924 geschaffenen Entwurf wurde Hans Walther vom Preisgericht der Stadt Hameln der erste Preis im Wettbewerb um die Schaffung eines Denkmals für die im Ersten Weltkrieg gefallenen Angestellten der Stadt Hameln

zuerkannt. Wegen der schlechten Wirtschaftslage wurde der Entwurf jedoch nicht ausgeführt. 1954 gab es im Zusammenhang mit der Planung eines neuen Ehrenmals für die Kriegsopfer der Stadt Hameln Überlegungen, auf den Entwurf Walthers zurückzugreifen. In einem im Stadtarchiv Hameln archivierten Schreiben vom 22. Januar 1954 an den Stadtrat wies Stadtbaurat i. R. Schäfer darauf hin, „[…] dass der Walter'sche Entwurf, der damals den 1. Preis bekam und zur Ausführung empfohlen wurde […], heute noch mehr als damals allem entspricht bzw. alles enthält, was man nach diesem totalen Krieg von einem Ehrenmal verlangen kann. Walter hat bereits damals in seiner Menschensäule alle Bevölkerungskreise bis herunter bis zur Mutter mit dem Kleinkind und den alten Leuten in seinem Denkmal verewigt. Man wird auch heute kaum eine bessere Lösung finden können, als diese völlig zeitlose und darum zweifellos die Jahrhunderte überdauernde Lösung, die man deshalb unter allen Umständen mit in Erwägung […] einbeziehen sollte. Bildhauer Walter lebt noch in seiner Heimatstadt Erfurt …"

18   Angaben nach Maut 1988, Werkverzeichnis S. 11 – 15.
19   Fachmann 1983, S. 60.
20   Aktenbestand im TLDA: Erfassung der Kriegerdenkmäler im Land Thüringen 1945 – 1948, Meldung der Stadt Schleusingen.
21   Brief der Stadtverwaltung Schleusingen an das Kreisbildungsamt vom 03. Februar 1948, Verwaltungsarchiv Suhl, Akte 373.
22   Protokollniederschrift vom 12. Juni 1951, Akten Kreisrat Suhl, Nr. 221, Blatt 186 – 189.
23   Text der Inschrift abgedruckt in: Gedenk- und Erinnerungsstätten 1979, S. 15.
24   Schreiben des Stadtrats der Stadt Schleusingen an das Amt für Denkmalpflege und Naturschutz vom 27. Juni 1951, TLDA Objektakte Schleusingen.
25   Schreiben vom 06. Juli 1951, archiviert im TLDA, Ortsakte Schleusingen.
26   Archiviert im Bildarchiv des TLDA.
27   Dieses Symbol stand bis um die Mitte der 1950er Jahre für die „Vereinigung der Verfolgten des Naziregimes" – VVN.
28   Siehe hierzu Fachmann 1983 und Maut 1988. Die im Angermuseum befindliche Sammlung grafischer Arbeiten ist noch nicht wissenschaftlich aufgearbeitet.
29   Siehe hierzu wie Anm. 23 sowie Menzel 1995, S. 16 – 20.
30   Siehe hierzu auch Menzel/Menzel 1999, S. 392 – 396.
31   Zit. nach Menzel 2005, S. 19.
32   Ebenda.
32   Detaillierte Angaben hierzu siehe Maut 1988, Werkverzeichnis.
33   Dazu zählten u. a. das Portal „Jugend und Alter" am Neuen Hospital (1925), der Fassadenschmuck und Portalsäulen am städtischen Krankenhaus (1928), die Portalgestaltungen an der Sparkasse am Anger (1929) und am Sozialamt (1929), die Fassadenplastik „Vom Kind zur Greisin" am Reichsbahnheim (1930) und der Fassadenschmuck am Landesbauamt (1930). Angaben nach Maut 1988, Werkverzeichnis.
34   Noch 1933 erhielt er den Auftrag für die Gestaltung Fassadenschmuck an der Sparkasse, der 1933 – 1935 ausgeführt wurde. Angaben nach Maut 1988.
35   Hierzu zählten u. a. die im Erfurter Ortsteil Gispersleben-Kiliani ausgeführten Arbeiten: die Umgestaltung eines vom Amtmann-Kästner- Platz in eine Parkanlage umgesetzten Kriegerdenkmals für die Gefallenen des Ersten Weltkrieges, eine als Hitlerjunge gestaltete Brunnenfigur auf dem Amtmann-Kästner-Platz sowie ein Ehrenmal der „Opfer des I. Weltkriegs und der Arbeitsunfälle" für das im Ortsteil gelegene Kraftwerk.
36   „Der Bildhauer Walther ist vor 1933 der Mode-Bildhauer in Erfurt gewesen. Er hat sehr enge Beziehungen zu den Juden in Erfurt unterhalten und sich Mühe gegeben, Machwerke zu schaffen, die möglichst dem jüdisch-bolschewistischen Geschmack entsprechen. Er ist ein geschickter Mann, der anpassungsfähig ist und neuerdings nun auch anders herum machen möchte. Er ist aber durch seine frühere Tätigkeit so belastet, daß ein Auftrag der Stadt Erfurt an den Bildhauer Walther nicht in Frage kommen kann. Daher sind auch alle Unterredungen und Planungen mit ihm zu unterlassen." Stadtarchiv Erfurt, Akte 1-2/010-22, Blatt 134.

Bettina Seyderhelm

Schmettau und Goethe – Zur Geschichte des Grabmonumentes für Friedrich Wilhelm Carl Graf von Schmettau auf dem Jakobsfriedhof in Weimar

*Si fractus illabatur orbis
impavidum ferient ruinae
Horaz*[1]

Einführung

Auf dem Weimarer Jakobsfriedhof befindet sich seit 1808 ein Monument, das die Bestattung des Kartographen, Topographen und preußischen Generals Friedrich Wilhelm Carl Graf von Schmettau (1743–1806), der in der Schlacht von Jena und Auerstedt tödlich verwundet wurde, an diesem Ort anzeigt.[2] Es steht künstlerisch in der Tradition der freistehenden Obelisken, die etwa seit dem frühen 18. Jahrhundert auf sächsischen und thüringischen Friedhöfen errichtet wurden. Eine Sichtung und Auswertung der Quellen zur Vorgeschichte des Monumentes zeigt jedoch, dass in Weimar ein Denkmal für den Grafen Schmettau ursprünglich in anderer Form und vielleicht auch an anderer Stelle geplant war.[3]

Abb. 1 Weimar, Jakobsfriedhof, Grabmonument für Friedrich Wilhelm Carl Graf von Schmettau, 1808, Zustand 1989

An dieser Planung waren Johann Wolfgang von Goethe und sein Schweizer „Kunstfreund" Johann Heinrich Meyer maßgeblich beteiligt.[4] Goethe hat im Laufe seines Lebens auf Entwürfe und die Gestaltung von Denkmälern, die in seinem Wirkungskreis entstanden sind, in beträchtlichem Umfang, oft sogar maßgebend eingewirkt.[5] Nach seinem Verständnis sollte ein Denkmal der Nachwelt weniger Auskunft über die individuelle Lebensgeschichte des Geehrten geben, als vielmehr über die historische Person hinausweisen und ein Symbol für deren Eigenschaften und Verdienste sein.

Zu den Künstlern in der Umgebung Goethes, die in seinem oder anderem Auftrag Denkmäler geschaffen haben, zählen vor allen der Leipziger Akademiedirektor Adam Friedrich Oeser (1717–1799), der Weimarer Hofbildhauer Gottlieb Martin Klauer (1742–1801), Johann Heinrich Meyer (1760–1832) und der Gothaer Hofbildhauer Friedrich Wilhelm Eugen Doell (1750–1816). Diese gehören verschiedenen Generationen an und sind in unterschiedlichen Lebensphasen für Goethes Kunstbestrebungen von Bedeutung gewesen.

Die von ihnen entworfenen und ausgeführten Monumente befinden oder befanden sich beispielsweise in den Landschaftsgärten von Weimar und seiner Umgebung, in Altenbergen bei Gotha, in Celle, Dresden, Leipzig, Wolfenbüttel und Ziegenberg in der Wetterau. Es handelt sich dabei vorwiegend um einfache und in ihren Ausmaßen bescheidene Werke in abstrakt-architektonischen Grundformen, die gelegentlich plastisch verziert sind. Erst die Klärung der Umstände ihrer Entstehung und die Beschreibung der künstlerischen Absichten, die ihrer Gestaltung zugrunde lagen, helfen dabei, ihre kunst- und kulturhistorische Bedeutung zu erkennen. Im Verständnis Goethes und der Künstler seines Umkreises sollten sich aber Denkmalentwürfe ausdrücklich von den damals besonders beliebten und häufig verwendeten Trauermonument-Typen unterscheiden.

Wenige Jahre vor der Planung des Monuments für Schmettau hatte sich Goethe deutlich gegen die häufige Verwendung der Standardtypen frühklassizistischer Monumente, deren Wirkung er als weitgehend verbraucht empfand, gewandt. In einem Schreiben an Ferdinand von Lamezan heißt es 1804: „Die pur-architektonischen [Monumente] sind vor der Nullität kaum zu schützen; die dabey anwendbaren Formen sind schon so durchgebraucht, daß ein sehr genialischer Künstler und reiche Unternehmer vorausgesetzt würden, um etwas für den ächten Geschmack nur einigermaßen Erfreuliches zu leisten."[6] Aber auch plastisch verzierte Monumente seien, wie er in dem Brief weiter ausführt, „Schwierigkeiten unterworfen".

In Goethes Vorstellungen über Denkmäler und ihre Form ist im Laufe der Zeit insgesamt eine deutliche Entwicklung nachzuweisen, die – gerafft dargestellt – unter dem Einfluss des Wörlitzer Parks von einer Sicht des Denkmals als Teil einer

Gartengestaltung ausging, bald danach symbolisch bestimmte und ausgesprochen modern anmutende geometrische Formen einschloss und nach seiner Italienreise (1786–1788) Vorbildern der Antike zu entsprechen suchte. Im Alter wirkten bei Goethe in bemerkenswerter Weise frühklassizistische Auffassungen weiter.[7]

Seit den 1790er Jahren wurde der Maler und Zeichner Johann Heinrich Meyer Mitstreiter und Anreger Goethes in dessen zunehmendem kunstpädagogischen Streben, das seinen Ausdruck unter anderem in der Gründung der „Propyläen", einer Kunstzeitschrift, und in der Durchführung von Preisaufgaben für bildende Künstler fand.[8] Goethe war dem Schweizer 1786 in Rom begegnet und hatte ihn 1791 in seinem Haus in Weimar aufgenommen. In Meyer hatte Goethe den Künstler gefunden, mit dem er gemeinsam in der Folge verschiedene Denk- und Grabmäler entwerfen konnte. Die Problematik von Meyers ästhetischen Anschauungen und die Begrenztheit seiner künstlerischen Fähigkeiten sind bekannt.[9] Meyer betätigte sich seit 1795 mehr und mehr auch als Kunstschriftsteller und Kopist.[10] Zugleich wuchs er in die Rolle eines künstlerischen Beirates in Weimar hinein und gewann Einfluss auf die Kunstförderung des Hofes. Im Laufe der Jahre trat sein eigenes künstlerisches Schaffen hinter dem Sammeln und Ordnen kunsttheoretischer Erkenntnisse im Dienste Goethes oder für eigene Arbeiten zurück.

Die zunehmend mit autoritärem Anspruch vertretene, einseitig klassizistische Kunsttheorie der „Weimarer Kunstfreunde" stieß bei vielen Zeitgenossen auf Kritik oder sogar heftigen Widerspruch. Zu ihren besonders entschiedenen Gegnern gehörten die Romantiker, denn die „Kunstfreunde" verkündeten ihre Grundsätze zu einer Zeit, in der die für die junge romantische Schule so bedeutungsvollen Schriften Wilhelm Heinrich Wackenroders und Ludwig Tiecks erschienen. Doch auch bei anderen Zeitgenossen trafen die doktrinär vertretenen Kunsttheorien aus Weimar auf Widerstand.[11] Ein markantes Beispiel dafür ist die Auseinandersetzung Johann Gottfried Schadows mit Goethe.[12]

Das Monument auf dem Jakobsfriedhof

Das überlieferte Grabmonument des preußischen Generals Friedrich Wilhelm Carl von Schmettau auf dem Weimarer Jakobsfriedhof wurde erst nach einer umfassenden Planänderung 1807/08 nach einem Entwurf Johann Heinrich Meyers ausgeführt. Es war, wie hier dargelegt werden kann, zunächst wahrscheinlich nicht als Monument für das Grab geplant. In älteren Publikationen über den Friedhof hat es kaum Aufmerksamkeit gefunden,[13] doch ist seine Entwurfsgeschichte besonders aufschlussreich für Goethes und Meyers Haltung gegenüber den patriotischen Strömungen in der zeitgenössischen Denkmalkunst.[14]

Graf Schmettau war am 14. Oktober 1806 schwer verletzt nach Weimar in das Haus der Charlotte von Stein gebracht worden. Als am folgenden Tag plündernde französische Soldaten in das Gebäude eindrangen, erhielt er auf Intervention seiner Gastgeberin vom französischen Divisionsgeneral Marchand die Erlaubnis, sich ins Schloss zu retten. Dort erlag er am 18. Oktober seiner schweren Kopfverletzung.[15] Noch am selben Tag wurde er auf dem Jakobsfriedhof begraben. Dabei erwiesen ihm französische Soldaten militärische Ehren.[16]

Prinz August von Preußen, der in der Schlacht von Jena und Auerstedt in französische Gefangenschaft geraten war, wandte sich, als er im Oktober 1806 durch Weimar geführt wurde, mit dem Wunsch an Goethe, dem Verstorbenen „ein Monument" setzen zu lassen.[17]

Ganz offenbar hat Goethe selbst dann einen ersten Entwurf gefertigt. Eine Skizze davon ist erhalten, und die Umstände ihrer Überlieferung geben wichtige Hinweise zum Verständnis dessen, was sich für ihn damit gedanklich verband. Goethe hatte die Skizze zur Erläuterung seiner Idee für Johanna Schopenhauer gezeichnet, die sie aufhob und am 13. März 1807 in einem Brief mit einer Wiedergabe seiner Erklärung an ihren Sohn Arthur sandte:

„Ich denke ich habe Dir den Tod des Generals Schmettau, der hier verwundet lag und im Augenblick, da die Franzosen einzogen, sich aus dem Fenster stürzte, erzählt, und wie ehrenvoll er hernach vom Feinde begraben ward. Die rechte Geschichte seines Todes wurde nicht ganz offenbar; es hieß, er wäre an seinen Wunden gestorben. Die Familie läßt ihm ein Denkmal setzen, wozu Goethe die Idee gab. Ein Haus, welches einstürzt, weil Jupiters Donnerkeil drauf fällt. Schmettau, in Rittertracht, das Schwert in der Hand, geht im Augenblick des Einsturzes mit festem Tritt heraus und sieht zürnend hinauf nach dem Donnerkeil, der eben einschlägt. Goethe zeichnete es mit ein paar Strichen auf, um es mir deutlich zu machen. Ich schicke Dir seine Skizze."[18]

Der Entwurf zeigt eine Ädikula-Architektur, aus deren bogenförmiger Nische ein gerüsteter Ritter mit gezogenem Schwert heraustritt. Die Figur sollte *zürnend* zum Giebel des kleinen Gebäudes emporsehen, der von Jupiters Blitzschlag getroffen war. Die Umsetzung dieser Idee in eine freistehende plastische Gruppe wäre sicher nicht ganz ohne Schwierigkeiten möglich gewesen. Goethe und Meyer waren sich der Ungewöhnlichkeit dieser Komposition auch bewusst, wie ihre in Briefen überlieferten Äußerungen zeigen.[19] Auf die Beziehung des Entwurfes zu einem bestehenden antiken Gebäude deutet aber eine Zeichnung Goethes nach dem Grabcippus für Papirius Priscus in Ferrara, die 1786 während seiner Italienreise entstand.[20]

Abb. 2 Johann Wolfgang von Goethe, Skizze zu einem Denkmal für Friedrich Wilhelm Carl Graf von Schmettau (1806/07), schwarze Kreide, 92 x 58 mm Universitätsbibliothek Leipzig, Slg. Hirzel B 294a

Es wurden sogleich – offenbar ohne weitere Rücksprache mit der Familie Schmettaus oder einem Beauftragten des Prinzen August von Preußen – zwei Sandsteinblöcke aus dem Seeberger Steinbruch bestellt. Carl Gottlieb Weisser (1779–1815), der eben in Weimar Hofbildhauer geworden war, sollte das Monument noch 1807 ausarbeiten und fertigte dafür ein Modell an.[21] Ende Mai reiste Goethe nach Karlsbad. Seine Briefe nach Weimar und die Antworten Meyers geben über den weiteren Verlauf der Angelegenheit Aufschluss.

Graf Schmettau war unverheiratet gestorben, und Prinz August von Preußen befand sich noch bis zum Frieden von Tilsit in französischer Gefangenschaft. Im Mai 1807 erkundigte sich eine Frau von Sartori[u]s aus Berlin im Auftrag der Verwandten Schmettaus bei Goethe und Charlotte von Stein nach dem Grabmal.[22] Goethe erläuterte seinen Plan daraufhin schriftlich, und Frau von Stein übernahm die Vermittlung zwischen Berlin und Weimar. Offenbar haben die Berliner Verwandten, nachdem ihnen Goethes Konzeption bekannt geworden war, umgehend Einspruch gegen die Ausführung in dieser Form erhoben. Dabei beriefen sie sich darauf, dass der Verstorbene nur einen sehr einfachen Grabstein gewünscht hätte.[23]

Goethes und Meyers überlieferte Reaktionen auf die Einwände aus Berlin geben nun Anlass zu der Annahme, dass Goethe zunächst wohl nicht nur ein Grabmonument geplant hatte. Er schrieb am 26. Mai 1807 aus Hof an Meyer:

„Aus einem Brief einer Berliner Dame […] sehe ich, daß man sich dort nur die gewöhnliche Vorstellung machen kann, daß ein Stein aufs Grab gesetzt werden soll, den Platz zu bezeichnen, wo der Ehrenmann ruht, und ja recht einfach, daß er für niemand etwas bedeute als für die lieben Angehörigen […]"[24]

Die Arbeiten in Weimar mussten auf den Einwand der Familie hin Anfang Juni 1807 eingestellt werden, obwohl inzwischen die Steinblöcke eingetroffen waren und Meyer bereits Geld für das Monument erhalten hatte.[25] Ende des Monats bat Goethe Meyer, in seiner Abwesenheit einen Entwurf zu einem Grabmal zu machen, „etwa in der Art wie zu dem Steine, der bey Auerstedt gesetzt werden soll, nur größer und verzierter"[26]. Meyer zögerte zunächst, die Aufgabe ohne Unterstützung Goethes durchzuführen.[27] Doch Frau von Stein drängte zur Eile, und auch Goethe forderte ihn wenig später entschieden auf, noch vor seiner eigenen Rückkehr aus Karlsbad einen Entwurf nach Berlin zu senden.[28] So geschah es, und die Angelegenheit schritt nun dergestalt voran, dass im November 1807 erste Vorbereitungen für die Aufstellung des Grabdenkmals auf dem Jakobsfriedhof getroffen wurden.[29] Im Juni 1808 war Weisser mit der Arbeit daran fertig, und es wurde sogleich auf seinen Platz gestellt.[30]

Meyer hat sich in seinem Entwurf nicht an Goethes Vorschlag gehalten, den damals ebenfalls in Weimar geplanten Gedenkstein zum Vorbild zu nehmen, der zur Erinnerung an die tödliche Verwundung des Oberbefehlshabers der preußischen Truppen, Herzog Carl Wilhelm Ferdinand von Braunschweig, in der Schlacht bei Auerstedt zwei Kilometer südwestlich von Hassenhausen gesetzt wurde.[31] Dieses Denkmal wurde vor einigen Jahren restauriert.

Abb. 3 Hassenhausen, Denkmal zur Erinnerung an die tödliche Verwundung Herzog Carl Wilhelm Ferdinands von Braunschweig, Zustand 2009

Es bestand ursprünglich nur aus einem nahezu würfelförmigen Sockel, auf dem sich ein nach oben verjüngter rötlicher Sandsteinpfeiler mit leicht vorspringender Giebelzone und vier Dreiecksgiebeln erhebt. Eine Inschrift auf dem Pfeiler nennt den Grund der Ehrung.[32] Im späteren 19. Jahrhundert wurde der etwa zwei Meter hohe Denkstein auf einen zweiten, größeren Sockel aus hellen Sandsteinquadern gesetzt.

Das Grabmal für den Grafen Schmettau in Weimar hat dagegen die Form eines schlanken dreiseitigen Obelisken. Es steht auf einem hohen, ebenfalls dreiseitigen Postament. Auf der Vorderseite des Unterbaus ist das Wappen des Verstorbenen angebracht.[33] Die Oberfläche des insgesamt 3,10 Meter hohen Sandsteinmonuments ist in Vorbereitung auf den 200. Todestag Schmettaus im Jahr 2004 konserviert und gereinigt worden. Sie war im Laufe der Zeit verwittert und verschmutzt, stellenweise waren auch stärker ausgewaschene Partien und Abplatzungen zu bemerken.[34]

Die Kanten des Grabmals sind in der Sockelzone abgefast und im Bereich des Aufsatzes mit gesenkten langen Fackeln verziert. Auf allen drei Seiten des Obelisken sind gleichmäßig gearbeitete umfangreiche Inschriften in Großbuchstaben eingelassen:

Abb. 4 Weimar, Jakobsfriedhof, Grabmonument für den Grafen Friedrich Wilhelm Carl von Schmettau, 1808, Zustand Sommer 2008

Hauptansichtsseite:
CARL WILH GRAF v SCHMETTAU/KÖNIGL PREUS GEN LIEUTENANT / GEBOHREN D XII APR MDCCXLII/STARB ZU WEIMAR XVIII OCT MDCCCVI/DEN HELDENTOD/AN DEN FOLGEN DER ZU AUERSTÄDT/ERHALTENEN WUNDEN.

Rechte Seite:
SEIN VATERLAND LIEBEND/SEINE FÜRSTEN VEREHREND/SAH ER UNTER DEM GROSSEN KÖNIG/PREUSSENS HÖCHSTEN FLOR/GLÜCKLICH DASS ER DESSEN FALL/NICHT ÜBERLEBTE.

Linke Seite:
ZUM KRIEGER VON FRIEDRICH/ZUM MENSCHEN DURCH WISSENSCHAFT/UND GEFÜHL GEBILDET/WIRD SEIN ANDENKEN IN DER GESCHICHTE/WIE IM HERZEN/SEINER FREUNDE NIE VERLÖSCHEN.

Über der abgeflachten Spitze liegt ein großes Tuch. Darauf ruht ein mächtiger „antikischer" Helm. Er ist mit einem großen, von einer Sphinx gestützten Helmbusch und einem langen Rossschweif verziert. Lorbeerzweige und eine Schlange schmücken den Helmschirm.

Waffen und andere Kriegstrophäen zierten in den Kirchen schon die hölzernen Epitaphien verstorbener Soldaten aus der Barockzeit. Im Klassizismus begegnen wir ihnen, nun in anderer Form, an steinernen Soldatengräbern. Der Helm auf dem Grabmal Schmettaus ist auffallend groß proportioniert. Eine Anregung dafür mag Meyer in dem Entwurf Friedrich Weinbrenners für das kurz nach 1800 errichtete Denkmal des Generals Desaix auf der Ile d'Epis bei Straßburg gefunden haben, dessen mächtiger Helmaufsatz allerdings schon früh auf zeitgenössische Kritik stieß.[35] An den Grabmälern für die Gefallenen der Befreiungskriege begegnet uns das Motiv einige Jahre später erneut.[36]

Andernorts ist bei klassizistischen Obelisken gegenüber ihren Vorläufern die Tendenz beobachtet worden, dass einzelne Teile wie breite Postamente und stark vorspringende Gesimse klar voneinander abgegrenzt sind.[37] Für das Monument auf dem Weimarer Jakobsfriedhof trifft das nicht zu. Die schlanke Form des Steines und die strenge Tuchdrapierung unterscheiden das Grabmal des Grafen Schmettau dennoch von älteren barocken Beispielen in Sachsen und Thüringen.

Nachleben und Deutung des ersten Entwurfs

Mit der Aufstellung des Denkmals auf dem Jakobsfriedhof endete die Geschichte des ersten Entwurfs nicht. Im Jahre 1808 ließ Goethe seine ursprüngliche Idee nach einer Reinzeichnung Meyers im Stil der Umrisszeichnungen John Flaxmans (1755 – 1826) seitenrichtig stechen und in der „Jenaischen Allgemeinen Literatur-

Abb. 5   Zeichnung Johann Heinrich Meyers nach Goethes Entwurf zu einem Monument für den preußischen General Friedrich Wilhelm Carl Graf von Schmettau, 1808 (Klassik Stiftung Weimar, Goethes Kunstsammlung)

Abb. 6   Kupferstich von J. Chr. E. Müller nach der Zeichnung Johann Heinrich Meyers aus der Jenaischen Allgemeinen Literatur-Zeitung 5. Jg., 1. Bd., 1808

Zeitung" veröffentlichen.[38] Meyer hat die Zeichnung sorgfältig ausgeführt, doch zeigt sie seine künstlerischen Schwächen: Die Gestalt weist die problematischen Merkmale der steifen Figurendarstellungen Meyers auf, das mit dem Lineal konstruierte Gebäude wirkt schematisch. Deutlich sind Beschädigungen der Mauern und Pfeiler und ein großer Riss im Giebel wiedergegeben. Die aus der Nische tretende Figur trägt eine Rüstung. In den Händen hält sie Schwert und Schild, hinter ihr ist ein Helm zu Boden gefallen. Aus dem Blitzbündel über dem Dach fährt eben ein Strahl in den berstenden Giebel.

Der nach der Zeichnung veröffentlichte etwas vereinfachte Stich zeigt gegenüber der Vorlage eine Ergänzung. Unterhalb der Standfläche sind die Worte FERIUNT RUINAE eingesetzt, die einen wichtigen Hinweis auf die Deutung der Szene geben. Ob diese Inschrift, auf deren antike Herkunft im Folgenden noch eingegangen wird, von Anfang an so vorgesehen war, ist nicht völlig geklärt. Einer Anmerkung Meyers zufolge könnte Goethe 1807 auch selbst eine „lateinische Inschrift" gemacht haben.[39] Eine andere als die Überlieferte ist jedoch nicht bekannt.

Goethes Entwurf wirkt als Idee eines Grabmals für einen preußischen General zunächst befremdlich. Die Gestalt steht vor einem durch Jupiters Blitz zerstörten tempelartigen Gebäude. Der Betrachter des berstenden Bauwerks könnte zunächst vermuten, dass es sich dabei um ein Sinnbild des zerstörten Lebens des Verstorbenen oder des durch die Niederlage zerstörten preußischen Staates handelt.[40] Das war möglicherweise mit ausschlaggebend für die Ablehnung der Familie. Auf derartige Bedenken, die hinter der oben erwähnten Ablehnung von Goethes Entwurf gestanden haben mögen, lässt auch dessen Notiz zu den „Tag- und Jahresheften" für 1807 schließen:

„Einige Kunstwerke deuteten auf die Unbilden des vorigen Jahres. Ein projektiertes Grabmal für einen am unglücklichen 14. Oktober verwundet eingebrachten und hier verstorbenen preußischen General ward nicht ausgeführt; der Gedanke mochte gut sein, patriotisch konnt er freilich nicht heißen und hätte eher unter Denons Direktion als unter Leitung deutscher Kunstfreunde gelten können."[41]

Die Erwähnung von Dominique Vivant Denon (1747 – 1825), Kunstschriftsteller und Generaldirektor der Museen in Paris, ist für die Deutung des Entwurfs aufschlussreich. Auch Denon war nach der Schlacht von Jena und Auerstedt in Weimar, und er wohnte in Goethes Haus. Der Dichter hat bei seiner Notiz einerseits vielleicht an die nahezu unbeschränkten Möglichkeiten des Franzosen bei der Vergabe künstlerischer Aufträge gedacht.[42] Andererseits wird daran vor allem deutlich, dass der Entwurf den Auftraggebern so wenig patriotisch erschienen war, als stamme er nicht von „deutschen Kunstfreunden", sondern von Denon. Der Franzose war ein hervorragender Kenner antiker und europäischer Kunst, und ganz offenbar achteten er und seine Landsleute die wissenschaftlichen und militärischen Verdienste Schmettaus. Ein „vaterländisches" Denkmal für Schmettau aber war von einem Angehörigen der Nation, die bei Jena und Auerstedt gesiegt hatte, schwerlich zu erwarten.

Welche Idee lag nun aber dem Entwurf mit dem schwierigen und plastisch wohl auch nur schwer befriedigend auszuführenden Bild der kriegerischen Gestalt vor dem berstenden Tempel zugrunde? Goethe sah die Gründe für die militärische Niederlage vor allem in der Rivalität und Inkompetenz der preußischen Generäle und empfand bekanntlich für Napoleon große Hochachtung.[43] Es ist aber schwer vorstellbar, dass er mit einem Werk, das auf die Anregung eines preußischen Prinzen zurückging, eine Herabsetzung Preußens im Sinn hatte. Dagegen spricht auch, dass er später – vor der Veröffentlichung der Zeichnung – den Gedanken äußerte, den Entwurf womöglich zu einem „Grabmahl der sämmtlichen Helden und des Reiches" umzuwidmen.[44] Goethe nannte seine Darstellung eine „Allegorie", und er hielt sie für so verständlich, dass sie keiner Erklärung bedürfe.[45] Allerdings waren schon die Zeitgenossen hier anderer Meinung.[46]

Einen wichtigen Anhaltspunkt für die Deutung gibt die zitierte lateinische Beischrift FERIUNT RUINAE auf der veröffentlichten Zeichnung. Sie ist – mit abgewandelter Zeitform des Verbs *ferire* – der dritten der sechs „Römeroden" entnommen,[47] mit denen Horaz die Bestrebungen und Maßregeln des Augustus zu einer sittlichen Erneuerung des römischen Volkes unterstützen wollte.[48] Die Beischrift der Zeichnung stammt aus dem ersten Teil der so genannten „Romulusode", in der Gerechtigkeit und Charakterfestigkeit als die Tugenden eines Mannes gerühmt werden, der sich vor dem Blitze schleudernden Arm Jupiters nicht fürchtet. Sie endet sinngemäß mit den Worten: Selbst wenn der Himmel über ihm zerbricht und einstürzt, werden die Trümmer einen Mann erschlagen, der keine Furcht kennt.[49] Von dieser Aussage her erscheint das Bild, sofern der Betrachter mit der antiken Quelle vertraut ist, für das Grabmal eines gefallenen Offiziers in der historischen Situation des Jahres 1806 sehr passend. Dafür, dass diese Deutung zutrifft, spricht, dass Johanna Schopenhauer in ihrer Beschreibung der Skizze Goethes den Blitz Jupiters erwähnt[50] und dass Kanzler Friedrich von Müller in der Niederschrift eines viele Jahre später mit Goethe geführten Gesprächs die Entwurfszeichnung in Verbindung mit der Inschrift nennt, die er, nun ohne die Abwandlung vom Futur ins Präsens und genau der Horaz-Quelle entsprechend, zitiert:

„Er [Goethe] zeigte uns ein sehr interessantes Portefeuille von Zeichnungen und Entwürfen, worunter besonders der Entwurf zu dem Schmettauischen Grabmal »ferient ruinae« sehr merkwürdig."[51]

Der vom Blitz zerstörte Tempel kann vom Anlass des Denkmals her nun in einem nur übertragenen Sinne auf den Zusammenbruch Preußens bezogen werden. Wie weitgehend die Begriffe „Ruinen" und „Trümmer" 1806 in Weimar im Blick auf die geschichtlichen Vorgänge metaphorisch verwendet wurden, belegt ein Absatz aus einem Brief Karl Ludwig Fernows an Karl August Böttiger:

„Unsere Deutschheit sitzt tiefer als in den baufälligen Formen unserer gothischen und chaotischen Verfassung, die nur eben noch notdürftig bestand, weil sie eben noch da war und zu deren Zertrümmerung es nur eines Heldenarmes bedürfte. Wäre ich dessen nicht so innig, wie meines eigenen Daseins gewiß, so würde ich trauern, um des Deutschen Reiches Untergang; aber Deutschland und was mehr ist, deutscher Geist, deutsche Bildung und Sprache wird nicht untergehen".[52]

Aus der historischen Situation und dem Zusammenhang des Zitats ergibt sich demnach eine klare Deutung des Denkmalentwurfs. Es sollte sinnbildlich dargestellt werden, dass ein preußischer General wie die Gestalt in der Ode des Horaz tapfer und aufrecht beim Untergang seines Staates zugrunde gegangen ist. Das entspricht der Auffassung Goethes, nach der durch eine künstlerische Darstellung nicht die persönliche Bedeutung des Geehrten, sondern sein Wirken als Idee interpretiert und veranschaulicht werden sollte.[53] Allerdings ist nicht von der Hand zu weisen, dass die Form, die er dafür wählte, im Gegensatz zu seinen Gedanken über Denkmäler steht, die er wenige Jahre zuvor verschiedentlich geäußert hatte. Danach waren für ihn „plastisch-architektonische Monumente [...] großen Schwierigkeiten unterworfen."[54] Eine Marmorbüste dagegen sei „mehr wert, als alles Architektonische, was man jemanden zu ehren und Andenken aufstellen kann".[55] Auch eine Gedenkmünze sei „ein schönes Denkmal".[56] Im Falle des Entwurfes für das Denkmal Schmettaus dagegen suchte Goethe selbst die Lösung in einem plastisch-architektonischen Monument.

Bei der späteren Veröffentlichung der Zeichnung in der „Jenaischen Allgemeinen Literatur-Zeitung" war offensichtlich an die Errichtung eines Denkmals nicht mehr gedacht. Goethe sah die Zeichnung jedoch nach wie vor als geeignet an, ein

„allgemeine[s] Grabmahl der sämmtlichen Helden und des Reiches dazu"[57] darzustellen.[58] Diese Idee wollte er der Nachwelt überliefern und wählte dafür eine ausgesprochen emblematische Form.[59] Er gab damit auf seine Weise einen Beitrag zu der historischen Thematik, die in dieser Zeit besonders von den Romantikern künstlerisch gestaltet wurde.[60]

Goethe hat wiederholt auch über die Dauerhaftigkeit von Denkmälern nachgedacht und beurteilte diese zunehmend skeptisch. 1827, fünf Jahre vor dem Ende seines Lebens, äußerte er schließlich Eckermann gegenüber:

„Da ich in Jahrtausenden lebe [...] so kommt es mir immer wunderlich vor, wenn ich von Statuen und Monumenten höre. Ich kann nicht an eine Bildsäule denken, die einem verdienten Manne gesetzt wird, ohne sie im Geiste schon von künftigen Kriegern umgeworfen und zerschlagen zu sehen. Coudrays Eisenstäbe um das Wielandische Grab sehe ich schon als Hufeisen unter den Pferdefüßen einer künftigen Kavallerie blinken, und ich kann noch dazu sagen, daß ich bereits einen ähnlichen Fall in Frankfurt erlebt habe [...]". Eckermann fährt dann fort: „Wir scherzten mit Humor über die entsetzliche Unbeständigkeit der irdischen Dinge [...]"[61].

Das Grabmal für den Grafen Schmettau, das nach den Plänen Goethes ursprünglich eine ganz andere Form und wohl auch einen anderen Aufstellungsort erhalten sollte, hat auf dem Weimarer Jakobsfriedhof bereits rund zwei Jahrhunderte überdauert, wenn auch nicht ohne Beschädigungen und Ergänzungen.[62]

Quellenanhang

Schmettau 1: Brief Goethes an Herzog Carl August (geschrieben zwischen dem 19. und 26. Oktober 1806)[63]
Den Prinzen August hab' ich einen Augenblick in einer für uns beyde peinlichen Lage gesehen. Er bestellte bey mir ein Monument für den Grafen Schmettau. Ich will gern, dieser Pietät im Einklang, ein Schickliches besorgen und habe Anstalten gemacht, daß es ehrenvoll und geschmackvoll geschehe.

Schmettau 2: Charlotte von Stein an ihren Sohn Friedrich, Schreiben vom 23. Januar 1807[64]
Prinz August von Preußen hat, als er hier durch gefangen ging, für den Grafen Schmettau ein Monument beim Goethe bestellt.

Schmettau 3: Johanna Schopenhauer aus Weimar an ihren Sohn Arthur, Brief vom 13. März 1807[65]
Ich denke ich habe Dir den Tod des Generals Schmettau, der hier verwundet lag und im Augenblick, da die Franzosen einzogen, sich aus dem Fenster stürzte, erzählt, und wie ehrenvoll er hernach vom Feinde begraben ward. Die rechte Geschichte seines Todes wurde nicht ganz offenbar; es hieß, er wäre an seinen Wunden gestorben. Die Familie läßt ihm ein Denkmal setzen, wozu Goethe die Idee gab. Ein Haus, welches einstürzt, weil Jupiters Donnerkeil drauf fällt. Schmettau, in Rittertracht, das Schwert in der Hand, geht im Augenblick des Einsturzes mit festem Tritt heraus und sieht zürnend hinauf nach dem Donnerkeil, der eben einschlägt. Goethe zeichnete es mit ein paar Strichen auf, um es mir deutlich zu machen. Ich schicke Dir seine Skizze.

Schmettau 4: Goethe aus Jena an Meyer, Brief vom 22. Mai 1807[66]
Vor meiner Abreise nach Carlsbad [...] möchte ich noch gern ein Wort von Ihnen hören. Schreiben Sie mir doch durch die rückgehenden Bothen [...] was etwa möchte vorgefallen seyn. Besonders wünschte ich zu erfahren, ob ein Stein zum Monumente oder vielleicht beyde inzwischen angekommen sind.

Schmettau 5: Aus Meyers Antwort aus Weimar vom 23. Mai 1807[67]
Steine zum Monument sind noch nicht angekommen, allein Herr Baumeister Steiner hat mir gesagt, daß er solche täglich erwarte. Weißer wird in diesen Tagen sich zum Werke rüsten und ein neues Modell beginnen.

Schmettau 6: Goethe an Frau von Stein, Brief vom 24. Mai 1807[68]
Ein Brief der Frau von Sartoris [...] den ich beylege, veranlaßt mich zu einem Promemoria, das ich gleichfalls beylege und Sie ersuche, es, mit ein paar Worten begleitet, nach Berlin zu schicken. [...] Verzeihen Sie diese kleine Bemühung: es betrifft ja das Andenken eines Mannes, der Ihnen auch werth geworden.

Schmettau 7: Goethe aus Hof an Meyer, Brief vom 26. Mai 1807[69]
Sie erhalten, lieber Hofrath [...] einen Brief, wozu mich jenes Monument veranlaßt, worüber schon so manches hin und her verhandelt worden. Aus einem Brief einer Berliner Dame mit der ich durch Frau von Stein in Connexion gesetzt worden und welche in dieser Sache den Auftrag hat, sehe ich, daß man sich dort nur die gewöhnliche Vorstellung machen kann, daß ein Stein aufs Grab gesetzt werden soll, den Platz zu bezeichnen, wo der Ehrenmann ruht, und ja recht einfach. daß er für niemand etwas bedeute als für die lieben Angehörigen. Den geübten Krieger, den bey einer so bedeutenden Angelegenheit mit Ehren Umgekommen scheint man lieber ignorieren zu wollen. Doch will ich billig seyn. Es ist sehr möglich, daß man Ursache hat, solche traurige Ereignisse lieber mit Erde und simplen Steinen bedecken zu wollen.

Ich ersuche Sie daher, lieber Freund, die Arbeit, die wahrscheinlich noch nicht angefangen ist, zu sistieren; die Steine können wir immer brauchen, und Weißern können wir für seine bisherigen Bemühungen auf eine andre Weise entschädigen. Ich lege Ihnen ein Billet an Frau von Stein offen bey, das ich ihr zu bringen und mich vielmals zu empfehlen bitte. Sie sehen daraus, wie ich mich gegen die Berliner Committenden geäußert habe.

Schmettau 8: Meyer aus Weimar an Goethe, Brief vom 3. Juni 1807[70]
Am Sonntage habe ich die Beylage Ihres am Sonnabend angekommenen Briefs der Frau v. Stein überreicht. Sie hatte aber das

früher empfangene Promemoria bereits an die Frau v. Sartoris abgesendet und wird nun das Nöthige weiter an dieselbe berichten. Unterdessen sind die Steine von Seeberg angekommen, auch das Geld von Herrn Kammerrath Ortmann an mich ausbezahlt worden, welches nach Abzug der Auslage für die Steine noch etwas über 200 rh Sächsisch beträgt. Bey Herrn Weißer ist weiterm Fortarbeiten Einhalt gethan, und über die erwähnte, bey mir liegende Summe zu disponieren hängt nun ganz von Ihnen ab.

Schmettau 9: Meyer an Goethe, Brief vom 22. Juni 1807[71]

Ein das bewußte Monument betreffender Brief von Berlin ist mir von der Frau v. Stein gütig mitgetheilt worden. Man wünscht darin erstlich Mittheilung der schon verfertigten Zeichnung, deren weitere Ausführung einstweilen aufgeschoben ist; erklärt zweytens, daß nach dem Willen des verstorbenen Herrn das Monument recht einfach und auf der Stelle des Begräbnisses errichtet werde. Nun ist hierüber uns Ihre Meinung nothwendig, theils, ob Sie glauben, daß es wohlgethan sey, die Zeichnung, die, so viel ich weiß, noch Herr Weißer in Händen hat, in Original oder in Copie nach Berlin zu senden, wo ich sehr fürchte, eine so außer dem Allthäglichen liegende Erfindung möchte ohne Commentar nicht verstanden werden oder auch sonst nicht gefallen; theils, ob sie es vielleicht für besser halten, obiger Anforderung gemäß gar einen andern Entwurf zu machen, welches aber Anstand haben müßte bis zu Ihrer Wiederkehr zu uns, indem ich so ganz für mich allein in dieser Sache zu handeln nicht Muth genug habe. Sollten Sie es für angemessen halten, daß ungeachtet der vorhin geäußerten Bedenklichkeiten doch die zuerst nach Ihrer Angabe entworfene Zeichnung zur Ansicht gesendet würde, so wäre es wohl nothwendig, der Frau von Stein oder mir noch die lateinische Inschrift, welche Sie dazu gemacht haben, zu senden, damit solche beygefügt werden kann, weil die Bedeutung durch dieselbe erst vollständig ausgesprochen wird.

Schmettau 10: Goethe aus Carlsbad an Meyer, Brief vom 30. Juni 1807[72]

Mit dem Monumente sind wir, wie ich in meinem Brief aus Hof voraus sagte, auf dem rechten Wege. Die Welt ist wie ein Strom, der in seinem Bette fort läuft, bald hie, bald da zufällig Sandbänke ansetzt und von diesen wieder zu einem andern Wege genöthigt wird. Das geht alles so hübsch und bequem und nach und nach, dagegen die Wasserbaumeister eine große Noth haben, wenn sie diesem Wesen entgegen arbeiten wollen.

Deshalb ergeht meine Bitte an Sie, werthester Freund, nunmehr an eine Zeichnung zu denken, etwa in der Art wie zu dem Steine, der bey Auerstedt gesetzt werden soll, nur größer und verzierter, da wir noch immer 200 Thaler daran wenden können. Vielleicht nimmt man uns die von Gotha gekommenen Stücke bey dem weimarischen Bauwesen ab, und so haben wir denn die ganze Summe wieder beysammen und können dafür immer etwas Artiges machen. Bereiten Sie das vor, damit ich es etwa finde, wenn ich wieder komme, und wir die Berliner Beystimmung einhohlen können. Die Zeichnung des ersten nehmen Sie von Weißern doch zurück und heben sie bey sich auf. Den Gedanken wollen wir nicht verlieren, sondern ihn auf eine oder die andere Weise der Nachwelt überliefern.

Schmettau 11: Meyer aus Weimar an Goethe, Brief vom 6. Juli 1807[73]

Ihren Brief vom 30. Juni habe ich gehörig in Überlegung genommen und nach Vorschrift desselben gehandelt. Die Zeichnung von Weißer werden wir zurück erhalten, und der Frau v. Stein habe [ich] aus Ihrem Briefe berichtet, soviel mir nöthig zu seyn gedäucht, das heißt: das Sie mir befohlen hätten, eine andere, so viel möglich den Absichten der Traurenden in Berlin gemäße Zeichnung zu machen, über welche Sie dann bey Ihrer Zurückkunft weiter verfügen und gefällige Beystimmung von Berlin zu erhalten suchen würden, worauf aber Frau v. Stein gebeten, die Sache ja recht zu beeilen: sie wolle selbst, wenn Ihre Rückkunft sich etwa verzögern sollte, die Zeichnung an Behörde befördern und so weiter. Worauf ich gute Worte gegeben und mich mit Unfruchtbarkeit der Ideen entschuldigt, wie denn auch würklich wahr ist; denn seit Ihrer Abreise von hier habe ich im Zeichnen und Mahlen nur sehr wenig geleistet und bin, unter uns gesagt, nicht ohne Furcht, künftig viel von einem bösen, beschwerlichen Übel zu leiden. Doch genug hiervon, es geschehe, was geschehen muß, und ich will leisten, was ich kann. Sollten Sie würklich länger ausbleiben und sollte die Sache betrieben werden und die Zeichnung wäre fertig, so kann man sie Ihnen senden, oder wir können solche einstweilen nach Berlin befördern und hören, was man dazu sagt.

Schmettau 12: Goethe aus Carlsbad an Meyer, Brief vom 9. Juli 1807[74]

Wenn sie eine Zeichnung zu dem bewußten Grabmahl gefertigt haben, die Sie mit der bestimmten Summe auszuführen gedächten, so haben Sie die Güte, solche Frau v. Stein zu geben und sie nach Berlin befördern zu lassen; denn ich komme doch so bald noch nicht nach Hause, und es wäre freylich gut, wenn die Wünsche der Nachgelassenen einiger Maßen realisirt würden.

Schmettau 13: Goethe aus Jena an Meyer, Brief vom 19. November 1807[75]

Haben Sie die Güte, wegen des Monuments besonders Steinern ein wenig zu treiben, daß der Grund heraus geschlagen werde. Er hat Auftrag und Geld.

Schmettau 14: Goethe an Frau von Stein, aus einem Brief vom 19. November 1807[76]

Die Arbeit an dem Grabmal geht ununterbrochen fort. Ich hoffe es soll bald und gut zu Stande kommen.

Schmettau 15: Goethe an Meyer, aus einem Brief aus Jena vom 27. November 1807[77]

Sehen Sie manchmahl nach dem Schmettauischen Monument und gedenken mein.

Schmettau 16: Goethe aus Jena an Meyer, Brief vom 1. Dezember 1807[78]

Schreiben Sie mir doch auch, ob Sie mit den geistlichen Grab- und Höllenwächtern in Ordnung gekommen sind, ob der Grund zum Monument gegraben ist und heraus geschlagen wird. Was haben sie denn verlangt? Wenn es nicht viel ist, so könnte man diese hungrigen Seelen allenfalls erquicken; denn ich behalte noch etwas übrig, das ich aber gern zu anderm Zweck benutzen möchte.

Schmettau 17: Goethe aus Jena an Meyer, Brief vom 11. Dezember 1807[79]

Hofrath Eichstädt hat gestern wegen eines Neujahrsprogramms angefragt. [...] Er wird Ihnen schreiben. Möchten Sie bey dieser Gelegenheit auch des Paesterischen Werkes und Wesens gedenken. Wenn man auch ein Kupfer verlagt, so habe ich den Einfall gehabt, ob man nicht unsern ersten Entwurf zu dem Schmettauischen Grabmahl als zu einem allgemeinen Grabmahl der sämmtlichen Helden und des Reiches dazu sollte stechen lassen. Es ist schade, daß dieser Gedanke sich im Portefeuille verliegt. Nur weiß ich nicht recht anzuzeigen, wo die Zeichnung bey mir zu finden ist, und acht Tage bleibe ich immer noch aus ...

Schmettau 18: Goethe Tag- und Jahreshefte 1807[80]

Einige Kunstwerke deuteten auf die Unbilden des vorigen Jahres. Ein projektiertes Grabmal für einen am unglücklichen 14. Oktober verwundet eingebrachten und hier verstorbenen preußischen General ward nicht ausgeführt; der Gedanke mochte gut sein, patriotisch konnt' er freilich nicht heißen und hätte eher unter Denons Direktion als unter Leitung deutscher Kunstfreunde gelten können.

Schmettau 19: Aus der Erläuterung zur Abbildung des ersten Entwurfes zum Schmettau-Monument von Goethe in der Jenaischen Allgemeinen Literatur-Zeitung (JALZ) vom 1. Januar 1808[81]

Das dem gegenwärtigen Programm beygefügte Kupfer zeigt den Gedanken, wonach man einem verdienten preussischen Helden und Staatsbürger, der am 14. October gleichfalls sein Leben zugesetzt, ein Monument errichten lassen wollte, welches aber in der Folge nach einer anderen Zeichnung geschah. Ist die dargestellte Allegorie deutlich, so bedarf sie keiner näheren Erklärung; und wir fügen deshalb nichts weiteres hinzu.

Schmettau 20: Meyer aus Weimar an Goethe, aus einem Brief vom 30. Juni 1808[82]

Weißer ist mit dem Grabmahl fertig; es steht schon an Ort und Stelle und erwartet die letzte Hand.

Schmettau 21: Goethe aus Carlsbad an Meyer, aus einem Schreiben vom 1. Juli 1808[83]

Für die mir in ihrem Briefe gegebenen Nachrichten danke ich zum schönsten. Sagen Sie mir, wenn Sie wieder schreiben, doch auch ein Wort über das Schmettauische Monument, ob es endlich auf seinen Füßen steht.

Schmettau 22: Aus einem undatierten Brief Goethes an Meyer, (zweite Hälfte Juli 1808)[84]

Betreiben Sie doch die letzte Hand am Schmettauischen Grabmahl, wo es noch nicht vollendet ist.

---

1. Horaz 1921, S. 236.
2. Für das Geburtsjahr des Grafen Schmettau finden sich unterschiedliche Angaben. Die Inschrift auf dem Grabdenkmal in Weimar gibt das Jahr 1742 an.
3. Seyderhelm 1998, Bd. 1, S. 152–162 und 448–453 (Quellenanhang III, S 1–S 22), Bd. 2, Abb. 29–35.
4. Zu Johann Heinrich Meyer ausführlicher zuletzt Klauß 2001. Der Autor legt den Schwerpunkt seiner Arbeit jedoch nicht auf Meyers Schaffen als Maler und Kunsttheoretiker, sondern betrachtet vor allem seine menschlichen Eigenschaften (a.a.O., S. 1).
5. Dazu Seyderhelm 1998, Bd. 1 und 2 sowie Seyderhelm 2003, S. 142–178.
6. Schreiben vom 12. Januar 1804, Weimarer Ausgabe IV, 17, S. 10–12.
7. Zu weiteren Erläuterungen über Goethes Denkmalsverständnis vgl. Seyderhelm 1998, Bd. I, S. 57–97, und Seyderhelm 2003, S. 142–178.
8. Scheidig 1958; Seyderhelm 1998, Bd. 1, S. 147–151.
9. Vgl. auch Seyderhelm 1998, Bd. 1, S. 144–162.
10. Seine Kopien nach Raffaels „Madonna della seggiola" und nach einem antiken Wandgemälde, das unter dem Namen „Aldobrandinische Hochzeit" bekannt ist, wurden damals viel beachtet; zu den frühen Zeugnissen seiner Kunstschriftstellerei gehören die „Beiträge zur Geschichte der neuern bildenden Kunst" in der von Schiller herausgegebenen Zeitschrift „Die Horen" (1795).
11. In einem Brief Goethes an Schiller vom 11. März 1801 heißt es darüber: „In Stuttgard ist [...] große Bewegung und Unzufriedenheit über unsere Kunsturteile [...]" (zit. nach Münchner Ausgabe, 8.1, Nr. 802).
12. Siehe u.a. Seyderhelm 1998, Bd. I, S. 70–72, mit weiterführender Literatur.
13. Weder Koser 1977 noch Ranft 1982 gingen darauf ein. Gelegentlich wurde es in älteren Publikationen kurz erwähnt, so bei Lincke 1857, S. 17; Foucart 1890, S. 128; Schnaubert 1913, S. 76; Maaß 1916, S. 300; Benndorf 1924, S. 17, und Houben 1929, S. 86 f. und Abb. nach S. 80. Bei Müller 2009 (im Druck) wird das Monument nun auf S. 289 f. behandelt.
14. Zu einer ersten grundlegenden Würdigung des Denkmals vgl. Seyderhelm 1998, S. 154–161.
15. Lincke 1857, S. 16; Braun 1920, S. 27 f., hat ausgeführt, dass Schmettau in Weimar Napoleon begegnete, der ihm als einem der Urheber des Krieges die schwersten Vorwürfe machte. Napoleon reiste am 17.10.1806 aus Weimar ab. Im Zuge des 200. Jahrestages der Schlacht von Jena und Auerstedt erfolgten verschiedene Würdigungen insbesondere der Leistungen Schmettaus als Kartograph. Eine ausführlichere Lebensbeschreibung gab Köhler 2007, S. 36–41; vgl. auch die biographischen Beiträge in Flint/Jordan 2009.
16. Braun 1920, S. 28; bereits Benndorf 1924, S. 17, gab einen entsprechenden Auszug aus dem Leichenbuch der Stadtkirche wieder; vgl. auch den Brief Johanna Schopenhauers an ihren Sohn Arthur vom 13.3.1807, siehe Quellenanhang Schmettau 3.
17. Schreiben Goethes an Herzog Carl August, Oktober 1806, siehe Quellenanhang Schmettau 1, und Brief Charlotte von Steins an ihren Sohn Friedrich vom 23.1.1807, Quellenanhang Schmettau 2. Graf Schmettau hatte in enger Beziehung zur Familie des Prinzen, besonders aber zu dessen Mutter gestanden (B. Poten, ADB 31, S. 640 f.)
18. Johanna Schopenhauer aus Weimar an ihren Sohn Arthur, Brief vom 13. März 1807, siehe Quellenanhang Schmettau 3.
19. Quellenanhang Schmettau 7 und 9.
20. Stiftung Weimarer Klassik, Goethe- und Schiller Archiv, (vormals NFG Weimar), Inv. Nr. XXVII, L, 3; Bleistift, 14,4 x 10,3 cm (C VIA, Nr. 210). Siehe dazu auch Seyderhelm 1998, Bd. I, Kapitel 2.1.4 und Bd. II, Abb. 30.
21. Vgl. Quellenanhang Schmettau 4 und 5. Carl Gottlieb Weisser, der in seiner Porträtplastik in enger Anlehnung an den Stil Friedrich Tiecks arbeitete, war 1807 in der Nachfolge des 1801 verstorbenen Gottlieb Martin Klauer Hofbildhauer in Weimar geworden. Er schuf bis zu seinem Tod 1815 Bildhauerarbeiten für den Weimarer Schlossneubau, zahlreiche Porträtbüsten und u.a. auch Wielands Grabmal in Oßmannstedt (1806).

22 Vgl. Quellenanhang Schmettau 6 und 7. In den Quellen variiert die Schreibweise des Namens Sartorius.
23 Dies geht aus einem Brief Meyers an Goethe hervor, Quellenanhang Schmettau 9. Der Verstorbene selbst hatte jedoch im Laufe seines Lebens durchaus auch an eine repräsentativere Grabstätte gedacht, wie man beispielsweise nach seinen Planungen für den Schlosspark Garzau bei Berlin annehmen kann; vgl. dazu zuletzt Reimann 2009, S. 143–149, mit weiterführender Literatur.
24 Quellenanhang Schmettau 7; ebenso Quellenanhang Schmettau 9 (Meyer an Goethe): „Man […] erklärt zweytens [aus Berlin], daß nach dem Willen des verstorbenen Herrn das Monument recht einfach und auf der Stelle des Begräbnisses errichtet werde."
25 Schreiben Meyers an Goethe vom 3. Juni 1807, Quellenanhang Schmettau 8.
26 Quellenanhang Schmettau 10. Näheres zu diesem Stein unten.
27 Siehe sein Schreiben im Quellenanhang Schmettau 11.
28 Quellenanhang Schmettau 11 und 12.
29 Quellenanhang Schmettau 13.
30 Quellenanhang Schmettau 20.
31 Vgl. Quellenanhang Schmettau 10. Den Auftrag für das Denkmal erteilte der Neffe des Herzogs von Braunschweig, Herzog Carl August von Sachsen-Weimar und Eisenach. Es wurde zunächst auf dem Friedhof von Taugwitz aufgestellt und fand 1815 seinen heutigen Platz. Seine „Erneuerung" durch die braunschweigische Regierung im Jahr 1888 ist auf dem unteren Sockel angezeigt.
32 „Hier ward/Am XII Oct. MDCCCVI/CARL/Regierender Herzog/Zu Braunschweig und/Lüneburg/Toedlich verwundet."
33 Für eine Darstellung der weiteren Geschichte des Denkmals und seiner späteren Ergänzungen sind weitergehende Untersuchungen erforderlich, die künftigen Forschungen vorbehalten bleiben.
34 Für die zu diesen Arbeiten im Sommer 2008 erteilten Auskünfte und Mitteilungen von Thomas Bleicher und Monika Jobst aus der Stadtverwaltung Weimar, Abteilung Grünflächen und Friedhöfe, sowie den von ihnen freundlich gewährten Einblick in die Fotodokumentation der Reinigungsmaßnahmen sei an dieser Stelle herzlich gedankt.
35 Lankheit 1965, S. 36–38, Abb. 26–28; Weinbrenner hatte sich zur letzten Weimarer Preisaufgabe für bildende Künstler (1805) auch an einer Nebenkonkurrenz für ein Schillerdenkmal beteiligt und dabei in Briefkontakt mit Meyer gestanden (Scheidig 1958, S. 474 ff.).
36 So z. B. an einigen Grabmälern auf dem Leipziger Johannisfriedhof; ein noch späteres Beispiel nennt Memmesheimer 1969, S. 106, Abb. 72, mit dem Grabmal für den Leutnant Hermann von Schick auf dem alten Friedhof in Bonn.
37 Dies beobachtete beispielsweise Döring 1984, S. 136, an Göttinger Beispielen.
38 Kupferstich von J. Chr. E. Müller in der Jenaischen Allgemeinen Literatur-Zeitung (JALZ), 5. Jg., 1. Bd., 1808, neben dem Titel; die Erläuterung dazu (von S. VIII) ist hier im Quellenanhang Schmettau 19 wiedergegeben; die Reinzeichnung Meyers befindet sich in der Beständen der Klassik Stiftung Weimar, Goethes Kunstsammlung, (vormals NFG Weimar); vgl. Schuchardt 1976, Bd. I, S. 277, Nr. 454.
39 Siehe Quellenanhang Schmettau 9, Meyer an Goethe, aus einem Brief vom 22. Juni 1807: „[…] so wäre es wohl nothwendig, der Frau von Stein oder mir noch die lateinische Inschrift, **welche Sie dazu gemacht haben**, zu senden […]" [Hervorhebung der Verf.].
40 Noch Maaß 1916, S. 300 f., hat in dem Entwurf, den er nur aus der Darstellung auf dem Kupferstich kannte, eine Anspielung auf den Zusammenbruch des Heiligen Römischen Reiches Deutscher Nation gesehen. Seine Deutung, nach der sich in der Zeichnung Goethes „Verzagen in der Zeit der deutschen Not" (Maaß 1916, S. 301) spiegele, muss allerdings vor dem Hintergrund der hier nachfolgenden Überlegungen korrigiert werden.
41 Berliner Ausgabe, Bd. 16, Berlin und Weimar 1981, S. 349 f.
42 Vom Bureau Dominique Vivant Denons gingen zu Beginn des 19. Jahrhunderts in Paris die Aufträge für die Bildhauerarbeiten am Louvre, an den neuen Denkmälern und an der Säule auf der Place Vendôme ebenso aus wie jene für offizielle Porträts und Schlachtengemälde, vgl. dazu u. a. Wescher 1976, S. 95.
43 Vgl. Grappin 1990, S. 71–80, und Fink 1990, S. 81–101.
44 Brief an Meyer vom 11.12.1807, siehe Quellenanhang Schmettau 17.
45 Goethe hatte zur Erläuterung bei der Veröffentlichung geschrieben: „Das dem gegenwärtigen Programm beigefügte Kupfer zeigt den Gedanken, wonach man einem verdienten preußischen Helden und Staatsbürger, der am 14. October gleichfalls sein Leben zugesetzt, ein Monument errichten wollte, welches aber in der Folge nach einer anderen Zeichnung geschah. Ist die dargestellte Allegorie deutlich, so bedarf sie keiner näheren Erklärung." (Quellenanhang Schmettau 19).
46 Bereits 1807 hatte ihn Johann Heinrich Meyer darauf hingewiesen, dass er „sehr fürchte, eine so außer dem Allthäglichen liegende Erfindung möchte ohne Commentar nicht verstanden werden oder auch sonst nicht gefallen" (Meyer an Goethe, Brief aus Weimar vom 22. Juni 1807, siehe Quellenanhang Schmettau 9).
47 Maaß 1916, S. 301, der auf die Quelle in den Römeroden in diesem Zusammenhang hingewiesen hat, gibt irrtümlich an, dass es sich um die erste dieser Oden handele.
48 Zur Interpretation der antiken Ode vgl. auch Hermann Menge in: Horaz 1921, S. 223.
49 „Si fractus illabatur orbis/impavidum ferient ruinae" (Horaz 1921, S. 236).
50 Siehe Quellenanhang Schmettau 3.
51 Aufzeichnung vom 24. März 1824, Grumach 1956, S. 109.
52 Böttiger 1838, Bd. 1, S. 274 (1806). Ein Hinweis darauf, dass die Gedanken Fernows auch bei Goethe möglich erscheinen, findet sich bei Jolles 1936, S. 265 f., der aber in einer Untersuchung der Stellung Goethes zu Deutschland die Worte Fernows irrtümlich Goethe zugeschrieben hat.
53 Zur weiteren Erläuterung der Auffassungen Goethes vgl. Seyderhelm 1998, Bd. I, Kapitel 2.1, S. 57–97.
54 Schreiben an Ferdinand von Lamezan vom 12. Januar 1804, abgedruckt bei Seyderhelm 1998, Bd. I, Quellenanhang I, G 3.
55 Aufsatz „Denkmale" [um 1804], abgedruckt bei Seyderhelm 1998, Bd. I, Quellenanhang I, G 4.
56 Ebenda.
57 Brief an Meyer vom 11. Dezember 1807, Quellenanhang Schmettau 17.
58 Goethe verwendet in seiner Erklärung des Kupferstichs in der „Jenaischen Allgemeinen Literatur-Zeitung" (JALZ) den Begriff „Allegorie", siehe Quellenanhang Schmettau 19.
59 Vgl. Quellenanhang Schmettau 10.
60 Die Verbindung wird deutlich, wenn man sich beispielsweise die „Grabmale alter Helden" auf dem Gemälde Caspar David Friedrichs in der Hamburger Kunsthalle vor Augen führt (Börsch-Supan/Jähnig 1973, Kat. Nr. 205). Auch hier stehen eingestürzte Monumente in einem Bezug zu den napoleonischen Kriegen. Das Gemälde Friedrichs enthält jedoch, anders als bei Goethe und Meyer, in den Felsen der Umgebung, einem aufwachsenden Baum und blühenden Sträuchern Elemente, in denen die patriotische Hoffnung auf Befreiung zum Ausdruck kommt. Zu weiteren thematisch ähnlichen Bildern siehe Börsch-Supan/Jähnig 1973, Kat. Nr. 206 und 260.
61 Eckermann 1984, S. 219 (5. Juli 1827).
62 Zur letzten Konservierung vgl. Anm. 34. Das Metallgitter wurde 1903 von der Familie von Schmettau, Berlin, errichtet (Köhler 2009, S. 44). Aus dieser Zeit stammen vermutlich auch Veränderungen und Ergänzungen, die am Sockel zu beobachten sind. Dies müsste, wie erwähnt, in einer weiterführenden Untersuchung erforscht werden.
63 Textgrundlage: Weimarer Ausgabe XIX, S. 200.
64 Textgrundlage: Bode 1982, S. 100.
65 Textgrundlage: Biedermann 1965–71, Bd. II, 1969, S. 200.
66 Textgrundlage: Hecker 1917–22, Bd. II, S. 184.
67 Ebd., S. 185.
68 Textgrundlage: Fränkel 1960–62, Bd. II, S. 416.
69 Textgrundlage: Hecker 1917–22, Bd. II, S. 187.
70 Ebd., S. 188 f.
71 Ebd., S. 190 f.
72 Ebd., S. 192 f.
73 Ebd., S. 194.
74 Ebd., S. 196–197.
75 Ebd., S. 200.
76 Textgrundlage: Fränkel 1960–62, Bd. II, S. 422.
77 Textgrundlage: Hecker 1917–22, Bd. II, S. 201.
78 Ebd., S. 202.
79 Ebd., S. 203.
80 Textgrundlage: Berliner Ausgabe, Bd. 16, S. 349 f.
81 Textgrundlage: JALZ, 5. Jg., 1. Bd., 1808, S. VIII.
82 Textgrundlage: Hecker 1917–22, Bd. II, S. 213.
83 Ebd., S. 215.
84 Ebd., S. 221.

Christine Nagel, Susanne Ruf

Die "Schenckischen Reliquien" von 1605/1620
Schmuck aus der Gruft der Schenken von Tautenburg in Frauenprießnitz

Die Ausstellungsvorbereitungen für zwei Schmuckstücke im Stadtmuseum Jena boten den Anlass, diese Objekte und ihre historischen Hintergründe näher zu untersuchen. Von der Handwerkskunst bis zur politischen Geschichte spannen sich die Fäden, die mit den "Schenckischen Reliquien", eigentlich zwei goldenen Ketten, verknüpft sind und einen Ausschnitt der sächsisch-thüringischen Geschichte lebendig werden lassen. Diese Ketten, ihre Bergung und die Geschichte ihrer Herkunft werden in diesem Beitrag vorgestellt.

Eine Damenhalskette mit Anhänger

Im Jahr 1819 barg man aus dem Sarg der 1620 verstorbenen Anna Magdalena von Tautenburg in der Familiengruft in Frauenprießnitz eine Kette mit einem Anhänger. Die zierliche Kette setzt sich aus unterschiedlichen Gliedern zusammen, die durch kleine Ösen miteinander verbunden sind. Zwischen den einzeln oder zu zweit aufgefädelten Perlen sind verschiedenartige durchbrochene Glieder sowie farbig emaillierte längliche Stücke angeordnet. Der Anhänger besitzt die Form eines Kranichs.

Balsamkugeln

Zwei Arten durchbrochener kugelartiger Glieder, die einmal Duftstoffe umhüllten, sind an der Kette zu finden. Sie bestehen aus goldenem Draht, der dekorativ zu Kugeln geformt ist. Die größeren Kugeln setzen sich aus zwei durchbrochenen Halbkugeln zusam-

Abb. 1   Kette aus dem Sarg der Anna Magdalena von Tautenburg, Gold, Perlen, Balsamkugeln, Email, Türkise, L.: 76 cm, vor 1615, Foto 2009

Die „Schenckischen Reliquien" von 1605/1620

Abb. 2 Goldene Filigranperle mit Balsamkugel, Detail der Kette aus dem Sarg der Anna Magdalena von Tautenburg, Foto 2009

Abb. 3 Goldene Filigranperle, Detail der Kette aus dem Sarg der Anna Magdalena von Tautenburg, Foto 2009

men und werden auf jeder Seite von einem weiß emaillierten Ring begrenzt, der von einem Goldband umwunden scheint.

In den auseinander nehmbaren durchbrochenen Gehäusen befanden sich duftende Substanzen, wie Stücke von Dufthölzern, Gewürze (Nelken, Muskat), Blüten, Harze oder auch die außerordentlich kostbaren Duftessenzen Moschus und Ambra.[1] Auf einem Steg im Inneren der Filigrankugeln konnten die Materialien aufgesteckt werden. Bis heute findet man in ähnlichen Ketten die vertrockneten Reste von Duftstoffen, bei denen sich jedoch meist mit bloßem Auge nicht feststellen lässt, worum es sich handelt.[2]

Exotische Gewürze und Parfüme, die aus fernen Ländern in den Häfen Spaniens, Portugals und Venedigs einliefen, wurden an den Fürstenhöfen Europas als Luxuswaren hoch gehandelt. Neben der ihnen nachgesagten aphrodisierenden Wirkung schrieben die Menschen starken Wohlgerüchen Abwehrkräfte gegen schlechte Einflüsse und Krankheiten zu.[3] Da sich die Duftstoffe besonders gut durch Erwärmung entfalteten, waren durchbrochene Duftkugeln oft Teil von Schmuck, der unmittelbar auf der Haut lag. Dazu zählen Rosenkränze, deren Kugeln beim Gebet durch die Finger glitten, und Armbänder, die am Handgelenk unter den Ärmelkrausen getragen wurden. In den Schmuckinventaren von europäischen Fürstinnen, Herzoginnen oder Gräfinnen vor allem im 16. und beginnenden 17. Jahrhundert findet man auch Halsschmuck aus „Balsamkugeln" und Schmuckgürtel mit so genannten Bisamäpfeln (durchbrochenen Gürtelknöpfen) als Abschluss.[4] Allerdings wurden die Gürtel häufig mit den Kleidern aufbewahrt und sind daher nur sehr selten in Schmuckinventaren nachweisbar. So weiß man zwar von einem „wohlriechenden" Gürtel, der sich im Besitz von Virginia, der Tochter der zweiten Gemahlin von Cosimo I. de Medici befand, jedoch nicht von denen, die ihre Mutter Cammilla Martelli selbst trug.[5]

Im Nachlass der 1585 verstorbenen Kurfürstin Anna von Sachsen, bei der die zum Teil sehr wertvollen Gürtel zum Schmuck und nicht zur Kleidung gerechnet wurden, werden unter anderem ein Gürtel und zwei Armbänder aus „48 wolriechende[n] knöpffe[n] vndt entzwischen 15 durchgebrochene[n] stücke[n]"[6]

und eine Kette aus Perlen und Rubinen, „[da]zwischen wolriechende knöpfflein in güldenen trat gefast, vndt 16 große perlen" aufgezählt.[7] Einer der Ziergürtel endete in einem „wolriechenden Knöpf in güldenen Trat gefast".[8]

In dem 1599 angelegten Schmuckinventar der verwitweten Kurfürstin Sophia von Sachsen wurden für Halsketten auch die folgenden Beschreibungen verwendet: „[eine] gulden kette mit wollrichenden knopffen", eine Kette mit „gulden hollen knöpigen" oder mit „gulden durch sichtigen knopfigen".[9] Bei den „wollrichenden knopffen" wird es sich um die mit Duftstoffen gefüllten Filigrankugeln gehandelt haben, während die hohlen und die durchsichtigen (durchbrochenen) Knöpfe wohl „ungefüllte" Filigranperlen meinten.

Zwei Ketten, die dem Frauenprießnitzer Exemplar vergleichbare Filigranperlen aufweisen, stammen aus den Gräbern der Pfalz-

Abb. 4 Kette (Gürtelkette) mit Filigranperlen, Achatspindeln und Flussperlen, aus dem Grab der Pfalzgräfin Amalia Hedwig (1584–1607) in Lauingen, um 1600, Foto 2009

gräfinnen Dorothea Sabina (gest. 1598)[10] und Amalia Hedwig (gest. 1607)[11] in Lauingen an der Donau. Beide Ketten bestehen aus kleinen Perlen und Filigrankugeln sowie Holz- bzw. Achatgliedern. Vermutet wurde hier, dass die beiden Ketten aufgrund ihres eher geringen materiellen Wertes mit ins Grab gegeben wurden.[12]

Abb. 5   Golddrahtperle mit Balsamkugel, Detail der Kette aus dem Sarg der Anna Magdalena von Tautenburg, Foto 2009

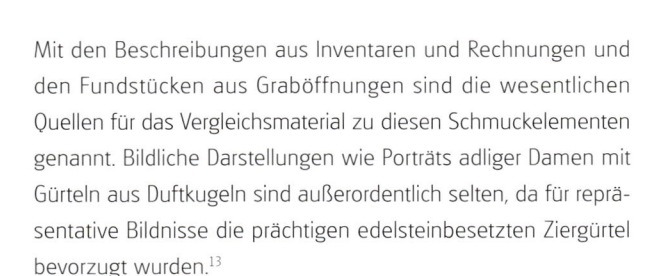

Abb. 6   Längliche Glieder mit Perlen, Türkisen und Golddraht, Detail der Kette aus dem Sarg der Anna Magdalena von Tautenburg, Foto 2009

Mit den Beschreibungen aus Inventaren und Rechnungen und den Fundstücken aus Graböffnungen sind die wesentlichen Quellen für das Vergleichsmaterial zu diesen Schmuckelementen genannt. Bildliche Darstellungen wie Porträts adliger Damen mit Gürteln aus Duftkugeln sind außerordentlich selten, da für repräsentative Bildnisse die prächtigen edelsteinbesetzten Ziergürtel bevorzugt wurden.[13]

Glieder aus Goldblech und -draht

Neben den Filigrankugeln befinden sich zwischen den Perlen an der Kette aus Frauenprießnitz noch weitere Glieder aus Draht und Goldblech. In den wie gehäkelt anmutenden Netzen dürften sich ebenfalls Duftstoffe oder auch heilbringende Steine (so genannte Gesundsteine) und andere Materialien befunden haben. Aufschluss könnte eine Untersuchung der noch erhaltenen Reste geben. So fasste man beispielsweise Bezoare, gallensteinartige Gebilde, die in den Mägen einiger Säugetiere gefunden werden, aufgrund ihrer unregelmäßigen Form in derartige biegsame Filigranfassungen.[14]

Am ungewöhnlichsten an dieser Kette sind vier röhrenförmige Glieder aus hauchdünnem Goldblech. Sie sind an beiden Enden mit auf Draht gefädelten winzigen Perlen und Spiraldrähten umwickelt. Die Mitte bildet jeweils ein Reif mit eingefassten Türkisen. Die Verwendung von Golddrähten, die gedreht und umeinander gewunden sind, der Einsatz von extrem dünnem Goldblech, hohlen Goldkörnern, Spiralen und aufgefädelten Perlen fällt in das Tätigkeitsfeld von so genannten Golddrahtarbeitern. Sie waren nicht als Goldschmiede ausgebildet, sondern legten seit 1578 in Nürnberg die Meisterprüfung nach einer eigenen „Ordnung der Gold- und Silberarbeiter" ab, deren Meisterstücke ein Bisamapfel (eine größere Duftkugel, auch als Gürtelabschluss verwendet) und ein Fingerhut waren.[15] Aus Paris kommend hatten sich 1569 und 1578 drei Gold- und Silberarbeiter in Nürnberg niedergelassen, von denen zwei ihre Meisterprüfung entsprechend der neu eingeführten Ordnung ablegten. Sie wurden u. a. als „Goldarbeiter auf der Drahtarbeit" bezeichnet.[16]

Als erster Drahtarbeiter in Sachsen gilt der Leipziger Sebastian von der Felde. Er erlernte das Handwerk in Nürnberg, wo er auch die Meisterprüfung ablegte. Als er 1586 nach Leipzig zurückkehrte, erlaubte ihm der Rat, hier eine Werkstatt zu eröffnen und einen offenen Laden (Handel) zu betreiben, weil „kein drahtwerker allhier gefunden [...] und damit in der churfürstlichen Stadt Leipzig der parisischen Nürnberger und dergleichen reine, künstliche Arbeit gefunden möchte werden". Man musste dann diese Arbeiten nicht mehr „in fremden Landen und unter fremder Herrschaft suchen".[17] Zu den Schmuckarten, welche der Golddrahtarbeiter – er selber bezeichnete sich als Drahtarbeiter, Drahtwirker oder auch Drahtwerker – Sebastian von der Felde herstellen durfte, gehörten Armbänder mit hohlen oder aus Draht gebogenen Gliedern, kleine Ketten, Besatzröslein und emaillierte Ringe. Verboten waren ihm ausdrücklich die Herstellung von massiven Gliederketten mit und ohne Edelsteinbesatz sowie überhaupt alle Arbeiten, welche die Goldschmiede in Leipzig selbst zu verfertigen in der Lage waren.[18] Nachweisbar sind heute keine Arbeiten aus dieser Werkstatt.

Das Tätigkeitsfeld jener Golddrahtarbeiter überschneidet sich mit denen der Goldschmiede und Juweliere, so dass nicht immer feststellbar ist, welcher Hand ein bestimmtes Schmuckstück entstammt. Da die Kette aus dem Grab in Frauenprießnitz keine massiven Glieder und Edelsteine besitzt, liegt die Vermutung nahe, dass sie aus der Werkstatt eines Golddrahtarbeiters hervorging. Beispiele für Schmuck aus Goldblech und -draht in Form von zierlichen Gewandbesätzen und Haarschmuck findet man heute noch in größerer Anzahl. Die runden, länglichen oder auch s-förmigen Rosetten werden in verschiedenen Museen verwahrt und stammen meist aus Gräbern.[19] Die an der Kette aus Frauenprießnitz verwendeten röhrenförmigen Glieder zeigen zwar die gleichen technischen Details wie solche Besatzstücke, gehören als Kettenglieder aber zu weitaus aufwendiger gearbeitetem Halsschmuck oder Ziergürteln. Eine Kette im Ungarischen Nationalmuseum in Budapest zeigt beispielsweise Glieder mit blauem Email und kleinen, auf goldenen Stiften festgesteckten Perlen.[20] An einem zweiten Beispiel in demselben Museum sind kleine Perlen auf einen Draht aufgefädelt und um die Taille der Glieder aus Goldblech gewunden.[21] Letztere enthielten vermutlich einmal duftende Essenzen. Für beide Ketten wird angenommen, dass

Abb. 7   Kettenglieder aus Gold, Email und Perlen, Detail einer Kette, letztes Viertel 16. Jahrhundert, Foto 2009

sie als Gürtel dienten.²² Den verwendeten Formen und Techniken nach lassen sich beide Exemplare sowie andere Beispiele einer Gruppe von Goldschmiedearbeiten zuordnen, die in den Grüften der reformierten Kirche von Csenger und der Kirche von Küküllő-város gefunden wurden.²³

Derzeit besteht noch ein großes Forschungsdefizit auf dem Gebiet des Schmuckes an deutschsprachigen Fürsten- und niederen Adelshöfen. Die zum Teil nicht publizierten oder schwer zugänglichen Schmuckstücke, die in weniger bekannten Museen aufbewahrt werden, die ebenso unveröffentlichten Porträts kleinerer Adelsfamilien und die im Hinblick auf Schmuck bisher nur punktuell ausgewerteten Rechnungen von Juwelieren und Goldschmieden bieten hier noch reichlich Stoff für Untersuchungen.

Abb. 8   Anna von Brandenburg mit Perlenkette und Schmuckgürtel, um 1600, Foto 2008

Als Beispiel für eine im Hinblick auf Schmuck noch nicht ausgewertete Quelle kann das Porträt der Anna, Kurfürstin von Brandenburg und Herzogin in Preußen, gelten.²⁴ Es zeigt die junge Frau mit einem Schmuckgürtel aus goldenen Ringen, zwischen denen zwei mit Email, Edelsteinen und kleinen Perlen verzierte Glieder angeordnet sind. Das vom Betrachter aus rechte Kettenglied lässt sich mit denen der beiden Gürtel in Budapest vergleichen. Ob oder welche Zusammenhänge hier bestehen, ist noch ungeklärt.

Perlen

Die Perlen an der Kette der Anna Magdalena von Tautenburg sind unregelmäßig und unterschiedlich in ihrer Größe. An einigen Stellen sitzen einzelne größere Perlen in einem Kettenstück, an anderen Stellen sind zwei kleinere Perlen zusammen aufgefädelt worden. Vermutlich handelt es sich um Süßwasserperlen, deren Herkunft sich nicht bestimmen lässt. Zudem sind sie durch die klimatischen Umstände und Wechselwirkungen mit anderen Substanzen angegriffen und dadurch z. T. spröde und glanzlos geworden.²⁵

Aufgrund ihrer zarten Farben, des seidigen Schimmers und ihrer geheimnisvollen Entstehung übten Perlen seit jeher eine Faszination auf die Menschen aus. Bereits in der Antike galten große und makellos runde oder birnenförmige Perlen als Kostbarkeit. Dies war auch im Europa des 16. Jahrhunderts so, als die begehrten Perlen aus entfernten Regionen (Indien und Südamerika) in den Häfen von Venedig, Lissabon oder Amsterdam einliefen. An den europäischen königlichen und fürstlichen Höfen waren besonders die ebenmäßigen runden und großen Perlen, die auf Schnüre aufgefädelt zu Stückpreisen verkauft wurden, begehrt. Im Jahr 1600 kaufte beispielsweise die verwitwete sächsische Kurfürstin Sophia von dem Hamburger Juwelier Jacob Mores eine Schnur runder orientalischer Perlen, die mit 1.846 Gulden bezahlt wurden.²⁶ Einzelne große Perlen in Birnen- oder Tropfenform erzielten Preise, die denen von Diamanten gleich kamen.²⁷

Kleinere, unregelmäßige Perlen waren preiswerter und fanden in großen Mengen Verwendung bei der Verzierung fürstlicher Gewänder und Zubehörs, wovon heute noch eine außergewöhnlich kunstvoll bestickte Jagdtasche aus farbiger Seide mit Pailletten und Perlen (um 1608)²⁸ und ein Sattel mit Zubehör (1618)²⁹ in der Dresdner Rüstkammer zeugen. Hierfür verwendeten die Seidensticker, welche für den kurfürstlichen Hof arbeiteten, vor allem Süßwasserperlen, die unter anderem auch in der Weißen Elster im sächsischen Vogtland gefunden wurden. Der Kurfürst besaß wie bei den gesamten sächsischen Bodenschätzen auch das Regal auf alle in seinem Land gefundenen Perlen. Sämtliche Perlen mussten bei den Amtschößern von Adorf und Plauen abgeliefert werden, die ihrerseits die Funde dem kurfürstlichen Jägermeister Paul Gröbel übergaben.³⁰ Während die größeren Süßwasserperlen vielleicht für Schmuck gebraucht wurden, dürften die kleinen

Perlen den Seidenstickern für die opulenten Verzierungen der kurfürstlichen Garderobe gedient haben. Da die Ausbeute der vogtländischen Perlenvorkommen bei weitem nicht den Bedarf des Hofes deckte, wurden die zum Teil winzigen Perlen nach Gewicht in kleinen Kisten von einheimischen und auswärtigen Händlern erworben.[31]

Die Kombination von Perlen, Drahtarbeiten und angehängten Kleinoden

Kombinationen von Perlen und Balsam- bzw. Filigrankugeln waren im späten 16. Jahrhundert weit verbreitet. Bereits oben zitierte Inventarauszüge nannten sie verwendet in Ketten und Gürteln. Verschiedene Gemälde führen diesen Schmuck vor. Die Töchter des Brandenburger Kurfürsten Johann Georg, die im Jahr 1596 von Andreas Riehl auf einander sehr ähnliche Art gemalt wurden,[32] tragen alle lange Ketten aus großen Perlengliedern und goldenen Filigrankugeln, die angesichts der Regelmäßigkeit und Größe der Perlen von großem Wert gewesen sein müssen. Kleinode mit szenischen Motiven, die vielleicht religiösen und heraldischen Inhalts sind, hängen daran.[33] Auch auf das bereits angesprochene Porträt der Kurfürstin Anna von Brandenburg und Preußen kann in diesem Zusammenhang noch einmal verwiesen werden. Neben dem Ziergürtel mit Perlengliedern trägt sie eine zweimal um den Hals gewundene Kette aus Perlen und Filigrankugeln, an welcher ein großer Anhänger mit dem doppelköpfigen Kaiseradler hängt.

Kleinode barg man auch aus den Gräbern der beiden Pfalzgräfinnen Amalia Hedwig und Dorothea Sabina in Lauingen. Ob diese an den beiden oben vorgestellten Ketten befestigt waren, ist nicht sicher. Bei Dorothea Sabina handelt es sich um ein Kleinod mit einem zierlichen Windhund (süddeutsch, vor 1598). Der Anhänger aus dem Grab der Amalia Hedwig zeigt das Christusmonogramm IHS und die Taube des Heiligen Geistes (süddeutsch, um 1600). Beide sind mit Edelsteinen besetzt, wobei das Kleinod der Amalia Hedwig im Wert deutlich unter dem der Pfalzgräfin Dorothea Sabina lag, welches nicht nur Rubine, sondern auch die höchst geschätzten Diamanten besaß.[34]

An der Kette aus dem Grab der Anna Magdalena von Tautenburg ist ein farbig emaillierter goldener Anhänger in Gestalt eines Kranichs befestigt.[35] Die Art der Verbindung von Kette und Anhänger ist ungewöhnlich und offenbar nicht original. Der obere Abschluss des Anhängers mit den zwei Kettchen, die zu einem geschweiften Verbindungsstück führen, wobei die rechte Kette von einem Rubin mit Perlen unterbrochen ist, entspricht der üblichen Befestigung an der Kette. Auch die am Verbindungsstück herabhängende Perle war geläufig.[36] Solche „Hängeperlen" dürften ursprünglich auch einmal an den Ösen unter den Füßen des Vogels angehängt gewesen sein. Hier ist nun aber ein Teil der Kette befestigt, so dass der Kranich „in" die Kette eingebunden ist. Das könnte auf eine spätere Umarbeitung zurückgehen.[37]

Der Kranich ist blau emailliert, Punkte und das Gefieder, der Schnabel und Akzente auf den Beinen blieben ausgespart, so dass

Abb. 9   Anhänger in Form eines Kranichs an der Kette aus dem Sarg der Anna Magdalena von Tautenburg, Foto 2009

der Goldgrund sichtbar ist. Schwarzes Email wurde auf einigen Federn, dem Halsband und den Beinen verwendet. Die Rückseite zeigt die gleiche Emaillierung. Der Kranich ist aufrecht schreitend dargestellt. Auf seinem Körper sind zwei Rubine, ein Diamant (oder Bergkristall?) und ein großer Smaragd[38] eingelassen. Der Amethyst, den der Kranich in seiner rechten Kralle trägt, verleiht der Darstellung eine symbolische Bedeutung. Der Kranich galt bereits seit der Antike als eine Verkörperung von Aufmerksamkeit, Vorsicht und beständiger Wachsamkeit. Sollte der Vogel einmal unaufmerksam sein und einschlafen, verlöre er den Stein und würde durch den Laut aufgeschreckt. In der christlichen Ikonographie wurde der Kranich auch mit den Eigenschaften von Klugheit, Vernunft, Beständigkeit und Beharrlichkeit in Verbindung gebracht.[39]

Darstellungen von Vögeln auf Anhängern zählten im 16. und beginnenden 17. Jahrhundert zu den gern verwendeten Motiven. Am häufigsten trifft man auf den Pelikan, der ein Symbol für den Opfertod Christi darstellt und daher generell für Aufopferung stand. Die Kurfürstin Sophia von Sachsen besaß 1599 unter ihren über 60 Anhängern mehrere Schwäne, einen Kranich, einen weißen Reiher, einen Pfau und einige Pelikane.[40]

Zwei Kranichanhänger aus der Zeit um 1580 befinden sich heute in Privatbesitz und im Victoria & Albert Museum in London.[41] Sie sind formal jedoch vom Frauenprießnitzer Exemplar verschieden, da sie mit gesenktem Kopf dargestellt sind, als suchten sie Futter. Ein etwas jüngeres Stück im Schloss Rosenborg zeigt nicht nur den im zweiten Jahrzehnt des 17. Jahrhunderts veränderten Geschmack hinsichtlich der Edelsteinverwendung, sondern illustriert auch deutlich die mit dem Vogel verbundene Legende.[42] Eine große unregelmäßige Perle bildet den Körper des Kranichs, während eine weitere Perle unter dem rechten Fuß den Boden markiert. In der linken angezogenen Kralle hält der Vogel den „Stein", der nicht verloren gehen darf.

Eine formal vergleichbare Kranichdarstellung zum Frauenprießnitzer Exemplar konnte nicht gefunden werden, es bestehen jedoch Ähnlichkeiten mit anderen Vogeldarstellungen. Eine Reliquienmonstranz (so genannte „Juwelenmonstranz") in Prag, die mit Schmuckstücken vom Beginn des 17. Jahrhunderts besetzt ist, welche wahrscheinlich aus der Werkstatt des kaiserlichen Hofgoldschmieds Andreas Osenbruck stammen, zeigt Tierfiguren und Allegorien.[43] Hier wird ein blau und schwarz emaillierter Vogel mit goldenen ausgesparten Strukturen im Gefieder und an den Beinen mit einem Hufeisen im Schnabel als Strauß gekennzeichnet.[44] Ohne dieses wäre eine ikonographische Bestimmung – vor allem in Gegenüberstellung des Kranichs aus Frauenprießnitz – schwierig.

Die beschriebenen Kleinodien aus Brandenburg, Dänemark, England, Lauingen oder Prag zeigen graduelle Unterschiede der Eindeutigkeit ihres Sinngehalts. Neben klaren christlichen (Lauingen) und heraldischen (Brandenburg) Bedeutungen lassen sich mehr oder weniger christlich-moralische Sinngehalte der

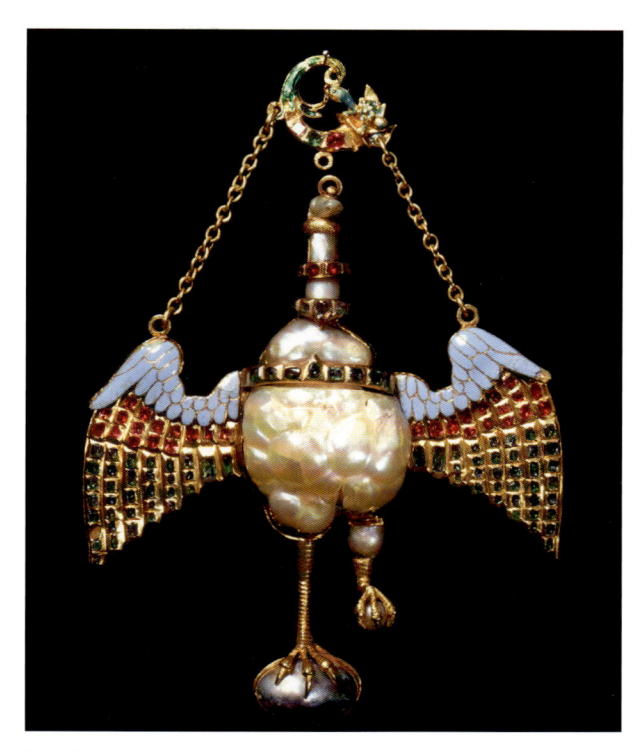

Abb. 10 Kranichanhänger aus einer monströsen Perle, besetzt mit Edelsteinen, um 1610, Foto vor 2003

Tierdarstellungen herleiten (Pelikan, Windhund, Kranich). Diese Uneindeutigkeit ist eine spezifische Leistung symbolischer Kommunikation, die von den Kleinodien als solchen zu den sozialen Beziehungen ihrer Trägerinnen führt. Der Kranich kann allgemein als Sinnbild der Wachsamkeit gelten, gleichzeitig als angemessene Verbildlichung einer christlichen Tugendhaftigkeit,

Abb. 11 Kleinod in Form eines Strauß mit Perlen, Diamanten und Rubinen, Prag um 1610–1620, Foto vor 1988

vergleichbar den klugen Jungfrauen des biblischen Gleichnisses (Mt. 25, 1 – 13). Auch eine heraldische Konnotation kann nicht ausgeschlossen werden, ist der Kranich doch das Wappentier der Grafen Reuß von Plauen. Das wiederholt und in Europa verbreitet auftretende Motiv des Kranichs als Kleinod zeigt zwar, dass dieser Anhänger nicht als heraldisches Zeichen entstand, die enge Beziehung des mit diesem Schmuckstück bestatteten Mädchens zu Heinrich Postumus von Reuß, der seit 1605 als ihr Vormund wirkte und gemeinsam mit ihrer Mutter Agnes von Eberstein, verw. von Tautenburg 1620 die Exequienfeiern ausrichtete,[45] legten jedoch eine solche Lesart nahe. Im christlich-moralischen Sinne zeigt der Kranich hier die getreue Erwartung des Jüngsten Gerichtes durch eine tugendhafte Jungfrau an, im sozialen Sinne die Zugehörigkeit des Mädchens zur hochangesehenen Familie der Grafen von Reuß.[46]

Die Analyse der im Sarg der jung verstorbenen Anna Magdalena von Tautenburg verwahrten Kette und des Kleinods sowie die angeführten vergleichbaren Beispiele in Lauingen deuten an, dass der materielle und repräsentative Wert dieses ins Grab gegebenen Schmuckes im Vergleich mit fürstlichem Schmuck eher niedrig anzusetzen ist. Dennoch liegt gerade darin der heutige, weit über die bloße Tatsache der Erhaltung hinausreichende Wert dieses Schmuckes. Während sich im Falle einiger fürstlicher und königlicher Höfe sowie des Kaiserhauses neben der schriftlichen und bildlichen Überlieferung (Rechnungen, Inventare, Porträts) auch ein Bruchteil der einst unüberschaubaren Mengen an Schmuck erhalten hat, gilt dies in weitaus geringerem Maße für Höfe von Grafen, Freiherren oder gar für das Bürgertum. Hier ist man beinahe ausschließlich auf die Bergung von Grabfunden und deren korrekte Dokumentation angewiesen. Wertvoll sind diese Funde durch ihre meist genaue Zuordnung zu einer Person und deren sozialen Stand sowie die damit verbundene anzunehmende nahe Datierungsmöglichkeit. Nur so kann man sich Stück für Stück ein Bild von Entwicklungen in der Schmuckkunst, vom Überdauern von Traditionen und der Übernahme von neuen Formen aus fürstlichen Kreisen in rangniedere Gesellschaftsschichten machen.

Die Fundumstände

Die Bergung dieser Schmuckstücke aus dem Sarg der Anna Magdalena von Tautenburg in Frauenprießnitz liegt bereits 190 Jahre zurück und erfolgte im Zusammenhang erster denkmalpflegerischer Maßnahmen an der Familiengruft. 1815 war das Amt Tautenburg mit Frauenprießnitz dem neu erhobenen Großherzogtum Sachsen-Weimar unterstellt worden. Johann Wolfgang von Goethe, der gerade ernannte Staatsminister, besichtigte am 12. und 13. Dezember desselben Jahres die dortige Kirche und fertigte nach seinem Besuch eine Zeichnung hiervon an.[47] Diese Federzeichnung skizziert den Grundriss der Kirche und den Aufriss der nördlichen Innenansicht, allerdings mit verschiedenen „Gedächtnistäuschungen".[48] Das Hauptaugenmerk galt offensichtlich der „Grabstätte der Dynasten Schenk v. Tautenburg", wie es Goethe in seiner Bildunterschrift ausdrückte. Diese Familiengrablege befindet sich in einem dreijochigen Anbau entlang der Nordseite des Kirchenschiffes, abgetrennt durch geschmiedete Eisengitter. Am westlichen Ende liegen in vier Reihen nebeneinander angeordnet die größtenteils figürlich gestalteten Grabplatten der verstorbenen Schenken und ihrer Ehefrauen.[49] Darunter vermutete Goethe eine Gruft, so die Legende seiner Skizze: „C Unterirdische, bis jetzt hypothetische Gruft. Wahrscheinlich stehen die Särge unten wie die Grabsteine oben liegen."[50] Über den baulichen Zustand von Kirche und Grablege machte Goethe 1815 bei die-

Abb. 12 Grabstätte der Dynasten Schenk von Tautenburg. Federzeichnung von J. W. von Goethe, datiert 13. Dez. 1815; Aufnahme 2009

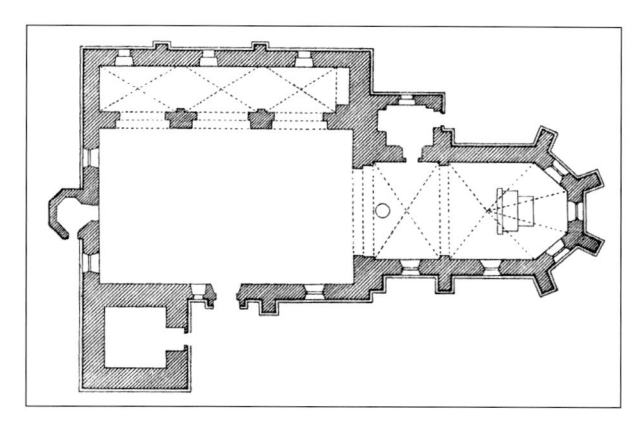

Abb. 13   Frauenprießnitz, Kirchengrundriss, 1888

sem Besuch keine Notizen, vier Jahre später wurde jedoch dem Großherzog angezeigt, „dass das Familienbegräbnis der Edlen v. Schenk zu Tautenburg bei der Kirche in Frauenprießnitz der Zerstörung ausgesetzt sei und dass besonders die Särge in der unterirdischen Gruft von Feuchtigkeit und durch die Luftzüge vom Kirchhofe eingefallenen Schutt eingeschlagen und zum Theil zertrümmert werden, sodaß ohne eine baldige und zweckdienliche Vorkehrung deren gänzlicher Ruin zu befürchten stehe".[51] Das handschriftliche Protokoll des Großherzoglichen Oberbaudirektors Clemens Wenzeslaus Coudray vom 10./11. November 1819 und eine 1820 in Naumburg gedruckte Denkschrift des gleichfalls bei der Gruftöffnung beteiligten Ortspfarrers Friedrich Traugott Schneider dokumentieren den Ablauf der daraufhin vom Herzog verfügten Maßnahmen zur Sicherung der Anlage.[52]

Die Gruftzugänge fand man nicht wie vermutet bei den Grabplatten, sondern unter dem Backsteinpflaster im östlichen Teil des Anbaus. Zwei gegenläufige Treppen führten hinab zu in Falzen vertikal eingelassenen Eisentüren, die aufgebrochen und anschließend entfernt wurden.[53] Im ersten Gewölbe wurden entdeckt: „a.) ein zinnerner mit Löwenköpfen und Handhaben versehener großer Sarg mit einem flachen Deckel worauf ein erhabenes Crucifix. Diesen Deckel hatte aber eingedrückt b.) ein zweiter dergleichen Sarg, der später auf erstern gestellt worden zu sein schien. Durch den Fall war dieser gleich dem ersten geöffnet und der innere hölzerne Sarg zerschlagen; c.) ein mit Mahlerei u. Goldverzierung versehener kupferner und im übrigen noch gut erhaltener Sarg, daneben aber d.) unter einem großen Haufen Schutt die Trümmer eines zinnernen Sarges gleich dem ersten, und endl. in einer Ecke e.) die verfallenen Reste eines hölzernen Kindersarges ohne Gebeine. Bei weiterer Hebung des Pflasters stieß man noch auf eine 2te Treppe in entgegengesetzter Richtung, die wie die erste an eine verrostete Thür und durch diese in ein zweites Gewölbe führte, worin sich vorfand: f.) unter einem Haufen Steine u. Erde die durch die Entlüftung von Außen eingefallen waren, ein ganz zerschlagener zinnerner Sarg, daneben aber g.) ein wohl erhaltener von Kupfer mit ge-

mahlten und vergoldeten Verzierungen. Endlich h.) die Spuren eines hölzernen Sarges mit den auf dem Boden zerstreuten Resten eines Skeletts."[54] Gewölbe und Särge wurden anschließend näher untersucht und von Schutt und Schmutz gereinigt. Anhand von Inschriften bzw. der aufgemalten Wappenzeichen konnten die Särge einigen Familienmitgliedern der Schenken von Tautenburg zugeordnet werden. Im ersten Raum waren versammelt: a) Burkhard Schenk von Tautenburg († 1605), b) seine Tochter Anna Magdalena († 1620), c) seine Gattin Agnes von Eberstein († 1639) und d) sein Sohn Georg († 1613). Im zweiten Gewölbe lagen neben einem/einer unbekannten Verstorbenen im Holzsarg die Eheleute f) Dorothea Sybilla von Reuß († 1631) und g) Christian Schenk von Tautenburg († 1640), Sohn von Burkhard und Agnes. Die Särge wurden geöffnet und darin enthaltene „Denkwürdigkeiten" geborgen. Nach Meinung der Zeitgenossen waren: „Diese Kostbarkeiten übrigens […] das einzige, was nun noch von dem alten blühend und mächtig gewesenen Geschlechte der Schenken von Tautenburg zu sehen übrig ist."[55]

Die entnommenen „Denkwürdigkeiten", Schmuckstücke und mit Perlen bestickte Einbandreste von Gebetbüchern, brachte man zunächst zur Reinigung nach Weimar, wo sie auch am 19. November 1819 Goethe gezeigt wurden.[56] Die Beschäftigung mit der Familiengruft der Schenken von Tautenburg zog am Weimarer Hof weitere Kreise. Auch Goethes Schwager Christian August Vulpius, als Bibliothekar im Dienst des Großherzogs, veröffentlichte bald darauf eine kurze historische Abhandlung zur Familiengeschichte der Schenken von Tautenburg.[57] Über die weiteren Arbeiten in Frauenprießnitz führte man am großherzoglichen Hof in Weimar detailliert Buch, die damit entstandenen Kosten wurden im Dezember 1819 abgerechnet.[58] Dazu gehörten die bauliche Wiederherstellung der Gruft, Sicherung und Erneuerung eines eingebrochenen Fensters und verstürzten Mauerwerks. Ebenso wurden die Metallsärge gerichtet, ausgebessert und teilweise stabilisiert, verschlossen und wieder im Gewölbe aufgestellt. Die Skelettreste aus den Holzsärgen bettete man in die Metallsärge um und verschloss den Zugang zu den beiden Gruftgewölben mit einer neu angefertigten Falltür. Zur sicheren Verwahrung der „Denkwürdigkeiten" oder „Schenckischen Reliquien", wie die den Särgen entnommenen Schmuckstücke und Beigaben in den amtlichen Quellen genannt werden, ließ man in der Ostwand des Chorraumes der Frauenprießnitzer Kirche „nahe dem Altar" einen Wandschrank mit „französischem Schloss" einbauen.[59]

Das Vermächtnis der Schenken von Tautenburg

Nach dem Bericht des Pfarrers Schneider war man 1819 in Frauenprießnitz der Auffassung, dass die den Särgen entnommenen Kostbarkeiten die letzten Zeugnisse des ehemals mächtigen Geschlechtes der Schenken von Tautenburg waren. Daher sollten sie fortan „zum unvergänglichen Gedächtnis ihrer edlen verdient gewesenen Besitzer und zur Erinnerung für die spätere Nachwelt, der damit der Beweis gegeben ist: daß dem Verdienste seine Kronen ewig bleiben" fest in der Kirche verwahrt werden und jedem „Freunde des Alterthümlichen und des Verdienstlichen" ohne Hindernis vorgezeigt werden.[60] Ein im Auftrag des Weimarer Großherzogs angefertigter Schmuckkasten für die „Denkwürdigkeiten" sprach den Betrachter inschriftlich an: „Eu! Schenkiana manent quum ex sepulcris supersunt".[61] Hierbei zeigt sich eine zwischen der frühen Neuzeit und dem beginnenden 19. Jahrhundert eingetretene Bedeutungsverschiebung im Umgang mit den Hinterlassenschaften der Schenken von Tautenburg. Objekte, die zwischen 1605 und 1640 mit ihrer Einbringung in die Gruft unter der Frauenprießnitzer Kirche von ihren Besitzern der Öffentlichkeit entzogen wurden und in ihrer Verborgenheit weder als Zeugnis für Verdienste noch zur Erinnerung an die Nachwelt dienen konnten, wurden nun umgekehrt mit dieser Intention gerühmt, konserviert und vorgestellt. Weder der Schmuck der Verstorbenen noch die Särge mit den sterblichen Überresten und Beigaben waren bis dato zugänglich oder sichtbar aufgestellt, sondern in den Grüften nach der Beisetzung dauerhaft verschlossen und verborgen.[62] Trotz ihrer oftmals üppigen künstlerischen Ausgestaltung verbunden mit bedeutendem materiellem Aufwand ist den Särgen aufgrund ihrer Verborgenheit in unterirdischen Gewölben oder vermauerten Kammern keine repräsentative Bedeutung zuzumessen.[63] Diese Särge waren auch schon vor der Beisetzung während der teilweise langen Überführungen oder Begängnisse der Verstorbenen, die vielerorts mit hohem Aufwand medial inszeniert wurden,[64] für das Publikum unsichtbar. Gleich ob Zinnsarg oder Holzmodell, sie waren bei den Prozessionen mit schwarzen, mit Applikationen und Stickereien verzierten Tüchern verhüllt.[65] Auch das Grab selbst trat im Kontext der Herrschaftsrepräsentation seit der Mitte des 16. Jahrhunderts in den Hintergrund, stattdessen visualisierten Wanddenkmäler mit teilweise mehrstöckigen vollplastischen und annähernd lebensgroßen Darstellungen die landesherrliche Grablege[66] oder Epitaphien mit Inschriften sowie Totenschilde füllten unabhängig von dem konkreten Platz der Leibbestattung die Kirchenräume.[67] Nach Auffassung der Zeitgenossen war das Andenken der Verstorbenen nicht mit der Aufbewahrung der Person, sondern durch ihren verbalen Nachruf zu gewährleisten: „Ille demum omnimo mortuus est qui elogio caret."[68]

Herrschaftsausbau und Memoria

Die Schenken zu Tautenburg, ein in Thüringen und Sachsen seit dem 13. Jahrhundert hoch angesehenes Geschlecht, sorgten durchaus auch mit unvergänglichen und öffentlich sichtbaren Werken für die Pflege der Familienmemoria, wie die Überlieferung verschiedener Objekte zeigt.

Das Erbbegräbnis der Schenken von Tautenburg wurde Anfang des 16. Jahrhunderts in der Frauenprießnitzer Kirche, die bis 1547 Zisterzienserinnen als Klosterkirche diente, angelegt[69] und mit teilweise erst lange postum geschaffenen Grabmalen als Erinnerungsmalen zum Ruhme des Geschlechtes bestückt.[70] Im Geschichtsbewusstsein der gesellschaftlichen Oberschicht zeigte sich im 16. Jahrhundert ein verbreitet zu beobachtender Wandel mit dem Aufleben genealogischer Interessen und damit verbundenem Aufkommen einer gemeinsamen Bestattung von Familienmitgliedern in einem unterirdischen Grabraum.[71] Allerdings ist bislang die Form der Beisetzung der Schenken und ihrer Angehörigen im 16. Jahrhundert in der Frauenprießnitzer Kirche unklar. Ein „Familienerbbegräbnis in der Gruft der Kirche des Zisterzienser-Nonnenklosters zur Frauenprießnitz"[72] ist für diese Zeit bis dato weder baugeschichtlich noch archäologisch nachgewiesen. Erst für die ab 1605 erfolgten Bestattungen ist die Vereinigung der sterblichen Überreste der Familienmitglieder in den gemauerten Gewölben unter dem nördlich flankierenden Anbau des Kirchenschiffs, in dessen Fußboden auch die älteren Grabplatten integriert liegen, belegt. Eine Verlegung der seit 1512 in Frauenprießnitz liegenden Grabplatten der Schenken von Tautenburg bei der Einrichtung der Gruft Anfang des 17. Jahrhunderts kann nicht ausgeschlossen werden. Eine bauarchäologische Aufnahme des nördlichen Anbaus mit der Tautenburger Gruft fehlt bislang und ist in Anbetracht der ungenauen

Abb. 14 Frauenprießnitz, Mortuarium der Schenken von Tautenburg, Blick nach Westen, Foto um 1990

bis widersprüchlichen Literaturangaben ein dringendes Desiderat. Sicher ist, dass ab 1602 Renovierungs- oder Umbauarbeiten an der Kirche ausgeführt wurden.[73] Diese erfolgten parallel mit einer innerfamiliären Auseinandersetzung um die Vormachtstellung in der Herrschaft Tautenburg zwischen Burkhard Schenk von Tautenburg, der die Frauenprießnitzer Arbeiten beauftragte, und seinem Bruder Heinrich, der erst nach langen gerichtlichen Verfahren seine Ansprüche aufgab und seinen Einfluss auf das Tautenburger Erbe endgültig verlor.[74] Burkhard hat quasi seine Ansprüche auf Frauenprießnitz durch Baumaßnahmen, die er jeweils inschriftlich und mit Wappen als seine Leistungen dokumentieren ließ, untermauert.[75] Für die hohen Ambitionen, die er mit dem Neubau eines Schlosses und der Renovierung der Kirche in Frauenprießnitz in den Jahren 1602–1605 verband, spricht auch seine Auswahl der hierfür beauftragten Meister. Vertraglich überliefert ist unter anderem die Bestellung des sächsischen Hofbaumeisters Melchior Brenner.[76] Die Verbindung des äußeren Herrschaftsausbaus mit dem Ort der älteren Familiengrablege, die in Bildern und Texten der Grabplatten mittels „Memorialinschriften"[77] Ruhm und Potenz des Geschlechtes dokumentierten, ist als politisches Instrument zu werten.[78] Ein augenfälliges gleichzeitiges Bemühen um Kontinuität und Neuanfang zeigt sich auch in der Gestaltung von Burkhards Grabplatte, die der Werkstatt des sächsischen Hofbaumeisters Melchior Brenner zugeschrieben wird.[79] Mit dieser qualitätvollen Grabplatte aus gelbem Sandstein, gestaltet mit plastischem Schmuck und einer erhabenen, durch breite Serifen ausgezeichneten Kapitalis der Inschriften wird ein neuer Grabmaltypus in der Frauenprießnitzer Kirche eingeführt. In vier Reihen wurden hochrechteckige Sandsteinplatten in der westlichen Hälfte des Nordschiffes in den Boden gelegt. Die verhältnismäßig gut erhaltene Grabplatte für Burkhard Schenk von Tautenburg (links in der letzten, der vordersten Reihe) zeigt anstelle des ganzfigurigen Bildnisses auf den meisten Denkmälern seiner Vorfahren[80] ein großes Wappen im Mittelkreis, darüber bzw. darunter je eine Inschrift. Der obere Textteil, der die gleiche Höhe wie das Wappenbild einnimmt, enthält die Lebensdaten, Ämter und eine Fürbitte für den Verstorbenen, den unteren Teil füllt ein ausführliches Bibelzitat. Gleichzeitig mit dieser wurde

Abb. 15   Frauenprießnitz, Grabplatten von Burkhard Schenk von Tautenburg († 1605) und Agnes von Eberstein († 1636), Fotos 1983

eine zweite Platte in Form, Größe und Gliederung als Pendant für die Ehefrau des Freiherrn, Agnes von Tautenburg geb. Gräfin von Eberstein, gefertigt.[81] Die Ausrichtung der Helmzier über den Wappenschilden zeigt die bewusste Zuordnung beider Platten zueinander. Dies ist der erste Fall in der Familiengrablege, bei dem die Gemahlin eines Schenken eine eigene Platte erhält, auch wenn diese im Ensemble mit der des Gatten zu sehen ist und insofern kein selbständiges Denkmal darstellt. Bei den Vorfahren finden sich entweder Denkmäler für Ehepaare oder alleinstehende männliche Nachkommen.[82] Auch die dritte und letzte Grabplatte in dieser Familienkapelle ist formal gleich aufgebaut, allerdings ist nur noch das Wappen der Schenken von Tautenburg in dem Mittelkreis lesbar, alle anderen Inschriften sind soweit verwittert, dass keine weitere Bestimmung möglich ist.[83]

Trotz der nach kurzer Blüte bald einsetzenden Zerstörungen von Kirchenausstattung und Bauwerken zeugen nach wie vor Wappen und Inschriften an profanen und sakralen Bauten und Ausstattungsstücken sowie den Grabmälern vom Bemühen der Schenken von Tautenburg um die Sicherung ihrer Fama und Memoria in Frauenprießnitz, in den Worten des 19. Jahrhunderts: „hier bleiben dem Verdienste seine Kronen ewig".[84] Wie sind jedoch die materiell und künstlerisch ebenso bedeutenden Ausschmückungen der nicht-öffentlichen, dauerhaft verborgenen Hinterlassenschaften der Freiherren und ihrer Angehörigen – die Särge und speziell die Sargbeigaben – einzuordnen, denen Anfang des 19. Jahrhunderts ein besonderer Zeugniswert zugemessen wurde?

Das frühneuzeitliche Leichenzeremoniell

Wie bei der architektonischen Gestaltung ihres Herrschaftssitzes mit Kirche und Grablege Anfang des 17. Jahrhunderts zeigen Quellen und Objektüberlieferung des Frauenprießnitzer Beispiels, dass die Familie des in der Ständeordnung vergleichsweise niederen Freiherrn Burkhard Schenk von Tautenburg sich auch beim Leichenzeremoniell deutlich an den Formen der benachbarten Herzogs- und Kurfürstenhöfe orientierte, wo sie als Lehnsmänner bzw. Beamte im Dienst standen. Ablauf und Ausgestaltung des frühneuzeitlichen Trauerzeremoniells an sächsischen und thüringischen Höfen ist in Beschreibungen und Abbildungen vielfältig überliefert und kann deshalb gut zum Vergleich des zu untersuchenden Beispiels herangezogen werden.[85]

Burkhard Schenk von Tautenburg, der als Auftraggeber die Renovierung der Frauenprießnitzer Kirche und die Anlage der Gruftgewölbe für sich und seine direkten Nachkommen veranlasste, starb am 2. September 1605 völlig unerwartet im Alter von 39 Jahren in Dresden. Dort diente er als Geheimer Rat dem sächsischen Kurfürsten Christian II.[86] Nachrichten über die Todesumstände sowie eine Beschreibung des für ihn abgehaltenen Trauerzeremoniells enthält das „Ehrengedächtnüß/Dem weyland/Wolgebornen und/Edlen Herrn/Herrn/BVRCKHARD Schencken/Freyherrn zu Tauttenburg/auff/Frawen Prißnitz/Churfürstlichem Sächsi=/schem fürnehmen geheimbden Rath/Vnd Oberhaupt=/mann zu Freyburg und Eckartsberga [...] Leipzig [1605]", verfasst von dem sächsischen Hofprediger Polycarp Leyser. Um dem Verstorbenen „die letzte Ehre anzuthun",[87] wurde der Leichnam in die Kreuzkirche am Dresdner Markt gebracht und dort öffentlich aufgebahrt.

Für diese im Trauerzeremoniell vorgesehene Aufbahrung wurden dem Verstorbenen üblicherweise „seine Festtagskleidung und sein Schmuck angelegt. Außerdem war er mit Dingen seines persönlichen Gebrauchs umgeben. All dies gelangte beigabenartig mit ins Grab."[88] Die bei der Öffnung des Sarges 1819 beschriebenen Befunde bestätigen diese Darstellung allgemeinen Brauchtums: „In seinem Sarge fand sich [...] der schönen goldnen, herrlich und durchbrochen gearbeiteten Gnaden Kette vor, womit sein dankbarer Fürst dessen Geheimder Rath Oberster Cämmerer und Amts=Hauptmann von Freiburg und Eckartsberga er gewesen war und dessen hohes Vertrauen er sonst außerdem noch besessen hatte, seine Verdienste belohnte. [...] Außer dieser goldnen Gnaden=Kette fand sich auf der linken Seite der Brust noch eine zweite kleinere mit einem goldnen Räumer oder krummen Griffel versehen, wahrscheinlich ein auf seine militairische Würde als Lands=Hauptmann hindeutendes Ehrenzeichen. – Auch sein goldner Ring, mit einer grünen Türkis, fand sich vor – und auf seiner linken Seite sein neben ihm liegender,

Abb. 16 Gesellschaft Christians II. von Sachsen aus dem Sarg Burkhard Schenk von Tautenburgs, Foto 2009

vom Rost zwar angegriffner aber mit den Beweisen einer schönen musterhaften Vergoldung versehener Commando=Degen, fast in der Form eines Ritterschwerds, nur zierlicher […]".[89] Der Degen wurde anschließend über den Grabmälern bei einem Wappenschild der Schenken von Tautenburg aufgehängt.[90]

Mit Ausnahme der goldenen „Gnaden-" oder „Ritterkette", wie sie 1819/20 bezeichnet wurde, sind die aus dem Sarg Burkhards entnommenen Schmucksachen verschollen. Hierbei handelt es sich um eine der so genannten Gesellschaften, eine besondere Kleinodform mit zugehöriger Kette, die der Kurfürst Christian II. in Anlehnung an die von seinem Vater Christian I. gestiftete „Goldene Gesellschaft" zum Beginn seiner Regierung 1601 einführte.[91]

Gesellschaft mit dem Wappen Christians II.

Das Zentrum des ovalen Kleinods der Gesellschaft Christians II. bildet auf der Vorderseite ein mandelförmiger Schild mit dem geteilten kursächsischen Wappen. Im umgebenden durchbrochenen Schweifwerk ist auf zwei Schriftbändern die Devise „A DEO PRO IMPERIO"[92] emailliert. Über dem Schriftfeld befindet sich ein von Strahlen umgebenes Gottesauge. Ein einfacher ovaler Streifen und ein anschließender grün emaillierter Rautenkranz begrenzen das Kleinod. Oben ist der Rautenkranz von dem Kurhut unterbrochen. Rückseitig zeigt der Anhänger eine ovale, blau emaillierte Fläche. Eine Sonne mit gewellten Strahlen und sechs Sterne blieben vom transluziden Email ausgespart. Die Inschrift ober- und unterhalb des Ovals lautet „TIME DEUM HONORA CAESAREM".[93] Auch hier finden sich das Gottesauge, der umgebende Rautenkranz und der Kurhut wieder. Drei Ketten führen von dem Anhänger zu einem aus Schweifwerk geformten Verbindungsstück, das wiederum mit einem Goldring an der Kette befestigt wurde.[94] In technischer Hinsicht besteht das Kleinod aus einem gegossenen Rohling, in dem die meisten Motive schon vorgegeben sind. Das kursächsische Wappen, die Blütenköpfe, die kleeblattförmigen Rauten am Rand, selbst das ausfüllende Ornament sind durch leichte Vertiefung bereits für die Emaillierung vorbereitet. Für die Rückseite ist bemerkenswert, dass der mittlere ovale Schild angestiftet wurde.

Die Kette besteht aus 30 mandelförmigen Gliedern, die durch einfache Goldringe verbunden sind. Die Glieder sind durchbrochen und hohl, weil sie aus jeweils zwei Hälften zusammengesetzt wurden. Die Struktur der Wappen und Handtreuen ist bereits im rohen Gussstück zu erkennen. Auf fünfzehn der Glieder sind die Einzelwappen der kursächsischen Länder emailliert. Es handelt sich um: Eisenberg, Altenburg, Henneberg, Regalienschild, Orlamünde, Pfalz Thüringen, Pleißen, Kur Sachsen, Herzogtum Sachsen, Markgrafschaft Meißen, Thüringen, Pfalz Sachsen, Brehna, Landsberg und Burggrafschaft Magdeburg. Oben und unten rahmen je eine weiß oder blau emaillierte Blüte mit grünem Blattwerk, rechts und links ein rot emailliertes Ornament das Wappen ein. Die anderen fünfzehn Glieder zeigen jeweils quer zur Kettenrichtung ein von zwei Händen gehaltenes rot emailliertes Herz mit dem weißen Buchstaben „C" (für Christian II.) und dem Kurhut. Die Mandelform dieser Kettenglieder wird durch Blüten und grün emailliertes Blattwerk oben und unten ausgefüllt. In die runde Kettenschließe ist einseitig in durchbrochener Arbeit das kursächsische Wappen eingepasst.

Diese Gesellschaften (der Begriff ist als Eigenname zu verstehen) stellen eine Besonderheit innerhalb des höf'schen Repräsentationsschmuckes dar. Sie dienten einerseits der Selbstinszenierung des sächsischen Regenten, andererseits waren sie ehrenvolle Gaben an befreundete Fürsten, Kurfürsten und Herzöge, jedoch auch an rangniedrigere Gefolgsleute. 1603 war Burkhard Schenk von Tautenburg als Geheimer Rat und Ober-Kämmerer einer der engsten Vertrauten des Kurfürsten Christian II. und wurde in dieser Position mit der Gesellschaft ausgezeichnet.[95] Die vom Kurfürsten verliehene Gesellschaft symbolisiert den persönlich erworbenen gesellschaftlichen Aufstieg am Hof und trägt einen ideellen Wert, der quasi persönlich, „leibgebunden" und nicht vererbbar war. Insofern konnte (und sollte) das Tragen der Kette im Sarg nicht der Repräsentation des Geschlechtes dienen, als welches es dann im 19. Jahrhundert herausgestellt wurde.

Die Aufbahrung als ephemerer Ausschnitt der Trauerriten wurde nicht selten samt der nach der Beisetzung im Grab verborgenen symbolischen Informationen mit anderen künstlerischen Medien dauerhaft sichtbar und öffentlich gemacht.[96] Wenig jünger ist ein Beispiel vom kursächsischen Hof in Dresden, das Hans Georg von Osterhausen, Oberhofmarschall, Oberbergrat und Geheimer Rat des Kurfürsten 1611–1623, auf einem großformatigen Leichenbildnis zeigt.[97] Osterhausen wurde aufgebahrt mit dem Prunkdegen an der Seite und den um den Hals gelegten Gesellschaften des Kurfürsten Christian II. Auch andere zeitgenössische Leichenporträt, wie das des Markgrafen Georg Friedrich d. Ä. von Brandenburg-Ansbach von 1603[98] zeigen den Toten in Kleidung und Schmuck entsprechend der Beschreibung aus Frauenprießnitz von 1819. Ob ein vergleichbares Bildnis des Schenken von Tautenburg existierte, ist jedoch nicht bekannt.

Aufbahrung und Begängnis

Die Aufbahrung Burkhard Schenk von Tautenburgs in der Kreuzkirche zu Dresden wurde am 28. September 1605 mit einer Leichenpredigt des sächsischen Hofpredigers beschlossen, in der dieser ausführlich den Werdegang und die Lebensweise des Verstorbenen würdigte. Anschließend wurde eine Leichenprozession auf den Altmarkt geleitet. Leyser beschreibt detailliert die Aufstellung der beteiligten Personen, die in ihrer Ordnung den 1602 abgehaltenen Leichenzug für Herzog Friedrich Wilhelm I. von Sachsen-Weimar wiederholte.[99] Nach der Überführung des Leichnams über Meißen, Oschatz,

Die „Schenckischen Reliquien" von 1605/1620

Abb. 17 Leichenbildnis des Hans Georg von Osterhausen († 1627), Ausschnitt, Foto 2009

Wurzen, Leipzig und Weißenfels nach Frauenprießnitz erfolgte eine zweite Aufbahrung im dortigen Schloss und am 3. Oktober 1605 schließlich die Beisetzung in der Gruft der Kirche zu Frauenprießnitz. Die begleitende zweite Leichenpredigt von Polycarp Leyser ist eine außergewöhnliche Quelle, gibt sie neben der Bibelexegese doch nicht nur Informationen über das Leichenzeremoniell sowie Leben und Wirken des Verstorbenen wieder, sondern liefert dazu Angaben zur Baugeschichte der Frauenprießnitzer Kirche, da sie gleichzeitig als Einweihungspredigt des neu gestalteten Gotteshauses gehalten wurde: „Denn nach dem S. G. seligen dieser ort Frawen Prißnitz/an welchem die altväterliche Erbbegräbnüß/der Herrn Schencken zu Tauttenburg/zu finden ist/[...] die kirchen aber nach alter manier sehr finster und unformlich gebawet war/als hat er jme allhie kein andern baw eher/höhher noch mehrer angelegen sein lassen/denn das er diese Kirchen/wie jetzo für augen ist/renovierte/und also jme selbs und seinen einen feinen bequemen ort bereitete/an welchem er nach diesem zeitlichen Leben mit seinem leib ruhen/und der frölichen erscheinung und zukunfft seines Heilands Jesu Christi erwarten möchte. Und können viel ehrliche Christliche Hertzen bezeugen/wie hoch der selige Herr sich uber diesem vollführten Kirchenbau erfrewet habe/und ist S. G. selige eigentlich der meinung gewesen/das sie sich von Dreßden anhero begeben/und der einweihung dieser Kirchen selbs beywohnen wolle [...] Aber Gott schickt es nach seinem willen und wolgefallen. Also hat es Gott allhier nach seinem willen auch geschickt/das der selige Herr nicht lebendig/sondern (leider) Todte diese Kirchen einweyhet."[100] Der neben der landesväterlichen Fürsorge des Freiherrn für die seelsorgerliche Betreuung seiner Untertanen[101] auch zur Sicherung von Fama und Memoria seiner Familie dienende Umbau der Frauenprießnitzer Kirche konnte bei Gelegenheit dieser Exequien gleichzeitig den versammelten prominenten Gästen vorgestellt werden.[102]

Der Sarg Burkhard Schenk von Tautenburgs

Am Ende des Leichenzeremoniells stand die Einbringung des Sarges in die Gruft. Auch bei der Gestaltung dieses Objektes betrieb man hohen Aufwand. Deutlich ablesbar ist wiederum die Orientierung des Freiherrn bzw. seiner Nachlassverwalter hinsichtlich Form und Details der künstlerischen Ausgestaltung am kursächsischen Hof. Der Sarg des Burkhard Schenken von Tautenburg entspricht dem Modell der älteren Särge der albertinischen Wettiner in der Gruft des Freiberger Domes.[103] Es handelt sich hierbei um einen kastenförmigen Zinnsarg, die Seiten sind durch profilierte Leisten in fünf bzw. zwei Felder geteilt, in denen sich halbplastische, vergoldete Löwenkopfhandhaben umrahmt von Lorbeerkränzen mit blauem Hintergrund befinden. „Der Deckel [...] ist ungegliedert. Auf ihm erhebt sich nun der Crucifixus mit flachem Relief. Im übrigen weist er eine reiche Gravierung auf, deren Typus meist der gleiche bleibt: umlaufende Ornament-

Abb. 18 Sarg des Burkhard Schenk von Tautenburg in der Gruft zu Frauenprießnitz, Foto 2009

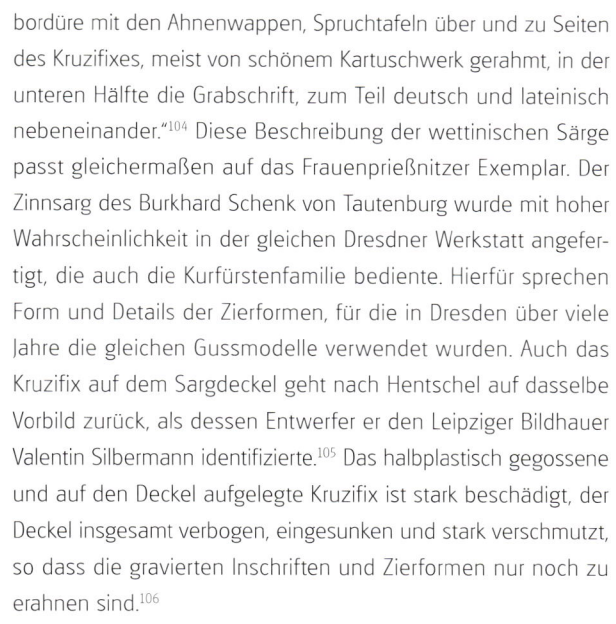

Abb. 19 Sarg der Anna Magdalena von Tautenburg in der Gruft zu Frauenprießnitz, Foto 2009

bordüre mit den Ahnenwappen, Spruchtafeln über und zu Seiten des Kruzifixes, meist von schönem Kartuschwerk gerahmt, in der unteren Hälfte die Grabschrift, zum Teil deutsch und lateinisch nebeneinander."[104] Diese Beschreibung der wettinischen Särge passt gleichermaßen auf das Frauenprießnitzer Exemplar. Der Zinnsarg des Burkhard Schenk von Tautenburg wurde mit hoher Wahrscheinlichkeit in der gleichen Dresdner Werkstatt angefertigt, die auch die Kurfürstenfamilie bediente. Hierfür sprechen Form und Details der Zierformen, für die in Dresden über viele Jahre die gleichen Gussmodelle verwendet wurden. Auch das Kruzifix auf dem Sargdeckel geht nach Hentschel auf dasselbe Vorbild zurück, als dessen Entwerfer er den Leipziger Bildhauer Valentin Silbermann identifizierte.[105] Das halbplastisch gegossene und auf den Deckel aufgelegte Kruzifix ist stark beschädigt, der Deckel insgesamt verbogen, eingesunken und stark verschmutzt, so dass die gravierten Inschriften und Zierformen nur noch zu erahnen sind.[106]

Diese aufwendig gearbeiteten Särge repräsentierten neben dem künstlerischen auch einen hohen Materialwert.[107] Auch ihre Ansichten wurden mit den Leichenbildnissen verbreitet, wie das Beispiel des sächsischen Kurfürsten Christian I. zeigt. Kurz nach seiner Beisetzung erschien eine eigene Publikation mit ausführlicher Beschreibung des Begräbnisses und dem Leichenbildnis, dazu die detailreiche Wiedergabe des Sargschmuckes.[108]

Bei der Untersuchung der Fundumstände der „Schenckischen Reliquien" trat als führendes Haupt der freiherrlichen Familie Burkhard Schenk von Tautenburg in den Vordergrund, der mit seiner Ehefrau Agnes von Eberstein für umfangreiche Neugestaltungen in Frauenprießnitz sorgte und damit schon zu Lebzeiten sein Andenken sicherte. Mit der Auswahl der Künstler, die hohe Qualität in Ausführung und Stil gewährleisteten, konnte der Freiherr äußerlich sichtbar seine wirtschaftliche und politische Macht dokumentieren. Über den Tod hinaus blieben auch im Verborgenen der Gruft symbolische Zeichen dieses Bestrebens (Sarg nach kurfürstlichem Vorbild) und seines Erfolges (vom Kurfürsten verliehene Gesellschaft) erhalten. Der repräsentative Wert der aus einer zweiten Bestattung in dieser Gruft geborgenen Damenhalskette ist nach der eingangs gemachten ausführlichen Analyse dieses Stückes vergleichsweise niedrig anzusetzen. Besaß der zwar aufgrund seiner technischen Details mit Draht- und Filigranarbeit und Perlenbesatz heute faszinierende Schmuck, der in seiner Zusammenstellung jedoch ungewöhnlich und rein vom Materialwert her betrachtet nicht allzu kostbar war, dennoch eine ähnliche symbolische Bedeutung wie die Gesellschaft des Schenken?

Die Damenkette

Aus der Beschreibung der Gruftöffnung von Frauenprießnitz ist bekannt, wer im Tode diese Kette trug. Sie wurde einem schmalen Zinnsarg entnommen, der die irdischen Überreste der Anna Magdalena von Tautenburg (1605–1620) verschloss, wie es Friedrich Traugott Schneider in seinem Bericht ausdrückte: „Man fand ihre Ueberreste wie die aller verblichenen Edlen Schenke in schöner unzerstörter Ordnung und folgende Kleinodien vor, die auch im Todte noch ihr Eigenthum geblieben waren: nämlich zuerst eine schöne mit Gold gefaßte und verbundene Perlen=Schnur, an welcher ein schön gearbeiteter blau in Gold emaillirter, mit einem Jaspis auf der Brust desselben verzierter Kranich, in das Gräfl. Reußische Wappen gehörig, sich als Angehänge befand. Die gefalteten Hände hielten noch die mit Perlen bestickte Decke eines kleinen Gebetbuchs (sonst Brevier genannt) fest, und an der Seite fand sich in ihrem Schooße ein Crucifix mit blauem Fluß, an dem Extermitaton mit weißer Perlen=Einfassung verziert."[109] Der textile Buchumschlag wurde 1888 von Lehfeldt beschrieben und fotografisch dokumentiert,[110] sein weiterer Verbleib ist leider nicht bekannt. Das nach der Beschreibung Schneiders mit blauer Emaillierung gestaltete Kruzifix mit Perlen-Verzierung scheint noch früher verloren gegangen zu sein, außer der Erwähnung im Bericht 1820 gibt es keine Spur davon.[111]

Anna Magdalena von Tautenburg

Nachrichten über Person und Leben der Anna Magdalena von Tautenburg sind rar.[112] Ein Grabmal ist nicht bekannt, Grabsteine oder Epitaphien in der Frauenprießnitzer Kirche sind nur von den männlichen Nachkommen der Linie und ihren Ehefrauen erhalten. Nicht nur die Grabschrift für das 15-jährig verstorbene Mädchen fällt als Informationsquelle für ihr Leben aus, gleiches gilt für gedruckte Leichenpredigten. Überhaupt ist das Trauerzeremoniell im Falle des Ablebens eines unverheirateten Mädchens dieses Standes kaum untersucht. „Der Aufwand bei Kindern war deutlich geringer, und noch geringer bei der Beisetzung von Prinzessinnen", urteilte Claudia Kunde 2007 am Beispiel der Funeralkultur des Fürstenhofes von Sachsen-Zeitz.[113] Predigtdrucke und Totenbildnisse sind allgemein selten,[114] im Fall der Anna Magdalena von Tautenburg sind weder das eine noch das andere überliefert. Anna Magdalena war das jüngste Kind von Burkhard Schenk von Tautenburg und seiner Gemahlin Agnes von Eberstein. Nachricht von ihrer Geburt gibt indirekt die erste Leichenpredigt, die Polycarp Leyser bei der Aufbahrung des Vaters in der Dresdener Kreuzkirche 1605 hielt, obwohl das Mädchen hier nicht namentlich genannt wird. Hatte der Theologe sich in seiner Predigt doch mit dem besonderen Problem auseinander zu setzen, dass zwei Tage nach dem Ableben Burkhards seine Gattin Agnes von Eberstein von Zwillingen entbunden wurde, wobei eines der Kinder tot zur Welt kam. Das ungetauft verstorbene Kind und die Sorge um dessen Seelenheil bewegte den Prediger, worauf er wiederholt in den Leichenpredigten einging. Offenbar war der totgeborene Säugling mit dem Vater in der Dresdner Kreuzkirche aufgebahrt worden: „Diese beyde todes verblichene und in Gott ruhende Leichnam, haben wir jetzo anhero in diese Creutz Kirchen, als Christliche Creutzträger unter dem Obersten Creutzherrn Jesu Christo gebracht [...] allen zu dem ende, auff das wir einen bequemen ort haben mögen, da wir zu anzeigung unserer Christlichen zuneigung und lieb, ihme die letzte Ehre anthun [...]".[115] Ob, wo oder in welcher Form dieses Kind bestattet wurde, ist jedoch völlig unbekannt.[116]

Anders bei der Schwester Anna Magdalena, deren Begräbnis im Jahr 1620 sowohl in der Objektüberlieferung wie in schriftlichen Quellen dokumentiert ist. Ihr Tod und die Einladung zu ihrem Begräbnis wurde den verwandten und befreundeten Fürstenhäusern und anderen Honoratioren brieflich mitgeteilt, und zwar im Namen der Mutter und des Vormundes der Verstorbenen, Heinrich Postumus Graf von Reuß.[117] Diese Schreiben tun den Kummer der Mutter über das vorzeitige Ableben der „herzviellgeliebten" Tochter kund und bezeugen ihren sanften und vernünftigen Abschied von der Welt, wie es den zeitgenössischen Vorstellungen eines „guten Todes" entsprach. Über die genaue Todesursache geben diese Nachrichten dagegen keinen Aufschluss.

Der Sarg Anna Magdalenas von Tautenburg

Der Zinnsarg[118] Anna Magdalenas in der Familiengruft wurde ähnlich wie der des Vaters reich mit Inschriften versehen, doch sind diese nicht graviert sondern auf dem Metall aufgemalt und großenteils unzugänglich oder durch Verunreinigungen verdeckt. Bis auf eine fragmentarische Aufzeichnung im Protokoll der Gruftöffnung 1819: „Ruhte hier die sterbliche Hülle einer in der Blüthe verstorbenen/Freiin von Schenk/Nat. 1605 ob. 1620"[119] und zwei Bibelzitate an den Seitenflächen beim Fußende[120] sind keine Inhalte dieser Inschriften lesbar bzw. bekannt.

Der Zinnsarg zeigt im Vergleich zur Bestattung des Vaters die modernere Form mit hexagonalem Querschnitt. Auf dem Deckel war ebenfalls ein Kruzifix aufgebracht, davon zeugen allerdings nur noch die Montagelöcher.[121] Die vergoldeten Handhaben an den Schmalseiten (je eine in der Mittelachse an Deckel und Unterteil) und je drei an der Langseite des Unterteils hängen in Ösen unter halbplastisch gegossenen Frauenköpfen. Diese tragen eine so genannte Schneppe auf dem Kopf (eine zungenartige Kopfhaube), ein Schmuckmedaillon auf der hohen Stirn und an beiden Seiten geknotete Tücher um den Hals. Werkstatt und Datierung des Sarges lassen sich durch den im Thüringischen Hauptstaatsarchiv Weimar verwahrten Auftrag und die Abrechnung für seine Herstellung konkret benennen: „Für das weylandt wohlgeborene Freuleins, Freulein Anna Magdalenen geborne Freyhin Schenkin zu Tauttenburgh wohlseeligem ahndenkens unsers gnedigem Fräuleins Ruhebedhlein, Undt Beysezung, Meister Caspar Herbach Kannengießern zue Weymar, Ein Zinnener Sarg

Abb. 20 Handhabe am Sarg der Anna Magdalena von Tautenburg, Foto 2009

zue machenn vordinget werden, dergestalt das er denselbigenn nach dem Maße welches ihme alhier zuegestellet wurden, von reinen gueten Zinn Verfertigen soll, Unndt daran Acht Löwen Köpfe machen, als: Uff iede Seiten dreye Unndt an beydenn Ordhen oben unndt unten einen, Unndt uff die decken ein Crucifix.", datiert 23. August 1620.[122] Die Einladungsschreiben zum Begängnis für Anna Magdalena nennen als Termin den 6. September 1620,[123] so blieb der Werkstatt nicht viel Zeit zur Herstellung des Sarges und man griff möglicherweise bei der Ausführung auf vorgefertigte Zierelemente zurück und ersetzte die Löwenkopfhandhaben, wie sie an den älteren Särgen in der Familiengruft zu finden sind und bei der Bestellung gefordert wurden, durch die Frauenköpfe. Caspar Herbach, in Auftrag und Abrechnungen als „Kannegießer zu Weimar" bezeichnet, war offenbar ein vielseitig einsetzbarer Handwerker. Geboren 1592 oder 1600 wirkte er als Goldschmied, Steinschneider, Münzschneider, Alchemist und Mechaniker.[124] Verschiedene Goldschmiedearbeiten für die Kurfürstenwitwe Hedwig, die ihren Hof in Lichtenburg hielt, werden seiner Werkstatt zugeschrieben. Nach ihrem Tod 1642 kam er als Hofgoldschmied an den Hof Christians IV. von Dänemark und starb 1664 in Kopenhagen. Seine Tätigkeit als „Kannegießer" in Weimar war bislang nicht bekannt.[125] Einen ähnlichen Sargtypus findet man in der herzoglichen Gruft der Stadtkirche St. Peter und Paul in Weimar.[126] Gemeinsam ist diesen Särgen die Verzierung der Handhaben mit plastischen Engelköpfen, dazu eine Bemalung mit Blumen und Sprüchen an den Flächen. Wie beim Vater, der eine nicht unbedeutende Persönlichkeit im höfischen Leben war, ist also auch hier zu beobachten, dass Werkstätten, die in der Gunst von Herzögen und Kurfürsten standen, für die Ausführung der letzten Ruhestätte der Tochter beauftragt wurden. Allerdings ist über das Leichenzeremoniell beim Ableben eines jungen Mädchens allgemein zu wenig bekannt, als dass dieser Befund eingeordnet und bewertet werden könnte. Hier sind weitere Forschungen notwendig, die durch die gezielte Auswertung von Leichenpredigten oder Aktenmaterial Aufschluss geben über die Praxis von Aufbahrung, Trauerfeierlichkeiten und Beisetzung. Erst danach ließe sich ein möglicher repräsentativer Wert des Sarges und der Sargbeigaben bemessen.

Die Untersuchung der Sargbeigaben von Vater und Tochter bestätigte die These Irene Mittermeiers, „dass Grabbeigaben [...] unterschiedlichste – normierte wie individuelle – Vorstellungen und Handlungsmuster zugrunde liegen und ihr Befund nicht immer Produkt von rational-logischem Handeln sein muss und damit entschlüsselbar ist".[127] Von der Deutungsproblematik abgesehen ist jedoch die wissenschaftliche Beschäftigung mit den Einzelobjekten, ihren Materialien und Herstellungstechniken sehr fruchtbar. Geben diese Schmuckstücke doch aufgrund ihrer engen zeitlichen wie prosopographischen Bestimmbarkeit Informationen zur Struktur der Sozialgemeinschaft und deren Lebensstil und ermöglichen so eine weitestmögliche Rekonstruktion vergangener Realitäten. Zudem lassen sich über die Akten in den Familienarchiven noch viele bisher unbekannte Daten über Künstler und Werkstätten ermitteln.

Die künstlerisch wie kulturgeschichtlich bedeutenden Zeugnisse der frühneuzeitlichen Funeralkultur in Frauenprießnitz sind dringend – wie schon vor 200 Jahren – vor dem endgültigen Verfall zu bewahren. „Eu! Schenkiana manent quum ex sepulcris supersunt" hieß es 1820,[128] doch ohne bald einzusetzende konservatorische Maßnahmen zur Sicherung der Särge, ihres plastischen, gravierten und gemalten Schmuckes bzw. der Inschriften gehen diese selten überlieferten Objekte verloren. Schließlich geben die „Schenckischen Reliquien" erst im Kontext der Gruftanlage und vor dem Hintergrund der Familiengeschichte Zeugnis von Glanz und Elend dieser aufstrebenden thüringischen Herrschaft.

Die „Schenckischen Reliquien" von 1605/1620

1 Hansmann/Kriss-Rettenbeck 1966, S. 68.
2 In einem Ziergürtel der Kurfürstin Anna von Sachsen sind in den durchbrochenen Gliedern vertrocknete Kügelchen erkennbar, die bisher jedoch nicht näher bestimmt wurden: Schmuckgürtel aus 36 Filigrankugeln, deutsch, 2. Hälfte 16. Jahrhundert (vor 1585), Gold, Email, L. 245 cm, Staatliche Kunstsammlungen Dresden, Grünes Gewölbe, Inv. Nr. 278.
3 Scarisbrick/Vachaudez/Walgrave 2007, S. 87.
4 Ein aufwendig durchbrochener Gürtelknopf, der als Duftbehälter diente (Deutsch, um 1600), befindet sich in der Thyssen-Bornemisza Collection in Lugano, Scarisbrick/Vachaudez/Walgrave 2007, S. 86f.
5 Orsi Landini/Piccoli 2005, S. 166 und S. 239. Kleiderinventar der Cammilla Martelli (1545–1590), zweite Gemahlin des Herzogs Cosimo I de' Medici, sowie deren Tochter Virginia aus dem Jahr 1574, Miscellanea Medicea 111, Ins. 8, Inventario delle Robbe della Guardaroba della Signorol. 9r. Cammilla Martelli in Casa di Ms. Antonio Martelli suo Padre Fatto Questo di 21 d'Aprile 1574.
6 Geheimes Staatsarchiv Preußischer Kulturbesitz, I. Hauptabteilung, Geheimer Rat, Rep. 41, Nr. 547, Inventar und Nachtragsinventar über die von Kurfürst Christian I. von Sachsen hinterlassenen Kleinodien [undatiert, wohl Mai 1592], S. 9.
7 A.a.O., S. 37.
8 A.a.O., S. 60f.
9 SächsHStA Dresden, 10024 (Geheimes Archiv), Loc. 8695/2: Register Vber der Hertzogin vnd Churfurstin zu Sachsen […] Vnsere gnedigsten Frawen Cleinoter Laden. Undatiert, (zw. 1588–1591), fol. 8r, fol. 11v, fol. 7r.
10 Kette aus dem Grab der Pfalzgräfin Dorothea Sabina (1576–1598), bestehend aus 30 geschnitzten Fruchtkernen, die an den Enden mit blau emaillierten blütenförmigen Rosetten gefasst sind, und 30 kleinen Goldfiligranperlen aus Golddraht, Deutschland, 3. Viertel 16. Jahrhundert, L. 122 cm, Bayerisches Nationalmuseum München, Inv. Nr. T 4158, Stolleis 1977, S. 116, Kat. Nr. 57.
11 Kette (Gürtelkette?) aus dem Grab der Pfalzgräfin Amalia Hedwig (1584–1607) in Lauingen, bestehend aus 21 Achatspindeln, die an den Enden von kleinen goldenen Rosetten (mit gedrehtem Golddraht) gefasst sind, 21 Filigranperlen aus zwei Halbkugeln, die in der Mitte von einem Ring aus gedrehtem Golddraht verbunden sind, 40 kleine Flussperlen, Süddeutschland?, um 1600, L. 128 cm, Dm. Filigranperlen ca. 1 cm, Bayerisches Nationalmuseum München, Inv. Nr. T 4233, Stolleis 1977, S. 123f., Kat. Nr. 70.
12 Stolleis 1977, S. 101.
13 Alessandro Allori, Bildnis einer Dame mit einem Gürtel, Ohr- und Haarschmuck aus durchbrochenen, wahrscheinlich mit Parfüm gefüllten Gliedern, 1580–1590, St. Petersburg, Museum Staatliche Eremitage, Abb. in: Orsi Landini/Niccoli 2005, S. 80, Abb. 29.
14 Ein als Anhänger in Filigran eingefasster Bezoar von stattlicher Größe (L. 16,2 cm) aus dem Besitz des Herzogs von Alva (1508–1583) wird im Kunsthistorischen Museum in Wien aufbewahrt, Princely Magnificence 1980, Kat. Nr. 21.
15 Tebbe 2007, S. 48 und Anm. 197.
16 A.a.O., S. 49.
17 Wustmann 1885, S. 141.
18 A.a.O.
19 Eine Zusammenstellung von Objekten aus Goldblech und -draht in: Somers Cocks/Truman 1984, Kat. Nr. 20. – Weitere Beispiele: Drei Besatzstücke aus Goldblech, Spiraldrähten, Email, Perlen, vielleicht Egidius Blanke, Stettin, um 1600, Dm. 1,4 cm, aus dem Grab des Herzogs Franz von Pommern. Ein Besatzstück aus Goldblech, Spiraldrähten, Email, Perlen, vor 1600, Dm. 2,5 cm, aus dem Grab des Herzogs Johann Friedrich von Pommern-Stettin sowie zwei Besatzstücke aus Goldblech, Spiraldrähten, Email, 1577?, Dm. 3,0 cm, aus dem Grab der Erdmuth von Pommern-Stettin, geb. Markgräfin von Brandenburg, Pommersches Nationalmuseum Stettin, Inv. Nr. MNS/Rz 2557 und MNS/Rz 2555/1 u. 2, Januszkiewicz 1995, Kat. Nr. 6, 15, 16. Zwei Besatzstücke aus Goldblech mit Spiralen, süddeutsch, um 1600, München, Bayerisches Nationalmuseum, Inv. Nr. T 4369 und T 4280, Steingräber 1956, S. 126, Nr. 216. Besatzstücke aus Goldblech (ursprünglich 8 Stück) aus einem Grab in der Sophienkirche Dresden, Dresden, Sammlungen der Stadt Dresden, Stadtmuseum, Inv. Nr. 1973/254, Bruck 1912, Tafeln LX und LXI. Mehrere goldene Rosetten aus dem Grab des Markgrafen August Friedrich von Brandenburg, gest. 1601, Engel 2005, S. 214.
20 Kette, Ungarn oder Polen, letztes Viertel 16. Jh., Gold, Email, Perlen, L. 54,6 cm. Budapest, Nationalmuseum, Inv. Nr. Pig. Jank. 6., Scarisbrick/Vachaudez/Walgrave 2007, S. 85.
21 So genannte Moschuskette, wohl ungarisch, um 1600, Gold, Email, Perlen, L. 46 cm, Budapest, Nationalmuseum, Inv. Nr. 60. 365. C., Kiss 2003, S. 44f., Kat. Nr. 34.
22 Kiss 2003, S. 44f., Kat. Nr. 34, 35.
23 Zu dieser Gruppe von Schmuck aus oben beschriebenen Techniken gehören auch die Reste einer weiteren Kette in der Sammlung des Nationalmuseums Budapest (vermutlich ungarisch, um 1600, L. 28,7 cm, Inv. Nr. Pig. Jank. 238). Doch auch aus dem Grab der Konstanza von Österreich (1588–1631), zweiter Gemahlin von Sigismund III. von Polen, in der Kathedrale auf dem Wawel in Krakau ist eine vergleichbare Kette geborgen worden, Wawel 1000–2000, Kat. Nr. I/82 u. Abb. 106, 107. Weitere Verbindungen zu Grabfunden in Rumänien, der Slowakei und auch zu Schmuck aus fürstlichem Besitz ehemals in einem Frauenkonvent in Hall bei Innsbruck sind derzeit Gegenstand einer Untersuchung. Sarisbrick/Vachaudez/Walgrave 2007, S. 85.
24 Daniel Rose (?), Anna von Brandenburg, geborene Herzogin von Preußen (1576–1625), um 1600, Stiftung Preußische Schlösser und Gärten Berlin/Brandenburg, Inv. Nr. GK I 1578.
25 Naumann 2008, S. 103.
26 SächsHStA Dresden, 10037 (Rentkammer), Ausgaben Nr. 184, fol. 139r.
27 Kleinodienbuch des Jacob Mores 1592–1602, Staats- und Universitätsbibliothek Hamburg Carl von Ossietzky, Cod. 1a in scrin, fol. 5r. Die größte auf dieser Seite gezeichnete Perle (in Tropfenform) von 36 Karat veranschlagte der Juwelier mit 4.000 Talern.
28 Jagdtasche (Schwedler), vermutlich Hans Erich Friese, Dresden, um 1609 (vor 1615), Seidensamt, Taft und Leder, farbige Seide, Goldgespinst, Kantillen, Pailletten, Flussperlen, vergoldetes Eisen, ca. 37 x 26 cm, Staatliche Kunstsammlungen Dresden, Rüstkammer, Inv. Nr. X 158, Bäumel 2000, S. 125–133.
29 Prunksattel und Patronentasche mit Reliefstickerei in Form von Tieren und Pflanzen, Hans Erich Friese, Leipzig 1618, bestellt vom Rat der Stadt Leipzig und an Kurfürst Johann Georg I. geschenkt, Scherner/Syndram 2004, S. 117, Kat. Nr. 12 und S. 133, Kat. Nr. 24 (jeweils mit Anmerkungen zum Reitzeug von Hans Erich Friese).
30 Landman/Mikkelsen/Bieler/Bronson 2001, mit weiterer Literatur.
31 Im Jahr 1600 lieferte beispielsweise der Dresdner Juwelier Ludwig de Münter „69 1/4 lott allerhandt sorten perlen in ungleichen werdt", die ihm mit 396 Gulden bezahlt wurden. SächsHStA Dresden (wie Anm. 9), 10037 (Rentkammer), Nr. 184, fol. 140v.
32 Bei den Porträts handelt es sich um die brandenburgischen Markgräfinnen: Agnes (1584–1620; Stiftung Preußische Schlösser und Gärten Berlin-Brandenburg, Inv. Nr. GK I 1098), Dorothea Sibylla (1590–1625; GK I 1097), Elisabeth Sophia (1589–1629; GK I 1095) und Magdalena (1582–1616; GK I 1094).
33 Die gemalten Kleinode sind nicht sehr deutlich zu erkennen. Die Markgräfin Elisabeth Sophia trägt an einer langen Perlenkette ein Kleinod, bei dem es sich um einen Greifen und einen Adler handeln könnte, was als heraldisches Motiv vorstellbar ist. Der Anhänger auf dem Porträts der Markgräfinnen Magdalena und Agnes – sie tragen beide denselben – scheint eine biblische Szene von einer Begegnung an einem Brunnen wiederzugeben. Dorothea Sibylla von Brandenburg hat an ihrer Perlenkette einen runden Anhänger, der lediglich mit Edelsteinen besetzt ist.
34 Stolleis 1977, S. 116–119, Kat. Nr. 59, S. 125f., Kat. Nr. 72.
35 Anhänger in Form eines Kranichs an der Kette aus dem Sarg der Anna Magdalena von Tautenburg, um 1600, Gold, Email, Saphir, Rubin, Bergkristall (?), Perlen, H: 8,5 cm, B: 3 cm.
36 An drei Kettchen wurden insbesondere Anhänger getragen, die aus einer einzelnen Figur bestanden, die keinen irgendwie gearteten Rahmen (Architektur, Bühne, Edelsteinkreis o.ä.) besaßen. Zahlreiche Beispiele sind zu finden im Waddesdon Bequest im British Museum, Tait 1986, Kat. Nr. 18 (Cupido auf einem Pferd), Kat. Nr. 19 (Papagei), Nr. 20 (Papagei); im Schmuckmuseum in Pforzheim, Papagei, Augsburg um 1560–1570, Scarisbrick/Vachaudez/Walgrave 2007, S. 106; im Museo degli Argenti, Palazzo Pitti in Florenz: Anhänger mit einer Gondola, an drei Kettchen, die von kastenförmig gefassten Rubinen mit jeweils zwei angesteckten Perlen unterbrochen werden; süddeutsch, ca. 1570, Scarisbrick/Vachaudez/Walgrave 2007, S. 103.
37 Im amtlichen Protokoll der Gruftöffnung 1819 wurden die Kette (Nr. 5) sowie der emaillierte Kranich (Nr. 6) als einzelne Positionen aufgeführt, mit der Vermutung, dass dieser an der Kette befestigt gewesen war, Coudray 1819.
38 Schneider 1820, S. 19 nennt einen Jaspis, was aber nicht oder nicht mehr zutrifft.
39 Dinkler-von Schubert 1974, Sp. 557f., S. 62f.
40 SächsHStA Dresden, 10024 (Geheimes Archiv), Loc 8694/10, Inventarium Schmuck und Silber Geschirr. 1554. 1662, fol. 296r–312r.
41 Hackenbroch 1979, S. 246f., Nr. 664 + 666.
42 Anhänger in Form eines Kranichs, um 1610, Gold, Email, Diamanten, Rubine, Smaragde, Perlen, Königliche Sammlungen auf Schloss Rosenborg, Kopenhagen, Inv. Nr. 3–103, Rosenborg 2003, S. 62f.
43 Kleinod in Form eines Strauß, heute auf einer Reliquienmonstranz befestigt, wohl Andreas Osenbruck, Prag um 1610–1620, Gold, Email, Diamanten, Rubine, Perlen, Prag, St. Veit, Dom Schatz, Inv. Nr. 177, Freren 1988, Kat. Nr. 337, S. 467–468.

44 Van Looveren 1974, Sp. 218. Den Strauß findet man häufig mit einem Hufeisen im Schnabel, weil ihm neben anderen Eigenschaften nachgesagt wurde, er wäre in der Lage, Eisen zu verdauen.
45 ThHStAW, Grafen, Schenken von Tautenburg, L 460/1.
46 Der älteste Bruder der Anna Magdalena, Christian, und einziger Erbe der Herrschaft Frauenprießnitz heiratete 1627 Dorothea Sibylla Reussin von Plauen, die Tochter seines Vormundes Heinrich Postumus Reuß und besiegelte hiermit die Verbindung der beiden Familien.
47 Papier, Tinte, 15 x 36,5 cm, Frankfurt/Main (FDH FGM Inv. Nr. 12671). – Albrecht 2007a, S. 319, Z. 11 f. Albrecht 2007b, S. 842. Femmel 1971, Nr. 214, S. 75 f. Maisak 1996, Nr. 190, S. 262. – Inwieweit Goethe hier aus dienstlichem oder privatem Interesse unterwegs war, kann seinen kurzen Notizen nicht entnommen werden. Albrecht unterstellt im Kommentar zum Tagebuch als Anlass für die Besichtigung der Frauenprießnitzer Kirche Goethes Interesse an altdeutscher Kunst, obwohl hier keine Erwähnung der Kirchenausstattung erfolgt, anders als im Vergleichsfall Blankenhain.
48 Femmel 1971, S. 76. Maisak 1996, S. 262.
49 Beschreibungen und Umzeichnungen in: Lehfeldt 1888, S. 46–48.
50 Zitiert nach Femmel 1971, S. 76.
51 Coudray 1819.
52 Schneider 1820.
53 Einnahmerechnung für „187 Pfd. noch einigermaßend brauchbares Eisen", in einer „Specification derjenigen Ausgaben so durch die auf höchsten Befehl sr. Königl. Hoheit des Grosherzogs vorgenommene Eröffnung der in der Kirche zu Frauenpriesnitz befindlichen Freyherrn Schenkschen Familiengruft," v. 31. Dezember 1819, ThHStAW, Konsistorialsachen B 4033m, Bl. 4r.
54 Coudray 1819. Die beiden überlieferten Beschreibungen der Befunde bei der Öffnung der Gruft weichen in einigen Details voneinander ab, daher wird an dieser Stelle ausführlicher aus dem zeitnah erstellten amtlichen Protokoll Coudrays zitiert, das wahrscheinlich eher die tatsächlichen Befunde wiedergibt als der später vom Pfarrer aufgesetzte und teilweise ausgeschmückte gedruckte Bericht Schneider 1820, S. 16–23.
55 Schneider 1820, S. 23.
56 „Herr Geheime Staatsrath Schweitzer, zeigte die in Frauenpriesnitz gefundene Ketten und sonstige Alterthümer vor.", Tagebucheintrag Goethes am 19.11.1819, in: WA III/7, S. 113, Z. 22–25.
57 Vulpius 1820, S. V: „Die Veranlassung, alte Begräbnis-Monumente gedrohter Vernichtung zu entreißen, führte kürzlich zur Geschichte des […] Geschlechte der Erb-Schenken von Vargel-Tautenburg."
58 ThHStAW, Konsistorialsachen B4033m.
59 Bei der Inventarisierung 1888 wurde dieser Platz irreführend als „Sacramentsschrein" bezeichnet, Lehfeldt 1888, S. 51. – Aus Sorge um die Sicherheit der Schmuckstücke wechselte 1920–1946 mehrfach ihr Aufbewahrungsort, allerdings konnten sie damals bereits gelegentlich „unter strenger Sicherung" im Stadtmuseum Jena ausgestellt werden, wohin sie nun wieder zurückkehren. Zur wechselvollen Aufbewahrungsgeschichte: Festschrift 1996, S. 20.
60 Schneider 1820, S. 23.
61 „Wohlan! Die Schenkiana haben Bestand als da sie aus der Gruft hervorkommen." – Der Verbleib dieses Kästchens aus Mahagoniholz mit Glasdeckel ist unbekannt, die Beschreibung und Inschrift sind überliefert bei: Schneider 1820, S. 23 f.
62 Weitere Beispiele für die Umstände der Gruftzugänge bei Fingerlin 1992, S. 214. Gruftöffnungen erfolgten in der Regel nur zur Einstellung weiterer Särge, ebd., S. 232. Ebenso bei den sächsischen Kurfürsten: Das kleine Gewölbe im Freiberger Dom, das die Zinnsärge der Kurfürstin Anna († 1585) und Kurfürst August († 1586) beherbergte, wurde nach Einstellung der Särge vermauert und nicht zugänglich gehalten, Wagner 1998, S. 76. Die Rechnungen des Kurfürstenhofes in Dresden belegen, dass der Hofarchitekt Giovanni Maria Nosseni bei der Beisetzung des verstorbenen Kurfürsten Christian II. in Freiberg 1611 die Verantwortung für das ordnungsgemäße Herablassen des Sarges und das Verschließen des Gruftgewölbes trug. SächsHStA, Loc. 4389/9, fol. 616v, zitiert nach Wagner 1998, S. 79. – Vgl. auch die Beisetzungspraxis der Hohenzollern: Rücker 2009, S. 20. Der Zugang der fürstlichen, später königlichen Hohenzollerngruft in Berlin war nur den Familienmitgliedern vorbehalten. „Daher ist der Vorgang der Bestattung in einem aufwendig gestalteten Sarkophag nicht vordergründig aus einem Repräsentationsbedürfnis zu verstehen, sondern in einem umfassenden historischen und kulturgeschichtlichen Zusammenhang zu sehen." Becker 2005, S. 28.
63 Dieser Beitrag übernimmt den von Alexandra-Kathrin Stanislaw-Kemenah treffend definierten Repräsentationsbegriff: „Repräsentation – in ihrer philosophischen Bedeutung der Präsenz von Rückkehr, als Wiederholung – soll […] verstanden werden als eine symbolische Form öffentlicher Statusdemonstration, die mit der Person des Statusträgers interpersonelle Wert- und Ordnungszusammenhänge sinnlich wahrnehmbar darstellt und damit gleichermaßen Identität stiftet und Legitimation erzeugt." Stanislaw-Kemenah 2005, S. 73.
64 Bepler 1993.
65 Schmidt 2002, mit weiterer Literatur.
66 Schmidt 2002, S. 16. Meys 2009.
67 Rücker 2009, S. 20 f. Raschzok 2001.
68 „Der endlich ist gänzlich tot, der keine Grabinschrift hat." Emanuel Philibertus Panealbus, zitiert nach Rücker 2009, S. XI.
69 Zur Baugeschichte allgemein siehe Mohn 2006, S. 282. Jäger 2003, S. 414–416. Holtmeyer 1906, S. 193 f., 348–355.
70 Datierung der fünf ältesten Grabsteine, die aus einer Werkstatt stammen, um 1512, darunter die Grabplatte für Hans Schenk († 1475). Hallof 1995, S. 97. Bei der Platte des Hans Schenk († 1529) fehlt in der Inschrift die Angabe des Todesjahres, Hallof rekonstruiert aus diesem Befund, dass dieser zwischen 1512 und 1529 das Familienbegräbnis anlegen ließ, ebd.
71 Fingerlin 1992, S. 206–208.
72 Hallof 1995, S. 97. – Laut Protokoll Coudrays fand sich unter den älteren Leichensteinen kein Gewölbe, „sondern die Ritter mit ihren Frauen schienen in hölzernen Särgen ohne weitere Auszeichnung in die Erde begraben worden zu sein", Coudray 1819. Demnach lägen Erdbestattungen vor. Die Anlage des nördlichen Anbaus lässt dagegen im westlichen Teil ein drittes Gruftgewölbe analog zu den bereits 1819 entdeckten vermuten, sind doch in der Außenwand in regelmäßigem Abstand drei Lüftungsöffnungen für das Untergeschoss eingebracht, von denen zwei in die seit 1819 wieder zugänglichen Grufträume führen.
73 Quellenüberlieferung zu den Bauarbeiten bei Puhle 1774/1781. Nach Zerstörungen im Dreißigjährigen Krieg und späteren Bränden sind nur geringe Spuren dieser Arbeiten erhalten, so ein Portal des Schlosses und Reste des Südportals der Kirche, Jäger 2003, S. 414–416; Hallof 1995, Nr. 260+-261+, S. 201–203, Nr. 269, S. 210 f.
74 Born 1913, S. 10.
75 Hallof 1995, Nr. 260+-261+, S. 201–203.
76 Puhle 1781, fol. 110–111. – Zu Melchior Brenner siehe Donath 2009.
77 Hallof 1995, S. 97.
78 Ähnliche Zusammenhänge zeigte Ulrich Schütte an etwas jüngeren Beispielen in Thüringen auf, siehe Schütte 2000.
79 Melchior Brenner (zugeschrieben), 1605, Sandstein, je 187 x 100 cm. Hallof 1995, S. 204.
80 Beschreibungen, teilweise Umzeichnungen in Lehfeldt 1888, S. 46–49; Hallof 1995, Nr. 112–116, S. 96–99, Nr. 149–150, S. 129–131, Nr. 191, S. 157 f., Nr. 234, S. 184 f.
81 Die Lebensdaten der Witwe sind auf dem im oberen Drittel stark abgeriebenen Stein nicht lesbar, waren jedoch wahrscheinlich nie dort eingetragen worden, fehlten sie doch schon 1722: „[…] in quo adhuc et locus et annus et dies mortis desiderantur" („auf dem dereinst auch Ort und Jahr und Tag des Todes fehlten", Übersetzung Vf.), Friderici 1722, S. 92 Anm. **. – Agnes von Eberstein war 1636 in Gera verstorben, wurde jedoch erst 1638 in Frauenprießnitz beigesetzt, was als Auswirkungen des Dreißigjährigen Krieges erklärt wird, der in Frauenprießnitz nachhaltige Spuren hinterließ, Hallof 1995, S. 205. Zum Niedergang der Frauenprießnitzer Herrschaft während des Dreißigjährigen Krieges siehe Schaumann 2008.
82 Lehfeldt 1888, S. 46–49.
83 Hallof 1995, S. 204.
84 Schneider 1820, S. 23.
85 Bepler 1993. Schmidt 2002. Hier auch weitere Beispiele für die Instrumentalisierung des Funeralwesens in der landesherrlichen Politik, ebd. S. 83.
86 Auch seine Frau Agnes von Eberstein und seine Kinder Christian, Sophie und Georg lebten zu jener Zeit am kurfürstlichen Hof und nicht in Tautenburg oder Frauenprießnitz.
87 Leyser 1605, S. 2.
88 Sörries 2005, S. 129. – Zur Zurichtung des Leichnams für Aufbahrung und Bestattung ausführlicher Fingerlin 1992, S. 220–231.
89 Schneider 1820, S. 17. – Das Protokoll Coudrays zu den Beigaben im Sarg Burkhards lautet: „1.) emaillierte goldene Ritterkette mit dem Chursächsischen Wappen 2.) ein kleines Kettchen muthmaßlich von Gold mit einer Nadel 3.) ein goldenen Fingerring mit einem grünen Stein 4.) ein Ritterschwerdt mit einem durch Rost unkenntlich gewordenen Griff." Coudray 1819. – Bei dem „Kettchen mit einer Nadel" dürfte es sich um einen Zahnstocher handeln, die als Anhänger an kleinen goldenen Ketten getragen wurden, siehe das Beispiel aus dem Grab Pfalzgraf Philipp Ludwigs (1547–1614) in Lauingen, Stolleis 1977, S. 132 f.

90 Beschreibung bei Schneider 1820, S. 8. Nicht mehr erwähnt im Inventar von Lehfeldt 1888.
91 Hans Dürr d. J. oder Gabriel Gipfel, Dresden zwischen 1601 und 1603, Gold, Email, L: 92 cm. Nagel 2008, S. 20.
92 „Von Gott für das Reich".
93 „Fürchte Gott und ehre den Kaiser".
94 Die Glieder der mittleren Kette sind bei dem Frauenprießnitzer Stück nicht verbunden, wohl ein nachträglicher Defekt.
95 Der 1566 geborene Freiherr war nach seinem Studium in Jena und Padua am Hofe Herzogs Friedrich Wilhelm in Weimar als Lehrer und Hofmeister tätig. Von dort kam er als Erzieher an den kursächsischen Hof in Dresden und stand früh dem späteren Kurfürsten Christian II. (ab 1601 allein regierend) nahe, der seine Karriere stetig beförderte und seine Dienste hoch schätzte. 1598 wurde am Dresdner Hof die Hochzeit des Freiherrn mit Agnes Gräfin von Eberstein (verw. von Hohenstein) arrangiert und ausgerichtet. Alle schriftlichen Quellen (Inschriften auf Sarg und Epitaph, Leichenpredigten) nennen seine Ämter, schmücken seine tugendhafte Erfüllung der dienstlichen Pflichten aus und bezeugen die hohe Wertschätzung des Schenken durch den Kurfürsten.
96 Bereits Ilse Fingerlin betonte die Unterscheidung von repräsentativen Darstellungen und privaten, persönlichen Totenporträts. Die Darstellungen der in Kleidern aufgebahrten Personen, umgeben von ihren Standessymbolen, geben eine Schaustellung wieder, die für die Öffentlichkeit bestimmt ist. Auch das häufig gewählte Medium des Kupferstichs spricht für die intendierte Verbreitung des Bildes in beliebiger Vervielfältigung. Fingerlin 1992, S. 225, Anm. 629, mit Bildbeispielen.
97 Öl/Leinwand, 110 x 223 cm, ca. 1627, Lockwitz.
98 Andreas Riehl, Totenbild des Markgrafen Georg Friedrich d. Ä. von Brandenburg-Ansbach, Ansbach 1603, Öl/Leinwand, 111 x 210 cm, Potsdam, SPSG Berlin-Brandenburg; Neues Palais, Inv. Nr. GK I 3015, Erichsen/Brockhoff 1999, S. 264f., Abb. 4.10.
99 Leyser 1605, S. 45 f. Direkt hinter dem Sarg gingen die beiden Söhne des Schenken, Georg und Christian. Dann folgten Gesandte des Kurfürsten Christian II. und des Herzogs Johann Georg von Sachsen. Nach den Herzögen Ulrich und Albrecht von Holstein, Gesandten des Grafen von Solms und Heinrich Reuß d. Jüngeren folgten weitere Hofmänner und kurfürstliche Räte. Die anschließende Gruppe der Frauen wurde von der kurfürstlichen Witwe Sophia, Markgräfin von Brandenburg, angeführt. Nach ihr ging die Kurfürstin Hedwig, Prinzessin von Dänemark, hinter ihr Herzoginnen von Sachsen und Holstein. Erst nach dem kurfürstlichen Hofstaat folgte die Tochter des Verstorbenen, Sophia und abschließend weibliche Verwandte von Vater und Mutter. Dem Begleitschreiben Leysers zur Veröffentlichung der Leichenpredigten ist zu entnehmen, dass die Witwe offensichtlich aufgrund ihrer großen Trauer und damit verbundener gesundheitlicher Probleme nicht selber an den Trauerfeiern im September in Dresden teilnahm. – Zu Weimar: Der Maler Martin Lamprecht gab die Weimarer Trauerprozession wieder und versah Einzelheiten mit einer Legende. Hier folgten der fürstlichen Leiche die Haupttrauernden, angeführt von den männlichen Mitgliedern der Verwandtschaft und Abgesandten anderer Höfe, unter denen auch als Gesandter des sächsischen Kurfürsten „Herr Burgkhart Schenck" ging, Schmidt 2002, S. 95.
100 Leyser 1605, S. 69.
101 Das christlich-tugendhafte Handeln Burkhards wird in den Nachrufen häufig ausgeführt. Hierbei handelt es sich nicht allein um die Verwendung einen Topos der Herrschertugenden, tatsächlich hatte sich der Freiherr um die kirchliche Organisation seiner Herrschaft bemüht und für die Einrichtung einer eigenen Superintendentur in Frauenprießnitz gesorgt, Leyser 1605, S. 87.
102 Leyser 1605, S. 51: „Zu Frawen Prißnitz ist die Leich gar ehrlich von vielen Adelichen und Geistlichen Personen angenommen [...]", es folgt die Aufzählung der Namen.
103 Zinn, teilweise farbig gefasst und vergoldet, 55 x 79 x 221 cm, Dresden 1605. – Vgl. besonders den Zinnsarg Christians I., abgebildet in: Kunde 2004, S. 28, Abb. 10.
104 Hentschel 1932, S. 55.
105 Hentschel 1932, S. 57–59, nachgewiesen zwischen 1585 und 1606, siehe die Särge der Kurfürstin Anna († 1585), der Kurfürsten August († 1586) und Christian I. († 1591) und der Herzogin Sibylle Elisabeth († 1606). Die Hofrechnungen überliefern als Gießer für die Särge der kurfürstlichen Familie zwischen 1591 und 1611 den Dresdner Gottschalk Specht. Als Graveure der zahlreichen Inschriften sind Paul Lincke d. J. und Georg Frauenstein belegt.
106 Maße und Inschriftenaufnahme siehe Hallof 1995, S. 205–208.
107 Vgl. Rechnungsakten im SächsHStA Dresden, zitiert bei Hentschel 1932, S. 59. Vgl. die Berechnungen von Freitag 2005, S. 121.
108 „Kurtze Beschreibung des Process so bey des Durchlauchtigen Hochgeborn Hertzogen Christiani Churfürstens zu Sachsen/etc. Begrebnis/zu Dreßden und Freyberg gehalten worden: Samptverzeichnis etlicher fürnemer Trostsprüche/welche I. C. F. am letzten ende gebraucht: Und einer waren Abconterfeyung der Churf: Leiche/auch Zinneren Sarg/darinnen dieselbige gelegen/ordentlich durch Ziffern angezeiget. Gedruckt aus eim Dreßdens Original Exemplar Franckfurt an der Oder bei Nicolao Voltzen/.1. Monat vorm Jar 1592." Abb. bei Kunde 2004, S. 24.
109 Schneider 1820, S. 19 f. – Das Protokoll Coudrays führt auf: „5.) eine Schmuckkette; 6.) ein emaillierter Kranich, der wahrscheinlich an der Kette befestigt war, 7) ein Kreuz von Glas; 8.) eine mit Glasperlen verzierte Brieftasche 9.) die Reste einer Kopfbinde", Coudray 1819.
110 Lehfeldt 1888, S. 52 f.
111 Der sonst unbekannte Begriff des „Extermitaton mit weißer Perlen-Einfassung" bei Schneider könnte an den Innenwinkeln des Kreuzes abstehende Golddrähte mit aufgesteckten Perlen meinen, wie sie ein Fundstück im Grab des 1572 verstorbenen Grafen Alwig IX von Sulz in Tiengen zeigt, siehe Fingerlin 1992, S. 330, mit Abb.
112 In der von Vulpius 1820 zusammengestellten Familiengeschichte der Schenken von Tautenburg werden als Kinder Burkhards nur die Söhne Christian und Georg erwähnt. Vulpius 1820, S. 15.
113 Kunde 2007, S. 32.
114 Das älteste Zeitzer Totenbildnis eines Mädchens datiert 1672, siehe Kunde 2007, S. 35, Abb. S. 28.
115 Leyser 1605, S. 2 f.
116 Neben den Särgen des Ehepaares Burkhard und Agnes Schenken von Tautenburg standen in dem Gruftgewölbe der Sarg ihres 1613 verstorbenen Sohnes Georg und bis 1819 der Sarg Anna Magdalenas, dazu die verfallenen Reste eines hölzernen Kindersarges ohne Gebeine. In dem zweiten Gruftgewölbe wurden die Särge der folgenden Generation der Herrschaft versammelt, hier ruhen Christian Schenk von Tautenburg, der älteste überlebende Sohn von Burkhard und Agnes, und dessen Gemahlin Dorothea Sybilla geb. Gräfin von Reuß († 1631). Der Verbleib ihres bald nach der Geburt verstorbenes Kindes († 1632) ist nicht mehr nachvollziehbar, beschreibt das Protokoll Coudrays doch nur noch „die Spuren eines hölzernen Sarges mit den auf dem Boden zerstreuten Resten eines Skeletts". Coudray 1819. – Von einer rigorosen Ausgrenzung ungetaufter Kinder aus der Gesellschaft kann im lutherischen Sachsen Anfang des 17. Jahrhundert nicht die Rede sein, vgl. Illi 1994, S. 61. Trauerfeiern, Leichenpredigten und kirchliche Bestattungen von totgeborenen Säuglingen beiderlei Geschlechts sind sowohl für gräfliche Familien in Sachsen wie die Nachkommen der Kurfürsten belegt. Siehe die Grabplatte des 1608 tot geborenen Sohnes Johann Georgs I. im Freiberger Dom, Abb. bei Magirius 1977, Nr. 178. Auch die bei den Begräbnissen ungetaufter Kinder gehaltenen Leichenpredigten wurden im Druck verbreitet, so zum Beispiel: „Eine Christliche Leichpredigt/Aus dem Matthaeo am 18. Von kleinen Kindern/und ihrem Zustande. Bey dem traurigen Begräbnüs Des Edlen/Gestrengen onnd Ehrnvehsten Ritters/Herrn Heinrichs von Bünnaw auff Tetschen und Bodenbach/fünfften Söhnleins/welches den 19. Junij diß 1606. Jahrs/unter Mütterlichem Hertzen all-bereit verschieden/ist todt zur Welt geborn/und folgends den 22. Junij in sein Ruhebettlein gelegt worden/Gehalten in der Pfarrkirche zu Tetschen/Durch M. Urbanum Killerum [...] Leipzig 1606."
117 Zum Beispiel SächsHStA Dresden, 10024 (Geheimes Archiv), Loc. 8289/13, Acta Handschreiben Philipp Ernsts Graf von Gleichen, so wie seines Bruders Johann Ludwigs, letzter Graf von Gleichen, an Agnes, Wittwe des Schenken Burkhard von Tautenburg, ingleichen ein Schreiben des Berg- und Münzmeisters Andrä in Weimar an letztere. 1605 - 1625, fol. 5r. ThHStAW, Grafen, Schenken von Tautenburg L 460, Akten betr. das Ableben und das Begräbnis der Schenkin Frl. Anna Magdalena von Tautenburg 1620, enthält Anschreiben an Georg Mylio (Jena) und verschiedene Kondolenzbriefe.
118 Caspar Herbach, Zinn, farbig gefasst und vergoldet, 53 x 70 x 180 cm, Weimar 1620.
119 Coudray 1819.
120 Hallof 1995, S. 226.
121 Hallof 1995, S. 226.
122 ThHStAW Grafen, Schenken von Tautenburg L 462, Bl. 2r-v.
123 Agnes von Eberstein an Georg Mylius, Frauenprießnitz den 24. August 1620, ThHStAW, Grafen, Schenken von Tautenburg L 460, Bl. 1v.
124 Thieme/Becker 1923, S. 444.
125 Verhältnismäßig schlichte Gefäßfassungen in den Sammlungen in Dresden und Rosenborg/Kopenhagen werden ihm zugeschrieben, Kappel/Brink 2009, Kat. Nr. II. 40, II. 41, II. 44 – 46; dazu ein reich emaillierter Ständer mit Kristallkugel in der Ambraser Sammlung in Wien, Thieme/Becker 1923, S. 444.
126 Lehfeldt 1893, S. 358.
127 Mittermeier 2003, S. 234.
128 Schneider 1820, S. 24.

Sonderthema 2009:
Innerdeutsche Grenze und MfS-Bauten – Retrospektive

Matthias Schmidt

Der Raum der ehemaligen innerdeutschen Grenze im Blick der Denkmalpflege

Am 09. November 2009 jährte sich zum zwanzigsten Mal die Öffnung der ehemaligen innerdeutschen Grenze. In einer Reihe von Veranstaltungen und Publikationen, wie etwa den Bänden des Deutschen Nationalkomitees für Denkmalschutz,[1] wird an dieses Ereignis erinnert, das für Deutschland und Europa, letztlich das gesamte globale Machtgefüge weit reichende Folgen hatte. Dieses Ereignis führte zur Überwindung einer befestigten Grenze (Abb. 1),[2] mit der äußerst vielschichtige, nicht zuletzt auch tragische Bedeutungsebenen verbunden sind. Die Grenzbefestigungsanlagen zerschnitten willkürlich Landschaftsräume (Abb. 2), zu deren Topographie gleichermaßen zusammengehörende Orts-[3] und Siedlungsstrukturen,[4] Verkehrserschließungen sowie wirtschaftliche und kulturelle Verknüpfungen gehörten. So reicht bei einer retrospektiven Betrachtung des Grenzraums nicht der verengte Blick auf die Reste der Grenzbefestigungsanlagen, sondern es müssen auch die bisweilen gravierenden Veränderungen gewachsener Strukturen sowie die auf beiden Seiten der Grenze entstandenen Einrichtungen[5] (Abb. 3) in Reaktion auf die Grenze Beachtung finden. Der Denkmalpflege kommt in diesem Kontext Länder übergreifend eine besondere Rolle zu.

Die Folgen der Grenzbefestigung

Mit dem Abzug der Amerikaner aus Thüringen und der Einrichtung der Besatzungszonen bildete sich schnell ein Ost-West-Konflikt heraus, der zu einer zunehmenden Abgrenzung der Machtsphären führte. Erste Konflikte resultierten aus dem Streckenverlauf der Eisenbahnlinien, der sich vorrangig an der Modellierung des Geländes und nicht an alten Territorialgrenzen orientierte. So verlief die Strecke der Bahnlinie im Werratal, die als Nachschublinie der Amerikaner diente, über 5,6 km durch die sowjetische Besatzungszone.[6] In der Folge kam es immer wieder zu Störungen des Bahnbetriebs. Die Auseinandersetzung führten zum Wanfrieder Abkommen,[7] das eine Grenzbegradigung beinhaltete und in dessen Folge die hessischen Orte Vatterode, Asbach, Sickenberg, Weidenbach und Hennigerode an Thüringen sowie im Gegenzug die Orte Neuseesen und Werleshausen an Hessen abgetreten wurden.[8] Im Südwesten war das Kalirevier bei Vacha in ähnlicher Weise betroffen. Um den Betrieb der Gruben

Abb. 1   Frankenheim, Grenzzaun I, Ansicht von Südwesten, 2004

Abb. 2   Pferdsdorf-Spichra, Kolonnenweg, Ansicht von Nordwesten, 2003

Abb. 3 Heringen-Kleinensee, Mahnmal Bodesruh, Ansicht von Südosten, 2008

Abb. 4 Geismar OT Döringsdorf-Bebendorf, Herrensitz Keudelstein, um 1909

nach Schließung der Grenze weiterhin sicher stellen zu können, mussten Bahnstrecken verlegt und in einzelnen Abschnitten neu gebaut werden.[9] Ähnliche Streckenumlegungen waren auch im Bereich der Hauptstrecke bei Gerstungen notwendig. In anderen Bereichen wurden Streckenführungen unterbrochen, wie etwa die Hauptstrecke Kassel-Halle bei Arenshausen im Eichsfeld. In ähnlicher Weise wurde bei Straßenverbindungen verfahren.

Verheerend wirkten sich die Grenzschließung und zunehmende Befestigung auf den überkommenen Gebäudebestand im unmittelbaren Grenzbereich aus. Betroffen waren Einzelbauten und ganze Ortslagen. In einem fortschreitenden Prozess sollten alle Möglichkeiten zur Flucht ausgeschaltet werden. Nach ersten Zwangsaussiedlungen[10] wurde später der unmittelbare Grenzbereich im Rahmen der Möglichkeiten frei geräumt. So entstanden in Südwestthüringen unter anderem die Wüstungen Heiligenroda und Niederndorf bei Oberzella (Wartburgkreis), Schmerbach bei Helmershausen (Landkreis Schmalkalden-Meiningen) und Debertshausen bei Nordheim (Landkreis Schmalkalden-Meiningen). Die bereits genannten ehemals hessischen Orte Asbach und Sickenberg (Eichsfeldkreis) waren in den 80-er Jahren weitgehend leer gezogen und sollten gleichfalls eingeebnet werden, was letztlich nur durch die Wende verhindert wurde.[11]

Nicht verschont blieb dagegen die östlich von Asbach liegende Burgruine Altenstein, die nach einem von dort ausgegangenen Fluchtversuch 1973 gesprengt wurde. Erhalten blieben lediglich Reste des Pallas. Ein ähnliches Schicksal ereilte den architektonisch bedeutsamen Herrensitz Keudelstein (Eichsfeldkreis)[12] (Abb. 4) aus der Zeit der Renaissance. Er lag nahe der Grenze und wurde um 1972 gesprengt. Die unmittelbar am Grenzstreifen stehende stattliche Burgruine Hanstein bei Bornhagen (Eichsfeldkreis) (Abb. 5) wurde dagegen in die Grenzsicherungsanlagen einbezogen und als Beobachtungsturm genutzt.[13] Einen ähnlichen Umgang erfuhr die an der Grenze erbaute Kapelle bei Kella (Eichsfeldkreis), die die Grenztruppen als Unterstand nutzten. Der zur Kapelle führende Stationsweg blieb im Wesentlichen erhalten. Anders erging es dem Stationsweg und der Kapelle bei Kirchgandern (Eichsfeldkreis). Die Kapelle wurde niedergelegt

Abb. 5 Bornhagen-Rimbach, Burgruine Hanstein, Ansicht von Osten, 2009

Der Raum der ehemaligen innerdeutschen Grenze im Blick der Denkmalpflege

Abb. 6   Kirchgandern, Kreuzwegstation mit reparierter Klus, Ansicht von Südwesten, 2009

Abb. 8   Teistungen, ehemaliges Zisterzienserinnenkloster Teistungenburg, Klosterkirche, Ansicht von Nordwesten, 1961

Abb. 7   Teistungen, ehemaliges Zisterzienserinnenkloster Teistungenburg, Ansicht von Südwesten, um 1904

und die Stationen in Teilen zerstört (Abb. 6), da man annahm, dass von dort Fluchtversuche unternommen werden könnten. Einen ähnlich pietätlosen Umgang mit historischen kirchlichen Zeugnissen erfuhr das an der Grenze zu Niedersachsen liegende Kloster Teistungenburg (Eichsfeldkreis) (Abb. 7).[14] Das Klosterareal wurde – nach anfänglichen Erhaltungsbemühungen – über Jahre dem Verfall überlassen, was schließlich 1963 zum Abbruch der Klosterkirche (Abb. 8–9) und 1978 zum Abbruch weiterer Gebäude führte. Erhalten blieben lediglich das prächtige barocke

Abb. 9   Teistungen, ehemaliges Zisterzienserinnenkloster Teistungenburg, Klosterkirche, Westportal, 1961

Abb. 10   Teistungen, ehemaliges Zisterzienserinnenkloster Teistungenburg, Scheune und Portal, Ansicht von Süden, 2009

südliche Eingangstor, die Umfassungsmauern der ehemaligen Scheune und Teile der Klostermauer (Abb. 10).[15] Dieses Schicksal blieb dem Kloster Zella (Unstrut-Hainich-Kreis) erspart. Es wurde von der evangelischen Kirche als Pflegeheim genutzt und damit vor dem Verfall bewahrt.[16]

Denkmalpflege im Bereich der innerdeutschen Grenze vor 1989

Im ausschließlich Sicherungszielen unterworfenen Grenzraum war vor 1989 staatliches denkmalpflegerisches Handeln nur unter sehr erschwerten Bedingungen möglich. Ohne Passierschein konnte der 5-km-Sicherheitsstreifen nicht betreten werden. Gleichwohl gab es fortwährend Bestrebungen zur Pflege von Baudenkmalen. So setzte sich schon 1950 der damalige Beauftragte für Naturschutz und Denkmalpflege des Kreises Heiligenstadt (jetzt Eichsfeldkreis) Dr. Johannes Müller für den Erhalt der Burgruine Hanstein ein.[17] Nach den ersten staatlich geförderten Instandsetzungsmaßnahmen der 50-er Jahre wurden auf der Grundlage einer denkmalpflegerischen Zielstellung des Instituts für Denkmalpflege Erfurt nach 1983 umfangreiche Sicherungsmaßnahmen durchgeführt.[18] Auch der Erhalt des Klosters Teistungenburg blieb immer das Ziel denkmalpflegerischen Handelns. So wurde 1955 die Summe von 6000 DM vom Rat des Kreises Worbis für Instandsetzungs- und Sicherungsarbeiten zur Verfügung gestellt.[19] In einem Schreiben vom 19. Mai 1956 heißt es: „Wie uns vor einiger Zeit gemeldet wurde, befinden sich in dem östlichen Teil des Wohnblocks und zwar augenscheinlich im ehemaligen Remter noch eine Reihe größere Freskenmalereien (8 Stck.) und kleinere Embleme zwischen Stuckeinrahmungen, die soweit wir feststellten, bis auf 1 Stck. gut erhalten sind [...] Wir haben den Bürgermeister von Teistungen gebeten darauf zu achten, dass Beschädigungen nicht eintreten und wir bitten Sie bei Ihrer nächsten Anwesenheit die Burg zu besichtigen. Z. Zt. werden in den Korridorräumen des Wohnteiles erhebliche Reparaturen ausgeführt. Der größte Teil der Deckenbalken ist verfault und werden diese durch neues Material ersetzt."[20] Im Juli 1956 setzte das Institut für Denkmalpflege in Halle für das Jahr 1957 weitere 15 000 DM im Schwerpunktplan des Bezirks Erfurt an.[21] Der Rat des Bezirkes Erfurt avisierte eine Summe von 31 000 DM.[22] Insgesamt wurden Mittel in Höhe von über 60 000 DM zur Verfügung gestellt.[23] Auch in den folgenden Jahren bemühte sich die Denkmalpflege intensiv um den Erhalt der Klosteranlage, was aber an nicht mehr zur Verfügung stehenden Mitteln scheiterte. Letztendlich mussten Anfang 1960 die Kirche und ein angrenzendes Gebäude wegen Einsturzgefahr gesperrt[24] werden.

Mit dem Bau der Mauer im Jahr 1961 war das Schicksal des Klosters besiegelt. Bei den weiteren Überlegungen hatte die Grenzsicherung oberste Priorität. Gleichwohl ließen die Bemühungen der Denkmalpflege zur Erhaltung der Anlage nicht nach. So heißt es in einem Schreiben vom 9. Februar 1962: „Der gedrungene charakteristische Turm über dem schönen barocken Westportal der ehem. Kirche ist in der Gestaltung des Ganzen der wichtigste Bauteil. Er gibt bei der hervorragenden Lage der Teistungenburg der Landschaft weithin bis über die Staatsgrenze das Gepräge."[25] Diese Argumentation wurde in der Folgezeit immer wieder aufgegriffen, um die für den Erhalt des Klosters Verantwortlichen im Kreis Worbis zu Erhaltungsmaßnahmen zu bewegen. Der Rat des Kreises Worbis vertrat dagegen eine andere Auffassung. In einem Schreiben vom 19. Februar 1962 heißt es:

„Gegenwärtig besteht von unserer Seite aus keine Möglichkeit, Arbeiten an diesem Gebäude durchzuführen, da es ein Gebäude im Bereich des 500-m-Gebietes an der Staatsgrenze West ist. Es ist notwendig, eine gemeinsame Auffassung zu erarbeiten, inwieweit überhaupt noch gesellschaftliches Interesse durch Verwendung staatlicher Mittel an diesem Gebäude besteht."[26] Damit war das weitere Vorgehen vorgegeben, das in klarem Widerspruch zur fachlichen Auffassung des Instituts für Denkmalpflege Halle stand. So heißt es in einer Abschrift vom 22. Mai 1962: „Die Beteiligten kamen zu der Schlussfolgerung, dass es nicht verstanden wir [sic!], dass diese Anlage von solchen [sic!] künstlerischem, geschichtlichem oder wissenschaftlichem Wert wäre, dass sie im Interesse unseres Staates und der Gesellschaft erhalten werden müsste. Hinzu kommt, dass diese Ruine auch keiner Nutzung zugeführt werden kann, damit sie allgemeinen Wohn- und Lebensbedürfnissen unserer Bürger Rechnung tragen könnte (§ 8 der Verordnung) und dieses Denkmal auch der Öffentlichkeit nicht zugänglich gemacht werden kann (§ 2 der 1 DB zur Verordnung).

Leider liegt diese bauliche Anlage im 500-m-Streifen und ist aus westlicher Richtung von Gerblingerode und Duderstadt gut zu sehen, so dass die Entscheidung über den Abbruch dieser Anlage nicht durch den Rat des Kreises getroffen werden kann und entsprechend der Verordnung über den Schutz und die Pflege der Denkmale vom 28.9.61 auch durch das übergeordnete Verwaltungsorgan zu entscheiden ist. Es besteht die Auffassung, keine Mittel in dieser [sic!] Ruine zu investieren, da die Höhe der zu investierenden Mittel für die Erhaltung einem Neubau gleich kommen würde.

Ich stelle den Antrag, diese Ruine im Rahmen der Enttrümmerung 1963 nach Bereitstellung der Enttrümmerungsmittel durch den Rat des Bezirks zu beseitigen."[27] Im Sinne dieses, in der Argumentation vordergründigen und in der Sprache entlarvenden Schreibens wurde dann der Abbruch beschlossen und vollzogen[28] – man folgte dem obersten Primat der Grenzsicherung. Bei den folgenden Abbrüchen im Jahr 1978 ließ dann die Sprachregelung keine Zweifel mehr zu. In einer Aktennotiz vom 2. Oktober 1978 heißt es dazu: „Das Objekt war bis 1961 als Denkmal eingestuft, danach erscheint es nicht mehr auf der Kreisliste. Der Ortstermin fand auf Berufung des § 13 des Denkmalschutzgesetzes statt. Eine Denkmaleigenschaft wurde am Objekt zweifelsfrei festgestellt.

Gegenstand war das Abrissersuchen des Rates des Kreises Worbis an den Minister für Kultur.

Begründung
1. Der Abbruch ist zur Sicherung der Staatsgrenze erforderlich. Es geht um die operativ faktische Freiheit zur Beweglichkeit und Handlung in der Flanke der Grenzübergangsstelle

2. Das Ansehen der DDR verlangt es, einen ‚Schandfleck' zu beseitigen; Hinweis auf das ‚Zonenrandprogramm' der BRD – Möglichkeit der Einsicht von der Seite der BRD.
3. Eine gesellschaftliche Nutzung ist jetzt und in der Perspektive ausgeschlossen.

In der Diskussion wurde Punkt 2 der Begründung vom Vertreter des Instituts widerlegt. Es kann dem nationalen und internationalen Ansehen unseres Staates mehr schaden, wenn wertvolles historisches Kulturgut auf unserem Territorium unter ständiger Beobachtung seitens der BRD vernichtet wird."[29]

Der Grenzraum im Blick der Denkmalpflege nach 1989

Mit der Maueröffnung am 09. November 1989 ergab sich für den an die Reste des Klosters Teistungenburg anschließenden befestigten Grenzbereich eine neue, in der Öffentlichkeit zunächst kaum zu vermitteln denkmalfachliche Bewertung, die fast einem Paradigmenwechsel gleich kam und exemplarisch für die Bewertung aller erhaltenen Sachzeugnisse der Grenzbefestigungsanlagen stand. Am 09. November 1989 fand eine Epoche ihren Abschluss, deren Zeugnisse nach allgemeiner Übereinkunft zum Gegenstand denkmalpflegerischen Interesses wurden, d.h. die Grenzbefestigungsanlagen (Abb. 11), die die Zerstörung des Denkmals Kloster Teistungenburg maßgeblich mit verursacht hatten, erlangten nun selbst den Status eines Denkmals.

Die Neubewertung erfolgte in einer Zeit, in der sich politische Wertvorstellungen grundlegend wandelten. Das bedeutete, dass die vorhergehende Epoche als überwunden galt und die Sachzeugnisse ihrer Herrschaft jede Legitimation verloren hatten – die Ordnungs-, Überwachungs- und Sicherungseinrichtungen wurden als Symbole eines Unterdrückungs- und Unrechtssystems verstanden. Ihre Beseitigung begriff man als einen Akt der Befreiung.[30] Während die Denkmalpflege die hohe Bedeutung der Grenzbefestigungsanlagen als ein in dieser Form in Europa singuläres Geschichtsdenkmal sah, das in seiner Dimension allenfalls mit dem Atlantikwall zu vergleichen ist, wollte die Bevölkerung einen möglichst vollständigen Rückbau. Dem entsprach die Bundesregierung, in deren Eigentum die betroffenen Flächen übergegangen waren, und erteilte den ehemaligen Grenztruppen den Auftrag zum Abbau der Grenzsicherungsanlagen.[31]

Die Denkmalpflege reagierte zunächst zurückhaltend auf diese Entwicklung, da eindeutige Bewertungskriterien, erforderlicher Schutzumfang und zu ergreifende Erhaltungsmaßnahmen nicht eindeutig geklärt waren.[32] Es fehlte zudem eine systematische, abgestimmte Länder übergreifende Erfassung, die ein klares Bild des tatsächlich erhaltenen Bestandes vermitteln konnte.[33] So waren im Freistaat Thüringen, der mit 763 km den größten Teil

Abb. 11 Teistungen, ehemaliger Grenzübergang Teistungenburg, Sperrwerk, Ansicht von Norden, 2009

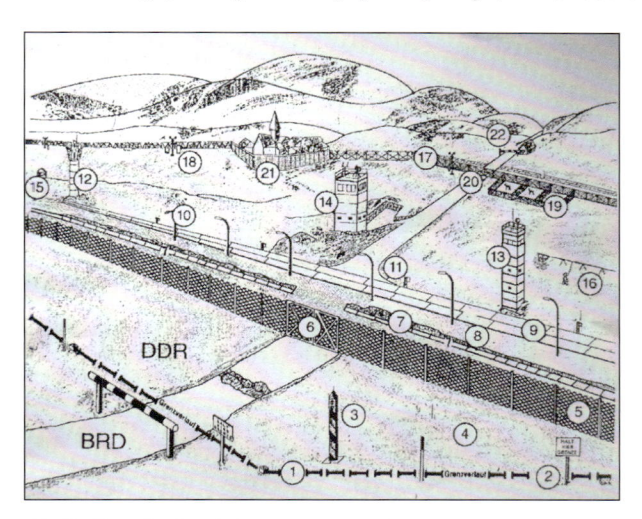

Abb. 12 Ehemalige Grenzbefestigungsanlagen, schematische Darstellung, ca. 1980

der 1 378 km langen Grenze abdeckt, bis zum Jahr 2002 neun Einzelobjekte und kleinere Grenzabschnitte in das Denkmalbuch eingetragen. In der Folgezeit nahm das Interesse an den Relikten der Grenzbefestigungsanlagen stetig zu, was durch die zunehmende zeitliche Distanz erklärbar ist. So wurden in Thüringen Überlegungen angestellt, den gesamten Grenzverlauf als Flächendenkmal einzutragen. In anderem Zusammenhang wurde sogar von Weltkulturerbe gesprochen.[34]

Die flächendeckende Neuerfassung des Bestandes im Jahr 2003 ergab für den Freistaat Thüringen als überraschendes Ergebnis eine Zahl von etwa 240 Sachteilen, die z. T. in Abschnitten mit räumlichem Bezug, z. T. als Einzelobjekte erhalten sind. Ein zunächst avisierter Eintrag als Flächendenkmal war trotz dieser Zahl auf Grund des fehlenden Zusammenhangs nicht vertretbar.[35]

Abb. 13 Frankenheim, Grenzpfahl, Ansicht von Südwesten, 2004

Bei der Erfassung waren die Reste der Grenzbefestigungsanlagen als ein komplexes System zu betrachten (Abb. 12), das sich tief in den Raum staffelte.[36] D e äußere Befestigung[37]

Der Raum der ehemaligen innerdeutschen Grenze im Blick der Denkmalpflege

Abb. 14   Teistungen, Grenzzaun I, Ansicht von Nordosten, 2009

Abb. 16   Dankmarshausen, Lichttrasse, Ansicht von Nordosten, 2003

Abb. 15   Eisenach-Stregda, Kfz-Sperrgraben, Ansicht von Nordosten, 2005

Abb. 17   Ifta, Kolonnenweg, Ansicht von Südosten, 2003

Der Raum der ehemaligen innerdeutschen Grenze im Blick der Denkmalpflege

Abb. 18 Henneberg, Erdbunker, Ansicht von Südosten, 2004

Abb. 20 Motzlar, Führungsstelle, Ansicht von Nordosten, 2006

Abb. 19 Krauthausen-Deubachshof, Beobachtungsturm BT 11, Ansicht von Nordosten, 2003

Abb. 21 Katharinenberg, Kontrollpunkt, Ansicht von Südosten, 2006

Abb. 22 Eisenach-Stregda, Beobachtungsturm 5-km-Streifen, Ansicht von Nordosten, 2007

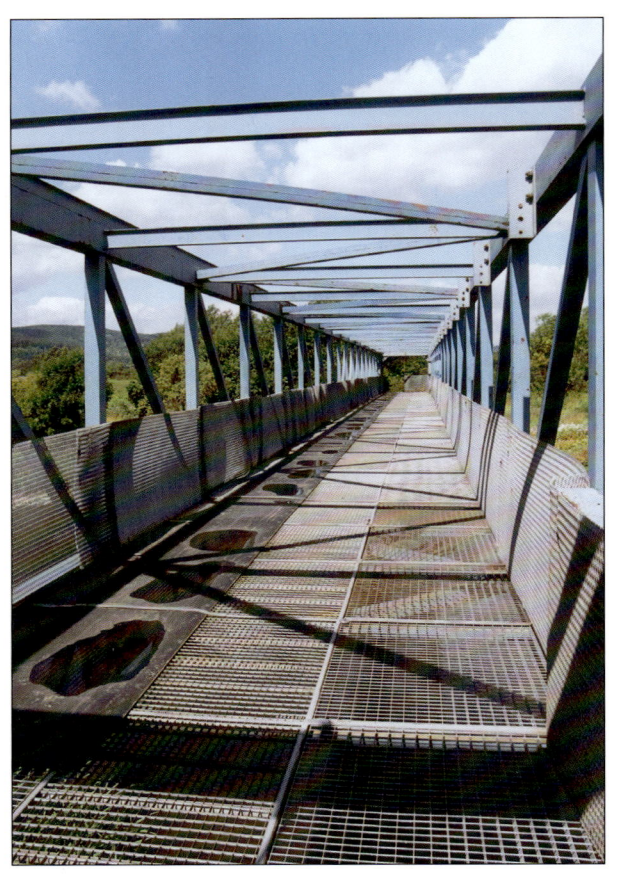

Abb. 24 Treffurt, Sperrwerk an der Werra, Ansicht von Süden, 2003

Abb. 23 Vacha, Mauerfragment an der Werra, Ansicht von Südwesten, 2003

Abb. 25 Räsa, Grenztruppenkaserne, Ansicht von Südwesten, 2003

(Abb. 13) bildete der Grenzzaun I mit armierten Betonpfählen und Streckmetallmatten (Abb. 14). Daran schlossen ein durch Chemikalien von Bewuchs freigehaltener so genannter „Todesstreifen" – ehemals vermint – mit Sichtfeld, ein durch Betonplatten befestigter Kfz-Sperrgraben (Abb. 15), ein Kontrollstreifen K-6 als geeggter Spurensicherungsstreifen, eine Lichttrasse mit Peitschenlampen (Abb. 16) sowie Kolonnenwege (Abb. 17) mit Ruf- und Sprechsäulen an. Der dahinterliegende 500-m-Streifen war durch Hundelaufanlagen, Erdbeobachtungsbunker (Abb. 18), Beobachtungstürme vom Typ BT 11[38] (Abb. 19), Führungsstellen[39] (Abb. 20), Hundefreilaufanlagen sowie einen Grenzsignal- und Sperrzaun II gesichert. Es folgte ein 5 km breites Sperrgebiet, das nur mit einem Passierschein betreten werden durfte. An den Zufahrtsstraßen befanden sich Kontrollpunkte der Volkspolizei mit Wachhäusern (Abb. 21). Die Zufahrtsstraßen wurden zusätzlich durch Beobachtungstürme[40] (Abb. 22) überwacht. Aus Betonfertigbauteilen errichtete Mauern (Abb. 23), Sperrwerke in Flüssen (Abb. 24) sowie verrohrte Bachläufe sicherten besonders gefährdete Bereiche. Gassentore und Agentenschleusen ermöglichten Sondereinsätze. Ka-

Abb. 26 Henneberg, Beobachtungsbunker, Ansicht von Nordosten, 2004

Abb. 27 Eisenach-Stregda, Übungsgelände der Grenztruppen, Ansicht von Norden, 2005

sernen[41] (Abb. 25), Truppenübungsplätze, ein tief gestaffeltes Wegenetz und Grenzübergangsstellen bildeten die Infrastruktur[42] des komplexen Sicherungssystems.

Der erfasste Bestand erhaltener Sachzeugnisse dokumentiert in einer breiten Facette die Sicherungseinrichtungen der ehemaligen Grenzbefestigungsanlagen. Dazu gehören 11 Abschnitte mit Resten des Grenzzauns, Kfz-Sperrgraben, Kontrollstreifen K-6 und Kolonnenweg, 4 Mauerfragmente, 6 Lichttrassen, 3 Panzersperren, 4 Flusssperrwerke, 17 Beobachtungstürme BT 11, 20 Führungsstellen, 13 Beobachtungstürme am 5-km-Streifen, 9 Erdbeobachtungsbunker, 2 Führungsbunker FB 3 (Abb. 26), 5 Kontrollpunke am 5-km-Streifen, 7 Grenzsäulen, 19 Grenztruppenkasernen, 3 Agentenschleusen und große Abschnitte von Kolonnenwegen. Eine Besonderheit bildet das ehemalige Übungsgelände der Grenztruppen bei Stregda (Stadt Eisenach) (Abb. 27) mit Beobachtungsturm BT 11, Kfz-Sperrgraben, Kolonnenweg, Resten der Elektroinstallationen sowie einer großen Zahl von Erdbunkern. Das Ziel der Denkmalpflege muss es sein, den dokumentierten Bestand möglichst umfassend zu erhalten, um damit ein herausragendes und symbolträchtiges Zeugnis jüngerer deutscher Geschichte als wichtige Quelle für die Zukunft zu sichern. Durch die Übertragung großer Teile der im Bundesbesitz befindlichen Flächen des ehemaligen Grenzstreifens an das Land Thüringen konnte zudem das Grüne Band als Naturschutzgebiet eingerichtet werden, so dass sich im Bereich der ehemaligen innerdeutschen Grenze Natur- und Denkmalschutz ergänzen.

In der Öffentlichkeit ist mit zunehmendem zeitlichem Abstand die Akzeptanz der gebauten Zeugnisse des Kalten Kriegs gewachsen, sodass die landschaftsprägenden Beobachtungstürme und Führungsstellen (Abb. 28) in gleicher Weise als Relikte von Fortifikationsarchitektur wahrgenommen werden können wie die Burgen des Mittelalters und die Bunker des Westwalls.

Abb. 28 Pferdsdorf-Spichra, Führungsstelle, Ansicht von Südwesten, 2003

1 Vgl. Berliner Mauer 2009.
2 Vgl. Baumgarten 2004.
3 Im Thüringer Raum sei etwa an das Vogtlanddorf Mödlareuth erinnert, das durch eine Mauer zerschnitten wurde (vgl. Bickelhaupt 2006, S. 1).
4 Das wird etwa in der Namensverwandtschaft der Orte im Grenzraum deutlich. So schließt im westlichen Eichsfeld an Hohen- und Kirchgandern in Niedersachsen Niedergandern an. Die Thüringer Orte Untersuhl und Unterbreizbach finden in Hessen eine Entsprechung in Obersuhl und Oberbreizbach.
5 Schmidt 2007, S. 117–118.
6 Die Amerikaner brauchten die Bahnlinie für den Transport des Nachschubs von der Exklave Bremerhaven in ihre Besatzungszonen in Hessen, Bayern und der Pfalz.
7 DA, 37, 2004, H. 6, S. 100–105; Runzheim 2003, S. 1–4.
8 Werleshausen war Hansteiner Besitz, was durch ein Herrenhaus und das Kirchenpatronat sinnfällig wird.
9 Vgl. Mühlhans 2005. – Der Personenverkehr wurde schließlich über Busverkehr abgewickelt, für den ein großes Betriebsgebäude erbaut wurde (Architekturführer Thüringen 2000, S. 71). Vgl. auch Fricke/Ritzau 1992.
10 Vgl. Villwock 1996; Bennewitz/Potratz 1997.
11 Der Ort Bösekendorf im Eichsfeld an der Grenze zu Niedersachsen erlangte eine besondere Bedeutung, als im Herbst 1961 ein Großteil der Bevölkerung über die Grenze flüchtete. In der Folge verfiel das Dorf zusehends (vgl. Wagner 2005, S. 354–359).
12 Rassow 1909, S. 246–250.
13 Keppler 2008, S. 231.
14 Das ehemalige Zisterzienserinnenkloster mit Klosterkirche, Wirtschaftsgebäuden, Einfriedung und barockem Portalbau war 1265 als Tochterkloster von Beuren begründet worden. Nach Zerstörungen im Dreißigjährigen Krieg wurden die Klostergebäude 1660 und 1795 wieder aufgebaut.
15 Die Reste des Klosters wurden nach 1990 in eine Freizeiteinrichtung mit Kongresszentrum, Sporttreff, Burgtreff, Bäderwelt, Hotel und Apartmenthaus umgebaut.
16 Schmidt 1997, S. 6.
17 Keppler 2008, S. 224.
18 Ebd. S. 238–254.
19 Schreiben vom 13. März 1955 an den Rat des Kreises Worbis.
20 Schreiben vom Rat des Kreises Worbis an das Institut für Denkmalpflege in Halle vom 19. Mai 1956.
21 Schreiben vom Institut für Denkmalpflege Halle an den Rat der Gemeinde Teistungen vom 2. Juli 1956.
22 Schreiben vom Rat des Bezirkes Erfurt an das Institut für Denkmalpflege in Halle vom 30. Aug. 1956.
23 Schreiben des Bürgermeisters von Teistungen an den Rat des Kreises Worbis vom 29. Dezember 1956.
24 Schreiben des Kreisbauamtes an den Rat der Gemeinde Teistungen vom 30. Dezember 1959.
25 Schreiben des Instituts für Denkmalpflege Halle an den Rat des Kreises Worbis vom 9. Februar 1962.
26 Schreiben des Rates des Kreises Worbis an das Institut für Denkmalpflege Halle vom 19. Februar 1962.
27 Abschrift eines Schreibens des Rates des Kreises Worbis an den Rat des Bezirkes Erfurt vom 22. Mai 1962.
28 Bis zuletzt versuchten Bürger und das Institut für Denkmalpflege durch Briefe und offiziellen Einspruch beim Rat des Bezirks den Abbruch zu verhindern.
29 Aktennotiz des Instituts für Denkmalpflege Erfurt vom 2. Oktober 1978.
30 Darüber hinaus bedeutete die Grenzöffnung später die Überwindung der deutschen Teilung und den Anfang eines neuen Zusammenwachsens.
31 Die Aktivitäten der ehemaligen Grenztruppen trugen manche Züge von Geschichtsbewältigung bzw. Geschichtsbeseitigung.
32 Vgl. Voß 1997, S. 89–93.
33 Lediglich für Berlin, Niedersachsen und Thüringen ist bislang der erhaltene Bestand publiziert.
34 Vgl. Reiter 2003, o.S.
35 Über weite Abschnitte ist der Verlauf der ehemaligen Grenzbefestigung für das geschulten Auge nur noch an der Vegetation ablesbar.
36 Der eigentliche Grenzverlauf war nicht befestigt. Er erschließt sich durch erhaltene historische Grenzsteine. Sie wurden in einigen Fällen durch neue, industriell gefertigte Steine ersetzt. Als territoriale Markierungszeichen wurden ca. 2 m hohe Grenzpfähle gesetzt. Die Betonpfähle hatten einen umlaufenden Anstrich in den Farben der Nationalflagge. An der Stirnseite war eine Metalltafel mit Staatsnennung befestigt.
37 Die Grenzbefestigung war nicht von vornherein ein festes System, sondern entwickelte sich fortlaufend (vgl. Lapp/Ritter 2007, S. 49–116).
38 Die Beobachtungstürme waren zunächst aus Röhrenfertigbauteilen mit polygonaler Kanzel gebaut. An ihre Stelle traten später Türme, die aus vorgefertigten Bauteilen mit quadratischem Querschnitt zusammengesetzt wurden.
39 Die Führungsstellen bestanden aus breiteren Türmen mit Beobachtungskanzel und Suchscheinwerfern auf der Dachplattform.
40 Die Beobachtungstürme sind verputzte oder verschindelte Ziegelbauten.
41 Klausmeier 2009, S. 101–115.
42 Klausmeier/Schmidt 2009, S. 11–14.

Sabine Ortmann

Schicksale ehemaliger Herrenhäuser im Eichsfeld nach dem Zweiten Weltkrieg

Die Geschichte des vorwiegend katholisch geprägten Eichsfeldes wurde jahrhundertelang entscheidend von Adelsgeschlechtern bestimmt, deren Wirken nicht selten von europäischer Tragweite war und deren Burgen, Herrenhäuser und weitläufige Gutsanlagen das Bild der Kulturlandschaft prägten.

Zumeist in Fachwerk aber auch in Naturstein ausgeführt, in reizvoller landschaftlicher Lage, bilden die Herrenhäuser den Mittelpunkt, um den sich Inspektorenhäuser, Gesindeunterkünfte sowie Scheunen und Stallgebäude gruppieren. Die wandfeste Ausstattung der größtenteils von wohlhabenden, alt eingesessenen Adelsfamilien bewohnten Herrenhäusern war gediegen und von hohem Anspruch, nicht selten ergänzten Kunstsammlungen das Ambiente im Inneren.

Zu den anerkanntesten, im Eichsfeld ansässigen Adelshäusern zählen die Familien von Wintzingerode, Hanstein, Bodungen, Westernhagen, Hagen, Minnigerode und Keudell, deren Schicksal nach 1945 im Obereichsfeld eine folgenschwere Wende nahm.

Während das britisch besetzte Untereichsfeld mit dem Kreis Duderstadt 1946 zum Bundesland Niedersachsen gelangte, kam das Obereichsfeld, aus den Kreisen Heiligenstadt und Worbis bestehend, nach Kriegsende 1945 zur Sowjetischen Besatzungszone und wurde 1949 Teil der Deutschen Demokratischen Republik. Mit der 1945 und 1946 in der Sowjetischen Besatzungszone durchgeführten Bodenreform begann eine der größten sozialen Umwälzungen im Lande, in deren Verlauf Großgrundbesitzer mit mehr als 100 ha Fläche entschädigungslos enteignet wurden.

Auf diese Weise übertrug man im Eichsfeld der Sowjetischen Besatzungszone ca. 10.078 ha Land in einen so genannten Bodenfonds.[1] Das beschlagnahmte Land erhielten größtenteils Landarbeiter, Kleinbauern und Umsiedler unentgeltlich, einen anderen Teil übertrug man den neugeschaffenen Volksgütern. Die Alteigentümer mussten ihre Anwesen verlassen und flüchteten oft über Nacht größtenteils nach Westdeutschland. Auf der Grundlage des Befehls 209 der Sowjetischen Militäradministration in Deutschland (SMAD) wurden im Zeitraum von 1945 bis 1948 zahlreiche Herrenhäuser und Gutsanlagen gesprengt oder abgebrochen, das Material diente nicht selten der Errichtung von Neubauernhäusern. Zu den bedeutendsten Gutsanlagen einschließlich ihrer Herrenhäuser, die dieser Aktion zum Opfer fielen, zählen die Güter in Ascherode, Berlingerode, Birkenfelde, Bleckenrode, Bockelnhagen, Gerbershausen, Kirchohmfeld, Martinfeld, Niederorschel, Silkerode, Tastungen, Wahlhausen und Wehnde.[2]

In den verbliebenen Gütern brachte man zunächst auf Grund der herrschenden Wohnungsnot Flüchtlinge sowie die neu geschaffenen Volkseigenen Güter unter, ab 1952 im Verlauf der Kollektivierung in der Landwirtschaft vermehrt Landwirtschaftliche Produktionsgenossenschaften, später auch soziale Einrichtungen. Dabei nahm man wenig Rücksicht auf die qualitätvolle Architektur der Herrenhäuser.

Eine zweite Zerstörungswelle in diesem Gebiet setzte ab 1961 im Zuge der Errichtung der DDR-Staatsgrenze zur BRD ein; grenznahe Anlagen wurden aus politischen Gründen abgebrochen oder fielen sukzessive durch Leerstand dem Verfall anheim. Für die genutzten Gebäude fehlten die finanziellen Mittel und Baumaterialien zur Sanierung, so dass in den 70er und 80er Jahren weitere Abrisse folgten.

Als Beispiel sind die Herrenhäuser der Familie von Hagen in Stöckey von 1604 (Abriss 1982) (Abb. 1) und Rüdigershagen von 1592

Abb. 1   Stöckey, ehemaliges Herrenhaus der Familie von Hagen, 1974

Abb. 2   Rüdigershagen, ehemaliges Herrenhaus der Familie von Hagen, 1974

Abb. 3   Steinheuterode, ehemaliges Herrenhaus der Familie von Kestlingerode, 1974

(Abriss 1984) (Abb. 2) sowie das Herrenhaus der Familie von Kestlingerode von 1575 in Steinheuterode (Abriss 1978) (Abb. 3) zu nennen.³

Eine flächendeckende Erforschung der Schicksale der Eichsfelder Herrenhäuser im 20. Jahrhundert und deren kunstgeschichtliche Bewertung stehen noch aus. Abgesehen von Einzelbeiträgen u. a. in den „Eichsfelder Heimatheften" oder in dem 1995 von Bruno J. Sobotka herausgegebenen Sammelband „Burgen, Schlösser, Gutshäuser in Thüringen" ist vor allem die im Auftrag des Bischöflichen Geistlichen Kommissariats Heiligenstadt 2006 herausgegebene Publikation der beiden Autoren Volker Große und Gunter Römer „Verlorene Kulturstätten im Eichsfeld 1945 bis 1989, eine Dokumentation" zu nennen. Hier werden erstmals in einer Übersicht in Bild und Wort 99 Bauten (Herrenhäuser, Gutshöfe, Mühlen, Forsthäuser und kirchliche Gebäude) vorgestellt, die in diesem Zeitraum abgebrochen worden sind.

Im Rahmen der systematischen Denkmalbestandserfassung und Erforschung der Kulturlandschaft durch das Thüringische Landesamtes für Denkmalpflege und Archäologie im Eichsfeld sind wir verstärkt auf diese Problematik aufmerksam geworden.

Eine genaue Analyse und Bewertung der gesellschaftlichen Verhältnisse und Umstände, die zu diesen kulturellen Verlusten geführt haben, sollte primär den Historikern vorbehalten sein. Pauschalierte oder gar moralische Urteile können zu einseitigen Schlüssen führen, zumal noch viele Quellen nicht ausgewertet sind. Zahlreiche Zeitzeugen können noch befragt werden, die sich damals als Bürger oder als Mitarbeiter einer staatlichen Institution für den Erhalt dieser Denkmale eingesetzt haben.

Archivunterlagen des damaligen Institutes für Denkmalpflege, Arbeitsstelle Erfurt, belegen das in vielfältiger Weise.

Ein exemplarisches Beispiel für den Umgang der DDR mit den baulichen Zeugnissen der Großgrundbesitzer und Adligen ist die jüngere Geschichte der beiden von Hanstein'schen Güter Ober- und Unterstein bei Arenshausen.

Abb. 4   Arenshausen, Ortsteil Oberstein, ehemaliges Herrenhaus der Familie von Hanstein, 1975

Zwischen den Gemeinden Arenshausen und Gerbershausen unweit der Burg Hanstein bei Bornhagen befanden sich die stattlichen Rittergüter Oberstein und Unterstein der Familie von Hanstein. Das 1594 von Heinrich von Hanstein und seiner Gattin Amelie, geborene von Wangenheim, erbaute Herrenhaus Oberstein präsentierte sich als dreistöckiger Fachwerkbau über einem massiven Erdgeschoss, mit hofseitigem oktogonalem Treppenturm und seitlichen Erkern, die mit Ziegelbehang verkleidet waren (Abb. 4).

1701 entstand daneben ein zweites Herrenhaus Oberstein mit entsprechenden Wirtschaftsgebäuden, errichtet von Kaspar von Hanstein und Frau Anna Dorothee, geborene von Hopfgarten in landschaftstypischer Fachwerkkonstruktion (Abb. 5).⁴

1945 enteignet, wurde das Anwesen 1955 zum staatlichen Tierzuchtgut und ab 1960 dem staatlichen Gut in Steinheuterode zugeordnet.⁵

Die vor dem Abbruch 1975 entstandenen Fotos des Instituts für Denkmalpflege, Arbeitsstelle Erfurt (IfD) (Abb. 6), zeigen die leerstehenden Gebäude in einem geplünderten und verwahrlosten Zustand, ungeeigneter Nutzung und mangelnder Bauunterhaltung geschuldet. In einer Aktennotiz des IfD vom 09.12.1975 heißt es:

„Nach Auskunft durch das VEG Oberstein am 09.12.1975 wurde der Edelhof im Auftrag des Rates des Kreises Heiligenstadt, Abt. Inneres, abgerissen.

Ausführender Betrieb war der VEB Kreisbaureparaturen. Die Liquidierung erfolgte im Mai durch Sprengung.

Abb. 5 Arenshausen, Ortsteil Oberstein, ehemaliges Herrenhaus der Familie von Hanstein, zweites Herrenhaus, 1975

Abb. 6 Arenshausen, Ortsteil Oberstein, ehemaliges Herrenhaus der Familie von Hanstein, beide Herrenhäuser, 1975

Ein Aufmaß wurde nicht angefertigt. Desgl. wurde keine Fotodokumentation vorgenommen.

Von einem ordnungsgemäßen Ausbau und Bergung künstlerischer Details ist nichts bekannt. (Wappentafel, Gewändeteile etc.)

Laut Auskunft durch die Abt. Kultur des Rates des Kreises ist die Abrißverfügung durch die Abt. Inneres erteilt worden."[6]

Mit dem Abriss des Gutes endete ein seit dem Frühjahr 1972 geführter zäher Kampf der staatlichen Denkmalpflege und engagierter Bürger vor Ort um den Erhalt dieses wichtigen Baudenkmals.

In einem abschließenden Brief des Instituts für Denkmalpflege vom 04.12.1976 an die für Denkmalpflege zuständige Abteilung Kultur des Kreises Heiligenstadt wird auf die Verstöße gegen das Denkmalpflegegesetz der DDR hingewiesen und vor dem drohenden Abbruch des zweiten ehemaligen Hansteiner Gutes Unterstein gewarnt.

„Am 10.12.1975 haben wir Sie im Zusammenhang mit dem zufällig erfahrenen Abbruch des Herrenhauses Oberstein darauf aufmerksam gemacht, daß dabei durch Unterlassung einer Dokumentation des Baubestands und der Bergung wertvoller Einzelteile, aber auch auf Grund der unterbliebenen Information über die Abbruchabsicht eindeutig gegen die Bestimmungen des Denkmalpflegegesetzes verstoßen wurde.

Von Ihrer daraufhin angekündigten Überprüfung im Zusammenhang auch mit dem Stellvertreter des Vorsitzenden für Inneres, über deren Ergebnis und die eingeleiteten Maßnahmen haben wir bis heute nichts gehört, erwarten aber im Interesse der Zusammenarbeit in der Denkmalpflege noch eine entsprechende Erklärung darüber.

Wieder auf eine Mitteilung hin erfahren wir nun von einem vorgesehenen Abbruch des Herrenhauses Unterstein, so daß zu befürchten ist, hier wiederholt sich bei einem Kulturdenkmal dasselbe wie oben beschrieben.

Bitte teilen Sie uns dazu mit – und wir bringen diese Bitte diesmal mit allem Nachdruck um Verständnis vor, da solche Vorgänge bisher größtenteils unbeantwortet geblieben sind –, ob dieser Abbruch tatsächlich vorgesehen ist und welche Beweggründe dafür vorliegen."[7]

Gut Unterstein, seit dem 16. Jahrhundert im Besitz der Familie von Hanstein, umfasste bis zur Enteignung 1945 Ländereien im Umfang von 334 ha.[8] Jost von Hanstein ließ 1544 die Kernbauten errichten, die 1696 durch Johann Ernst Friedrich von Hanstein und Beate Charlotte, geb. von Ershausen durch einen weiteren Bau ergänzt wurden (Abb. 7).[9]

Das Herrenhaus bot den Anblick einer imposanten Dreiflügelanlage, umgeben von Gärten und Wirtschaftsgebäuden in landschaftlich reizvoller Lage.

Abb. 7 Arenshausen, Ortsteil Unterstein, ehemaliges Herrenhaus der Familie von Hanstein, Gesamtansicht der Dreiflügelanlage, 1975

Abb. 8 Arenshausen, Ortsteil Unterstein, ehemaliges Herrenhaus der Familie von Hanstein, 1975

Abb. 9 Arenshausen, Ortsteil Unterstein, ehemaliges Herrenhaus der Familie von Hanstein, Westflügel, 1975

Die vorwiegend zweistöckigen Fachwerkbauten mit gekehlten Füllhölzern, Mannfiguren und geschweiften Andreaskreuzen erhoben sich über massiven Erdgeschossen (Abb. 8).

Im Westflügel ließ Jost von Hanstein eine evangelische Kapelle einrichten (Abb. 9).

Das Erdgeschoss war aufwendig gegliedert und gestaltet mit spitzbogigem Eingang zur Kapelle und spätgotischen Vorhangbogenfenstern, 1554 datiert.

Nördlich davon schließt eine Pforte an, deren Giebel das Hanstein'sche Wappen mit Datum 1696 ziert (Abb. 10).[10]

Nach der Enteignung des letzten Eigentümers Thilo Freiherr von Hanstein 1945 übernahm ein staatliches Saatzuchtgut die Gebäude.[11]

Die Bemühungen des Instituts für Denkmalpflege um den Erhalt und die dringendsten Sicherungsmaßnahmen am Unterstein gehen bis in das Jahr 1955 zurück, das belegt ein Brief des IfD, damals noch Außenstelle Halle vom 2. Juni 1955 an den Rat des Kreises Heiligenstadt, Abteilung Aufbau:

„[...] Wir bitten alles zu versuchen, um die dringendsten Sicherungs- bzw. Instandsetzungsarbeiten an dem wertvollen Bau möglichst noch in diesem Jahre als ersten Bauabschnitt auszuführen. Nach unseren Erfahrungen müßte es möglich sein, daß das VEG bei entsprechender Begründung der Dringlichkeit die erforderlichen Mittel noch im laufenden Haushaltsjahr aufbringt. Wir fügen Ihnen eine Abschrift der Denkmalschutzverordnung vom 26.06.1952 sowie der Zusatzrichtlinie für die Aufstellung des Haushaltsplanes 1955 vom 16.08.1954 zu Ihrer gefälligen Kenntnisnahme bei.

Abb. 10 Arenshausen, Ortsteil Unterstein, ehemaliges Herrenhaus der Familie von Hanstein, Hanstein'sches Wappen, 1975

Schicksale ehemaliger Herrenhäuser im Eichsfeld nach dem Zweiten Weltkrieg

Abb. 11 Arenshausen, Ortsteil Unterstein, ehemaliges Herrenhaus der Familie von Hanstein, Westflügel der ehemaligen Hofanlage, 1992

Wir sehen Ihrem Bericht entgegen und bitten ihn durch einige Lichtbilder des jetzigen Zustandes zu ergänzen, die auch einige Details zeigen …"[12]

Dennoch erfolgten trotz massiver Intervention staatlicher Einrichtungen und engagierter Eichsfelder Bürger weder Mittelzuweisungen noch größere Sicherungsmaßnahmen.

In einem Schreiben des IfD, Außenstelle Erfurt, vom 13.11.1973 an den Rat des Bezirkes Erfurt als übergeordnete Institution wird der schlechte Bauzustand der Gutsanlage beklagt, die sich in der Rechtsträgerschaft des Volkseigenen Gutes Steinheuterode befand.

„[…] Der gesamte Bau einschließlich aller Wohnungen befindet sich in einem sehr desolaten Zustand, der einer dringenden Instandsetzung bedarf. In den vergangenen Jahren erfolgten keine Arbeiten zur ordnungsgemäßen Erhaltung und Pflege des Baus.

Umgehend sollte ein Gutachten über die dringend erforderlichen Instandsetzungsarbeiten mit verbindlichen Terminen einer Realisierung durch den Rechtsträger und des staatl. Organs (Rat des Kreises) aufgestellt werden, um die Wohnungen wieder in einen bewohnbaren Zustand zu bringen …"[13]

Alle Bemühungen in den darauffolgenden Jahren blieben erfolglos, die Empörung auch in der Eichsfelder Bevölkerung mündete noch kurz vor der politischen Wende in einer Eingabe eines Heiligenstädter Bürgers vom 22.01.1989 an den damaligen Minister für Kultur der DDR in Berlin.[14]

Doch alles Engagement konnte die Anlage nicht retten. Am 2.3.1989 erfolgte die Sprengung der Gutsgebäude.

In der Begründung des Rates des Bezirkes an den Staatssekretär des Ministers für Kultur vom 23.03.1989 heißt es u.a.:

„In Beantwortung Ihres Schreibens, das ehemalige Rittergut ‚Unterstein' im Kreis Heiligenstadt betreffend, kann ich Ihnen mitteilen, daß es dazu bereits im November 1988 Abstimmungen zwischen dem Rat des Kreises Heiligenstadt und unserer Fachabteilung gab.

Nach Vorlage der Materialien […] haben wir uns sofort mit dem Rat des Kreises Heiligenstadt in Verbindung gesetzt und die Vorbereitungsmaßnahmen zum Abriß des Baukörpers aussetzen lassen.

Die anschließend durchgeführte Überprüfung ergab folgenden Sachverhalt:

Wie in dem Schreiben genannt, befindet sich das Rittergut in unmittelbarer Nähe der Staatsgrenze zur BRD. Die im Grenzgebiet vorhandenen Bedingungen zur Versorgung der Bevölkerung mit Wohnraum, der Ausbau der Infrastruktur und der Versorgungsgrad der Betriebe mit Funktionseinheiten ist [sic!] überdurchschnittlich gut. Das hat zur Folge, daß sich trotz jahrelangen Bemühungen des Rechtsträgers und der örtlichen Organe keine Interessenten für die Übernahme des Objektes bereit erklärten.

Bedingt durch die Lage des Objektes im Grenzgebiet kommt eine funktionelle Nutzung als Schulungs- oder Ferienobjekt für andere Bedarfsträger nicht in Frage.

Da kein Bedarf für das ehemalige Rittergut bestand, wurden in den zurückliegenden Jahrzehnten keine wesentlichen Instand-

Abb. 12 Bernterode, ehemaliges Herrenhaus der Familie von Tastungen, 2009

Abb. 14 Hohengandern, ehemaliges Herrenhaus der Familie von Hanstein, 2009

setzungsmaßnahmen durchgeführt und das Objekt schrittweise frei gezogen. Dies ist auch die Ursache, daß sich der Zustand des Gebäudekomplexes, vor allem im statisch konstruktiven Bereich, zunehmend verschlechterte […]

Der eingetretene Bauzustand des genannten Objektes, die notwendigen materiellen und finanziellen Aufwendungen zur Instandsetzung und Rekonstruktion sowie keine Möglichkeit zur Nutzung desselben, rechtfertigen die Abrißarbeiten des örtlichen Rates und des Rechtsträgers.

Da weder gesetzliche noch gesellschaftlich gerechtfertigte Voraussetzungen bestehen, welche die Liquidierung des Baukörpers verbieten, hatten wir keine Veranlassung, den Abriß des Gebäudes länger zu verhindern. Inzwischen wurde mit den Abrißmaßnahmen begonnen.

Vor Beginn der Abrißmaßnahmen wurde eine entsprechende Dokumentation angefertigt, Wappensteine und weitere Details geborgen und gesichert. Auch wiederverwendungsfähige Dachziegel, Gewände, Natursteine und Holzelemente wurden geborgen …"[15] Durch die politische Wende Ende 1989 konnte ein Totalabriss verhindert werden, der Westflügel der einst weitläufigen Anlage ist erhalten geblieben (Abb. 11).

Doch nicht alle ehemaligen Herrensitze teilten das Schicksal dieser beiden Güter, eine stattliche Anzahl trotzte den Wirren der Geschichte und konnte nach 1989 einer sinnvollen Nutzung zugeführt werden.

Als Beispiele seien u. a. angeführt:

- Bernterode, ehemaliges Herrenhaus der Familie von Tastungen, 1717 errichtet, wird derzeit durch private Eigentümer für die Betreuung von Jugendlichen hergerichtet (Abb. 12).
- Martinfeld, ehemaliges Herrenhaus der Familie von Bodungen, 1758 errichtet, wird heute als Jugendherberge genutzt (Abb. 13).
- Hohengandern, ehemaliges Herrenhaus der Familie von Hanstein, 1621 errichtet, ist heute Sitz der Verwaltungsgemeinschaft Hanstein-Rusteberg (Abb. 14).
- Buhla, ehemaliges Herrenhaus der Familie von Berlepsch, 1552 errichtet, im 18. und 19. Jahrhundert umgebaut, wird privat genutzt. Räume im Erdgeschoss können von der Gemeinde für öffentliche Veranstaltungen in Anspruch genommen werden (Abb. 15).

Abb. 13 Martinfeld, ehemaliges Herrenhaus der Familie von Bodungen, 2009

Abb. 15 Buhla, ehemaliges Herrenhaus der Familie von Berlepsch, 2009

Schicksale ehemaliger Herrenhäuser im Eichsfeld nach dem Zweiten Weltkrieg

1. Fischer 1985, S. 205 f.
2. Große/Römer 2006, S. 19–209.
3. Erfassungsunterlagen des Instituts für Denkmalpflege, Arbeitsstelle Erfurt, 1975–1989.
4. Rassow 1909, S. 332–333.
5. Große/Römer 2006, S. 92.
6. Aktennotiz des Instituts für Denkmalpflege, Arbeitsstelle Erfurt, vom 9.12.1975.
7. Schreiben des Instituts für Denkmalpflege, Arbeitsstelle Erfurt, an den Rat des Kreises Heiligenstadt, Abt. Kultur vom 4.12.1976.
8. Große/Römer 2006, S. 92.
9. Rassow 1909, S. 331.
10. Ebenda.
11. Große/Römer 2006, S. 92.
12. Schreiben des Instituts für Denkmalpflege, Arbeitsstelle Halle, an den Rat des Kreises Heiligenstadt, Abt. Aufbau vom 2.7.1955.
13. Schreiben des Instituts für Denkmalpflege, Arbeitsstelle Erfurt, an den Rat des Bezirkes Erfurt vom 13.11.1973.
14. Archivunterlagen des Instituts für Denkmalpflege, Arbeitsstelle Erfurt, Schreiben des Rates des Kreises Heiligenstadt an den Rat des Bezirkes vom 15.3.1989.
15. Archivunterlagen des Instituts für Denkmalpflege, Außenstelle Erfurt, Schreiben des Rates des Bezirkes Erfurt an den Staatssekretär des Ministers für Kultur vom 23.3.1989.

Abb. 1   Bornhagen, Burg Hanstein, die Burgruine und ihr einstiger Marktort Rimbach mit der ältesten katholischen Dorfkirche des Eichsfeldes, 2009

Josef Keppler

Der Hanstein – eine Grenzburg in Deutschlands Mitte
Von Abschottung und Neuerwachen

Im Nordwesten Thüringens, wo der eichsfeldische Höheberg das Werratal mit seinen sanften Rundungen rechtsseitig begleitet, thront in einer Höhe von etwa 400 Metern die Burg Hanstein. Sie ist die bedeutendste Burgruine des Eichsfeldes und wird gern als eine der schönsten des Werralandes bezeichnet.

Abb. 2   Bornhagen, Burg Hanstein, Rekonstruktion des Zustandes um 1450, ca. 1946

Der Schriftsteller Carl Duval, der in den 40er-Jahren des 19. Jahrhunderts das Eichsfeld durchwanderte und es mit romantischen Augen historisch betrachtete, verfiel ins Schwärmen und schrieb 1845: „Nie in meinem Leben werde ich den Augenblick vergessen, in welchem ich zum ersten Mal die Ruinen der alten Burg Hanstein, den Stammort eines noch jetzt verzweigten, fröhlich grünenden und blühenden Geschlechts, gleich dem Gespenst eines geharnischten Ritters vor mir aufsteigen sah …"[1]

Die erste sichere Erwähnung einer Burg an dieser Stelle, deren damaliger Eigentümer der mächtige Sachsengraf Otto von Northeim war, gibt ein Bericht von ihrer Zerstörung im Jahre 1070 durch Kaiser Heinrich IV. Als Zeitzeuge berichtete der Mönch Lampert von Hersfeld in seinen Annalen, dass die Burg „von Grund auf" zerstört worden sei.[2] 1075 durfte Otto von Northeim die Burg wieder aufbauen. Sie fiel später durch Erbschaft an die Welfen.

Weil die Burg für die Mainzer Kurfürsten, die bereits bedeutende Teile des Eichsfeldes besaßen, von großer strategischer Bedeutung war, erwarb der Mainzer Erzbischof Siegfried II. die Burganlage, die z. T. aus Fachwerk bestand, im Jahre 1209 von Kaiser Otto IV.

Als der Bauzustand dieser zweiten Burg Anfang des 14. Jahrhunderts recht bedenklich geworden war, erteilte der Mainzer Kurfürst und Erzbischof Peter Aspelt den Brüdern Heinrich und Lippold von Hanstein am 4. Oktober 1308 in Fritzlar die Erlaubnis, auf eigene Kosten einen Neubau zu errichten. Dafür wurde ihnen das Recht eingeräumt, dass sie hier für „ewig erbliche Beamte

Abb. 3   Wappen der Familie von Hanstein, Zeichnung 1923

und Burgmannen" sein dürften.³ Dieses Datum war die Grundlage für die 700-Jahr-Feier im Jahr 2008.⁴

Von der stattlichen Burg hoch über dem Werratal hatten die Hansteiner im Auftrag des fernen Landesherrn drei Jahrhunderte lang die in dieser Region recht sensible Eichsfelder Grenze der kurmainzischen Exklave gegen feindliche Übergriffe und Begehrlichkeiten zu sichern. Im 14. und 15. Jahrhundert waren es mehrfach besonders die Mühlhäuser und die mit ihnen verbündeten Erfurter und Nordhäuser gewesen, die den Hanstein angriffen, erfolglos belagerten und sich nach Verwüstung umliegender Dörfer, wie Rimbach 1429, zurückzogen.

Als die dicken Burgmauern aus festem Buntsandstein nach fehdereicher Zeit keinen Schutz mehr boten, zogen die Hansteiner aus der räumlichen Beengtheit ihrer Burg zu Tal und bauten im 16. und 17. Jahrhundert in mehreren ihrer 21 Gerichtsorte architektonisch bedeutende Herrensitze, wie z.B. Besenhausen, Oberstein, Unterstein, in Werleshausen und Wahlhausen. Die Burg wurde schon im Dreißigjährigen Krieg nicht mehr verteidigt und gilt seit 1683 als „wüst und unbewohnt".⁵

Gegen Ende des 18. Jahrhunderts entdeckten Göttinger Studenten die markante Burgruine als reizvolles Wanderziel und

Abb. 4   Bornhagen, Burg Hanstein, Innenhof der Burg. Stammbuchkupfer, um 1815

Inbegriff ihrer romantischen Sehnsüchte nach einem einst wohl freien, lustigen Ritterleben. Sie wurden dadurch zu Begründern der noch heute aktuellen Funktion der Burg als Touristenziel. Die alten Gästebücher enthalten zahlreiche Namen berühmter ehemaliger Studenten und Professoren aus Göttingen.

Zur Pflege familiärer Traditionen trafen sich dann auch die Angehörigen der Familie von Hanstein regelmäßig auf ihrer Stammburg, wozu sie 1838/40 nach dem Abriss von Gebäudeteilen bis in Kellerhöhe den Palas mit Rittersaal und Empfangshalle errichten ließen.

Unter der Leitung des Familienseniors Generalleutnant Carlo von Hanstein auf Unterstein und nach Ratschlägen des bedeutendsten Burgenexperten jener Zeit, Prof. Bodo Ebhardt,⁶ wurden ab 1904 umfangreiche Erhaltungsarbeiten durchgeführt, die einen feierlichen Höhepunkt in der 600-Jahr-Feier im Juni 1908 fanden. Auch danach wurden die Renovierungsarbeiten in beachtlichem Umfang fortgesetzt. Im zweiten Jahr des Ersten Weltkrieges mussten allerdings sämtliche Bauarbeiten eingestellt werden.

Kriegsende und Wanfrieder Abkommen

Den Zweiten Weltkrieg und die Besetzung des Eichsfeldes durch die Amerikaner am 8./9. April 1945 wie auch den Wechsel der Besatzung Anfang Juli 1945 mit dem Eintreffen der sowjetischen Armee hatte die Burg Hanstein überstanden, ohne Schäden an der Bausubstanz zu erleiden. Die bereits während der Londoner Konferenz im September 1944 und der Krimkonferenz im Februar 1945 festgelegte Aufteilung Deutschlands zu Besatzungszwecken hatte zur Folge, dass die historische preußisch-hessische Grenze zur Trennlinie zwischen sowjetischer und amerikanischer Besatzungszone erklärt wurde.⁷ Zwischen Bad Sooden-Allendorf, Wahlhausen, Lindewerra und Werleshausen wurde diese Grenze größtenteils durch die Werra gebildet.

Da die für amerikanische Transporte eminent bedeutsame Nord-Süd-Eisenbahnstrecke Bremerhaven-Göttingen-Bebra-Fulda

Der Hanstein – eine Grenzburg in Deutschlands Mitte

Abb. 5   Bornhagen, Burg Hanstein, Luftaufnahme, um 1938

zwischen dem Bebenroth-Tunnel bei Neuseesen und dem Eisenbahnviadukt Oberrieden/Lindewerra ca. vier Kilometer durch sowjetisches Gebiet verlief und dort kontrollier- und störbar war, unterzeichneten nach Intervention amerikanischer Militärs seitens der US-Army Brigadegeneral Sexton und Generalmajor Askalepow von der Roten Armee im Gut Kalkhof bei Wanfried einen per 19. September 1945 wirksamen Gebietsaustausch,[8] wodurch die Demarkationslinie zwischen den Besatzungsmächten nun unmittelbar hinter den letzten Häusern Rimbachs und nur wenige Meter von der Burg Hanstein entfernt verlief.

Dieser Entscheidung folgten Auswirkungen, die das Leben der Bewohner und die Erreichbarkeit des beliebten Touristenziels fast ein halbes Jahrhundert erheblich beeinträchtigten und lange auf eine rein optische Fernwirkung beschränkten. Während aus dem hessischen Werratal der eindrucksvolle „Zweiburgenblick" auf Ludwigstein und Hanstein ungehindert wahrgenommen werden konnte, war die Sicht auf die Burg aus dem Eichsfelder Grenzgebiet nur von wenigen Stellen möglich, und der Zugang wurde immer problematischer, weil die zunächst unsichtbare Grenzlinie immer deutlicher und bedrohlicher und schließlich mit gepflügtem Kontrollstreifen, Stacheldraht, Streckmetall, Beobachtungstürmen und Selbstschussanlagen markiert und förmlich unüberwindbar gemacht wurde.

Die „demokratische Bodenreform"

Am 11. Juni 1945 veröffentlichte das Zentralkomitee der KPD seinen Aufruf „An das deutsche Volk",[9] in dem auch die „Liquidierung des Großgrundbesitzes, der großen Güter der Junker, Grafen und Fürsten und Übergabe ihres ganzen Grund und Bodens [...] an die Provinzial- und Landesverwaltungen zur Zuteilung an die durch den Krieg ruinierten und besitzlos gewordenen Bauern"[10] gefordert wurde. Das sollte durch die „demokratische Bodenreform" erreicht werden, „die dem Potsdamer Abkommen entsprach und durch die Organe der Sowjetischen Militäradministration in Deutschland aktiv unterstützt wurde".[11]

Die Liste der Kreisverwaltung des Landkreises Eichsfeld enthielt im Bereich des Altkreises Heiligenstadt 19 Güter mit insgesamt 3.855 Hektar landwirtschaftlicher Nutzfläche, die für die Bodenreform vorgesehen waren. Darunter befanden sich die Hanstein'schen Güter Oberstein, Unterstein und Wahlhausen-Unterhof.[12]

Die zum Eigentum der Gesamtfamilie von Hanstein zählende Burgruine Hanstein fand in der Aufstellung keine Erwähnung, dennoch wurde ihr „bebauter Hofraum, die Burg Hanstein und Umgebung" auf Grund des „Beschlusses der Landeskommission zur Durchführung der Bodenreform vom 10. September 1945 aus Anlaß der Bodenreform" mit einer Fläche von 1 ha, 27 a und 70 m^2 am 28. Mai 1948 „auf Ersuchen der Kreiskommission zur Durchführung der Bodenreform in Heiligenstadt" im Grundbuch von Bornhagen beurkundet und die „Landesleitung der Freien Deutschen Jugend"[13] als neuer Eigentümer eingetragen. Bereits im Juli 1947 hatte der „Regierungsbeauftragte zur technischen Durchführung der Bodenreform" den Vollzug der Enteignung mit dem lapidaren Satz gemeldet: „[...] die Burg Hanstein verfiel auch dem Bodenfonds".[14] An gleicher Stelle wurde aber auch vermerkt, dass es sich „um ein kunsthistorisches Bauwerk handelt", an dem „unbedingt notwendige Instandsetzungsarbeiten vorzunehmen sind".[15]

Burg Hanstein – eine Jugendherberge?

Ab Sommer 1947 hatte es in Kreisen der Freien Deutschen Jugend (FDJ) schon Interesse gegeben, die Burg als Jugendobjekt zu nutzen, doch das zuständige Staatshochbauamt Mühlhausen wies darauf hin, dass „der einzige mit Dach versehene Flügel der Burg völlig ausgeplündert ist", wenngleich die „Einrichtung einer Jugendherberge mit einem ständigen Herbergsverwalter das Gegebene ist, um die Burg ständig beaufsichtigen lassen zu können [...] Falls die FDJ aus eigener Initiative baut", sei Bedingung, dass die vollständigen Pläne an das Amt für Denkmalpflege zur Genehmigung eingereicht werden.[16]

Die grundbuchamtliche Eintragung der Burg wurde am 28. Juli 1948 noch einmal „von Amtswegen berichtigt" und nun die „Jugendheim G.m.b.H. in Potsdam"[17] als Eigentümer eingetragen.

Die politische Entwicklung im Osten Deutschlands wurde durch die sowjetische Besatzungsherrschaft im Wesentlichen vorgegeben und die Anordnungen von der aus KPD und SPD zusammengefügten Sozialistischen Einheitspartei Deutschlands (SED) bereitwillig vollzogen und weitergeführt, so dass in den Zeitungen nach Gründung der DDR zuhauf Mitteilungen folgenden Inhalts in sich meist ähnelndem Wortlaut zu lesen waren: „Von der Höhe des Hansteins und wie die Zwingburgen alle heißen, drangsalierten einst die Junker von Hanstein, von Bültzingslöwen, von Wintzingerode-Knorr usw. die Bauern und Landarmen ‚ihrer' Gebiete. Heute haben die Werktätigen in unserer Deutschen Demokratischen Republik ihre Geschicke selbst in die Hand genommen, sind freie Menschen auf freier Erde, Herren ihrer Betriebe, und bauen freudig den Sozialismus auf, der ihnen und ihren Kindern eine Zukunft in Wohlstand und Glück sichert."[18]

Dem optimistischen Bild der Zukunft, das in öffentlichen Reden und in zahllosen Pressebeiträgen beschworen wurde, stand jedoch die von den Kriegsauswirkungen gekennzeichnete Gegenwart gegenüber, in der dennoch viel Interesse und ehrliches Bemühen um die Erhaltung der Burg Hanstein erkennbar war, zumal sie bereits wieder beliebtestes Ziel der Wandertage von Schülern eichsfeldischer Volksschulen geworden war.

Bei den aktuellen Baumaßnahmen standen landesweit der Wiederaufbau der durch amerikanische und britische Bombenangriffe zerstörten Städte und die Schaffung von Wohnungen im Vordergrund, wobei die Schäden im Eichsfeld gegenüber denen in den benachbarten Städten Nordhausen und Kassel unbedeutend waren.

Es überraschen Briefe und Dokumente über Bemühungen zur Erhaltung der Burg Hanstein in der Zeit allgemeiner Nachkriegsnot.

Forderungen zur Erhaltung der Burgruine

Mit Bezug auf „recht brauchbare" Vorschläge des Kreisbauamtes, die Burg Hanstein betreffend, wandte sich der Kreisbeauftragte für Naturschutz und Denkmalpflege, der bekannte Regionalhistoriker und Leiter des Eichsfelder Heimatmuseums, Dr. Johannes Müller (1884–1957),[19] im Februar 1950 an den Kreisrat in Heiligenstadt.

Er bemerkte, dass „der Hanstein, die schönste Burgruine Mitteldeutschlands, seit 100 Jahren das Wanderziel vieler Ausflügler aus nah und fern" sei, jedoch durch die Zonengrenzen der Besuch erheblich gemindert werde. Er forderte: „Doch muß alles getan werden, um dies einzigartige Bauwerk zu erhalten."[20] Als Sofortmaßnahme schlug er die baupolizeiliche Sperrung der Burg vor, „um Unfälle zu verhüten und der weiteren Zerstörung der Burg vorzubeugen. Ob die Grenzpolizei den Turm gegenwärtig unbedingt als Beobachtungspunkt benötigt, dürfte eine Anfrage ergeben."[21] Unbedingt erforderlich sei auch eine „baldige Reparatur des Turmes und des Daches, da sonst der Rittersaal in kurzer Zeit verfällt".[22]

Die Bürger von Rimbach und Bornhagen blickten mit wachsender Sorge auf die ungenutzte, unbewachte Burg. Rudolf Menge, Burgnachbar und späterer langjähriger Bürgermeister der Gemeinde Bornhagen, artikulierte im Herbst 1950 seine Besorgnis in einem Brief an die Jugendheim G.m.b.H.: „Die Burgruine Hanstein ist im Zuge der Bodenreform an die FDJ gefallen. Seit 1945 ist die Ruine mit zeitweise geringen Unterbrechungen ohne jede örtliche Aufsicht. Fenster, Türen, Wand- und Deckenbekleidungen, Fußböden und das gesamte Mobiliar sind demoliert und verschwunden. Das Dach ist seit 1 Jahr an vielen Stellen defekt, und der Regen dringt in Strömen in den einzigen ausgebauten Raum. Die Jugend, die auch in den letzten Jahren in großer Anzahl die Burg besuchte [...] fand ein Bild entsetzlicher Verwahrlosung."[23] Der Kreisverband Worbis der FDJ in Heiligenstadt, der dieses Schreiben nach Erfurt weiterleitete, erhärtete dessen Inhalt mit dem Hinweis: „Aus beiliegendem Schreiben ersehen Ihr, daß man sehr großes Interesse zeigt, dieses Grundstück zu erhalten."[24]

Die Antwort aus Erfurt kam nach vier Wochen und enthielt eine ausführliche Darstellung all der Probleme seit der Übertragung der Burg, die „uns auf Grund des Befehls 209 durch die Bodenreform übereignet wurde".[25] Der unterzeichnende „Jugendfreund" Hauke teilte mit, dass sich für seine Dienststelle mit der Übereignung auch die Frage der Verwendung der Burgruine gestellt, eine Besichtigung aber ergeben habe, dass „sie als Jugendherberge nicht geeignet war". Stattdessen habe man beim Kreisrat in Heiligenstadt den Antrag gestellt, „uns die Villa Hanstein in Bornhagen [Rimbach; J. K.] zu überlassen, um dieselbe als Jugendherberge auszubauen und von da aus gleichzeitig die Burgruine Hanstein zu überwachen und zu unterhalten".[26]

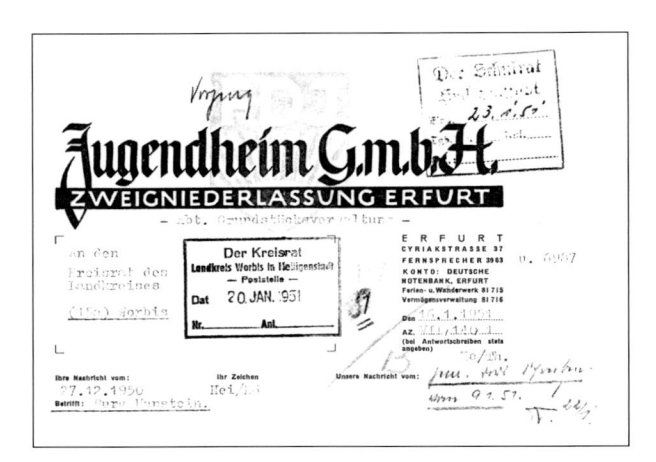

Abb. 6   Brief der Jugendheim G.m.b.H., 1951

Landrat Dr. Braedel hatte den Antrag aber mit der Begründung abgelehnt, „dass diese Villa als Tbc-Kreiskrankenhaus umgebaut werden soll". Weil der Ort aber in unmittelbarer Nähe der Grenze liege, wurde dem zwar widersprochen, Landrat Braedel erklärte jedoch, „dass dieser Plan bestehen bleibt und sobald die Zonengrenzen fallen, derselbe verwirklicht wird".[27]

Am 16. Januar 1951 meldete sich der Handlungsbevollmächtigte Hauke von der Zweigniederlassung Erfurt der Jugendheim G.m.b.H. erneut, diesmal beim Kreisrat des Landkreises Worbis, mit der Mitteilung, dass seine Einrichtung nunmehr veranlasst sei, sämtliche Jugendheime, Jugendherbergen u.a. an die Kreise, Städte und Gemeinden abzugeben, und bat umgehend um Aufnahme von Übergabeverhandlungen.[28]

Regierungskontakte 1951

Besonderes Engagement für die Burg entwickelte der Leiter der volkseigenen Maschinen-Ausleih-Station (MAS) in Bornhagen, Hans Kordecki, der zugleich Vorsitzender der Gemeindevertretung war. Unter Hinweis auf seine Funktionen richtete er im Februar 1951 ein Schreiben an den Stellvertreter des Ministerpräsidenten der DDR, Otto Nuschke (CDU). Nachdem er an dessen Besuch „auf der alten Ruine Hanstein im Vorjahr" erinnert hatte, schilderte er seine Bemühungen um den Erwerb der Rechtsträgerschaft an der Burg durch die Gemeinde Bornhagen, „um dem laufenden Verfall der Burg Einhalt zu gebieten". Er warnte davor, „dieses Denkmal einer vergangenen Epoche weiter dem Verderb" auszusetzen und fuhr fort: „Dicht an der Burgruine verläuft die Zonengrenze, die uns von unseren deutschen Menschen im Westen trennt. Es ist einfach ein Vergehen [...] der Nachbarschaft die Gleichgültigkeit an der Erhaltung der alten Feste" zu zeigen. Kordecki bat den Minister, von der Regierung der DDR zu erwirken, „daß Fachreferenten eine Überprüfung vornehmen, Kostenvoranschläge ermitteln und eine Summe [von ca. 25.000 DM; J. K.] bereitstellen, die ausreicht, den Hanstein wieder in Ordnung zu bringen". Er akzentuierte auch den von vielen DDR-Bürgern zu jener Zeit im Einklang mit der offiziellen Regierungspolitik häufig geäußerten Wunsch nach der Wiedervereinigung Deutschlands und stellte in Aussicht: „Durch einen künftig gesteigerten Fremdenverkehr ist eine weitere Möglichkeit gegeben, daß das Deutsche Gespräch für die Einheit Deutschlands gerade hier an der Grenze intensiver als bisher betrieben werden kann."[29]

Schon nach einer Woche traf das Antwortschreiben aus Berlin ein, in dem der Stellvertreter des Ministerpräsidenten Zustimmung zur „Grundidee" bekundete, die Ruine Hanstein „zu einem Ausflugsort, einer Gedenkstätte [...] und einer wichtigen Kulturstätte" einzurichten, aber um Geduld für die Verwirklichung der Wünsche bat.[30]

Gemeinde Bornhagen wird Rechtsträger

Im Auftrag des Kreisrates des Landkreises Worbis, Sitz Heiligenstadt, sandte Kreisratsmitglied Winfried Gladus im März 1951 mit Bezug auf die Anordnung Nr. 54 des Ministeriums für Finanzen der DDR vom 1.10.1950 das Protokoll zur Übernahme der Burgruine Hanstein an den Gemeinderat Bornhagen,[31] dem er auch einen „Einheitswertbescheid" beifügte. Der Einheitswert für die Burg Hanstein wurde demnach mit 23.708 RM festgestellt.[32]

Das Übernahme-Übergabeprotokoll unterzeichneten Bürgermeister Josef Stadlbauer für die Gemeinde Bornhagen am 22. März 1951 und die Jugendheim G.m.b.H. in Erfurt am 1. April 1951. Damit erhielt „der Gemeinderat in Bornhagen das Objekt wie es steht und liegt mit der Verpflichtung, sämtliche weiteren Grundstückskosten ab 1.1.1951 zu übernehmen",[33] rückwirkend ab 1. Januar 1951.

Die Staatssekretärin Ruth Fabisch im Ministerium für Volksbildung Berlin bat das Ministerium für Aufbau am 20. März 1951 um eine Überprüfung der Burgruine Hanstein. Der persönliche Referent des Stellvertreters des Ministerpräsidenten, Mayer, antwortete unverzüglich, dass das Thüringer Ministerium für Volksbildung durch seinen Landeskonservator Max Boecking schon eingehende örtliche Ermittlungen angestellt habe, die ergaben, „daß es sich um

Abb. 7   Siegel der Gemeinde Bornhagen mit Burg Hanstein und Neubauernhaus, 1951/52

eine bereits in einem fortgeschrittenen Verfall befindliche Burgruine handelt. Sie enthält lediglich noch einen bedingt nutzbaren Raum – etwa 10 x 13 m (anscheinend ehem. Rittersaal) – und ein daneben liegendes Zimmer. Sämtliche übrigen Anlagen einschließlich der Enfriedung sind größtenteils zerstört."[34]

Das Bemühen des Landeskonservators, „zur Aufhaltung des weiteren Verfalls Reparaturmittel in Höhe von 20 bis 25.000 DM zu erhalten", wurde gewürdigt und abschließend empfohlen, „die Landesregierung Thüringen anzuweisen, daß diese Summe aus den Mitteln für Werterhaltung bereitgestellt wird. Ausbauten in größerem Umfange halte ich auf Grund der gegebenen Sachlage und im Hinblick auf die in der Deutschen Demokratischen Republik zur Zeit vorliegenden wichtigeren Aufgaben, auch auf dem Gebiet der Volksbildung, nicht für vertretbar."[35]

Burgbeschreibung durch den Landeskonservator

Im Sommer 1951 erhielt MAS-Leiter Hans Kordecki vom Ministerium für Auswärtige Angelegenheiten der DDR ein Schreiben mit Verweis auf das Ministerium für Aufbau der DDR (s. Anm. 34 und 35) und dem Hinweis, dass der gesamte Vorgang nunmehr an die Staatliche Kommission für Kunstangelegenheiten übergeben werde.[36] Dem Brief beigefügt war ein Bericht des Landeskonservators des Landes Thüringen, in dem dieser zunächst die „historische Gegebenheit der Burgruine Hanstein, [...] die bedeutendste unter den Burgen Westthüringens, [...] die nach Dehio von mustergültiger Ausprägung" sei, äußerst prägnant darstellte.[37]

Sodann schilderte er den „augenblicklichen baulichen Zustand" der Burg, von der „nurmehr 2 Türme [...] und Teile der Ruine vorhanden" seien. Der besteigbare Turm biete eine „außerordentlich gute Fernsicht", an Räumen sei nur ein Rittersaal, ein genau so großer Raum darunter und neben dem Rittersaal ein kleines Zimmer vorhanden. Boecking klagte, dass durch das schadhafte Dach und die fehlenden Fenster diese Räumlichkeiten mit ihren Holzdecken und -teilen erheblich leiden würden.[38]

Obwohl im ersten Jahrzehnt des 20. Jahrhunderts mehrere Keller laut Aufzeichnungen des damals verantwortlichen Familienseniors Generalleutnant Carlo von Hanstein freigelegt worden waren,[39] konstatierte Boecking: „Die unter der Burg vorhandenen Kelleranlagen sind ebenfalls verschüttet und vollkommen unzugänglich."[40] Nach Bemerkungen über die jüngste Geschichte der Burg seit der Bodenreform – die Übertragung an die FDJ, die Verwerfung des Gedankens zum Ausbau zu einer Jugendherberge und die Weitergabe an die Gemeinde Bornhagen, veranschlagte Boecking „für die allerdringendsten Reparaturen [...] 20 bis 25.000 DM" und versprach: „Das Amt für Denkmalpflege wird dafür sorgen, daß dieser Betrag im nächsten Haushaltsjahr von der Gemeinde eingeplant wird." Er schloss seinen Bericht mit Bemerkungen zur geschichtlichen Bedeutung der Burg und ihrer inzwischen besonderen Lage: „Hervorgehoben wird die Dringlichkeit der Wiederherstellung der Burg Hanstein aufgrund ihres historischen Wertes und wegen ihrer Lage in unmittelbarer Nähe der Zonengrenze. Bemerkt sei noch, dass die Volkspolizei der Grenzkommandantur [...] wegen der unmittelbar daran verlaufenden Demarkationslinie Publikumsverkehr auf der Burg ablehnt. Wie weit die Grenzpolizei noch die Burg als Beobachtungsstelle benutzt, ist dem Amt für Denkmalpflege nicht bekannt."[41]

Unmut und Ungeduld

Sehr unzufrieden mit der noch immer nicht begonnenen Instandsetzung zeigte sich der Gemeinderat von Bornhagen im März 1952 und wandte sich beschwerdeführend an den Kreisrat in Heiligenstadt. Im Auftrag des Bürgermeisters erinnerte Gemeinderatsmitglied Hans Kordecki an die Zusage von 20.000 DM des DDR-Außenministeriums und von 10.000 DM von der Staatlichen Kommission für Kunstangelegenheiten für das Jahr 1952 und fragte bissig: „Ist in dieser ganzen Angelegenheit im Kreisrat nun überhaupt etwas bekannt und wie stellt sich der Kreisrat dazu? Hat das Kreisbauamt davon Kenntnis und ist in allernächster Zeit zu erwarten, daß sich das Kreisbauamt in dieser Sache einmal in Bornhagen sehen läßt, um etwas in Angriff zu nehmen?"[42]

Kordecki äußerte nicht nur die Auffassung des Gemeinderates, sondern vieler Eichsfelder: „Wir sind der Meinung, dass die Angelegenheit mehr als eine Sache des Dorfes Bornhagen ist und daher seitens des Kreisrates eine Hilfe und Anleitung sehr vonnöten wäre [...] Im Kreiswirtschaftsplan des Jahres 1951 wurde sehr stark Stellung zu der Angelegenheit der Burg Hanstein genommen. Jetzt hört und sieht man nichts mehr davon."[43]

Der letzte Satz klang dann ungewöhnlich drohend: „Wir bitten uns baldigst in irgendeiner Form zu benachrichtigen, denn anderenfalls sehen wir uns veranlaßt, die Öffentlichkeit zu Rate zu ziehen."[44]

Fast zeitgleich hatte Dr. Johannes Müller als Kreisbeauftragter für Denkmalpflege und Naturschutz die Bitte des Landeskonservators Boecking empfangen, die historischen Objekte im Kreis Worbis namhaft zu machen, „die infolge mangelhafter Pflege seit 1939 dringend der Betreuung bedürfen, um dem drohenden Verfall zu begegnen".[45] Dabei unterschied Boecking nach Objekten, für die eine zentrale Maßnahme nötig sei (A) und solcher Werke von nationaler Bedeutung, die kriegszerstört oder verwahrlost waren (B). Bei Letzteren sollte die Wiederaufbaufähigkeit (a) oder Nichtwiederaufbaufähigkeit (b) angegeben und bei allen die ungefähre Höhe der Kosten genannt werden.

Johannes Müller fertigte am 18. März 1952 nachfolgende Liste an:[46]

Objekte der Denkmalpflege im Kreise Worbis
A.
	Hanstein	30.000 DM
	Scharfenstein	10.000 DM
	Teistungenburg	30.000 DM
	Keudelstein	20.000 DM
B. a.	Reifenstein	50.000 DM
	Mehrere Fachwerk-Bauernhäuser	10.000 DM
	Stadtmauer Heiligenstadt	5.000 DM
	Türme von St. Marien Heiligenstadt	100.000 DM
	Lenteröder Warte	500 DM
	Einige Dorfanger	800 DM
	Vorgeschichtl. Wallanlagen zwischen Heuthen und Flinsberg	200 DM
	Reichshof Heiligenstadt	5.000 DM
	Torhaus Kloster Beuren	10.000 DM

Objekte, die als nicht wiederaufbaufähig eingeschätzt werden mussten (b), enthielt die Liste nicht. Von den drei in unmittelbarer Grenznähe liegenden Denkmalobjekten (Burg Hanstein, Kloster Teistungenburg, Gut Keudelstein) entging nur der Hanstein der Vernichtung.[47]

Instandsetzungsarbeiten für 20.000 DM

Im Mai 1952 bestätigte Landrat Hans Teubert der Abteilung Aufbau seines Kreisrates und dem Gemeinderat in Bornhagen, dass im Haushalt der Gemeinde Bornhagen für die Instandsetzungsarbeiten an der Burg Hanstein 20.000 DM als Werterhaltung vorgesehen seien. Diese Summe solle unter Anleitung der Fachabteilung eingesetzt werden mit dem Ziel, „dass diese Mittel restlos für das Objekt verwendet werden".[48] Über den Stand der Arbeiten und die Erfüllung des Haushaltsplanes wollte er vierteljährlich unterrichtet werden.

Die wichtigsten Sicherungs- und Reparaturleistungen am Palas und am Gerichtsbotenhaus konnten im Sommer 1952 mit den genehmigten finanziellen Mitteln ausgeführt werden, obwohl die Regierung der DDR am 26. Mai 1952 eine „Polizeiverordnung über die Einführung einer besonderen Ordnung an der Demarkationslinie"[49] erlassen hatte, nach der Rimbach und die Burg Hanstein in das Gebiet unmittelbar hinter dem 10-m-Kontrollstreifen, den 500-m-Schutzstreifen, und Bornhagen zur 5-km-Sperrzone gehörte, wo für Aufenthalte eine besondere Genehmigung erforderlich war. Eigens für diesen Grenzabschnitt wurde am westlichen Ortsrand von Bornhagen eine Kaserne für eine Grenzkompanie errichtet.

Ungeachtet dessen bestätigte Bornhagens Bürgermeister Jakob Hohenschläger in einem Schreiben im Frühjahr 1953, dass die 20.000 DM verbaut worden seien, jedoch die Arbeiten nicht restlos zum Abschluss gebracht werden konnten, weil „noch etwa 30 Treppenstufen zum Turm ausgegossen und die Umzäunung der Burg gemacht werden müssen. Sämtliches Baumaterial ist vorhanden. Mit etwa 800–1000,– DM könnten die Arbeiten restlos ausgeführt werden, so daß dann die Burg wieder in Ordnung ist."[50] Die noch als notwendig erachteten Arbeiten wurden wohl finanziert und auch ausgeführt, ansonsten war die von der Staatsführung befohlene und von der Grenz- und Volkspolizei gesicherte tiefe Ruhe auf der Grenzburg Hanstein eingetreten. Ab Oktober 1954 war die Burg völlig unbeaufsichtigt, da die 15,– DM, welche die Bornhagener Witwe Anna Michele monatlich für die Aufsicht erhalten hatte, nicht mehr zur Verfügung standen.

In einer Schrift anlässlich der Wahlen zu den örtlichen Volksvertretungen am 23. Juni 1957 informierte der herausgebende Rat des Kreises zum Stichwort „Denkmalpflege": „Wir sind in der glücklichen Lage, einige wertvolle Baudenkmäler in unserem Kreis zu haben. Erfreut sind wir darüber, daß unsere Regierung hohe Mittel für deren Erhaltung zur Verfügung stellt. Sind sie doch Zeugen unserer Vergangenheit, die wir gern der Nachwelt erhalten möchten. So war es möglich, daß namhafte Beträge für folgende Objekte zur Verfügung gestellt werden konnten:

Reparatur der Türme der Altstädter Kirche, Heiligenstadt	180.000 DM
Reparatur der Burg Hanstein	21.000 DM
Reparatur der Lenteröder Warte	4.000 DM"[51]

Abschottung, Stille und Zerfall

Dennoch begannen auf der stillen Burg ab Mitte der 50er Jahre wieder Fugenmörtel zu bröckeln, Dachziegel herabzustürzen, Zweige aus dem Mauerwerk herauszuwachsen, und meterhohes Gras verdeckte die Spuren einstiger Besucherströme.

Der 13. August 1961 und die an diesem Tage beginnende Errichtung der Mauer in Berlin und nachfolgend des doppelten Stacheldrahtzaunes an der Hunderte Kilometer langen Westgrenze hatte eine weitere Verschärfung des Grenzsystems zur Folge, wovon insbesondere auch die Burg Hanstein und Rimbach

Abb. 8 Bornhagen, Burg Hanstein, Nordturm mit Beobachtungsstelle der Grenztruppen der DDR, um 1975

Der Hanstein – eine Grenzburg in Deutschlands Mitte

Abb. 9 Bornhagen, Grenzanlagen in der Nähe der Burg, 1989

Abb. 10 Rimbach und Hanstein mit Stacheldraht und Streckmetall, Zustand um 1988

Abb. 11 Bornhagen, Burg Hanstein, desolates Dach des Palas, 1985

betroffen waren. Regelmäßig wachten Grenzpolizisten, die später Grenzsoldaten genannt wurden, von ihrer B-Stelle (Beobachtungsstelle) in einem Holzaufbau auf dem Nordturm über sichtbare Teile des Grenzgebietes; später kamen sie als Grenzstreife zur Kontrolle möglicher Keller-Verstecke für Grenzverletzer, und hin und wieder wagte sich ein Einheimischer heimlich hinter die Burgmauern, um Erinnerungen wachzurufen …

Dass die Burg Hanstein in Dienststellen der „Sicherheitsorgane der DDR" als Sorgenobjekt der Grenzsicherung betrachtet und mehrfach die Sprengung der Burg erwogen wurde, ahnte mancher, viele aber hofften, dass die unerreichbare, schöne Burgruine dennoch erhalten bleiben möge.

Die offizielle, bedrückende Stille um die malerisch über dem Werratal thronende eichsfeldische Burg Hanstein, die im Ensemble mit der hessischen Burg Ludwigstein tausendfach als beliebtes Motiv von Malern und Fotografen auf Leinwand, Papier und Film abgebildet worden war, währte viele weitere Jahre, während manch interessierter und begehrlicher, aber zunehmend besorgter Blick aus dem westlichen Werratal auf die dem Auge schmeichelnde, unerreichbare Burgidylle gerichtet war in der Hoffnung, einmal mehr von ihr sehen zu können als das hochragende Sandsteingemäuer hinter den zwei graziösen Rimbacher Kirchtürmen.

Doppelte Burgsperrung

Nachdem die Burg Hanstein 1980 als Einzeldenkmal und Bestandteil der Bezirksdenkmalliste offiziell auch in der aktuellen Denkmalliste des Kreises Heiligenstadt bestätigt worden war,[52] überprüfte die Staatliche Bauaufsicht des Kreises Heiligenstadt im Herbst 1982 die Burgruine hinsichtlich der Beschaffenheit und stellte dabei fest, „daß die Stand- und Funktionssicherheit der Burg und darüber hinaus der Umfassungswände nicht mehr gewährleistet ist".[53] Im Interesse der Sicherheit wurde vom Rechtsträger, der Gemeinde Bornhagen, verlangt, den ganzen Komplex

abzusperren. Ein Begehen der Ruine sei unter den gegenwärtigen Verhältnissen lebensgefährlich und werde daher streng untersagt.[54] Dieser Festlegung, die als reiner Verwaltungsakt zu werten ist, hätte es nicht bedurft, denn die Burg durfte wegen ihrer Grenzlage offiziell ohnehin nicht betreten werden.

In der Tat befanden sich nicht nur die Dachkonstruktion des Palas und dessen Zwischendecken in einem bereits fortgeschrittenen, gefährlichen Verfallszustand, sondern inzwischen waren auch Teile der 1905 sanierten Terrassenwestmauer sowie die Mauer vor dem 4. und neben dem 5. Burgtor abgestürzt.

Bitte um denkmalpflegerische Zielstellung

Die für die Denkmalpflege im Kreis Heiligenstadt zuständige Abteilung Kultur des Rates des Kreises wandte sich im Februar 1983 mit einem ersten Schreiben an das Institut für Denkmalpflege in Erfurt „zwecks Sicherung der Burg Hanstein, welche ein Objekt der Bezirksdenkmalliste ist".[55] Ratsmitglied und Leiterin der Abteilung Kultur, Gabriele Böhm, bat Chefkonservator Dr. Hans Schoder um die Erarbeitung einer denkmalpflegerischen Zielstellung für die durchzuführenden Sicherungsarbeiten und begründete den dringenden Handlungsbedarf: „Die Burg Hanstein befindet sich

Abb. 12 Bornhagen, Burg Hanstein, Grenzsoldaten als interessierte Burgbesucher, Oktober 1981

unmittelbar an der Staatsgrenze West und es besteht eine gute Einsicht vom Territorium der BRD aus. Der bauliche Zustand und der Standort der Burg machen eine baldmöglichste Besichtigung zur Erarbeitung der denkmalpflegerischen Zielstellung und zur Festlegung des Ablaufes der Sicherungsarbeiten notwendig."[56]

Initiative von Pfarrer Siebrand

Eine von der Öffentlichkeit außerhalb Bornhagens kaum wahrgenommene, mutige Initiative, mit der er auf den immer bedrohlicher werdenden baulichen Verfall der Burgruine aufmerksam machen und eine denkmalpflegerische Zuwendung erreichen wollte, startete der katholische Pfarrer Hermann-Josef Siebrand (1912–1993)[57] im Frühsommer 1983 mit persönlichen Besuchen bei der Abteilung Kultur des Rates des Kreises Heiligenstadt und am 9. Juli 1983 mit einem aufrüttelnden Schreiben an das Institut für Denkmalpflege in Erfurt, dem er vier Fotokopien von alten Burgansichten beigefügt hatte.

Geistlicher Rat Hermann-Josef Siebrand hatte, nachdem er bereits Seelsorger in mehreren Eichsfeldgemeinden gewesen war, 1957 die Pfarrei Schachtebich mit der Filiale Burgwalde übernommen und diese bis zum Eintritt in den Ruhestand 1982 betreut. Er begründete 1958 die Bonifatiuswallfahrt auf den Brink, veröffentlichte mehrere Schriften zur Marienverehrung und Hunderte von Aufsätzen über das Eichsfeld und seine kirchlichen Kunstwerke. Er dokumentierte mit zahllosen Fotos Eichsfelder und Kirchengeschichte.

Die Burg Hanstein lag ihm besonders am Herzen; deshalb hatte er im Frühjahr 1983 im voll besetzten Saal des Bornhagener Kulturhauses einen eindrucksvollen, bewegenden Diavortrag über die Burg gehalten.

Aktivitäten des Werratalvereins

Ein paar Tage nach Siebrands Schreiben an die Erfurter Denkmalpfleger ergriff der Werratalverein (WTV) im hessischen Witzenhausen „in tiefer Sorge um die kulturhistorische Institution […] diese Woche die Initiative" und schrieb Mitte Juli 1983 an das Bundesministerium für innerdeutsche Beziehungen in Bonn. Der WTV wollte „mit dem Schreiben einen ersten Schritt unternehmen, um den weiteren Verfall der Burgruine im benachbarten Eichsfeld zu verhindern".[58] Der Vorsitzende des Werratalvereins Witzenhausen, Artur Künzel, befürchtete einen Verlust des einzigartigen „international bekannten Zweiburgenblicks", denn die „Burganlagen drohen mit zunehmendem Maße zu zerfallen".[59]

Wenig später wandte sich der Witzenhäuser Werratalverein „mit einem spektakulären Vorschlag an das Bundesministerium für innerdeutsche Beziehungen […], um die Burgruine Hanstein, die auf DDR-Gebiet unmittelbar hinter der Zonengrenze liegt, vor dem Verfall zu bewahren: Falls die DDR nicht selbst an einer Erhaltung der Burganlage interessiert sei, soll der DDR die Möglichkeit eines Gebietsaustausches im Grenzbereich angeboten werden."[60]

Der Senior des Familienverbandes, Huschke von Hanstein, hatte dem Werratalverein für die Initiative gedankt und geschrieben: „Auch wir haben uns große Sorgen gemacht und über eine mögliche Hilfe nachgedacht, sind aber leider zu keinem Ergebnis gekommen."[61] „Man wisse", wurde der bekannte Porsche-Rennfahrer weiter in der HNA zitiert, „dass es auch in der DDR Menschen gebe, die das Ziel der Hanstein-Rettung verfolgten."[62]

Denkmalpflegerische Zielstellung aus Erfurt

Nach einer Ortsbesichtigung durch Hauptkonservator Gerhard Kaiser und Oberkonservator Christoph Hanske vom Institut für Denkmalpflege Erfurt erhielt der Vorsitzende des Rates des Kreises Heiligenstadt die vom 4. August 1983 datierte denkmalpflegerische Zielstellung mit der Bitte, „die notwendigen Kontakte zu den Organen der Grenzsicherung herzustellen, um geeignete Wege zur Realisierung der dringenden Arbeiten zu finden".[63]

Chefkonservator Schoder versprach: „Wir werden unsererseits den Generalkonservator, Prof. Dr. Deiters [Berlin], informieren, um bei Notwendigkeit seine Unterstützung bei den Verhandlungen ggf. auf der Ebene der entsprechenden Ministerien zu erhalten."[64] Das Denkmalpflege-Dokument, verfasst von Oberkonservator Christoph Hanske, erlangte für alle nachfolgenden Entscheidungen und auszuführenden Arbeiten an der Burgruine Hanstein außerordentlichen Wert, hob die Bedeutung der zu erledigenden Arbeiten hervor, war sichere allgemeine Grundlage für diese und zugleich Basis für selbstbewusstes Auftreten gegenüber den Sicherheitsorganen. Es legitimierte aktuelle Festlegungen der Zuständigen aus der Abteilung Kultur und dem Bauamt des Kreises Heiligenstadt, wovon sowohl Selbstverständlichkeiten wie spektakuläre Aktionen betroffen waren. Die festgelegten Inhalte und Aufgaben boten Chancen zur Rettung der Bausubstanz, zugleich wurden der Lage geschuldete Einschränkungen und Begrenzungen genannt, von denen entscheidende allerdings, wie man noch bemerken wird, in wichtigen Passagen zugunsten der Burgsubstanz umgangen werden konnten.

Die Bedeutung dieses Schriftstücks als wertvolles Zeitdokument, das allgemeine und spezifische Probleme der Denkmalpflege in der Mitte der 80er-Jahre im Osten Deutschlands zeigt, in Sonderheit eine realistische Darstellung von Leistungen der Vergangenheit sowie Probleme der aktuellen Situation enthält, rechtfertigt gewiss, es in wesentlichen Teilen wiederzugeben.

„Burgruine Hanstein (Krs. Heiligenstadt)

Bedeutung und denkmalpflegerische Zielstellung zur konstruktiven Sicherung

Der Hanstein, 14 km westlich von Heiligenstadt, unmittelbar an der Staatsgrenze zur BRD gelegen, gehört zu den bedeutenden Burgruinen der DDR und wurde deshalb als Baudenkmal von nationaler Bedeutung in die Bezirksdenkmalliste Erfurt aufgenommen. Dicht über den Grenzdörfern Rimbach und Bornhagen beherrscht er eindrucksvoll die umliegende Landschaft und galt im optischen Zusammenhang mit dem auf dem Gebiet der BRD benachbarten Ludwigstein (sog. ‚Zweiburgenblick') als ein Wahrzeichen des Eichsfeldes.[65]

Nach ersten urkundlichen Erwähnungen im 11.–13. Jahrhundert stammen die wesentlichen aufgehenden Teile der erhaltenen Burganlage aus dem 14.–16. Jahrhundert und bieten sowohl in der Gesamtwirkung als auch im baukünstlerischen Detail ein Zeugnis hochstehender gotischer Profanbaukunst.

Der Einbau eines Saales in die seit dem Ende des 17. Jahrhunderts zerfallende Burg in der Mitte des 19. Jahrhunderts sowie die Anfang des 20. Jahrhunderts durchgeführten umfangreichen Sicherungs- und Ergänzungsarbeiten stellen für die damalige Zeit beachtliche denkmalpflegerische Leistungen dar. Sie bildeten die Grundlage für den relativ guten Erhaltungszustand der Gesamtanlage bis in die jüngere Vergangenheit.

Die besondere Lage der Ruine im Schutzstreifen entlang der Staatsgrenze, vor allem die damit eingeschränkte Zugänglichkeit bzw. Nutzung hat zur Einstellung der baulichen Instandhaltungsmaßnahmen in den letzten Jahrzehnten geführt, so daß Schäden entstanden sind, die einen beschleunigten Verfall einleiten, wenn sie nicht im derzeit noch begrenzten Umfang behoben werden:

Schäden an der Dachhaut über dem Saaleinbau des 19. Jahrhunderts führten zum Teileinsturz des Daches und der Saaldecke. Ein unkontrollierter weiterer Verfall gefährdet beim völligen Herunterbrechen der Dachkonstruktion die oberen Mauerbereiche durch ausscherende Sparren.

Das zweischalige Mauerwerk des südlichen Rundturmes [Korrektur: Nordturm; J. K.] weist einen bedrohlichen Ausbruch der äußeren Schale im oberen Bereich auf (ca. 1 m^2), der sich zu vergrößern droht.

Großflächige Ausbrüche der Ring- bzw. Böschungsmauer am derzeitigen Hauptzugang gefährden den Bestand des Burgbergprofils im Bereich der Zugangsrampe.

Diese Schäden führten zur bauaufsichtlichen Sperrung des Burgbereiches.

Unter Berücksichtigung der auch künftig eingeschränkten Nutzungsmöglichkeiten sind folgende Schwerpunktaufgaben zu lösen, um einer zu erwartenden akuten und sichtbaren Bestandsreduzierung vorzubeugen:

Fachgerechtes Herunternehmen der Dachkonstruktion über dem Saaleinbau und Abtragen der Saaldecke bei gleichzeitiger Sicherung der Mauerkronen in diesem Bereich.

Schließen der größeren Ausbrüche im Turm-, Ring- und Böschungsmauerwerk.

Entgrünung und vorbeugende Fugenausbesserung bzw. Mauerkronensicherung in weiteren festzulegenden gefährdeten Bereichen.

Da insbesondere die Punkte 1. und 2. nur mit ausgebildeten Fachkräften und zum Teil unter Einsatz spezieller Einrüstungen bzw. Bautechnik (Pkt. 1.) zu realisieren sind sowie unter der Berücksichtigung des zu erwartenden Leistungsumfangs in Höhe von mehreren 100 TM, ist dafür das Heranziehen einer geeigneten Baukapazität erforderlich.

Möglichkeiten der Mitwirkung örtlicher Kräfte sind nur für Pflege- und Instandhaltungsmaßnahmen (Zugangswege) gegeben. Hauptziel dieser vorgeschlagenen Maßnahmen ist die Beseitigung akuter Gefahrenquellen durch einen weiteren unkontrollierten Verfall der Ruine, die Erhaltung der Gesamtgestalt in ihrer landschaftlichen Wirkung und die Schaffung eines Sicherungszustandes, der für absehbare Zeit den künftigen Aufwand auf reine Pflegearbeiten reduziert."[66]

Hilferuf nach Berlin

Das Vorhandensein einer denkmalpflegerischen Zielstellung als Arbeitsgrundlage war allerdings nicht gleichbedeutend mit einem unverzüglichen Arbeitsbeginn, denn noch waren die erforderlichen Mittel nicht bewilligt und auch die Sicherheitsbedenken nicht aus der Welt geschafft.

Während über die praktische Umsetzung der Planung in Heiligenstadt und Erfurt nachgesonnen wurde, erreichten den Leiter des Instituts für Denkmalpflege in Erfurt, Hans Schoder, im Januar 1984 zwei Briefe aus Nordhessen. Zu Anfang des Monats hatte der Denkmalbeirat des Werra-Meißner-Kreises eine Erklärung abgegeben, in der er die „Initiative des Werratalvereins Witzenhausen zur Erhaltung der Burgruine Hanstein" unterstützte.[67]

Die Mitglieder des Denkmalbeirates appellierten „an die zuständigen Behörden der Deutschen Demokratischen Republik, für die Erhaltung des unersetzlichen Kulturdenkmals Sorge zu tragen".[68]

Ende Januar 1984 suchte der Werratalverein nach vergeblicher Intervention beim Ministerium für innerdeutsche Beziehungen und der Ständigen Vertretung der DDR in Bonn ebenfalls den Briefkontakt zum Institut für Denkmalpflege „als zuständiger Fachbehörde mit der Bitte, sich für wirksame denkmalpflegerische Maßnahmen an der Burg Hanstein einzusetzen".[69]

Beide Briefe veranlassten den Erfurter Denkmalbehördenleiter, seinen Berliner Vorgesetzten um Unterstützung zu ersuchen. Hans Schoder erinnerte an sein Schreiben vom 11. August 1983, in dem er über die dringend erforderlichen Sicherungsarbeiten auf der Burg Hanstein informiert, aber auch auf die Komplikationen verwiesen hatte, die sich „durch den Standort unmittelbar an der Staatsgrenze ergeben".[70]

Er gestand: „Unsere Bemühungen hier im Bezirk und im Kreis sind ohne Erfolg geblieben, da sich die zuständigen Organe der Grenztruppen uns gegenüber nur ablehnend verhalten." Dann nannte er sein aktuelles Problem: „Die Situation wird nun ernst. Der Werratalverein Witzenhausen schrieb mir den in Ablichtung beigelegten Brief, den wir nicht zu den Akten legen können. Es ist sicherlich notwendig, das Ministerium für Kultur davon zu verständigen, um Verbindung mit dem Ministerium für Nationale Verteidigung aufzunehmen."[71]

Dass in Erfurt bereits erforderliche Vorarbeiten geleistet worden waren, konnte er wiederholend unter Hinweis auf das „notwendige Programm [...] in der übersandten Aktennotiz vom 4.8.83 in klarer Weise"[72] vermerken.

Wichtige Beratung vor Ort

Auch das Frühjahr und der Sommer 1984 vergingen, ohne dass auf der Burg Gewünschtes und Erforderliches geschah.

Erst am 18. November 1984 kam es zu einer entscheidenden Beratung beim Rat des Kreises Heiligenstadt mit „Standortbesichtigung" der Burg Hanstein, an der als Vertreter des Rates des Kreises dessen Vorsitzender, Bernd Horstmann, sein Stellvertreter für Inneres, Horst Scheerbaum, das Mitglied des Rates für Kultur, Gabriele Böhm, und der amtierende Kreisbaudirektor Hans-Dieter Zeng, seitens des Rates des Bezirkes Erfurt der Stellvertreter des Vorsitzenden für Inneres, Heinz Hartmann, das Mitglied des Rates für Kultur, Dr. Achim Ose, der Leiter des Instituts für Denkmalpflege Erfurt, Chefkonservator Hans Schoder, sowie der Kommandeur des Grenzregiments Heiligenstadt, Oberstleutnant Lepa, und ein Oberst vom Grenzkommando Süd (Erfurt) teilnahmen.[73]

Die Notwendigkeit einer Entscheidungsfindung hatte der Vorsitzende des Rates des Kreises Heiligenstadt zu Beginn unter Hinweis auf Verpflichtungen aus dem Denkmalpflegegesetz, das Engagement kirchlicher Kreise sowie „die Bemühungen verschiedener behördlicher Stellen und Vereine der BRD sowie der Nachfahren der ehemaligen Burgbesitzer" betont, wonach „alle Teilnehmer der Beratung die Notwendigkeit der Sicherung der Burgruine [...] unterstrichen".[74]

Nachdem die Burg gemeinsam besichtigt worden war, wurden entscheidende Festlegungen hinsichtlich des Umfangs, der Verfahrensweise und des Ablaufs der Maßnahmen getroffen, die zwar auf der denkmalpflegerischen Zielstellung aus dem Jahre 1983 basierten, dieser jedoch zusätzliche Beschränkungen hinzufügten, aber die Eingrenzungen bei genauer Betrachtung gleichzeitig umgehbar machten.

Der inhaltliche Kern der Festlegungen hatte folgenden Wortlaut: „Ziel ist die Erhaltung der Ruine in ihrem Erscheinungsbild und die Beseitigung aller Schäden. Restaurierungsmethode ist die Konservierung, nicht die Rekonstruktion, auch nicht in Teilen. Eine Nutzung des Objektes ist nicht vorgesehen."[75]

Als Reihenfolge der notwendigen Arbeiten, die sich nach deren Dringlichkeit richten sollten, meinte man erkennen zu können, dass mit der Beräumung des Palas begonnen und anschließend die Ausbruchstellen an Bergfried, Torhaus und Westseite geschlossen werden müssten. Sodann sollte der Baumbewuchs auf den Mauerkronen entfernt und nach Abnahme einiger Schichten des Mauerwerks dieses, soweit notwendig, neu in Mörtel verlegt werden. Außerdem müsse das gesamte Mauerwerk nach Erfordernis ausgefugt werden.

Während der Palas nur durch einen Spezialbetrieb, z.B. Schachtbau Nordhausen, beräumt werden könne, sei für die übrigen Arbeiten der Einsatz einer Brigade von fünf Handwerkern effektiv, „die im Interesse der Sicherheitsbestimmungen aus den umliegenden Orten stammen sollten".[76]

Zur Finanzierung, die durch den Rat des Bezirkes Erfurt aus Denkmalpflegemitteln erfolgen sollte, wurden für eine Dauer von vier bis fünf Jahren jeweils 150.000 Mark als praktikabel erachtet. Das „Thüringer Tageblatt" nannte Anfang April 1985 unter Berufung auf die Abteilung Kultur des Rates des Kreises Heiligenstadt alle wichtigen Fakten und titelte freudig: „Hanstein bleibt erhalten – Langfristige Konservierung der alten Burgruine".[77]

Geld und „Überzeugungsarbeit"

Die ersten 140.000 Mark wurden dann auch am 2. Mai 1985 vom Bezirks-Haushalt aus Erfurt zum Kreis-Haushalt nach Heiligenstadt transferiert,[78] obwohl die einzige Baufirma des Kreises Heiligenstadt, die zu den geplanten Arbeiten in der Lage erschien und dazu vom Kreisbauamt aufgefordert worden war, ihre endgültige Zustimmung zur Übernahme der Bauarbeiten noch nicht gegeben hatte. Am 21. Mai 1985 trafen sich Josef Keppler, seit einem Monat verantwortliches Ratsmitglied für Kultur des Kreises Heiligenstadt, Bernward Sonntag, Mitarbeiter des Kreisbauamtes, und der Inhaber der privaten Hoch- und Tiefbaufirma Hubert Spitzenberg aus Rüstungen auf der Burg Hanstein zu einer ersten Baustellenberatung,[79] die mit eindringlicher Darstellung der historischen Bedeutung der Burg und der Begutachtung der unbedingt zu sichernden Bauteile begann. Obwohl er die vorgesehenen Arbeiten als ungewöhnlich schwierig betrachtete und er den Auftrag eigentlich hatte ablehnen wollen, erklärte Hubert Spitzenberg am Ende sichtlich beeindruckt von vielen geschichtlichen und Burgdetails seine Bereitschaft, alle für seine Firma in Frage kommenden Erhaltungsarbeiten in diesem und den nächsten Jahren jeweils während der Sommermonate auszuführen.

Der Beginn der Sicherungsmaßnahmen

Die eigentlichen Arbeiten begannen am 29. Mai 1985 mit der Einrichtung der Baustelle, der Zuführung des Baustroms und des Bauwassers, wonach die Betonplatten für eine Baustraße gelegt wurden, die noch heute am 2. Burgtor beginnt und, unterhalb der Süd- und der Kapellenwand verlaufend, durch die geöffnete Burgmauer auf den äußeren Burghof nahe dem 5. Burgtor führt.

Im Juni und Juli 1985 erfolgte die Instandsetzung der abgestürzten Sandsteinmauer unterhalb des 4. Burgtores durch die Bauarbeiter der Firma Spitzenberg, wozu die einzelnen schweren Sandsteinquader unter Zuhilfenahme einfacher Technik emporgehoben, schichtweise aufgelegt und zum sicheren Mauerverbund zusammengefügt wurden. Im August wurden Ausbruchstellen an der westlichen Burgmauer im Bereich der Terrasse geschlossen, das zusammengestürzte Dach des Gerichtsbotenhauses entfernt und die Baustromanlage komplettiert.

Obwohl die Arbeiten von hessischer Seite nicht eingesehen werden konnten, berichteten sowohl die „Werrarundschau" in Eschwege wie auch die „Hessische-Niedersächsische Allgemeine" (HNA) in Witzenhausen unter Berufung auf den Werratalverein Witzenhausen schon Mitte Juni über den Beginn der „Sanierung des Hansteins".[80] Nach „zuverlässigen Informationen aus der DDR" haben „10 Arbeitskräfte einer Firma aus Rüstungen (Eichsfeld) mit einer Sondergenehmigung zum Betreten des Sperrgebietes Starkstromkabel verlegt und einen Zufahrtsweg geschoben, wofür die Burghofmauer durchbrochen wurde".[81]

Sprengung des Rittersaal-Daches

Am Freitag, dem 13. September 1985, wurde im gefährdetsten Teil der Burg, dem 1838/40 errichteten Palas, die völlig desolate Dachkonstruktion über den bereits herabgebrochenen Zwischendecken durch Sprengung zum völligen Einsturz gebracht, um zu vermeiden, dass bei einem unkontrollierten Zusammenbruch auch die Außenwände zerstört würden. Die Sprengung, die vom langjährigen, erfahrenen Sprengmeister des Kreisbaubetriebes Heiligenstadt, Gerhard Günther, vorbereitet und ausgelöst wurde, verlief erwartungsgemäß und ohne unvorhergesehene Schäden zu verursachen.

Abb. 13 Bornhagen, Burg Hanstein, erste Arbeiten an der Stützwand unterhalb des 4. Burgtores, Juli 1985

Abb. 14 Bornhagen, Burg Hanstein, Empfangshalle während der Beräumungsarbeiten, Ende September 1985

In der Folge konnten alle Etagen des Palas durch die Firma Spitzenberg beräumt werden, wodurch dieser Bauteil nun den gleichen Ruinencharakter wie alle anderen erhielt. Nach Mauerkronensicherung wäre den Forderungen der denkmalpflegerischen Zielstellung Genüge getan gewesen – allerdings hätte sich das Ruinenbild ohne das seit 1840 zur Gesamtansicht gehörende Saaldach verändert. Deshalb wurde in der Baustellenberatung am 24. September 1985 unter gedanklichem Bezug auf die in den Planunterlagen notierte „Erhaltung des Erscheinungsbildes" – wie selbstverständlich und ohne weitere Begründung – für das kommende Jahr der „Einbau von massiven Decken (2 Stück) im Rittersaal" und die „Errichtung des Dachstuhls in ursprünglicher Form auf dem Rittersaal"[82] vorgegeben, auch wenn damit gegen die Festlegung verstoßen wurde, wonach keine Rekonstruktion stattfinden sollte.

Neues Dach auf dem Palas vorgesehen

Erstaunlicherweise nahm niemand Anstoß an der eigenmächtigen Interpretation der Planungsdokumente – es kam bei einer Bauberatung im März 1986 sogar zu Bestätigung und freudiger Zustimmung durch den Kreisbaudirektor Karl-Otto Heidenblut und den Kreisarchitekten Hans-Dieter Zeng sowie zur ergänzenden fachlichen Begründung und Unterstützung aus Erfurt: „Die Mitarbeiter des Instituts für Denkmalpflege befürworten den vorgesehenen Einbau von zwei Massivdecken im Rittersaal, um eine höchstmögliche Stabilität zu erreichen, die sowohl der Sicherheit des Baukörpers dient als auch für den bautechnischen Ablauf bei der Dachstuhl- und Dachgestaltung erforderlich ist."[83]

Eine zwangsläufig erwogene Not-Dachdeckung mit Preolit-Kunststoffschindeln verwarfen Gerhard Kaiser und Christoph Hanske vom Institut für Denkmalpflege sofort und empfahlen eine Dachdeckung mit „kostbaren" Biberschwänzen, von denen 20.000 Stück durch die Abteilung Kultur beim Institut in Erfurt zu beantragen wären.[84] Für die Bereitstellung dieses Sonderkontingentes für die Burg Hanstein wolle man sich gern stark machen, versprachen Kaiser und Hanske hoffnungsvoll.

Die beiden Tageszeitungen des Eichsfeldes, „Das Volk" und das „Thüringer Tageblatt", berichteten im Dezember 1985 über die im Sommer begonnene „Kur für Burgruine Hanstein", diesem „ältesten Zeugen fast reiner Gotik auf dem Eichsfeld […], der als steinerner Zeuge der Entwicklung unseres Volkes ein Denkmal von nationaler Bedeutung" ist.[85] Das Engagement und das planmäßige Vorgehen der Bauarbeiter wurden gelobt und in Aussicht gestellt, dass von 1985 bis 1989 mit jährlich 150.000 Mark „aus Denkmalpflegemitteln des Rates des Bezirkes […] die vorgesehenen Sicherungs- und Konservierungsmaßnahmen fortgeführt werden können".[86]

Abb. 15 Bornhagen, Burg Hanstein, Schließung der Abbruchstelle neben dem Haupttor, Juli 1986

Ereignisreiches Jahr 1986

Ende Juni wurde mit den für 1986 vorgesehenen Arbeiten begonnen, die zunächst aus der Schließung der Ausbruchstelle links neben dem 5. Burgtor bestand. Anschließend beräumten die Bauarbeiter der Firma Spitzenberg das Gerichtsbotenhaus und sicherten dessen Umfassungswände mit einem Ringanker. Auf der im Vorjahr wiederhergestellten Mauer am 4. Burgtor setzte man die Sandsteinpfosten und fügte die Geländerbalken ein.

Nachdem Ende August die Decke der Empfangshalle, bestehend aus Doppel-T-Eisenträgern mit Beton-Einschubdielen fertiggestellt war, ergab sich die komplizierte Frage, mit welcher Technologie man die Eisenträger für die Decke des Rittersaales in etwa 12 Metern Höhe auflegen könnte, immerhin besaßen die 13 Träger eine Länge von bis zu 14,50 Metern und hatten ein Gewicht von je ca. 1,5 Tonnen.

Hubschraubereinsatz für Burg und Kirche am 3. Oktober 1986

Weil herkömmliche Technik im Bereich der engen Burganlage nicht zum Einsatz kommen konnte, wurde schließlich die absurd erscheinende Idee eines Hubschraubereinsatzes geboren und die Vorbereitung dazu mit Schreiben an das Ministerium für

Abb. 16 Bornhagen, Sportplatz, „Arbeitsflugplatz" für den Hubschrauber, 1986

Kultur in Berlin sowie die Fluggesellschaft der DDR „Interflug" zielgerichtet in Angriff genommen. Was zahlreiche Zweifler nicht für möglich gehalten hatten, wurde nach zwischenzeitlicher Klärung mannigfacher Probleme doch Wirklichkeit: Am 3. Oktober 1986 landete gegen 9.00 Uhr ein Lastenhubschrauber vom Typ „Mi 8" auf dem Sportplatz in Bornhagen, wo die zu transportierenden Doppel-T-Träger exakt aufgereiht bereitlagen.

Das große Interesse an der spektakulären Hubschrauberhilfe wurde nicht nur durch die Anwesenheit eines beachtlichen Kontingentes an Uniformierten der Grenztruppen und der Volkspolizei, der Feuerwehr und des Deutschen Roten Kreuzes und weiterer Offizieller, sondern auch durch viele schaulustige Passierschein-Inhaber von staatlichen und weiteren Institutionen des Eichsfeldes dokumentiert – sogar ein Team der DEFA, das gerade einen Dokumentarfilm über das Eichsfeld für die Auslandsvertretungen der DDR drehte, war zugegen und widmete dem Anlass gern wertvolle Filmminuten und -meter.

In insgesamt 155 Flugminuten beförderte die Hubschrauberbesatzung die 13 Träger einzeln in weiter Flugschleife von Bornhagen zur Burg, wo sie unter Aufsicht von Arbeitsschutz-Experten mit hoher Präzision auf das vorbereitete Mauerwerk des Rittersaales aufgelegt und von Fachleuten verschweißt wurden.

Abb. 17 Bornhagen, Burg Hanstein, Flug der „Mi 8" mit angehängtem Stahlträger zur Burg, 3. Oktober 1986

Abb. 18 Bornhagen, Burg Hanstein, exakte Platzierung der Träger neben dem Nordturm auf der Mauer des Palas, 3. Oktober 1986

Abb. 19 Bornhagen, Aufsetzen des Wetterhahnes auf einem der Rimbacher Kirchtürme, 3. Oktober 1986

Krönender, wenngleich inoffizieller Abschluss gegen 17.00 Uhr wurde eine weitere denkmalpflegerische Aktion: Der 1969 infolge eines Sturmes abgestürzte Wetterhahn vom nördlichen der beiden Kirchtürme der malerischen Rimbacher St.-Marien-Kirche wurde nach kurzer, individueller Absprache mit dem sehr kooperativen Hubschrauberkapitän bei einem erneuten, letzten Anflug Richtung Burgberg wieder aufgesetzt.

Dem als bemerkenswert für die Hanstein- und die Eichsfeldgeschichte geltenden Hubschraubereinsatz, für den 19.620 Mark an den Interflug-Betrieb für Fernerkundung, Industrie- und Forschungsflug bezahlt werden mussten,[87] folgte ein in der DDR-Praxis eher ungewöhnliches Dankschreiben des Betriebsdirektors der „Interflug" an die Verantwortlichen in Heiligenstadt, in dem deren persönliches Engagement hervorgehoben wurde, wodurch „die Hubschraubermontage ein voller Erfolg wurde, basierend auf einer exakten technisch-technologischen Vorbereitung und einer hohen Arbeits- und Flugsicherung". Die soziale Betreuung wurde zudem als ausgezeichnet gelobt.[88]

Nachdem Einschubdielen in die Deckenträger des Rittersaales eingefügt worden waren, konnte in zufriedenem Rückblick ein besonders erfolgreiches Jahr 1986 bei der Sicherung der Burg Hanstein konstatiert werden.

1987 geringer Baufortschritt, aber mehr Bürgerrecht

Im Januar 1987 beschloss der Rat des Kreises Heiligenstadt die „Konzeption über die Aufgaben auf dem Gebiet der Denkmalpflege" bis 1990. In der Liste der 10 „Schwerpunktobjekte" erschien auch die Burg Hanstein mit der Festlegung zur weiteren konstruktiven Sicherung.[89]

Dennoch beschränkten sich die Arbeiten im Jahr 1987, weil Verantwortliche des Grenzregiments Heiligenstadt allerlei Probleme wegen urplötzlich wieder auftauchender Sicherheitsbedenken hinsichtlich nutzbarer Unterschlupfmöglichkeiten in den Burgkellern sahen und massiv strengere Kontrollen sowie absolute Verschlusssicherheit forderten, auf die Anfertigung und den Einbau des kunstgeschmiedeten Eingangstores für den gotischen Haupteingang zur Kernburg am Karfreitag 1987.

Da mit diesem Tor nun der bauaufsichtlichen Sperrung der Burg Genüge getan worden sowie Unterschlupf- und Aussichtspunkte versperrt seien, könne der untere Teil des Burggeländes offiziell wieder betretbar gemacht werden, „damit unseren Bürgern ein Stück ihrer Heimat wieder zugänglich würde"[90], forderten der Rat der Gemeinde Bornhagen im Namen der Gemeindevertreter und zahlreicher Bürger.

In ihrer Sitzung am 28. August 1987 fasste die Gemeindevertretung den Beschluss „zur Durchsetzung des Denkmalpflegegesetzes", in dem den „Bürgern der Gemeinde Bornhagen das Betreten der Außenanlagen am Denkmalobjekt Hanstein gestattet" wird.[91] Das Betreten des Burginneren sollte unterbleiben, und der Personalausweis müsse grundsätzlich mitgeführt werden.[92] Nun war das Betreten der Anlagen außerhalb der Kernburg für die Bürger von Bornhagen und Rimbach wieder legitim. Doch auch zuvor hatten sich diese wie auch Einwohner benachbarter Dörfer nicht strikt an das von Grenztruppen, Volkspolizei und Bauaufsicht verordnete Besuchsverbot gehalten und die Burg oft heimlich aufgesucht. Immer wieder erneuerten Beauftragte der zuständigen Grenzkompanie in Hohengandern Sperrvorrichtungen am 5. Burgtor, dem Eingang zur Kernburg, und brachten neue Schlösser zunächst an provisorischen Zugangshindernissen, später am schmiedeeisernen Tor an.

Im Oktober 1987 konnten als Sonderlieferung für denkmalpflegerische Zwecke 24.000 keramische Dachziegel im Kloster- bzw. süddeutschen Format (Biberschwänze) für fast 50.000 Mark aus dem Werk Langburkersdorf des VEB Sächsische Ziegelwerke durch die Firma Spitzenberg abgeholt und in einer Scheune in Rimbach gelagert werden.

Sechs Zimmermeister errichten den Dachstuhl

Am 18. Mai 1988 setzte die Firma Spitzenberg ihre Tätigkeit auf der Burg mit dem Aufbringen des Ausgleichsbetons auf den zwei Zwischendecken des Palas fort, worauf sodann das untere Drittel des Nordturms eingerüstet und bis zu 50 cm tiefe Fugen in der äußeren Schale des doppelwandigen Mauerwerks geschlossen wurden.

Ein weiteres Problem konnte als gelöst betrachtet werden, als am 19. August 1988 das Fichtenschnittholz für den Dachstuhl auf dem Burggelände eintraf. Die ungewöhnlich große Menge an Holz zu bekommen, bedurfte vor dem Hintergrund der Planpolitik in der DDR-Ökonomie eines besonderen Organisationstalents. Diese Fähigkeit hatte der heutige Eichsfelder Landrat Dr. Werner Henning, damals Mitarbeiter beim Aufbau des Literaturmuseums „Theodor Storm" in Heiligenstadt, fast täglich benötigt, um Materialien für die denkmalgerechte Restaurierung des Museums-Domizils im 500-jährigen Mainzer Haus in Heiligenstadt zu erhalten. So gelang es ihm nach Bitte der Abteilung Kultur in Heiligenstadt auch, die Bereitstellung des Holzes für den Dachstuhl zu organisieren, das im Tannrodaer Forst gewachsen war und im Heiligenstädter Sägewerk zugeschnitten wurde.

Der 680. „Geburtstag" der Burg Hanstein am 4. Oktober 1988 wurde nicht gefeiert; an diesem Tag wurde als Gratulation besonderer Art ein wesentlicher Teil des Dachstuhls errichtet, wozu alle Zimmermeister des Kreises Heiligenstadt und zwei Helfer aus Bornhagen beitrugen. Alle sechs Firmeninhaber der Zimmereien aus Rustenfelde, Volkerode, Rüstungen, Uder und Kalteneber hatten sich bereiterklärt, die Holzarbeiten gemeinsam zu verrichten, weil nur deren Meister und Altgesellen eine Passierscheingenehmigung erwarten durften, die jüngeren Gesellen oder Lehrlinge aber als nicht grenzgebietstauglich abgewiesen worden waren.

Am 11. Oktober war der Dachstuhl komplett gerichtet; in der nachfolgenden Woche begann die Schließung der ca. 9 m³ großen Aus-

Abb. 20   Bornhagen, Burg Hanstein, alle Zimmermeister des Kreises Heiligenstadt beim Dachstuhlbau, Oktober 1986

Abb. 21   Bornhagen, Burg Hanstein, mit Dachdeckung und Nordturmsanierung fand das Sanierungsjahr 1988 seinen Abschluss

bruchstelle am Nordturm, wozu dieser gänzlich eingerüstet werden musste. Gleichzeitig wurden Abwasserfallrohre angebracht und die Blitzschutzanlage komplettiert.

Die Dacheindeckung mit Biberschwänzen, welche Ende Oktober begann, fand am 18. November 1988 ihren Abschluss und damit die Vollendung einer wichtigen Etappe bei der Sicherung und der – eigentlich offiziell nicht vorgesehenen – Teil-Erneuerung der Burg. Das rot leuchtende Palas-Dach und der Nordturm mit hellen Fugen und geschlossener Ausbruchstelle bildeten einen ganz neuen, optimistisch stimmenden Blickfang nach Jahren des Zerfalls.

Hanstein wird wieder Touristenmagnet

Auch in den politisch recht unruhigen Spätsommer- und Frühherbstwochen des Jahres 1989 war die Burg Hanstein Baustelle für Verankerungs- und Verfugungsarbeiten, die die Kaminwand im Bereich des mittelsten Treppenturmes, das Mauerwerk im inneren Umfeld des Südturms und der Burgterrasse betrafen.

Nachdem die Regierung der DDR am 9. November 1989 die Reisefreiheit für ihre Bürger verkündet hatte und sich Schlagbäume und Grenzzaunanlagen öffneten, um nach den Jahren erzwungener Trennung wieder zueinander zu finden, setzte auf der Burg Hanstein ein unvorstellbarer Besucheransturm ein, der am Sonntag, dem 12. November, in Bornhagen ein erstes Verkehrschaos auslöste, weil viele Hunderte Eichsfelder und Nordhessen endlich erstmals oder nach vielen Jahren wieder einmal die greifbar nahe und doch bislang unerreichbare Burgruine mit eigenen Augen und im Detail sehen wollten. Was sie tatsächlich vorfanden, war eine in wesentlichen Teilen gesicherte wunderschöne Burganlage, die – als wäre das das planmäßige Ziel der letzten fünf Jahre gewesen – nur auf Leben, auf Gäste harrte.

Abb. 23 Bornhagen, mit dem Zerschneiden eines Trassierbandes wurde die Grenze an der wieder hergestellten Straße zwischen Bornhagen und Werleshausen geöffnet, 20. Januar 1990

Zu Weihnachten 1989 erschien nach mehr als einem halben Jahrhundert eine erste umfangreichere Publikation über die Burg, in der Josef Keppler auf 24 Seiten deren Geschichte darstellte und einen Rundgang beschrieb. Der Kunstmaler Heinz Heinlein (1917–2005) illustrierte die Broschüre mit Federzeichnungen. Die 5.000 Exemplare der 1. Auflage waren bereits im Januar 1990 vergriffen.[93]

Neue Ziele, reiche Inhalte, viele Aufgaben

Am 24. Januar 1990 wurde – als erster des Eichsfeldes – der Heimatverein Hanstein/Bornhagen gegründet, der sich aktiv für die Erhaltung der Burg und für die Gästebetreuung einzusetzen vornahm und seit dieser Zeit vielfältige Gelegenheiten nutzte, Besucher durch die Burg zu führen, Veranstaltungen zu organisieren und zu gestalten, die denkmalpflegerischen Arbeiten zu unterstützen oder eigenständig auszuführen.

Endlich durften auch die Mitglieder des Familienverbandes der von Hanstein die Stammburg ihres Geschlechts besuchen, um an Ort und Stelle der Vorfahren zu gedenken und sich vor den jahrhundertealten Mauern an ihre reiche Geschichte zu erinnern.

Abb. 22 Bornhagen, Burg Hanstein, Tage zuvor völlig undenkbar: Grenzsoldaten der DDR und Angehörige des Bundesgrenzschutzes Anfang Dezember 1989 zum gemeinsamen „Shooting" vor der Burg

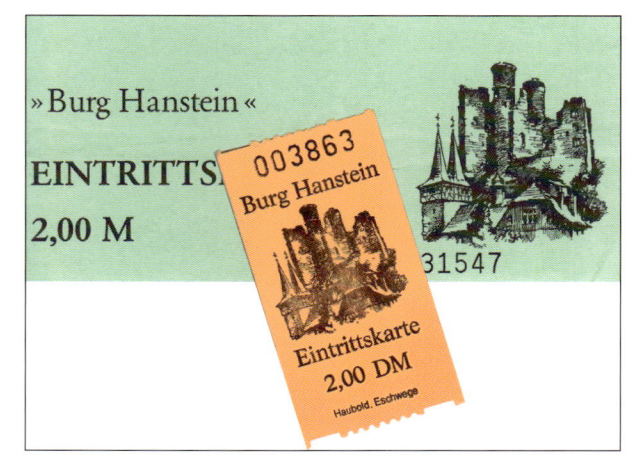

Abb. 24 Die ersten Eintrittskarten zum Burgbesuch in Mark der DDR und nach dem 1. Juli 1990 in DM. Die Gelder kamen der Burgerhaltung zugute.

Abb. 25 Bornhagen, Burg Hanstein, Erinnerungsfoto vom Treffen des Familienverbandes der von Hanstein, aufgenommen an traditioneller Stelle im alten Rittersaal, Juni 1993

Erstes Treffen des Familienverbandes nach 1945

Vermögensrechtliche Ansprüche auf die Burg Hanstein erhoben für den Familienverband der von Hanstein Senior Fritz-Huschke und Consenior Erich von Hanstein am 24. September 1990 unter Hinweis auf die Zugehörigkeit der Burg zum Gesamtbesitz der Familie ohne jeglichen dazugehörigen landwirtschaftlichen Grundbesitz, so dass die Enteignung im Zuge der „demokratischen Bodenreform" nicht rechtens gewesen sei.[94] In einem Interview mit der „Thüringer Allgemeinen" während des Familientreffens im Jahr 1991, das die Familie erstmals wieder auf der Burg Hanstein zusammenführte, bedauerte Huschke von Hanstein den „Spruch der Karlsruher Richter, wonach Bodenreformland nicht wieder zurückgegeben wird", sprach aber die Hoffnung aus: „Ich wäre dankbar, wenn weiter alles so gepflegt würde."[95]

Am Nachmittag, als beim traditionellen Familienmeeting der Hansteiner auch Familieninternes zur Sprache kam, wurde mehrfach „bekräftigt, daß sie willens seien, an einer konzeptionell vernünftigen Erschließung der Burg [...] mitzuwirken.[96]

Buntes Leben hinter den Burgmauern

Die Eichsfelder Tagespresse und bedeutende überregionale Zeitungen und Zeitschriften berichteten nun gern und in oft ausführlichen Beiträgen über die Burg Hanstein, ihre reizvolle Lage, ihre Geschichte, ihre architektonischen Besonderheiten, und stets wurde die Freude spürbar, dass die Burg „nun für die Menschen aus Ost und West wie all die vielen Geschichtszeugen in der ehemaligen ‚Leer-Zone' durch Deutschland begehrtes ‚Nachhole-Objekt' ist [...] Besonders die Heimatfreunde aus Hessen machen es sich jetzt zum Vergnügen, ihre Schritte dahin zu lenken, wohin sie bisher bestenfalls mit guten Feldstechern vordringen konnten."[97]

Mit viel Geduld musste man sich – besonders an den Wochenenden – auf Parkplatzsuche begeben, denn „Pkw und Busse mit Kennzeichen aus allen Ecken Deutschlands vereinnahmten alle Plätze rund um den Hanstein [...] Viele hatten ihre Autos in Werleshausen geparkt und pilgerten bergan zu dem mächtigen, jahrzehntelang unerreichbaren Hanstein ..."[98]

Der „Deutschlandfunk" interviewte zu Himmelfahrt 1990 Besucher, Studenten Göttinger Verbindungen und Gäste aus aller Herren Länder. Weitere Rundfunk- und Fernsehsender brachten Reportagen zu verschiedenen Anlässen, zu denen anfangs Chorauftritte, Schulausflüge, ein „grenzenloses Burgfest" und Wandertreffen zählten, die dann durch klassische und volkstümliche Konzerte, Rittertreffen und -feste, Vereinsnachmittage und -jahreshauptversammlungen, wissenschaftliche Vorträge und mittelalterliche Burgspektakel erweitert wurden. Heute gehören die traditionellen vorweihnachtlichen Krippenausstellungen und Trauungen im Rittersaal ebenso zu den überaus beliebten, symbolhaften Veranstaltungen wie Auftritte internationaler Tanzgruppen, die zur Europäischen Jugendwoche von der benachbarten Burg Ludwigstein herüberkommen.

Für offizielle Besucher des Eichsfeldes aus Politik und Wirtschaft, Kirche und Wissenschaft gilt eine Führung durch die Burg Hanstein als angenehme Zutat oder krönender Abschluss wichtiger Beratungen und Festlegungen zur Entwicklung der Region.

Fortführung der Arbeiten

Mit dem Stand vom 30. Juni 1990, dem letzten Tag, an dem die DDR-Mark gültiges Zahlungsmittel war, erfolgte eine offizielle

Abb. 26 Bornhagen, Burg Hanstein, grundlegende und umfassende Sicherung der Südwand durch eine Spezialfirma aus Kassel, 1991

Abrechnung der in der Zeit zwischen Juni 1985 und Juni 1990 an der Burg Hanstein geleisteten Arbeiten. Insgesamt wurden vom Rat des Bezirkes Erfurt in diesem Zeitraum Denkmalpflegemittel in Höhe von 614.486 Mark der DDR zur Verfügung gestellt.

Nahezu nahtlos gingen die Arbeiten weiter, wofür eine Konkretisierung und Erweiterung der vorhandenen denkmalpflegerischen Zielstellung vorgenommen wurde unter dem generellen Aspekt der „sanften Sanierung der gesamten Burganlage unter Beibehaltung des Ruinencharakters […] und Nutzung der Empfangshalle und des Rittersaales als Ausstellungs- und Konzertraum".[99]

Als außerordentlich zuverlässiger, konstruktiver Partner und Ratgeber stand in dieser besonders bewegten Zeit und für weitere Jahre Heinrich Schleiff, Gebietsreferent für das Eichsfeld im Thüringischen Landesamt für Denkmalpflege, der Unteren Denkmalschutzbehörde des Landkreises Eichsfeld und dem bis heute für die Burg tätigen Architekten Otto Herwig in allen Situationen zur Seite.

Für insgesamt ca. 1,5 Millionen Euro seit Juli 1990, die dem Freistaat Thüringen, dem Landkreis Heiligenstadt – seit 1994 Eichsfeld –, der Gemeinde und dem Heimatverein Bornhagen sowie der Deutschen Stiftung Denkmalschutz zu verdanken sind, wurden Gutachten und Pläne angefertigt und auf deren Grundlage umfangreiche Mauerwerksinstandsetzungen und -sicherungen in nahezu allen Burgteilen im erforderlichen Umfang vorgenommen. Empfangshalle und Rittersaal als einzige überdachte Räume der Kernburg bieten mit ihrer Ausstattung den würdigen Rahmen für die verschiedensten feierlichen Anlässe.

Vom Dornröschenschloss zum beliebtesten eichsfeldischen Ausflugsziel

Im Jahr 2008 wurde anlässlich des 700-jährigen Burgjubiläums in vielen Veranstaltungen auf mannigfaltige Weise der Historie der

Abb. 28 Bornhagen, Burg Hanstein, gotischer Eingang zur Kernburg, 2009

Burg gedacht. Es war von Burgbau und Fehden, von friedlichen und unruhigen Zeiten, von Niedergang, Hoffnung und Enttäuschung, aber auch von Zuversicht und Optimismus die Rede, die während der acht zurückliegenden Jahrhunderte in ständigem Wechsel die Burggeschichte prägten. In vielen Facetten durchlebten aber auch die Menschen des letzten, des modernen 20. Jahrhunderts im Umfeld der Burg Höhen und Tiefen. Das gegenwärtig auch als Ruine imponierende, mächtige Mauerwerk hoch oben über dem eichsfeldisch-hessischen Werratal bietet sich als markantes steinernes Symbol für Beständigkeit und Stärke an, das aber, um Menschen zu faszinieren, stets deren Zuwendung bedarf.

Jährlich sind es wohl annähernd 100.000 Besucher, die zum Hanstein pilgern, um „die Erhabenheit der ihn umgebenden Natur, die geradezu ideale Lage, den herrlichen Blick auf das vielgestaltige Bergland und nicht zuletzt die trotzig ins Land schauenden Mauern und Türme mit ihren vielen baulich interessanten Einzelheiten"[100] zu bewundern. Wie der Buchautor Heinrich Lücke 1924 empfanden es gewiss viele Tausende vor und nach ihm.

Abb. 27 Höheberg (Eichsfeld), Beseitigung der letzten Reste des einstigen Grenzzaunes, Juni 1993

Abb. 29 Bornhagen, Burg Hanstein, die 700-jährige Burgruine ist zu jeder Jahreszeit ein Besuchermagnet, 2009

Der Hanstein – eine Grenzburg in Deutschlands Mitte

1   Duval 1845, S. 56.
2   Lampert von Hersfeld 1962, S. 128.
3   Hanstein 1856/57, Nr. 62, UB S. 12.
4   Zu diesem Anlass erschien eine Gesamtdarstellung zur Geschichte der Burg mit Aufsätzen namhafter Autoren der Region Eichsfeld/Göttingen. Vgl. Hanstein 2008.
5   Rassow 1909, S. 74.
6   Vgl. auch Keppler 2008, S. 205.
7   Vgl. Beier 1996, S. 924.
8   Vgl. Koch 1981, S. 114.
9   Aufruf des ZK der KPD vom 11.6.1945. In: Thüringer Volkszeitung Nr. 1. vom 3.7.1945.
10 Ebd.
11 Kleines Wörterbuch 1973, S. 144.
12 Vgl. Fischer 1985, S. 205.
13 Amtsgericht Heiligenstadt: Grundbuch von Bornhagen, Band 4, Blatt 113.
14 Schleiff 1994, S. 70.
15 Ebd.
16 Ebd., S. 71.
17 Amtsgericht Heiligenstadt: Grundbuch von Bornhagen, Band 4, Blatt 113.
18 Eichsfelder Heimatbote. Mitteilungsblatt für alle Eichsfelder Landsleute in Ost und West vom 6. September 1952, S. 1.
19 Vgl. Opfermann 1999, S. 249–250.
20 Stadtarchiv Heiligenstadt (StadtA HIG): VIII A, Nr. 9, Denkmalpflege 1946–1952, Schreiben des Kreisbeauftragten für Naturschutz und Denkmalpflege, Dr. Johannes Müller, an den Kreisrat Heiligenstadt vom 1. Februar 1950.
21 Ebd.
22 Ebd.
23 Schreiben von Rudolf Menge, Bornhagen, an die Jugendheim G.m.b.H. vom 18. Oktober 1950.
24 Schreiben des FDJ-Kreisverbandes Worbis in Heiligenstadt an die Jugendheim G.m.b.H. vom 26. Oktober 1950.
25 Schreiben der Jugendheim G.m.b.H. an den Kreisvorstand der FDJ Worbis in Heiligenstadt vom 1. Dezember 1950.
26 Ebd.
27 Ebd.
28 Schreiben der Jugendheim G.m.b.H. Zweigniederlassung Erfurt an den Kreisrat des Landkreises Worbis in Heiligenstadt vom 16. Januar 1951.
29 Schreiben von Hans Kordecki an den stellv. Ministerpräsidenten der DDR, Otto Nuschke, vom 6. Februar 1952.
30 Schreiben des Stellvertreters des Ministerpräsidenten der DDR, Otto Nuschke, an MAS-Leiter Kordecki vom 13. Februar 1951.
31 Schreiben des Kreisrates des Landkreises Worbis an den Gemeinderat Bornhagen vom 12. März 1951.
32 Einheitswertbescheid und Grundsteuermeßbescheid vom 11. Januar 1951.
33 Übergabe-Übernahmeprotokoll der Jugendheim G.m.b.H. und des Gemeinderates in Bornhagen, Kreis Worbis.
34 Schreiben des Ministeriums für Aufbau an das Ministerium für Volksbildung vom 27. März 1951.
35 Ebd.
36 Schreiben des Ministeriums für Auswärtige Angelegenheiten der DDR an Hans Kordecki, Bornhagen, MAS 17, vom 1. August 1951, unterzeichnet mit „Zinsser".
37 Bericht des Landeskonservators Boecking über die Burgruine Hanstein vom 18. April 1951.
38 Ebd.
39 Vgl. Keppler 2008, S. 205.
40 Bericht des Landeskonservators Boecking über die Burgruine Hanstein vom 18. April 1951.
41 Ebd.
42 Schreiben des Gemeinderates Bornhagen an den Kreisrat des Landkreises Worbis in Heiligenstadt vom 7. März 1952.
43 Ebd.
44 Ebd.
45 StadtA HIG: VIII A, Nr. 9, Denkmalpflege 1946–1952, Schreiben des Amtes für Denkmalpflege Erfurt an die Kreisräte des Landes Thüringen und die Abteilungen für Kunstangelegenheiten sowie an Dr. Johannes Müller vom 11. März 1952.
46 Ebd., Liste von Dr. Johannes Müller an das Amt für Denkmalpflege, Erfurt, Grenzweg 48/49 vom 18. März 1952.
47 Die Kirche und die Konventsgebäude des ehemaligen Zisterzienserinnenklosters Teistungenburg wurden in mehreren Perioden zwischen 1963 und 1979 trotz Bemühens des Instituts für Denkmalpflege Halle abgerissen. Am 21. Juni 1973 wurde hier die innerdeutsche Grenzübergangsstelle Worbis-Duderstadt freigegeben. Vgl. Conraths 1999, S. 290–291. Das Gut Keudelstein, im Südosten des Eichsfeldes in der Nähe des Hülfensberges gelegen, wurde wegen Grenznähe 1978 abgerissen. Nur zwei steinerne Portalfiguren wurden gerettet und stehen heute mit Schwert und Waage als Symbole der Justitia auf dem Kirchhof der St.-Marien-Kirche in Heiligenstadt. Vgl. Kockelmann 2000, S. 84. Die anderen Denkmalobjekte erfuhren in den Folgejahren in unterschiedlichem Maße denkmalpflegerische Zuwendung.
48 Schreiben des Heiligenstädter Landrates Hans Teubert an die Abt. Aufbau im Hause.
49 Vgl. www.grenzausstellung.de; Zugriff am 18.1.2008.
50 Schreiben des Rates der Gemeinde Bornhagen an den Rat des Kreises Heiligenstadt vom 16. April 1953.
51 Rat des Kreises 1957, S. 164.
52 Denkmalliste des Kreises Heiligenstadt. Beschluss des Rates des Kreises Heiligenstadt Nr. 0002/1980 vom 24. Januar 1980.
53 Prüfbescheid des Ministeriums für Bauwesen, Staatliche Bauaufsicht Kreis Heiligenstadt, vom 19. November 1982.
54 Ebd.
55 Schreiben des Mitgliedes des Rates für Kultur, Gabriele Böhm, an den Chefkonservator Dr. Hans Schoder vom 16. Februar 1983.
56 Ebd.
57 Opfermann 1999, S. 317–318.
58 Hessische-Niedersächsische Allgemeine (HNA), Ausgabe Witzenhausen, vom 16. Juli 1983.
59 Ebd.
60 HNA, Ausgabe Witzenhausen, vom 27. August 1983.
61 Ebd.
62 Ebd.
63 Schreiben des Chefkonservators Hans Schoder, Institut für Denkmalpflege, Arbeitsstelle Erfurt, an den Vorsitzenden des Rates des Kreises Heiligenstadt, Bernhard Horstmann, vom 9. August 1983.
64 Ebd.
65 Am 11. März 1935 hatte der Kreis Heiligenstadt durch Erlass des Preußischen Staatsministeriums ein neues Kreiswappen erhalten, das neben dem roten brandenburgisch-preußischen Adler und dem silbernen Mainzer Rad im roten Schilde eine silberne Mauer, überhöht von zwei gemauerten, runden, silbernen Türmen, enthielt. In der Blasonierung heißt es: „Der Mauergiebel und die dachlosen Türme stellen heraldisch stilisiert die Burg Hanstein als markantes Bau- und Geschichtsdenkmal des Eichsfeldes im Kreis Heiligenstadt dar." Vgl. Müller 1942.
66 Denkmalpflegerische Zielstellung des Instituts für Denkmalpflege, Arbeitsstelle Erfurt, vom 4. August 1983, mit Durchschriften an den Vorsitzenden und die Abt. Kultur des Rates des Kreises Heiligenstadt, an die Abt. Kultur des Rates des Bezirkes Erfurt und das Institut für Denkmalpflege Berlin, Generalkonservator Prof. Dr. Deiters.
67 Erklärung des Denkmalbeirates des Werra-Meißner-Kreises, unterzeichnet von Dr. Winfried Mogge, vom 2. Januar 1984.
68 Ebd.
69 Schreiben des Vorsitzenden des Werratalvereins Witzenhausen, Artur Künzel, an das Institut für Denkmalpflege Erfurt vom 20. Januar 1984.
70 Schreiben des Chefkonservators Schoder, Erfurt, an den Generalkonservator Deiters, Berlin, vom 26. Januar 1984.
71 Ebd.
72 Ebd.
73 Protokoll der Abt. Kultur des Rates des Kreises Heiligenstadt zur Beratung über das Objekt Burg Hanstein vom 21. November 1984.
74 Ebd.
75 Ebd.
76 Ebd.
77 Thüringer Tageblatt, Lokalausgabe Eichsfeld, vom 6. April 1985.
78 Schreiben des Rates des Bezirkes Erfurt an den Rat des Kreises Heiligenstadt vom 2. Mai 1985.
79 Vgl. Protokoll zur Baustellenberatung am 21. Mai 1985.
80 Werrarundschau, Ausgabe Eschwege, vom 19. Juni 1985; HNA, Ausgabe Witzenhausen, vom 20. Juni 1985.

81 HNA, Ausgabe Witzenhausen, vom 20. Juni 1985.
82 Protokoll zur Baustellenberatung Burgruine Hanstein am 24. September 1985. Teilnehmer lt. Protokoll: „Koll. Spitzenberg, Baufirma; Friedrich, Zimmerermeister; Keppler, Rat des Kreises, Abt. Kultur; Sonntag, Bauamt".
83 Protokoll über die Objektbesichtigung am 10. März 1986.
84 Vgl. ebd.
85 Thüringer Tageblatt, Lokalausgabe Eichsfeld, vom 21. Dezember 1985.
86 Das Volk, Lokalausgabe Heiligenstadt, vom 7. Dezember 1985.
87 Rechnung der Interflug, Fluggesellschaft der DDR, vom 27. Oktober 1986.
88 Schreiben des Interflug-Direktors Grallert an den Rat des Kreises Heiligenstadt vom 14. Oktober 1986.
89 Konzeption über die Aufgaben auf dem Gebiet der Denkmalpflege im Kreis Heiligenstadt bis 1990. Beschluss des Rates des Kreises Heiligenstadt vom 16. Januar 1987. In dem vom Kreistag des Kreises Heiligenstadt jährlich verabschiedeten „Jahreskulturplänen" gehörten in den Jahren 1986, 1987, 1988 und 1989 u. a. die Burg Hanstein und die Kirche in Wahlhausen jeweils zu den Denkmalobjekten, die mit denkmalpflegerischen Finanzmitteln zu bedenken und vorrangig zu restaurieren bzw. zu sichern waren.
90 Bericht des Rates der Gemeinde Bornhagen an den Rat des Kreises Heiligenstadt vom 21. Mai 1987.
91 Beschluss-Nr. 71-20/87 der Gemeindevertretung Bornhagen über Festlegungen zur Durchsetzung des Denkmalpflegegesetzes am 28. August 1987, Punkt 2.
92 Ebd., Punkt 3.
93 Keppler 1989.
94 Anmeldung von Ansprüchen auf Rückübereignung von enteignetem Vermögen vom 24. September 1990.
95 Thüringer Allgemeine, Lokalausgabe Heiligenstadt, vom 25. Juni 1991.
96 Ebd.
97 Thüringer Tageblatt, Landesausgabe Thüringen, vom 1. März 1990.
98 Ebd.
99 Aufgabenstellung zur Rekonstruktion der Burgruine Hanstein. Vorgelegt von Dipl.-Architekt Eberhard Trier, Heiligenstadt, am 8. März 1991.
100 Lücke 1924, S. 3.

Rocco Curti, Benjamin Rudolph

Die ehemalige Ausweichführungsstelle der Bezirksverwaltung Suhl des Ministeriums für Staatssicherheit (MfS) bei Frauenwald

Einführung

Bunker – unter- bzw. oberirdische Schutzbauten – sind nicht ausschließlich ein Phänomen der beiden Weltkriege. Auch nach 1945 und dem Zerfall Europas in zwei Blöcke wurden in vielen Ländern beiderseits des Eisernen Vorhangs in großer Zahl derartige Objekte errichtet. Als besonders eifriger Bunkerbauherr trat dabei die DDR in Erscheinung, in der seit Ende der 1950er Jahre vornehmlich Bunker für Regierung, Staatssicherheit und Nationale Volksarmee (NVA) entstanden. Dazu gehört auch die in der Waldeinsamkeit des Thüringer Waldes gelegene Ausweichführungsstelle (AFüSt) der Bezirksverwaltung Suhl des MfS, die Gegenstand nachfolgender Betrachtung sein soll.[1]

Der sich nach Kriegsende abzeichnende Konflikt zwischen Ost- und Westmächten führte in den 1960er Jahren in der DDR zur Einrichtung eines zentralen Mobilmachungssystems, das im Ernstfall – etwa bei einem militärischen Angriff – zum Einsatz gelangen sollte. Ein Bestandteil dieses Systems waren die Bezirkseinsatzleitungen (BEL), die dem Nationalen Verteidigungsrat (NVR[2]) unterstanden und für Planung, Realisierung und Kontrolle der Maßnahmen zur Landesverteidigung auf Bezirksebene verantwortlich waren.[3] Vorsitzender der Bezirkseinsatzleitung war laut Beschluss des NVR der Erste Sekretär der SED-Bezirksleitung, ferner gehörten der Gruppe u. a. der jeweilige Leiter der Bezirksverwaltung des MfS sowie die Leiter des Wehrbezirkskommandos der NVA, der Bezirksbehörde der Volkspolizei und der Abteilung für Sicherheitsfragen in der Bezirksleitung der SED an.[4] Mit der „Direktive 1/67 – Inhalt und Ziel der Mobilmachungsarbeit im MfS […]" verfügte das Ministerium für Staatssicherheit Einzelheiten zur Mobilmachung für seinen Bereich, u. a. auch Bau und Unterhaltung von Ausweichräumen – operativen Ausweichführungsstellen und operativen Reserveausweichführungsstellen. Diese sollten als alternative Operationsbasen dienen, von denen aus auch unter Spannungs- und Kriegsbedingungen eine „standhaft, ununterbrochene und gedeckte Führung", d. h. die Wahrnehmung staatlicher Aufgaben, zumindest für einige Tage, möglich war.[5]

Von 1968 bis in die 1980er Jahre hinein entstand auf Bezirksebene des MfS eine Vielzahl von Ausweichführungsstellen. Diese wurden entsprechend ihrer Schutzfunktion als unterirdische Anlagen (Bunker) realisiert. Verschiedene technische Einrichtungen, vor allem ein hermetisierbarer Kern, sollten den Insassen das Überleben auch nach dem Einsatz von Massenvernichtungswaffen, also atomaren, biologischen und chemischen Kampfmitteln (so genannten ABC-Waffen) ermöglichen.

Historischer Kontext

„Die DDR-Staatssicherheit war ihrem Ursprung und ihrem wichtigsten Zweck nach eine Geheimpolizei, sie überwachte und

Abb. 1 Frauenwald, ehemalige Ausweichführungsstelle der Bezirksverwaltung Suhl des MfS, Gesamtanlage aus Erholungsheim und Bunker aus der Luft, links im Bau (Aufnahme aus den 1970er Jahren, [fälschlich?] datiert 16.04.1981), rechts im Zustand 27.05.1986

Die ehemalige Ausweichführungsstelle der Bezirksverwaltung Suhl des MfS

Frauenwald / Ilmkreis
Ehem. Ausweichführungsstelle der BV Suhl des MfS
Gesamtanlage

Grundriss M. 1:2000

Grundlage: BStU, MfS BV Suhl, BdL / Dok, BdL / 811 («Objekt B»), Nachzeichnung TLDA / Rudolph, 2009

Unterirdische Bauten strichliert; Einfriedung strichpunktliniert; Abrisse seit 1990 punktiert; Funktionszuweisung nach Akte (heutige Nutzung in Klammern)

A Ausweichführungsstelle
B Erholungsheim

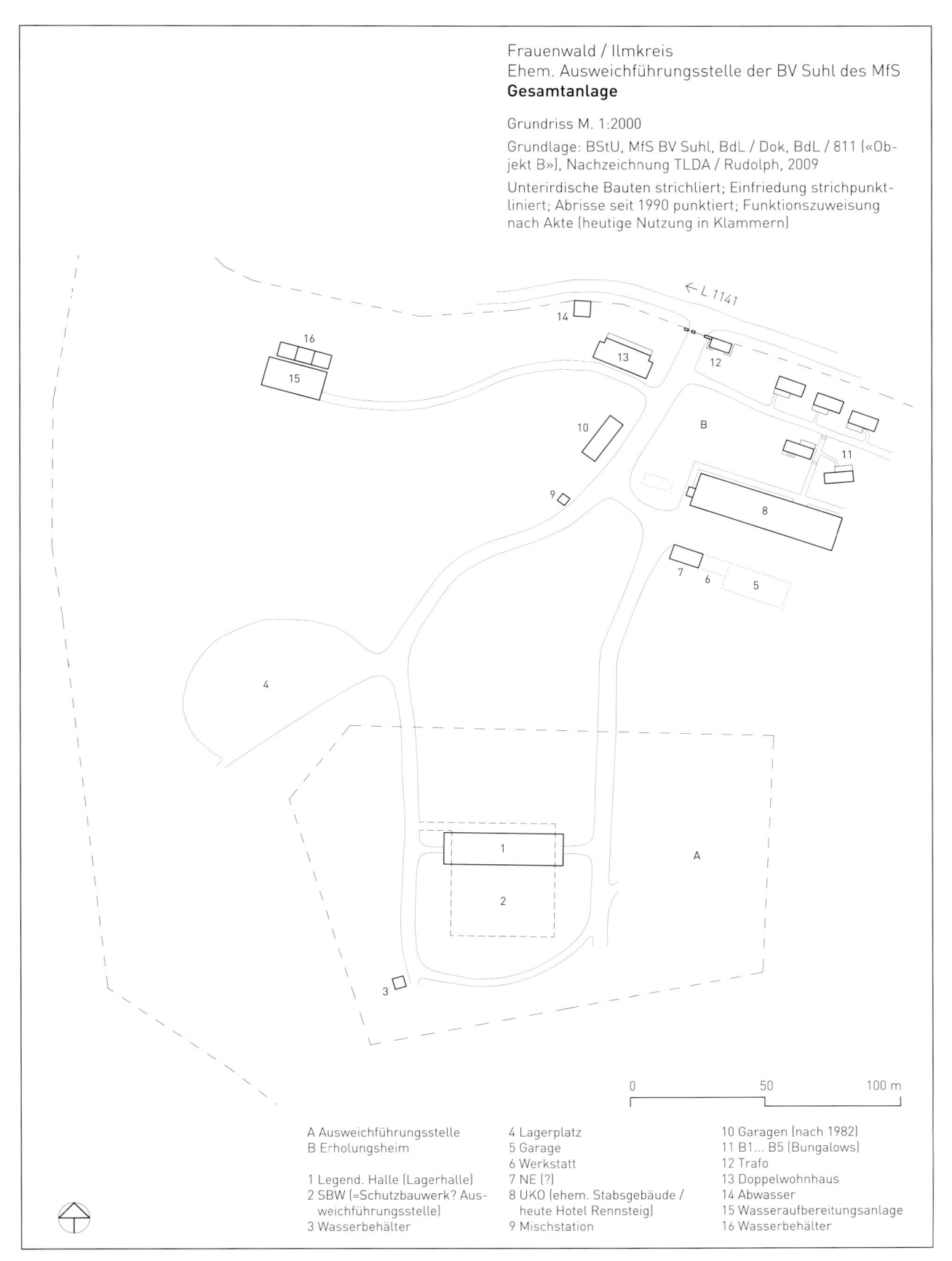

1 Legend. Halle (Lagerhalle)
2 SBW (=Schutzbauwerk? Ausweichführungsstelle)
3 Wasserbehälter
4 Lagerplatz
5 Garage
6 Werkstatt
7 NE (?)
8 UKO (ehem. Stabsgebäude / heute Hotel Rennsteig)
9 Mischstation
10 Garagen (nach 1982)
11 B1... B5 (Bungalows)
12 Trafo
13 Doppelwohnhaus
14 Abwasser
15 Wasseraufbereitungsanlage
16 Wasserbehälter

Abb. 2 Frauenwald, ehemalige Ausweichführungsstelle der Bezirksverwaltung Suhl des MfS, Lageplan Gesamtanlage, 2009

bekämpfte Gegner der Parteidiktatur bzw. wen sie dafür hielt."[6] Das MfS hatte seinen zentralen Sitz in Berlin-Lichtenberg, in einem mehrere Häuserblöcke umfassenden Gebäudekomplex. Darüber hinaus war die Staatssicherheit mit 15 Bezirksverwaltungen und 209 Kreisdienststellen auch im ganzen Land vor Ort vertreten.[7] Auf dem Gebiet des heutigen Bundeslandes Thüringen gab es drei Bezirksverwaltungen, 32 Kreisdienststellen und die Objektdienststelle Carl-Zeiss Jena des MfS.[8] In Thüringen waren zur Wende 1989 insgesamt etwa 6.500 Personen hauptamtlich für die Stasi tätig.[9]

Das MfS sah sich als Bestandteil eines global ausgetragenen Systemkonflikts zwischen sozialistischen und kapitalistischen Ländern. Durch die Grenzlage der DDR zur Bundesrepublik Deutschland ergab sich für die SED und das MfS zudem eine besondere Gefährdungssituation.[10] Die permanente Gefährdung erzeugte innerhalb der DDR eine Sicherheitslogik, in der dem MfS bis zum Ende der SED-Diktatur eine stetig wachsende Zahl von Aufgabenbereichen zukam. Das Ministerium wuchs zu einer konzernartigen Großbürokratie heran. Dabei vermengten sich nachrichtendienstliche Tätigkeiten mit Maßnahmen zur Aufrechterhaltung der von der SED diktierten Gesellschaftsordnung.[11] Das MfS bereitete sich zudem für den Kriegs- und Spannungsfall vor[12] und baute Bunker, um in diesen Situationen handlungsfähig zu bleiben.

Während des Kalten Krieges standen sich die Westmächte und der Ostblock in einem ständigen Szenario der gegenseitigen Bedrohung gegenüber, welches von 1945 bis 1990 dauerte.[13] Der Kalte Krieg drohte in dieser Zeit mehrmals in einen offenen Konflikt überzugehen. Höhepunkte bildeten die Konfrontation sowjetischer und amerikanischer Panzer im Oktober 1961 in Berlin[14], die Kubakrise 1962, die Verschärfung des Kalten Krieges in Folge des NATO-Doppelbeschlusses Ende 1979 und der etwa gleichzeitig stattfindende sowjetische Einmarsch in Afghanistan. Ab Mitte der 1970er Jahre gab es im Bereich der nuklearen Angriffstechnik kaum noch grundlegende Systeminnovationen. „Beide Supermächte konzentrierten sich stattdessen auf die technische Verfeinerung und den quantitativen Ausbau vorhandener Waffenklassen. Die Sowjetunion rüstete insbesondere bei den landgestützten Mittel- und Langstreckenraketen auf (SS-20 bzw. SS-18 und SS-19). Ersteres wurde vom Westen mit der Stationierung von ‚Pershing II' und ‚Cruise-Missiles' in europäischen NATO-Ländern beantwortet."[15] Der den Kalten Krieg begleitende Rüstungswettlauf erforderte nicht nur den Bau immer neuerer Waffensysteme sondern ebenfalls den Bau von Schutz- oder Bunkeranlagen, die deren Insassen vor den Einwirkungen verschiedener Waffen schützen sollten.

Entstehungsgeschichte und Baubeschreibung

Die Ausweichführungsstelle der Bezirksverwaltung Suhl des MfS wurde in den Jahren 1973–1976 unter dem Decknamen „Trachtenfest" in einem abgelegenen Waldgebiet zwischen den

Abb. 3 Frauenwald, ehemalige Ausweichführungsstelle der Bezirksverwaltung Suhl des MfS, Tarnhalle von Nordost, Zustand 2009

Die ehemalige Ausweichführungsstelle der Bezirksverwaltung Suhl des MfS

Ortschaften Schmiedefeld, Stützerbach und Frauenwald in etwa 780 m Höhe errichtet.[16] Die nächstgelegene Siedlung befindet sich mit dem kleinen, nur wenige Häuser umfassenden Ort Allzunah etwa 1 km östlich. Mit dem Bau des Bunkers war das MfS-eigene Spezialbauwesen Leipzig beauftragt[17], unterstützt von Mitarbeitern der Bezirksverwaltung Suhl. Die Bauarbeiten geschahen unter größter Geheimhaltung und unbemerkt von der Öffentlichkeit. Dabei nutzte man die Gelegenheit, dass im gleichen Zeitraum ein Erholungsheim der NVA in Frauenwald erbaut wurde, so dass die Belieferung der Baustelle nicht weiter auffiel. Die Baukosten werden mit 20 Mio. Mark veranschlagt, belegt sind allerdings nur die Kosten für den Rohbau in Höhe von 7,5 Mio. Mark.[18]

Die Ausweichführungsstelle entstand am Rande eines Naherholungskomplexes des MfS[19], der den Namen „Dr. Richard Sorge"[20] trug und offiziell als Kinderferienlager firmierte.[21] Zu diesem gehörten das heutige Rennsteighotel – das ehemalige Stabsgebäude –, das Haus des Verwalters und fünf Bungalows sowie verschiedene Nebengebäude (Garagen, Trafo- und Pumpstation).[22] Nördlich davon verlief die Bahntrasse der Kleinbahn Rennsteig-Frauenwald, deren Betrieb bereits 1965 eingestellt wurde[23], südlich der Kammweg des Rennsteiges.[24]

Das ansteigende südliche Ende des Areals markiert ein ausgedehnter Platz mit einer lang gestreckten, schmucklosen Halle; unter diesen verbirgt sich das etwa 35 x 38 m große unterirdische Schutzbauwerk der Ausweichführungsstelle. Aufgrund der Lage im Landschaftsschutzgebiet[25] und der unauffälligen Architektur der Halle kam kein Zweifel an der offiziellen Ausweisung des Objekts als Anlage der Wasserwirtschaft auf, und auch die teils mehrfache Umzäunung des Geländes stand dazu in keinem Widerspruch.

An den Stirnseiten der mit rosafarben gestrichenen Asbestzementtafeln[26] verkleideten Halle befinden sich zwei faltbare Tore, die auch für größere Fahrzeuge passierbar sind. Die Hauptzufahrt liegt an der Ostseite, westlich ergänzt durch eine zweite Zuwegung, die vor dem trichterartig ausgebildeten Tor des Personalbunkers und auf dessen Laufniveau endet.

Im Innern der Tarnhalle führen zwei seitwärts gelegene und eingehauste Abgänge in den unterirdischen Bau aus dem eigentlichen Haupt- oder Mannschaftsbunker vom Typ 1/15/V2u[27] und einem angehängten kleinen Trakt für Betriebs- und Wachpersonal, das die Schleusungsvorgänge übernahm und für die Instandhaltung der Technik verantwortlich war. In dieser Zweiheit liegt eine der Besonderheiten des Objekts „Trachtenfest" gegenüber den Ausweichführungsstellen anderer Bezirke, die in der Regel nur aus einem einzigen Bunker bestehen.

Das „Wiederverwendungsprojekt 1/15" wurde ab 1968 mehrfach für Ausweichführungsstellen des MfS eingesetzt,

Abb. 4   Frauenwald, ehemalige Ausweichführungsstelle der Bezirksverwaltung Suhl des MfS, Zugang Personalbunker, Zustand 2009

Abb. 5   Frauenwald, ehemalige Ausweichführungsstelle der Bezirksverwaltung Suhl des MfS, Laternenmast mit getarnter Luftansaugung, Zustand 2009

Die ehemalige Ausweichführungsstelle der Bezirksverwaltung Suhl des MfS

Frauenwald / Ilmkreis
Ehem. Ausweichführungsstelle der BV Suhl des MfS
Objekt «Trachtenfest»

Grundriss M. 1:400

Grundlage: BStU, MfS BV Suhl, BdL / Dok, BdL / 811 (Hauptbunker) sowie Bauaufnahme TLDA / Rudolph (Details Hauptbunker, Personalbunker), 2009

Funktionszuweisungen wie Bestand (Authentizität nicht in allen Fällen gesichert); gelb strichliert=hermetisierbarer Kern

A Mannschaftsbunker
B Personalbunker

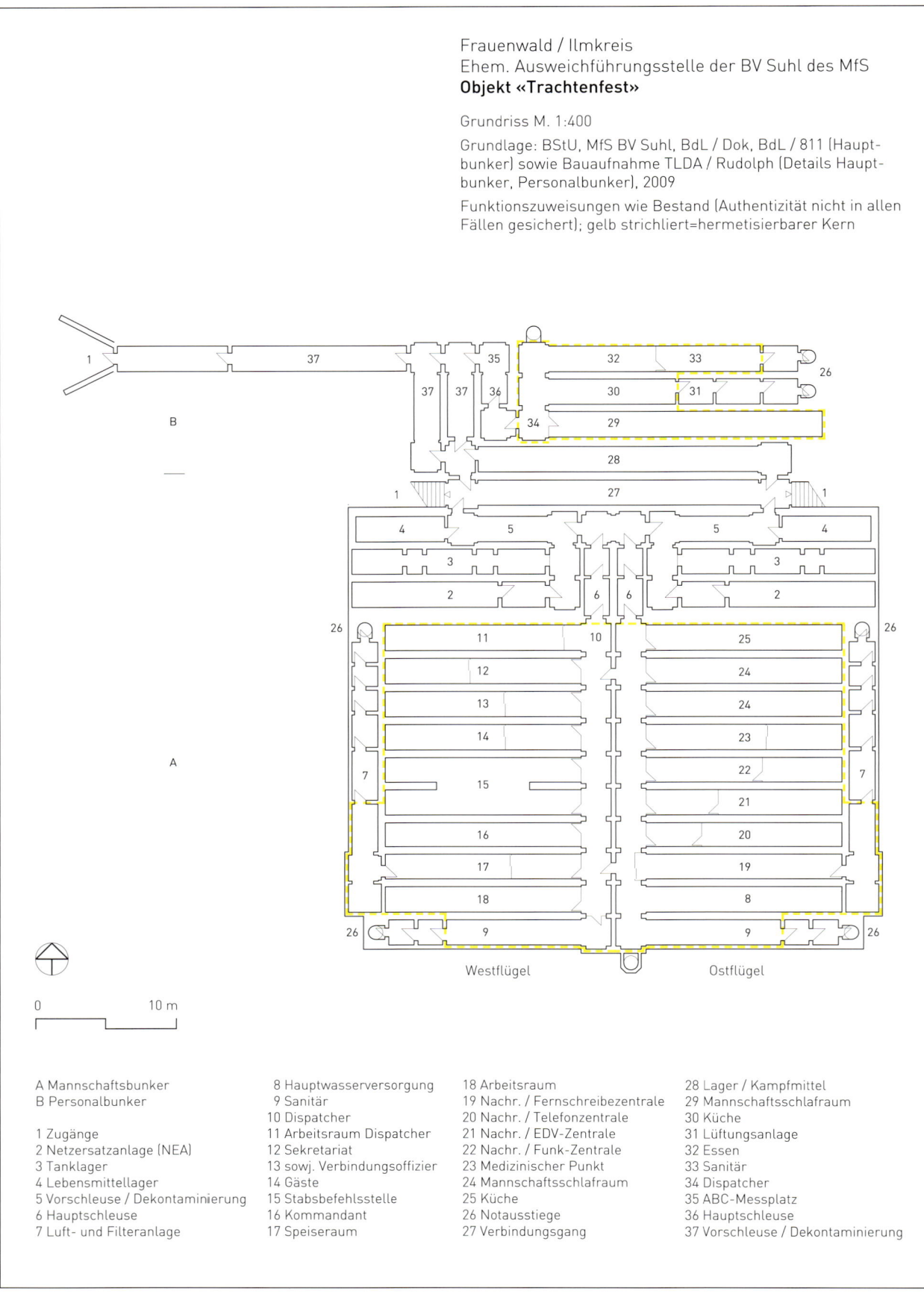

1 Zugänge
2 Netzersatzanlage (NEA)
3 Tanklager
4 Lebensmittellager
5 Vorschleuse / Dekontaminierung
6 Hauptschleuse
7 Luft- und Filteranlage

8   Hauptwasserversorgung
9   Sanitär
10 Dispatcher
11 Arbeitsraum Dispatcher
12 Sekretariat
13 sowj. Verbindungsoffizier
14 Gäste
15 Stabsbefehlsstelle
16 Kommandant
17 Speiseraum

18 Arbeitsraum
19 Nachr. / Fernschreibezentrale
20 Nachr. / Telefonzentrale
21 Nachr. / EDV-Zentrale
22 Nachr. / Funk-Zentrale
23 Medizinischer Punkt
24 Mannschaftsschlafraum
25 Küche
26 Notausstiege
27 Verbindungsgang

28 Lager / Kampfmittel
29 Mannschaftsschlafraum
30 Küche
31 Lüftungsanlage
32 Essen
33 Sanitär
34 Dispatcher
35 ABC-Messplatz
36 Hauptschleuse
37 Vorschleuse / Dekontaminierung

Abb. 6   Frauenwald, ehemalige Ausweichführungsstelle der Bezirksverwaltung Suhl des MfS, Grundriss, 2009

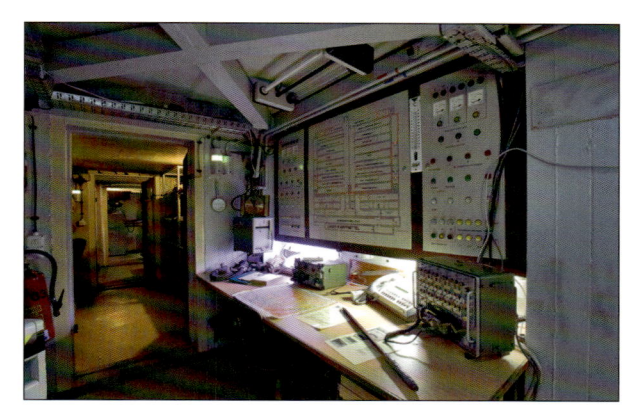

Abb. 7 Frauenwald, ehemalige Ausweichführungsstelle der Bezirksverwaltung Suhl des MfS, Dispatcherplatz in der westlichen Flurzone, Zustand 2009

Abb. 8 Frauenwald, ehemalige Ausweichführungsstelle der Bezirksverwaltung Suhl des MfS, Stabsbefehlsstelle, Zustand 2009

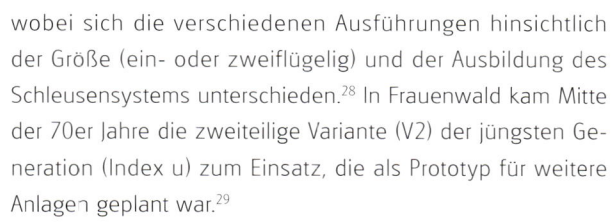

Abb. 9 Frauenwald, ehemalige Ausweichführungsstelle der Bezirksverwaltung Suhl des MfS, EDV-Zentrale, Zustand 2009

wobei sich die verschiedenen Ausführungen hinsichtlich der Größe (ein- oder zweiflügelig) und der Ausbildung des Schleusensystems unterschieden.[28] In Frauenwald kam Mitte der 70er Jahre die zweiteilige Variante (V2) der jüngsten Generation (Index u) zum Einsatz, die als Prototyp für weitere Anlagen geplant war.[29]

Der eingeschossige Stahlbetonbau mit einer Raumhöhe von etwa 2 m im Lichten und über annähernd quadratischer Grundfläche ist in Schottenbauweise unter weitgehender Verwendung serieller Elemente erstellt. Verschiedene bauliche Maßnahmen sollten den Schutzraum gegen auftretende Kräfte aus Druckwellen im Falle einer Detonation schützen und gewisse Bewegungen ermöglichen: eine mächtige Erdüberdeckung von über einem Meter, eine der Außenwand vorgesetzte Zerschellschicht aus Betonhohlblocksteinen[30], die konkave Ausbildung der Wandscheiben[31] und die Verstärkung bestimmter Deckenbereiche mittels kreuzweise verschweißter Stahlträger.

Ost- und Westflügel ist ein spiegelsymmetrischer Aufbau zu Eigen. Sie bestehen jeweils aus einer schmalen Flurzone, die zehn schlauchartige Räume in Querrichtung von etwa 1,80 x 14 m Grundfläche im Lichten erschließt. Diese beinhalten verschiedene Funktionen wie Arbeits- und Aufenthaltsbereiche für Mannschaft, Kommandanten, Dispatcher und sowjetischen Verbindungsoffizier – darunter die als einziger Raum zweiachsig ausgebildete Stabsbefehlsstelle –, Bereiche der Versorgung (Küche, Krankenstation) und Bereiche mit technischen Einrichtungen (Fernschreibe-, Telefon-, EDV- und Funkzentrale, Wasseraufbereitung). An den Außenseiten befindet sich eine separate Lüftungsanlage für jeden Flügel, während der Nordseite die Haupt- und Vorschleuse sowie weitere Stollen für Technik (Notstromaggregate, Diesellager) und Versorgung (Lebensmittellager) vorgelagert sind.

Der beide Ab- bzw. Aufgänge verbindende Stollen im Norden ermöglicht den Übergang in den zeitgleich entstandenen Personalbunker. Dieser ist als autarke Einheit gedacht und verfügt dementsprechend über eigene Energieversorgung und Luftzufuhr sowie über einen separaten Schleusenbereich im Westen (hinter dem bereits erwähnten Eingang). Drei weitere Stollen im Osten von auffallend länglicher Form – etwa doppelt so lang wie im Mannschaftsbunker – nehmen Aufenthalts- und Schlafbereich, Küche, Lager und sanitäre Anlagen auf, während mittig ein Arbeitsbereich, u. a. mit ABC-Messplatz, und die Hauptschleuse untergebracht sind.

Die ehemalige Ausweichführungsstelle der Bezirksverwaltung Suhl des MfS

Abb. 10 Frauenwald, ehemalige Ausweichführungsstelle der Bezirksverwaltung Suhl des MfS, Mannschaftsschlafraum, Zustand 2009

Abb. 11 Frauenwald, ehemalige Ausweichführungsstelle der Bezirksverwaltung Suhl des MfS, besonders verstärkter Deckenbereich am Übergang vom Haupt- zum Personalbunker, Zustand 2009

Die Belegungsstärke des Hauptbunkers wird mit 130 Personen angegeben, die des Personalbunkers mit 45 Personen; im Normalbetrieb bestand die ständige Besatzung aus 15 Mann.[32]

Zur technischen Ausstattung

Bemerkenswert ist die ortsfeste technische Ausstattung des Bunkers. Dazu zählen das Schleusensystem sowie Anlagen für Luft-, Wasser- und Energieversorgung, die von der Steuerzentrale – dem Dispatcher – aus überwacht und geregelt wurden. Im Ernstfall – etwa einem atomaren Schlag – konnte die innere Schutzzone, die Arbeits- und Aufenthaltsräume beider Flügel umfasste, mittels verschiedener Luken, Klappen und Drucktüren hermetisch verschlossen werden; ein künstlich erzeugter Überdruck verhinderte das Eindringen von Kampfstoffen über undichte Stellen. In diesem Zustand war der Zutritt für Außenstehende allein durch einen Schleusungsvorgang und eine vorausgehende Spezialbehandlung möglich. Den genauen Ablauf des Eintritts in die Ausweichführungsstelle in einer derartigen Situation regelte ein internes Papier[33] des MfS. Demnach wurde vor der eigentlichen Schleusung eine Spezialbehandlung eintretender Personen durchgeführt, um „das Eindringen radioaktiver Stoffe und chemischer Kampfstoffe in die Ausweichführungsstelle durch Einschleppung zu verhindern. Sie umfasst – je nach Art des Befalls der Personen und Ausrüstung – Maßnahmen der vollständigen Entaktivierung und/oder Entgiftung sowie die vollständige sanitäre Behandlung." Die Spezialbehandlung, die von den Betroffenen selbst durchgeführt werden musste, erfolgte im Eingangsbereich, der in eine „unsaubere" und eine „saubere" Zone unterteilt war. Zu ersterer gehörten Treppenbereich und Vorschleuse, zu letzterer die Hauptschleuse. Zunächst wurde auf dem mit Dusche, Trägerrost und Abfluss ausgestatteten Treppenpodest die Schutzausrüstung entgiftet („geduscht") und anschließend im „Treppenverbindungsgang" abgelegt (bis auf Schutzmaske und Handschuhe). In der Vorschleuse wurden Bekleidung, Waffen und Dokumente der KC-Kontrolle (Überprüfung auf Kernstrahlung und chemische Stoffe) unterzogen und anschließend entaktiviert bzw. entgiftet (ggf. in mehreren Durchgängen). Schließlich wurde der Körper vollständig entkleidet und die gesamte Hautoberfläche gründlich abgewaschen. In der Hauptschleuse erfolgte vor dem Eintritt in den hermetisierten Bereich die Neueinkleidung. In Abhängigkeit von der Kontaminierung konnte die Reinigung mehrere Stunden in Anspruch nehmen.[34]

Die ehemalige Ausweichführungsstelle der Bezirksverwaltung Suhl des MfS

Abb. 12 Frauenwald, ehemalige Ausweichführungsstelle der Bezirksverwaltung Suhl des MfS, Zugangsstollen im Personalbunker, Zustand 2009

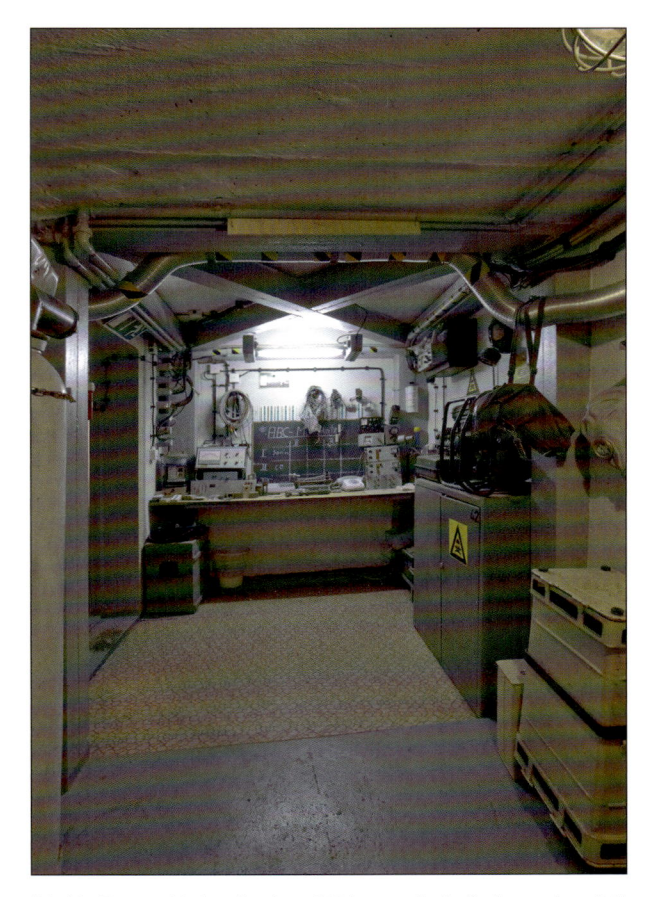

Abb. 14 Frauenwald, ehemalige Ausweichführungsstelle der Bezirksverwaltung Suhl des MfS, ABC-Messplatz im Personalbunker, Zustand 2009

Die durch Ventilatoren angesaugte Luft wurde durch eine entsprechende Führung über mehrere Kammern sowie ein umfangreiches System aus Grobstaub-, Feinstaub-, radiologischen, biologischen (UV-Strahlung) und chemischen Filtern aufbereitet.[35] In Zusammenhang mit der Luftanlage erwähnenswert sind zwei Laternen südlich der Lagerhalle, über deren Masten – getarnt – die Zuluftführung erfolgte. Eine Abluftführung gab es allein für die Dieselgeneratoren und zwar über einen Schornstein auf dem Hallendach; die verbrauchte Atemluft entwich entweder durch die Überdruckhaltung oder im Zuge von Schleusungsvorgängen. Bei einem Totalausfall der Stromversorgung konnte die Lüftungsanlage manuell über ein Fahrradergometer bedient werden. Alternativ bestand die Möglichkeit, so genannte RDU-Luftgenerierungsanlagen sowjetischer Bauart in Betrieb zu nehmen, die in einer chemischen Reaktion mit dem CO_2 der Luft unter erheblicher Wärmeentwicklung Sauerstoff und Lauge (als Nebenprodukt) freisetzten. Vom Dispatcher aus (siehe oben) wurden die Zusammensetzung der Raumluft ständig überwacht und entsprechende Maßnahmen veranlasst.

Die Versorgung mit Energie erfolgte grundsätzlich über das normale Ortsnetz. Darüber hinaus war jeder Flügel mit einer eigenen Netzersatzanlage (NEA) aus drei in Reihe geschalteten Dieselmotoren vom Typ Multicar ausgestattet, die bei einem Ausfall der Spannung automatisch anliefen. Zwei Tanklager mit jeweils 2.500 l Kraftstoff hätten nach Schätzungen für einen autonomen Betrieb von sechs bis acht Tagen ausgereicht. Um eine Beschädigung der Motoren durch Überdruck aus Druckwellen zu vermeiden, wurde die Verbrennungsluft über einen Kiesdruckwellendämpfer geführt.

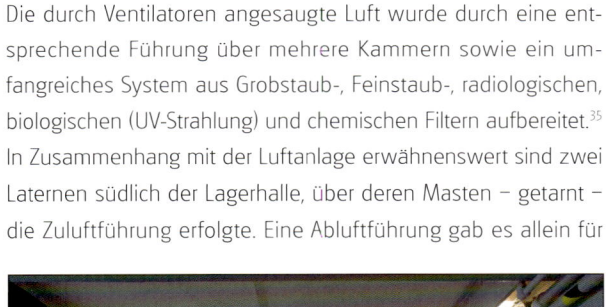

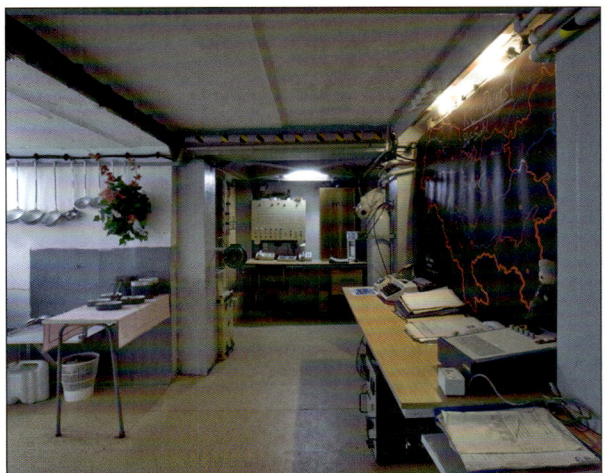

Abb. 13 Frauenwald, ehemalige Ausweichführungsstelle der Bezirksverwaltung Suhl des MfS, Blick auf den Dispatcherplatz im Personalbunker, Zustand 2009

Frauenwald / Ilmkreis
Ehem. Ausweichführungsstelle der BV Suhl des MfS
Objekt «Trachtenfest»

Lüftungsanlage, Längsschnitt M. 1:75

Grundlage: BStU, MfS BV Suhl, BdL / Dok, BdL / 811, Nachzeichnung TLDA / Rudolph, 2009

Verdeckte Linien strichliert; Bezeichnung nach Akte

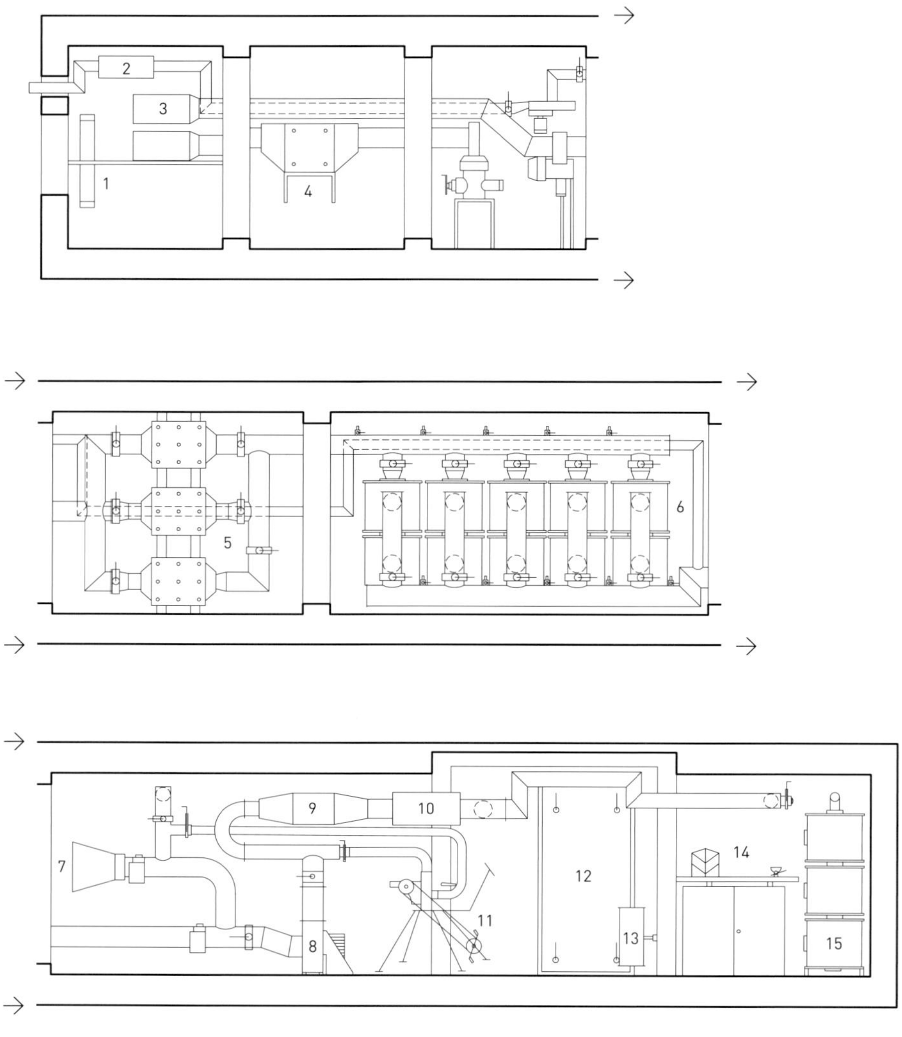

0 1 2 m	1 Heizkörper	6 FP-300	11 Reservelüfter
	2 Geräuschdämpfer	7 Plattenfilter	12 Tür L1 rechts
	3 Grobstaubfilter	8 Hauptlüfter	13 RDU-Anlage
	4 Feinstaubfilter	9 Lufterhitzer	14 Werkbank
	5 PFP-1000	10 Geräuschdämpfer	15 RP-100

Abb. 15 Frauenwald, ehemalige Ausweichführungsstelle der Bezirksverwaltung Suhl des MfS, Schnitt durch den Lüftungsstollen des Hauptbunkers, 2009

Frischwasser wurde aus einer Zisterne (120.000 l) und zwei Tiefbrunnen bezogen, darüber hinaus existierten im Bunker zwei Reservetanks mit einem Fassungsvermögen von jeweils 3.000 l. Im Falle einer Kontaminierung konnte das Wasser durch eine Wiederaufbereitungslage mit chemischen Zusätzen aufgefrischt werden.

Das Ende der Ausweichführungsstelle

Nachdem 1987/88 die Technik auf den neuesten Stand gebracht worden war, wurde die Ausweichführungsstelle in den letzten Tagen der DDR durch MfS und Zivilverteidigung, anschließend durch die Bundeswehr kontrolliert beräumt.[36] Zurück blieben im Wesentlichen die ortsfeste Ausstattung sowie ein geringer Teil der Kommunikationstechnik. Nach Versiegelung und anschließender Öffnung durch ein Bürgerkomitee 1990 wird die Anlage museal genutzt. Seit 2006 bemüht sich der Bunkerverein Ostdeutsche Militärgeschichte e.V. um Neuausstattung, Instandhaltung und Instandsetzung der Technik. Die Ausweichführungsstelle hat wieder einen annähernd vollständigen Ausstattungsgrad erreicht, doch der Schein trügt: Etwa 80 Prozent der hier zu sehenden Technik entstammt anderen Provenienzen[37]; bauzeitlich erhalten sind allein Fußbodenbeläge, Wandbekleidungen, Trennwände in Leichtbauweise sowie die oben beschriebene Großtechnik, deren Ausbau zu aufwendig gewesen wäre.

Die abgesetzte Sendestelle

Zur Gesamtanlage des Objektes „Trachtenfest" gehörte auch eine so genannte abgesetzte Sendestelle in etwa 6 km Entfernung, am so genannten Mordfleck (Stadt Suhl, OT Goldlauter[38]). Von ihr aus wurde der Kontakt zu übergeordneten Dienststellen aufrechterhalten, um den eigentlichen Standort der Ausweichführungsstelle, den man durch Peilung der Funksignale hätte ermitteln können, nicht zu gefährden.[39] Das nicht ganz 7 000 m² große Areal liegt 250 m westlich der Landstraße 2632 bzw. des Rennsteiges auf etwa 860 m Höhe und war offiziell als Kinderferienlager ausgewiesen.[40] Es umfasste einige Bungalows (nach 1990 teilweise zurückgebaut), zwei Tiefbrunnen sowie ein Haus der Wachmannschaft.[41] Im Norden befindet sich ein kleiner tonnengewölbter Bunker vom Typ FB 3.2[42], der ehemals ein Antennenfeld trug. Der Zustand des oberirdischen, von einer Erdschüttung umhüllten Baus ist als völlig verwahrlost zu bezeichnen; sämtliche Ausstattungsteile, darunter die Technik, wurden nach 1990 entwendet.

Weitere Anlagen in Thüringen

Neben dem Objekt „Trachtenfest" unterhielt die Bezirksverwaltung Suhl eine weitere Ausweichführungsstelle bzw. Reserveausweichführungsstelle (RAFüSt) etwa 1 km westlich von Vesser (Stadt Suhl), die als Meteorologisch-hydrologische Station des Rates des Bezirkes getarnt war (Tarnname „Alpha").[43] Diese war als Ausweichquartier für den Fall der Auskundschaftung oder Unbenutzbarkeit der Hauptstelle gedacht und besteht aus einem Flügel (Typ 1/11-1/15[44]). Das Objekt befindet sich in Privatbesitz und ist nicht öffentlich zugänglich. Weitere Ausweichstellen in Thüringen existierten bei Bad Berka im Weimarer Land (AFüSt für die BV Erfurt, Tarnname „Rottdorf", getarnt als Wasserwirtschaftsanlage, Typ 1/15/V2u[45]) und bei Tautenhain im Saale-Holzland-Kreis (AFüSt für die BV Gera[46]), wobei die Bezirksverwaltung Erfurt wie Suhl zusätzlich über eine Reserveausweichführungsstelle in der Nähe der Autobahnabfahrt Erfurt-Ost (OT Haarberg[47], Typ 1/11-1/15?) verfügte. Die genannten Anlagen sind entweder verschlossen bzw. verfüllt (AFüSt Bad Berka, AFüSt Tautenhain) oder befinden sich in einem schlechten baulichen Zustand und sind nicht öffentlich zugänglich (RAFüSt Erfurt, RAFüSt Vesser).

Auf dem Gebiet der ehemaligen DDR gab es entsprechend der Anzahl der Bezirke insgesamt 15 Ausweichführungsstellen, zuzüglich dreier Reserveausweichführungsstellen in den Bezirken Frankfurt/Oder, Erfurt und Suhl[48]. Weitere Objekte, auf die hier nicht näher eingegangen werden soll, wurden durch Spezialabteilungen des MfS unterhalten (z.B. die Abteilung W – Wismut). Nach unbestätigten Angaben beläuft sich die Gesamtzahl republikweit auf 35 Anlagen.[49]

Zur Denkmaleigenschaft der Ausweichführungsstelle

Die Ausweichführungsstelle generiert mehrere Denkmalwerte. Sie ist einerseits Zeugnis des Kalten Krieges bzw. der Teilung Deutschlands im kleinen, der Welt im großen Maßstab sowie des daraus resultierenden erheblichen Konfliktpotentials, dem man in Ost und West zu begegnen suchte. Darüber hinaus ist sie auch militär- und technikgeschichtlich von Bedeutung. Verschiedene Anlagen und Gerätschaften, teils individuelle, technisch raffinierte Lösungen, sollten einem auserwählten Kreis von Menschen das Überleben auch nach einem Atomschlag ermöglichen. Nach derzeitigem Kenntnisstand ist keine der ehemaligen Ausweichführungsstellen in Ostdeutschland ausgewiesenes Kulturdenkmal, keine in einem vergleichbar guten Zustand inklusive ortsfester Ausstattung (Luft-, Wasser-, Energieanlagen) erhalten. Als weitere Besonderheit ist die Zweiheit aus Mannschafts- und Personalbunker zu benennen, die für weitere zukünftige Anlagen vorgesehen war, allerdings nur ein einziges Mal – in Frauenwald – realisiert wurde.

Im Gegensatz zu den Untersuchungsgefängnissen und Dienststellen zählt der Bunker bei Frauenwald zu den weitestgehend unbekannten Wirkungsstätten der Staatssicherheit. Dem ehemaligen Stasi-Untersuchungsgefängnis in Erfurt widmet sich in diesem Band ein Beitrag von Monika Kahl und Christian Misch.

Am 29. Dezember 1991 trat nach dem Beschluss des Deutschen Bundestages das Gesetz über die Unterlagen des

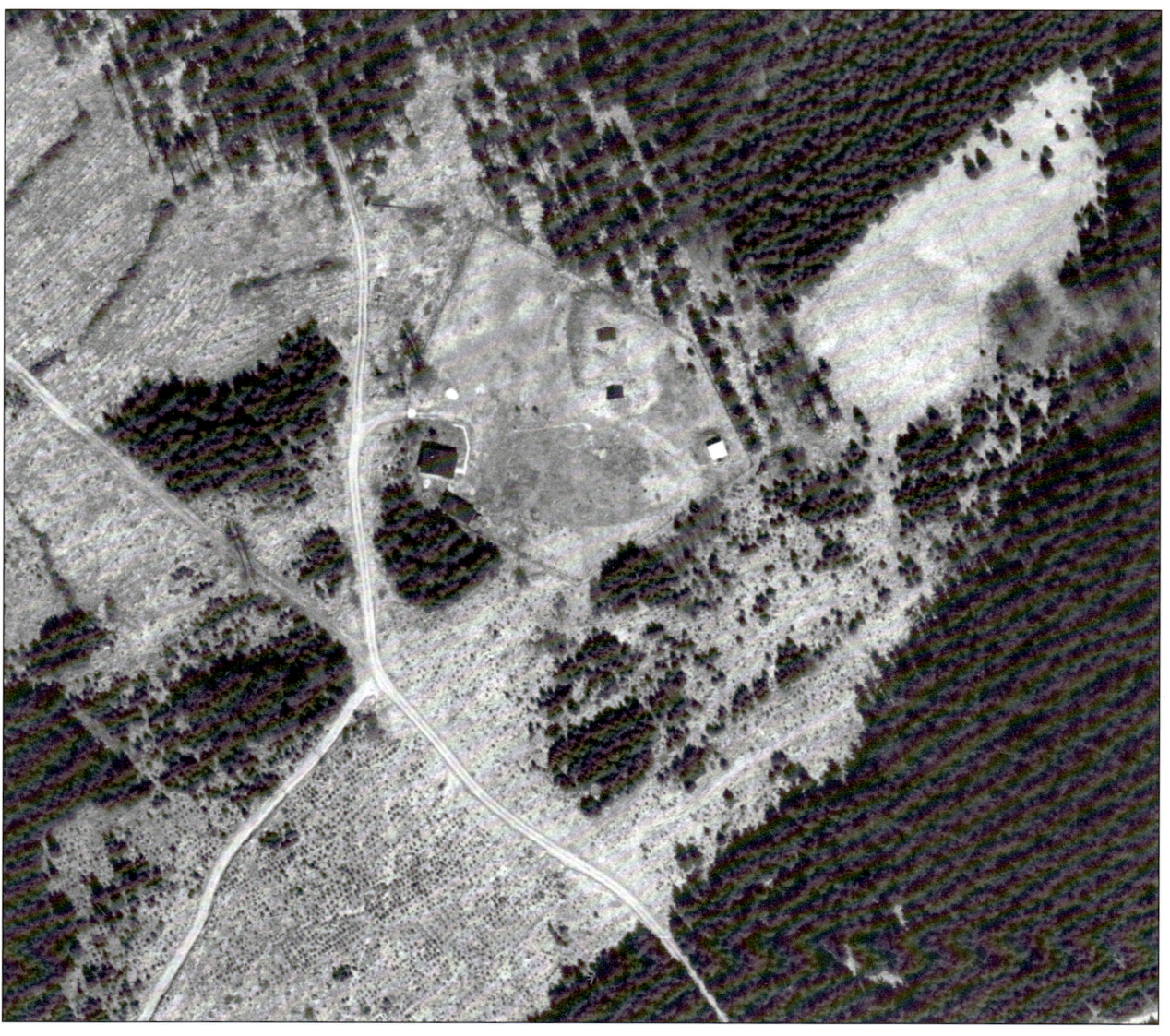

Die ehemalige Ausweichführungsstelle der Bezirksverwaltung Suhl des MfS

Abb. 16 Suhl-Goldlauter, abgesetzte Sendestelle am Mordfleck, Gesamtanlage aus der Luft, Aufnahme 16.04.1981

Frauenwald / Ilmkreis
Ehem. Ausweichführungsstelle der BV Suhl des MfS
Abgesetzte Sendestelle am «Mordfleck»

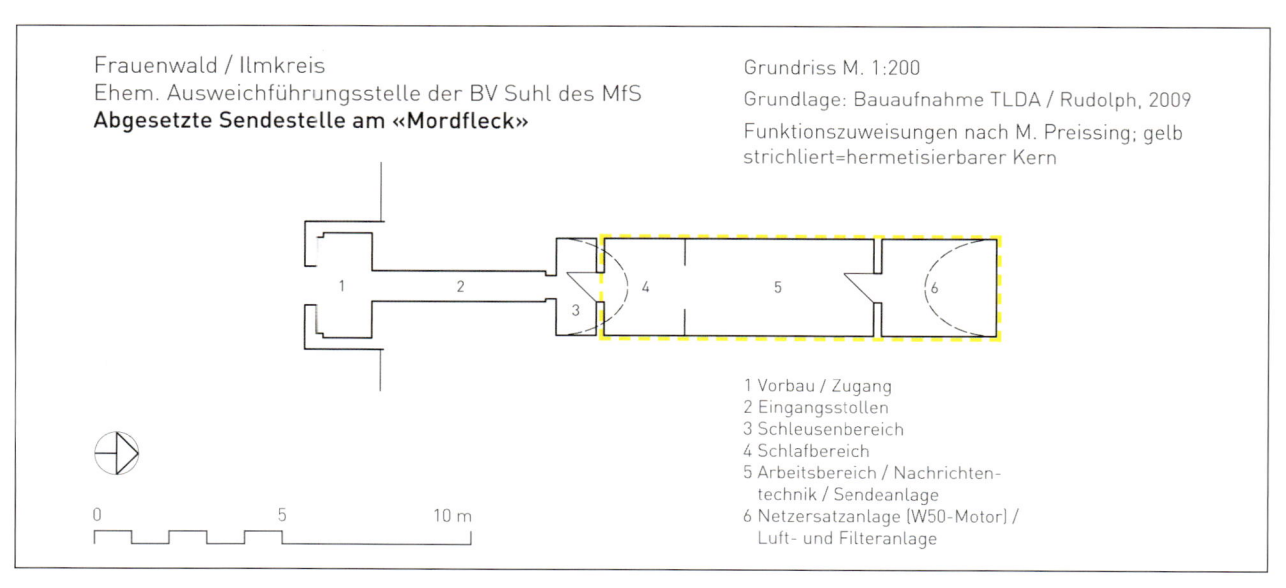

Grundriss M. 1:200
Grundlage: Bauaufnahme TLDA / Rudolph, 2009
Funktionszuweisungen nach M. Preissing; gelb strichliert=hermetisierbarer Kern

1 Vorbau / Zugang
2 Eingangsstollen
3 Schleusenbereich
4 Schlafbereich
5 Arbeitsbereich / Nachrichtentechnik / Sendeanlage
6 Netzersatzanlage (W50-Motor) / Luft- und Filteranlage

Abb. 17 Suhl-Goldlauter, abgesetzte Sendestelle am Mordfleck, Grundriss des Bunkers, 2009

Die ehemalige Ausweichführungsstelle der Bezirksverwaltung Suhl des MfS

Staatssicherheitsdienstes der ehemaligen Deutschen Demokratischen Republik (Stasi-Unterlagen-Gesetz – StUG) in Kraft. Das Gesetz regelt seitdem den Umgang mit den Unterlagen, welche die Stasi hinterlassen hat. Das Stasi-Akten-Erbe wird somit aufgearbeitet und der Forschung und der Öffentlichkeit zugänglich gemacht.[50] Der unmittelbare Bezug zur Geschichte der Staatssicherheit in der DDR kann dagegen in weitaus stärkerem Maße durch die baulichen Hinterlassenschaften, als lebendige und sprechende Zeugnisse der Vergangenheit, hergestellt werden.

Abb. 18 Suhl-Goldlauter, abgesetzte Sendestelle am Mordfleck, Bunker, Innenansicht, Zustand 2009

1 Der Stand der Forschung zu den Ausweichführungsstellen ist wenig zufriedenstellend. Zwar existiert eine Reihe von Internetseiten, die sich diesem Thema widmet, doch sind die dargestellten Angaben oft widersprüchlich oder basieren auf bloßen Vermutungen. Sichere Fakten sind allein aus den Unterlagen des MfS, die in den Archiven der Bundesbehörde für die Unterlagen des Staatssicherheitsdienstes der ehemaligen Deutschen Demokratischen Republik (BStU) verwahrt werden, zu erwarten. Doch sind diesbezügliche Forschungsaufträge und Anfragen oft langwierige Unterfangen. Aus diesem Grund basiert die Darstellung z. T. auf den frei verfügbaren Informationen im Netz, die – das sei hier nochmals erwähnt – mit großer Vorsicht zu behandeln sind, sowie auf den bislang vorliegenden Informationen der BStU, die durch den Bunkerverein Ostdeutsche Militärgeschichte e.V. zusammengetragen und dem TLDA zugänglich gemacht wurden.
2 Neues Meyers Lexikon definiert den Nationalen Verteidigungsrat der Deutschen Demokratischen Republik, geschaffen durch Gesetz vom 10.02.1960, als zentrales Organ zur einheitlichen Leitung der Landesverteidigung „zum Schutz der sozialistischen Errungenschaften, des Territoriums und der Grenzen der DDR". Vgl. Nationaler Verteidigungsrat 1963, S. 48.
3 Angaben zum Mobilmachungssystem und zu den BEL nach: Landesbeauftragte 2000, S. 14 sowie Stasi-Bunker 2009.
4 Statut der Einsatzleitungen 2009.
5 Stasi-Bunker 2009.
6 Gieseke 2000, S. 5.
7 Ebenda, S. 5–8.
8 Der Raum Altenburg/Schmölln unterstand der MfS-Verwaltungsstruktur des Bezirks Leipzig, der Raum Artern unterstand der MfS-Verwaltungsstruktur des Bezirks Halle.
9 Vgl. Herz 1994, S. 12.
10 Die DDR hatte im Vergleich zu anderen sozialistischen Staaten einen überproportional hohen Anteil an Staatssicherheits-Mitarbeitern bezogen auf die Bevölkerungsgröße. Im Herbst 1989 belief sich die Personalstärke der Stasi auf 91 015 hauptamtliche Mitarbeiter. In der ČSSR kamen auf 1000 Bürger ca. 1,1 Mitarbeiter der Staatssicherheit, in der Sowjetunion ca. 1,8, in der DDR ca. 5,5. Vgl. Gieseke 2000, S. 5–8.
11 Ebenda, S. 5.
12 Ebenda, S. 8.
13 Die Herrschaft der SED basierte auf der Unterstützung durch die Sowjetunion. Diese hatte bereits 1986 einen Wandel in den Ostblockbeziehungen signalisiert. Dem Ende des Kalten Krieges war die Aufgabe der Breschnew-Doktrin durch die sowjetische Außenpolitik vorangegangen. Selbständige politische Reformbemühungen im Ostblock waren, im Gegensatz zur ehemals vorherrschenden Doktrin, ab diesem Zeitpunkt nicht mehr durch Unterdrückung mittels einer militärischen Intervention der Sowjetunion bedroht. Vgl. Mählert 2007, S. 149.
14 Vgl. Heinemann 2009, S. 45–47. Der Ausbruch eines offenen atomaren Konfliktes zwischen dem Warschauer Pakt und der NATO auf deutschem Boden wurde bereits im September und Oktober 1961 von beiden Seiten in Form von Planspielen simuliert.
15 Wolf 1995, S. 192.
16 Flurstück 2906, Flur 16, 34/4 (Bunker) bzw. 31/1, 28/3, 32/4, 33/3 (Erholungsheim).

17 Nach Aussage Mike Preissing, Bunkerverein Ostdeutsche Militärgeschichte e.V. am 22.07.2009.
18 B. F. 2007. Paul Bergner nennt dagegen Kosten in Höhe von 2 Mio. Mark für den Rohbau und 2 Mio. für den Ausbau, vgl. Bergner 2008a, S. 11.
19 Nach Aussage des jetzigen Hotelbetreibers, Alexander Höhn, gehörte dieses nicht zur BV Suhl, sondern der Zentrale des MfS in Berlin.
20 Bergner 2008a, S. 2.
21 Informationen zur Nutzung der Anlage vor 1990 und zu baulichen Veränderungen seit 2003 nach Aussage Alexander Höhn am 22.07.2009.
22 Ein Teil der Anlage – die Garagen für LKW – wurden 2003 zurückgebaut. Darüber hinaus wurden verschiedene Veränderungen an den Bestandsbauten vorgenommen.
23 Kleinbahn Rennsteig-Frauenwald 2009.
24 Der Rennsteig tangiert das Gelände der Ausweichführungsstelle etwa 150 m südlich und verläuft parallel zur Landstraße 1141.
25 Vgl. Topografische Karte 1:10.000 DDR, Bezirk Suhl, M-32-58 B-a-4, Ausgabe 1989 (Stand 1986). Auf dieser, nicht öffentlich zugänglichen Karte sind Erholungsheim, Tarnhalle und Freiraum eingezeichnet.
26 Nach 2003 wurden die östliche Stirnseite sowie der Eingangsbereich des Personalbunkers wider dem Befund tarnfarben gestrichen. Der rosafarbene Anstrich entspricht der bauzeitlichen Fassung. Die Sockelverkleidung besteht aus Terrazzoplatten, das Mauerwerk aus Betonhohlblocksteinen und Ziegelsteinen, die lageweise im Wechsel verbaut sind.
27 Die Zuweisung des Bunkers zu einem bestimmten Typ variiert erheblich. Paul Bergner glaubt in dem Objekt „Trachtenfest" den Typ 1/15/V2b zu erkennen, vgl. Bergner 2007, S. 504. Björn Lasinski und Sebastian Meinke bezeichnen ihn mit 1/15/V2c-u, vgl. Lasinski 2009, Karsten Jordan mit 1/15/V2u, vgl. Jordan 2009. Nach Ausweis der Akte BStU, MfS, BV Suhl, BdL/Dok, BdL/811 handelt es sich um den Typ 1/15/V2u.
28 Lasinski 2009.
29 Nach Aussage Mike Preissing am 22.07.2009.
30 Bergner 2007, S. 502.
31 Teilweise sind auch die Deckenelemente derartig ausgebildet.
32 Nach Aussage Mike Preissing am 03.06.2009.
33 Stasi-Bunker 2009. Alle Zitate hiernach.
34 Nach Darlegung Mike Preissing.
35 Die folgenden Angaben zur Technik basieren, wenn nicht anders angegeben, auf Bergner 2008a, S. 12–14.
36 Nach Mitteilung Alexander Höhn.
37 Teile der Ausstattung stammen nach Aussage Mike Preissing aus der RAFüSt Vesser sowie aus dem NVA-Erholungsheim in Frauenwald.
38 Flurstück 402, Flur 4, Nr. 40. Bergner 2007, S. 497, gibt als Lage fälschlicherweise 1,5 km westlich Goldlauter an. Richtig ist, dass die Anlage 1,5 km nordöstlich Goldlauter liegt. Vgl. Topografische Karte 1:10.000 DDR, Bezirk Suhl, M-32-58 B-a-1, Ausgabe 1989 (Stand 1986), exakte Lage: RW 2625,45; HW 5613,50.
39 Laut einer Tafel im Bunker.
40 Einige hier aufgestellte Spielgeräte trugen dieser Tarnung Rechnung. Heute ist u.a. noch eine Schaukel erhalten. Den Hinweis, dass die Sendestelle als Kinderferienlager getarnt war, verdanken wir Mike Preissing.

41 Bei einer Ortsbegehung am 06.08.2009 konnten einer der Tiefbrunnen, das Haus der Wachmannschaft sowie der eingetiefte Bunker inspiziert werden. Nach Aussage von Mike Preissing gab es früher zwei, drei weitere Bungalows und einen zweiten Brunnen.
42 Bergner 2007, S. 500.
43 Ebenda, S. 506.
44 Ebenda, S. 496.
45 Behrendt 2009.
46 Wagner 2009.
47 Behrendt 2009.
48 Nach Mike Preissing hatte auch der Bezirk Gera eine Reserveausweichführungsstelle. Diese Angabe ließ sich jedoch auf Grund der verfügbaren Informationen bislang nicht verifizieren.
49 Bergner 2007, S. 499.
50 Die Besetzung des Bezirksamtes für Nationale Sicherheit in Erfurt durch Erfurter Bürger leitete das Ende der von Erich Mielke angeordneten und seit November 1989 voranschreitenden Vernichtung von Stasi-Aktenmaterial ein. Joachim Gauck wurde am 3. Oktober 1990 nach Beschluss der Volkskammer von der Bundesregierung zum Sonderbeauftragten der Bundesregierung für die Unterlagen des Staatssicherheitsdienstes der ehemaligen Deutschen Demokratischen Republik ernannt. Archivare des Bundesarchivs in Koblenz stellten 1991 bei einer Besichtigung der auf dem Gebiet des heutigen Thüringen sichergestellten MfS-Unterlagen folgenden Materialumfang fest: „In Erfurt etwa 6.500 laufende Meter (davon 2.000 geordnet und nutzbar), in Gera 5.500 (1.500) und in Suhl 4.000 (1.200)." Herz 1994, S. 2.

Monika Kahl, Christian Misch

Das Gefängnisgebäude in der Erfurter Andreasstraße – Ein Kulturdenkmal als Ort der Geschichtsaufarbeitung

Zwanzig Jahre nach dem Zusammenbruch der DDR ist es Zeit, Bilanz zu ziehen über die sich seither unter den neuen politischen Verhältnissen vollzogenen Veränderungen. Zugleich sollte der erreichte Stand der Aufarbeitung der DDR-Geschichte betrachtet und akzeptable Lösungen für die Bewertung und den Umgang mit Relikten des abgelösten Staatsgefüges gefunden werden.

Das trifft auch für die Arbeitsaufgaben der Denkmalpfleger zu, die sich zunehmend mit den Denkmalen der jüngeren Geschichte und den Recherchen zu deren historischen Hintergründen zu beschäftigen haben. Das breite Spektrum der während der Existenz der DDR errichteten Bauten ist auf der Grundlage des 1992 in Kraft getretenen Thüringer Denkmalschutzgesetzes zu prüfen und festzustellen, welche Objekte die Kriterien eines Kulturdenkmals erfüllen. In diesem Zusammenhang ist auch zu ermitteln, ob und welche jeweils typische Architektursprache die verschiedenen Bauaufgaben in der DDR geprägt haben und wie die Gestaltung der Bauten durch spezielle Nutzungsanforderungen beeinflusst wurde. Die Beurteilung des Denkmalwertes schließt neben der Einschätzung der architektonischen, baukünstlerischen und städtebaulichen Kriterien auch die Erforschung des geschichtlichen Hintergrundes ein.

Oftmals lassen sich nur mit Kenntnis der historischen Bedingungen spezielle Gestaltungsabsichten oder -änderungen sowie Umbaumaßnahmen erklären und bewerten. Sofern auch die Umnutzung eines Gebäudes von besonderer geschichtlicher Bedeutung ist und davon originale Sachzeugnisse überliefert sind, kann dieser Umstand entscheidenden Einfluss auf die Bewertung der Denkmaleigenschaft haben, wie das Beispiel des ehemaligen Erfurter Gefängnisses zeigt.

Der 1876–1880 errichtete Baukörper ist in seiner architektonischen Gestaltung ein typisches Beispiel für die Gefängnisbauten der Gründerzeit. (Abb. 1) Darüber hinaus ist er gekennzeichnet durch spätere nutzungsbedingte Veränderungen und Erweiterungen. Gegenwärtig erfährt seine Nutzungsphase als Untersuchungshaftanstalt der Staatssicherheit der DDR eine besondere Bewertung – auch durch die geplante Einrichtung einer Gedenkstätte.

Der Gebäudekomplex Haftanstalt/Landgericht und insbesondere der benachbarte Sitz der Bezirksverwaltung des Ministeriums für Staatssicherheit (MfS) in der Andreasstraße 38 (heute Polizeidirektion Erfurt) spielten als Ziel der so genannten Donnerstagsdemonstrationen im Jahre 1989 eine wichtige Rolle. Von besonderer Bedeutung war die Besetzung dieser Dienststelle der Staatssicherheit im Dezember 1989 durch Erfurter Bürger, um die Vernichtung von Unterlagen und Dokumenten aufzuhalten. Heute erinnern Gedenktafeln an der Gefängnismauer an die 1945 bis 1989 inhaftierten politischen Gefangenen sowie am einstigen Verwaltungsgebäude der Staatssicherheit an die Besetzung dieses Hauses.

Abb. 1   Erfurt, Gefängnisgebäude an der Andreasstraße, 2001

Mit der geplanten Erhaltung und teilweisen Nutzung der ehemaligen Haftanstalt als Gedenkstätte wird der Gebäudekomplex auch Ort und Gegenstand der Geschichtsaufarbeitung. Anhand überlieferter materieller Sachzeugnisse können hier anschaulich geschichtliche Zusammenhänge vermittelt werden. Das Gefängnis diente verschiedenen staatlichen Systemen als Ordnungs- oder Machtinstrument und ist damit ein Sachzeugnis, bei dem sich geschichtliche mit baugeschichtlichen und regionalgeschichtlichen Aspekten verbinden.

Diese waren in gleichem Maße ausschlaggebend für die Unterschutzstellung des Gefängnisses, dessen Eintragung in das Denkmalbuch durch das TLDA wie folgt begründet wurde:

„Der Gefängnisbau Bechtheimer Str. 2 ist – zusammen mit dem Gerichtsgebäude am Domplatz – ein Bauwerk von hoher Aussagekraft über Anspruch und Gestaltungsformen der preußischen Staats- und speziell Justizarchitektur nach der Gründung des Deutschen Reiches.

Das Gebäude ist ein baukünstlerisch bedeutendes und authentisch erhaltenes Zeugnis der historistischen Architektur vom Ende des 19. Jh. Hervorzuheben ist die geradezu herrschaftliche Wirkung, hervorgerufen durch die symmetrische und mittenbetonte Anlage des großen Baukörpers und dessen Ausrichtung zum öffentlichen Raum, zur Andreasstraße.

Hinsichtlich dieser repräsentativen architektonischen Gestaltung und der städtebaulichen Wirkung, aber auch einfach hinsichtlich der Größe, nimmt das Gebäude unter den historischen Gefängnisbauten Thüringens eine singuläre Stellung ein. [...] Ein weiterer geschichtlicher Aspekt der Denkmaleigenschaft ergibt sich aus der Nutzung als Untersuchungshaftanstalt der Bezirksverwaltung Erfurt des MfS. Nach dem Abbruch des Geraer Gefängnisses existieren in Thüringen nur noch zwei ehemalige MfS-Haftanstalten: die kleinere in Suhl und das Erfurter Objekt. Das Gebäude mit seinen für diesen Zweck vorgenommenen baulichen Veränderungen ist damit eines der zwei in Thüringen noch existierenden Sachzeugnisse politischer Haft als extremster Form der Repression gegen politisch unliebsame Bürger und Regimekritiker, gleichzeitig aber auch ein Symbol für das Vorhandensein einer Opposition gegen das totalitäre DDR-Regime.

Das ehemalige Erfurter Landgerichtsgefängnis ist der geschichtlich, architekturgeschichtlich und städtebaulich bedeutendste Gefängnisbau Thüringens und somit ein Kulturdenkmal gemäß § 2 des Thüringer Denkmalschutzgesetzes."

Mit Wirkung vom 29. April 2005 wurde das Gefängnisgebäude mit Wärterhaus und Einfriedung als Kulturdenkmal in das Denkmalbuch des Freistaats Thüringen eingetragen.[1]

Baubestand und architektonische Gestaltung

Die architektonische Gestaltung des Gefängnisgebäudes widerspiegelt – im Vergleich mit der des benachbarten Gerichtsgebäudes – ihren Stellenwert innerhalb der Hierarchie der zeitgenössischen Gesellschaftsbauten. Diese wird durch die Bauform und die verwendeten Materialien zum Ausdruck gebracht. Beide Gebäude sind breit gelagerte zentralsymmetrische Anlagen im Stile der Neogotik. Das Gericht repräsentiert einen Herrschaftsbau, der mit einer anspruchsvollen Werksteinverkleidung und aufwendigeren Schmuckformen versehen wurde. Das Gefängnis dagegen wurde als Klinkerbau mit sparsamer Schmuckdekoration ausgeführt.

Der dreigeschossige Gefängnisbau wurde in unverputztem rotem Klinker auf T-förmigem Grundriss errichtet. Dabei wendet der großzügig dimensionierte und bezüglich der Bauaufgabe „Gefängnis" repräsentative Bau seine Hauptfassade der Andreasstraße zu, ein nahezu gleich großer Flügel schließt sich an der Rückseite mittig an.

Die Mitte der Ostfassade wird durch einen dreiachsigen Mittelrisalit betont, dessen nochmals vortretende Mittelzone in einem Stufengiebel gipfelt. Die Gebäude- und die Risaltecken zieren fialenähnliche, inzwischen oben gekappte Eckürmchen auf Konsolen. Der heutige Attikaabschluss war ursprünglich ein Zinnenkranz, der mit einem nachträglichen Dachumbau zugesetzt wurde. Die axial angeordneten Zimmer- und Zellenfenster besitzen ein gekehltes Gewände und einen Segmentbogensturz. Das aufwendigste Gestaltungselement, die drei jeweils dreibahnigen Maßwerkfenster im 2. Obergeschoss des Mittelrisalites, betonen nochmals die Mittelachse des Baues. Die horizontale Gliederung bilden ein Geschoss- und ein Traufgesims.

Diese symmetrische und repräsentative Gestaltung wie auch die neogotischen Architekturelemente zeichnen das Gebäude aus.

Am nördlichen Ende des Gefängnishofes befindet sich das zugehörige zweigeschossige Gefangenenwärterhaus auf spitzwinkligem Grundriss, das ebenfalls eine Klinkerfassade und ähnliche Zierelemente wie das Gefängnis aufweist.

Die Höfe werden zur Andreasstraße durch eine Begrenzungsmauer in Klinker auf Bruchsteinsockel abgegrenzt. Sie ist durch eingetiefte Felder gegliedert und mit einem Konsolfries als oberem Abschluss und mehreren leicht spitzbogigen Portalen mit Stufengiebeln als Überdeckung versehen. In diesen Portalen befinden sich teilweise noch die bauzeitlichen Füllungstüren.

Im Inneren sind die historische Raumdisposition und Teile der Ausstattung weitgehend erhalten. Dazu gehören die Steintreppen mit Eisengeländer, Metall- und Holzfenster sowie die Zellentüren einschließlich Beschlägen. (Abb. 2)

Für die Nutzung durch das Ministerium des Inneren (MdI) und vor allem durch das Ministerium für Staatssicherheit (MfS) wurden in geringem Maße bauliche Veränderungen vorgenommen, die den Prämissen der jeweiligen Vorschriften für die Haftbedin-

Das Gefängnisgebäude in der Erfurter Andreasstraße

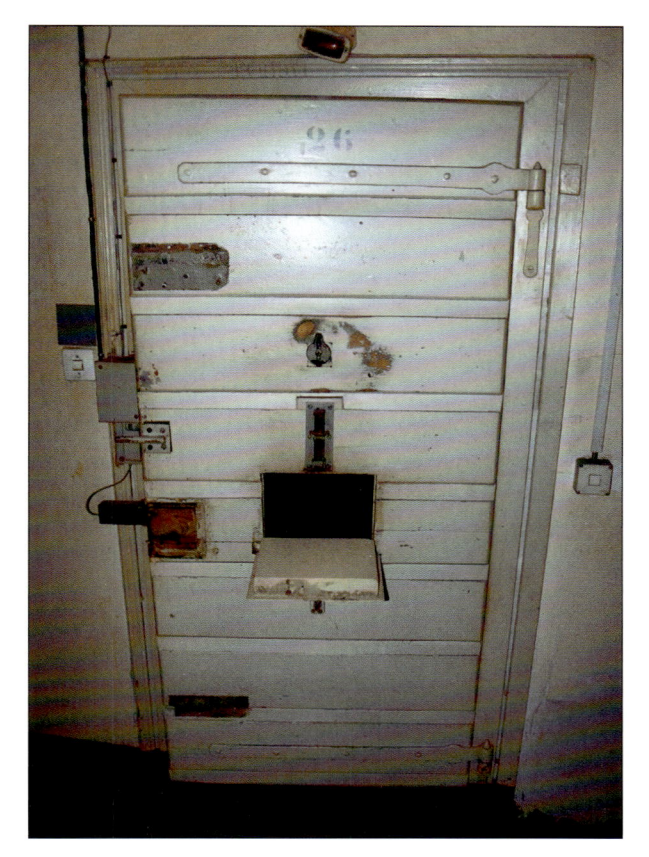

Abb. 2 Erfurt, Gefängnisgebäude an der Andreasstraße, Stasi-Trakt im 2. Obergeschoss des Hofflügels, Zellentür mit Schließanlagen, 2002

gungen entsprachen. Neben der Vermauerung von Durchgängen zur Trennung vom Gefängnistrakt der Polizei sind hier vor allem Schließsysteme, Isolierzellen, Vergitterungen, Freigangzellen und Sanitäreinrichtungen zu nennen.[2]

Bau- und Nutzungsgeschichte der Haftanstalt

Nachdem der Festungsstatus des Erfurter Petersberges in Folge der Reichseinigung von 1871 im Jahre 1873 aufgehoben wurde, ließ der preußische Staat auf dem Areal der Festung und im Festungsvorfeld verschiedene vorwiegend militärische Bauten, zwischen Petersberg und dem Domplatz aber Justizgebäude errichten. Mit dem Landgerichtsgebäude (1874–79) und Gerichtsgefängnis (1878–80) wurde die dreieckige Fläche der Grünanlage „Louisental" überbaut. Der bis dahin offene und ungegliederte Übergang vom Domplatz in das Glacis der Festung wurde damit unterbrochen und sowohl der Domplatznordseite mit dem Gericht als auch der Westseite der Andreasstraße mit dem Gefängnis eine architektonische Fassung gegeben.

Die Anordnung mehrerer Militär- und Justizbauten um den Petersberg herum ist eine charakteristische und historisch determinierte Situation. Diese im Verlaufe von rund 120 Jahren entstandene „Kette" von Staatsbauten erstreckt sich von den Kasernenbauten und Gebäuden der Gewehrfabrik im Brühl aus den ersten Jahrzehnten des 19. Jahrhunderts über die Bauten des Landgerichts mit Gefängnis am Domplatz/Andreasstraße, den Gerichtserweiterungsbau in der Andreasstraße 38 (1938–49) bis zum Bundesarbeitsgericht (1999) am Westrand des Petersberges.

Das Erfurter Gefängnis entstand im Zusammenhang mit den nach der Reichsgründung von 1871 in Kraft getretenen Justizreformen nahezu zeitgleich mit dem Gerichtsgebäude auf einem Areal, das vom Domplatz (ehemals Friedrich-Wilhelm-Platz), der heutigen Bechtheimer Straße und der Andreasstraße umschlossen wird.

Das zunächst als Haftanstalt für das angrenzende Landgericht genutzte Gebäude wurde 1876–80 nach Plänen des Regierungsbaumeisters Friedrich Beisner errichtet. Verantwortlich für die Ausführung des Projekts war im Auftrag der preußischen Regierung die Kreisbauinspektion Erfurt.

Die Baugestaltung und die Raumdisposition des Gebäudes entsprachen den zeitgenössischen Auffassungen von einer mustergültigen modernen Haftanstalt, die nach den geltenden preußischen Vorschriften errichtet worden war. Gemessen an seinen Dimensionen ist das Gebäude samt seiner Nebeneinrichtungen der größte erhaltene historische Gefängnisbau in Thüringen.[3] In seiner Typologie entspricht er den 1884 in der „Baukunde des Architekten" als „größere Gefängnisse" beschriebenen Bauten.[4] Das Raumprogramm umfasste neben den Einzel- und Mehrbett-Haftzellen für rund 130 Inhaftierte einen Kirchsaal, eine Bibliothek, Betriebs- und Verwaltungsräume sowie Wohnräume für Wachpersonal.

Bereits 1881 wurde neben dem Gefängnis der Bau eines Wohnhauses für Wärter sowie einer Arbeitsbaracke geplant und 1883 wurden die Umfassungsmauern verändert. In den folgenden Jahrzehnten erfolgte im Inneren des Gefängnisgebäudes wegen veränderter Vorschriften zu den Haftbedingungen und zur Verbesserung von Betriebsabläufen eine Reihe von Umbauten. So wurden unter anderem 1884 64 mit schmiedeeisernen Gittern versehene „Isolierschlafzellen" eingebaut, das ehemalige Lazarettzimmer in einen Schlafsaal umgewandelt, 1895 zusätzliche „ausbruchsichere" Gittertüren und Schlösser an allen Zellentüren sowie Gitter vor Glasflächen angebracht, Sanitär- und Heizanlagen saniert bzw. modernisiert, 1920 Sichtblenden und 1928 Gitter vor Zellenfenstern angebracht sowie mit Beginn des Zweiten Weltkrieges Einbauten zum Luftschutz vorgenommen. Mit der Unterteilung von Schlafsälen zu Zellen änderte sich auch teilweise die Grundrissstruktur.

1939 bestand der ummauerte Gesamtkomplex der Anlage aus dem Hauptgebäude (Gefängnisgebäude), dem Beamtenwohnhaus, Hof- und Freiflächen sowie den Nebengebäuden: Arbeitsbaracken, Holzlagerschuppen, Kohlen- und Lagerschuppen und Schweinestall.[5]

Das 1945 durch einen Bombentreffer beschädigte Gefängnisgebäude wurde nach Kriegsende durch die Sowjetische Militäradministration beschlagnahmt und von dieser bis 1948 genutzt.

Nach der Übertragung des Gebäudes an die Thüringer Justiz 1948 diente es als Untersuchungs- und Kurzzeit-Strafhaftanstalt, die 1950 nach Auflösung der Justizhaft in der DDR von der Polizei übernommen wurde. Seit 1952 nutzte auch die Bezirksverwaltung Erfurt des Ministeriums für Staatssicherheit (MfS) das Gebäude und übernahm 1954 eine Hälfte des Baues in eigene Verwaltung. Für die Nutzung durch zwei verschiedene „staatliche Organe" wurde das Gebäude in zwei getrennte Bereiche mit jeweils eigenem Treppenhaus geteilt.

Im selben Jahr wurden ein zentraler Freihof geschaffen sowie ein neues Wachgebäude errichtet.

Während an dem der Polizei unterstellten Gebäudetrakt außer Erhaltungs- und Renovierungsmaßnahmen nur geringe Veränderungen vorgenommen wurden, erfolgten in dem von MfS benutzten Hausteil entsprechend den Nutzungsanforderungen der neuen Hausherren verschiedene bauliche Maßnahmen, die sowohl die Innenausstattung als auch die Raumdisposition betrafen. So wurde der Zellenbereich zugunsten der Einrichtung von mehreren Verhör- und Dienstzimmern verkleinert und lag dann ausschließlich zur Hofseite. Des Weiteren erfolgten die Verstärkung der Sicherheitssysteme durch Einbau elektronischer Schließ- und Überwachungsanlagen, die Verkleinerung von Haftzellen bzw. die Erhöhung der Belegungskapazität der alten Zellen, die Einrichtung von Isolierzellen. An Fenstern und Türen wurden Sichtblenden angebracht und die Freigangflächen im Hof reduziert.[6]

Noch 1987 wurde wegen des erhöhten Raumbedarfs an den Nordflügel ein Erweiterungsbau angefügt, in dem vorwiegend Verhörzimmer untergebracht wurden.

1990 wurde die Haftanstalt entsprechend den neuen Verwaltungsstrukturen dem Thüringer Justizvollzug unterstellt und weiter als solche genutzt. Weil das Gebäude nicht mehr den Anforderungen an einen zeitgemäßen Strafvollzug entsprach, wurde es 2001 aufgegeben und steht seitdem leer.

Für die in Landesbesitz befindlichen Flächen und Immobilien fand sich keine rentable Verwendung. Deshalb gab es Bestrebungen, die Bauten abzureißen und auf dem Areal einen Parkplatz einzurichten. Das Landesamt für Denkmalpflege stimmte den Abbruchplänen für die mittlerweile als Kulturdenkmal erfassten Gebäude – Gefängnisgebäude, Wärterhaus und Einfriedung – nicht zu. Es begründete seinen Standpunkt mit der Denkmaleigenschaft des Objekts als „bedeutendsten historischen Gefängnisbau Thüringens", an dessen Erhaltung gemäß § 2 Abs. 1 des Thüringer Denkmalschutzgesetzes ein öffentliches Interesse besteht.[7]

Parallel dazu engagierten sich die Thüringer Landesbeauftragte für die Unterlagen der ehemaligen Staatssicherheit sowie die Vereine Freiheit e.V. und Gesellschaft für Zeitgeschichte e.V. für die Erhaltung des Gebäudes und die Einrichtung einer Gedenkstätte in einem Teil des Gebäudes. Der Fachbereich Architektur der Fachhochschule Erfurt machte im Wintersemester 2004/05 eine zukünftige Nutzung des Gefängnisses als Gedenkstätte und Jugendhotel zum Thema von studentischen Entwürfen und zeigte damit Entwicklungsperspektiven auf.[8] Eine intensive Öffentlichkeitsarbeit, zahlreiche Appelle an die Verantwortlichen, Publikationen und Ausstellungen im Gebäude, sowohl zur Geschichte des Gefängnisses als auch Kunstprojekte[9], die sich mit der Nutzung als Staatssicherheits-Haftanstalt auseinandersetzten, führten zu einer Sensibilisierung der Öffentlichkeit für dieses Thema. Schließlich konnte erreicht werden, dass sich die Landesregierung zur Erhaltung des Gebäudes bekannte. Unterstützung kam schließlich noch von der Stadt Erfurt mit dem am 29. März 2006 vom Stadtrat verabschiedeten Beschluss, im Gebäude des ehemaligen Gefängnisses „eine Gedenkstätte als Ort der Würdigung, der Erinnerung und der politischen Bildung zu errichten. Diese Gedenkstätte wird in Trägerschaft der Stadt Erfurt als selbständiger Teil des Stadtmuseums geführt."[10]

Von der Haftanstalt zur Gedenk- und Bildungsstätte

In diesem Prozess der Entscheidungsfindung kristallisierte sich heraus, dass der straßenseitige Hauptflügel eine Nutzung als Büro- oder Geschäftsräume erhalten soll, der hofseitige Flügel aber zur Gedenkstätte gewidmet wird. Der bis 1989 von der Staatssicherheit genutzte Zellentrakt im 2. Obergeschoss dieses Flügels soll in seiner noch weitgehend authentischen Form erhalten bleiben und in eine museale Präsentation einbezogen werden. In Vorbereitung einer dafür notwendigen Konzeption wurden 2008 durch Studenten des Fachbereichs Restaurierung der Fachhochschule Erfurt die Ausstattung und Farbfassungen des MfS-Gefängnistraktes untersucht und dokumentiert.[11]

Exemplarisch wurden verschiedene Zellentypen (große, kleine und Isolierzelle) sowie Flurbereiche (Abb. 3, 4) und der ehemalige Platz der Freigangzellen untersucht. Die Restauratoren konnten feststellen, dass der Zustand der Nutzung durch die Staatssicherheit noch recht authentisch erhalten ist. Außerdem wurden auch zahlreiche Veränderungen, vor allem Farbfassungen, früherer Zeiten dokumentiert.

Neben der allgemein üblichen Ausstattung Waschbecken, WC, Wandklapptisch, Lampen und Heizkörper verweisen andere Details auf die verschärften Haftbedingungen in diesem Gefängnis der Staatssicherheit: die durch Glasbausteine bis auf einen Luftschlitz zugesetzten Fenster und die mit einem elektronischen System zusätzlich gesicherten Türen. Auch die Überbelegung dieser schlecht gelüfteten Zellen durch 4–6 Personen ist an-

Abb. 3 Erfurt, Gefängnisgebäude an der Andreasstraße, Stasi-Trakt im 2. Obergeschoss des Hofflügels, Zelle, 2002

Abb. 5 Erfurt, Gefängnisgebäude an der Andreasstraße, Stasi-Trakt im 2. Obergeschoss des Hofflügels, Isolierzelle, 2002

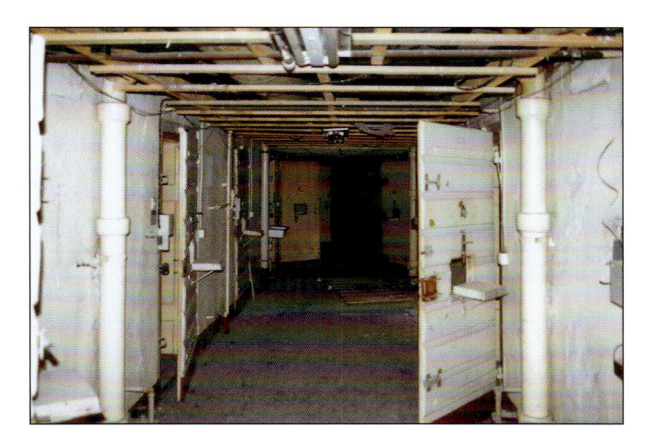

Abb. 4 Erfurt, Gefängnisgebäude an der Andreasstraße, Stasi-Trakt im 2. Obergeschoss des Hofflügels, Flur, 2002

Abb. 6 Erfurt, Gefängnisgebäude an der Andreasstraße, nördlicher Hof, Spuren der Begrenzungsmauern der Freigangzellen an der Gebäudewand, 2002

hand der Abdrücke der Bettgestelle noch anschaulich nachzuvollziehen. Eine Besonderheit im negativsten Sinne ist auch die schalldichte und völlig zu verdunkelnde Isolierzelle ohne Möblierung, in der ein weiteres Gitter den Inhaftierten vom WC trennte. (Abb. 5) Dokumentiert wurden auch die noch an den Spuren der Begrenzungsmauern erkennbaren Freigangzellen auf dem Hof mit einer Größe von 6 x 3 Metern, die jeweils von einer 3 Meter hohen Mauer umgeben waren (Abb. 6). Aus anderen Recherchen waren bereits die hohe Zahl von Verhörzimmern, eine auch als Abhöranlage fungierende Sicherheitsanlage sowie Berührungsmelder auf den Einfriedungsmauern bekannt.

Als Ergebnis ihrer Bestandsaufnahme formulierten die am Projekt beteiligten Studenten: „Da sich das Objekt zum Zeitpunkt der Untersuchungen nach wie vor in einem Zustand befand, […] in dem es zu seiner Schließung zurückgelassen wurde, [wird die] Geschichte des Gefängnisses […] an diesem Ort gegenwärtig. Spuren, wie z.B. die Abdrücke von Handtüchern an den Wänden oder die Inschrift in Zelle 32 ‚haltet durch bald sind wir frei' holen die Vergangenheit unmittelbar in die Vorstellung eines aufmerksamen Besuchers. Im Hinblick auf eine zukünftige Nutzung der ehemaligen Haftanstalt als Gedenkstätte sollte diese Authentizität unbedingt bewahrt werden, weshalb diese Nutzungsspuren unbedingt erhalten werden müssen."[12]

Mit der Gründung der Stiftung „Gedenken-Erinnern-Lernen. Thüringer Aufarbeitung der SED-Diktatur", die als Träger der Einrichtung am 27. Juli 2009 ihre Arbeit aufgenommen hat, hat die Bewahrung des Gebäudes und die Einrichtung einer Gedenkstätte eine klare Perspektive bekommen.

---

1 TLD 2005.
2 TLD 2005, Anlage S. 1–3.
3 TLD 2003.
4 Deutsches Bauhandbuch 1884, S. 463–478.
5 Angaben nach Rittmannsperger & Partner 2005.
6 Vgl. Fiege/Herz 2000 und Fiege/Herz 2002.
7 Schreiben des TLD vom 22. März 2004 an das Staatsbauamt.
8 Die Entwürfe wurden auch in einer Ausstellung präsentiert. Siehe hierzu die Broschüre: Gedenkstätte und Jugendhotel 2005.
9 Vgl. Einschluss 2005.
10 Erfurter Stadtrat, Beschluss Nr. 072/2006 vom 29. März 2006 „Errichtung einer Gedenkstätte in der Andreasstraße 37".
11 Vgl. Acht/Glaß/Trommer/Wilke 2008.
12 Acht/Glaß/Trommer/Wilke 2008, S. 128.

Anhang

Literaturverzeichnis

Konservierung und Restaurierung

Die Bedeutung der Authentizität für die Bewertung mittelalterlicher Wandmalerei in Thüringen

Eidgenössische Kommission für Denkmalpflege: Leitsätze zur Denkmalpflege in der Schweiz, Zürich 2007
Grüger, Kilian: Der Marientod zu Weida. Ein thüringisches Wandgemälde des Zackenstils. Arbeitsheft des Thüringischen Landesamtes für Denkmalpflege und Archäologie, Neue Folge 22, Erfurt 2005
Landmann, Meinhard/Mucha, Frank: Untersuchungsbericht. Kirche in Jena-Lichtenhain. Wandmalereizyklus der nördlichen Außenwand. Pigmentuntersuchungen. Fachhochschule Erfurt, Fachbereich Konservierung und Restaurierung, Erfurt 2009
Lobers, Falk: Bauklimatisches Gutachten zur Verbesserung der raumklimatischen Bedingungen im Bereich der Nonnenempore, Dresden 2006
Müller, Arndt: Das Volto-Santo-Wandbild in der Allerheiligenkirche zu Erfurt. In: Aus der Arbeit des Thüringischen Landesamtes für Denkmalpflege und Archäologie. Arbeitsheft des Thüringischen Landesamtes für Denkmalpflege und Archäologie, Neue Folge 31, Erfurt 2008, S. 75-80
Müller, Rainer: Die gotische Wandmalerei in der Kirche Haufeld. In: Aus der Arbeit des Thüringischen Landesamtes für Denkmalpflege. Arbeitsheft des Thüringischen Landesamtes für Denkmalpflege und Archäologie, Neue Folge 19, Erfurt 2004, S. 56-67
Scholz, Jürgen: Protokolle der Konservierungsmaßnahmen an den Wandmalereien der Nonnenempore in der Kirche St. Bonifatius zu Bad Langensalza, Winne 2005 bis 2007
Voigt, Franz: Thüringisches Landesamt für Denkmalpflege, Schreibmaschinenmanuskript zu den Wandmalereien in der Kirche zu Haufeld, Erfurt 1931
Wagner, Uwe: Mittelalterliche Wandmalerei in Thüringen – Ein Vergleich technologischer Merkmale. In: Die Elisabethkapelle im Turm der Erfurter Nikolaikirche. Arbeitsheft des Thüringischen Landesamtes für Denkmalpflege und Archäologie, Neue Folge 25, Erfurt 2007 S. 84-90 (= Wagner 2007a)
Ders.: Volto Santo – ein mittelalterliches Wandbildfragment in der Allerheiligenkirche zu Erfurt. In: Denkmalschutzinformation. H. 2-3/2007, 31. Jg. Bonn 2007, S. 97-101 (bes. S. 99-101) (= Wagner 2007b)

Der Pyramidenkanzelaltar in Vippachedelhausen

Dehio, Georg: Handbuch der deutschen Kunstdenkmäler. Thüringen. München ²2003
Demolt, Beate: Untersuchungen an der Innenausstattung in der Kirche zu Vippachedelhausen, unveröffentlichte Dokumentation, Archiv des TLDA Erfurt, 2009
Fischer, Gottfried: Es ist alles schon mal dagewesen ... Sprachrettung und Sprachpflege vor 350 Jahren im Palm-Orden, www.vds23neu.12see.de/fruchtbringer__37540243.html (Stand: 04.12.2009)
Neumann, Michael: Gemeinsame Wege – gemeinsame Räume. Architektonische Verpflichtungen im protestantischen Kirchenbau nach Schmalkalden und nach Eisenach. Gekürzte Fassung von der sechsten Tagung der Hessisch-Thüringischen Denkmalpflege in Gelnhausen, 1996
Schwanitz, Johann Karl: Vippachedelhäusener Dorfchronik, unveröffentlicht, Kirchenarchiv Neumark, 1825
Wagner, Uwe: Der Pyramidenkanzelaltar der Wallfahrtskirche St. Marien zu Jena-Ziegenhain. Eine kunstwissenschaftliche Betrachtung zum Ursprung des Pyramidenkanzelaltares, Thüringisches Landesamt für Denkmalpflege und Archäologie, Erfurt 2009
Wohlfahrt, Dietrich: Schöne Türme Thüringer Dorfkirchen, Berlin 1961
http://stadt.weimar.de/ueber-weimar/stadtchronik/ (Stand: 04.12.2009)
http://vg-berlstedt.de/pages/orte-der-vgem/vippachedelhausen-mit-ot-thalborn.php (Stand: 04.12.2009)
http://www.zweckverband-wirtschaft.de/index.php?menuid=63 (Stand: 04.12.2009)

Die Vollkommenheit der Strahlenkranzmadonna im Ostfenster der evangelischen Kirche St. Leonhardt in Friesau – eine Analyse

Aman, Cornelia: Glasmalereien des 19. Jahrhunderts. Sachsen-Anhalt. Die Kirchen, hrsg. von der Arbeitsstelle für Glasmalereiforschung des Corpus Vitrearum Medii Aevii, Potsdam, der Berlin-Brandenburgischen Akademie der Wissenschaften, Leipzig 2003
Broschüre zur Evangelisch-Lutherischen Kirche „St. Leonhardt": hrsg. von der Kirchgemeinde, 2. ergänzte Auflage, Friesau 1995
Dehio, Georg: Handbuch der deutschen Kunstdenkmäler. Thüringen, München 1998
Kühlke, Hans: Brot und Wein – Gold und Silber. Kostbares Altargerät aus Thüringer Kirchen, Berlin 1962
Sachs, Hannelore/Badstübner, Ernst/Neumann, Helga: Christliche Ikonographie in Stichworten, Leipzig 1973
Vaassen, Elgin: Bilder auf Glas. Glasgemälde zwischen 1780 und 1870, Berlin/München 1997

Werkstofftechnische Probleme in der Glockendenkmalpflege

Ausschuss für die Rückführung der Glocken: Das Schicksal der deutschen Kirchenglocken – Denkschrift über den Glockenverlust im Kriege und die Heimkehr der geretteten Kirchenglocken, Hannover 1952
Bergner, Heinrich: Die Glocken des Herzogtums Sachsen-Meiningen, Hildburghausen 1899
Eiselen, Gerhard: Das Schweißen von Glocken als denkmalpflegerische Aufgabe. In: Arbeitshefte des Bayerischen Landesamtes für Denkmalpflege 56 (Sonderdruck), München 1991, S. 137-144
Hosfeld, B./Schumacher, G.: Optimierte Werkstoffauswahl und Herstellungsverfahren von Glockenklöppeln als Ergebnis von Schadensanalysen, TÜV Süddeutschland (Sonderdruck), 2003
Lachenmeyer Nördlingen: Erhalt alter Glocken durch Schweißen, Hrsg. d. Glockenschweißwerk Lachenmeyer GmbH & Co. KG, o.O., o.J.
Landesdenkmalamt Baden-Württemberg: ... Friede sei ihr erst Geläute. Die Glocke – Kulturgut und Klangdenkmal, Arbeitsheft 18, Stuttgart 2004
Rupp, Andreas/Flade, Dietrich: Bestimmung von Einflußgrößen auf die Lebensdauer von Glocken, Fraunhofer Institut Betriebsfestigkeit, LBF Bericht 8382, Verein Deutscher Gießereifachleute VDG, Verband Deutscher Glockengießereien, Darmstadt 1999
Schad, Carl-Rainer: Wörterbuch der Glockenkunde, Bern/Stuttgart 1996
Schmidt, Marcus: Werkstofftechnische Probleme in der Glockendenkmalpflege. In: Rettenmayr, Markus/Kneissl, Albert: Fortschritte in der Metallographie. Sonderbände der Praktischen Metallographie anlässlich der 40. Metallographie-Tagung v. 17.-19. September 2008 in Jena; hrsg. von Günter Petzow, Frankfurt 2008, S. 11-18
Wenzel, Fritz/Kleinmanns, Joachim: Historische Eisen- und Stahlkonstruktionen, Sonderforschungsbereich 315, Universität Karlsruhe (TH) 2001

Bauforschung und Baugeschichte

Zur Arbeit des Referates Bauforschung

Anforderungen an eine Bestandsdokumentation in der Baudenkmalpflege, Hrsg.: Brandenburgisches Landesamt für Denkmalpflege, Petersberg 2002, http://www.bldam-brandenburg.de/images/stories/PDF/GrauesHeft.pdf (Stand: 21.09.2009)
Mindestanforderungen für dendrochronologische Untersuchungen in der historischen Bauforschung. Arbeitsblatt 28 der Vereinigung der Landesdenkmalpfleger in der Bundesrepublik Deutschland, 2008, http://www.denkmalpflege-forum.de/Download/Nr.28.pdf (Stand: 21.09.2009)

Prämonstratenserstift Mildenfurth

Dreißig, Herbert: Eine Steinofen-Luftheizung unter dem Stadtilmer Rathaus. In: Alt-Thüringen 36 (2003), S. 182-205
Eichhorn, Herbert: Der einstige Prämonstratenserkloster- und Schlosskomplex Mildenfurth. Entstehung, Nutzung und denkmalpflegerische Konsequenzen

(= Arbeitshefte des Thüringischen Landesamtes für Denkmalpflege, Neue Folge 7), Erfurt 2002

Hoffmann, Yves/Geupel, Volkmar: Eine Steinofen-Luftheizung des 15. Jahrhunderts im Benediktinerkloster Chemnitz. In: Archäologie aktuell im Freistaat Sachsen 2 (1994), S. 168–172

Palmowski, Frank: Eine Steinofen-Luftheizung im Augustinerkloster von Erfurt. In: Alt-Thüringen 21 (1986), S. 268–276

Sennhauser, Hans Rudolf: Das Kloster Kappel im Mittelalter. Bemerkungen zur Klosterkirche und zur Klosteranlage. In: Sennhauser, Hans Rudolf: Zisterzienserbauten in der Schweiz. Neue Forschungsergebnisse zur Archäologie und Kunstgeschichte, Zürich 1990, S. 85–126

Werner, Matthias: Die Anfänge der Vögte von Weida. In: Das Obere Schloss in Greiz. Ein romanischer Backsteinbau in Ostthüringen und sein historisches Umfeld (= Arbeitsheft des Thüringischen Landesamtes für Denkmalpflege und Archäologie, Neue Folge 30), Altenburg 2008, S. 11–55

Die Kemenate in Volkerode – steinerner Zeitzeuge der ältesten Ortsgeschichte

Bittner, Brunhilde: 775 Jahre Volkerode (Eichsfeld). Kurzchronik 1227–2002. Gemeindeverwaltung Volkerode (Hrsg.), Heiligenstadt 2002

Klotz, Heinrich: Geschichte der deutschen Kunst, München 1998

Koch, Wilfried: Baustilkunde, Gütersloh 2000

Rassow, Walter: Beschreibende Darstellung der älteren Bau- und Kunstdenkmäler der Provinz Sachsen, Heft XXVIII, Kreis Heiligenstadt. Halle a.d.S. 1909

Schreiber, Oliver: Denkmalpflege in Niederösterreich Band 39, St. Pöttern 2008

Fachwerk-Großbauten des 13. und 14. Jahrhunderts in Erfurt

COREON Restaurierungsatelier: Kurzgutachten zur bauhistorischen Sondierung am Gebäudekomplex Michaelisstraße 19/20 in Erfurt (unveröffentlichtes Typoskript im TLDA Erfurt), Erfurt 1994

Fuchs, Christine/Misch, Christian: Ein Erfurter Ständerbau von 1407/08 (d) und seine weitere Baugeschichte. Bericht zur Bauforschung am Haus Johannesstraße 9 in Erfurt. In: Aus der Arbeit des Thüringischen Landesamtes für Denkmalpflege (= Arbeitshefte des Thüringischen Landesamtes für Denkmalpflege, Neue Folge 13.1), Altenburg 2003, S. 95–108

Keßler, J. G.: Sondierungsgutachten Stadtmünze 4, Ständerbau/Erfurt, Kassel 1998 (unveröffentlichte Dokumentation im Archiv des TLDA Erfurt)

Misch, Christian: Die Häuser „Zur Engelsburg" und „Zum schwarzen Roß" in Erfurt. Kritische Auswertung älterer Quellen und jüngster Forschungen zur Bau- und Nutzungsgeschichte. In: Escherich, Mark/Misch, Christian/Müller, Rainer (Hrsg.): Erfurt im Mittelalter (= Erfurter Studien zur Kunst- und Baugeschichte, Bd. 1), Berlin 2003, S. 52–114

Nitz, Thomas: Die Hausgeschichte des Anwesens Regierungsstraße 3/Neuwerkstraße 51 in Erfurt. Bericht zur bauvorbereitenden Untersuchung (unveröffentlichtes Typoskript), Erfurt 2004

Nitz, Thomas: Stadt – Bau – Geschichte. Stadtentwicklung und Wohnbau in Erfurt vom 12. bis zum 19. Jahrhundert (= Erfurter Studien zur Bau- und Kunstgeschichte, Bd. 2), Berlin 2005

Rollert, Otto: Erfurter Einwohner, Häuser und Gärten vom Ende des 16. Jahrhunderts bis Mitte des 19. Jahrhunderts, Erfurt 1959 (unveröffentlichtes Typoskript im Stadtarchiv Erfurt, Signatur 5/201)

Bau- und Sicherungsarbeiten an der Ruine der Lobdeburg bei Jena-Lobeda nach der Zerstörung 1450

Arldt, Carl Wilhelm/Fleischmann, Julius: Die Lobdaburg. Lithografie, Dresden 1848

o.V.: Auf den Ruinen der Lobdeburg. In: Altes und Neues aus der Heimat, Beilage zum Jenaer Volksblatt, Jg. 1912, Nr. 12, S. 3–4

Beier, Adrian: Geographus Jenensis, Jena 1665

Ebhardt, Bodo: Die Ruine der Lobedaburg (Lobdeburg). In: Der Burgwart, Zeitschrift für Burgkunde und mittelalterliche Baukunst, Jg. IX, Nr. 2, Berlin 1907, S. 21–27

o.V.: Die Erhaltung der Lobedaburgruine. In: Halle-Saale Zeitung vom 04.02.1908, Hallesche Allgemeine Zeitung vom 04.02.1908, Leipziger Tageblatt vom 05.02.1908 (Texte identisch)

Fritzsche, Christian: Rahmenplan für die Sicherung der Lobdeburg, Jena 1997 (unveröff. Typoskript)

Fritzsche, Christian: Der Kapellenerker der Lobdeburg bei Jena. In: Burgen und Schlösser in Sachsen-Anhalt, Mitteilungen der Landesgruppe Sachsen-Anhalt der Deutschen Burgenvereinigung e.V., Heft 16, Halle/S. 2007, S. 245–264 (= Fritzsche 2007a)

Fritzsche, Christian: Baudenkmale gefährdet/Baudenkmale gerettet: Lobdeburg. In: Burgen und Schlösser, Zeitschrift für Burgenforschung und Denkmalpflege, Heft 1/2007, Braubach 2007, S. 60 (= Fritzsche 2007b)

Großkopf, Hans: Die Herren von Lobdeburg bei Jena. Ein thüringisch-osterländisches Dynastengeschlecht vom 12. bis zum 15. Jahrhundert, Neustadt/Orla 1929

o.V.: Jahresbericht der Ortsgruppe Jena des Bundes Heimatschutz, erstattet in der Hauptversammlung vom 26. November 1910. In: Altes und Neues aus der Heimat, Beilage zum Jenaer Volksblatt, Jg. 1910, Nr. 29, S. 2–3

Jost, Bettina: Die Lobdeburg über Jena-Lobeda. Überlegungen zu Geschichte und Einordnung einer ungewöhnlichen Adelsburg. In: Burgen und Schlösser in Thüringen, Jahresschrift der Landesgruppe Thüringen der Deutschen Burgenvereinigung e.V., Heft 1997, Jena 1997, S. 6–20

Koch, Herbert: Geschichte der Stadt Lobeda, Jena 1937/39

Lehfeldt, Paul: Bau- und Kunstdenkmäler Thüringens, Bd. II, Jena 1888

o.V.: Lobdaburg. In: Der Burgwart, Zeitschrift für Burgenkunde und mittelalterliche Baukunst, Jg. IX, Nr. 6, Berlin 1907, S. 129–130

o.V.: Die Lobdeburg. In: Altes und Neues aus der Heimat, Beilage zum Jenaer Volksblatt, Jg. 1910, Nr. 23, S. 4 (= Lobdeburg 1910a)

o.V.: Lobdeburg. In: Altes und Neues aus der Heimat, Beilage zum Jenaer Volksblatt, Jg. 1910, Nr. 29, S. 2–3 (= Lobdeburg 1910b)

o.V.: Lobdeburg (Lobedaburg) bei Jena. In: Der Burgwart, Jg. XX, Nr. 6, 1919, S. 60

o.V.: Lobdeburg. In: Thüringer Monatsblätter, Verbandszeitschrift des Thüringerwald-Vereins, Eisenach, Jg. 21, S. 10

o.V.: Lobedaburg. In: Der Burgwart, Zeitschrift für Burgenkunde und mittelalterliche Baukunst, Jg. XI, Nr. 5, Berlin 1910, S. 100 (= Lobedaburg 1910a)

o.V.: Lobedaburg. In: Der Burgwart, Zeitschrift für Burgenkunde und mittelalterliche Baukunst, Jg. XI, Nr. 7, Berlin 1910, S. 142 (= Lobedaburg 1910b)

o.V.: Lobdeburg. In: Der Burgwart, Zeitung für Wohnbau, Wehrbau und Städtebau, Jg. XIII, Nr. 6, Berlin 1912, S. 133–134

Lommer, Victor: Die Lobdeburg und ihre Geschichte, Jena 1929

Mrusek, Hans-Joachim: Thüringische und sächsische Burgen, Leipzig 1965

Rudolph, Benjamin: Baudenkmale gefährdet/Baudenkmale gerettet: Lobdeburg. In: Burgen und Schlösser, Zeitschrift der Deutschen Burgenvereinigung für Burgenforschung und Denkmalpflege, Heft 3/2003, Braubach 2003, S. 179

Rudolph, Benjamin: Baudenkmale gefährdet/Baudenkmale gerettet: Lobdeburg. In: Burgen und Schlösser, Zeitschrift der Deutschen Burgenvereinigung für Burgenforschung und Denkmalpflege, Heft 1/2004, Braubach 2004, S. 66

Schmid, Eduard: Die Lobdeburg bei Jena. Nach Urkunden und sicheren Nachrichten, Jena 1840

Schmid, Friedrich Christian: Historisch-mineralogische Beschreibung der Gegend um Jena, Gotha 1779

Sprenger, Friedrich: Baudenkmale im Altenburgischen. In: Zeitschrift für das Bauwesen, Jg. X, 1860, S. 520–523 und Tafel 56

o.V.: Das Wiedererwachen der Lobdeburg. In: Altes und Neues aus der Heimat, Beilage zum Jenaer Volksblatt, Jg. 1912, Nr. 7, S. 2–3

Denkmalerfassung und Denkmalpflege

Der Schlosspark in Ebersdorf

Budina, Günther/Caspar, Siegfried/Fiedler, Hans/Freundel, Karl-Heinz/Mösch, Roland/Thimm, Günther/Weber, Hans-Eberhard: Der Park von Ebersdorf im Kreise Lobenstein. Seine Geschichte von der Gründung bis zur Gegenwart dargestellt unter Verwendung von Zeugnissen aus Bibliotheken und Archiven. Hrsg. vom Rat des Kreises Lobenstein, Abt. Kultur. Lobenstein 1985

Hänsel, Robert: Der Park in Ebersdorf. In: Reußischer Erzähler (Beilage zur Schleizer Zeitung) Schleiz 23. Jg, H. 14, vom 10. Juli 1937, S. 53–55

Koopmann, Karl: Aus deutschen Gärten. Ebersdorf-Reuß, ein altes Kleinod gartenkünstlerischen Schaffens. In: Die Gartenwelt, 12. Jg., H. 62, 5.12.1908, S. 733–736

Löffler, Anja: Reußische Residenzen in Thüringen, Dissertation, Weimar 2000

Schultze-Naumburg, Paul: Kulturarbeiten Band VI, Das Schloss, München 1910

Seifert, Marko: Gartendenkmalpflegerische Analyse und Ziele für den Ebersdorfer Landschaftspark, Diplomarbeit, Bernburg 1999
Thimm, Günther: Schlosspark Ebersdorf. In: Thüringen Grün. Vom fürstlichen Park zum modernen Stadtgrün, Hamburg 2004, S. 154–157
Vollprecht, Frieder: 250 Jahre Ev. Brüdergemeine Ebersdorf. In: Heimatjahrbuch 1997 des Saale-Orla-Kreises, 5. Jg, S. 121–122

Eine interessante Entdeckung in Kospoda

Kretschmer, Ernst Paul: Aus vergangenen Tagen des kanzleischriftsässigen Rittergutes Kospoda und seiner nächsten Umgebung. Beiträge zur Geschichte des Orlalandes, seiner Ortschafter und alten Herrengeschlechter. Im Auftrage des Herrn Kommerzienrat Dr. h. c. Georg Hirsch auf Kospoda gesammelt und bearbeitet von Ernst Paul Kretschmer, Gera. Selbstverlag der Familie Georg Hirsch, Gera 1934
Lucke, Bertram/Schwalbe, Ronny: Eine Zeit der Renaissance. Das Rittergut in Kospoda (Saale-Orla-Kreis) im Eigentum der Geraer Fabrikantenfamilie Hirsch. In: Aus der Arbeit des Thüringischen Landesamtes für Denkmalpflege und Archäologie (= Arbeitshefte des Thüringischen Landesamtes für Denkmalpflege und Archäologie. Neue Folge 23), Erfurt 2006, S. 61–67

Zur Entstehung der Glasmalereien in der evangelisch-lutherischen Kirche in Lauscha (Landkreis Sonneberg)

Allgemeines Künstlerlexikon: Die Bildenden Künstler aller Zeiten und Völker. München/Leipzig 1991 ff.
Bornschein, Falko/Gaßmann, Ulrich: Glasmalereien des 19. Jahrhunderts. Thüringen. Die Kirchen. Herausgeber vom Thüringischen Landesamt für Denkmalpflege und Archäologie und der Arbeitsstelle für Glasmalereiforschung des Corpus Vitrearum Medii Aevi, Potsdam, der Berlin-Brandenburgischen Akademie der Wissenschaften, Leipzig 2006
Erck, Alfred/Schneider, Hannelore: Georg II. von Sachsen-Meiningen. Ein Leben zwischen ererbter Macht und künstlerischer Freiheit. (= Sonderveröffentlichung des Hennebergisch-Fränkischen Geschichtsvereins. 10) Zella-Mehlis/Meiningen 1997
Hoffmann, Rudolf: Thüringer Glas aus Lauscha und Umgebung. Leipzig 1993
Hörig, Annette: Glasmalereien des 19. Jahrhunderts. Sachsen. Die Kirchen. Herausgegeben von der Arbeitsstelle für Glasmalereiforschung des Corpus Vitrearum Medii Aevi, Potsdam, der Berlin-Brandenburgischen Akademie der Wissenschaften, Leipzig 2004
Kegel, Heike/Teumer, Tobias: Schloß Waldenburg. Hrsg.: Sächsische Landesstelle für Museumswesen, Heimatmuseum Waldenburg, Fachkrankenhaus für Lungen- und Bronchialheilkunde Waldenburg. Altenburg 1996
Kienel, Helga/Laqua, Hubertus/Kunz, Rainer: Wir feiern ein Fest. 100 Jahre Einweihung der Basilika-Kirche zu Steinach. Steinach 1999
Lehfeldt, Paul: Bau- und Kunst-Denkmäler Thüringens. Heft XXVII. Herzogthum Sachsen-Meiningen. Kreis Sonneberg. Amtsgerichtsbezirke Sonneberg, Steinach und Schalkau. Jena 1899
Mai, Hartmut: Die Kirchen in Sonneberg (= Das Christliche Denkmal. 109) Berlin 1980
Muster für Kleine Kirchenbauten. Herausgegeben von dem Central-Vorstand des evangelischen Vereins der Gustav Adolf-Stiftung. Zusammengestellt von Julius Zeissig, Architekt in Leipzig. Leipzig 1902
Nagel, Christine: Glasmalerei des 19. Jahrhunderts in sächsischen Kirchen – am Beispiel der Werkstatt für Glasmalerei von Bruno Urban in Dresden. Magisterarbeit (MS) Dresden 2001
Oberender, Stefanie: Die Fenster der Stadtkirche St. Peter zu Sonneberg und ihre Geschichte. Sonneberg 2005
Reißland, Ingrid: Sonderheft Karl Behler: 1870–1946. (= Meininger Heimat-Klänge. Beilage zum Meininger Tageblatt. Jg. 1996, Nr. 10, Oktober)
Riedel, Horst: Stadtlexikon Leipzig von A bis Z. Hrsg. v. PRO LEIPZIG e.V. Leipzig 2005
Sachsen-Altenburgischer vaterländischer Geschichts- u. Hauskalender auf das Jahr 1926. Altenburg 1926
Schmitt, Ingo W.: Albert Schmidt. Leben und Werk. Bd. 1–3. Diss. Weimar 2003
Schwämmlein, Thomas: Landkreis Sonneberg (= Denkmaltopographie Bundesrepublik Deutschland. Kulturdenkmale in Thüringen. Bd. 1. Hrsg. vom Thüringischen Landesamt für Denkmalpflege) Altenburg 2005
Thieme, Ulrich/Becker, Felix (Hrsg.): Allgemeines Lexikon der Bildenden Künstler von der Antike bis zur Gegenwart. Bd. 1–37. Leipzig 1907–1950
Voigt, Roland: Evangelische Kirche und Kirchgemeinde Lauscha. [Lauscha 2001]
Vollmer, Hans: Allgemeines Lexikon der bildenden Künstler des XX. Jahrhunderts. Bd. 1–6. Leipzig 1953–1962
Wanckel, Alfred: Der deutsche evangelische Kirchenbau zu Beginn des 20. Jahrhunderts. (= Die Bücher der Kirche. Bd. 4–6) Wittenberg 1914
Werner, Gerhard: Geschichte der Stadt Saalfeld. Band 3. 1871 bis 1933. Saalfeld/Saale 1997

Beispiele historischer Blechblasinstrumente in Thüringer Kirchen

Altenburg, Wilhelm: Zur Hundertjahrfeier der Musikinstrumenten-Fabrik C. W. Moritz in Berlin. In: Zeitschrift für Instrumentenbau, Bd. 28, Leipzig 1907–1908, S. 634–636
Hartmann, C[arl] von: Deutsche Musikinstrumente auf der Welt-Ausstellung von Chicago. In: Zeitschrift für Instrumentenbau, Bd. 14, Leipzig 1893–1894, S. 25–27
Heyde, Herbert: Historische Musikinstrumente im Bachhaus Eisenach, Eisenach 1976
Heyde, Herbert: Hörner und Zinken. (Musikinstrumenten-Museum der Karl-Marx-Universität Leipzig, Katalog, Band 5) Leipzig 1982
Heyde, Herbert: Trompeten, Posaunen, Tuben. (Musikinstrumenten-Museum der Karl-Marx-Universität Leipzig, Katalog, Band 3) Wiesbaden 1985
Keilwerth, Johannes: Fa. Rudolph-Musikinstrumentenbau in Gotha. In: Gothaer Museumsheft '92, Gotha 1992, S. 45–48
Kuhlo, Eduard/Kuhlo, Johannes (Hrsg.): Jubilate! Posaunenbuch für Jünglings-Vereine, Seminare und höhere Lehranstalten, Bielefeld 1904
Lobenstein, Albrecht: Historische Pauken im Thüringer Becken. Ein Beitrag zur Erfassung des mobilen kirchenmusikalischen Instrumentariums. In: Aus der Arbeit des Thüringischen Landesamtes für Denkmalpflege und Archäologie 2007. Arbeitsheft des Thüringischen Landesamtes für Denkmalpflege und Archäologie, Neue Folge 27, Altenburg 2007, S. 62–70, 129, 133
Lobenstein, Albrecht: Historische Musikinstrumente in Thüringer Kirchen. Plädoyer für eine museale Sammlung. In: Thüringer Museumshefte 2/2008, Weimar 2008, S. 105–110
Piering, Robert: Robert Piering Metallblasinstrumentenbau [Katalog], Adorf o.J. [nach 1912]
Weller, Enrico: Der Blasinstrumentenbau im Vogtland von den Anfängen bis zum Beginn des 20. Jahrhunderts. Dissertation, Chemnitz 2002, Hrsg.: Verein der Freunde und Förderer des Musikinstrumenten-Museums e.V. Markneukirchen, Horb am Neckar 2004
Wenke, Wolfgang: Die Musikinstrumentensammlung im Schlossmuseum. In: Neschke, Karla/Köhler, Helmut: Residenzstadt Sondershausen. Beiträge zur Musikgeschichte, Sondershausen 2004, S. 79–94
ZfI 3 = o.V.: Ludwig Schuster, der Senior der Musikinstrumenten-Fabrik Paulus & Schuster in Markneukirchen. In: Zeitschrift für Instrumentenbau, Bd. 3, Leipzig 1892–1893, S. 131–132
ZfI 4 = o.V.: Einiges über Messingblasinstrumente. Nach dem Französischen des Victor Mahillon. In: Zeitschrift für Instrumentenbau, Bd. 4, Leipzig 1883–1884, S. 116, 139–140, 155–156, 168, 170, 180, 196, 199, 208–209, 224–225
ZfI 14 = o.V.: Die Musikinstrumenten-Industrie auf der Thüringer Gewerbe- und Industrie-Ausstellung zu Erfurt 1894. In: Zeitschrift für Instrumentenbau, Bd. 14, Leipzig 1893–1894, S. 823–825
ZfI 17(I) = o.V.: Die Musikinstrumente auf der Sächsisch-Thüringischen Industrie- und Gewerbe-Ausstellung in Leipzig 1897. VI: Holzblasinstrumente. In: Zeitschrift für Instrumentenbau, Bd. 17, Leipzig 1896–1897, S. 819–820
ZfI 17(II) = o.V.: Die Musikinstrumente auf der Sächsisch-Thüringischen Industrie- und Gewerbe-Ausstellung in Leipzig 1897. VII: Blechblas- und Schlaginstrumente. In: Zeitschrift für Instrumentenbau, Bd. 17, Leipzig 1896–1897, S. 846–848
ZfI 32(I) = o.V.: Friedrich Wilhelm Kruspe †. In: Zeitschrift für Instrumentenbau, Bd. 32, Leipzig 1911–1912, S. 152–154
ZfI 32(II) = o.V.: Zum 50jährigen Jubiläum der Firma Sächsische Musikinstrumenten-Manufaktur Schuster & Co. in Markneukirchen. In: Zeitschrift für Instrumentenbau, Bd. 32, Leipzig 1911–1912, S. 1201–1203

„Bereinigte Geschichte"
Zur Umwidmung des Kriegerdenkmals von Hans Walther in Schleusingen

Fachmann, Hans-Dieter: Das Werk des Erfurter Bildhauers Hans Walther, Diplomarbeit, 5 Bde., Karl-Marx-Universität Leipzig, Sektion Kunstwissenschaft, 1983
Ders.: Der Reiter – Zu einem Denkmal des Bildhauers Hans Walther (1888–1961). In: Bildende Kunst, Berlin 1985, Heft 4, S. 156–157

Franz, Peter: Martialische Idole. Die Sprache der Kriegerdenkmäler in Thüringen. Eine landesweite Darstellung des Bestands und eine kritische Analyse ihrer ikonografischen und verbalen Botschaften, Jena 2001

Gedenk- und Erinnerungsstätten der Arbeiterbewegung, Bezirk Suhl. Hrsg.: Kommission zur Erforschung der Geschichte der örtlichen Arbeiterbewegung bei der Bezirksleitung Suhl der SED, Suhl 1979

Gedenkstätten für die Opfer des Nationalsozialismus, Bd. II. Hrsg.: Bundeszentrale für politische Bildung, Bonn 1999

Lurz, Reinhold: Kriegerdenkmäler in Deutschland, 6 Bd., Heidelberg 1985–1987

Maut, Ingrid: Hans Walther, 1888–1961, Plastik, Zeichnungen, Katalog zur Ausstellung zum 100. Geburtstag, Angermuseum 21. August–30. Oktober 1988

Menzel, Eberhard: Der Bildhauer Hans Walther (1888–1961). In: Apoldaer Heimat – Beiträge zur Natur- und Heimatgeschichte des Kreises Apolda, hrsg. vom Apoldaer Kulturverein e.V., 13. Jg., Apolda 1995, S. 16–20

Menzel, Eberhard/Menzel, Ruth: Trauer statt Heldenverehrung – Zu Hans Walthers Kriegerdenkmälern der 20er Jahre. In: Nowak/Schierz/Ulbricht 1999, S. 392–396

Menzel, Ruth: Denkmale in Erfurt – Das Reiterdenkmal. In: Stadt und Geschichte 1/2005, S. 19

Miethe, Anna Dora: Gedenkstätten – Arbeiterbewegung, Antifaschistischer Widerstand, Aufbau des Sozialismus, Hrsg.: Institut für Denkmalpflege in der DDR, Leipzig/Jena/Berlin 1974

Nowak, Cornelia/Schierz, Kai Uwe/Ulbricht, Justus H. (Hrsg.): Expressionismus in Thüringen, Jena 1999

Schmettau und Goethe – Zur Geschichte des Grabmonumentes für Friedrich Wilhelm Carl Graf von Schmettau auf dem Jakobsfriedhof in Weimar

Allgemeine Deutsche Biographie: auf Veranlassung und mit Unterstützung Seiner Majestät des Königs von Bayern Maximilian II. hrsg. durch die Historische Commission bei der Königl. Akademie der Wissenschaften, 56 Bände, Leipzig 1875–1912, Reprint 1967–1971

Benndorf, Paul: Weimars denkwürdige Grabstätten, Leipzig 1924

Berliner Ausgabe = Johann Wolfgang von Goethe: Berliner Ausgabe, Bde. 1–16, Berlin/Weimar 1970–1981

Biedermann, Flodoard Freiherr v.: Goethes Gespräche. Eine Sammlung zeitgenössischer Berichte aus seinem Umgang, auf Grund der Ausgabe und des Nachlasses von Flodoard Freiherr v. Biedermann. Ergänzt und herausgegeben von Wolfgang Herwig, Bd. 1–3, Zürich/Stuttgart 1965–1971

Bode, Wilhelm (Hrsg.): Goethe in vertraulichen Briefen seiner Zeitgenossen, Weimar 1982

Börsch-Supan, Helmut/Jähnig, Karl Wilhelm: Caspar David Friedrich. Gemälde, Druckgraphik und bildmäßige Zeichnungen, München 1973

Böttiger, Karl August: Literarische Zustände und Zeitgenossen. In: Schilderungen aus Karl August Böttigers handschriftlichem Nachlasse. Hrsg. K. W. Böttiger, Bd. 1–2, Leipzig 1838

Braun, Paul: Die Franzosen in Weimar. In: Thüringisch-Sächsische Zeitschrift für Geschichte und Kunst 10, 1920, S. 1 ff.

Döring, Jürgen: Grabmäler des 18. Jahrhunderts in Göttingen. In: Göttinger Jahrbuch 1984, S. 99–140

Eckermann, Johann Peter: Gespräche mit Goethe in den letzten Jahren seines Lebens, hrsg. von Regine Otto u.a., München ²1984

Fink, Gonthier-Louis: Goethe und Napoleon. In: Goethe Jahrbuch 107, 1990, S. 81–101

Flint, Oliver/Jordan, Lothar (Hrsg.): Friedrich Wilhelm Carl von Schmettau (1743–1806), Pionier der modernen Kartographie, Militärschriftsteller, Gestalter von Parks und Gärten, Tagungsband, Potsdam 2009

Foucart, P.: Campagne de Prusse, Paris 1890

Fränkel, Jonas (Hrsg.): Goethes Briefe an Charlotte von Stein, umgearbeitete Neuausgabe, Bd. 1–3, Berlin 1960–1962

Grappin, Pierre: Goethe und Napoleon. In: Goethe Jahrbuch 107, 1990, S. 71–80

Grumach, Ernst (Hrsg.): Kanzler von Müller. Unterhaltungen mit Goethe, Weimar 1956

Hecker, Max (Hrsg.): Goethes Briefwechsel mit Heinrich Meyer, Schriften der Goethe-Gesellschaft, Bd. 32–35, 1917–1922

Horaz (eigentlich Quintus Horatius Flaccus): Die Oden und Epoden des Horaz, bearbeitet von Hermann Menge, Berlin-Schöneberg ⁷1921

Houben, Heinrich Hubert: Damals in Weimar. Erinnerungen u. Briefe von und an Johanna Schopenhauer, o.O. 1929

Jolles, Mathys: Das deutsche Nationalbewußtsein im Zeitalter Napoleons, Frankfurt/M. 1936 (Studien zur Geschichte des Staats- und Nationalgedankens Bd. 1)

Klauß, Jochen: Der „Kunschtmeyer". Johann Heinrich Meyer – Freund und Orakel Goethes, Weimar 2001

Köhler, Peter: Friedrich Wilhelm Carl Graf von Schmettau – zum 200. Todestag eines Wegbereiters der flächendeckenden Landesaufnahme. In: Kartographische Nachrichten. Fachzeitschrift für Geoinformation und Visualisierung, 57. Jg., H. 1, Bonn 2007, S. 36–41

Köhler, Peter: Schmettau und Preußen. In: Flint/Jordan 2009, S. 39–46

Koser, Hermann: Der Jakobsfriedhof in Weimar, Weimar 1977

Lankheit, Klaus: Revolution und Restauration, Baden-Baden 1965

Lincke: Meine Erinnerungen aus dem Jahre 1806, Udestedt 1857

Maaß, Ernst: Feriunt Ruinae. In: Neues Jahrbuch für das klassische Altertum, Geschichte und deutsche Literatur und für Pädagogik, Jg. 19, H. 1, Leipzig/Berlin 1916, S. 300–301

Memmesheimer, Paul Arthur: Das Klassizistische Grabmal. Eine Typologie, Diss. masch., Bonn 1969

Müller, Rainer: Stadt Weimar – Altstadt (= Denkmaltopographie Bundesrepublik Deutschland. Kulturdenkmale in Thüringen. Bd. 4.1. Hrsg. vom Thüringischen Landesamt für Denkmalpflege und Archäologie) Erfurt/Altenburg 2009

Münchner Ausgabe = Johann Wolfgang Goethe: Sämtliche Werke nach Epochen seines Schaffens, Münchner Ausgabe; herausgegeben von Karl Richter in Zusammenarbeit mit Herbert G. Göpfert, Norbert Müller, Gerhard Stauder und Edith Zehm, München 1985–1998

Ranft, Gertrud: Historische Grabstätten aus Weimars klassischer Zeit. Der Jakobsfriedhof. Der Historische Friedhof, Weimar ²1982 (Weimarer Schriften zur Heimatgeschichte und Naturkunde H. 35)

Reimann, Jürgen: Die Pyramide im Landschaftsgarten des Friedrich Wilhelm Carl von Schmettau zu Garzau. In: Flint/Jordan 2009, S. 143–149

Scheidig, Walter: Goethes Preisaufgaben für bildende Künstler 1799–1805, Weimar 1958 (Schriften der Goethe-Gesellschaft Bd. 57)

Schnaubert, Guido: Die Hof und Garnisonkirche zu St. Jakob in Weimar und die Begräbnisstätten auf dem St. Jakobsfriedhof, Weimar 1913

Schuchardt, Christian: Goethes Kunstsammlungen, Bd. I, Nachdruck der Ausgabe Jena 1848/49, Hildesheim/New York 1976

Seyderhelm, Bettina: Studien zur Denkmalskunst des Frühklassizismus. Kunstgeschichtliche Untersuchungen zu Goethes Denkmalsentwürfen und zu den Denkmälern der Künstler seines Kreises, Bd. 1–2, Göttingen 1998

Seyderhelm, Bettina: Goethe und das Denkmal des Frühklassizismus. Denkmäler und Denkmalsentwürfe. In: Antlitz des Schönen. Klassizistische Bildhauerkunst im Umkreis Goethes, Begleitbuch zur gleichnamigen Sonderausstellung im Thüringer Landesmuseum Heidecksburg, Rudolstadt 2003, S. 142–178

Weimarer Ausgabe = Goethes Werke: herausgegeben im Auftrage der Großherzogin Sophie von Sachsen (Sophienausgabe), Weimar 1887–1919

Wescher, Paul: Kunstraub unter Napoleon, Berlin 1976

Die „Schenckischen Reliquien" von 1605/1620

Albrecht, Wolfgang (Hrsg.): Goethe, Johann Wolfgang. Tagebücher. Bd. V, 1, 1813–1816. Text, Stuttgart/Weimar 2007

Albrecht, Wolfgang (Hrsg.): Goethe, Johann Wolfgang. Tagebücher. Bd. V, 2, 1813–1816. Kommentar, Stuttgart/Weimar 2007

Bäumel, Jutta: Eine Jagdtasche mit Bild- und Perlenstickerei der Spätrenaissance. In: Dresdener Kunstblätter, 44, 2000, S. 125–133

Becker, Christine: Zur Typologie der Sarkophage und Särge in der Hohenzollerngruft des Berliner Domes. In: „Alle Erinnerung ist Gegenwart". Die Hohenzollerngruft und ihre Sarkophage. Geschichte – Bedeutung – Restaurierung. Hrsg. vom Landesdenkmalamt Berlin, München/Berlin 2005, S. 27–45

Bepler, Jill: Das Trauerzeremoniell an den Höfen Hessens und Thüringens in der ersten Hälfte des 17. Jahrhunderts. In: Berns, Jörg Jochen/Ignasiak, Detlef (Hrsg.): Frühneuzeitliche Hofkultur in Hessen und Thüringen, Jena 1993 (Jenaer Studien, 1), S. 249–265

Born, Edmund: Aus den Tagen der letzten Schenken von Tautenburg-Frauenprießnitz, Camburg 1913

Bruck, Robert: Die Sophienkirche in Dresden. Ihre Geschichte und ihre Kunstschätze, Veröffentlichung des Vereins für Geschichte Dresdens, Dresden 1912

Literaturverzeichnis

Coudray, Clemens Wenzeslaus: Bericht über die Öffnung des Familienbegräbnisses der Schenken zu Tautenburg in Frauenprießnitz, verfasst von Oberbaudirektor Coudray, Frauenpriesnitz den 10. und 11. November 1819, handschriftliche Kopie, 2 Bl. unpag., Pfarrarchiv Frauenprießnitz

Dinkler-von Schubert, Erika: Kranich. In: Kirschbaum, Engelbert u.a. (Hrsg.): Lexikon der christlichen Ikonographie 2. Band: Allgemeine Ikonographie, Rom/Freiburg/Basel/Wien 1974, Sp. 557–558

Donath, Matthias: Brenner (Brunner), Melchior. In: Schattkowsky, Martina (Bearb.): Sächsische Biografie, hrsg. vom Institut für Sächsische Geschichte und Volkskunde e.V., Online-Ausgabe: http://www.isgv.de/saebi/ (Stand: 26.5.2009)

Engel, Helmut (Hrsg.): Hohenzollerngruft im Berliner Dom, Berlin 2005

Erichsen, Johannes/Brockhoff, Evamaria (Hrsg.): Bayern & Preußen & Bayerns Preußen. Schlaglichter auf eine historische Beziehung, Veröffentlichungen zur Bayerischen Geschichte und Kultur, hrsg. vom Haus der Bayerischen Geschichte, Augsburg 1999

Femmel, Gerhard (Bearb.): Corpus der Goethezeichnungen Bd. V/B, Leipzig 1971

Festschrift 800 Jahre Frauenprießnitz, hrsg. von der Gemeinde, Frauenprießnitz 1996

Fingerlin, Ilse: Die Grafen von Sulz und ihr Begräbnis in Tiengen am Hochrhein, Stuttgart 1992 (Forschungen und Berichte der Archäologie des Mittelalters in Baden-Württemberg, 15)

Freitag, Jörg: Zinnsarkophage in der Hohenzollerngruft 1660–1711. In: „Alle Erinnerung ist Gegenwart." Die Hohenzollerngruft und ihre Sarkophage. Geschichte – Bedeutung – Restaurierung. Hrsg. vom Landesdenkmalamt Berlin, München/Berlin 2005, S. 117–145

Friderici, Io. Christophilus: Historia Pincernarum Varila-Tautenburgicorum, o.O. 1722

Hackenbroch, Yvonne: Renaissance Jewellery, München 1979

Hallof, Luise/Hallof, Klaus (Bearb.): Die Inschriften des Landkreises Jena, Berlin/Wiesbaden 1995 (Die Deutschen Inschriften, Bd. 39)

Hansmann, Liselotte/Kriss-Rettenbeck, Lenz: Amulett und Talismann. Erscheinungsform und Geschichte, München 1966

Hentschel, Walter: Die Zinnsärge der Wettiner im Freiberger Dom. In: Neues Archiv für Sächsische Geschichte 33, 1932, S. 51–72

Herbach, Caspar. In: Allgemeines Lexikon der bildenden Künstler, Bd. 16, Leipzig 1923, S. 444

Holtmeyer, A.: Cisterzienserkirchen Thüringens, Jena 1906 (Beiträge zur Kunstgeschichte Thüringens, 1)

Illi, Martin: Begräbnis, Verdammung und Erlösung. Das Fegefeuer im Spiegel von Bestattungsriten. In: Jezler, Peter (Hrsg.): Himmel, Hölle, Fegefeuer. Das Jenseits im Mittelalter. Ausstellungskatalog, Zürich 1994, S. 59–68

Jäger, Franz: Frauenprießnitz. In: Dehio, Georg: Handbuch der Deutschen Kunstdenkmäler: Thüringen. München 2003, S. 414–416

Januszkiewicz, Barbara: Klejnoty i stroje książąt Pomorza Zachodniego XVI–XVII wieku, Warschau 1995

Kappel, Jutta/Brink, Claudia (Hrsg.): Mit Fortuna übers Meer. Sachsen und Dänemark – Ehen und Allianzen im Spiegel der Kunst (1548–1709), Berlin 2009

Kiss, Erika: Geschichten in Gold/Ékes Krónika. Kostbarkeiten aus dem Ungarischen Nationalmuseum, Budapest/Pforzheim 2003

Kunde, Claudia: Die Begräbniskapelle der albertinischen Wettiner im Freiberger Dom. In: Andreas-Möller-Geschichtspreis 2002 und 2003. Die Begräbniskapelle im Freiberger Dom und die Nikolaikirche Freiberg, Freiberg 2004, S. 11–31

Kunde, Claudia: Die Zeitzer Kindertotenbildnisse. Eine Bestandsaufnahme der Sammlung fürstlicher Totenbildnisse im Museum Schloss Moritzburg. In: Deye, Detlef/Rittig, Roland (Hrsg.): Barock in Zeitz, Zeitz 2007, S. 28–43

Landman, Neil H./Mikelsen, Paula M./Bieler, Rüdiger/Bronson, Bennet (Hrsg.): Pearls: A Natural History, The American Museum of natural History. The Fields Museum, Chicago 2001

Lehfeldt, Paul: Bau- und Kunstdenkmäler Thüringens. Heft I: Grossherzogthum Sachsen-Weimar-Eisenach. Amtsgerichtsbezirk Jena, Jena 1888

Lehfeldt, Paul: Bau- und Kunstdenkmäler Thüringens. Heft XVIII: Grossherzogthum Sachsen-Weimar-Eisenach, Amtsgerichtsbezirk Weimar, Jena 1893

Leyser, Polycarp: Ehrengedächtnüß/Dem weyland/Wolgebornen/Edlen Herrn/Herrn/BVRCKHARD Schencken/Freyherrn zu Tauttenburg/auff/Frawen Prißnitz/Churfürstlichem Sächsi=/schem fürnehmen geheimbden Rath/Vnd Oberhaupt=/mann zu Freyburg und Eckartsberga [...] Leipzig [1605]

Looveren, L.H.D.: Strauss. In: Kirschbaum, Engelbert (Hrsg.): Lexikon der christlichen Ikonographie, 4. Band: Allgemeine Ikonographie, Rom/Freiburg/Basel/Wien 1974, Sp. 218

Magirius, Heinrich: Der Dom zu Freiberg, Berlin 1977

Maisak, Petra: Johann Wolfgang Goethe, Zeichnungen, Stuttgart 1996

Meys, Oliver: Memoria und Bekenntnis. Die Grabdenkmäler evangelischer Landesherren im Heiligen Römischen Reich Deutscher Nation im Zeitalter der Konfessionalisierung, Regensburg 2009

Mittermeier, Irene: Die Deutung von Grabbeigaben des Mittelalters und der frühen Neuzeit – eine Interpretationshilfe für das frühe Mittelalter? In: Jarnut, Jörg/Wemhoff, Matthias (Hrsg.): Erinnerungskultur im Bestattungsritual. Archäologisch-Historisches Forum, München 2003 (Mittelalter-Studien, 3)

Mohn, Claudia: Mittelalterliche Klosteranlagen der Zisterzienserinnen. Architektur der Frauenklöster im mitteldeutschen Raum, Petersberg 2006 (Berliner Beiträge zur Bauforschung und Denkmalpflege, 4)

Nagel, Christine: Die Gesellschaften der sächsischen Kurfürsten. In: Dresdner Geschichtsbuch, hrsg. vom Stadtmuseum Dresden, Jg. 13, Dresden 2008, S. 53–74

Naumann, Roxana: Echte Perlen, Zuchtperlen und ihre Imitationen. In: Beiträge zur Erhaltung von Kunst und Kulturgut, hrsg. vom Verband der Restauratoren (VDR), Heft 2, Bonn 2008, S. 99–104

Orsi Landini, Roberta/Niccoli, Bruni: Moda a Firenze 1540–1580. Lo stile di Eleonora di Toledo e la sua influenza, Firenze 2005

Prag um 1600. Kunst und Kultur am Hofe Rudolfs II., Freren 1988

Princely Magnificence. Court Jewels of the Renaissance, 1500–1630, edited by V&A Museum London, London 1980

Puhle, G. M.: Diplomatische Geschichte der Herren Schencken zu Tautenburg und der Schenckschen Herrschaft dieses Nahmens, 2 Bde. (Manuskript), 1774 und 1781 (Thüringer Universitäts- und Landesbibliothek Jena, Ms. Soz. Thur. f. 1a bzw. 1b)

Raschzok, Klaus: Epitaphien, Totenschilde und Leichenpredigten als Erinnerungszeichen. Bemerkungen zu einer protestantischen Frömmigkeitstradition. In: Herzog, Markwart (Hrsg.): Totengedenken und Trauerkultur. Geschichte und Zukunft des Umgangs mit Verstorbenen, Stuttgart 2001 (Irseer Dialoge, 6), S. 111–155

Rosenborg. The Royal Danish Collection, Rosenborg 2003

Rücker, Veronika: Die Grabinschriften der Hohenzollern. Edition, Übersetzung und Kommentar, Hildesheim 2009 (Spolia Berolinensia, 30)

Scarisbrick, Diana/Vachaudez, Christophe/Walgrave, Jan (Hrsg.): Brilliant Europe. Jewels from European Courts, Brüssel 2007

Schaumann, Gerhard: Wie wird man rector magnificentissimus? Christian Schenk zu Tautenburg (1600–1640). In: Steinbach, Matthias/Ploenus, Michael (Hrsg.): Ketzer, Käuze, Querulanten. Außenseiter im universitären Milieu, Jena/Quedlinburg 2008 (manuskript, 5), S. 55–65

Scherner, Antje/Syndram, Dirk (Hrsg.): In fürstlichem Glanz. Der sächsische Hof um 1600, Katalog zur Ausstellung „Macht und Pracht am sächsischen Hof um 1600" im Museum für Kunst und Gewerbe in Hamburg, Mailand 2004

Schmidt, Maja: Tod und Herrschaft. Fürstliches Funeralwesen der Frühen Neuzeit in Thüringen. Ausstellungskatalog und Katalog der Leichenzüge der Forschungsbibliothek Gotha, Gotha 2002 (Veröffentlichungen der Forschungsbibliothek Gotha, 40)

Schneider, Friedrich Traugott: Das alte Erb-Begräbniß der Schenke von Tautenburg zu Frauenprießnitz, dessen Denkmäler, Grüfte und aufgefundene Kostbarkeiten, Naumburg 1820

Schütte, Ulrich: Sakraler Raum und die Körper der Fürsten. Schloßkapellen und genealogisches Denken in den thüringischen Territorien um 1700. In: Heck, Kilian/Jahn, Bernhard (Hrsg.): Genealogie als Denkform in Mittelalter und Früher Neuzeit, Tübingen 2000, S. 123–135

Sörries, Reiner: Grabbeigaben. Mittelalter und Neuzeit. In: Sörries, Reiner (Hrsg.): Großes Lexikon der Bestattungs- und Friedhofskultur. Wörterbuch zur Sepulkralkultur, Braunschweig 2005, S. 129

Somers Cocks, Anna/Truman, Charles (Hrsg.): Renaissance Jewels, Gold Boxes and Objets de Vertu, The Thyssen-Bornemisza Collection, London 1984

Stanislaw-Kemenah, Alexandra-Kathrin: „Zur Dienstwartung bei der Churfürstlich Sächsischen Begengnus zukomen". Repräsentation fürstlicher Macht in den Begräbnissen Herzog Albrechts (1501) und Kurfürst Augusts (1586) von Sachsen. In: Marx, Barbara (Hrsg.): Kunst und Repräsentation am Dresdner Hof, München/Berlin 2005, S. 72–96

Steingräber, Erich: Alter Schmuck. Die Kunst des europäischen Schmuckes, München 1956

Stolleis, Karen: Die Gewänder aus der Lauinger Fürstengruft. Mit einem Beitrag über die Schmuckstücke von Irmtraud Himmelheber, Forschungshefte des Bayerischen Nationalmuseums München 3, München 1977

Tait, Hugh: Catalogue of the Waddesdon Bequest in the British Museum, I. The Jewels, London 1986

Tebbe, Karin (Bearb.): Nürnberger Goldschmiedekunst 1541–1868. Band II. Goldglanz und Silberstrahl, Begleitband zur Ausstellung im Germanischen Nationalmuseum, Nürnberg 20. September 2007–13. Januar 2008, Nürnberg 2007

Vulpius, Christian August: Kurze Übersicht der Geschichte der Schenken zu Tautenburg, Erfurt 1820

Wagner, Claudia: „Mitten im Tod ist Leben". Zur Grablege der Wettiner im Freiberger Dom. In: Jahrbuch der Staatlichen Schlösser, Burgen und Gärten in Sachsen 6, 1998, S. 75–89

Wawel 1000–2000. Jubilée Exhibition. Altruistic Culture of the Royal Court and the Cathedral, Bd. III, Krakau 2000

Wustmann, Gustav: Die Leipziger Goldschmiede Hans Reinhart d. Ae. und d. J. In: Aus Leipzigs Vergangenheit, gesammelte Aufsätze, Bd. 1, Leipzig 1885, S. 135–160

Sonderthema 2009: Innerdeutsche Grenze und MfS-Bauten – Retrospektive

Der Raum der ehemaligen innerdeutschen Grenze im Blick der Denkmalpflege

Architekturführer Thüringen. Vom Bauhaus bis zum Jahr 2000. Erfurt 2000

Aufgebauer, Peter: „auf unserem und unser Mainzer Kirche Berg, genannt Hanstein". Zur 700-jährigen Geschichte einer eichsfeldischen Grenzfeste. In: EJ, 16, Duderstadt 2008, S. 13–20

Baumann, Ansbert: Thüringisches Hessen und hessische Thüringer. Das Wanfrieder Abkommen vom 17. September 1945 wirkt bis heute nach. In: DA, 37, Bielefeld 2004, Heft 6, S. 1000–1005

Baumgarten, Klaus Dieter: Die Grenzen der DDR. Geschichte, Fakten, Hintergründe. Berlin 2004

Bennewitz, Inge/Potratz, Rainer: Zwangsaussiedlungen an der innerdeutschen Grenze. Berlin 1997

Die Berliner Mauer. Vom Sperrwall zum Denkmal. Schriftenreihe des Deutschen Nationalkomitees für Denkmalschutz, Bd. 76/1–2, Bonn 2009

Bickelhaupt, Thomas: Mödlareuth: das Vogtlanddorf auf der Grenze zwischen Thüringen und Bayern wurde vor 40 Jahren halbiert. In: GH, 34 (2006)

Fricke, Hans-Joachim/Ritzau, Hans-Joachim: Die innerdeutsche Grenze und der Schienenverkehr. Pürgen 1992

Großmann, Dieter: Noch einmal „Wanfrieder Abkommen". In: WL 38 (1986), S. 46

Keppler, Josef: Der Hanstein – eine Grenzburg inmitten Deutschlands. Von Abschottung und Wiedergeburt. In: Hanstein, Hans-Dieter von (Hrsg.): Burg Hanstein. Zur 700-jährigen Geschichte einer eichsfeldischen Grenzfeste. Duderstadt 2008, S. 221–263

Klausmeier, Axel: Das Gesamtsystem der Grenze – Zur Bedeutung der Infrastruktur im Hinterland der Grenzanlagen. In: Die Berliner Mauer. Vom Sperrwall zum Denkmal. Schriftenreihe des Deutschen Nationalkomitees für Denkmalschutz, Bd. 76/1, Bonn 2009, S. 101–115

Klausmeier, Axel/Schmidt, Leo: Das „System Grenze" in Brandenburg – Vom Kontext zerstörter baulicher Strukturen und ihrer kulturellen und historischen Bedeutung. In: Brandenburgische Denkmalpflege, 18. Jg., Berlin 2009, H. 1, S. 4–14

Künzel, Artur: Das „Wanfrieder Abkommen" vom 17. September 1945. In: WL 37 (1985), S. 45–47

Lapp, Peter Joachim/Ritter, Jürgen: Die Grenze – Ein deutsches Bauwerk, Berlin 2007

Lebegern, Robert: Zur Geschichte der Sperranlagen an der innerdeutschen Grenze 1945–1990. Erfurt 2002

Mühlhans, Karl H.: Die Anschlussbahn des VEB Kaliwerk in Dorndorf/Rhön. Bad Langensalza 2005

Rassow, Walter: Beschreibende Darstellung der älteren Bau- und Kunstdenkmäler der Provinz Sachsen, Heft XXVIII, Kreis Heiligenstadt. Halle a.d.S. 1909

Reiter, Andreas: Erinnern und vergessen. Die Mauer als Weltkulturerbe? Historiker fordern einen aktiven Umgang Berlins mit seinem Symbol der Teilung. In: BM, Sonntag 25. Oktober 2003, o.S.

Ritter, Jürgen: Die Grenze: ein deutsches Bauwerk. Berlin 2006

Runzheim, Jürgen: Die Whisky-Wodka-Linie: Erinnerungen an die Entstehung der Demarkationslinie. In: WG 4 (2003), S. 1–4

Sälter, Gerhard: Grenzpolizisten. Berlin 2009

Schmidt, Matthias: Kloster Zella, Regensburg 1997

Ders.: Ein Flächendenkmal von überragender Bedeutung. In: Die Denkmalpflege. 63. Jg., München 2005, Heft 1, S. 87–88

Ders.: Reste der ehemaligen innerdeutschen Grenze. In: Denkmalpflege an Grenzen – Patrimoine sans Frontier? Jahrestagung und 74. Tag für Denkmalpflege der Vereinigung der Landesdenkmalpfleger in der Bundesrepublik Deutschland (VDL) vom 7. bis 9. Juni 2006 in Saarbrücken. Denkmalpflege im Saarland. Arbeitsheft 1, Saarbrücken 2007, S. 114–118

Ders.: Die Grenzbefestigungsanlagen an der ehemaligen innerdeutschen Grenze – Denkmalpflege an ihrer Grenze? In: Erhard, Andreas/Erhard, Elke/Erhard, Manuel: Dokumentation Grenzdenkmale in Thüringen. Vermächtnis, Mahnung, Auftrag. Schweinfurt 2007, S. 190–196

Villwock, Thomas: Zwangsaussiedlungen in Thüringen 1952 und 1961. Erfurt 1996

Voß, Gotthard: Die innerdeutsche Grenze als Problemfall der Denkmalpflege, Beispiele aus Sachsen-Anhalt. In: Verfallen und vergessen oder aufgehoben und geschützt? o.O. 1997, S. 89–93

Wagner, Dieter: Hintergründe der Fluchten aus Böseckendorf und Gründung von Neu-Böseckendorf. In: EH, 49. Jg., Duderstadt 2005, H. 10, S. 354–359

Schicksale ehemaliger Herrenhäuser im Eichsfeld nach dem Zweiten Weltkrieg

Fischer, Martin: Herbst 1945: Die Herrenzeit geht zu Ende. In: Eichsfelder Heimathefte 25 (3/1985), S. 195–206

Große, Volker/Römer, Gunter: Verlorene Kulturstätten im Eichsfeld 1945 bis 1989. Eine Dokumentation, herausgegeben von Maik Pinkert im Auftrag des Bischöflichen Geistlichen Kommissariats Heiligenstadt, Heiligenstadt 2006

Rassow, Walter: Beschreibende Darstellung der älteren Bau- und Kunstdenkmäler der Provinz Sachsen, Heft XXVIII, Kreis Heiligenstadt. Halle a.d.S. 1909

Der Hanstein – eine Grenzburg in Deutschlands Mitte

Aufgebauer, Peter: Die Zeit der Burgenromantik. In: Hanstein 2008, S. 188–193

Beier, Brigitte u.a.: Chronik der Deutschen. Augsburg 1996

Conraths, Manfred: Teistungenburg nach der Säkularisation. In: Godehardt, Helmut: Aus der Geschichte des ehemaligen Zisterzienserinnenklosters Teistungenburg. Duderstadt 1999, S. 269–293

Duval, Carl: Das Eichsfeld oder historisch-romantische Beschreibung aller Städte, Burgen, Klöster, Dörfer und sonstiger beachtungswerther Punkte des Eichsfeldes. Sondershausen 1845

Fischer, Martin: Herbst 1945: Die Herrenzeit geht zu Ende. In: Eichsfelder Heimathefte 25 (3/1985), S. 195–206

Hanstein, Carl Philipp Emil Frhr. von: Urkundliche Geschichte des Geschlechts der von Hanstein. 2 Teile, Cassel 1856/57, Neudruck in einem Band, Duderstadt 2007

Hanstein, Hans-Dieter von (Hrsg.): Burg Hanstein. Zur 700-jährigen Geschichte einer eichsfeldischen Grenzfeste. Duderstadt 2008

Keppler, Josef: Die Burg Hanstein. Heiligenstadt 1989

Keppler, Josef: Die Jubelfeier zum Burgjubiläum 1908. In: Hanstein 2008, S. 204–220

Kleines politisches Wörterbuch. Berlin 1973

Koch, Wolfgang: Oberrieden und Lindewerra im schönen Werratal. Eschwege 1981

Kockelmann, Paul Julius: Die Damen vom Keudelstein. In: Marienkalender. Heiligenstadt 2000, S. 84–86

Lampert von Hersfeld: Annalen. Neu übersetzt von Adolf Schmidt, Darmstadt 1962

Lücke, Heinrich: Der Hanstein. In: Burgen, Schlösser und Herrensitze im Gebiete der unteren Werra. Parensen 1924

Müller, Johannes: Die Wappen der vier eichsfeldischen Städte und das Eichsfeld-Wappen. Sonderdruck vom 15. März 1942

Opfermann, Bernhard: Gestalten des Eichsfeldes. Ein biographisches Lexikon. 2., erw. und von Thomas T. Müller, Gerhard Müller und Heinz Scholle bearb. Auflage, Heiligenstadt 1999

Rassow, Walter: Beschreibende Darstellung der älteren Bau- und Kunstdenkmäler der Provinz Sachsen, Heft XXVIII, Kreis Heiligenstadt. Halle a.d.S. 1909

Rat des Kreises Heiligenstadt (Hrsg.): Der Kreis Heiligenstadt im Aufbau. Heiligenstadt 1957

Schleiff, Heinrich: Burg Hanstein – Ein Eichsfelder Symbol deutscher Einheit. In: Eichsfeld. Monatszeitschrift des Eichsfeldes 38 (1994), S. 70–74

Die ehemalige Ausweichführungsstelle der Bezirksverwaltung Suhl des Ministeriums für Staatssicherheit (MfS) bei Frauenwald

Behrendt, Dirk: Ausweichführungsstelle (AFSt) Bad Berka. In: http://www.stasi-bunker.de/bad%20berka/fakten.html (Stand: 06.08.2009)

Bergner, Paul: Atombunker. Kalter Krieg. Programm Delphin. Auf den Spuren der Bunkerbauten für den Kalten Krieg, Zella-Mehlis/Meiningen 2007

Bergner, Paul: Bunker für den Kalten Krieg in Thüringen. „Objekt Trachtenfest". Die verbunkerte Ausweichführungsstelle des Leiters der Bezirksverwaltung des MfS Suhl bei Frauenwald und weitere interessante Bunker in diesem Raum (=Reihe: Kurzauskünfte zur Geschichte, Band 3), Basdorf 2008 (= Bergner 2008a)

Bergner, Paul: Befehl „Filigran". Auf den Spuren interessanter Bunker. Die Bunker des Komplexes 5000 und weitere interessante Anlagen, Basdorf ⁶2008 (= Bergner 2008b)

B. F.: Ausflugstipp. Hinabsteigen in die Unterwelt der Stasi. In: Südthüringer Zeitung vom 18.08.2007, http://www.stz-online.de/nachrichten/thueringen/seite3thueringenstz/art2448,691637 (Stand: 11.11.2009)

Gieseke, Jens: Die DDR-Staatssicherheit. Schild und Schwert der Partei, Bonn 2000

Gieseke, Jens: Mielke-Konzern. Die Geschichte der Stasi 1945–1990, Stuttgart/München 2001

Heinemann, Winfried/Wilke, Manfred: Kein Krieg um Berlin – Sicherheitspolitische Aspekte des Mauerbaus. In: Die Berliner Mauer. Vom Sperrwall zum Denkmal. Schriftenreihe des Deutschen Nationalkomitees für Denkmalschutz, Band 76/1, Bonn 2009, S. 35–51

Herz, Andrea: Das MfS in Thüringen. Ein erster Überblick. Hrsg. vom Landesbeauftragten des Freistaates Thüringen für die Unterlagen des Staatssicherheitsdienstes der ehemaligen DDR, Erfurt 1994

Jordan, Karsten: Bunker-Typenprojekt 1/15 und 1/15V2x. In: http://www.faulkater.de/Verstecktes/V2x.htm#Bauweise (Stand: 30.07.2009)

o.V.: Kleinbahn Rennsteig-Frauenwald. In: http://de.wikipedia.org/wiki/Kleinbahn_Rennsteig%E2%80%93Frauenwald (Stand: 30.07.2009)

Landesbeauftragte für die Unterlagen des Staatssicherheitsdienstes der ehemaligen DDR in Sachsen-Anhalt (Hrsg.): Die Ausweichführungsstelle der Bezirksverwaltung Halle des MfS in Ostrau (=Reihe Sachbeiträge, Teil 16), Magdeburg 2000

Lasinski, Björn/Meinke, Sebastian: 1/15 V2x – die Fertigteilbunker Typenbauten des Ministerium für Staatssicherheit. In: http://www.untergrund-brandenburg.de/Sub_Sites/Sonderthemen/1-15_V2x_Serie/1-15_V2x_Serie.html (Stand: 30.07.2009)

Mählert, Ulrich: Kleine Geschichte der DDR, München 2007

o.V.: Nationaler Verteidigungsrat der Deutschen Demokratischen Republik. In: Neues Meyers Lexikon, hrsg. von der Lexikonredaktion des VEB Bibliographisches Institut Leipzig, Bd. 6, S. 48, Leipzig 1963

o.V.: Der Stasi-Bunker am Waldschlößchen. Die Ausweichführungsstelle der ehemaligen Bezirksverwaltung Schwerin des MfS. In: http://www.bstu.bund.de/cln_028/nn_718034/DE/Regionales/Aussenstelle-Schwerin/Regionalgeschichten/Bunker/bunker.html (Stand: 30.07.2009)

Tanner, Daniel: Das Bunkermuseum bei Frauenwald. In: hEFt für Literatur, Stadt und Alltag (hrsg. vom Kulturrausch Erfurt), Jg. 3, Nr. 9, S. 16–17, Erfurt 2007

Wagner, Patrick: MfS: Führungsstellen des MfS in den Bezirken. In: http://www.bunkernetzwerk.de/nuke/modules.php?op=modload&name=news&file=article&sid=8 (Stand: 06.08.2009)

Wolf, Reinhard: Nukleare Rüstungskonkurrenz. Ursachen, Auswirkungen und Perspektiven. In: Salewski, Michael (Hrsg.): Das Zeitalter der Bombe. Die Geschichte der atomaren Bedrohung von Hiroshima bis heute, München 1995, S. 189–212

Das Gefängnisgebäude in der Erfurter Andreasstraße – Ein Kulturdenkmal als Ort der Geschichtsaufarbeitung

Acht, Janka/Glaß, Jovana/Trommer, Uwe/Wilke, Karina: MfS-Untersuchungshaftanstalt Erfurt, Bechtheimer Straße 2, Zellentrakt im 2. Obergeschoss; Raumbuch/Bestandsaufnahme, Projekt der Fachhochschule Erfurt, FB Konservierung und Restaurierung, in Zusammenarbeit mit der Beauftragten für die Unterlagen des Staatssicherheitsdienstes der ehem. DDR in Thüringen und mit dem Thüringischen Landesamt für Denkmalpflege und Archäologie, Erfurt 2008

Deutsches Bauhandbuch, Bd. II, Baukunde des Architekten, 2. Theil, Berlin 1884

Einschluss. Ausstellung in der ehemaligen Untersuchungshaftanstalt des MfS-Erfurt-Andreasstraße, Erfurt 2005

Fiege, Wolfgang/Herz, Andrea: Untersuchungshaft und Strafverfolgung beim Staatssicherheitsdienst Erfurt/Thüringen, I. Die MfS-Haftanstalt Andreasstraße 37 (1952/54–1989). Hrsg. vom Landesbeauftragten des Freistaats Thüringen für die Unterlagen des Staatssicherheitsdienstes der ehemaligen DDR, Erfurt 2000

Fiege, Wolfgang/Herz, Andrea: Haft und politische Polizei in Thüringen 1945–1952, Zur Vorgeschichte der MfS-Haftanstalt Erfurt-Andreasstraße. Hrsg. vom Landesbeauftragten des Freistaats Thüringen für die Unterlagen des Staatssicherheitsdienstes der ehemaligen DDR, Erfurt 2002

Gedenkstätte und Jugendhotel. Eine Ausstellung im Thüringer Landtag 20.04.–30.04.2005, Erfurt 2005

Rittmannsperger + Partner: Ehemalige Justizvollzugsanstalt Erfurt, Gutachten über Bauzustand und Sanierungsansatz, Erfurt 2005

Thüringisches Landesamt für Denkmalpflege (Bearb. Christian Misch): Erfurt, Bechtheimer Str. 2, ehem. Gefängnis des Landgerichts. Bewertung des Kulturdenkmals im Kontext der historischen Gefängnisbauten in Thüringen, unveröffentl. Typoskript, Erfurt 2003

Thüringisches Landesamt für Denkmalpflege (Bearb. Christian Misch): Eintragung in das Denkmalbuch (Erfurt, Bechtheimer Str. 2), Erfurt 29.04.2005.

Quellen

Konservierung und Restaurierung

Werkstofftechnische Probleme in der Glockendenkmalpflege

Landeskirchenarchiv Eisenach: Aktenvermerk Az. K323/11.03.1966, 1966, Band 13

Bauforschung und Baugeschichte

Fachwerk-Großbauten des 13. und 14. Jahrhunderts in Erfurt

ThStA Gotha: Akten Regierung Erfurt Nr. 22322

Bau- und Sicherungsarbeiten an der Ruine der Lobdeburg bei Jena-Lobeda nach der Zerstörung 1450

Archiv Verf.: Aufmaße 1984–1986
Archiv Verf.: Beobachtungen und Dokumentationen, 1983–1999
Archiv Verf.: Messbilder von 1984, Messbildstelle Dresden, Außenstelle Erfurt
ThHStA Weimar, Nachlass Hortleder
ThULB Jena, Handschriftensammlung, Ms. Soc., Thür. 27

Denkmalpflege und Denkmalerfassung

„Bereinigte Geschichte"
Zur Umwidmung des Kriegerdenkmals von Hans Walther in Schleusingen

Kreisarchiv Hildburghausen, Stadt Schleusingen, Sammelmappe: Denkmäler und Merkwürdigkeiten 1925–1944, Sign. 694/4
Kreisarchiv Suhl, Akten des Verwaltungsarchivs Suhl, Akte 373
Kreisdenkmallisten Suhl-Land, 1977 und 1982
Stadtarchiv Erfurt, Akte 1-2/010-22
Stadtarchiv Hameln, Akte zum Vorgang „Ehrenmal", Schreiben v. Stadtbaurat i. R. Schäfer vom 22. Januar 1954
ThStA Gotha, Akten des Kreisrats Suhl, Nr. 221
TLDA, Aktenbestand Erfassung der Kriegerdenkmäler im Land Thüringen 1945–1948

Sonderthema 2009: Innerdeutsche Grenze und MfS-Bauten – Retrospektive

Der Raum der ehemaligen innerdeutschen Grenze im Blick der Denkmalpflege

TLDA, Archiv, Akten des Instituts für Denkmalpflege, Arbeitsstelle Erfurt 1956–1978

Schicksale ehemaliger Herrenhäuser im Eichsfeld nach dem Zweiten Weltkrieg

Archivunterlagen des Instituts für Denkmalpflege, Arbeitsstelle Erfurt, 1955–1989

Der Hanstein – eine Grenzburg in Deutschlands Mitte

Archiv Josef Keppler: Sammlung Burg Hanstein
Kreisarchiv des Landkreises Eichsfeld in Heiligenstadt: EA HIG 3465, EA HIG 3786, EA EK 3312
Stadtarchiv Heiligenstadt: VIII A, Nr. 9 Denkmalpflege

Das Gefängnisgebäude in der Erfurter Andreasstraße – Ein Kulturdenkmal als Ort der Geschichtsaufarbeitung

Erfurter Stadtrat, Beschluss Nr. 072/2006 vom 29. März 2006 „Errichtung einer Gedenkstätte in der Andreasstraße 37"

Abbildungsnachweis

Konservierung und Restaurierung

Die Bedeutung der Authentizität für die Bewertung mittelalterlicher Wandmalerei in Thüringen

Abb. 1–8	Uwe Wagner, TLDA
Abb. 9, 10	Kilian Grüger, Würzburg

Der Pyramidenkanzelaltar in Vippachedelhausen

Abb. 1, 2, 5–9, 11, 12, 14–18	Beate Demolt, Sömmerda
Abb. 3	Gottfried Fischer, http://vds23neu.12see.de/fruchtbringer__37540243.html
Abb. 4	www.radroutenplaner.hessen.de
Abb. 10	Frank Mucha, Erfurt
Abb. 13	Kirchenarchiv, Neumark

Die Vollkommenheit der Strahlenkranzmadonna im Ostfenster der evangelischen Kirche St. Leonhardt in Friesau – eine Analyse

Abb. 1–3, 11, 21	Kim Kappes, Bildarchiv TLDA
Abb. 4, 5	Thomas Ratzka, Kunstguterfassung der Evang.-Luth. Kirche in Thüringen
Abb. 6, 7	Diana Kußhauer, Kooperationszentrum für Konservierung und Restaurierung von Kunst- und Kulturgut der Fachhochschule Erfurt
Abb. 8–10, 12, 13, 16–20	Susanne Scheibner, Bildarchiv TLDA
Abb. 14, 15	Stefan Trümpler, Vitromusée Romont

Werkstofftechnische Probleme in der Glockendenkmalpflege

Abb. 1, 3–6	Marcus Schmidt, Landeskirchenamt der EKM, Eisenach
Abb. 2	Ausschuss für die Rückführung der Glocken 1952, S. 10

Bauforschung und Baugeschichte

Zur Arbeit des Referates Bauforschung

Abb. 1	Büro für Bauforschung und Denkmalpflege Torsten Lieberenz
Abb. 2	Geller & Bornschlögl Bauforschung – Sanierung – Denkmalpflege
Abb. 3	Referat Bauforschung des TLDA auf Plangrundlage Dipl.-Ing. Marion Winkelmann, Thomas Nitz
Abb. 4	Elmar Altwasser, IBD
Abb. 5	Mario Küßner und Thomas Nitz, TLDA
Abb. 6, 7	Büro für historische Bauforschung Frank Högg

Prämonstratenserstift Mildenfurth

Abb. 1–3	Perlich, Rogacki auf der Grundlage von Plänen von E. Rosenbaum

Alle übrigen Abbildungen von den Autorinnen

Fachwerk-Großbauten des 13. und 14. Jahrhunderts in Erfurt

Abb. 1	Sabine Ortmann, TLD
Abb. 2	Anke Blümel, TU Berlin
Abb. 3, 4, 5, 16	Christian Misch, TLD
Abb. 6, 17	Volker Düsterdick, Erfurt
Abb. 7	Dr. Käthe Menzel-Jordan, Erfurt
Abb. 8, 9, 10	Archiv TLDA Erfurt
Abb. 11	Grafik: Fabian Misch, nach Original im ThStA Gotha
Abb. 12	Alix Krahmer, Archiv TLDA Erfurt
Abb. 13, 14	Christian Misch/Sophie Ritz, Erfurt
Abb. 15	Umzeichnung: Christian Misch, nach Original im Stadtarchiv Erfurt
Abb. 18	Montage: Christian Misch

Bau- und Sicherungsarbeiten an der Ruine der Lobdeburg bei Jena-Lobeda nach der Zerstörung 1450

Abb. 1	ThHStA Weimar, Nachlass Hortleder-Prueschenk, Nr. 42, Bl. 91r
Abb. 2	G. H. Tychbein
Abb. 3	„Der Burgwart", IX. Jahrgang, 1907 Heft 2, S. 23
Abb. 4	Lommer 1929
Abb. 5	ThULB Jena, Handschriftensammlung, Ms. Soc. Thür. 27, Bl. 65/2
Abb. 6	Zeitschrift für das Bauwesen, 1860, Tafel 56
Abb. 7	Lehfeldt 1888, S. 12
Abb. 8	„Der Burgwart", IX. Jahrgang 1907, S. 26, Abb. Nr. 6
Abb. 9	Archiv der Deutschen Burgenvereinigung e.V. Marksburg, Hz. BE-137
Abb. 10	ThStA Altenburg, Bildersammlung Nr. 1535
Abb. 11	ThStA Altenburg, Bildersammlung Nr. 1534
Abb. 12	Mrusek 1965, Bild 80
Abb. 13–17, 19–28, Blatt 1–12	Christian Fritzsche
Abb. 18	Ingenieurbüro Irmisch und Kowalski

Denkmalpflege und Denkmalerfassung

Der Eiermann-Bau in Apolda als Thema eines studentischen Workshops

Abb. 1	Foto Eberhard Troeger, Hamburg, Südwestdeutsches Archiv für Architektur und Ingenieurbau, saai
Abb. 2, 3, 6, 7	Eckhard Baier, TLDA
Abb. 4, 5	Kirsten Angermann

Die Barfüßerkirche in Erfurt
Variantenuntersuchung zur Bestandssicherung der Ruine des Langhauses

Abb. 1–3	Werner Streitberger, TLDA
Abb. 4–22	bruns zill architekten, Erfurt

Der Schlosspark in Ebersdorf

Abb. 1, 3, 5, 6, 7, 9, 10, 12–18, 21–28	Martin Baumann, TLDA
Abb. 2	Mencke, Fotoarchiv TLDA
Abb. 4, 8, 11	Fotoarchiv TLDA
Abb. 19, 20	Schultze-Naumburg 1910, S. 77–78

Eine interessante Entdeckung in Kospoda

Abb. 1, 5	Bertram Lucke, TLDA
Abb. 2, 6, 8, 9	Jean Louis Schlim, München
Abb. 3	Michael Bernast, Neustadt/Orla-Arnshaugk
Abb. 4	Fotosammlung Ronny Schwalbe, Kospoda
Abb. 7	Fotosammlung Jean Louis Schlim, München

Zur Entstehung der Glasmalereien in der evangelisch-lutherischen Kirche in Lauscha (Landkreis Sonneberg)

Abb. 1, 2, 6, 8–29	Werner Streitberger, TLDA
Abb. 3	ThStA Meiningen
Abb. 4, 7	Pfarrarchiv Lauscha
Abb. 5	Privatarchiv Schulz Dresden

Beispiele historischer Blechblasinstrumente in Thüringer Kirchen

Abb. 1–20	Albrecht Lobenstein, Erfurt

Abbildungsnachweis

"Bereinigte Geschichte"
Zur Umwidmung des Kriegerdenkmals von Hans Walther in Schleusingen

Abb. 1	Werner Streitberger, TLDA
Abb. 2–4, 8	Bildarchiv TLDA
Abb. 5	Repro: Angermuseum Erfurt
Abb. 6	Bissinger, Repro Kreisarchiv Schleusingen
Abb. 7	Repro: Kreisarchiv Schleusingen
Abb. 9	Ludger Sutthoff, TLD
Abb. 10, 11	Nowak/Schierz/Ulbricht 1999, S. 394
Abb. 12	Repro, Stadtarchiv Hameln

Schmettau und Goethe – Zur Geschichte des Grabmonumentes für Friedrich Wilhelm Carl Graf von Schmettau auf dem Jakobsfriedhof in Weimar

Abb. 1	Bettina Seydelhelm
Abb. 2	Universitätsbibliothek Leipzig, Sig. Hirzel B 294a
Abb. 3	Sigurd Susch, Naumburg
Abb. 4	Otmar Ellinger, Eisenach
Abb. 5	Klassik Stiftung Weimar, Goethes Kunstsammlung
Abb. 6	Jenaische Allgemeine Literatur-Zeitung, 5. Jg., 1. Bd., 1808

Die "Schenckischen Reliquien" von 1605/1620

Abb. 1–3, 5, 6, 9, 16	Werner Streitberger, TLDA
Abb. 4	Bayerisches Nationalmuseum München
Abb. 7	Ancris Dabasi
Abb. 8	Wolfgang Pfauder
Abb. 10	Königliche Dänische Sammlungen, Kopenhagen
Abb. 11	Paul Pokop
Abb. 13	Lehfeldt 1888, S. 43
Abb. 14	Ancreas Oberthür
Abb. 15	K.-H. Priese
Abb. 17–20	Susanne Ruf, Dresden

Sonderthema 2009: Innerdeutsche Grenze und MfS-Bauten – Retrospektive
Der Raum der ehemaligen innerdeutschen Grenze im Blick der Denkmalpflege

Abb. 1–3, 5–6, 10–11, 13–28	Matthias Schmidt, TLDA
Abb. 4	Rassow 1909, S. 247, Abb. 228
Abb. 7	Aufnahme unbekannt, Bildarchiv TLDA
Abb. 8–9	Aufnahme Stier, Bildarchiv TLDA

Schicksale ehemaliger Herrenhäuser im Eichsfeld nach dem Zweiten Weltkrieg

Abb. 1–10	Rolf-Günther Lucke, IFD
Abb. 11	Matthias Schmidt, TLDA
Abb. 12, 14–15	Werner Streitberger, TLDA
Abb. 13	Sabine Ortmann, TLDA

Der Hanstein – eine Grenzburg in Deutschlands Mitte

Abb. 1, 8, 23, 25–29	Josef Keppler, Lindewerra
Abb. 2	Zeichnung von Walther Reccius, Archiv Josef Keppler
Abb. 3	Zeichnung von Otto Hupp, Münchner Kalender von 1923. In: Hanstein 2008, S. 103
Abb. 4	Stammbuchkupfer von Ernst Ludwig Riepenhausen, Göttingen 1826. In: Aufgebauer 2008, S. 188
Abb. 5	Verlagsarchiv Mecke Druck und Verlag, Duderstadt
Abb. 6, 7, 24, 25	Archiv Josef Keppler

Die ehemalige Ausweichführungsstelle der Bezirksverwaltung Suhl des Ministeriums für Staatssicherheit (MfS) bei Frauenwald

Abb. 1, 16	Thüringer Landesamt für Vermessung und Geoinformation, Erfurt, Gen.-Nr.: 19/2009
Abb. 2–6, 15, 17–18	Benjamin Rudolph, TLDA
Abb. 7–14	Werner Streitberger, TLDA

Das Gefängnisgebäude in der Erfurter Andreasstraße – Ein Kulturdenkmal als Ort der Geschichtsaufarbeitung

Alle Abb.	Christian Misch, TLD

Abkürzungen

BM	Berliner Morgenpost
DA	Deutschland-Archiv. Zeitschrift für das vereinigte Deutschland
Dm.	Durchmesser
EH	Eichsfelder Heimatzeitschrift. Die Monatsschrift für alle Eichsfelder
EJ	Eichsfeld-Jahrbuch
FDH	Freies Deutsches Hochstift
FGM	Frankfurter Goethe Museum
GH	Glaube und Heimat
IfD	Institut für Denkmalpflege, Arbeitsstelle Erfurt
Inv.	Inventar
L.	Länge
MfS	Ministerium für Staatssicherheit
SächsHStA	Sächsisches Hauptstaatsarchiv
ThHStAW	Thüringisches Hauptstaatsarchiv Weimar
ThStA	Thüringisches Staatsarchiv
TLD	Thüringisches Landesamt für Denkmalpflege
TLDA	Thüringisches Landesamt für Denkmalpflege und Archäologie
WG	Wartburgland Geschichte
WL	Das Werraland
ZfI	Zeitschrift für Instrumentenbau

Autorenverzeichnis

Im Auftrag des Thüringischen Landesamtes für Denkmalpflege und Archäologie

Dr.-Ing. Barbara Perlich
Dr.-Ing. Birte Rogacki
TU Berlin, Fak. VI, Fachgebiet Bau- und Stadtbaugeschichte, Sekr. A22
Straße des 17. Juni 152
10623 Berlin

Thüringisches Landesamt für Denkmalpflege und Archäologie
Petersberg Haus 12
99084 Erfurt

Eckhard Baier
Dr. Martin Baumann
Rocco Curti
Monika Kahl
Bertram Lücke
Nils-Albrecht Metzler
Christian Misch
Dr. Matthias Schmidt
Susanne Scheibner
Benjamin Rudolph
Sabine Ortmann
Dr. Thomas Nitz

Kirsten Angermann
Schloßgasse 5
99423 Weimar

Franz Bruns
Thomas Zill
bruns zill architekten
Schlachthofstraße 81
99085 Erfurt

Wolfgang Petzholdt
Kapellenstraße 14
99817 Eisenach

Susanne Ruf
Reinhold-Becker-Straße 19
01277 Dresden

Christian Fritzsche
Theobald-Renner-Straße 58
07747 Jena-Neulobeda

Jean Louis Schlim
Sendlinger Straße 42
80331 München

Marcus Schmidt
Landeskirchenamt der Evangelischen Kirche in Mitteldeutschland
Referat Bau
Dr.-Moritz-Mitzenheim-Straße 2a
99817 Eisenach

Dr. Bettina Seydehelm
Evangelisches Konsistorium der Kirchenprovinz Sachsen
Residenzschloss
Leibnizstraße 50
39104 Magdeburg

Josef Keppler
Straße zur Einheit 4
37318 Lindewerra

Albrecht Lobenstein
Poststraße 8
99094 Erfurt

Christine Nagel
Staatliche Kunstsammlungen Dresden
Taschenberg 2
01067 Dresden

Beate Demoll
Freiligrathstraße 29
99610 Sömmerda

Uwe Wagner